世界陶瓷之都 德化
World Porcelain City · DEHUA

德化年鉴 2019

DEHUA YEARBOOK

中共德化县委 德化县人民政府 主办
中共德化县委党史和地方志研究室 编

方志出版社
Publishing House of Local Records

图书在版编目（CIP）数据

德化年鉴．2019 / 中共德化县委党史和地方志研究室编．-- 北京：方志出版社，2019.12
ISBN 978-7-5144-4094-2

Ⅰ．①德… Ⅱ．①中… Ⅲ．①德化县－2019－年鉴
Ⅳ．①Z525.74

中国版本图书馆 CIP 数据核字（2019）第 300539 号

德化年鉴（2019）

编　　者：中共德化县委党史和地方志研究室
责任编辑：王　娜

出 版 者：方志出版社
地址　北京市朝阳区潘家园东里 9 号（国家方志馆 4 层）
邮编　100021
网址　http://www.fzph.org
发　　行：方志出版社图书经销中心
电话（010）67110500
经　　销：各地新华书店
印　　刷：福州报业鸿升印刷有限责任公司

开　　本：889×1194　　1/16
印　　张：23.5
字　　数：794 千字
版　　次：2019 年 12 月第 1 版　　2019 年 12 月第 1 次印刷
印　　数：001 ～ 700 册

ISBN 978-7-5144-4094-2　　定价：220.00 元

《德化年鉴（2019）》编纂委员会

主　　　任：梁玉华

常务副主任：黄文捷

副　主　任：林祖传　陈维启　郑荣尊　陈志奋　刘志阳　刘振铭　陈东明　刘劲松

成　　　员：曾昭亮　杨庆丰　许金标　彭钦毅　颜如春　周启宗　林美兴　李仁殿
黄秉文　出彩云　张培基　李远平　郑文贤　苏益铮　王声典　周益国
温明源　黄文和　李健康　郑宝林　郑声威　蒲贻水　黄全忠　陈荣斌
程德强　陈德峰　曾华基　连硕卿　张金演　徐永生　连　婷　陈大孝
徐剑峰　陈宝星　甘建安　陈能慎　叶长占　郑德全　郑文导　涂青云
林合虎　郭昌筑　王丽红　陈章琳　林文滨　王艳琦　周建阳　林大利
曾世超　徐华军　孙　韬　林耀心　方文才　黄东晓　陈行泉　郭小强
黄振宇　林传景　张文都　苏宏亮　徐明晓　林忠营　陈国金　苏文忠
陈敏坤　黄永怀　林让苗　林埔填　林其粮　刘玉珊　周宗楚　蔡伟明
苏开良

《德化年鉴（2019）》编辑部

主　　　编：刘劲松

副　主　编：许琼蓉　李园园　蔡丹萍

责任编辑：许琼蓉　曾丽茹

编　　　务：林淑玲　康泷玉　黄蔚南　黄绳维　郑华春

审　　　校：曹　强

设计排版：福建九仙文化传媒有限公司

编辑说明

一、《德化年鉴》是中共德化县委、德化县人民政府主办，中共德化县委党史和地方志研究室编纂的年度资料性文献，创刊于2007年。《德化年鉴（2019）》为第12卷。

二、《德化年鉴》以马克思列宁主义、毛泽东思想、邓小平理论、“三个代表”重要思想、科学发展观、习近平新时代中国特色社会主义思想为指导，坚持辩证唯物主义和历史唯物主义的立场、观点和方法，实事求是地记载德化县自然、经济、政治、文化、社会和生态文明的建设发展状况，反映德化县经济建设、政治建设、文化建设、社会建设、生态文明建设的新成就、新经验以及出现的新情况、新问题，为社会各界了解德化、研究德化、置业德化、旅游德化提供尽可能全面、翔实的地情资料。

三、《德化年鉴（2019）》记述时限为2018年1月1日至12月31日，根据需要，个别事项的记述时间适当上溯或下延。

四、《德化年鉴（2019）》采用分类编辑法。主体内容设类目、分目、条目三个结构层次，以条目为表现内容的基本形式。全书设置大事记、专记、世界陶瓷之都、县情概览、中共德化县委员会、德化县人民代表大会、德化县人民政府、政协德化县委员会、纪检 监察、民主党派 群众团体、法治、军事、外事 侨务 港澳台事务、农业 农村、工业、住房和城乡建设、生态环境、商贸服务业、金融、旅游业、交通 邮政 通信、综合经济管理、科学技术、教育、文化、卫生 体育、社会民生、乡镇概览、人物 荣誉、附录、索引类目31个。

五、《德化年鉴（2019）》文字、标点符号、计量单位均依国家现行规范；文中凡简称“党员”均指中国共产党党员，“省、全省”均指福建省、“市、全市”均指泉州市、“县、全县”均指德化县。

六、《德化年鉴（2019）》资料主要由全县各级机关、人民团体、企事业单位提供。统计数据以德化县统计部门资料为准。统计部门统计范围之外的数据出自各供稿单位。

德化县地图

德化县地图
尤溪县
大田县
永春县
仙游县
永泰县
闽清县
南安市
德化县
浔中镇
龙浔镇
盖德镇
三班镇
雷峰镇
南埕镇
水口镇
赤水镇
上涌镇
葛坑镇
杨梅乡
汤头乡
桂阳乡
国宝
美湖镇
大铭乡
春美乡
龙门滩镇
戴云山
九仙山
石牛山
街面水库
涌溪水库
龙门滩水库
坂面镇
中仙乡
盖洋乡
湖美乡
济阳乡
下洋镇
桂洋镇
呈祥乡
苏坑镇
介福乡
吾峰镇
湖洋镇
石鼓镇
五里街镇
永春县（桃城镇）
东平镇
东关镇
岵山镇
外山乡
向阳乡
洑口乡
图例
县级行政中心
镇、乡
农林场
居委会、村委会
自然村
设区市行政区域界
县级行政区域界
镇、乡行政区域界
高速公路
在建高速公路
出入口枢纽
铁路
在建铁路
国道及编号
在建国道
省道及编号
县道
其他道路
街道
国家重点风景名胜
省级风景名胜
文物古迹
其他游览点
山峰及高程
国家自然保护区界
水库
审图号:闽S〔2019〕142号
福建省制图院 编制
比例尺 1:340 000
资料截至2018年12月
注：本图界线为权宜画法，不作划界依据。

城市名片

世界陶瓷之都
千年古县
中国瓷都
全国文明县城
国家卫生县城
中国最佳生态旅游县
国家生态县
国家园林县城
全国科技进步先进县
全国绿化模范县
全国水电农村电气化县
国家绿色能源示范县
国家水土保持生态文明县
中国电子商务百佳县
全国电子商务百强县
中国陶瓷之乡
中国小水电之乡
中国油茶之乡
中国竹子之乡
中国陶瓷历史文化名城
中国全面小康十大示范县市
全国科普示范县

国家生态文明建设示范区
全国循环经济典型模式示范县
国家智慧城市试点县
全国低碳旅游示范区
国家电子商务示范基地
国家外贸转型升级专业型示范基地
国家级出口陶瓷质量安全示范区
国家生态文明建设示范县
全国版权保护先进单位
中国产业集群百佳
石牛山国家 AAAA 级旅游景区

九仙山国家 AAAA 级旅游景区
岱仙湖国家级水利风景区
石牛山国家地质公园
石牛山国家森林公园
福建省知识产权强县
福建省优秀旅游县
福建省文化先进县
双拥模范县
福建省最佳人居地
福建省十大醉美县城
福建省电子商务示范县（市、区）

数字德化

总面积：2232.16 平方千米

户籍人口：34.86 万人

常住人口：29.6 万人

地区生产总值：246.23 亿元

第一产业：12.23 亿元

第二产业：138.11 亿元

第三产业：95.89 亿元

第一、第二、第三产业构成：5.0:56.1:38.9

规模以上工业产值：309.57 亿元

陶瓷业产值：328.46 亿元

矿业产值：5.95 亿元

旅游业收入：45.53 亿元

一般公共预算总收入：18.26 亿元
税收收入：155785 万元
一般公共预算支出：27.62 亿元
社会消费品零售总额：843547 万元
外贸出口总额：21.52 亿元
外贸进口总额：923 万元
实际利用外资：259 万美元
金融机构存款余额：210.91 亿元
金融机构贷款余额：199.69 亿元
城镇居民人均可支配收入：33863 元
农村居民人均可支配收入：15465 元
城镇单位在岗职工平均工资：55372 元
公路通车里程：2826 千米
汽车数：48761 辆
在校学生数：6.39 万人
教职员工数：4543 人
医院床位数：1495 张
卫生技术人员：1513 人
全县用电量：17.58 亿千瓦时
全县供水总量：1730.5 万吨

德化县城关图，摄于2018年1月13日

（图 / 黄谷莹）

龙门滩龙门湖风景区，摄于2018年1月3日　　（图/李宏图）

美湖镇樟树王入选“中国最美古树”，摄于2018年4月24日　　（图/许华森）

2018 年 3 月 24 日，“驿路梨花 爱润古镇”第二届梨花节暨上涌农产品展销会在上涌镇辉阳村举办。图为梨花树一角 （图 / 上涌镇政府）

德化县浐溪两岸的三角梅开放，摄于 2018 年 8 月 16 日 （图 / 吴有森）

2018 年 3 月 16 日，省委常委、组织部部长胡昌升（右四）到德化调研基层党建工作
（图 / 李宏图）

2018 年 12 月 4 日，副省长杨贤金（前排中）到德化调研医疗卫生和幼儿园建设情况
（图 / 李宏图）

2018年7月11日，副省长田湘利（左三），市委书记、市长康涛（左二）到德化检查“玛莉亚”台风防御工作 （图/李宏图）

2018年12月18日，县委书记梁玉华（后排中）参加县首批特色亮点项目观摩活动 （图/许华森）

2018年9月3日，县长刘德旺（前排左二）带队调研全国文明城市创建工作情况 （图/许华森）

2018 年 2 月 27 日，德化陶瓷作为奖品和礼品亮相于 2018 闽商年会　　（图 / 王双季）

2018 年 4 月 12 日，“潮起闽江——全国百名电台总编、记者看福建”活动走进德化，参观采访陶瓷企业和陶瓷大师　　（图 / 王双季）

2018 年 9 月 12 日，省陶瓷行业职工技能大赛暨 2018 中国技能大赛——第四届陶瓷成型职业技能竞赛在县职业技术学校举行　　（图 / 许华森）

2018 年 9 月 17 日，第二届“中国白”（德化瓷）国际陶瓷艺术大奖赛在西安市启动　　（图 / 寇婉琼）

2018 年 7 月 12 日，设在县陶瓷博物馆的金砖国礼馆对外开放。图为游客在参观国礼瓷 （图 / 王双季）

2018 年 8 月 4 日，德化瓷烧制技艺——综合材料艺术作品展在三班镇洞上陶艺村开展。图为游客参观系列作品 （图 / 吴朝烨）

2018 年 10 月 1 日，“何朝宗杯”2018 中国（德化）茶具工业设计大赛在三班镇中国茶具城启动 （图 / 吴有森）

2018 年 10 月 1 日，首届沧浪亭“非遗进世遗”活动暨“国粹·凝韵——2018 德化窑青花白瓷主题艺术展”在苏州市沧浪亭开幕 （图 / 王双季）

2018 年 3 月 15 日，县政府与厦门东芯博新材料科技有限责任公司在县会议中心举行超细环保纤维材料项目签约仪式（图 / 连江水）

2018 年 7 月 5 日，德化石冻王原生态健康养生体验馆在泉州市东街揭牌（图 / 许华森）

2018 年 7 月 24 日，“艺见瓷都德化”茶器订货会在县瓷国明珠酒店启动。图为订货会现场（图 / 许华森）

2018 年 6 月 27 日，德化新秀园开工仪式举行　（图 / 许华森）

2018 年 9 月 25 日，福建省德化佳浩陶瓷有限公司竣工剪彩仪式举行　（图 / 许华森）

2018 年 12 月 5 日，莆田市德化商会第一届理监事就职典礼暨德化县重点项目招商推介会在莆田市举行　（图 / 许华森）

2018年3月4日，德化县首部旅游微电影《银杏之约》预告片推出 （图/许华森）

2018年3月31日，德化温泉美食节在雷峰镇蕉溪村开幕 （图/王双季）

2018年9月28日，戊戌年祭孔暨孔子文化教育奖颁奖典礼在县文庙举行。图为祭祀人员在表演祭孔舞乐 （图/许华森）

2018年10月9日，首届中国农民丰收节暨2018金秋葛坑民俗文化旅游节在葛坑镇开幕 （图/许华森）

2018年5月11日，德化县红旗瓷厂陶瓷文化项目在第三届文旅产业巅峰大会暨产业资源链接博览会上获“十佳文旅项目投资价值奖”。图为红旗瓷厂旧址（图/李宏图）

2018年8月8日，云龙谷景区正式开业暨环球旅游小姐中国福建赛区启动仪式在国宝乡云龙谷景区举行（图/许华森）

2018年11月4日，龙门滩镇首届“愉悦龙门——鱼多品”美食文化旅游节举办（图/吴有森）

2018年11月30日，2018年福建省中小学生中华经典诵读展演活动（德化专场）在德化职校凤凰山讲堂举行（图/吴朝烨）

2018年1月18日，彭村水库下闸蓄水　　（图/许华森）

2018年1月18日，通远庄园敬老爱幼扶贫慈善基金成立仪式暨"学习宣传党的十九大精神"文化下乡活动在龙浔镇举行　　（图/王双季）

2018年2月17日，赤水镇永嘉村进行舞狮表演。图为"狮子"在案头祈求一年风调雨顺　　（图/许华森）

2018 年 3 月 2 日，德化县举行元宵节游龙灯活动　　（图/许华森）

2018 年 3 月 25 日，县医院、中国人民财产保险股份有限公司与上海金汇通用航空股份有限公司在县体育场举行空中医疗救援签约启动仪式，开启德化直升机救援“空中绿色生命通道”　　（图/王双季）

2018 年 5 月 22 日，雷峰镇李溪村举行“耕牛节”活动。图为法师为耕牛点朱砂添寿　　（图/许华森）

2018年8月24日，福万通慈善助学金发放仪式在县教育局举行　　（图/李宏图）

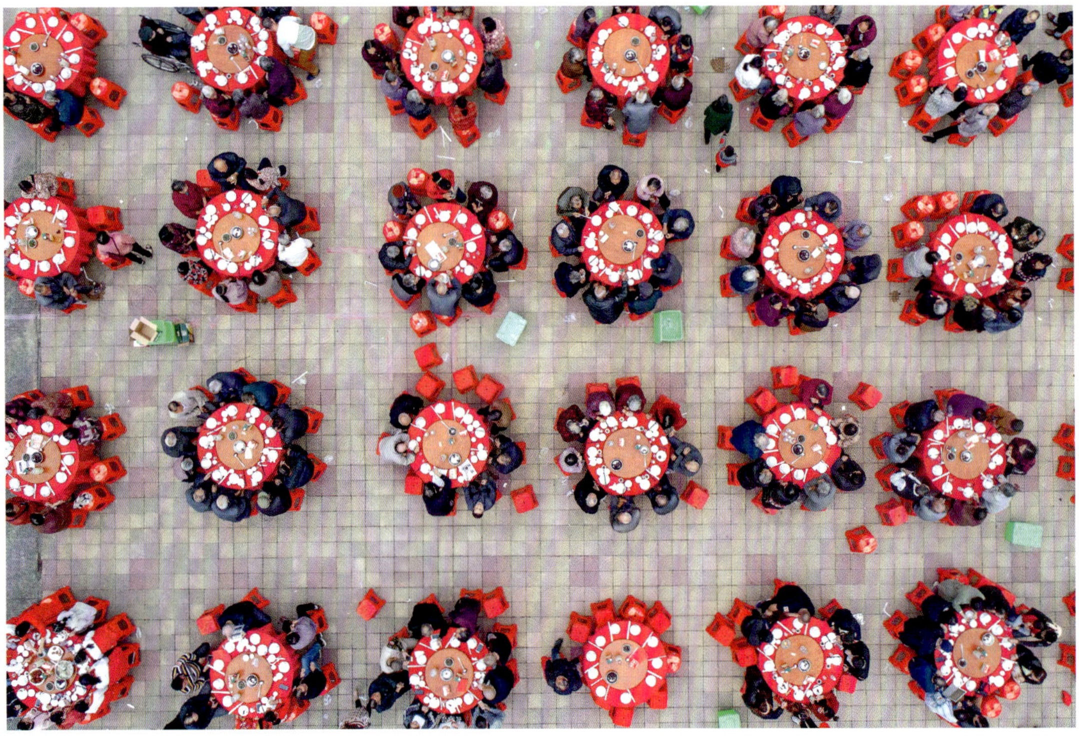

2018年10月13日，憨鼠爱心小分队组织爱心志愿者们到浔中镇乐陶小学举办重阳敬老活动，与200位乐陶村古稀老人欢聚一堂。图为老人与爱心志愿者们一起用餐　（图/黄谷莹）

大事记

专 记

世界陶瓷之都

县情概览

中共德化县委员会

德化县人民代表大会

德化县人民政府

政协德化县委员会

纪检 监察

民主党派 群众团体

法 治

军 事

外事 侨务 港澳台事务

农业 农村

工 业

住房和城乡建设

生态环境

商贸服务业

金 融

旅游业

交通 邮政 通信

综合经济管理

科学技术

教 育

文化

卫生 体育

社会民生

乡镇概览

人物 荣誉

附录

索引

大事记

1月

3日，由中国收藏家协会、县政府主办的2017中国·德化年度优秀陶瓷作品颁证暨收藏仪式在德化举行，20件作品入选2017中国·德化年度优秀陶瓷作品。

18日，副市长肖汉辉宣布彭村水库下闸蓄水。彭村水库是一座以供水、防洪功能为主兼有发电等综合效益的水利枢纽工程，从主体工程开工至下闸蓄水用时3年9个月，水库正常蓄水位642米，总库容7843万立方米，电站装机容量7400千瓦。

18日，由福建省通远庄园旅游开发有限公司捐资的通远庄园敬老爱幼扶贫慈善基金在龙浔镇高阳小学成立，筹集资金240万元，将全用于扶贫济困、敬老爱幼、奖教助学等慈善事业。

23日—29日，由市纪委、市直机关工委、市妇联、市文联等单位联合开展的“开启新时代，亮出新作为”全市机关学习宣传贯彻中共十九大精神系列活动巡展在德化举行，并在县陶瓷博物馆设立展区。

23日，县流动人口生育关怀协会暨兴南社区早期教育示范点在塔雁小区“乖乖真棒”早期教育中心揭牌，并筹备设立陶瓷业、旅游业、矿产业三个流动人口生育关怀协会。

24日，德化驻上海招商工作联络点、人才工作联络站成立。

25日，浔中镇阳光企业促进会2017年工作座谈会在浔中镇政府召开，并举行爱心企业教育基金捐助仪式等活动。顺美集团、嘉顺艺品等7家促进会成员企业代表捐款170万元。

26日，松溪县委书记黄美萍带领考察团到德化参观考察。

26日，“世界瓷都·德化”县级云平台在县广电局正式启动。该平台包括“德化新闻、党建、政务、检企党旗红、旅游和世界瓷都”等栏目，是广大人民群众了解县委、县政府中心工作的资讯平台。

2月

9日，县陶瓷产业跨越发展大会在县会议中心召开，市长康涛参加。会上，县长刘德旺对《德化县陶瓷产业跨越发展五年行动计划（2018—2022）》《关于制定出台推动陶瓷产业跨越发展若干措施的通知》作出说明。会上还举行“德化陶瓷产业创新发展研究院”授牌仪式。

12日，农业部认定“德化梨”为2018年第一批农产品地理标志登记产品，并授予中华人民共和国农产品地理标志登记证书。至此，德化已获6个国家级农产品地理标志。

21日，春节黄金周期间，全县接待游客15.03万人次，比上年增长26.89%；实现旅游收入1.41亿元，比上年增长73.39%。

25日，2018年春季人才招聘交流会在德化第二实验小学举办，共135家企业招聘，提供陶瓷、电商、物流配送、对外贸易、酒店餐饮、管理等2000多个岗位，初步达成意向485人。

27日，“中国华信·2018闽商年会暨2017闽商年度人物／闽商新锐人物颁奖盛典”在福州举行，德化陶瓷艺术大师到场助阵，并将他们的陶瓷作品作为年会奖品和礼品。

28日，全县工作会议召开，布置实施陶瓷产业、全域旅游、城市品位、社会民生、乡村发展、项目攻坚、党建保障等提升行动，向各乡镇颁发2018年工作责任状，表彰一批农业农村工作先进单位、先进个人和现代特色农业示范典型等。

28日，全县经济工作会召开，传达贯彻中央、省、市经济工作会议精神，回顾总结县2017年经济工作，研究部署2018年经济工作，表彰2017年度纳税500万元以上企业等各类先进，向各乡镇颁发2018年工业经济发展目标责任书。

3月

4日，德化首部旅游微电影《银杏之约》预告片在福州德化商会第一届第三次会员大会上推出。

5日，2018年“建功新时代 瓷都再出发”学雷锋志愿服务主题活动在县瓷都广场举行，全县30多个文明单位及团体组织参加该项活动。

9日，由德化职业技术学校和澳大利亚昆士兰TAFE Queensland合作的中澳办学项目启动仪式在德化职业技术学校举行。

15日，由县妇联、教育局、科技局、关工委、科协主办的“智能科技·播种希望——中国梦”3D创客公益项目启动仪式在县妇幼活动中心举行。

15日，德化与厦门东芯博新材料科技有限责任公司在县会议中心签约超细环保纤维材料项目，该项目填补了德化高新技术纤维空白。

16日，省委常委、组织部部长胡昌升，省委组织部务会议成员、省委非公企业和社会组织工委专职副书记吴汉斌到德化调研基层党建工作。

18日，省农业科学院原院长、中科院院士谢华安一行到德化调研现代农业发展情况。

21日，全县农村集体产权制度改革暨村干部任期和离任经济责任审计工作动员培训会在县会议中心召开，就农村集体产权制度改革、村干部任期和离任经济责任审计业务进行动员培训。

23日，县乡镇跨越发展工作务虚会在县会议中心召开。会上，18个乡镇围绕如何跨越发展、重点就2018年要抓的特色亮点工作、项目等逐一谈思路、谈举措、并进行现场评议。

23日，市委交叉巡察三组进驻龙浔镇开展巡察工作。

24日，“驿路梨花 爱润古镇”第二届梨花节暨上涌农产品展销会在上涌镇辉阳村举办。

24日，林下经济——石斛王产品健康养生研讨会在县医院举行。

25日，德化县医院、中国人民财产保险股份有限公司与上海金汇通用航空股份有限公司联合在德化举行空中医疗救援签约启动仪式，正式开启德化直升机救援“空中绿色生命通道”。

27日，泰国考察团到德化参观考察中泰“3+3”地理标志互认互保入选产品——德化白瓷产业发展情况。

28日，德化水口商会成立大会暨招商推介会在水口镇召开，200多人参加。会上推介“古驿道人文徒步旅游项目”“油茶生态旅游休闲观光园”“飞凤山仙妈亭景区开发项目”等15个招商项目。

29日，中国香港保良局陈守仁小学组织30名师生到德化开展“海上丝绸之路探索之旅”活动。

30日，德化县“建功新时代 瓷都夕阳红”社区离退休干部志愿服务工作年启动仪式在县瓷都广场举行。

31日，德化温泉美食节在雷峰镇蕉溪村开幕，2000多名游客参加。

4月

2日，由香港福建希望工程基金会施纯民捐资港币55万元兴建的三班镇施少鹏希望小学教学楼竣工剪彩仪式举行，该项目是县重点工程项目之一，将解决三班镇蔡径村及紫云开发区学龄儿童就近入学问题。

3日，《德化年鉴（2018）》入选2018年福建省年鉴精品工程候选项目。

3日，由上海五天实业有限公司承办的闽货全球行•天猫（翔安）工业电商共享服务中心、淘宝大学（厦门）培训基地正式落地中国梦谷（翔安）文创园区。德化电商协会和相关部门主动对接融入，促进县电商产品与天猫（翔安）工业电商共享服务中心合作与发展。

8日，“清明古道踏青寻梦·三班锦山品竹赏花”活动在三班镇锦山村举办。

12日，“潮起闽江——全国百名电台总编、记者看福建”活动走进德化，参观采访陶瓷企业和陶瓷大师，了解德化悠久的制瓷历史和陶瓷产业发展现状，宣传德化陶瓷之美。

14日，由市龙门滩引水工程管理处、《瓷都德化》编辑中心、县作家协会联合举办的“文化龙门”采风活动在龙门滩镇举行。

16日，由市计生协会指导，县计生协会和杨梅乡政府联合策划制作，省百魅影视文化传媒有限公司承制的泉州市首部生育关怀微电影《账本》开机仪式在德化举行。

16日，德化一中教师徐志刚获全国五一劳动奖章。

16日，德化县连紫华、陈明良、赖礼同三位陶瓷大师被中国轻工业联合会授予“中国工艺美术大师”称号。至此，全县有6位陶瓷大师获评“中国工艺美术大师”称号。

20日，市委统战部、民革市委会、县委统战部、九三学社德化支社、县医院、平安保险泉州中心公司等单位到上涌镇开展大型义诊、慰问特困户、生产生活物品发放等系列活动，深化精准扶贫工作。

23日，县产权保护活动周启动仪式在县电子商务园举行。

24日，美湖镇小湖村樟树王入选中国林学会公布的“中国最美古树”名录。

24日，由县妇联、河长办、水利局主办，县委文明办、团县委、环保局协办的“巾帼建功 助力乡村振兴暨巾帼护河 共建美丽家园”志愿主题活动在县瓷都广场举行。

27日，全县招商工作落实落地推进会在县会议中心召开，通报2017年以来全县招商选资工作情况并部署2018年招商工作。

27日，庆祝“五一”国际劳动节暨表彰先进大会在县会议中心召开，授予冯尚新等14人“德化县劳动模范”称号、王志峰等6人“德化县先进工作者”称号、许永照等10人“德化县瓷都工匠”称号。

28日，县融媒体中心在县广电局正式挂牌成立，融合全县主流媒体，加大宣传报道力度。

30日，杨梅乡首届民俗文化旅游节在杨梅乡云溪村举办。

5月

2日，第十三届中国（莆田）海峡工艺品博览会在莆田工艺美术城落下帷幕，德化参评的陶瓷作品获得3枚金牌、12枚银牌、5枚铜牌，获奖数居全市第一。

4日，省委文明办常务副主任陈添贵带领调研组到德化调研创建全国文明城市常态工作情况，并参加德化召开的创建全国文明城市动员大会。

7日，德化开展校园周边环境集中整治活动，解决当前校园周边环境的突出问题，对校园周边的闲散人员进行排查，对流动摊点、违规停车、“三无食品”、“黑网吧”进行彻底清查。

10日，宁夏吴忠市红寺堡区委书记丁建成带领考察团到德化调研考察，并召开闽宁对口扶贫协作座谈会。

10日，县陶瓷行业诚信建设宣传月启动仪式在县体育场举行。来自传统企业、电商企业负责人，陶瓷大师和新秀等200多人参加。

11日，白瓷瓷塑艺术创新人才培养研修班在泉州工艺美术职业学院开班。研讨班以“大师＋名师”工作室为人才培养模式，实施“学院派”教学与民间“师带徒”相结合的现代学徒制。

11日，德化红旗瓷厂陶瓷文化项目参加在北京举办的第三届文旅产业巅峰大会暨产业资源链接博览会，获“十佳文旅项目投资价值奖”。

13日，德化茶器优品展洽会在德化亿加艺品有限公司正式启幕，集中展示德化2018年茶壶、茶具、茶配套、煮茶器等新品。

18日，县中国工艺美术大师陈明良、中国陶瓷艺术大师许瑞峰入选文化和旅游部公布的第五批国家级非物质文化遗产代表性项目代表性传承人名单，均为德化瓷烧制技艺项目传承人。

18日，“世界陶瓷之都·德化”全国百家电视台大型集中采访、联合播出暨“不忘初心·书画瓷都”大型书画艺术作品展开幕仪式在县城市规划馆举行。

19日，国宝乡云龙谷景区提升改造完毕，恢复开园。

22日，全县村级组织换届选举工作会在县会议中心召开。

22日，由杨梅乡党委、政府及福建省百魅影视文化传媒有限公司联合出品的德化首部旅游微电影《银杏之约》首映式在德化举行。

26日，“静观如水——王正营书与器艺术展”在县城市规划馆三怡堂开幕，展出王正营书法作品60多件。

26日，“瓷彩·中国白——德化陶瓷艺术精品展”在四川博物院开幕，展示以郑雄文为代表的12位德化现代国家级、省级大师创作的陶瓷雕塑作品100余件，同时还展出四川博物院珍藏的德化陶瓷。

29日，石狮市委书记朱启平，市委副书记、市长黄春辉带领党政考察团到德化考察。

29日，泉州市首部生育关怀微电影《账本》首映仪式在德化举行。

6月

5日，省农业科学院原院长、中科院院士谢华安到龙门滩镇苏洋村绿园合作社杂交水稻新品种选育与示范基地、杨梅乡云溪村等地，现场察看基地配套设施建设及杨梅乡苏区精准扶贫情况，并考察优质水稻院士工作站合作项目。

5日，县环保局联合县委文明办、团县委等部门开展2018年“美丽中国，我是行动者”环保志愿服务活动。

6日，德化白瓷艺术品捐赠仪式在厦门国际会议中心举行。共捐赠21件以陈仁海为代表的德化12位陶瓷大师创作的白瓷艺术品给厦门国际会议中心作永久展示。

7日，省方志委主任陈秋平到德化调研地方志工作。

10日，德化县招商推介会在上海举行，来自县工商联和三班、盖德、杨梅等乡镇有关人员及在上海就读的优秀大学生等数百人参加。会上对盖德镇农业观光、宗教朝圣、芹山登高、乡村民俗等项目和杨梅乡云溪传统村落、丁荣银杏山庄、龙溪大峡谷、西墘农民别墅空置民房开发等招商项目进行现场推介。

11日，市委交叉巡察三组向德化反馈扶贫领域专项巡察情况。

11日，德化人才公寓——凤凰新城正式启用，符合申请条件的60名高层次人才成为首批租住者。

12日，省委巡视二组巡视德化县工作动员会在县会议中心召开。

14日，德化县电商节在德化职校凤凰山讲堂全面启动。

14日，“唱响新时代 共筑中国梦”学习贯彻中共十九大精神主题教育活动金融系统文艺会演在职校凤凰山讲堂举行。

15日，龙浔镇兴南社区“大党委”开展“粽叶飘香过端午，幸福和谐邻里情”包粽子比赛活动。

15日，“新时代·新税貌”德化陶瓷创意设计大赛颁奖仪式在泉州工艺美院举行，评出38件优秀作品：金奖2件、银奖6件、铜奖10件、优秀奖20件。其中，陶艺工作者郑宝珠设计的“税果”与厦门大学艺术学院黄芳祺设计的“亲清护税”获得金奖。

17日，来自斯里兰卡、巴拿马、苏丹等20个国家的71名外国友人，到德化开展“2018年发展中国家落实2030可持续发展议程研修班——减贫专题”考察活动。

18日，第十六届海峡项目成果交易会在福州海峡国际会展中心举行，德化成艺陶瓷有限公司入选泉州馆参展。

18日，在由省科技厅主持的国家技术转移合作项目签约仪式上，德化县龙浔镇的泉州芹峰淮山食品有限公司法人李福龙与瑞士健康医疗科技公司董事长刘刚先生现场进行签约，标志芹峰淮山食品有限公司正式对接海外技术转移。

20日，县工商联召开非公职称评审会，对103名陶瓷企业非公专业技术人员申报助理工艺美术师职称资格进行评审，95名非公专业技术人员获得通过。

21日，德化举办“不忘初心 永远跟党走”瓷都老党员庆祝建党97周年文艺会演。

24日，旺旺幼儿园20周年庆典文艺演出在县瓷都广场举行。

26日，省扶贫“两会”会长叶继革到德化调研脱贫攻坚、乡村振兴与作风建设工作。

27日，德化举行2018年第二季度8个重点项目开竣工仪式。开工项目3个：省道310线土坂（李厝）至盖德（中洋）路段、海丝文化广场、鑫艺景瓷业。奠基项目3个：石冻王健康产业园、德化六中综合楼及操场扩建、第三医院异地新建。竣工项目2个：隆丰粮油有限公司、新秀园。

27日，由春华集团捐资的“春华陶瓷美术培训基地”在德化二中成立。

27日，浔中镇世科村党支部、龙浔镇鹏都社区党支部携手童之梦幼儿园举办“童心向党，共筑中国梦”庆祝七一建党节暨纪念改革开放40周年文艺会演。

29日，唐寨山温泉度假村对外开放，占地0.8公顷，建设有主题酒店、度假别墅、别墅木屋、温泉养生区、配套温泉池、自然游泳池及儿童游乐池等设施，并有一个2500平方米的游泳池。

7月

2日，德化在全省创新推出建设审批项目“一区通办”，在县行政服务中心设置建设项目服务专区、乡镇便民服务专窗、信息归集专用平台等“三个专区”，实现建设项目审批全流程提速。

3日，盖德镇有济村7岁女孩吴思语因患恶性肿瘤去世，去世后家属捐献出其遗体和眼角膜。

3日，在农业农村部公布的前六批全国一村一品示范村镇监测合格名单和第八批全国一村一品示范村镇名单中，德化龙浔镇英山村的芹峰淮山、三班镇龙阙村的黑鸡、春美乡的德化黄花菜上榜。

3日，中国白·创意沙龙“撞出新火花——文创·营销主题创意沙龙”活动在县陶瓷创新发展研究院举办。

3日，浔中镇祖厝村曾氏“科荣扬家风传祖训——苍霞馆”开馆。

4日，福建师范大学协和学院组织大学生社会实践队到德化开展暑期社会实践活动。

5日，由县商务局、人社局、团县委主办的德化县第十五期电商特训营活动在电子商务创业园举办。

5日，省委政法委委务会议成员、省综治办副主任王冰带领督导组到德化督导上半年综治工作。

5日，石冻王原生态健康养生体验馆在泉州市东街揭牌。

5日，德化首家外贸企业综合服务平台——德化凌航外贸企业综合服务中心在县宝美开发区落地。

6日，由德化援宁干部牵线的“中国好红酒，闽宁心连心”红寺堡产区推介会在泉州市举办。推介会上，泉州市副食品生产与供应协会和红寺堡区葡萄与葡萄酒协会签订战略合作协议，宁夏千红裕商贸有限公司、宁夏罗山酒庄有限公司和中贺酒庄，分别与福州、泉州、莆田等企业签订经营销售协议，达成销售金额1000万元。

6日，由县总工会、文体新局、旅游局联合举办的“丝路瓷源·月记窑”陶瓷文化职工摄影比赛颁奖仪式在三班镇洞上陶艺村举办，评选出一等奖3幅，二等奖7幅，三等奖15幅及优秀奖若干。

11日，副省长田湘利，市委书记、市长康涛到德化检查“玛莉亚”台风防御工作。

12日，县陶瓷博物馆开设的金砖国礼馆正式对外开放，展出入选2017年厦门金砖会晤的15件国礼瓷、3套国宴瓷。

13日，由县文体新局、文联、音乐家协会、五洲陶瓷共同主办的德化县“五洲杯”青少年歌手大赛总决赛在德化职校凤凰山讲堂举行。陈昕烨、苏堃烨、罗丹潞、郑岚卿等4名选手分别获得小低组、小高组、初中组、高中组的冠军。

13日，“德化白瓷”“德化玉瓷”“德化窑瓷器”获国家市场监督管理总局核准公告，成功注册地理标志证明商标。

14日，泉州工艺美术职业学院学子在省运会（大学生武术套路比赛）获2枚金4枚铜牌。

15日，德化县电子商务技能竞赛在泉州市龙猫文化传播有限公司开赛，分为摄影、设计、客服和视频4个专场竞赛，四个专场各产生一等奖1名、二等奖2名、三等奖3名、优秀奖5名。

16日，福建省石冻王生物技术研发中心在德化县成立。该中心主要从事棘胸蛙（石冻王）生物技术研发制造、基因研究及相关医学研究和试验发展工作。

16日，华夏金刚科博园、龙鹏陶瓷文化创意园列入2018年省级工业和信息化龙头企业拟培育发展对象。

16日，国家水利风景区专家组到德化评审龙门湖创建工作。

16日，德化县举行“新设计 新制造 新营销——中国白2018德化陶瓷创新发展周”系列活动，活动包含5场展览和12场启动、签约、授牌、授旗、受聘等仪式。

17日，由县妇联、教育局、科协联合举办的2018年公益夏令营开营。

19日，德化县举办棘胸蛙养殖技术培训班，来自9家棘胸蛙养殖户的负责人及技术人员共20多人参加此次培训。

19日，福建中医药大学教学医院德化县中医院成立。

19日，县陶瓷发展委员会正式揭牌，地址设在龙浔镇龙鹏街63号。

19日，德化“互联网+陶瓷”平台正式启动。

19日，第一期“中国白”陶瓷创新设计对接会在德化陶瓷产业创新发展研究院举行。

20日，第七届“福建青年创业奖”颁奖仪式在漳州市举行，德化县林文佳获评“十大青年创业楷模”。

20日，德化陶瓷新技术新产品暨全国科研院所陶瓷研发成果展在县陶瓷发展委员会展厅举办。

20日，国家税务总局德化县税务局挂牌成立。

21日，“中国白·德漂艺族”2018陶瓷艺术展在县城市规划馆举办。

21日，德化县首届陶瓷书画艺术作品展在顺美集团开展。

21日，“中国白”2018德化陶瓷文化千人徒步之旅在泉州工艺美术职业学院举行。

23日，泉州工艺美术职业学院被市教育局评选为“泉州市中小学生研学实践教育基地”。

23日，2018年食品安全宣传周暨“尚德守法 食品安全让生活更美好”主题宣传咨询活动在县瓷都广场举行。

24日，全省县级社区矫正中心标准化建设现场推进会在德化召开。

24日，盖德镇扶贫办负责人张耀光在市2018年度践行社会主义核心价值观“最美人物”评选中，入围“最美扶贫人”，福建省闽旋科技股份有限公司郑华婷入围“最美职工”。

24日，由县电子商务协会、茶创汇（杭州）文化传播有限公司联合举办的“艺见瓷都德化”茶器订货会在德化举行，来自全国300多家茶行业采购经销商和100多家源头企业参加。

25日，县委常委（扩大）会议召开，听取和分析全县经济运行及重点项目建设、陶瓷500亿进展、招商引资、争取财政资金等情况，部署下半年各项工作。

26日，县举办政银企对接会暨普惠金融产品推介会民生银行专场，吸引近百家企业参加，促成贷款意向签约22户，签约金额2860万元。

27日，县人社局、司法局、法院、市场监管局、工商联、总工会等部门在城东工业区安成创业园开展“德化县劳动法律咨询暨整治陶瓷企业采用不正当手段‘挖人’问题宣传活动”。

27日，由县旅游局举办的“发现大美德化”抖音创意视频挑战赛开赛。

28日，“黄慎杯”全国中小学生经典诗文读写大赛在三明市宁化县举行，德化县实验小学学生黄晶、陈忠淳获特等奖，林梦婕、许家鸿、陈紫萌获一等奖，郑哲铮获二等奖。

29日，德化县商品住房出售首次采用公证摇号。

30日，全市小学、幼儿园“美育·陶艺”指导教师第一期培训班在泉州工艺美术职业学院开班，来自泉州市区、南安、惠安、安溪、德化等地120多名小学美育老师参加培训。

30日，由县妇联、县武警中队主办，县旗袍协会承办的“弘扬优良传统、共建和谐家园”德化县庆“八一”军民共建慰问活动在县武警中队举行。

31日，县教育局对城区小学、初中一年级等3128名借读生进行电脑派位安排入学，解决进城务工人员随迁子女的入学问题。

8月

1日，县委书记梁玉华、县长刘德旺、县人大常委会主任王传敬、县政协主席温文英等县领导看望慰问“泉州舰”舰艇官兵。

2日，省农科院、中科院专家到德化调研，并与德化签订院士工作站建站协议和项目合作协议。

3日，县少体校散打队（二实小分校散打基地）13名运动员获首届厦门市“王军霞文化传播杯”散打搏击比赛4枚金牌、1枚银牌、6枚铜牌。

4日，德化瓷烧制技艺——综合材料艺术作品展在三班镇洞上陶艺村月记美术馆开展。

4日，2018中国文艺志愿者协会李尧宝刻纸、花灯艺术技能培训班结业暨云溪非遗展厅揭牌仪式在杨梅乡云溪村举办，标志着福建省首个中国文艺志愿者协会技能扶持项目正式落户德化。

7日，县剪纸工艺传承推广服务站在县老干部活动中心揭牌成立，并举行剪纸传承培训班。

7日，龙浔镇丁墘村被市档案局、市方志委确定为首批12个“乡村记忆文化”项目建设试点单位之一。

8日，来自人民日报、新华社、中央广播电视总台、光明日报、经济日报、中国日报、中国外文局、中新社以及福建日报、福建省广播影视集团等多家中央省市媒体的50多名记者到德化采访调研“一带一路”陶瓷产业发展情况。

9日，2018年“八闽杯”海峡两岸大学生设计工作坊五洲陶瓷专场正式启动，来自亚洲大学、中原大学、高雄师范大学、福建省闽南理工学院、青岛理工大学等13所高校学生前来参赛。

9日，101尊德化白瓷“百态观音”造像，亮相2018中国（兰州）丝绸之路国际赏石文化节暨第11届中国（兰州）艺术品收藏博览会。

11日，县作家协会第四次会员代表大会举行，会议选举产生新一届领导班子，范云英当选主席。

12日，“红寺堡区基础公共就业服务能力提升专题培训班”在县党校开班。

14日，“四市五县”（福州市永泰县、莆田市仙游县、三明市大田县、尤溪县、泉州市德化县检察院）推进环戴云山生态保护司法联盟推进会在德化举行。

15日，县第七届文昌阁奖学金发放仪式举行，奖励2018年德化高考理科状元江德扬（被清华大学录取）奖学金12000元、2018年德化高考文科状元郑子南奖学金6000元以及2019届文理科学生代表30人。

17日，泉州祥山科技农业星创天地、德化县丰农汇星创天地入选省科技厅公布的2018年全省星创天地名单。

23日，德化县举行2018年度铂汉助学金发放仪式，为16位受助学生发放每学期学费补助5000元，每月生活费500元，将持续资助4年。

23日，中国传统工艺美术大师林鸿福等发明的“一种薄纱陶瓷雕塑工艺及烧制方法”获法国巴黎国际发明展览会银奖，“羊脂白糯米胎高密度丝光玉瓷及其制作工艺”获铜奖。

24日，全县收账工作推进会在县会议中心召开。

24日，2018年福万通慈善举行助学金发放仪式，全县15名贫困优秀学子每人受助5000元，共计7.5

万元。

28日，由县教育局、陶瓷办、万瓷文化、如瓷生活馆共同举办的“儒瓷助学”颁奖仪式在县文庙举行，给予2018年县高考文理科第一名，以及被清华大学、“985”和“211”学校录取的86名考生德化名瓷奖励。

29日，福建首个陶瓷中试服务基地在德化县鹏祥工业园区落成。

9月

1日，省交通运输厅、公路管理局到德化调研“厕所革命”工作。

1日，县工商联、团县委联合龙浔镇政府在丁墘村举办“百善孝为先·移风易俗树新风”为主题的文化下乡演出活动。

3日，县城区57座公厕在“全国城市公厕云平台”完成登记，市民只需关注“城市公厕云平台”公众号、小程序或下载“城市公厕”APP就可就近查找到公厕。

3日，北京大学·德化县“建功新时代、能力再提升”第二期研修班正式开班。

4日，盖德镇有济村举办“相约有济·记忆乡愁”盖德镇乡村民俗文化旅游节。

5日，泉州华侨历史学会德化分会成立。

6日，县教育发展基金会正式成立，选举产生第一届理事会成员，郑泽洽当选第一届理事会会长。

6日，文化和旅游部公布第六次全国县级以上公共图书馆评估定级名单。县图书馆获评“二级图书馆”。

7日，“第十一届海峡两岸（泉州）农产品采购订货会”在南安成功国际会展中心举办。德化县绿佳农产品有限责任公司的“恋南山黄花远志花茶”被组委会评为“海峡两岸最受欢迎伴手礼奖”。

8日，马六甲、东甲、雪隆、蕉赖、文律、彭亨、柔佛、柔南等8个德化会馆以及新山永德会馆代表，分别与德化县、吉隆坡总站签订德化县驻马来西亚人才工作联络分站合作备忘录，标志着德化县在马来西亚的9个会馆全部设立“人才工作站”，实现全覆盖。

10日，由市纪委与市档案局主办，县纪委和县档案局承办，龙浔镇党委协办的“传承优秀家风·助推乡村振兴”主题家风档案文化展在宝美村苏氏家训馆举办。

10日，市政府公布2018年度“泉州市教育世家”名单，德化县春美中心小学苏金通、雷峰中学郭盛开入选。

11日，县检察院、县综治办在龙浔镇宝美村和浔中镇富东社区设立“网格化＋社区检察官”工作室。

11日，上海市福建商会到德化考察，并与县政府就红旗厂陶瓷文化旅游、月记窑陶瓷文化旅游、石牛山旅游度假区、白瓷研学旅行基地、生态研学旅行基地等项目的招商推介情况展开座谈。

12日，2018年省陶瓷行业职工技能竞赛暨德化县首届“筑梦港湾”人才嘉年华活动启动仪式在县安成创业园举行。

12日，省陶瓷行业职工技能大赛暨2018中国技能大赛——第四届陶瓷成型职业技能竞赛在德化职业技术学校举行，来自全省各地76名选手参赛。此次竞赛推荐各竞赛职业（工种）前8名选手参加全国总决赛。对各竞赛职业（工种）在全国总决赛中获得前三名的选手，将报请人社部核准，授予全国技术能手称号。

13日，德化茶具馆亮相中国国际食品餐饮博览会。

13日，德化县入选中央级大型政经类月刊《小康》发布的“2018中国营商环境百强区县排行榜”。

14日，县举行数字德化地理空间框架建设项目验收暨成果发布推广，将提供“一站式”在线地理信息服务。

14日，县扫黑除恶专项斗争领导小组成员会议在县会议中心召开。

14日，第五届全国地方志优秀成果（年鉴类）评选结果公布，《德化年鉴（2017）》被中国地方志指导小组、中国地方志学会评为二等年鉴。

15日，县日用陶瓷专委会召开，进行“日用陶瓷技术创新人才奖”初评及科技创新成果展示与技术对接。

17日，泉州市县级融媒体中心建设现场会在德化召开。

17日，第二届“中国白”国际陶瓷艺术大奖赛在中法文化论坛上启动。大奖赛要求参赛作品必须保证烧制原料中至少50%为白瓷原料，提交参赛作品时间为2018年10月1日至2019年4月30日。大赛奖金设置一等奖奖金5万欧元，二等奖奖金3万欧元，三等奖奖金2万欧元，优秀奖奖金5000欧元。

19日，由县委、县政府，泉州电视台联合主办，县委宣传部、泉州广播电视台新闻中心联合承办拍摄的大型系列专题片《溯源德化》开拍。

19日，德化县大学生创客联盟启动仪式在县陶瓷发展研究院举行。

20日，省安委会安全生产巡查组延伸巡查德化。

20日，全县领导干部“廉内助”专修班在县会议中心举行。

21日，“筑梦港湾”德化县第二届青年陶瓷创新设计大赛举行颁奖仪式，评选出一、二、三等奖10名，优秀奖10名。

22日，“迎国庆·改革开放四十周年陶瓷书画艺术作品展”在顺美艺术空间开展。

22日，由县科协、教育局、环保局等单位联合举办的县第九届青少年科技创新大赛在德化三中举办，200多件作品参赛，300多名中小学师生、家长等科技创新爱好者参加。

25日，德化县举行2018年第三季度8个重点项目开竣工仪式。开工项目4个：霞田文体园（隆中路南段道路工程）、红旗瓷厂历史风貌区保护提升工程一期、电商物流园项目一期工程、蕉溪清新流域。奠基项目1个：第二实验小学分校校园扩建。竣工项目3个：世界德商瓷都总会馆、佳浩陶瓷有限公司、城东实验小学。

27日，市督导检查组到德化开展“七五”普法中期工作督导检查。

27日，县市场监管局联合县委组织部、县直党工委开展以“党建+服务+监管，助推德化陶瓷500亿跨越发展”为主题的德化县直机关党建主题沙龙。

28日，戊戌年祭孔暨孔子文化教育奖颁奖典礼在县文庙举行，纪念先贤孔子诞辰2569年，表彰42名孔子文化教育奖获得者。

28日，国家体育总局原局长袁伟民、省体育总局原副局长陈忠和带领考察团到德化参观考察。

29日，中国品牌建设促进会理事长、原国家质检总局副局长、ISO/TC289主席顾问组主席刘平均带领调研组到德化调研陶瓷产业发展情况。

30日，德化县在塔尖山革命烈士陵园举行革命烈士公祭活动。

30日，“纪念改革开放四十周年”尤溪、德化书法联展在县文庙举行开幕式，展出80幅书法作品。

30日，陈云贵雕塑作品展在县城市规划馆举办展出48件作品。

30日，2018年德化县电子商务技能竞赛颁奖仪式在电商园举行，获奖者44名。

10月

1日，“何朝宗杯”2018中国（德化）茶具工业设计大赛在三班镇中国茶具城正式启动。大赛收到来自美国、英国、德国、新加坡等25个国家和地区的作品3769件，选拔出100件作品入围和10件备选作品。此次大赛总奖励39万元，其中特等奖奖金10万元。

1日，由苏州市园林和绿化管理局、德化县政府共同主办的“首届沧浪亭‘非遗进世遗’活动暨‘国粹·凝韵’——2018德化窑青花白瓷主题艺术展”在苏州市沧浪亭开幕，集中展示12位德化当代陶瓷艺术家创作的150余件精品。

2日，德化旅榕医疗专家服务队回乡义诊活动在县中医院举行，各医疗专家现场接受群众咨询，为群众看病。

3日，上涌镇曾坂村永革桥入选福建省第九批省级文物保护单位名单。

4日，国家应急管理部督查组到德化督查非煤矿山安全生产工作情况。

9日，市宣传中共十九大精神文艺志愿服务活动在泉州工艺美术职业学院举行。

9日，德化县庆祝首届“中国农民丰收节”暨“2018金秋葛坑”民俗文化旅游节在葛坑镇开幕。

9日，省老年大学调研组到德化调研老年教育工作。

13日，憨鼠爱心小分队组织爱心志愿者们到浔中镇乐陶小学举办重阳敬老活动。

13日，县老龄办、老年协会慰问百岁、空巢、失能、困难老人1257名，发放慰问金30.33万元。

15日，德化金马车陶瓷有限公司的“百态观音”获丝绸之路（敦煌）国际文化博览会最佳创意奖。

16日，县委宣传部与福建广电网络集团就共同推进县级融媒体项目的建设举办签约仪式。

17日，县人社局举办以“就业扶贫·帮困脱贫”和“促进供需匹配·助力企业发展”为主题的专场招聘会，17家企业提供美工设计、文案策划、酒店管理等300多个岗位。

17日，德化“长寿之乡”赤水镇各村举办“传统重阳节·浓浓敬老情”活动，为各村老人们举行“百叟生日宴”并发放慰问金。

20日，2018年中国技能大赛——“高岭杯”第四届全国陶瓷职业技能竞赛总决赛落幕，德化参加全国总决赛21人，获全国技术能手2人，获全国陶瓷行业技术能手11人。

22日，县淮山专业技术协会、十八学士茶花专业技术协会获评市科普惠农兴村计划优秀项目；绿佳农产品有限公司获评市农村科普示范基地；浔中镇吉祥社区获评市社区科普益民计划优秀项目。

22日，龙浔镇高阳村、盖德镇有济村入选省级乡村振兴示范村。

23日，福建省园艺学会2018年学术年会暨第十八届省科协年会分会在德化召开，并与德化签订战略框架合作协议。

23日，县全国文明城市创建工作推进会在县会议中心召开。

24日，国宝乡佛岭村上榜首批市级特色村镇扶持创建试点名单。

24日，省科协发文公布2018年学会创新驱动服务站名单，德化2个入选，其中县英山珍贵淮山农民合作社与中国粮油学会营养分会合作建立的学会服务站被确定为国家级学会创新驱动服务站，县绿园农业综合专业合作社与省院士专家交流协会合作建立的学会服务站被确定为省级学会创新驱动服务站。

25日，市林业局和中国野生动物保护协会志愿者联盟福建志愿者们一行10多人到德化县水口镇开启2018年候鸟南迁中国东线福建段首站护飞行动。

26日，水口镇梨坑村开展"移风易俗·清新水口"文化演出暨"美丽梨坑·养生福地"摄影采风活动。

26日，县非凡陶瓷有限公司被中国残疾人福利基金会等单位授予全国"手工艺者集善之家"称号。

27日，由福建省海峡民间艺术馆、秦皇岛市文广新局主办，秦皇岛市玻璃博物馆承办的"瓷魅石韵——福建德化陶瓷与寿山石雕艺术作品展"在秦皇岛市玻璃博物馆开幕。

29日，德化县新增11个工艺美术大师工作室。至此，全县有大师工作室65个，总数位居全市第一。

29日，由市残疾人联合会主办、市肢体残疾人协会协办的市2018年残疾人电子商务培训班在泉州工艺美术职业学院开班。

29日，中国轻工业联合会会长张崇和带领考察团到德化考察陶瓷产业发展和手工艺传承等情况。

29日，德化县为三班、雷峰、南埕、水口、国宝、赤水、春美、葛坑、杨梅等9个信用乡镇授牌，信用乡镇将享受信贷资金倾斜、贷款利率优惠、金融服务优先等优惠政策。

30日，全县创建国家公共文化服务体系示范区部署动员会议在县会议中心召开。

31日，市委生态环保领域扫黑除恶专项交叉巡察十一组巡察德化工作动员会召开。

31日，德化县8人入选2018年泉州市智能制造产业集群高端人才名单，共获奖励金40万元。

11月

1日，德化县祥盛工艺、祥山大果油茶获评2018—2020年度省林业产业化龙头企业称号。

1日，"庆祝改革开放40周年"德化·尤溪书法联展在尤溪县博物馆开展。

3日，县陶瓷文创"人才之家"获首批市级"人才之家"。

4日，第十一届中国陶瓷艺术大展在浙江省龙泉市落下帷幕。德化53件作品获奖：金奖8件、银奖17件、铜奖28件。

4日，龙门滩镇举办首届"愉悦龙门 一鱼多品"美食文化旅游节。

6日，德化恋南山黄花远志茶在第十四届海峡两岸林业博览会暨投资贸易洽谈会中获金奖。

6日，德化三中林慧雅获第十三届宋庆龄奖学金500元。

7日，全县"深入学习贯彻习近平新时代中国特色社会主义思想"专题研讨班在县会议中心举办。

7日，德化黑羊通过农业农村部国家农产品地理标志登记保护，成为德化县第7个通过国家农产品地理标志登记保护的农产品。

8日，省委巡视二组向德化反馈巡视情况。

9日，"庆祝改革开放四十周年暨天津艺术家陶瓷·国画作品邀请展"在县城市规划馆开幕。

9日，第十三届中国泉州——东南亚中医药学术研讨会在德化举行。

11日，中国泮庐集团董事长郑长来从英国联邦贵金属公司购入12万件"泰兴号"沉船清代德化青花瓷。

11日，瓷彩·中国白——福建德化陶瓷艺术精品展在福州开幕。

12日，"纪念改革开放四十周年，传承德化瓷烧制技艺"2018年非物质文化遗产德化瓷烧制技艺手拉坯、陶艺技能竞赛在三班镇洞上陶艺村举行。来自全国各地的63名选手参赛，经过评选，陈彬毅创作的"观井"获一等奖。

12日，德化鲁闽怡家陶瓷、龙鹏集团、同鑫陶瓷等3家陶瓷企业获评第八批市级文化产业示范基地。至此，全县有文化产业示范基地省级6家、市级17家。

12日，县举行2018年第四季度重点项目开竣工仪式。开工项目6个：驾云亭公园扩建工程、唐寨山森林公园提升工程、国际陶瓷艺术城、环保纤维材料项目、唯美玻璃、省道310德化龙门滩至苏洋路段。奠基项目1个：盖德中小学。竣工开业项目1个：中国茶具城一期。

13日，县委常委会（扩大）会召开，落实省委巡视整改工作。

17日，“村史馆里的‘民国先生’陈云贵雕塑艺术展”在厦门市翔安区新店镇澳头村史馆开幕。展出鲁迅、胡适、梁启超、蔡元培、康有为等13位“民国先生”的24件白瓷雕像。

18日，德化观赏苗木“台湾山樱花”获农博会暨花博会金奖。

19日，县绿佳农产品有限责任公司寇森林等4人获聘国务院扶贫办贫困村创业致富带头人（蓉中）培训基地创业导师。

20日，县委文明办、县教育局联合举办中华经典诵读比赛暨乡村（城市）学校少年宫展演活动。

22日，2018年“闽宁合作、德红携手”电子商务实训活动在宁夏吴忠市红寺堡区公共服务中心开班授课。

22日，福建广电网络德化分公司县级融媒体中心建设项目与县委宣传部签订《县级融媒体合作协议》，是全省首家签订合作协议的分公司。

23日，2018年“发现大美德化”系列活动颁奖暨启动仪式在德化职校凤凰山讲堂举行。期间启动“德化餐饮名店”“德化名小吃”“德化网红民宿”评选活动及“寻找德化锦鲤”营销活动。86名抖音挑战者获得挑战赛的状元、榜眼、探花、进士、举人奖，37家企业的64件产品入选首批“德化伴手礼”，77位讲解员通过考试，获得讲解证。

24日，由市旅游发展委员会主办、县旅游局承办的“清新福建·海丝泉州”公众推介会在漳州市和厦门市开展。

24日，德化县残疾人徐福坤获省第六届残疾人职业技能竞赛陶艺项目第一名。

26日，德化县召开创城迎检工作会议，部署创建全国文明城市提名城市第二次迎检工作。

26日，龙门湖水利风景区上榜第十八批国家水利风景区公示名单。

28日，德化县与快手科技联合举办“打开快手，发现美丽德化”新闻发布会，宣布双方达成城市级战略合作。

28日，第三届泉州市工艺美术大师（陶瓷类）现场考评活动在泉州工艺美术学院举行，154名人员参赛。

28日，德化县本土旅行社——瓷国旅行社开业。

29日，第六期“世界瓷都·润养德化”乡村旅游运营主题沙龙活动在县陶瓷办举行。

30日，2018年福建省中小学生经典诵读展演活动（德化专场）在德化职校凤凰山讲堂举行。

12月

3日，省委党校常务副校长、福建行政学院常务副院长胡忠昭一行到德化调研驻村帮扶工作，看望驻村干部。

4日，副省长杨贤金到德化调研医疗卫生和幼儿园建设情况。

5日，莆田市德化商会举行第一届理监事就职典礼暨德化县重点项目招商推介会，180多人参加。

5日，北京联合保险经纪有限公司福建省分公司资助德化县贫困学生助学金发放仪式举行，资助德化100名经济困难且品学兼优的中学生10万元。

6日，德化·大铭第二届生姜文化旅游节开幕，大铭村村民林明煌选送的生姜新姜产出比（新姜重量/老姜重量，最大的为姜王）以43.5获金奖，成为该届生姜文化旅游节“生姜王”。

6日，被中国地方志指导小组办公室、中国名镇志编纂委员会列入中国名镇志文化工程的《浔中镇志》正式出版。

7日，在第十九届中国绿色食品博览会暨第十二届中国国际有机食品博览会上，德化梨、刺明珠葡萄、十八格黄花菜、芹峰淮山、岱仙山黑鸡、石冻王棘胸蛙等6个产品获中国绿色食品博览会金奖。

8日，“薪火相传——中国白”德化陶瓷作品展在县城市规划馆开幕，集中展示德化陶瓷在历史长河中留下的代表性陶瓷艺术作品。

10日，县卫计局在驾云亭建设的人口健康文化主题公园投入使用。

10日，德化首个与台籍专家合作共建的专家工作站——福建戴云山国家级自然保护区专家工作站，通过市科学技术协会中期考核评审。

13日，中国泮庐集团在广州黄埔新港港区全通秀丽码头举行12万件“泰兴号”沉船德化青花瓷回归开启仪式，县长刘德旺带领博物馆工作人员和古瓷研究专家参加。

13 日，德化与泉州市铁塔公司签订公共资源战略合作协议，双方代表并就资源共享新型业务深度合作进行讨论。

13 日，首届中国（德化）茶具文化产业博览会系列活动之一——“中国白锦鲤”超级奖得主出炉。来自福州的网友“Oni”获得中国陶瓷艺术大师许瑞峰创作的中国白瓷作品“三十三态观音”1 套 33 件以及 1000 套茶器奖品。

13 日，《德化县志》（嘉靖、康熙、乾隆、乾隆续志、民国、民国大事记）等 6 部旧县志整理重印出版。

15 日，“异象·第二届德化陶瓷双年展”在三班镇月记窑美术馆开幕。

18 日，德化县举行首批特色亮点项目观摩活动，落实项目进展情况，学习典型先进经验。

18 日，2018 年企业管理经验分享之新时代职业经理人大讲堂走进德化活动举行，县百余名企业家代表参加。

19 日，省扶贫“两会”常务副会长李跃年带领调研组到德化调研脱贫攻坚工作。

20 日，全县机构改革工作大会在县会议中心召开。

21 日，首届中国（德化）茶具文化产业博览会在三班镇中国茶具城开幕。本届茶具博览会举办文化高峰论坛、“何朝宗杯”中国（德化）茶具工业设计大赛颁奖仪式、发布“2019 中国茶具产业流行趋势”等一系列活动。

22 日，2018 年秋季德化窑海外回流藏品交流拍卖会在顺美陶瓷文化世界艺术空间举行，总成交额 1007.55 万元。

23 日，首届“寨见桂阳”文化旅游节暨徒步银瓶湖活动在桂阳乡举办。

24 日，中国名镇志文化工程《浔中镇志》首发仪式暨家风家训专题讲座在浔中镇政府举办。

25 日，德化县首届技能大师评选现场创作考评在泉州工艺美院举行，评选出 2018 年度“德化县技能大师”20 名。

25 日，杨梅乡入选中国林学会等公布的“2018 森林中国·发现森林文化小镇”名单。

27 日，县教育局举行小学、幼儿园新教师教学基本功大赛，近三年新招聘的 180 多位小学、幼儿园教师分别参加了硬笔、粉笔和简笔画比赛，最终决出一、二、三等奖若干名。

28 日，全县领导干部大会召开，黄文捷任中共德化县委委员、常委、副书记。

28 日，全县加强非洲猪瘟防控工作会在县会议中心召开。

28 日，盖德镇有济村吴氏家风家训馆入选首批市级家风家训馆名单。

29 日，县自然资源局、农业农村局、文化体育和旅游局、退役军人事务局、应急管理局、工业信息化和商务局、城市管理局、科学技术局、卫生健康局、住房和城乡建设局、信访局等新组建、更名的部门全部挂牌。

29 日，九仙山迎来 2019 年入冬以来的首场雾凇。

30 日，全县 18 个乡镇派出监察组组建挂牌。

31 日，南平高速交警刘才添（德化籍）在高速路上为救人因公牺牲，年仅 28 岁。

专记

全国首个陶瓷茶具专业市场——中国茶具城

中国茶具城国庆节试营业

2018年10月1日，中国茶具城（一期）试营业，现场万人齐聚，县政府有关部门领导、陶瓷艺术大师、茶器行业大咖、陶艺工作者、媒体记者及各界人士一起见证中国茶具城的试营业庆典仪式。仪式上还正式启动"何朝宗杯"2018中国（德化）茶具工业设计大赛。在国庆节七天长假期间，中国茶具城还开展主题展演、购物有礼、消费折扣、体验互动、美食街等活动68场次，以百万元计的好礼酬谢社会各界人士。

中国茶具城位于三班镇，是福建省重点建设项目，坐拥德化陶瓷茶具占全国80%的产地优势，规划建设面积80公顷，总投资25亿元，由专业市场、会议中心、博物馆、电子商务、会展中心、总部大楼、酒店、文化广场等功能区组成。一期项目建设用地19.47公顷，建筑面积35万平方米，总投资6亿元，于2015年动工建设。2018年2月商铺全部售罄，吸引来自上海、广州、西安、郑州、厦门、潮州、武夷山等全国各地200多家企业和商家入驻，初步形成集茶具批发、展示、零售、电商、物流、科研、培训、创作与产业链融合等于一体的国际化专业茶具市场，成为全国最大的茶具产业集散高地与陶瓷文化、文创产业特色窗口。

2018年10月1日，中国茶具城在三班镇试营业
（图／黄谷莹）

首届中国（德化）茶具文化产业博览会开幕

2018年12月21日，首届中国（德化）茶具文化产业博览会在德化中国茶具城开幕。本届茶具博览会举办文化高峰论坛、"何朝宗杯"中国（德化）茶具工业设计大赛颁奖仪式、发布"2019中国茶具产业流行趋势"等一系列活动。

中国茶叶流通协会会长王庆、中陶协名誉副理事长付维杰、中陶协副理事长兼秘书长侯文全、中国茶叶流通协会副会长姚静波、副市长周真平和县委书记梁玉华、县长刘德旺、县人大常委会主任王传敬、县政协主席温文英等县四套班子领导，来自全国10个省份、29个产区的陶瓷茶具及配套行业参展商和采购商，以及新华社、中新社、中央电视台、福建电视台、《福建日报》、《中国台湾导报》、《中国香港商报》、《中国香港经济导报》等近40多家媒体的70多名记者参加开幕式。

梁玉华在开幕式致辞中指出，德化是独具特色的"茶具之乡"，依托深厚的陶瓷产业基础，推动陶瓷茶具在专业、品质、特色上全面提升，创造上百个系列数万款茶具，形成完整茶具文化产业链条，德化县陶瓷茶具产值60亿元，占据全国80%网上茶具销售市场，并建成全国首个陶瓷茶具专业市场"中国茶具城"。当前，茶具文化产业正处于转型升级的关键期，第一

2018 年 12 月 21 日，第一届中国（德化）茶具文化产业博览会暨“线上茶具城”开通仪式在三班镇中国茶具城开幕　（图 / 王双季）

届中国（德化）茶具文化产业博览会的举办，填补中国茶具文化类专业博览会的空白，必将推动中国茶具文化产业发展迈向新的高度。

此次茶具文化产业博览会由中国陶瓷工业协会、中国茶叶流通协会主办，德化县陶瓷发展委员会、德化陶瓷产业创新发展研究院、中国茶具城共同承办。博览会展览规模 50000 平方米，有特装展位 20 个，标准展位 210 个，茶具城展馆 375 个，分为茶具、茶配套等两大展区。来自江苏宜兴、浙江龙泉、江西景德镇、山东淄博、河南汝州、河北唐山、广东潮州等全国各个陶瓷产区 600 多家企业组团参展，还有来自中国台湾地区的 12 家企业参展。

首届茶具文化产业博览会是一次集传统技艺与现代工艺于一身，融东西方多样陶瓷文化、茶文化于一体，兼具学术研讨、精品展示与商贸合作等多种功能的盛大嘉年华。德化努力把茶具文化产业博览会打造成发扬“丝路精神”的新载体、促进合作交流的“连心桥”，并希望以此进一步传承、弘扬陶瓷文化，发展壮大茶具产业，带动茶盘、茶水壶、玻璃品产业落地发展，实现德化茶具从单一到多功能转变，促进茶道、香道、花道融合，形成完整的茶具文化产业链条。

新设计 新制造 新营销——“中国白”2018 德化陶瓷创新发展周

“中国白”2018 德化陶瓷创新发展周启动

2018 年 7 月 16—22 日，德化县举行“新设计 新制造 新营销——‘中国白’2018 德化陶瓷创新发展周”系列活动，包含 5 场展览活动和 12 场启动、签约、授牌、授旗、受聘等仪式。

借助创新发展周契机，德化着力建设产业互联网平台和人才智库平台，以新设计为驱动、新制造为支撑、新营销为先导，探寻全新的发展模式，让德化陶瓷产业提档增速上快车道，用创新引燃德化陶瓷产业 500 亿元加速度，进一步打响“中国白”“世界陶瓷之都”的品牌，实现为德化创新性、探索性、引领性发展提供智力支撑。

2018 年 7 月 16—22 日，德化县举行“新设计 新制造 新营销——‘中国白’2018 德化陶瓷创新发展周”系列活动　（图 / 许华森）

德化县陶瓷发展委员会揭牌

2018 年 7 月 19 日，德化县陶瓷发展委员会在龙浔镇龙鹏街 63 号正式揭牌。县委书记梁玉华、县委副书记陈金忠分别为德化县陶瓷发展委员会、德化县陶瓷发展委员会办公室揭牌。

相关链接：2014 年 4 月 22 日，县委、县政府成立德化县陶瓷发展委员会，并设立陶瓷发展委员会办公室。2016 年，新一届领导班子到位后，调整充实陶

2018 年 7 月 19 日，德化县陶瓷发展委员会正式揭牌　（图 / 许华森）

瓷发展委员会，县委书记梁玉华亲自担任陶发委主任。机构调整以来，德化县陶瓷发展委员会及其办公室运行顺畅，在推动德化县陶瓷产业跨越发展、强化陶瓷产业经济支柱性作用方面切实发挥牵头抓总、拾遗补漏，统筹协调、推动落实的作用，德化县上下更加凝心聚力向500亿产值目标进发。

德化“互联网＋陶瓷”平台启动

2018年7月19日，“中国白”2018德化陶瓷创新发展周系列活动启动、签约、授牌、授旗、受聘仪式在德化县陶瓷发展委员会展厅集中举行。其中德化“互联网＋陶瓷”平台包括国内、国际2个，以连接全产业要素。国内是建立陶瓷产业链条化互联网太平台，主要包含：新零售、信息公共服务、大师艺术陶瓷、新媒体、行业大数据、供应链管理等6大板块，集聚陶瓷全产业要素和资源，服务企业做大做强；国际是跨境电商平台，建立陶瓷全球数字贸易平台，融入国家“一带一路”倡议，推动陶瓷出口升级。

2018年7月19日，德化“互联网＋陶瓷”平台启动（图／许华森）

一批陶瓷创意创新项目、创作中心、工作室签约或入驻德化

2018年7月19日，福建中瓷网络科技有限公司展播“一瓷一SHOW一故事”视频，并与县许丽枝、李璋高等首批20位匠人签约，德化陶瓷产业创新发展研究院签约顾问代表、华大经济与金融学院博士生导师尹晓波教授，设计师代表、德国红点设计大奖、马来西亚国际发明展金牌获得者、中国台湾设计师姜骏议。研究院旗下“中国白·哲选”品牌与企业代表、万旗科技陶瓷有限公司进行品牌合作签约。

同时，五洲陶瓷新材料技术研发中心与景德镇陶瓷大学就“高性能德化白瓷研制项目”进行合作签约，将着力解决德化白瓷高温变形，大件产品难烧制以及强度不高等问题，通过配方体系优化，提高德化白瓷强度、透光度和热稳定性等性能。

2018年7月19日，福建中瓷网络科技有限公司与首批匠人代表签约（图／许华森）

授牌、授旗、受聘仪式集中举行

2018年7月19日，德化县陶瓷艺术创作服务中心也在创新周授牌启动。据悉，该中心主要是做好外来艺术家，包括高校老师学生、名人大咖等驻地创作的服务对接工作。此外，现场清华大学教授张守智，厦门美术学院教授、著名国画家杨胜还为顺美集团“张守智陶瓷艺术设计工作室”“杨胜陶瓷艺术设计工作室”授牌；景德镇陶瓷大学为五洲技术研发中心授牌；市教育局为泉州工艺美术职业学院“美育·陶艺培训基地”授牌；泉州工艺美院客座教授聘任仪式；“中国白”2018德

2018年7月19日，泉州工艺美院客座教授聘任仪式举行（图／许华森）

化陶瓷文化千人徒步之旅授旗仪式。系列仪式后还举办省内外陶瓷大师名师“匠心·文心”陶瓷教育沙龙活动。

创新发展周五场展览举行

2018年7月19日，第一期“中国白”陶瓷创新设计对接会在德化陶瓷产业创新发展研究院开展，陶瓷产业创新发展研究院推出300项设计成果与企业对接；7月19日，泉州工艺美院师生作品展在泉州工艺美院开展，展出工艺美院副教授张南章和客座教授林建胜华夏贤哲陶瓷塑像作品101件，同期还举办2018届毕业设计作品展，汇集艺术设计、雕刻艺术设计、美术、室内艺术设计、工业设计、环境艺术设计、数字媒体艺术设计、视觉传播设计与制作等9个专业学生的毕业设计作品300多件；7月20日，德化陶瓷新技术新产品暨全国科研院所陶瓷研发成果展在德化县陶瓷发展委员会展厅开展，展出清华大学、华南理工大学、福州大学、武汉理工大学、陕西科技大学、湖南大学、景德镇陶瓷大学、泉州工艺美院等10所高等院校15项陶瓷科技研发成果，并展出氧化锆轴承、氧化锆灯丝、陶瓷取暖器、陶瓷地漏、薄板陶瓷等55个项目164件新技术产品和跨界创新产品；7月21日，“中国白·德漂艺族”2018陶瓷艺术展在县城市规划馆举办，120件外来陶瓷艺术家的陶瓷作品展示“德漂艺族”在德化县生活创作、文化交融的成果，呈现传统陶瓷文化在新时代熏陶下焕发出的新理念、新智慧、新气度和新神韵；7月21日，首届陶瓷书画艺术作品展在顺美集团开展。此次展览以“墨趣·瓷韵”为主题，涵盖人物、山水、花果、鸟兽等水墨国画，以及雕塑、器皿、园林等艺术陶瓷，共计书画作品108件，陶瓷艺术作品50件。

2018年7月19日，泉州工艺美院举办2018届毕业设计作品展 （图/许华森）

千人徒步 开启“瓷爱一生”之旅

2018年7月21日，“中国白”2018德化陶瓷文化千人徒步之旅在泉州工艺美院举行。该活动是德化首次举办的大规模集体户外徒步活动，吸引来自福州、厦门、漳州、泉州等地的徒步爱好者1300多人参与，还邀请快手直播和多名“网红”加入助力，增强传播力度和热度。徒步之旅的起点在泉州工艺美院操场上，现场用520个瓷花盘和520把白瓷壶分别摆成“瓷爱”“一生”四字，还用2018件陶瓷摆放成“顺顺美美”四字，1314名徒步爱好者环绕着这八个字站立，表达因瓷爱上你并希望和你在一起一生一世、顺顺美美、幸福一生的心愿。整个徒步路程分5千米和

2018年7月21日，“中国白”2018德化陶瓷文化千人徒步之旅在泉州工艺美术职业学院举行 （图/黄谷莹）

20千米两个徒步段。5千米徒步段经金凤街、诗泰路，到达顺美集团终点；20千米徒步段经金凤街、诗泰路、顺美集团、东环路、如瓷生活馆、206省道、成艺陶瓷、影城财富广场浐溪绿道、德化一中，到达泉州工艺美院终点。

此次创新发展周着眼于“新设计 新制造 新营销”主题。在著名的“微笑曲线”中，前端和后端是设计和营销，处于中间环节的是制造。目前，德化的陶瓷企业主要集中在制造环节，由此，德化不但要进一步把制造环节做大做强做精，用“创意+匠心”夯实产业链中端，升级传统生产方式，用新技术新材料实现“好资源做出好产品”；更要拉长产业链，不断向设计和营销两端延伸，用“新概念+新思维”为新设计赋能，全面提升产业设计水平，实现“好设计诠释好资源”；通过跨界融合，创新营销新模式，开启营销新时代，实现“好产品卖出好价钱”。

综 述

【概况】 2018年，德化县陶瓷企业3000多家，从业人员10多万人，陶瓷产业产值328.46亿元，比上年增长14.1%；其中陶瓷工业产值263.81亿元，比上年增长16%。陶瓷业纳税3.71亿元，比上年增长10.7%；纳税1000万元以上陶瓷企业2家、500万元以上10家。纳税前十名陶瓷企业：陆升集团（1618万元）、华夏金刚科技（1058万元）、顺尔美工艺品（974万元）、冠福控股（865万元）、恒峰陶瓷（781万元）、龙峰陶瓷（684万元）、三峰陶瓷（641万元）、同鑫陶瓷（640万元）、佳美工艺品（639万元）、东华陶瓷（553万元）。

【陶瓷大师队伍建设】 2018年5月14日，中国轻工业联合会下文确定第七届中国工艺美术大师名单，德化新增连紫华、陈明良、赖礼同3位中国工艺美术大师。新入选福建省工艺美术大师67人、福建省工艺美术名人75人。至2018年12月底，德化中国工艺美术大师4人、中国陶瓷艺术大师9人、中国陶瓷艺术终身成就奖1人、中国工美行业艺术大师2人，省工艺美术大师91人、省陶瓷艺术大师108人、省工艺美术名人82名、省陶瓷艺术名人7人，市工艺美术大师45人、市级以上非遗传承人30人。

【陶瓷期刊出版】 2018年12月，县陶瓷办出版《中国白》季刊第一期和1本《匠心·中国白——德化县省级以上陶瓷艺术大师精品集》。

（县陶瓷办）

陶瓷历史

【概况】 德化陶瓷制作始于新石器时代，是中国三大古瓷都之一、民窑的典型代表。德化陶瓷以“白”见长，瓷雕技艺享誉天下，早在宋元时期就成为“海上丝绸之路”重要出口商品，被誉为“中国白的故乡、瓷艺术的摇篮”。德化瓷烧制技艺列入国家首批非物质文化遗产保护名录，作品入选厦门金砖会晤国宴瓷和国礼瓷，被国家博物馆、中国美术馆等40多家国内外知名博物馆收藏。德化是全国最大的陶瓷工艺品生产和出口基地、国家级出口陶瓷质量安全示范区、全国最大的陶瓷茶具和花盆生产基地，获评中国瓷都、中国民间文化艺术之乡、中国陶瓷历史文化名城，2015年被世界手工艺理事会授予首个“世界陶瓷之都”称号。

【新石器时代】 早在4000多年前的新石器时代，德化先人就开始制作和使用陶器，有了硬陶和印纹陶的制作。

【夏商时期】 2007年，三班镇辽田尖山发现许多原始瓷片和陶片，上有“戳点纹”“绳纹”“网纹”等原始青瓷典型花纹。这说明了德化窑与浙江德清窑是已知的最早烧制原始青瓷的古窑，有力佐证了德化是世界陶瓷文化的发祥地之一。

【唐末五代】 德化陶瓷已初具规模，德化三班、泗滨一带的制瓷业已较发达，并编纂了世界第一部完整的陶瓷专著《陶业法》，比欧洲出现同类的陶瓷工艺专著早了八百多年，并绘制了世界上第一幅陶瓷工厂规划设计图《梅岭图》。

【宋元时期】 德化瓷产品以青白瓷为主，主要是国内外所需的日常生活用品，器型主要有碗、盘、炉、盒、壶、军持等。这些瓷器造型优雅，釉色晶莹润泽，温润如玉。随着泉州港的崛起、海外贸易的发展，德化陶瓷漂洋过海，传播到世界各地，是古代“海上丝绸之路”的三大主要输出商品（茶叶、丝绸、陶瓷）之一，成为中国古陶瓷外销史上最早大量外销的中国陶瓷产区。德化宋元时期的窑址 42 处，1976 年发掘的屈斗宫古窑址，窑基全长 57.1 米，宽 1.4～2.95 米，共分为 17 间。宋代，德化制瓷工艺发生了变化，采用轮作、模印和胎接成型技术，窑炉革新先驱林炳发明了龙窑，不仅烧瓷数量增加，而且烧成质量也更好，后人将其奉为“窑神”。当时的德化以龙窑大量烧制各式青瓷、青白瓷、白瓷及少量黑釉瓷，其中阶级窑烧制技艺在明末清初传到日本，被日本尊为“串窑的始祖”；宋代沉船“南海一号”上出水 13000 件德化瓷器。元代，德化开始建造“分室龙窑”（当地俗称“鸡笼窑”），陶瓷烧制由宋初的还原烧成技术发展为氧化烧成技术，釉面晶莹、光亮，色质如玉，倍受世人喜爱。意大利旅行家马可·波罗就在他的游记中盛赞德化瓷器：“既多且美。”当他归国时带回的德化瓷珍藏在威尼斯圣马可大教堂，被称为“马可·波罗瓷”，成为有文字记载的第一件到达欧洲的中国瓷器。

【明清时期】 明代，德化陶瓷制作工艺从造型到釉色都登上了新境界，生产能力和工艺水平远在宋元之上。所生产的白瓷瓷质致密，胎釉纯白，以温润、明净、典雅、精巧的玉质美感驰名中外，被誉为“象牙白”“鹅绒白”，标志着白瓷制作工艺达到巅峰，代表了世界白瓷生产的最高水平，有“世界白瓷之母”“世界白瓷看中国，中国白瓷看德化”的美誉。明代又是德化窑瓷雕艺术最为繁盛的时期，以何朝宗、林希宗、林朝景、陈伟等为代表的一大批瓷塑艺术大师，开创了捏、塑、雕、刻、刮、削、接、贴“八字技法”，制作出独树一帜的德化瓷雕作品，把德化窑瓷雕艺术推到了一个前无古人的境界，他们的瓷雕作品造型优美，气韵生动，被视为“东方艺术珍品”，从而“天下共宝之”。同时，随着葡萄牙、西班牙、荷兰人的到来，除了大量采购当时市场上的德化瓷，还在德化大量订制基督教风格的德化瓷，当这光泽如玉、温润明净、宛似象牙的瓷器进入欧洲，迅速在欧洲风靡起来，以超越黄金的价格，成为上流贵族追逐的对象。欧洲皇室贵族将德化陶瓷看作是财富、地位和品位的象征，极力研究、仿制德化陶瓷，直接推动了世界著名的迈森瓷器制造厂的诞生，开启了欧洲长达 300 年的仿制史，给欧洲乃至世界陶瓷业带来了深远影响，德化被称作是“中国白的故乡，瓷艺术的摇篮”“世界官窑”。清代，青花瓷成为德化窑生产的主流，窑址遍布德化县各地、多达 177 处，产品大量销往全国各地以及东南亚、非洲等世界各地。“泰兴号”沉船发现的 35 万件德化青花瓷器，进一步证明德化瓷的生产和外销在清代达到鼎盛时期。晚清民国后，德化瓷业走入低谷，但少数民间艺人仍坚持制瓷事业，如民国时期的苏学金、许友义等，他们继承传统，锐意创新，《捏塑瓷梅花》《木兰从军》《关公》等作品先后在巴拿马、英国、日本等国际博览会上斩获金奖。这一时期，德化窑青花瓷产量减少，白瓷产品增多，釉下青花逐渐被釉上彩所代替，釉上彩装饰手法有所创新，主要有五彩、墨彩，还出现了金彩、黑花、电光、贴花等新工艺。

【中华人民共和国成立后】 德化陶瓷业又获得新生，特别是改革开放以来，县委、县政府举办中国瓷都德化陶瓷展览会，并组织企业参加广交会、法兰克福、洛杉矶、纽约、米兰、拉斯维加斯、东京等地的国际性展览，倡导企业将分公司设至美国、德国、英国等国家，及时研发新产品，形成传统瓷雕、出口工艺瓷、日用瓷三大产品体系，包括成套餐具、神仙佛像、人物雕像、动物果蔬、盆景花篮等。德化贯彻循环经济发展理念，率先走出一条特色陶瓷产业之路，先后开展“以电代柴、天然气烧瓷、微波烧瓷”三次能源革命，开创了中国陶瓷产区的若干个“第一”：德化县是全国第一个无黑烟污染的陶瓷产区，解决了“林瓷之争”，森林覆盖率从 30 年前的 50% 提高到现在的 78.4%；是全国第一个进行窑炉技术革新的陶瓷产区，先后建成电热窑、油窑、液化气窑、天然气窑等新型窑炉。1993 年李鹏总理为德化题词“德化名瓷，瓷国明珠”；2006 年，德化瓷烧制技艺被列入国家非物质文化遗产。德化陶瓷业发展突飞猛进，成功发行德化窑瓷器特种邮票、中国—摩洛哥建交 50 周年纪念邮票、中国—马尔代夫建交 40 周年纪念邮票，成功举办中国德化国际陶瓷节、央视“寻宝—走进德化”等活动。如今，德化成为全国规模最大、技术最先进、发展最迅速、后劲最强的瓷雕艺术产业基地，涌现出许兴泰、苏清河、柯宏荣、苏献忠、寇富平等一批国家级工艺美术大师、陶瓷艺术大师，他们的作品在国内外瓷坛的各种评比中摘金夺银，反响巨大，成为国家领导人出访时的礼品，许多作品被故宫博物院、中国国家博物馆、人民大会堂等永久收藏。日用工艺陶瓷产业集群被评为中国百佳产业集群，是全国最大的工艺陶瓷生产和出口基地。联合国世界手工艺理事会高度肯定德化作为中国陶瓷的发源地之一，授予德化全球唯一的“世界陶瓷之都”称号。

（县陶瓷办）

陶瓷文化

【概况】　2018年，德化县举办陶瓷艺术比赛5场、陶瓷作品展览13场、陶瓷文化交流7场，通过陶瓷创意市集的开展以及德化白瓷捐赠等形式，进一步提升“世界陶瓷之都•德化”的影响力。12万件“泰兴号”沉船德化青花瓷于12月13日回国。

【陶瓷艺术比赛】

2017中国·德化年度优秀陶瓷作品颁证暨收藏仪式举行　2018年1月3日，由中国收藏家协会、县政府主办的2017中国•德化年度优秀陶瓷作品颁证暨收藏仪式在德化举行。100件陶瓷艺术家作品参评，经中国收藏家协会工艺品收藏委员会评审，20件作品入选2017中国•德化年度优秀陶瓷作品。

德化陶瓷创意设计大赛举行　2018年6月15日，由县国税局、地税局、泉州工艺美院主办，县工业设计协会协办的“新时代•新税貌”德化陶瓷创意设计大赛颁奖仪式在泉州工艺美院举行。此次大赛作品是将税法、税收宣传融合德化陶瓷，运用雕塑、陶艺、书法、绘画、花纸等表现手法进行陶瓷艺术创新设计，动员社会各界征集作品100多件，评出38件优秀作品：金奖2件、银奖6件、铜奖10件、优秀奖20件，其中年轻陶艺工作者郑宝珠设计的“税果”与厦门大学艺术学院黄芳祺设计的“亲清护税”获得金奖。

第二届“中国白”国际陶瓷艺术大奖赛启动　2018年9月17日，第二届“中国白”国际陶瓷艺术大奖赛在中法文化论坛上启动。大赛一等奖奖金5万欧元，二等奖奖金3万欧元，三等奖奖金2万欧元，优秀奖奖金5000欧元。10月1日，开通官网和报名通道，10—12月来自美国、塞尔维亚共和国、韩国等国家4名首批驻地艺术家到德化驻地创作。

2018年12月13日，12万件“泰兴号”沉船德化青花瓷回国。图为县长刘德旺（左二）和在场专家、企业负责人一起查看古瓷器（图/王双季）

省陶瓷行业职工技能大赛暨2018中国技能大赛举行　2018年9月12日，省陶瓷行业职工技能大赛暨2018中国技能大赛——第四届陶瓷成型职业技能竞赛在德化职业技术学校举行，来自全省各地的76名选手同台竞技。此次竞赛将按工种比赛的理论和现场实践操作综合分取前8名，推荐参加全国总决赛。对各竞赛职业（工种）在全国总决赛中获得前三名的选手，将报请人力资源和社会保障部核准，授予全国技术能手称号。

“何朝宗杯”2018中国（德化）茶具工业设计大赛启动　2018年10月1日，“何朝宗杯”2018中国（德化）茶具工业设计大赛启动仪式在中国茶具城开启。此次设计大赛以“创新设计·聚焦瓷都”为主题，旨在促进陶瓷文化与茶文化的有机融合，加速德化茶具创新设计升级，加快德化陶瓷产业发展，打造德化陶瓷设计品牌赛事及城市新名片。此次大赛委托矮凳网作为大赛作品提交和初评的唯一通道，于9月10日至11月15日期间接受参赛申报。12月21日，“何朝宗杯”2018中国（德化）茶具工业设计大赛颁奖仪式在德化中国茶具城圆满落幕。大赛评出特等奖1名，金奖3名，银奖5名，铜奖20名。其中，特等奖由来自清华大学的张钰稳创作的作品“山水之间”获得。

【陶瓷作品展览】

“丝路瓷源·月记窑”摄影作品展暨摄影沙龙活动举行　2018

2018年5月13日，德化茶器优品展洽会在德化亿加艺品有限公司举办。图为客户在参观茶具 （图／吴朝烨）

年4月，由县总工会、文体新局、旅游局联合举办的“丝路瓷源·月记窑”摄影作品展暨摄影沙龙活动在三班镇洞上陶艺村举办，征集到摄影作品157幅（组），作品内容大多以德化月记窑陶瓷传统生产过程的有关场景为主题元素为主，展现“丝路瓷源·月记窑”德化千年瓷都深厚陶瓷文化底蕴。7月6日，“丝路瓷源·月记窑”陶瓷文化职工摄影比赛颁奖仪式在三班镇洞上陶艺村举办。比赛评选出一等奖3幅、二等奖7幅、三等奖15幅及优秀奖若干。

德化茶器优品展洽会举办 2018年5月13日，德化茶器优品展洽会在德化亿加艺品有限公司正式启幕，此次茶器优品展围绕“好茶器原产地在德化”这一理念，集中展示德化2018年茶壶、茶具、茶配套、煮茶器等新品，深化传统企业与电商企业“手拉手”活动，搭建德化茶具产业对外交流、合作的新平台，吸引来自全国各地的渠道商、电商、分销商前来观展洽谈。

德化陶瓷艺术精品全国巡展 2018年5月26日，由四川博物院、德化县陶瓷发展委员会主办，福建德化山花陶瓷有限公司承办的“瓷彩·中国白——德化陶瓷艺术精品展”在四川博物院开幕，此次展览至6月9日结束，为国家艺术基金2018年度传播交流推广资助项目，首站结束后还将陆续在江苏灵山、浙江普陀山和广东佛山等地进行全国巡展。此次展览主要展示十几位德化现代国家级、省级大师创作的陶瓷雕塑作品100余件，同时还展出四川博物院珍藏的德化陶瓷。

成艺陶瓷入选“6·18”泉州馆参展 2018年6月18日，“6·18”第十六届海峡项目成果交易会在福州海峡国际会展中心举行，德化成艺陶瓷有限公司产品入选泉州馆参展。成艺陶瓷有限公司展出的是一款陶瓷与电器、电子科技融合在一起的产品，该产品是由陶瓷健康与科学技术创新性融合，研发出的高端化、智能化养生陶瓷产品。以活性炭滤芯材料、红外感应加水器电热炉和纳米抗菌陶瓷壶三个主体构成，把电能加热、红外感应技术与陶瓷产品技术紧密结合。

“新设计 新制造 新营销——‘中国白’2018德化陶瓷创新发展周”系列活动举行 2018年7月16—22日，“新设计 新制造 新营销——‘中国白’2018德化陶瓷创新发展周”系列活动在县陶瓷发展委员会展厅集中举行，包含5场展览活动和12场启动、签约、授牌、授旗、受聘等仪式。其中7月21日在泉州工艺美术职业学院举行的“中国白”2018德化陶瓷

2018年8月3日，“拍平”中的泥土哲学——罗小平教授雕塑泥片成型技艺高级研修班作品展开幕。图为游客在参观展览 （图／许华森）

文化千人徒步之旅暨七夕“瓷爱一生”主题活动，是德化首次大规模集体户外徒步活动，来自福州、厦门、漳州、泉州等地的1300多名徒步爱好者参加。

罗小平雕塑泥片成型技艺高级研修班作品展开幕 2018年8月3日，“拍平”中的泥土哲学——教授罗小平雕塑泥片成型技艺高级研修班作品展在县陶瓷博物馆开幕。此次作品展集中展览上海大学美术学院教授、博士生导师罗小平和他的27位学员用罗氏泥片成型独门技艺创作的100多件雕塑作品。

德化瓷烧制技艺——综合材料艺术作品展开展 2018年8月4日，德化瓷烧制技艺——综合材料艺术作品展在三班镇洞上陶艺村“月记美术馆”开展。此次展览以“纪念改革开放四十周年，传承德化瓷烧制技艺”为主题，展示毕业于中央美术学院的林文雄和张千帆2018年在洞上陶艺村的艺术创作。有张千帆的“金箍棒”系列、林文雄的“土豆”“蝴蝶”等作品。

福建德化陶瓷艺术精品展开展 2018年8月16日，由国家艺术基金、普陀山朱家尖管委会和县政府主办的国家艺术基金资助项目“瓷彩•中国白——福建德化陶瓷艺术精品展”在浙江省普陀山书院开幕，现场展出德化陶瓷艺术精品126件，均出自德化当地的国家级和省级陶瓷艺术大师之手。

国粹·凝韵——2018德化窑青花白瓷主题艺术展举行 2018年10月1日，由苏州市园林和绿化管理局与县政府共同主办的首届沧浪亭“非遗进世遗”活动暨“国粹•凝韵——2018德化窑青花白瓷主题艺术展”在苏州市沧浪亭开幕，集中展示12位德化当代陶瓷艺术家创作的150余件精品，展览将持续至10月28日。

天津艺术家陶瓷·国画作品邀请展开幕 2018年11月9日，“庆祝改革开放四十周年暨天津艺术家陶瓷•国画作品邀请展”在县城市规划馆开幕，集中展示100件陶瓷及国画作品。

瓷彩·中国白——福建德化陶瓷艺术精品展开幕 2018年11月11日，“瓷彩•中国白——福建德化陶瓷艺术精品展”在福建省非物质文化遗产博览苑开幕。此次展品均出自德化当地的国家级和省级工艺美术大师、陶瓷艺术大师创作的100多件陶瓷艺术精品。

“薪火相传——中国白”德化陶瓷作品展开幕 2018年12月8日，“薪火相传——中国白”德化陶瓷作品展在县城市规划馆开幕，集中展示德化的代表性陶瓷艺术作品。从宋元时期陶瓷器皿，明代“象牙白”瓷，清代青花瓷，到民国时期工艺瓷，再到当下大师们创作的精品陶瓷。

首届中国（德化）茶具文化产业博览会开幕 2018年12月21日，首届中国（德化）茶具文化产业博览会在德化中国茶具城开幕。本届茶具博览会举办文化高峰论坛、“何朝宗杯”中国（德化）茶具工业设计大赛颁奖仪式、发布“2019中国茶具产业流行趋势”等一系列活动。博览会展览规模50000平方米，有特装展位20个、标准展位210个、茶具城展馆375个，分为茶具、茶配套等两大展区。来自江苏宜兴、浙江龙泉、江西景德镇、山东淄博、河南汝州、河北唐山、广东潮州等全国各个陶瓷产区600多家企业组团参展，还有来自中国台湾地区的12家企业参展。

2018年7月4日，福建师范大学协和学院组织大学生社会实践队到德化开展暑期社会实践活动 （图/吴有森）

【陶瓷文化交流】

中国香港师生到德化体验陶瓷文化 2018年3月29日，中国香港保良局陈守仁小学组织30名师生到德化开展“海上丝绸之路探索之旅”活动。期间，师生们实地参观顺美陶瓷文化生活馆、月记窑、尚思小学等。陈守仁小学学生还与尚思小学学生共同开展做泥塑、手拉坯等陶瓷实践活动。

“潮起闽江”聚焦德化　2018年4月12日，“潮起闽江——全国百名电台总编、记者看福建”活动走进德化，参观采访陶瓷企业和陶瓷大师，了解德化悠久的制瓷历史和陶瓷产业发展现状，宣传德化陶瓷之美。

陶瓷行业诚信建设宣传月启动仪式举行　2018年5月10日，陶瓷行业诚信建设宣传月启动仪式在县体育场举行。来自传统企业、电商企业负责人，陶瓷大师和新秀等200多人以参加健跑活动的形式宣传陶瓷行业诚信体系建设。

“2018年发展中国家落实2030可持续发展议程研修班——减贫专题”考察活动开展　2018年6月17日，来自斯里兰卡、巴拿马、苏丹等20个国家71名外国友人到德化开展“2018年发展中国家落实2030可持续发展议程研修班——减贫专题”考察活动。

中国白创意沙龙活动举行　2018年7月3日，中国白·创意沙龙“撞出新火花——文创·营销主题创意沙龙”活动在县陶瓷创新发展研究院开展，吸引县60多位企业家、陶瓷艺术大师、陶瓷新秀等参加。此次沙龙邀请“慢物质”民艺创研体发起人、创意总监曾令波，云雀传播CFO陈坛到场与德化本地的企业家、陶瓷艺术大师和新秀们就文化、创意、传承、投资维度等方面内容展开交流。

福建师范大学协和学院学生开展暑期社会实践活动　2018年7月4日，福建师范大学协和学院组织大学生社会实践队到德化开展暑期社会实践活动，通过考察德化陶瓷产业发展情况，感受陶瓷文化魅力，为青年学生拓宽就业道路创造条件、汇集资源，并与泉州得盛集团有限公司签订协议，共建教学实践基地。

泉州市小学、幼儿园“美育·陶艺”指导教师培训班开班　2018年7月30日、8月6日、8月13日，泉州市小学、幼儿园“美育·陶艺”指导教师第一期、第二期、第三期培训班先后在泉州工艺美术职业学院开班，来自全市各地400多名小学美育老师参加培训。此次3期培训班优先培训市闽南文化传承基地学校、省级中小学中华优秀文化艺术传承校、省级中小学校园文化美育环境（培育）示范学校、市级以上示范幼儿园美育教师。

“日用即道，生活大美”创意沙龙活动举行　2018年8月3日，以“日用即道，生活大美”为主题的创意沙龙活动在德化陶瓷创新发展研究院举行。来自县50多位陶艺设计师、陶瓷设计爱好者等进行分享交流，在交流对谈中感受日用即道，生活大美的中式文化意趣。

【“五大名将”白瓷艺术品在港首发】　2018年5月31日，“五大名将”（五尊历史名将雕塑分别是岳飞、左宗棠、戚继光、邓世昌、郑成功）艺术品持有人委托香港东方玥文化传播有限公司，通过香港大公文化集团发售的“五大名将”（编号“40002”）艺术品成功上市，发售数量150万份，首日涨幅56%。此次发售的五尊雕像有百位部队将领题字签名。

【21件德化白瓷捐赠厦门国际会议中心】　2018年6月6日，德化白瓷艺术品捐赠仪式在厦门国际会议中心举行，德化12位陶瓷大师创作的21件白瓷艺术品捐赠给厦门国际会议中心作永久展示。

【陶瓷创意市集】　2018年12月21—22日晚上19—21点，从县卫计局到农业局沿溪步行道，陶瓷创意市集开市营业。来自青年学生、草根创业者、“德漂艺族”等几十个摊位，都拿出风格各异的创意产品，向大家传递一种生活态度与生活美学。

【12万件“泰兴号”沉船德化青花瓷回国】　2018年12月13日，中国泮庐集团在广州黄埔新港港区全通秀丽码头举行珍宝回归开启仪式，让这批自1822年从中国厦门港起航后，在外漂泊了196年的德化青花瓷器重新回国。“泰兴号”沉船上的瓷器大都是18世纪和19世纪初德化生产的专供出口的青花瓷，以青花盘、碗、杯、碟、罐、盖碗等日用瓷居多。

（县陶瓷办、瓷都德化报）

陶瓷人物

【概况】　2018年，德化县中国工艺美术大师4人：柯宏荣、连紫华、陈明良、赖礼同。中国陶瓷艺术大师9人：柯宏荣、邱双炯、陈桂玉、苏献忠、许瑞峰、苏玉峰、陈明华、陈明良、赖礼同。中国陶瓷行业工艺美术大师2人：连紫华、颜松柳。中国陶瓷艺术终身成就奖1人：寇富平。省工艺美术大师91人、省陶瓷艺术大师108人，省工艺美术名人82人，省陶瓷艺术名人7人，市工艺美术大师45人，市级以上非遗传承

2018年6月9日，中国轻工业联合会在北京钓鱼台国宾馆举行“第七届中国工艺美术大师座谈与颁证大会”。连紫华（左二）、陈明良（左三）、赖礼同（右四）3人获“中国工艺美术大师”称号

（图／县城镇集体工业联合社）

人30人。

【古代人物】

颜化彩（864—933年） 又名颜徒纹，德化县三班镇泗滨村人。德化有史记载最早的陶瓷研究名家。颜化彩总结德化先辈制作陶瓷的技术和经验，编著德化第一部陶瓷工艺专著《陶业法》，绘制《梅岭图》，介绍泗滨梅岭制瓷工场和工艺技术。

何朝宗（1522—1600年） 又名何来，讳容海，字来观，德化县浔中镇后所村人。明代著名瓷雕艺术家，瓷雕艺术达明代瓷坛艺术高峰，被誉为瓷圣。何朝宗吸收中国泥塑、木雕、石刻等艺术风格，融会于瓷雕，运用捏、塑、雕、镂、贴、接、推、修等技法，独创“何派”瓷雕艺术，作品采用优质胎釉材料烧制，瓷质“如脂似玉、莹润透彻”，是“中国白”（亦称猪油白、象牙白）的杰出代表，被誉为“东方艺术”和“天下共宝之”的珍品。北京故宫博物院收藏其作品“盘膝观音菩萨”，“达摩”，泉州文馆会收藏其作品“渡海观音”，均为国家一级文物。

苏学金（1869—1919年） 名光铨，号蕴玉，字学金，别号博及渔人，德化县龙浔镇宝美村人。毕生以瓷雕为业，民国4年（1915），苏学金创作的作品“梅花”参加巴拿马万国博览会展出，获得金奖，为明代以后德化瓷雕名艺人的杰出代表和德化瓷塑参与大型国际展览评比首次金奖获得者。

【现当代人物】

邱双炯（1932—） 德化城关人。中国陶瓷艺术大师，高级工艺美术师，2010年获得中国工艺美术终身成就奖，曾任德化县委常委、副书记，1991年退休；1993年，创办福建省德化凤凰陶瓷雕塑研究所任所长，首创陶瓷薄胎彩塑新工艺。主要作品有历史人物、佛、道、儒等造像，在东南亚地区和国内享有盛誉，多次获大奖。“贵妃醉酒”“贵妃出浴”“木兰易装”等作品被中国历史博物馆、中国工艺美术馆收藏。

许兴泰（1941—2006年） 德化县龙浔镇湖前社区人。中国陶瓷艺术大师、中国工艺美术大师、高级工艺美术师，曾任德化县政协委员、政协常委、泉州市政协委员。1990年，被中华全国总工会授予“全国自学成才者”称号。作品“立龙观音”被中国工艺美术馆珍藏，另有5件作品被中国历史博物馆、国家珍宝馆、福建工艺美术珍品馆收藏。

苏清河（1941—2012年） 德化县龙浔镇宝美村人。中国工艺美术大师、中国陶瓷艺术大师，高级工艺美术师，国家级非物质文化遗产“中国白瓷烧制技艺”传承人。其创作的作品12寸“泰国佛”被中国国家博物馆收藏；“提如意坐石观音”“立莲观音”被中国工艺美术珍品馆收藏，“坐莲观音”“海蚌姑娘”等被福建省工艺美术珍品馆收藏。

杨剑民（1945—2012年） 泉州市鲤城区人，定居德化县龙浔镇龙鹏社区。中国陶瓷艺术大师，高级工艺美术师，中国工艺美术协会高级会员，福建省工艺美术协会常务理事，享受国务院特殊津贴，省级非物质文化遗产代表性传承人。1989年9月，国务院授予全国劳动模范称号。代表作品：“维纳斯影灯”“渡海观音”“八仙过海”“闽龙出海”。

苏玉峰（1946—） 字长秀，德化县龙浔镇宝美村人。中国陶瓷艺术大师，福建省工艺美术大师，高级工艺美术师，中国工艺美术学会会员，首批省级“非遗”项目传承人，德化蕴玉瓷庄第三代传人。代表作品：“十八罗汉”“相声”“济公”“十二生肖”。作品“高白百花争艳28英寸瓷塑花篮”入选北京人民大会堂福建厅饰品，“十八罗汉瓷塑”获全国（成都）星火科技精品金奖，“达摩过江”被中国美术馆列为收藏品收藏。

许兴泽（1947—2014年） 德化县龙浔镇湖前社区人。中国陶瓷艺术大师、福建省工艺美术大师、高级工艺美术师，享受国务院政府特殊津贴。其创作的作品“立龙观音”获1984年中国工艺美术百花奖珍品金杯奖，并被中国工艺美术馆、福建省工艺美术馆收藏；“滴水观音”获1991年中国工艺美术百花奖珍品金杯奖，并被中国工艺美术馆、福建省工艺美术馆收藏；“戴冠观音”获2008年中国传统工艺美术精品大展金奖。

柯宏荣（1962—） 德化县龙浔镇人。中国工艺美术大师、中国陶瓷艺术大师，享受国务院政府特殊津贴。福建省劳动模范，福建省高技能人才，德化宏益陶瓷雕塑研究所所长，全国古陶瓷专业委员会委员、硅酸盐陶瓷分会第四届理事会理事。1986年，与陈桂玉结为伉俪。2000年，与陈桂玉联合创作的作品“九歌•山鬼”“三月三”入选“中国文化美国行”活动展品，在美国纽约等5个城市展览，受到时任美国总统克林顿的赞赏，并被中国工艺美术珍宝馆收藏。香港“大紫荆勋章”获得者、华人知名作家、社会活动家金庸称柯宏荣夫妇为“神雕艺侣”，并题字赠之。

陈桂玉（1962—） 德化县龙浔镇人。中国陶瓷艺术大师、高级工艺美术师，德化宏益陶瓷雕塑研究所副所长。柯宏荣妻子。2000年，与柯宏荣联合创作的作品“九歌•山鬼”“三月三”入选“中国文化美国行”活动展品，在美国纽约等5个城市展览。

陈明良（1963—） 德化县龙浔镇高阳村人。中国工艺美术大师、中国陶瓷艺术大师，高级工艺美术师，中国传统工艺大师，福建省工艺美术大师，享受国务院特殊津贴，德化县风池瓷雕研究所艺术总监，中国陶瓷工业协会理事，福建省收藏家协会常务理事。其创作的作品“静卧禅思”获中国工艺美术精品博览会获金奖；“成功从这里开始”获中国工艺美术学术奖“华艺杯”金奖。“文昌帝君”被福建省博物院永久收藏；“自在观音”被英国珍宝博物馆收藏，“乐在其中”被中国工艺美术馆收藏；“千年窑火”被中国国家博物馆收藏。

陈明华（1966—） 德化县葛坑镇人，中国陶瓷艺术大师，高级工艺美术师，福建省陶瓷艺术大师，福建省工艺美术大师，福建省民间工艺大师，全国青年民间工艺大师，中国工艺美术学会会员，福建德化明华陶瓷艺术研究所所长兼艺术总监。其创作的作品“通花梅瓶”获福建省首届民间艺术品博览会铜奖，“双龙争艳通花瓶”获福建省工艺美术精品“争艳杯”大赛铜奖、中国工艺美术“华艺杯”铜奖，“东方之珠通花瓶”获福建省首届青年民间工艺品制作大赛金奖、全国青年民间工艺品制作“金博士杯”大赛金奖。

赖礼同（1968—） 德化县上涌镇人，中国工艺美术大师、中国陶瓷艺术大师、高级工艺美术师、福建省工艺美术大师、福建省陶瓷艺术大师，福建省工艺美术学会常务理事，全国劳动模范，享受国务院津贴，德化县博古陶瓷研究所所长兼艺术总监。其创作的作品“伟大领袖毛主席”“福到眼前”获中国工艺美术大师精品展金奖；“皆大欢喜”获创新艺术金奖；“飞天”获银奖。作品“山鬼”“富贵吉祥”“托起半边天”被中国国家博物馆收藏，“吉祥花瓶”被北京故宫博物院破例收藏，“倚貉披坐提书观音”被中国国家博物馆收藏。

许瑞峰（1969—） 德化县龙浔镇许厝人。中国陶瓷艺术大师、高级工艺美术师、福建省工艺美术大师、福建省非物质文化遗产传承人、全国青年优秀工艺美术家、德化县泰峰瓷坊董事长兼艺术总监。其创作的“中华红”釉艺作品，获国家级金奖1件，铜奖2件，国家级收藏1件；“宝石釉”釉艺作品，获国家级金奖1件、三等奖1件，省级金奖2件，入选全国展2件，省级收藏1件。作品“大富大贵”被中国美术馆收藏。

苏献忠（1974—） 又名苏珠庄，德化县龙浔镇人。中国陶瓷艺术大师，高级工艺美术师，国家一级技师，福建省工艺美术大师，中国工艺美术学会雕塑委员会会员，德化百年老字号“蕴玉瓷庄”第四代传人，德化县蕴玉陶瓷雕塑艺术研究所所长兼创意总监。其创作的作品“蹴鞠”“顶缸”“角抵戏”入选北京2008年奥运主题雕塑汇报展；“汉戏”获中国第二届陶瓷产品设计金奖；“‘误’读水浒”在2010年第九届全国陶瓷艺术创新评比获金奖；“水浒一百〇八将”在2005年上海大师精品展获金奖；“思”在2006年中国民间艺术大师精品展获金奖；“听松，闻涛”在2006年第八届全国陶瓷艺术创新评比获银奖。

【德化2人入选第五批国际级非遗传承人名单】 2018年5月16日，

文化和旅游部公布第五批国家非物质文化遗产代表性项目代表性传承人名单，中国工艺美术大师陈明良、中国陶瓷艺术大师许瑞峰入选德化瓷烧制技艺项目传承人。

【德化 3 人获“中国工艺美术大师”称号】 2018 年 6 月 9 日，中国轻工业联合会在北京钓鱼台国宾馆举行“第七届中国工艺美术大师座谈与颁证大会”。来自德化的连紫华、陈明良、赖礼同 3 人获“中国工艺美术大师”称号。

（县陶瓷办）

陶瓷研究

【概况】 2018 年，德化县陶瓷研究工作围绕开展产学研合作，为 70 多家陶瓷企业提供 311 次检测服务，加强与陶瓷企业的合作发展，推广应用各类陶瓷项目，全年提交 10 个科研成果的发明专利申请。陶瓷中试服务平台中试大楼于 1 月竣工。

【陶瓷研发创新】 2018 年，德化县开展产学研合作，利用“研发平台”对不同陶瓷原料、釉料进行研究试验，全年提交 10 个科研成果的发明专利申请：低温轻质瓷、一种釉面不龟裂的长余辉陶瓷制作技术、红土釉下彩工艺瓷、利用磁铁矿尾矿渣开发陶瓷铁锈红釉技术、高耐热全瓷、低温瓷、高强度餐具瓷、雪白瓷、利用磁铁矿尾渣制作陶瓷工艺相框、一种陶瓷彩绘釉上叠彩效果烧成工艺改进技术。联合泉州工艺美院的专家到华夏金刚等企业调研，引导企业加大研发经费投入，增强自主创新能力，形成核心竞争力，全面提升区域内企业创新能力。

【陶瓷企业合作】 2018 年，泉州市陶瓷科学技术研究所（县瓷研所）为 70 多家陶瓷企业提供 311 次检测服务，出具陶瓷检测报告 201 份，为企业的陶瓷原料、釉料研究工作提供试验数据。另外“雪白瓷”“高耐热陶瓷”等项目在研发平台的中试获得成功。对“高强度餐具瓷”“低温瓷”等申请发明专利的项目进行中试。与县精艺陶瓷有限公司合作，推广应用“高耐热全瓷”“雪白瓷”项目。

【陶瓷中试服务平台建设】 2018 年 1 月，德化县投入 163 万元建设的陶瓷中试服务平台中试大楼竣工，建筑面积 2334 平方米，中试基地总建筑面积 5250 平方米。科研仪器、中试等设备投入已基本完成，已引入德化县晟艺陶瓷研究所和省级工艺美术大师林禄扬、苏振文进驻中试服务平台合作。

（泉州市陶瓷科学技术研究所）

陶瓷品牌

【概况】 2018 年，德化新增“德化白瓷”“德化玉瓷”“德化窑瓷器”3 件地理标志证明商标，国内注册商标 2365 件，马德里国际注册商标 10 件。全县拥有陶瓷国内注册商标 8308 件，陶瓷大师、名人的“人名商标”62 件，国际注册商标 45 件，地理标志证明商标 6 件，驰名商标 6 件。

【“中国白·哲选”品牌推出】 2018 年，德化陶瓷产业创新发展研究院推出“中国白·哲选”共享品牌，并于 12 月 14 日首次亮相首届世界生态设计大会。“中国白·哲选”品牌提出“美好生活 从瓷开始”口号，以“时尚 艺术 实用 好价格”为品牌理念，将成长为以设计驱动为核心价值的新生活方式陶瓷品牌。

【品牌宣传】 2018 年，德化组织陶瓷艺术大师、陶瓷企业参加中国（晋江）家装建材博览会、第四届海丝国际品牌博览会（石狮）、首届唐山中国陶瓷交易会、第二届女陶艺家作品双年展（醴陵）、亚太手工艺文化周精品博览会（青岛）、“弘扬经典、铸造辉煌——2018 中国当代工艺美术双年展”（国博）、第十三届中国（莆田）海峡工艺品博览会（德化 22 个馆位参展，优秀作品评选获 3 枚金 12 枚银 5 枚铜牌）、第十九届中国工艺美术大师作品暨手工艺术精品博览会（厦门）、第十一届中国陶瓷大展（龙泉，德化获 8 枚金 16 枚银 28 枚铜牌）等系列活动，进一步宣传德化陶瓷品牌。

（县陶瓷办）

陶瓷产业

【概况】 2018 年，德化县实施陶瓷产业跨越发展五年行动计划（2018—2022），全年陶瓷产业产值 328.46 亿元，比上年增长 14.1%。其中，陶瓷工业产值 263.81 亿元，比上年增长 16%。陶瓷业纳税 3.71 亿元，比上年增长 10.7%。纳税 1000 万元以上陶瓷企业 2 家、500 万元以上 10 家。纳税前十名陶瓷企业：陆升集团（1618万元）、华夏金刚科技（1058万元）、顺尔美工艺品（974万元）、冠福控股（865万元）、恒峰陶瓷（781万元）、龙峰陶瓷（684万元）、三峰陶瓷（641万元）、同鑫陶瓷（640万元）、佳美工艺品（639万元）、东华陶瓷（553万元）。

【陶瓷政策制定】 2018年，德化县出台《关于推动陶瓷产业跨越发展若干措施的补充通知》，兑现涉企资金1.1亿元，召开政银企对接洽谈会6场次，运用县应急保障资金帮助企业周转资金3.23亿元。

【陶瓷智能制造】 2018年，冠福控股、顺美集团被列入省智能制造试点示范企业，8个项目被列入省级智能制造重点项目、10个项目被列入省级两化融合重点项目、10家企业通过两化融合管理体系贯标评定，佳美集团获评省工业企业质量标杆企业，丰弘机械全自动双转盘式陶瓷坯体快速注浆成型系统列入市“数控一代”示范项目产品，兑现购置陶瓷机械县级补贴441万元，推广应用自动化生产设备63台（套）。

【陶瓷工业设计】 2018年，顺美集团获评第六批省级工业设计中心，举办1期工业设计师在职培训班和2期工业设计名师讲堂，承办2场2018年“八闽杯”海峡两岸大学生设计工作坊活动、4场泉州海峡两岸大学生设计工作坊活动，举办“何朝宗杯”2018中国（德化）茶具工业设计大赛。

【陶瓷企业成长】 2018年，华夏金刚科博园、龙鹏陶瓷文化创意园被列入省级工业和信息化龙头企业培育发展对象项目，22家企业被列入市级产业龙头企业，华夏金刚、恒忆2家企业被列入省级重点上市后备企业。五洲陶瓷被列入市级2018年生产性服务业重点培育对象，全年完成“规下”转“规上”工业企业26家。福建省职业经理服务行业协会在德化设立德化工作站，并举行2018福建省企业经营管理经验分享之新时代职业经理人大讲堂活动；组织企业参加“建功新时代 能力再提升——北京大学德化研修班”以及管理创新等培训班。

（苏联锦）

陶瓷产业园区

【概况】 2018年，县陶瓷产业园区实际规划开发管理面积22平方千米，下辖城东一二、三、四期和鹏祥、宝美、诗墩、城东四期中小企业创业园等7个项目区，已建成区面积约5.1平方千米，主要包括鹏祥、诗墩、宝美和城东一二项目区。至2018年底，累计入园企业1700家，就业人数5万人，实现工业总产值151亿元。

【项目建设情况】 2018年，园区推进项目34个，完成投资11.61亿元（其中财政性投资项目6个，2.3亿元），18个新项目动工建设，6个项目建成投产；完成供地年度目标66.67公顷。

城东一二期　2018年，城东一二期完成投资2500万元。完成长圳路、千福路路面建设；完成支路路面、挡墙建设，进入人行道建设阶段；完成滨江路路基、涵洞建设，进入路面建设阶段；格仔安置地进行土石方挖运、挡墙建设。

城东三期　2018年，城东三期完成投资5000万元。完成场平工程26.67公顷，过渡路面建设10.5千米，铺设污水管网11千米，自来水管网13千米，水泥路面4千米，路灯架设3千米；进入部分人行道铺设和行道树种植阶段；完成首期人行道、路灯、绿化配套设施工程预算、财审和高架桥财审。

城东四期古洋片区　2018年，城东四期古洋片区完成投资1.2亿元。完成林地报批88.53公顷、土地报批24.33公顷；完成土地征收面积185.08公顷，房屋腾空44座、面积18876.23平方米，签订协议139份。12月18日正式动工。

城东四期中小企业创业园　2018年，城东四期中小企业创业园完成投资1500万元。完成二期土石方工程开挖230万立方米，进入路基处理阶段。出让8宗7.8公顷企业用地；扩区项目完成立项、钻探、可研、初设，进入设计、林地报批阶段。

进城务工人员安居工程　2018年，进城务工人员安居工程完成投资1000万元。城东、宝美项目完成全部售房工作，宝美项目进入室内外装修及配套工程设计阶段。

公园建设　2018年，公园建设完成投资1000万元。完成阳光公园建设，嘉裕公园场地整理、放生池浇筑、排水管网埋设和大部分步道、停车场、广场建设及斜坡绿化种植。

（苏巧虹）

自然地理

【地理位置】 德化县位于福建省泉州市西北部，北纬 25°33′ ～ 25°56′，东经 117°55′ ～ 118°32′ 之间，东西宽 62.1 千米，南北长 60.4 千米，总面积 2232.16 平方千米。大地构造位于华南褶皱带东部周宁至华安断隆带。地形以中低山地为主。地势西北高，东南低，呈阶梯状下降，千米以上山峰 258 座，最高点戴云山主峰海拔 1856 米。县城位于戴云山南侧山间河谷阶地之中。

【地质地貌】 德化县地势较高，山脊多呈北东—西南走向，地貌以低中山地为主，部分为丘陵、山间盆地和河各阶地。最高点戴云山主峰海拔 1856 米，素有闽中屋脊之称，最低点 217 米。大部分地区海拔 700 米。德化县中部高耸，往四周呈阶梯状渐降，东南低于西北。海拔 800 ～ 1856 米山地，占土地总面积 39.3%，主要分布在赤水、上涌、桂阳、葛坑、汤头、大铭、雷峰、南埕等乡镇；海拔 500 ～ 800 米山地，占土地总面积 46.5%；海拔 217 ～ 500 米山间丘陵、盆地、河谷阶地仅占总面积 14.3%，主要分布在雷峰、浔中、三班等乡镇。德化县山岭连绵，河谷剧烈下切，峡谷、嶂谷十分发育，如猛虎格附近河谷深切达 400 米，谷宽不过百米，两岩坡度 50°。散布在群山之中的山间盆地和河谷阶地，面积较大的有浔中、三班、上涌、美湖、水口等乡镇。德化县 75% 以上的村驻地在海拔 600 ～ 900 米；美湖镇洋坑村、大铭乡金黄村、水口镇榜上村、盖德镇吾华村，赤水镇铭爱村、小铭村，汤头乡吉山村等 7 个村都在千米以上，最低的是水口镇湖坂村，海拔仅 240 米。

山脉　德化县地处闽中屋脊戴云山区麓，地势较高、地形复杂，地貌以低中山为主，海拔 1000 米以上山峰 258 座，福建第二大山脉戴云山主峰横亘境内，是典型的山区县。

戴云山曾名迎雪山、佛岭，海拔 1856 米，是福建省中部主要山脉，走向为北东—南西和北西—南东，由大戴云、小戴云和中尖、白鹿贡、莲花池贡、牛皮尖、大格贡等海拔均达 1660 米以上的七座山峰组成，远望仅见五峰，似莲花。主峰大戴云位于北纬 25°40′，东经 118°11′。1985 年 5 月 16 日经福建省人民政府批准成立戴云山自然保护区，包括九仙山，隶属德化县人民政府。保护范围位于上涌、赤水、雷峰、大铭四个乡镇交界处，总面积 9730.47 公顷，约占德化县总面积的 1/23。自然保护区内地势一般为海拔 900 米以上的中山地，山体坡度都在 40°～ 60°。

九仙山海拔 1658 米，在赤水、上涌、大铭 3 个乡镇交界处，位于北纬 25°42′，东经 118°06′，面积约 35 平方千米，构成以火成岩为主，地面起伏较大，西北坡陡峭，东南坡较平缓，北西—南东走向。

石牛山海拔 1782 米，位于水口镇与南埕镇交界处，北纬 25°37′，东经 118°28′，北西—南东走向。西起南埕，东至秀才山，北起水口，南至石龙溪，面积约 140 平方千米。山腰石壶寺前池中和顶峰各有石似牛而得名。山巅由火山喷出含镁铁成分多的基性岩浆形成盾形火山锥，地下热水丰富，山陡林密，木材蓄积量大，是德化县重要林区和天然的中草药库。

河流　德化县境内河流以戴云山为中心，向四周分流，分属闽江水系和晋江水系。河流水力资源丰富但河水流量随季节变化，夏季较大。温泉分布在老断裂带，水温高，可利用的价值较大。境内集雨面积在 50 平方千米、长度在 10 千米以上的有浐溪、涌溪、大张溪、小尤溪、雷潭溪、双芹溪、梓溪、蕉溪、大溪、下甸溪、岭脚溪、双翰溪等12条，其中以浐溪、涌溪集雨面积最大，河流最长，流量最大。

土壤 德化县境内土壤可归纳为6个土类，其中林业用地土壤有5个土类，以红壤面积最大，占林地土壤总面积的84%；黄壤次之，占16%。成土母岩主要有5类：酸性岩占48.5%，主要为流纹岩、凝灰熔岩、花岗岩；中性岩占27.3%，主要为英安岩、安山岩、石英闪长岩、粗面岩；基性岩占0.1%，主要为辉绿岩、辉长岩；泥质岩占8.7%，主要为粉碎岩、变粒岩、灰绿二云母片岩、石英片岩；砂质岩占12.8%，主要有砂岩，砾岩。成土母质中，山地土壤多为残积、坡积物，部分为堆积物；水稻土、梯田以坡积物为主；山垅田多为坡积、洪积二元结构；河流沿岸以冲积物为主，部分为坡积、冲积二元结掏。

土壤类型有明显的垂直分布，海拔800米以下为红壤分布地带，800～1200米为红壤与黄壤过渡地带，1200～1500米为黄壤地带，1500米以上有粗骨性黄壤和山地草甸土分布。林地土壤土层深厚，有机质含量较高，含水量适宜，质地较疏松，理化性状较好，但磷、钾含量普遍较低或缺乏。耕地主要是水稻土，耕地土壤肥力较低，茶果园地等以红泥土为主。一级肥力田仅占德化县耕地总面积1.7%。有机质含量：中等的占41.43%，丰富的占55.42%。

红壤面积847万公顷，是德化县最大的林业用地土壤类型，较集中分布于东南部及西北部的低山、丘陵，海拔300～1000米，自然植被为常绿阔叶林，以马尾松、矮灌及芒箕骨等为主的次生林。粗骨性红壤面积649.07公顷，多分布于植被受破坏，水土流失严重的山顶或陡坡。黄红壤面积5.08万公顷，主要分布于赤水、上涌、南埕、水口、雷峰等地。暗红壤面积0.74万公顷，发育于植被茂密的山坡上，土壤深厚达80～160厘米之间，质地为轻壤或中壤，腐殖质层厚0～40厘米，淀质层厚45～140厘米。红土面积0.24万公顷，分布于桂阳、赤水、南埕等乡镇。水化红壤面积0.9万公顷，主要分布于水口、南埕、汤头等乡镇的低山、高丘的中下坡，植被较茂密，多生长马尾松、乌饭芒箕骨、竹、桃金娘、青岗、枫树等。黄壤面积2.11万公顷，分布于海拔1000～1400米的中山坡的中下坡地，植被为稀疏松林，土层厚75～155厘米，质地为沙壤或轻壤，腐殖质厚0～16厘米，淀积层厚40～110厘米。粗骨性黄壤面积0.81万公顷，主要分布于赤水、水口、美湖、葛坑、雷峰等地，海拔1100～1600米的中山山脊或陡坡地带。黄泥土总面积218.3公顷，主要分布于美湖、赤水、桂阳等乡镇。草甸土面积259公顷，主要分布于戴云山、石牛山，海拔1600米以上的孤峰，地势较低的山间洼地也有小块分布。紫色土面积18.67公顷，分布于赤水街、村，由紫色凝灰熔岩构成的中山西北坡中段，海拔835米，坡度26，坡形平直，生长杉木、马尾松、黄瑞木、芒箕骨等。潮土面积13.67公顷，零星分布于水口、浔中、上涌溪流沿岸，成土母质为冲积、洪积物，土层较厚，剖面中可见到粗细分选的沉积层理，具有不同的质地层次。水稻土德化耕地的主要土壤类型，面积1.22万公顷，占耕地面积的92.7%，从海拔210米的湖坂涌口至1300米的昆坂均有分布，但集中于海拔500～800米的山丘坡地、垅谷、溪谷平地。

植被 德化县属常年暖湿的照叶林地带的南岭东部山地常绿槠类照叶林区，闽中东戴云山鹫峰山绿槠类照叶林小区，即属于南亚热带照叶林区。这里地处南亚热带和中亚热带的交界处，因而植物区和植被类型便具有某些过渡性的特点，原始常绿阔叶林已不多见，而代之以次生阔叶林、针叶林和针阔混交林等。常绿针叶林的马尾松、杉本等遍布德化县，以甜槠、米槠、硬斗柯、木荷、梨茶、阿丁枫、楠、樟树等主要组成，与杉、松、竹形成针、阔叶混交林、竹阔混交林。在林下灌木中，通常以杜鹃属、柃木属、冬青属，以乌药、黄杞、石斑木等一些种类为主。草本植物一般都较稀疏、种类也不多，通常以里白、狗脊、蕨类植物，以及乔木科、莎草科的一些种类为多。

针叶林有常绿针叶林和落叶针叶林，多系次生林、人工林。常绿针叶林遍布德化县，主要是马尾松、杉木、黄山松、建柏、油杉和柳杉，落叶针叶林面积很小，建群种主要是水杉。马尾松次生林，在海拔1200米以下普遍种植，1200米以上则多为黄山松，林冠低矮。戴云山保护区马尾松分布上限海拔1300米，在永安岩（海拔1290米）南坡，坡度18°仍生长，一般在1100～1200米为马尾松、黄山松过渡带。

针阔叶混交林多分布在海拔1000米以下山地，以红壤为主，较常见的有马尾松、杉木、毛竹、甜槠、米槠混交林和马尾松、木荷混交林。

阔叶林常绿阔叶林、多为次生林，保留于交通不便的边远、偏僻山谷，树种繁多。落叶阔叶树种常见的有南酸枣、拟赤杨、檫树、栓皮栎，还有引种的黑荆树、火力楠、湿地松等热带、南亚热带树种。

竹林有毛竹林、毛竹与针、阔叶混交林。除毛竹外，常见的尚有石竹、桂竹、刚竹、苦竹、麻竹、绿竹、枞生竹、藤枝竹以及少量雷公竹、四方竹、斑竹、紫竹、花竹等，高海拔山头还有箭竹。

次生灌丛有丘陵、低山次灌草丛，中山和林下灌草丛。在较湿润的林地，常见的有水团花、天仙果、变叶榕、掌叶榕、山乌桕、毛冬青等；常混生的有棉毛猕猴桃、山葡萄；较干燥的林地常见的有野茉莉、肖梵天花、映山红、石斑木、狗骨柴等。地被层常见的有芒箕骨、草珊瑚、百两金、老鼠刺、狗脊及其他阴性蕨类。层外藤本植物常见的有忍冬科、菊科和瓜馥木、龙须藤、鸡血藤和藤黄檀等。

荒山草坡主要有禾本科、玄参科、菊科、莎草科，其中芒箕、五节芒分布最为广泛，在村庄附近的丘陵、低山以及中山地带都有。其他属于原生植被破坏后而形成的逆行演替的次生植被。

【资源】 概况 德化县地处闽中屋脊戴云山麓，地势较高、地形复杂，地貌以低中山为主，境内资源丰富，拥有“山多、水足、矿富、瓷美”四大优势，素有“闽中宝库”之称。

生物资源 德化县地处中亚热带季风区，气温条件好，地形、地势复杂多样，动植物和微生物种多量丰，其中有世界特有的树种“活化石”银杏、水杉，世界珍稀的动物角怪。德化珍稀树种有鹅掌楸、福建柏、油杉、黄檀等国家二、三类保护的树种，珍贵树种有三尖杉、南方红豆杉、黄山松、百日青、戴云栎、阔瓣白兰花、木荚红豆树、建宁椴等；还有黄连、土洋参（属国家三类保护的珍稀植物）、瑞香、七叶一枝花、石香薷、大血藤、卷丹、山含笑、杜鹃花及多种兰花等。美湖镇小湖村的古樟树为唐代所植，树高28.01米，胸围16.7米，地围27.05米，冠幅东西33.8米，南北39.95米，为福建最古老的樟树。水口镇淳湖村、久住村亦尚存几株古樟，九仙山永安岩寺庙前有数株大柳杉，其中最大一株高34.6米，胸径1.9米，誉为“柳杉王”。赤水镇戴云村、葛坑镇大正村还有“杉树王”等。

土地资源 2018年，德化县累计获国务院、省政府批准农转用和土地征收33批次126.5公顷。累计收储国有土地19宗23.16公顷，征收集体土地29宗35.75公顷，征收房屋323宗3.52万平方米，有效支撑石牛山景区提升工程、国际陶瓷艺术城、城东四期古洋片区等项目建设需要。全年累计供应土地132宗79.95公顷，收取出让金101633.5万元，其中：工业用地91宗63.34公顷、出让金19068.5万元；经营性用地38宗13.49公顷、出让金74032万元，住宅用地（此住宅用地有部分是经营性用地）32宗8.39公顷、出让金69688万元。

矿产资源 德化县境内有高岭土、煤炭、石灰石、铁矿石、泥煤、叶蜡石、金、铅、锌、铜、钨、锰等矿藏40多种，其中铁矿石、高岭土、石灰石储量均在亿吨以上，已探明黄金储量20吨以上。矿产资源潜在的价值可达几百亿元，开发潜力很大，已发现的大小矿产地270多处。2018年，开发利用的主要矿种有铁矿、金矿、叶蜡石矿、水泥用灰岩、陶瓷土、地下热水以及建筑用石料等9种矿产。矿产资源开发利用统计对象共33家矿山企业，其中在产矿山企业17家，停产矿山企业16家，矿山从业人数1325人。

水资源 德化县多年平均降雨量在1600～2100毫米之间。河流坡降较大，蕴藏着丰富的水能资源，多年平均水资源总量24.92亿立方米，约占泉州市的四分之一，平均每平方千米产水量111.64万立方米，人均水资源占有量7880立方米，居泉州市首位，是全省平均水平的2.5倍，全国平均水平的3.8倍。水能资源理论蕴藏量49.7万千瓦，其中技术可开发的31.2万千瓦，已经开发利用27.71万千瓦，开发率88.81%，设计年发电量约10亿千瓦时。

【气候】 2018年，德化县年平均气温18.4℃，比常年偏高0.1℃；年降水量2029.1毫米，较常年偏多205.3毫米；年日照时数1845小时，较常年偏多75.7小时。冬季出现极端降雨天气；春季气温显著偏高，日照异常偏多；夏季局地短时强降雨强度大，台风季台风影响偏轻。

气温 2018年，德化县平均气温18.4℃，比常年偏高0.1℃，属正常。年极端最高气温出现在5月18日，34℃；年极端最低气温出现在2月6日，-3℃。四季平均气温分别为18.8℃、24.6℃、19.4℃、10℃。

降水　2018年，德化县降水量2029.1毫米，比常年偏多205.3毫米，属偏多。德化站出现大雨及以上的日数为29天，其中暴雨日数为7天。日最大雨量出现在7月13日，为90.1毫米。四季降水量分别为478.5毫米、892.4毫米、424毫米、210.7毫米。

日照　2018年，日照时数1845小时，比常年偏多75.7小时，属正常。冬季日照正常，春季异常偏多，夏季正常，秋季正常。四季日照时数分别为529.9小时、522.9小时、464.6小时、399.7小时。

2018年各季气温、雨量、日照及评价一览表

表1

项目 季节	气温（℃）	评价	雨量（毫米）	评价	日照（小时）	评价
冬季（2017年12月、2018年1～2月）	10	正常	210.7	正常	399.7	正常
春季（2018年3～5月）	18.8	显著偏高	478.5	正常	529.9	异常偏多
夏季（2018年6～8月）	24.6	显著偏低	892.4	正常	522.9	正常
秋季（2018年9～11月）	19.4	正常	424	显著偏多	464.6	正常

2018年各月、年气温、雨量、日照及评价一览表

表2

项目 月份	气温（℃）	评价	雨量（毫米）	评价	日照（小时）	评价
1月	9.8	正常	185.0	异常偏多	117.3	正常
2月	9.6	正常	22.1	显著偏少	100.0	正常
3月	14.9	偏高	160.6	正常	188.0	异常偏多
4月	18.5	正常	65.9	显著偏少	152.3	显著偏多
5月	23.0	异常偏高	252.0	正常	189.6	显著偏多
6月	23.4	偏低	209.9	正常	113.5	正常
7月	25.6	正常	261.5	正常	232.3	正常
8月	24.8	偏低	421.0	偏多	177.1	正常
9月	23.8	正常	196.1	正常	211.9	偏多
10月	18.4	偏低	66.0	正常	164.5	正常
11月	16.0	正常	161.9	异常偏多	88.2	异常偏少
12月	12.5	偏高	27.1	正常	110.3	偏少
全年	18.4	正常	2029.1	偏多	1845.0	正常

人文历史

【建置沿革】　德化建县前疆域分属尤溪县、永泰县管辖。唐贞元年间（785—805年）析永泰县归义乡置归德场，场址设在今德化县城，隶属永泰县，初具德化县雏形。五代后唐长兴四年、闽龙启元年（933年）由永泰县析出归德场置德化县。后晋开运二年、闽天德三年（945年），德化县隶属闽国东都（今福州）；后汉乾祐二年、南唐保大七年（949年）尤溪县析常平、进城二乡归德化县辖，时属南唐清源军（今泉州）；宋属清源军、平海军和泉州；元属泉州路、泉宁府和泉州分省；明属福建布政使司泉州府；清初沿袭明制，清雍正十二年（1734年）划属福建布政使司永春直隶州；民国年间，隶属福建兴泉永道（南路道、厦门道）之第四、第六、第七、第九行政督察区；1949年11月24

日德化解放，属福建省第七专区（后改称永安专区）；1950 年 10 月划归晋江专区；1971 年晋江专区改称晋江地区；1985 年撤地建泉州市，德化县仍属其管辖。

【行政区划】 2018 年，德化县辖 12 个镇（龙浔、浔中、盖德、三班、龙门滩、南埕、雷峰、水口、赤水、上涌、葛坑、美湖），6 个乡（杨梅、汤头、桂阳、国宝、大铭、春美），23 个社区、191 个村委会。

2018 年德化县行政区划分类表

表 3 单位：个

乡级行政单位名称	社区委员会	村民委员会	社区、村（居）委员会名称
全 县	23	191	
龙 浔 镇	13	6	社区：浔东、德新、兴南、南门、金锁、龙鹏、湖前、园丁、浔南、龙井、大洋、鹏都、鹏祥 村：宝美、丁溪、丁墘、大坂、英山、高阳
浔 中 镇	9	11	社区：凤池、富东、东埔、龙东、凤凰、金凤、阳光、东顺、吉祥 村：浔中、乐陶、后所、凤洋、龙翰、石鼓、仙境、祖厝、石山、蒲坂、世科
盖 德 镇	—	14	村：盖德、下寮、有济、下坑、福阳、大墘、上地、吾华、三福、上坑、林地、仙岭、凤山、山坪
三 班 镇	—	10	村：三班、泗滨、东山洋、奎斗、儒坑、锦山、龙阙、桥内、蔡径、岭头
龙门滩镇	—	12	村：硕儒、霞碧、碧坑、苏洋、磻坑、石室、湖景、内洋、村兜、朱地、霞山、大溪
雷 峰 镇	—	14	村：朱紫、蕉溪、潘祠、坂仔、雷峰、格后、溪美、肖坑、长基、瑞坂、李溪、荐解、上寨、双芹
南 埕 镇	—	12	村：西山、高漈、前峰、半岭、南埕、塔兜、枣坑、许厝、望洋、连山、蟠龙、梓垵
水 口 镇	—	16	村：亭坑、丘坂、凤坪、上湖、久住、祥光、八逞、樟境、村场、湖坂、淳湖、毛厝、昆坂、梨坑、承泽、榜上
国 宝 乡	—	8	村：国宝、佛岭、上洋、南斗、祥云、内坂、厚德、格头
赤 水 镇	1	14	社区：赤水 村：戴云、东里、苏坂、猛虎、湖岭、岭边、福全、吉岭、永嘉、苏岭、西洋、锦洋、小铭、铭爱
美 湖 镇	—	8	村：上岸、小湖、美湖、上漈、洋坑、洋田、斜山、阳山
大 铭 乡	—	7	村：大铭、联春、金黄、上徐、琼英、琼山、琼溪
春 美 乡	—	7	村：古春、梁春、上春、春美、新阁、尤床、双翰
上 涌 镇	—	17	村：上涌、黄井、辉阳、后坂、后宅、刘坑、下涌、曾坂、云路、西溪、桂格、传豪、桂林、中洋、下村、门头、东山
汤 头 乡	—	7	村：汤头、草村、福山、格中、岭脚、汤垵、吉山
葛 坑 镇	—	12	村：葛坑、下玲、湖头、漈头、邱村、水门、大岭、蓝田、富地、大正、龙漈、龙塔
桂 阳 乡	—	9	村：桂阳、溪洋、王春、安章、涌溪、洪田、彭坑、梓溪、陈溪
杨 梅 乡	—	7	村：杨梅、白叶、西墘、上云、云溪、安村、和顺

【人口】 2018 年，德化县人口 100295 户，户籍人口 348644 人，其中男性 184890 人、女性 163754 人，人口性别比 112.91。育妇 91550 人，已婚育妇 73772 人。出生 5777 人，其中男婴 3065 人、女婴 2712 人，出生性别比 113.02。出生率 27.5‰。死亡率 4.84‰，人口自然增长率 25.05‰。政策内出生 5272 人，政策符合率 91.26%。初婚 1725 对，晚婚 1450 对，晚育率 84.06%。

【民族】 德化县有汉族、畲族、回族、壮族、苗族、土家族、侗族、布依族、瑶族、蒙古族、彝族、满族、高山族、水族、藏族、维吾尔族、傣族、毛南族、锡伯族等19个民族，少数民族以畲族人口最多，有2个民族村（龙门滩镇大溪畲族村、葛坑镇龙塔畲族村）和1个民族自然村落（雷峰镇瑞坂村义民自然村落），其他少数民族一般因工作或婚嫁而迁移，散居分布在德化县各乡镇。

【宗教】 德化县有佛教、道教和基督教三大宗教。除宗教信仰外，民间信仰历史悠久，庙宇遍及每个乡镇的各个自然村落。据2006年年底的调查统计，德化县建筑面积10平方米以上的民间信仰活动场所有311处。在311处民间信仰活动场所中，始建于秦代的1处、汉代1处、唐代10处、宋代16处、元代7处、明代50处、清代72处、民国至中华人民共和国成立前兴建的6处、中华人民共和国成立后兴建的（含部分因重修造成始建年代不可考据的场所）96处、建造年代无法考据的52处。

【风俗】 德化地处“闽中屋脊”戴云山麓，境内崇山峻岭，重峦叠嶂，山脉连绵，地貌大部分以低、中山为主，德化人民“农居山谷专事稼穑，妇女辟绩之外无他业，园蔬、池鱼、山果仅取自给，弗鬻于市”；“市无巨商大贾，稍有力者营田积谷，以图温饱，不肯出资营什一之利”；“处万山之中”“舟楫不通”（《德化县志》清•乾隆）。然土地肥沃，宜居宜耕，交通闭塞，社会稳定，成为中原南迁汉人一个重要的安居乐业之地；中原汉人或避战乱、饥荒，或屯田，或随军几经辗转、播迁，进入德化，拓荒垦殖，渐成村落，孕育形成有浓厚中原色彩，又具有地方特色的德化民俗。

德化的衣、食、住、行以中原文化为特征，尤以德化的民居——古式大厝，建有厅堂、住房、厨房、护厝、附有天井、门庭、围墙、花台绣土等配套设施，屋顶有歇山式、硬山式、庑殿式等燕尾脊曲线，明显带有中原特点。德化农业亦带有中原的农耕文化，自给自足的自然经济色彩浓厚，世世代代以农为主，以土为本，以家庭为主要单位，为了丰收，农民们采取迎春、育种、播种、田管、占天象测农事等生产习俗。德化先民们在逃避战乱南迁中，为求得精神安慰，得到神灵保佑，民间信仰带有中原遗风，他们崇信孔夫子、五谷真仙、玉皇大帝、观音菩萨、释迦牟尼等。德化的祖先崇拜与早期中原密切相关，家祭、祠祭、墓祭，慎终追远，一般家族在门匾上刻挂有“鲁国传芳”“颍水永泽”“江夏衍派”“清河留芳”等字样，以表郡望，尊崇宗法制度，提倡人们行善举、崇厚德。德化的称谓体现了中原文化的特点，传承中原文化的礼仪，讲究嫡庶之别、男尊女卑、卑己尊人，行为严谨规范、雅俗有别，谦卑恭敬。

文化在繁荣昌盛之时，民俗的地方特色也逐渐形成。由于德化古代交通闭塞，交往不便，处于相对隔绝状态，因而为古文化的保存提供了得天独厚的条件，许多在中原发祥地逐渐式微甚至湮没，而在德化却被较完整地保存下来，或发扬光大。德化的民间信仰除了信奉全国多地的神祇，也形成了自己的民间信仰，对有显迹深受人们爱戴的神祇，从传扬推崇到建宫庙奉祀，如法主公、三代祖师、窑坊公、苏公尊王、陈统军、陈公祖师、史公祖师、吴公真仙等。还有自己独特地对自然现象和动物的崇拜，如四灵崇拜（龙、凤凰、龟、麒麟）、飞禽崇拜（喜鹊、燕子、鸡、乌鸦、猫头鹰）、走兽崇拜（虎、狮、獐、狐狸），以及蛇、鲤鱼崇拜。德化人认为，万物有灵，植物常被人们视为有神灵附着而被人崇拜、敬祀，如樟树、椿树、桃树、竹子等。德化民间艺术带有闽南特色，如提线木偶、布袋戏、梨园戏、高甲戏等；民间舞蹈八仙舞、拍胸舞、苏岭蚌舞、道士舞、蒲扇舞、龙虎旗等保持古朴、原始风貌；德化山歌种类有劳动歌、时政歌、仪式歌、历史传统歌、情歌，它是由人民在生产、生活、劳动中提炼，激发出来的民间歌谣，它们来源于生活，演唱时均用德化方言，大部分以对答形式表达，具有非常浓厚的民间色彩。在农历五月十六日窑坊公诞辰纪念日，当地制瓷业者、窑主汇聚祖龙宫，设坛隆重庆贺，摆满各窑主新烧制的陶瓷产品供奉。龙浔镇大卿宫在农历三月十五日保生大帝诞辰日，每年均制造糯米大龟12个（闰月13个），每个大龟以40千克糯米精制而成，每个龟与“八仙”桌一样大。祖龙宫陶瓷供品和大卿宫“摆大龟”，成为别具一格的传统供品文化。

民俗的发展演变有其自身的规律，德化民俗也受其规律制约而沿着一定的轨迹发展、演变，婚嫁、生育、丧葬在德化民俗中最具特色。它有一个发展演变的过程：由古朴到文雅，如童养媳、指腹婚、冥婚、纳妾、交换婚、转房婚、冲喜婚等旧式婚姻被取缔，由一夫一妻多妾制，再发展为一夫一妻制，由烦琐到简单，如传统婚礼的“六礼”婚俗，近现代以来趋于简单，婚礼从简、婚事新办，甚至出现旅游结婚的新风尚；又如丧葬习俗，由土葬习俗中的送终、搬铺、守灵、大殓、封棺、哭丧、出殡、下土、回龙、做七、服丧守孝、拾骨等一系列繁文缛节，到21世纪火葬逐渐实行，很多环节被简化或取消；又如生育，传统上有怀孕禁忌、分娩接生、满月、洁月、周岁、命名等繁琐习俗，随着科学知识的普及和少生优生的推行，孕妇保健、生育均在医院，“洗三”也由医院护士代为完成；再如寿庆，要筹办做寿物品、寿堂等，交给酒家办理寿宴。

民俗作为一种文化，一旦形成便世代相沿成习，如德化的陶瓷制作技艺与文化传承密切相关，从唐代颜化采编纂《陶业法》，绘《梅岭图》将制作技艺传给后世开始，至今传承未断，其传承习俗有家传、师承、学校教育三大类。古代德化重视一技之长，孩子长大成人，父母要为他们选择某种职业，以便自食其力，建家立业，因此各类拜师学艺成为旧时人们的一种时尚，流传至今。传统的家教、家规、家训、家范在人们思想和行为规范影响深远，《弟子规》《朱子家训》家喻户晓。孝道被视为诸德之首、百善之先和教化之始，善事父母、勤俭节约、尊师爱生、尊老惜幼、拾金不昧、热心公益、互助救济等美德得到发扬光大。德化的传统节日（春节、元宵节、端午节、中元节、中秋节、重阳节、除夕）、时令（春夏季、秋冬季）等节令习俗丰富多彩。

【人物】 颜仁郁　字文杰，号品俊，唐大和年间（827—835）生。德化县三班镇泗滨村人。唐末归德场场长，后梁开平三年（909），闽王王审知任命颜仁郁为闽国农官。唐代著名诗人，其诗作《农桑》第一首和《山居》第二首入编《全唐诗》。仁郁卒后，民怀其德，建“颜长官祠”“忠应庙”，塑像祀之。

苏奉礼　（生卒年不详）号长源，德化县春美乡人。五代末参谋军事，北宋初礼部右侍郎，北宋建隆三年（962）礼部尚书、仆射，封开国公，受绿袍靴笏。北宋太平兴国二年（977）进士及第。

苏十万（1232—1280年）　原名一侯，字万仁，号留义，排行纶千五，德化县雷峰镇长基村人。为宋太中大夫、翰林院太学博士、国师校书郎苏总龟三世孙。官武职忠义军都指挥使，为德化宋末组织义军抗元的著名将领。

凌辉（1389—1461年）　又名邦辉，字清峰，德化县葛坑镇田地村人。明永乐三年（1405）中举人；永乐十年会试，登进士第，初任广东道监察御史，后改任河南道；升江西按察司副使、都察院监察御史、中宪大夫等职，屡次跟随成祖皇帝出征，居官33年曾参与编修《大明一统志》，廉洁自持，政绩斐然。辞官回乡后，于明天顺二年（1458）主修完成德化县第一部县志，惜已散失。

赖垓（生卒年不详）　字宇肩。德化县大铭乡琼溪村人。明天启七年（1627）在顺天府（今北京）考取举人，明崇祯元年（1628）中进士。初为浙江平湖县知县，擢为翰林院检讨，转右春坊（太子宫）任右庶子，为太子讲学。其后，请假省亲，得册藩之役，晋升伯宗任学士。未及回京，值清兵入关，遂归琼溪故乡，隐居不仕。清廷差使征召，垓托病固辞，家居近20年。

李道泰（1617—1683年）　字子交，号藿思，德化县浔中镇诗墩人。清顺治八年（1651）乡试中试，清顺治十八年（1661）中进士。任江西南康府建昌县（今江西省永修县）知县，清康熙十二年（1673）冬，因平定“三藩之乱”（平西王吴三桂、靖南王耿精忠、平南王尚可喜叛乱）有功，战后以功晋升南康府同知，不久擢云南省开化府知府。

邓启元（1699—1733年）　字幼季，号蓝阳，德化县浔中镇蒲坂村人。清雍正二年（1723）入京，上《劝学赋》，钦点第二名。雍正五年（1727），邓启元应礼部会试中第九名，殿试榜眼及第。授翰林院编修、武英殿纂修。年少任职，勤勉谨慎，为众人所佩服。雍正十年（1732），主持湖北乡试。乡试结束后，邓启元又将落选的数千试卷加以点评。邓启元回朝后，参与编纂《三礼》，日夜操劳，积劳成疾，终年34岁。

王必昌（1704—1788年）　字乔岳，号后山，德化县浔中镇凤池社区人。清乾隆十年（1745）中进士，受赐吏部观政。乾隆十一年（1746）应德化知县鲁鼎梅聘，纂修《德化县志》；乾隆十七年（1752）又应台湾知县鲁鼎梅之聘，赴台编修《台湾县志》。乾隆十八年（1753），任湖北郧西县知县，兼理竹溪县事。

郭鸣高（1774—1843年）　乳名瑞，字行祥，号怀莪，别号蔼士，德化县浔中镇世科村人。嘉庆十五年（1810）中举；嘉庆二十四年（1819）中二甲进士。历任则例纂修、文选司员外郎、监察御史、贵州思南府知府。著有《经史印示儿浅说》及《虫鸟吟诗稿》传世。

苏履吉（1779—卒年不详）　乳名发祥，字其旋，号九斋，德化县春美乡双翰村人。清嘉庆十八年

（1813）登拔萃科，十九年（1814）在京参加廷试，以二等第一名入选，钦点知县，签分甘肃；授甘肃省敦煌县知县，安西直隶州知县，提拔哈密知府，广东佛山分府正堂。

王光张（1866—1936年） 字金义，号石峰，德化县浔中镇凤池社区人。清光绪二十九年（1903）举人，江西省布库大使，敕授文林郎，钦加五品衔，赠奉直大夫。民国德化县县长。

徐会春（1900—1986年） 乳名德旺，别号光宇，曾用名徐英，德化县盖德镇三福村人。民国18年（1929）任国民党军营长，民国25年（1936）任陆军独立37旅109团中校团副，民国26年（1937）任陆军194师581团团副，民国30年（1941）因战功升任194师上校副师长，民国32年（1943）秋因战功被授予“陆军少将”军衔。1949年1月任194师师长。2005年，获由中共中央总书记胡锦涛题词，中共中央、国务院、中央军委颁发的“纪念抗日战争胜利六十周年”勋章。

蔡尚思（1905—2008年） 号中睿，德化县浔中镇诗墩村人。中国当代著名文史学家、思想家、哲学家。曾任复旦大学教授、副校长、社会科学学术委员会副主任、研究生部副主任、中国思想文化研究室主任、上海市政协委员等。蔡尚思研究领域涉及中国通史、中国古典文学、中国文化史、学术史、中国思想史、哲学史。主要学术专著有《中国思想研究法》《中国历史新研究法》等20多部。

寇富平（1938— ） 德化县盖德镇下寮村人。中国陶瓷艺术终身成就奖得主，福建省工艺美术师，福建省国际友好联络会理事。1959年毕业于江西景德镇陶瓷学院艺术系。2017年被中法文化论坛授予“中华陶瓷文明弘扬与传播贡献奖”。其代表作“刻花牡丹笔筒”为人民大会堂毛泽东休息室设计，被誉为“主席笔筒”；“羊头花瓶”“芭蕉花瓶”“牡丹花瓶”多次作为国礼；“和谐瓶”“路路平安”作为金砖国家领导人厦门会晤征选礼品，寇富平设计团队被授予礼品研制征选作品团队奖；“喜上眉梢”“羊头花瓶”“螭龙瓶”被中国国家博物馆收藏。

连紫华（1970— ） 德化县国宝乡格头村人。中国工艺美术大师，中国陶瓷行业工艺美术大师，高级工艺美术师、国家一级/高级技师，德化友滨陶瓷研究所艺术总监。其创作的作品“祥和观音”“西方三圣”分别获得中国工艺美术精品“百花奖”特等奖、金奖，“立岩观音”获中国传统工艺精品赛金奖。论文《德化陶瓷与宗教的不解之缘》《从达摩渡江看何朝宗艺术风格》发表于《陶瓷与科学技术》，《临摹何朝宗瓷雕作品有感》发表于《东方收藏》。作品“立莲如意观音”被中国国家博物馆收藏，“祥和观音”被中国工艺美术馆收藏，“唐玄奘”被福建省博物馆收藏。

颜松柳（1977— ） 德化县城关人。中国陶瓷行业工艺美术大师，福建省工艺美术大师，高级工艺美术师，德化县瓷言坊陶瓷工艺有限公司艺术总监。其创作的作品“净瓶观音”“八方通胜天鸡尊”“禅•莲”等多次获得“百花杯”“争艳杯”“天工杯”等专业评比金奖。“春风得意马蹄疾”被中国工艺美术馆、英国珍宝博物馆收藏，“一苇渡江”被英国珍宝博物馆、福建博物院收藏，“观沧海”被福建工艺美术珍品馆收藏。

经济社会发展

【概况】 2018年，德化县地区生产总值246.23亿元，比上年增长9%，一般公共预算总收入18.26亿元，比上年增长8.2%；其中一般公共预算收入11.83亿元，比上年增长7.3%；工业总产值330.18亿元，比上年增长13.1%。农业总产值21.78亿元，比上年增长2.5%；陶瓷产值328.46亿元，比上年增长14.1%。

【三大产业协调发展】 2018年，德化县第一、二、三产业增加值分别为12.23亿元、138.11亿元和95.89亿元，分别比上年增长2.8%、9.9%和8.1%；三产比例5.0:56.1:38.9，产业结构持续优化。

农林业 2018年，德化县实施乡村振兴战略，划定6800公顷水稻功能区，建设省市林下经济示范基地23个，完成水利建设项目投资3.01亿元，造林绿化1206.67公顷。设立院士工作站，获评市级以上农民专业合作社示范社4家、家庭农场示范场10家，6个农产品获第十九届中国绿色食品博览会金奖，“德化黑羊”通过国家农产品地理标志保护登记，恋南山黄花远志茶获第六届成都国际都市现代农业博览会茶叶类金奖、海峡两岸最受欢迎伴手礼奖，茶油奶奶有机山茶油创下泉州口岸食品出口单价历史新高，春美乡（黄花菜）列入全国一村一品示范村镇。

工业 2018年，德化县工业

用电比上年增长14.6%；天然气供应量比上年增长16.8%，工业投资增速88.9%，工业技改投资增速87.5%，实现工业总产值330.18亿元，比上年增长13.1%；124家规上工业企业117家实现正增长，规模以上陶瓷、矿业、电业分别实现产值212.46亿元、36.19亿元、8.62亿元，分别比上年增长15.7%、5.5%、5.8%。列入市级产业龙头企业22家、省级工业新增长点项目3个、省级技术创新重点项目7个、省级智能制造重点项目5个、省智能制造试点示范企业2家，顺美集团获评第六批省级工业设计中心，佳美公司获评2018年度福建省工业企业质量标杆企业。

第三产业　2018年，德化县开展“第三产业发展年”活动，26个三产重点项目完成投资19.09亿元。实施全域旅游提升行动，石牛山景区、九仙山旅游度假区等20个旅游重点项目完成投资8.07亿元，举办“发现大美德化”抖音创意视频挑战赛，开展特色旅游节庆活动，推介8条乡村特色精品旅游线路，设立5个游学研学基地，全年接待游客488.09万人次，旅游总收入45.53亿元，均增长23.2%。成立县跨境电商服务基地，开展瓷都电商节活动，全年电商销售额106.3亿元，24家限额以上电商企业实现累计零售额7.96亿元，比上年增长31.9%。公路运输总周转量1570262万吨千米，比上年增长7.02%；商品房总销售面积47.7万平方米、总销售金额35.55亿元，分别比上年增长22.1%、38.9%；金融机构存、贷款余额分别为210.91亿元、199.69亿元，分别比上年增长6.5%、5.7%，存贷比94.68%。

【三大需求拉动】

投资　2018年，德化县218个“6+4”提升工程完成投资107.1亿元，城东四期古洋片区、驾云亭改扩建工程、新寨小学幼儿园等75个项目新开工建设，乐陶片区改造安置房、行政服务中心、云龙谷创国家AAAA级旅游景区提升工程等53个项目建成投用。争取上级资金15亿元，政府债券资金6.38亿元，财政性项目融资18.97亿元。新引进项目74个，协议总投资139.13亿元，在谈项目102个，意向总投资205.45亿元，德化瓷都文化小镇项目、超细环保纤维材料、玻璃制品产业园等13个投资亿元以上文旅、高新产业项目顺利签约落地。

消费　2018年，德化县新增限额以上批零住餐企业27家，累计95家；批发业、零售业、住宿业和餐饮业等销售营业额分别比上年增长10.3%、14.4%、13.9%、10.4%。

出口　2018年，德化县推进国家外贸转型升级基地建设，应对贸易摩擦，组织553家企业877个展位参加德国法兰克福展等境内外知名展会，新批及增资外资企业8家，新增备案登记进出口经营权企业65家，总数551家。

【重点领域改革】　2018年，德化县持续推进“放管服”改革，调整政府权责事项187项，其中取消19项、承接下放或委托9项。实施“多证合一”，企业开办登记压缩至3个工作日内，新增各类市场主体10543户。在全市首创“德化县通办”模式，建立开放式24小时自助行政服务平台；在全省首创“一区通办”、购买图审服务、乡镇便民服务专窗等改革，财政性投资项目从立项到竣工审批总时限压缩至36个工作日内。累计兑现各类创新奖励资金1241.55万元，R&D经费支出5.67亿元，占GDP比重继续位居全市第一位。新增专利申请1875件，授权1071件，每万人口发明专利拥有量7.68件。实施农业科技项目22项，新增市级国家科技园区示范企业（基地）9家、省科技特派员23名，21家企业通过国家科技型中小企业备案，新增省科技小巨人领军企业22家、省高新技术企业8家、省科技型企业16家、省级星创天地2家。启动第二届中国白国际陶瓷艺术大奖赛，举办第一届中国（德化）茶具文化产业博览会，引入讯网科技、敦煌网，借力快手、东家等平台，推进“互联网+陶瓷”区域化链条化省级试点建设，打造“工匠扶持计划”，构建“互联网+陶瓷”产业生态体系。推出“中国白・哲选”共享品牌，致力品牌创建提质，新增国内注册商标2365件，马德里国际注册商标10件，国家地理标志证明商标3件，省日用陶瓷产品质量监督检验中心通过国家实验室认可。推进农业农村改革，开展产权流转交易215宗，交易金额3.6亿元；全面启动农村集体产权制度改革，清产核资乡镇村（居）数214个。持续推进全国林地占补平衡扩大试点、林权收储等工作，组建县国有生态林场、县国有商品林场，顺利完成县办公司林场改革。

【城乡统筹发展】

城关提质建设　2018年，县城总体规划纲要方案及上寮工业区、宝美中小企业创业园等控规审查报批工作完成。实施市政、民生提升工程等建设项目95个，完成投资

41.4 亿元；省道 310 线蒲坂至盖德（火车站）路段、城东综合停车场、城区道路沥青化改造工程等项目扎实推进，新增城市道路 25.5 千米，道路硬化率 98.6%、亮化率 98.92%、污水处理率 90.63%、建成区绿地率 39.94%、绿化覆盖率 43.29%，人均公园绿地 13.82 平方米、垃圾无害化处理率 99.9%。

乡村振兴　2018 年，德化县统筹规划乡村振兴战略，推进 6 个乡村振兴试点示范村、37 个“一清二整三美化”（一清：清洁干净，二整：整齐有序，三美化：乡村道路和房前屋后绿化美化）示范村项目，17 个“千村整治、百村示范”美丽乡村项目建设，石结构房屋改造、生活污水、垃圾有效处理、农房整治和“厕所革命”行动等宜居环境项目有序推进，26 户农村危房改造已全部竣工投用。新增中国传统村落 13 个，国宝乡佛岭村进入第一批市级特色乡村扶持创建试点名单。

【社会民生事业】

脱贫攻坚　2018 年，德化县 289 户贫困户参与“公司 + 农户”黑兔养殖扶贫项目高分通过省扶贫考核。实施发展壮大薄弱村集体经济三年行动，农村建档立卡贫困人口稳定脱贫，32 个省定建档立卡贫困村全部摘帽，52 个“空壳村”全部消除。

民生保障　2018 年，德化县投入 3.7 亿元推进 23 个教育项目建设，城东小学、城东中心幼儿园等 7 个项目竣工投用，新增校舍面积 4.85 万平方米、学位 4730 个。成立县教育发展基金会，筹集资金 6197.6 万元；中高考质量持续向好，德化一中通过省一级达标高中复查并入选省示范性高中建设学校，德化职校入选省示范性现代职业院校建设工程 A 类培育项目校。强化医疗保障，推进医共体（县总医院）建设，县域医疗服务“三平台六中心”建成投用，县医院获评全国综合医院中医药工作示范单位。城乡低保标准实现一体化，低保标准每人每月提高到 560 元；盘活乡镇敬老院，创建农村居家养老服务站示范点 30 个，发放低保金、临时救助、“救急难”等各类托底保障资金 2480.34 万元；发放养老金、丧葬补助、工伤保险等各类社会保障金 35697.67 万元，城乡居民养老保险参保率 99%；新增城镇就业 5180 人，城镇登记失业人数 320 人，城镇登记失业率 1.1%，德化县主要食品药品质量安全总体抽检合格率保持在 98% 以上。

社会事业　2018 年，德化县提级改造县图书馆、陶瓷博物馆、村（社区）文化服务中心，新增 4 处省级文保单位，县陶瓷博物馆被评为首批福建标志性文化旅游场馆；德化瓷烧制技艺入选第一批国家传统工艺振兴名录；新增中国工艺美术大师 3 人、省级以上非物质文化遗产传承人 4 人；新增省级文化产业示范基地 1 家；德化运动员在全国跆拳道锦标赛中获得女子 57 公斤级第三名、少年击剑赛第二、三名。推行“1+3+N”的“大调解”工作格局和“网格化 + 调解”工作模式，推广“多中心合一”综治中心建设，打造“网格化 + 职能应用”融合共治新平台，获第四批“全国法治（市、区）创建活动先进单位”，13 个村（社区）被命名为全国、全省无邪创建示范村（社区）。圆满完成 191 个村委会和 23 个社区居委会换届选举工作，一次性选举成功率 100%。县广播电视台获改革开放四十周年全国百佳县级广播电视台。《德化年鉴（2017）》获第五届全国地方志优秀成果（年鉴类）评选活动二等奖，《浔中镇志》列入中国名镇志文化工程并正式出版。统战、武装、广电、档案、统计、妇女儿童、老年事业、安全生产等各项工作扎实推进。

【生态文明建设】　2018 年，德化县探索智慧治水新模式，开展“微信治河、无人机巡河”新做法，在全省首创聘任河道督导员，打造“一河一湖一景”德化版河湖长制。推进国家循环化改造示范试点园区建设，以全国第三的成绩高分通过国家发改委考核验收。县环境空气质量优良天数比例率 98.2%，PM_{10} 浓度均值 0.039 毫克 / 立方米，$PM_{2.5}$、SO_2、NO_2 浓度均值均优于国家二级标准。各监测断面地表水水质均达到相应功能区标准，水质达标率 100%，城区饮用水源地水质达标率 100%。

重大决策

【概况】 2018年，中共德化县委主动融入新时代新福建和“五个泉州”（“创新、智造、海丝、美丽、幸福”泉州）建设，坚持稳中求进工作总基调，坚持新发展理念，全面深化改革，全力实施陶瓷产业、全域旅游、城市品位、社会民生、乡村发展、项目攻坚、党建保障“七大提升行动”，奋力推进项目攻坚、招商引资、资金争取、亮点打造“四大重点工作”，推动全县经济社会各项事业实现新发展、取得新突破、再上新台阶。

【习近平新时代中国特色社会主义思想学习宣传贯彻】 2018年，中共德化县委把学习习近平新时代中国特色社会主义思想作为长期的首要任务，在全县各个领域、各条战线、各行各业全面部署开展“大学习”活动，引领广大党员、干部群众深学、细照、笃行习近平新时代中国特色社会主义思想，切实用以武装头脑、指导实践、推动工作，确保往深里走、往实里走、往心里走。

领导带头学。从县委常委会自身做起，树牢“四个意识”，坚决维护习近平总书记在党中央和全党的核心地位，坚决维护党中央权威和集中统一领导，第一时间认真传达学习贯彻习近平总书记的每次重要讲话、重要指示，持续强化对习近平总书记的政治认同、思想认同、情感认同。举办2期“深入学习贯彻习近平新时代中国特色社会主义思想”专题研讨班，开展新一届村居主干任职集中培训，县委主要领导作辅导报告。坚持常学常新、常讲常新，定期梳理学习贯彻上级有关文件、会议精神，采取县委中心组集中学习、举办瓷都讲坛邀请专家授课、党员领导干部自学和开展宣传宣讲、专题研讨、撰写心得体会等方式，确保习近平新时代中国特色社会主义思想和中共十九大精神贯穿体现到现代化世界瓷都建设的全过程各方面。

全面深入学。中共德化县委制定印发《关于在全县进一步兴起习近平新时代中国特色社会主义思想“大学习”热潮的工作方案》，细化《“大学习”活动工作安排表》，抓好《习近平新时代中国特色社会主义思想三十讲》《习近平谈治国理政》第一卷、第二卷等权威读本和重要辅助读物的学习，推动全县上下进一步开展培训、深化学习活动；组织党员领导干部、县委业余讲师团及8支宣讲小分队，持续围绕“习近平新时代中国特色社会主义思想”“不忘初心、牢记使命”等主题，开展面向基层群众的对象化、分众化、互动化宣讲活动420多场次，受众33000多人，形成领导带头宣讲、宣讲团集中宣讲、小分队分众化经常性宣讲的“点线面”全覆盖效应。依托乡镇驻城区党员管理服务中心、驻城区党小组等，开办农民夜校，推动习近平新时代中国特色社会主义思想走进基层、走进群众。

【全面深化改革】 2018年，德化县深化“放管服”改革，持续开展全国林地占补平衡扩大试点、林权收储工作，完成农村土地承包经营权确权登记颁证、农村集体产权制度改革清产核资和县办公司林场改革。深化“大力推进网格化管理服务工作”，率先在全市推行“流动仲裁庭”“网格化+执行”模式和知识产权电子数据存证云服务，“网格化+职能应用” 社会治理模式、仲裁审查确认工作在全省推广。实施“多证合一”“证照分离”，企业开办登记由原来7个工作日压缩至3个工作日，新增各类市场主体10478户，比上年增长37.9%；设立6个乡镇便民服务专窗，其中

3个由龙浔、浔中、三班等城关镇派员进驻，为企业和项目建设提供审批事项全程代办服务；另外3个由其他15个乡镇轮流派员进驻，为群众提供身份证办理、户籍变更等便民服务，解决群众城乡来回跑问题。对审批全流程进行整合再造，在全省创新推出“一区通办”、购买图审服务、便民服务专窗，在全市首创“德化县通办”模式，建立开放式24小时自助行政服务平台，把建设项目全流程总耗时压到96个工作日，把行政审批总耗时压到20个工作日，行政审批服务事项按期办结率、当日办结率、提前办结率分别达100%、97.1%、99.2%。探索行政+司法+协会“三位一体”的版权服务保护体系，形成全省“五个第一”版权司法保护机制，获中国版权金奖保护奖。

【**生态文明建设**】 2018年，德化县落实最严格耕地资源保护、水资源管理制度和河（湖）长制，森林防火新型隔离灭火做法在全省推广。投入1.6亿元，实施小流域水质提升、重点流域整治，造林绿化1206.67公顷，治理水土流失3000公顷。投入2.79亿元，推进浐溪水系河湖连通综合整治、闽江防洪工程德化段（二期）前期工作，抓好蕉溪清新流域样板工程、河道治理和安全生态水系建设，退出小水电站8座，完成水电站生态下泄流量改造55座。彭村水库下闸蓄水。该水库是一座以供水、防洪功能为主兼有发电等综合效益的水利枢纽工程，从主体工程开工至下闸蓄水用3年9个月，水库正常蓄水位642米，总库容7843万立方米，电站装机容量7400千瓦。完成节能减排任务，空气质量优于国家二级标准，水质达标率100%。

【**全面从严治党**】 2018年，中共德化县委贯彻《中共中央政治局关于加强和维护党中央集中统一领导的若干规定》，把“两个维护”作为最高政治原则、根本政治规矩、严肃政治纪律，教育引导各级党组织和党员干部树牢“四个意识”、坚定“四个自信”，始终在政治立场、政治方向、政治原则、政治道路上同以习近平为核心的党中央保持高度一致，贯彻落实党中央各项决策部署。执行新形势下党内政治生活若干准则，落实《关于进一步加强民主集中制建设的实施意见》，实行“三重一大”民主科学决策制度，充分发挥集体领导作用。

加强基层组织建设。全面完成村级组织换届，提升“1+3”农村党建模式，深化两项“党支部+”扶贫机制，探索党建“五三”行动引领乡村振兴，创新推行壮大村集体经济“五种模式”，提升村级党组织组织力。提升社区、园区、网络“大党委”等城市党建模式，依托全县社会治理网格化平台，设立104个社区网格党小组，招聘45名城市基层党建专职工作者，构建“社区大党委—网格党小组—党员中心户”工作体系，提高基层党建工作整体水平。启动进城党群城市家园建设，解决“空心农村”的党员教育管理难题。

强化干部队伍建设。落实好一线工作法，把优秀干部选派到项目建设、征地拆迁、招商引资等一线建功立业，选派优秀年轻干部到发达县市、上级部门、国有企业挂职锻炼。组织县四套班子领导、乡镇部门主要领导到北京大学研修，发挥县委党校、瓷都讲坛、戴云山讲台等教育培训平台作用，组织开展各类专题培训，增强干部队伍的政治意识、党建意识和综合能力，建设一支敢担当、会担当、善担当的干部队伍。落实干部管理规定，结合县级新一轮机构改革，配齐配强县直部门领导班子，全面整改超职数配备的非领导职务干部，并对在同一岗位任职时间较长的科级干部进行调整交流，形成科级干部常态化交流轮岗机制。坚持严管与厚爱相结合，打通收账结果与干部选拔、典型宣传、机动巡察、问责追责的连接通道，实行干部一线考察使用法，形成重实干重实绩的鲜明用人导向，激发全县干部干事创业、力争上游的激情斗志。

落实意识形态责任。对照意识形态工作“六个纳入”，出台《德化县2018年度党委（党组）落实意识形态工作责任制考核办法》《关于加强和改进党的新闻舆论工作的实施方案》等，对全县64个党组织、单位开展全覆盖式督查，定期对思想理论动态、网络舆情动态、社会舆情动态进行分析研判，牢牢掌握意识形态工作领导权、管理权、话语权。持续推进社会主义核心价值体系建设，入围全国文明城市提名城市。

正风肃纪。严格落实中央八项规定及实施细则精神，制定出台县《进一步贯彻落实中央八项规定精神实施办法》，深化“1+X”监督机制，紧盯重要时间节点，密切关注享乐主义、奢靡之风新动向新表现，开展明察暗访25次，联合德化电视台开展“正风肃纪在行动”3期，查处违反中央八项规定精神问题15起17人，通报曝光4期8起。组织开展形式主义、官僚主义问题综合整治，严查严处不作为、慢作为、乱作为和群众反映强烈的问题，查处问题5起5人，对1起典型案例进行通报。传承和弘扬“四下基层”“马上就办、真抓实干”等优良作风，坚决反对特权思想和特权现象。深化运用监督执纪“四种形态”，完善经常性提醒、函询、诫勉和警示教育，县委主要领导带头开展廉政谈话。

保持反腐高压态势。从严抓好新修订的《中国共产党纪律处分条例》学习宣传和贯彻执行。坚持抓早抓小、防微杜渐，对苗头性问题早发现、早处置，全年处置399人次，其中第一种形态占比75.5%；第二种形态占比15.5%；第三种形态占比5.5%；第四种形态占比3.5%。坚持精准有力惩治腐败，加大纪律审查力度，受理各类信访举报480件次，其中检控类初信初访306件次；立案90件98人，涉及乡科级干部12人；结案87件；给予党纪政务处分94人，移送司法3人，成功查办全省首例留置案。开展扶贫领域腐败和作风问题、民生领域突出问题专项治理，查处发生在群众身边的“四风”和腐败问题22起34人，其中给予党纪政务处分20人，通报典型问题2期2起。修订完善巡察工作规划、工作实施办法，全年开展3轮6批常规巡察和一轮机动式巡察，巡察单位38个，发现问题279个，边巡边改54个，立案处理11人，其中给予党纪政务处分7人。为打通全面从严治党“最后一公里”，制定出台《对村（居）党组织巡察工作的实施方案》，探索延伸到村、一插到底的巡察模式，延伸3个村（社区），发现问题11个。

【巡视整改落实】 2018年，中共德化县委学习贯彻习近平关于巡视工作重要论述，自觉、诚恳接受省委巡视，全力支持配合巡视组开展工作。对省委巡视二组反馈的意见，县委坚决拥护、照单全收、严肃对待，以最坚决的态度、最有力的措施、最严格的要求立即整改、全面整改，全力以赴推动巡视整改见真章、动真格、求实效。

扛起巡视整改政治责任。县委成立由主要领导担任组长的县委巡视整改工作领导小组，召开县委常委会会议4次、县委巡视整改工作领导小组会6次、县委专题会5次，细化整改措施，协调解决重点难点问题。召开县委常委班子落实巡视整改意见专题民主生活会，班子成员对照检查，开展批评与自我批评，深刻剖析、坚决整改。县委主要领导履行第一责任人责任，直接负责一半以上的整改项目，带动督促全县各级各部门坚决抓好整改。其他县委常委班子成员对号入座、主动认领，组织开展整改，推进各自责任领域整改工作。在县委的要求和带动下，全县各级党委（党组）及其书记切实担负起主体责任、第一人责任，形成压力层层传导、责任层层落实的工作局面。

推动巡视整改落地见效。制定《整改任务与分解方案》《整改任务细化措施》，将39个反馈问题分解为134个整改任务、细化成359条整改措施，逐一明确牵头领导、牵头单位、责任单位、完成时限，建立巡视整改组织领导、责任落实、工作推进、督促检查等四项机制。开展2次全县性督促检查活动，实行“一单一表”制度，挂图作战，销号管理，逐项收账，在“一报一台一网”媒体上，开设《巡视整改进行时》专栏，全面宣传报道巡视整改工作情况。对进度偏慢、聚焦不准、整改不力的单位，通过催办、提醒、约谈等形式加以督促推动；同时，要求建立巡视整改一线考察机制，抽调组织人事部门干部，组成6个一线专项考察组，定人定责分片考察整改工作，确保巡视整改不打折、不走样，改彻底、改到位。7方面39个问题全部整改完成。

确保巡视整改常态长效。坚持把落实巡视整改和深化标本兼治结合起来，长期抓、持续抓、深入抓，推动共性问题建章立制，制定和完善33项制度，巩固运用好巡视整改成果。把抓好巡视整改与解决全面从严治党要求不相符的各类问题相结合，与破解历史遗留问题、民生短板问题相结合，从源头上补齐短板、建章立制，推动整改更深入、更全面、更彻底。扎紧制度笼子，强化刚性约束，严格监督执行，加快构建不敢腐、不能腐、不想腐的体制机制，确保整改工作不断取得新成效。

【机构改革】 2018年12月24日，中共德化县委、德化县人民政府制定《德化县机构改革实施方案》。县委设置纪检监察机关1个，计入机构限额的工作机关10个（设在相关部门的议事协调机构的办事机构不计入机构限额）。其中，纪律检查委员会与监察委员会合署办公，实行一套工作机构、两个机关名称；县委办公室挂台港澳工作办公室、保密委员会办公室、机要局、县档案局牌子；组织部挂县公务员局、非公有制企业和社会组织工作委员会牌子；宣传部挂县新闻出版广电局、县政府新闻办公室牌子；统一战线工作部挂县政府侨务办公室、县民族与宗教事务局牌子；老干部局挂离退休干部工作委员会牌子；精神文明建设办公室挂县精神文明建设指导委员会办公室牌子；县委信访局与县政府信访局合署办公，不计入机构限额。将县委党史研究室与县地方志编纂委员会办公室整合，设置县委党史和地方志研究室，作为县委直属事业单位，相当正科级。县政府设置工作机构25个。县政府办公室挂外事办公室牌子；发展和改革局挂粮食和物资储备局牌子；工业信息化和商务局挂数字德化建设领导小组办公室牌子；民政局挂革命老根据地建设办公室牌子；住房和城乡建设局挂人民防空办公室牌子；农业农村局挂县委实施乡村振兴战略领导小组办公室、扶贫开发领导小组办公室牌子；退役军人事务局挂双拥共建工作领导小组办公室牌子；市场监督管理局挂知识产权局牌子。

（县委办）

重要会议

【概况】 2018年，中共德化县委召开常委会（扩大）会议4次，全体会议1次，专题会议15次，共同商讨全县政治、经济、文化、社会、生态等工作。

【县委十三届六次全体会议】 10月8日，县委十三届六次全体会议召开。学习贯彻习近平新时代中国特色社会主义思想和中共十九大精神，以及习近平总书记对福建工作重要指示精神，贯彻落实省委十届六次全会、市委十二届七次全会决策部署，落实赶超，打造现代化世界瓷都，为新福建和“五个泉州”建设做出应有贡献。

【常委会会议】 2018年1月2日，县委常委会（扩大）会议召开。会上传达中央经济工作会议、省委十届五次全会、市委十二届六次全会主要精神，研究部署县具体贯彻意见。

1月31日，县委常委（扩大）会议召开，按照《党内监督条例》规定，根据《福建省党的领导干部述责述廉工作意见》要求，县委常委班子成员进行述责述廉，并进行评议工作。

7月25日，县委常委会（扩大）会议召开。会上听取和分析全县经济运行及重点项目建设、陶瓷500亿进展、招商引资、争取财政资金等情况，部署下半年各项工作。

11月13日，县委常委会（扩大）会议召开。会上要求统一思想认识、全面动员部署、压紧压实责任，推动巡视整改工作按期保质完成。

【专题会议】 2018年1月10日，德化县重点项目暨招商工作推进会议召开。会上传达贯彻省委、省政府关于赶超跨越重大战略部署、市加快项目建设“大干40天，比拼开门红”暨“项目攻坚2018”动员部署视频会议精神，安排部署当前和今后一个时期的重点项目建设及招商选资工作任务。

1月24日，县纪委十三届三次全会召开。会议传达学习中共十九届中央纪委二次全会、省纪委十届三次全会、市纪委十二届三次全会精神，打造德化县山清水秀的政治生态。

2月9日，德化县陶瓷产业跨越发展大会召开。市长康涛参加会议并分享对德化陶瓷产业的理解，会上还传达《德化县陶瓷产业跨越发展五年行动计划（2018—2022）》《关于制定出台推动陶瓷产业跨越发展若干措施的通知》等文件精神。

2月28日，县工作会议召开。会议传达贯彻中央、省、市工作会议精神，总结部署全县工作任务落实，表彰一批农业农村工作先进单位、先进个人等。

2月28日，县经济工作会议召开。会议学习贯彻中央、省、市经济工作会议精神，回顾总结县2017年经济工作，研究部署2018年经济工作。

3月16日，县党的建设工作会议召开。会议研究部署党的建设各项工作，为实施“七大提升行动”、建设现代化世界瓷都提供坚强保障。

4月27日，县招商工作落实落地工作会议召开。通报2017年以来全县招商选资工作情况并部署2018年招商工作。

5月4日，创建全国文明城市动员会召开。会上传达创城的重要性和紧迫性，并布置下一阶段的创城工作。

5月16日，县乡村振兴暨旅游工作会议召开。会上总结部署全县乡村振兴和旅游工作。

5月22日，县村级组织换届选举工作会议召开。会上传达村级组织换届选举工作的选人标准、选举程序、换届纪律等。

6月12日，省委巡视二组巡视德化县工作动员会议召开。会上要求树牢政治意识，坚决拥护巡视、配合巡视，并抓好下一步的巡视整改。

8月29日，县组织工作会议

召开。传达学习贯彻各级组织工作会议精神，加强对党的建设和组织工作的领导。

9月9日，县教育工作会议召开，庆祝第34个教师节。会上总结部署教育工作，推动德化教育再出发，确保2020年基本建成教育强县。会上表彰优秀教师、优秀教育工作者、优秀校长和优秀教育科研成果代表。

11月8日，省委巡视二组巡视德化县情况反馈会议召开。会上省委巡视二组向德化反馈巡视情况。

12月20日，县机构改革工作大会召开。会上学习贯彻习近平总书记关于深化中共和国家机构改革的重要论述精神，按照中央和省委、市委要求，对县机构改革工作进行动员部署。

（县委办）

组织工作

【概况】 2018年，德化县组织工作以“组织工作提升年”为抓手，开展“两学一做”学习教育常态化，推进领导班子和干部队伍建设、基层党组织和党员队伍建设、人才队伍建设。全年提拔使用41人，平级转任领导职务21人，调任29人，试用期满重新任职1人，组织处理2人；新发展党员192名。

【“两学一做”学习教育】 2018年1月，德化县印发《关于坚持和完善“三会一课”制度推进“两学一做”学习教育常态化制度化六条措施》，指导基层党组织根据不同领域党员实际，设计“三会一课”主题和形式，改进记录方式，强化档案管理。印发《关于在德化县组织系统进一步兴起习近平新时代中国特色社会主义思想“大学习”热潮的通知》，在德化县基层党组织开展“新思想、新担当、新作为”专题学习讨论，推动全面兴起“大学习”热潮。针对“两学一做”各领域存在的问题和薄弱环节，制发《关于抓好“两学一做”学习教育常态化制度化及基层组织建设重点任务有关问题整改落实的通知》，指导各基层党委结合工作实际建立整改清单，细化整改措施，逐条逐项抓好落实，推动学习教育深入开展。以纪念中国共产党成立97周年为契机，德化县各级党组织开展系列活动，组织党员投身志愿服务，增强广大党员责任和奉献意识。组织党员紧扣习近平新时代中国特色社会主义思想和县委“七大提升行动”重点任务，围绕解决群众关心的1～2件看得见、摸得着的实事进行承诺、践诺，德化县1.7万名党员作出承诺5.1万余件。

【干部教育培训】 2018年，德化县制定实施德化县干部教育培训计划，组织协调县、乡党校及各基层党委开展干部培训110个班次。开展“瓷都讲坛”“戴云山讲台”，制定9个学习专题，组织德化县股级以上干部参训。抓牢党员干部理想信念教育，举办德化县“深入学习贯彻习近平新时代中国特色社会主义思想”专题研讨班，完成对德化县科级干部的整体轮训。组织县乡领导干部、优秀企业家和人才160多人参加北京大学“建功新时代、能力再提升”研修班，强化科技金融、产业转型等前沿知识培训。

【干部实绩考核】 2018年，德化县完善干部一线实绩考察法，结合“收账”机制、项目集中攻坚行动、村级组织换届、扫黑除恶专项行动等，常态化开展一线实绩考察，对考核被评为“好”的班子培养推荐干部和考核被评为“优秀”等次的科级干部，优先提任正科级职务、转任乡镇党委副书记、调任行政机关或交流进县直单位、重点乡镇；对换届后考评被确定为“差”等次干部进行谈话提醒，确实没有明显转变的，坚决采取“下”的措施。2017年以来被评为“好”的14个班子均有培养推荐的干部得到提拔或重用，占100%；被评为“优秀”的干部得到提拔或重用占80%以上；8名考评等次较差且工作转化不明显的科级干部转任非领导职务或调整交流到高山边远乡镇任职。全年提拔使用41人，平级转任领导职务21人，调任29人，试用期满重新任职1人，组织处理2人，调整后的乡镇和县直领导班子年龄、专业、性别、气质等方面做到优势互补，结构进一步优化。

【干部人事管理】 2018年，德化县完善干部管理系统、人事信息系统、全国公务员管理系统，推行机关事业工作人员年度量化考核办法，对符合条件的行政（参公）单位工作人员进行嘉奖301名、记三等功38名。强化选调生、大学生村官的培养管理，接收2名2018届选调生，对6名2016年大学生村官进行聘任期满考核，组织28名符合条件村（社区）主干参加乡镇（街道）机关公务员考试。执行职务与职级并行制度，对25名符合职务与职级的人员严格把关、严格考核。做好科级干部兼任社团领导职务、股级干部任免、机关事业单位工作人员基本工资调整审批等干部日常管理服务工作。推进干部人事档案收集、分类归档、“三龄二历”（年龄、工龄、党龄、学历、工作经历）审核等工作。强化年轻干部储备培养，实施加强和改进县管副科级后备干部队伍建设意见，完善年轻干部发现储备、培养锻炼、选拔使用和管理监督的全链条机制，压实县直各单位和各乡镇党委培养、推荐年轻后备干部的主体责任。

【干部日常监督】 2018年，德化县加强对各项日常监督制度执行情况的督促检查，加大提醒函询诫勉力度，对10名干部进行谈话提醒，推动从严监督管理干部长效化。强化正风肃纪，坚持干部监督联席会议制度，做好“12380”举报受理查核，执行领导干部任期经济责任审计制度，对23名领导干部开展经济责任离任审计，强化国家工作人员出国（境）审批管理，规范办理10名因公、因私出国（境）干部政审手续。围绕省委巡视二组对县选人用人工作提出的问题整改要求，配齐配强县直党政机关领导班子，实现党组在政府组成部门全覆盖，调整交流部分在同一领导岗位任职时间较长的科级干部，消化历史遗留的结构性超职数配备科级非领导干部。落实干部选拔任用工作四项监督制度，严把干部选任廉政关口，做好拟提拔任用干部任前公示和任前个人档案审核工作，组织62名拟提任、转任干部进行任前廉政法规知识测试。出台关心关爱干部激励担当作为的意见，充分调动和保护干部干事创业的积极性。

【党员教育管理】 2018年，德化县新发展党员192名，占全年计划指导数的100.1%，确定重点发展对象146名，入党积极分子454名。开展党员组织关系排查工作，核查党员身份信息，按照“一人一档”原则进行整档立卷，规范化管理党员档案。落实党内激励关怀帮扶机制，下拨党员培训补助、基层党建典型示范点补助等383.7万元，其中慰问困难党员、基层干部、困难群众1625人76.74万元。加强党员信息维护和管理，依托“党员e家”平台，抓好德化县41个基层党委、675个基层党组织和1.7万多名党员基本信息采集和维护。依托广电网络高清互动云电视建设远程教育平台，共同研发“爱家”OTT，建设乡镇、村（社区）基础站点197个。深挖红色文化内涵，丰富坂里省委旧址、中共德化第一支部、杨梅知青生活体验馆等“忆初心”党性教育基地的内容和形式，定期组织党员到教育基地集中接受党性教育。

【村级组织换届选举】 2018年，德化县完成214个村（社区）“两委”换届选举工作，实现一次性选举成功率2个100%，其中“一肩挑”村（社区）91个，占42.52%，选出“两委”成员1297名（其中交叉任职171名）；新进村（社区）党支部书记74人，调整面34.58%，新进村（居）委员会主任89人，调整面41.59%。结合村级组织换届开展扫黑除恶专项斗争，组建组织建设组，成立“村霸”摸排小分队，对城乡接合部、集贸市场、资源富集村、项目建设村等地域排查工作，累计向市委组织部、县扫黑办、公安局移送疑似涉黑涉恶问题线索5条。制定出台《德化县村（社区）干部管理办法》《关于做好现任村（社区）干部办理养老保险工作的通知》，组织开展关心关爱离任村（社区）干部“五个一”活动、“基础建设月”活动，举办新一届村干部培训班。

【基层党建工作】 2018年，在农村基层党建方面，德化县制定出台《关于延伸提升“1+3”农村基

2018年7月15日，德化县村级组织换届选举工作现场观摩暨业务交流会在盖德镇凤山村举办。图为投票现场（图/县委组织部）

层党建工作机制促进农村党组织和党员作用发挥的若干意见》，通过开展便民服务提升、党支部（党小组）“达标创星”活动、探索试点进城党员积分管理办法等，推动进城党员队伍精细化管理。《福建德化县推行“1+3”党建工作模式提升基层党组织组织力》在中组部《组工信息》刊发。做好村（社区）组织活动场所规范化建设，新建2个、修缮27个村级组织活动场所，整顿转化15个软弱涣散村（社区）党组织。实施发展壮大薄弱村集体经济三年行动计划，由县、乡两级配套扶持资金1290万元对自有收入在3万元以下的村给予资金扶持，因地制宜推行财政扶持贫困村集体经济发展试点、投资入股国有企业、投资红色教学培训基地等具体项目，52个空壳村于9月底前全面消除。抓好67名驻村任职、乡镇挂职干部跟踪管理与服务工作，成立德化县驻村工作队临时党委，举办德化县驻村干部培训班和承办全市驻村第一书记培训班。在城市基层党建方面，建立县级层面和城区两镇城市基层党建工作联席会议制度，出台加强城市基层党建工作实施意见，开展“城市基层党建提质增效”专项行动，招聘城市基层党建专职工作者45名。探索社区网格化党建机制，在城区所有社区全面推行社区“大党委”运行机制，将社区党的工作触角延伸到辖区所有驻区单位、非公企业和社会组织、居民群众中，推动形成社区“大党委”统一引领协调，多元主体共同参与的区域党建联合体。将党组织链条从社区延伸到小区、楼栋，升格社区党组织，组建小区党组织16个，推行楼幢党小组、党员楼长制、党员中心户等制度，动员各类群体参与自治管理，共同做好小区服务管理。德化县“小网格”推进城市基层“大党建”的做法在《八闽快讯》《泉州组工通讯》等刊物刊发，《德化县“四项融合”探索城市基层党建新路径》在《泉州党建动态》刊发，并印发全市推广。《德化县实施党建“五三”行动引领乡村振兴》在《八闽快讯》《党建动态》等刊物发表，受到市委领导批示肯定，被评为全市组织工作优秀重点项目。深化提升“1+3”基层党建工作模式，整合15个乡镇驻城区党群服务中心资源，统规划建设进城党群城市家园，为进城党员、群众打造一座集开会议事、学习培训、惠民办事等功能的城市党建“综合体”。

【非公企业和社会组织党建】 2018年，德化县结合省委巡视反馈问题整改，撤销党员职工已离岗、企业已停产的党组织9家，整合党员不足3名的党组织14家，全面完成非公企业“空壳”“半空壳”党组织整顿工作。新组建中国茶具城、新秀园等非公企业和社会组织党组织5家，德化县非公企业和社会组织党的组织覆盖率分别达87.7%、88.73%，党的工作覆盖率实现两个100%。组织开展“强党建 促发展”联合行动，推动17个涉企县直部门谋划“非公经济人士综合评价工作、税收志愿服务、资金政策扶持企业发展”等服务项目23个。以顺美、憨鼠两家非公企业作为示范单位，开展党建入章工作。优先推荐6名优秀非公企业党务干部进入村（社区）“两委”班子，组织非公企业、互联网企业和社会组织党组织书记等参加上级调训15人次。规范提升园区、网络社区“大党委”建设，拓展工业园区党建工作体系，实现园区党建和产业“双发展”，制定实施《关于在深化国有企业改革中坚持党的领导加强党的建设的实施方案》，指导19家国有企业将党建工作写入公司章程，实现国有企业党委书记、董事长“一肩挑”达到100%。以实施项目化管理探索推进学校党建工作，推进学校党建“一校一品”项目建设，打造学校党建特色品牌。

【人才政策出台】 2018年，德化县出台陶瓷产业链人才集聚工程、飞地人才管理办法、产业领军人才培养、旅游人才储备工程等与县域主导产业衔接紧密的8项人才新政。创新县域特色产业人才评价机制，将陶瓷上下游人才、技能人才、基础性人才等县经济社会发展所需的各类人才也纳入泉州市第六、七层次人才，并围绕陶瓷、电商、旅游、农业等县域特色产业分类出台行业人才评价办法，解决评价标准“一刀切”问题。探索社会化的职称评审机制，依托泉州工艺美院组织开展陶瓷装饰工、陶瓷工艺师2个工种的技师、高级技师社会化考评，参评技术骨干112人次。

【人才引进】 2018年，德化县确认享有“飞地”人才政策驻外机构2家，实现“飞地”人才与本土人才政策待遇同等享受、同步落实，吸引更多外来人才。引进台湾中央大学张荣森、清华大学张守智等人才及团队40多人次，实现人才一引进来就能创新创业。聚焦陶瓷产业发展五年行动计划，实施陶瓷产业链人才培养工程，持续落实人才“订单式选学”培训制度，开展2018年陶瓷产业人才培训计划，举办各类研讨班、讲座76期，策划人才沙龙、展会赛事、创新发展周活动等40多场。新增中国工艺美术大师3人，德化瓷烧制技艺非物质文化遗产代表性项目代表性传承人国家级2人、省级2人，福建省工艺美术大师67人，省工艺美术名人78人，获得全国陶瓷行业技术能手称号11人。举办新型农民职业等培训班5期，培训432人，为特色现代农业建设人才发放项目资金398万元，推荐评选获得省级农村优秀人才2名，获得市级农村优秀人才1名。聚焦全域旅游，实施旅游人才储备工程，举办“观光工厂”旅游人才主题沙龙活动、导游培训班等，吸纳108名专家学者等进入旅游人才库。立足陶瓷、农林、旅游、电商特色产业实际，遴选兰全盛等57名人员为德化县特色产业领军人才培养对象。

【人才平台建设】 2018年，德化县投入150万元扶持建设德化县陶瓷产业创新发展研究院，成立由52名专家学者组成的专业人才顾问委员会和专家委员会，打造全国首个陶瓷产业生态联盟。构建创新创业成果展示和“人才+”对接合作机制，举办日用陶瓷科技创新成果展示与技术对接会、陶瓷新技术新作品暨全国科研所陶瓷研发成果展等，促成300项设计对接、65项落地转化。建设新型陶瓷军民融合科学研究院，对接中国工程物理研究院成都科学技术发展中心人才、技术资源，签订战略合作协议。推动中科院院士谢华安与绿园农业综合专业合作社合作建站，5家企业与高校、科研院所等进行项目对接，建设国家级、省级学会创新驱动服务站各1个，新增市众创空间1家、省星创天地2家，投入风投资金800万元，吸引创业导师33名，设立520个创业工位，孵化280多家企业和创业团队。投资2.5亿元建设“新秀园”陶瓷艺术人才创业园，吸引省内外67位青年艺术家抱团发展。建设陶瓷文创人才之家，建立人才嘉年华活动月长效机制，先后举办技能竞赛、对接交流、展会论坛等8项15场活动。组建人才志愿者服务队伍，举行“感悟知青岁月·砥砺人才成长”主题实践活动，组织20多位专家人才到杨梅乡等地开展现场义诊、帮扶慰问困难户等公益活动。

【人才发展环境优化】 2018年，德化县实施人才安居工程，举办人才公寓首批86名高层次人才入住仪式。落实人才子女就学、医疗保健等优惠政策，协调教育局承办2018年入学申请20件次，组织200多名人才参加免费体检。强化舆论宣传，拍摄“青春建功新时代”优秀青年人才创业典型宣传片，表彰25名“瓷都工匠”“瓷都优秀工人”“电子商务领军人物”。

（县委组织部）

宣传工作

【理论武装】

理论学习　2018年，德化县制定《关于在德化县进一步兴起习近平新时代中国特色社会主义思想“大学习”热潮的工作方案》，细化《“大学习”活动工作安排表》；抓好《习近平新时代中国特色社会主义思想三十讲》《习近平谈治国理政》第一卷、第二卷等权威读本和重要辅助读物的学习；举办“建功新时代、瓷都再出发”领导干部北京大学学习班，并抓好学习研讨工作；将各党委开展“大学习”情况纳入意识形态工作责任制督查范围。

理论宣讲　2018年，发挥“瓷

2018年6月11日，德化县人才公寓首批高层次人才入住仪式在凤凰新城举行

（图／县委组织部）

2018年9月3日，北京大学·德化县“建功新时代、能力再提升”第二期研修班开班。图为学员到新绎文化·丝绸之路国际文化交流中心参观学习（图/李宏图）

都讲坛”宣传引领作用，邀请专家、学者举办《学习习近平安全发展思想，做好突发事件舆论引导》《中国共产党纪律处分条例》《国家监察体制改革与监察法》等专题辅导讲座5场；组织党员领导干部、县委业余讲师团及8支宣讲小分队，持续围绕“习近平新时代中国特色社会主义思想”“不忘初心、牢记使命”等主题，开展面向基层群众宣讲活动420多场次，受众33000多人。

理论调研 2018年，德化县举办“纪念改革开放四十周年”主题征文活动；运用“瓷都中心组学习”“德化共产党员”等公众号平台，实施“首页首条首屏”学习工作，编发理论学习文章455篇。

【舆论宣传】 2018年，德化县加强与中央、省、市各类媒体对接，向上提供素材、线索，加大对外宣传力度。邀请新华社、中新社、《经济日报》、《福建日报》、《泉州晚报》、中央电视台、福建电视台、泉州电视台、《香港文汇报》、《香港商报》、《台湾导报》等媒体对德化七大提升行动等内容进行宣传报道。组织开展“中国白丝路再出发——全国百名电台总编、记者走进德化”大型采风活动、全国百家电视台大型集中采访联播暨“不忘初心、书画瓷都”大型书画艺术作品展等活动。2018年，在市级以上新闻媒体刊播新闻报道4000多条次，其中中央电视台刊播19条次，新华社刊发6篇，《香港经济导报》《中国台湾导报》刊发54篇。广播电视台被中国广播电影电视社会组织联合会评为“改革开放四十年全国百佳县级广播电视台”。

【意识形态工作】 2018年，德化县举办2期“深入学习贯彻习近平新时代中国特色社会主义思想”专题研讨班，提高新闻舆论战线综合素质和实战能力。落实网络意识形态工作责任制，加强改进德化县网络安全工作。8—11月，由县委宣传部联合县委督查室、县政府督查室、县委文明办等部门组成督查组，结合省委巡视反馈问题，对德化县64个党组织、单位开展全覆盖式督查，督促巡视整改反馈的意识形态方面问题的整改落实，推动意识形态工作责任制落到实处。

【文明创建】

全国文明城市创建 2018年，德化县调整充实文明片区挂钩领导和理事长单位，开展环境卫生、交通秩序、市场环境、社会风气等整治行动130多次，全面提升城乡环境面貌和市民文明素质；德化县入围2018—2020年创建周期全国文明城市提名城市；组织开展2018—2020年度省级精神文明各类先进的申报工作及2017—2019年度市级精神文明各类先进初评，表彰2015—2017年度县级精神文明建设各类先进。

公民道德建设 2018年，德化县围绕“家+文化”建设，广泛开展家风家训书画展、“最美家庭”成果展等活动45场次，在全社会形成“注重家庭、注重家教、注重家风”的良好风尚；深化“身边故事、共同铭记”活动，挖掘22位身边好典型，以树碑铭传形式，实现群众自我宣传、自我教育；开展德化县道德模范、美德少年进基层巡讲5场次；南埕镇西山村卫生所乡村医生张璋尧获2018年度“中国好人”敬业奉献类好人、“福建好人”榜。

未成年人思想道德建设 2018年，德化县各中小学校开展中华经典诵读、“我们的节日”、优秀童谣征集传唱、“童心向党”歌咏比赛等活动；调整充实德化县未成年人思想道德建设报告团成员，到各中学、小学等学校开展报告60余场次，受教育人数3万多人次。

【文化惠民】 **群众文化** 2018年，德化县推进桂祥图书馆规划建设，开展博物馆提升工程；承

2018 年 10 月 25 日，德化县第十八届瓷都广场文化活动在县瓷都广场举行　（图 / 许华森）

办“新时代新征程——泉州市宣传中共十九大精神文艺志愿服务活动”，组织开展第十八届瓷都广场文化、不忘初心瓷都行“三下乡”活动；持续推进“文化进万家”“送欢乐下基层”等主题文化惠民活动。

文艺创作　2018 年，县委宣传部组织县文联各协会开展“杏会杨梅”“文化龙门”等采风活动，开展书法比赛、诗歌创作、南音演唱、古乐奏演等各类文艺活动 100 多场次；邀请市曲艺家协会专家到浔中中心小学开展“文艺进校园”活动，举行《传承路上话南音》主题讲座，现场指导瓷韵南音艺术团成员演奏技法。

文化产业　2018 年，德化县加强与“一带一路”沿线国家搭建贸易平台，推动企业组团“走出去”参加境内外知名展会 300 多场次；开展陶瓷文化创意活动，先后组织举办“丝路瓷源·月记窑”陶瓷文化摄影作品比赛、陶瓷文化徒步之旅、当代陶瓷名家（国家级）精品展及“不忘初心、书画瓷都”大型书画艺术作品展等陶瓷文化专题活动 80 多场；在陶瓷博物馆设立金砖国礼馆，展出入选 2017 金砖国家领导人厦门会晤的 18 件（套）国礼瓷及国宴用瓷；开拍全市首部生育关怀微电影《账本》，《银杏之约》微电视正式上映；完成《中国德化陶瓷文化大观》初稿撰写及《德化县陶瓷文化旅游规划》编制，《苏履吉诗选》正式出版；德化瓷烧制技艺入选《第一批国家传统工艺振兴目录》；新增德化瓷烧制技艺非遗传承人国家级 2 人、省级 2 人；连紫华、陈明良、赖礼同等 3 人获评“中国工艺美术大师”；中国白陶瓷获评省级文化产业示范基地；3 家陶瓷企业被评为市级文化产业示范基地。

【德化县融媒体中心成立】　2018 年 4 月 28 日，德化县融媒体中心在全市率先揭牌运行，相关经验做法得到市委主要领导及分管领导批示，并在全省宣传思工作会议、全省融媒体中心建设工作现场会上做典型交流和发言。中心成立后，在市级以上纸质、网络媒体刊发、转载新闻报道 1750 篇条次，比上年增长 29.4%，在市级以上广播电视播出新闻、专题 235 条次，比上年

2018 年 4 月 28 日，德化县融媒体中心挂牌成立　（图 / 德化网）

增长6.8%；策划开展“文明瓷都、你我共建”“德化扫黑除恶在行动”等主题宣传17个，“观音德化”两微一端粉丝量从4月份的1.2万人增加到2.3万人，月浏览量从原来的17万人次增加到27万人次。

（县委宣传部）

统战工作

【概况】 2018年，德化县统战工作围绕县委、县政府“打造海丝路上具有国际影响力的现代化世界瓷都”总体目标，做好非公经济领域统战及奖教助学、医疗农业服务等精准扶贫工作，协助党外人士提案建言，接待中国港台同胞和华人华侨，做好民族宗教工作。

【非公经济领域统战】 2018年，针对不正当竞争制约陶瓷产业发展的难点问题，县统战部协调22个县直部门，从完善制度建设、推进专项治理、加强行业自律等方面入手，开展“诚信守法 坚定信心”专题活动，建立主体承诺、一票否决等工作机制，协调推进“保护一批”“查处一批”“警示一批”“带动一批”，全力营造“竞争有序、诚信守法”的产业发展环境。出台《德化县提升营商环境行动实施意见》等惠企文件，启动“企业家领航计划”，组织113名企业家到北大、厦大研修学习，依托全市首个“亲清”政商文化馆常态化开展理想信念教育20多场次。依托德商商会、海外会馆设立11个招商联络点、人才联络站，开展10场次“异地商会招商推介会”，促成13个回归项目落地，协议总投资6.8亿元。开展“铂汉·助学扶志”“同心教育奖”“宗教场所挂钩帮扶贫困村”等公益行动35场次，发放各类帮扶资金200多万元；组织统一战线医疗专家开展义诊6场，连续两年组织旅榕医疗专家回乡义诊，惠及群众2000多人。

【党外人士统战】 2018年，德化县支持无党派、民主党派参政议政，撰写建议、提案、调研报告等200多件，多篇提案获国家级刊物《零讯》采用，其中《加强闽南古通道开发 服务国家“一带一路”建设》专报件获得省委常委、宣传部部长梁建勇批示并促成省文化厅到德化召开现场会。举办党外人士通报会暨参观考察活动、招商暨陶瓷行业诚信建设座谈会，协助民盟中央、农工党省委、民革市委会开展参政议政、精准扶贫、民主监督，成功举办“重温五一口号”“农工党·文艺会演下乡”“民革·精准扶贫”等活动。建立德化党外知识分子基础数据库，依托协会、团体组织开展重点人士走访，帮助申请市级留学归国人员创业项目，推荐部分新社会阶层人士和高级知识分子担任政协委员。主办“不忘初心 书画瓷都”大型书画艺术展活动，邀请近百名文艺界新社会阶层人士和党外知识分子参加创作300多幅弘扬社会主旋律的作品。

【民族宗教界统战】 2018年，县委统战部举办大型民族团结进步文艺会演及政策法规宣传活动，向上争取各类资金100多万元投入两个民族村经济社会发展，实施公路拓宽改造2千米，重建桥梁和危桥改造7座。推进美丽乡村建设，葛坑镇龙塔畲族村被省确定为第四批少数民族特色村寨试点村。开展宪法和法律、社会主义核心价值观、国旗、中华传统优秀文化“四进”宗教活动场所。开展“和谐寺观教堂”创建活动，推进西华岩教职管理和九仙山灵鹫岩场所管理提升。依法管理宗教事务，引导宗教界捐资慈善公益事业100多万元。

【海外统战】 2018年，德化县开展海外联络联谊活动10多场次，团结和凝聚海外德化籍乡亲，指导成立全省第三家、全市第二家县级华侨历史研究学会，编撰德化首本侨史研究书籍；完成“南洋寻根谒祖”族谱征集，全面启动侨情普查工作，推动马来西亚10个会馆人才工作联络站实现全覆盖；加强和改进基层侨联组织建设，相关做法得到国家侨联副主席李波、省侨联主席陈式海的批示肯定。

（县委统战部）

精神文明建设

【概况】 2018年，德化县精神文明建设工作以社会主义核心价值观为根本，开展全国文明城市和文明行业、文明村镇、文明单位等创建活动，德化县通过2019年度创城测评，位列全市第一，全省第四。通过公益广告宣传、模范典型树立和开展“我们的节日”主题活动，加强公民思想道德建设。引导未成年人思想道德教育、开展志愿服务活动，推进德化县精神文明建设工作新常态。

【全国文明城市创建】 2018年，德化县成立创城指挥部及10个职能工作组，印发《德化县创建全国文明城市巡访督查工作方案》，召开创城巡访督查工作专题会议。对照测评体系，实施“十大文明新风”“十大专项整治”行动，编发《全国文明城市创建工作整改提示》31期。在主次干道、公园广场、学校社区等实现公益广告全覆盖，在德化电视台、《瓷都德化》报、德化网、微信公众号等县主流媒体专题宣传创城工作，提升民众知晓率、满意率和支持率。以92.76分的成绩通过2019年度创城测评，在全市位列第一，全省位列第四。

【文明行业创建】 2018年，德化县印发《2018年德化县创建文明行业活动工作意见》，开展文明行业、文明村镇、文明单位等创建活动，做好2017—2019年度市级文明村镇、文明单位、文明校园创建申报对象考评工作，做好2018—2020年度县级文明村镇、文明单位（社区）、文明校园创建申报工作。2018年，德化有全国文明单位1个、文明镇2个，省级文明单位16个、文明村镇4个、文明校园2所、文明家庭1户。

【公民思想道德建设】

公益广告宣传 2018年，德化县设置“讲文明树新风”、“图说我们的价值观”、中国梦、“八不”行为规范、移风易俗、未成年人等公益广告。在县融媒体中心举办“创城随手拍”活动，先后开展专题宣传报道12期次。印发《创建全国文明城市倡议书》《德化县市民文明承诺书》《商户“门前三包”承诺书》及各项宣传材料80000份，社区和各单位联合开展入户宣传，全面覆盖27个片区。

模范选树 2018年，南埕镇西山村卫生所乡村医生张璋尧获2018年度“中国好人”敬业奉献类好人。盖德镇有济村吴氏家风家训馆获第一批泉州市家风家训馆。通过德化电视台、《瓷都德化》报、德化网等媒体刊播模范人物事迹10期。在各乡镇、社区（村）、学校公开栏等设立100多个“善行义举”榜。

“我们的节日”主题活动 2018年，德化县在春节、元宵节期间，开展联欢晚会、网络送春联、赏花灯、猜灯谜活动；在清明节期间，举办祭奠英烈、清明诗会、“网上祭英烈”签名寄语活动；在端午节期间，开展包粽子、“清洁家园”活动，组织参加十二届闽台对渡文化节暨蚶江海上泼水节及其系列活动；在中秋节期间，举办中秋赏月、经典诵读、民间祭祖等活动；在重阳节期间，开展“长长久久”重阳敬老活动，组织慰问演出、节日义诊等，与老人共度佳节；在国庆节期间，开展“向国旗敬礼”网上签名寄语，全年开展“我们的节日”系列活动90多场次。

移风易俗 2018年，德化县实施《2018年度德化县深化移风易俗工作实施方案》，发掘选树宝美苏氏家风家训馆、国宝移风易俗特色馆、南埕移风易俗宣传长廊、浔中村四会劝导“集中办丧”、兴南社区“评十星创十户”、赤水猛虎村“爱心厨房+移风易俗”等特色做法，移风易俗“三率”测评均在90%以上，经验做法在中国文明网、福建文明风、泉州电视台等媒体进行专题宣传报道。

【志愿服务活动】 2018年，德化县注册志愿者50650名，注册团队243个，发起项目3050个，组织志愿者36400多人次，开展文明旅游、法律援助、环境保护、义演义诊等志愿服务活动860多次，组织志愿者10570人次到乡村、老人院和学校等慰问关爱特殊群体3200多名，并发放慰问金和物资，开展“圆梦瓷都”大型志愿服务活动10场次，涵盖关爱空巢老人及留守儿童等困难群体、爱心义诊、公共文明引导、邻里守望等内容，200多个文明单位参与。

2018年11月30日，2018年福建省中小学生中华经典诵读展演活动（德化专场）在德化职校凤凰山讲堂举办 （图/县委文明办）

【未成年人思想道德建设】 2018年，德化县印发《2018年德化县未成年人思想道德建设工作要点》，发挥学校的主阵地作用，建设校外未成年人心理健康辅导站，健全“学校、社会、家庭、网络”四位一体工作机制。组织3所省级文明校园与2所中央彩票公益金支持乡村学校少年宫结对共建，定期开展送科技、送文化、送知识、送健康、帮扶帮教活动。开展“扣好人生第一粒扣子”主题教育实践活动，举办“童心向党”歌咏比赛、“中华经典诵读”展演福建省专场、乡村（城市）少年宫展演、优秀童谣征集评选等活动。推荐“新时代好少年”，组织美德少年进校园开展巡讲8场次。各学校利用母亲节、父亲节、“六一”国际儿童节等，组织开展“同读一本书”、亲子陶艺比赛、绘画制作比赛、“生日问候”行动等活动，对学生进行感恩教育，实现家校互补。

（张俊燕）

机构编制

【概况】 2018年，德化县机构编制工作推进“放管服”、党政机构改革，加强机构编制管理，开展事业单位分类改革和管理，进一步明确政府权限和责任，推进权力、责任、公共服务“三张清单”，建设服务型政府。

【“放管服”改革】

清单调整 2018年，采取集中调整和日常管理相结合的方式，动态调整权责清单，完成县级权责清单第八轮集中动态调整，调整各类权责事项338项，其中取消32项、承接下放或委托9项、增列109项、其他调整157项，保留县级各类权责事项5505项。组织实施县级前置审批和中介服务事项清单第四轮集中动态调整，调整前置审批34项、中介服务29项，分别取消6项、7项，调整后分别保留129项、96项。

事中事后监管 2018年，德化县31个部门151项监管事项纳入随机抽查事项清单，全年开展“双随机”抽查271次，覆盖抽查对象1442家，占抽查主体名录库的16%。指导协调开展全县跨部门“双随机”抽查，在企业登记经营、陶瓷行业不正当竞争、“1+X”专项检查等方面开展联查随机抽查，覆盖制造业、食品药业、广告业等市场主体1200家，占全县企业数的13.3%。

审批提速 2018年，德化县实施“精准放权”工程，摸清在生产经营、项目建设、便民服务等方面对乡镇政府服务的需求，组织乡镇政府结合自身产业特色和承接能力梳理需进一步强化的事权，理出19项放权的事项清单，由以往的县级“端菜”放权转变为社会和乡镇“点菜”要权。根据区位、产业特色和发展方向的不同，将乡镇分为城关及周边项目建设重点乡镇、边远农林特色镇，注重分类实施。

便民服务优化 2018年，德化县实施“全县通办”工程，推行“县乡通办”，对与群众生产生活密切相关，日常办件量大，且需群众回户籍地乡镇办理的事项，推动县乡加强信息互联互通，县直部门按照条线梳理乡镇政府的审批服务事项，让信息“跑路”代替群众“跑腿”，实现“多点办理”，梳理13项“县乡通办”事项。“县乡通办”实施后，平均每月至少减少群众城乡来回跑1.2万趟次。设立乡镇便民专窗，在县行政服务中心设立3个乡镇便民服务专窗，由各乡镇轮流派员入驻，向窗口人员充分授权乡镇审批服务事项49项，并全面启用电子印章，实行专窗统一收件，简单事项当场办结。

【党政机构改革】 2018年，德化县开展机构编制调研评估，对县直部门机构编制、职责履行、岗位分工及非在编人员等方面进行全面摸底调查，形成人员花名册一览表，制订县党政机构改革方案，按照时间节点完成改革方案报批、实施方案印发、机构组建挂牌、领导班子配备、职能划转、人员转隶等有关工作。完成县监委机构、职能和编制划转工作，完成县级监察体制改革。做好县工青妇及科协改革内设机构和职责优化工作，推进群团改革和食盐体制改革。

【机构编制管理】 2018年，德化县实施“机构编制保障”工程，侧重全县重要产业，在用编进人计划分配中给予适当倾斜；针对全县教师老龄化、断层的问题，根据教育发展实际需求，采取“编制+”的办法和政府购买服务模式补充新教师，全年招聘新教师169名，其中编制内教师89名，编外合同教师80名；落实机构编制实名制管理办法，核对人员调配、退休等变动信息，做好全县机关事业单位核编工作；落实机构编制季报制度，形成机关事业单位机构编制和实有人数一览表；实时更新福建省机构编制管理信息系统，实现省、市、县机构编制管理信息互联对接；利用机构编制管理电子台账和纸质台账“两本账”信息，准确掌握县机构编制、实有人员情况。

【登记管理】 2018年，德化县加强统一社会信用代码赋码、事业单位法人登记管理和网上名称管理工作，全年办理统一信用代码证设立2家、变更24家、撤销1家。设立事业单位法人5家、变更54家、注销106家。全县286家应公示的事业单位全部完成法人年度报告公示，公示率100%。在全县开展两轮事业单位法人“双随机”抽查工作，抽查10家单位，促进事业单位规范运行。

（苏庆贤）

机关党建

【概况】 2018年，德化县直机关党建工作围绕“服务中心、建设队伍”两大任务，以县委“建功新时代 瓷都再出发”主题实践活动为抓手，持续深化“1263”机关党建工作机制，突出特色创建，筑牢组织基础，推动机关党建工作开展。

【思想建设】 2018年，德化县组建习近平新时代中国特色社会主义思想和中共十九大精神县直机关业余宣讲特色小分队，到各基层党组织开展理论宣讲；培育并筛选确定水口镇坂里省委旧址、龙浔镇丁墘第一党支部、杨梅知青馆、戴云之战革命历史陈列馆（国宝乡南斗村）等8处“忆初心”党性教育基地为第一批县直机关党员活动基地；组织参加全市学习贯彻中共十九大精神网络知识竞答活动，编发《“不忘初心 牢记使命”学习贯彻中共十九大精神知识问答》宣传册1000册，供县直机关各党组织学习使用；在省纪委、省直机关工委主办的“新福建 新征程——学习中共十九大精神网络答题活动”中，德化县获答题活动组织奖。

【组织建设】 2018年，德化县开设“联合党课学堂”，推动县直机关党组织跨党支部、跨党委选学党课，全年开课20余次；与县委组织部、县委党校联合开办“戴云山讲台”，引导全县科级干部、县直机关股级干部开展选学工作，全年受众人数2600多人次；从思想建设、制度建设、自身建设、组织建设、履职情况、全面从严治党等六方面列出34条责任清单，指导县直各党委针对所属党支部列出本系统机关党建工作责任清单，层层传导压力；组织签订《机关党建工作责任书》，形成县委、系统党委、党支部到党务工作者“四个层次”的机关党建工作责任格局；召开县直系统党委书记抓机关党建工作述职评议会，引导县直各党委书记牢固树立“第一责任人”意识；推行“六联六共”工作法，开展机关事业单位党组织和社区党组织结对共建活动；全年成立二级党委1个、党支部16个，撤销党总支2个、党支部13个，更名党支部24个；严格审核县直机关各级党组织党员发展程序，全年审核发展25名党员。

【作风建设】 2018年，县直机关工委与总工会、团县委、县妇联联合举办“不忘初心跟党走 高歌奋进新时代”庆祝中国共产党成立97周年廉政教育主题猜谜活动，县直机关近600名党员参加；多形式开展廉政文化进机关，发动县直机关党组织通过党章党规集中学习研讨、党委（党组）“一把手”讲授廉政党课、廉政专题组织（民主）生活会、观看警示教育片、参观警示教育基地等方式，组织党员干部接受廉政教育；做好53家委托单位全面从严治党主体责任检查督促工作。

（县直机关党工委）

老干部工作

【概况】 2018年，德化县离休干部25人，“5·12”退休干部（1949年10月1日之后到1950年5月12日之间参加工作，享受供给制待遇的退休干部）16人，原任副处级以上退休干部30人，离休干部年龄最大的94岁，最小的86岁，平均年龄90岁，全部进入高龄期和高发病期。2018年，新成立离退休干部党支部5个，浔中镇凤池社区老党员（老年人）服务站和县老干部活动中心“杨梅云溪剪纸”海丝文化传承推广服务站两个项目被列入全市20个老年文化养老示范点，获得市、县两级配套资金40万元。

【日常服务管理】 2018年10月，德化县下发《德化县老干部工作领导责任制》，建立老干部工作责任体系，形成党委、政府统一领导，相关部门齐抓共管的工作格局。贯彻执行省、市关于提高离休干部生活待遇和医疗待遇等相关政策，及时调整县离休干部护理费标准和特殊人群医药费报销办法，足额发放老干部各项津贴补贴，切实保障老干部医疗权益。坚持“六必访”（老干部生病住院必访、重要寿辰必访、

2018年6月21日，“不忘初心·永远跟党走”瓷都老党员庆祝建党97周年文艺会演在县老年大学举办 （图/县委老干局）

新春佳节必访、矛盾纠纷必访、生活困难必访、丧葬大事必访）制度，在重阳节、春节、“七一”等重大节日，县四套班子主要领导亲自带队走访慰问老干部。全年慰问老干部及遗属232人次，组织老干部参加健康知识讲座和义诊活动8场，年度健康体检72人次，帮助协调解决老干部来访各类纠纷、问题12起。

【志愿服务活动】 2018年，县老年志愿服务队和5支社区老党员志愿服务队成立，举办“建功新时代·瓷都夕阳红”志愿服务年启动仪式，在县老年活动中心建设桑榆志愿服务总站，社区建设志愿服务分站，定期开展各类志愿服务活动。成立县离退休干部宣讲团，先后受邀到桂阳乡、旅游局、盖德中心小学等单位开展“增添正能量·桑榆党旗红”主题宣讲活动18场次，受众1.5万多人次。举办书画摄影作品展、瓷都老党员文艺专场演出，组织老干部到尤溪、晋江参观考察。3月，离休干部叶尚谋、退休干部郑光前被评为市第二届“最美老干部”。

【活动阵地建设】 2018年，德化县定期举办时政热点、健康养生讲座、麻将积分赛以及气功操、太极拳培训、乒乓球比赛等活动，有效满足德化县老干部、老年人学习、娱乐、体育运动等需求。建设县级“老党员之家”，设立老党员活动室，配备必要的电教设备、办公设备和学习资料，为德化县离退休干部党组织和老党员提供学习、活动的场所。活动中心“杨梅云溪剪纸”海丝文化传承推广服务于8月正式揭牌开班，已举办三期。10月德化“杨梅云溪剪纸展”作为市第十一届老年文化艺术节活动之一，在市老干部活动中心展示。

党校（行政学院）

【概况】 2018年，县委党校与县委组织部、县直党工委等部门联合开展干部教育培训工作18期，加强理论政策宣讲、教师人才培养、科研咨政力度和成立《中国革命老区德化县发展史》《完善法治化营商环境，做大做强德化陶瓷产业》2个课题调研组，助推德化县工作开展。

【干部教育培训】 第八期科级干部进修班 2018年，县委党校与县委组织部联合举办第八期科级进修班一期，培训时间一个月，参训学员49名。邀请有关领导同志到班授课，科学设置培训课程，确保党的理论教育和党性教育不少于70%。并组织学员到浙江大学进行为期一周的异地培训。

德化县科级干部深入学习贯彻习近平新时代中国特色社会主义思想专题研讨班 2018年，县委党校举办德化县科级干部深入学习贯彻习近平新时代中国特色社会主义思想专题研讨班，研讨班由县委书记梁玉华作主题报告，县长刘德旺上党课和培训总结，并精选《深入学习习近平新时代中国特色社会主义思想》《不忘初心、牢记使命》《学习“晋江经验”，推动高质量发展》三个专题，邀请市委党校教授到班授课，对德化县800多名科级干部进行专题培训。

德化县村主干培训班 2018年，县委党校和县委组织部对换届后全县432名村主干进行为期一周的培训，课程设置包括县委主要领导上专题党课，乡村振兴战略学习党纪党规教育典型经验介绍，现场教学等。

“建功新时代 能力再提升”研修班2期 2018年，县委办、县政府办、县委组织部和县委党校联合举办2期研修班，组织人员到北京大学本部进行学习培训和考察调研，参训学员161名。

“戴云山讲台” 2018年，县委组织部、县直党工委、县委党校联合举办“戴云山讲台”，采取开设讲座的形式，围绕德化县发展大局和干部需求，精选相关专题，供德化县科级、股级干部等人员进行选学；并根据上级纪委加强党风廉政建设教育的有关要求，用案例对参学干部进行警示教育。2018年举办8期，约2300多人次参加。

专题培训班　2018年，县委党校与县水利局联合举办德化县防汛、河长制与水利工程质量、安全知识培训班一期；与县委组织部、农业局联合举办德化县贫困乡镇及贫困村干部培训班一期；先后承办宁夏吴忠市红寺堡区闽宁扶贫协作农村“两个带头人”能力提升培训班、扶贫协作携手奔小康专题培训班各一期；与县委组织部联合举办德化县下派驻村任职干部培训班一期。

【理论政策宣讲】　2018年，县委党校组织教师围绕习近平新时代中国特色社会主义思想、中共十九大精神、宪法修正案等重要专题，精心备课研讨，到县政协、统战部、人社局、公安局、老年大学、行政执法局等开展理论宣讲19场次。

【教师人才培养】　2018年，县委党校选派教师挂职锻炼和参加县驻村蹲点工作；选派教师参加泉州市委党校系统第四届精品课教学竞赛，参选课题《护航新时代的宪法保障——2018年宪法修正案解读》获个人三等奖和单位优秀组织奖；开展集体备课、试讲教研活动10多场次；选派7人次教师参加省委党校、市委党校举办的师资培训班；与上级党校加强协调沟通，接入省委党校数字图书馆远程VPN网络系统，实现教学资源共享。

【科研资政】　2018年，县委党校成立《中国革命老区德化县发展史》《完善法治化营商环境，做大做强德化陶瓷产业》2个课题调研组，《中国革命老区德化县发展史》已经完成初稿，进入征求意见修改程序；《完善法治化营商环境，做大做强德化陶瓷产业》课程获市委党校立项并结项三级；指导德化县第八期科级干部进修班学员撰写《提升农村宜居环境助推乡村振兴的几点思考》；课题《现代市场经济法治背景下做大做强德化陶瓷产业的研究》《习近平新时代中国特色社会主义思想的哲学创新》获省委党校、行政学院系统立项。

（县委党校）

党史

【概况】　2018年，德化县委党史研究工作做好党史征编研究、突出党史宣传教育，围绕纪念改革开放40周年为主题，撰写专题调研文章，建设提升省委旧址（坂里）陈列馆，党史研究工作扎实有序开展。

【党史征编研究】　2018年，县委党史研究室收集整理2015、2016年、2017年《德化县委大事记》，收集整理《中共德化党史人物》资料100多份，收集整理《德化县组织史资料》（第二辑）部分资料。

【纪念改革开放40周年专题调研】　2018年，县委党史研究室开展纪念改革开放40周年专题调研，撰写《打造“海丝”路上最具国际影响力的世界瓷都——德化县改革开放以来陶瓷产业发展综述》，在《福建党史月刊》第6期发表；收集改革开放以来体现德化成就的图片资料10张，报送省、市党史研究室；撰写《开启陶瓷产业能源革命——胡耀邦视察德化纪事》《德化县实施“大城关”战略情况》等口述史料文章报送省、市党史研究室。

【党史宣传教育】　2018年，县委党史研究室充实完善《光辉的历程　伟大的旗帜》《铭记历史　不忘初心》《牢记党的历史　坚定理想信念》等党史专题课程，为德化县第八期科级干部进修班、入党积极分子、葛坑镇党员领导干部等开设党史专题讲座，同时选派一名副主任加入县委业余讲师团，将党史课程纳入2018年德化县习近平新时代中国特色社会主义“大学习”专题宣讲中，参加全省基层理论宣讲员宣讲比赛，被市委宣传部聘为市百姓宣讲团宣讲员。全年累计为县直各单位、各乡镇、图书馆、各中小学校等赠阅党史相关书籍1000多册。

【省委坂里旧址陈列馆建设】　2018年，县委党史研究室与水口镇政府配合，修改完善中共福建省委坂里旧址展陈内容，展馆分为前言、革命星火、红色里程、薪火相传、情系老区、后语等六部分，共计图片百余张、人物简介50人，改变传统单纯图片文字的展陈方式，采用展板、灯箱、幻影成像、投影，以及双屏互动等多种形式展现故事，缅怀革命英雄，弘扬红色文化和革命精神；根据展陈内容重新完善解说词，为水口镇培训1～2名专业解说员，为前往接受教育的人员提供解说服务。《德化县加强省委坂里旧址陈列馆建设提升红色教育功能》的工作做法在《八闽快讯》第128期刊发。

（县委党史研究室）

德化县人民代表大会

综述

【概况】　2018年，县人大常委会召开常委会会议7次，听取和审议一府一委两院专项工作报告4次，听取和审议计划、预算执行情况和审计工作报告4次；开展视察调研、执法检查、专题询问等活动11场次；接待省、市人大和其他省内外单位到德化调研11批次；任免地方国家机关工作人员51人次。

【信访工作】　2018年，县人大常委会受理人民群众来信44件，接待来访18批32人次。

【考察活动】　2018年，县人大常委会接待各省、市、县人大到德化调研和开展“林业有害生物防治检疫立法调研”“人大代表联系群众活动室标准化建设情况和运行实效调研督查”“乡村旅游项目”“国家知识产权示范城市创建工作情况专题调研”“《中华人民共和国水土保持法》执法检查”“《中华人民共和国企业国有资产法》执法检查”“人大常委会工作评议先进经验和做法”“《福建省促进革命老区发展条例》执法检查”“泉州市国民经济和社会发展计划预算执行情况调研”“泉州市农业局精准扶贫工作情况评议调查”“城市市容和环境卫生管理工作”等调研考察11批次。县人大常委会组织到鲤城区开展城市品位提升专题调研活动，县委书记梁玉华、县人大常委会主任王传敬带队调研。

重要会议

【概况】　2018年，县人大常委会召开常委会会议7次，听取和审议有关政治、经济、文化、社会、生态等方面情况报告，并进行专题询问。会议还审议有关人事任免议案等。

【常务委员会会议】

县十八届人大常委会第九次会议　2018年2月9日，县十八届人大常委会第九次会议召开，县人大常委会主任王传敬主持会议。会议审议通过《德化县人大常委会2018年工作要点和监督工作计划》；审议县人大常委会内司工委关于2017年规范性文件备案审查工作情况的报告；听取和审议县人民政府关于2017年度环境状况和环境保护目标完成情况的专项工作

2018年11月30日，县人大常委会组织市人大代表到鲤城区开展城市品位提升专题调研活动　（图／县人大办）

报告。会议还审议有关人事任免议案，并举行宪法宣誓仪式。

县十八届人大常委会第十次会议 2018年4月27日，县十八届人大常委会第十次会议召开，县人大常委会主任王传敬主持会议。会议听取和审议县人大常委会调研组关于德化工业用地开发利用情况的调研报告；听取和审议县人民政府关于提请审议世界瓷都·德化国际陶瓷艺术城安置房（艺都花苑）和新寨大厦（新寨安置房）棚户区改造项目政府购买棚改服务采购资金列入财政预算的议案；审议、决定授予县人民检察院地方荣誉称号；审议有关人事任免议案。

县十八届人大常委会第十一次会议 2018年6月28日，县十八届人大常委会第十一次会议召开，县人大常委会主任王传敬主持会议。会议听取和审议县人大常委会调研组关于德化城区总体规划修编情况的调研报告；听取和审议县人民检察院关于生态资源检察工作情况的专项工作报告；听取和审议县人大常委会调研组关于德化中医药事业发展情况的调研报告；确定2018年工作评议的具体评议对象；任命林雪辉为德化县人民法院审判员，并举行宪法宣誓仪式。

十八届人大常委会第十二次会议 2018年8月30日，县十八届人大常委会第十二次会议召开，县人大常委会主任王传敬主持会议。会议听取和审议县人大常委会调研组关于德化盘活闲置土地发展设施农业情况的调研报告；听取和审议县人民政府关于2017年度财政收支决算情况的报告、关于2017年预算执行和其他财政收支审计情况的报告；听取县人民政府关于2018年上半年预算执行情况的报告；听取县人民政府关于2018年上半年国民经济和社会发展计划的报告；听取和审议县人民政府关于提请审议批准2018年地方政府债务限额及新增债务限额安排情况的议案；会议还审议有关人事任免议案，开展关于德化全域旅游发展问题的专题询问。

十八届人大常委会第十三次会议 2018年10月30日，县十八届人大常委会第十三次会议召开，县人大常委会主任王传敬主持会议。会议听取和审议县人大常委会执法检查组关于实施《中华人民共和国教师法》情况的执法检查报告；听取和审议县人大常委会视察组关于德化“七五”普法工作情况的考察报告；听取和审议县人民政府关于提升县城品位问题专题询问审议意见研究落实情况的专项工作报告；对提升县城品位问题专题询问审议意见研究处理情况进行满意度测评；听取和审议县人大常委会调研组关于壮大德化陶瓷产业规模的调研报告；听取和审议县人民政府关于2018年度预算调整方案的议案；审议通过《德化县人大常委会关于国家工作人员任前法律知识考试的规定（试行）》。

十八届人大常委会第十四次会议 2018年11月28日，县十八届人大常委会第十四次会议召开，县人大常委会主任王传敬主持会议。会议听取和审议县人民政府关于县十八届人大二次会议代表建议、批评、意见办理情况的专项工作报告；听取和审议县人大常委会执法检查组关于实施《中华人民共和国水法》情况的执法检查报告；听取和审议县人民政府关于德化陶瓷产业发展问题询问的审议意见研究落实情况的专项工作；听取和审议县人民政府关于德化十三五规划纲要实施情况中期评估报告；审议通过县十八届人民代表大会第三次会议召开的时间、建议议程等事项。同时，对德化陶瓷产业发展问题专题询问审议意见研究处理情况进行满意度测评。

十八届人大常委会第十五次会议 2018年12月29日，县十八届人大常委会第十五次会议召开，县人大常委会主任王传敬主持会议。会议审议通过有关人事任免议案，同意接受刘德旺辞去县人民政府县长职务；听取和审议县十八届人大常委会代表资格审查委员会关于个别代表资格的审查报告；讨论通过县人大常委会工作报告；审议决定县十八届人大三次会议有关事项；并对《关于规划建设百德立交桥的建议》的办理情况进行满意度测评。

人大监督

【概况】 2018年，县人大常委会听取和审议一府一委两院专项工作报告4次，听取和审议计划、预算执行情况和审计工作报告4次。

【听取和审议一府一委两院专项工作报告】 2018年2月9日，县十八届人大常委会第九次会议听取和审议县人民政府关于2017年度环境状况和环境保护目标完成情况的专项工作报告，并做出审议意见，要求县政府及有关部门要落实生态安全责任，管控严格重要区域，发挥公众监督作用。6月28日，县十八届人大常委会第十一次会议听取和审议县人民检察院关于生态资源检察工作情况的专项工作报告，并作出审议意见，要求县人民检察院要全面打击破坏生态资源的违法犯罪活动，建立健全生态修复工作机制，努力推进生态公益诉讼。10月30日，县十八届人大常委会第十三次会议听取和审议县人民政府关于提升县城品位问题专题询问审议意见研究落实情况的专项工作报告，并做出审议意见，要求县政府和有关部门要构建全域旅游发展新格局和提升公共服务能力，打响“世界瓷都·润养德化”品牌。同时，会议对提升县城品位问题专题询问审议意见研究处理情况进行满意度测评，其中完善和优化城市规划设计、建设和提升县城基础设施、统筹和推进县城综合治理等三个项目测评结果均为基本满意。11月28日，县十八届人大常委会第十四次会议听取和审议县人民政府关于德化陶瓷产业发展问题专题询问审议意见研究落实情况专项工作报告，并做出审议意见，要求县政府和有关部门要破解企业发展瓶颈，提升企业发展实力，优化企业经营环境，全面激活产业平台效益。同时，会议对德化陶瓷产业发展问题专题询问审议意见研究落实情况进行满意度测评，测评结果为基本满意。会议还听取和审议县政府关于县十八届人大二次会议代表建议、批评、意见办理情况的专项工作报告。

【听取和审议计划、预算执行情况和审计工作报告】 2018年4月27日，县十八届人大常委会第十次会议审查批准德化县人民政府关于提请审议世界瓷都·德化国际陶瓷艺术城安置房（艺都花苑）和新寨大厦（新寨安置房）棚户区改造项目政府购买棚改服务采购资金列入财政预算的议案。8月30日，县十八届人大常委会举行第十二次会议听取和审议县人民政府关于2017年度财政收支决算情况的报告和关于2017年预算执行和其他财政收支审计情况的报告，并做出审议意见，要求县政府和审计部门要落实积极财政政策，促进收入稳步增长，严格预算管理职责，完善预决算编制工作，推进财政管理改革，提升财政管理水平。听取和审议县人民政府关于2018年上半年国民经济和社会发展计划及预算执行情况的报告。审查批准县人民政府关于提请审议批准2018年地方政府债务限额及新增债务限额安排情况的议案。10月30日，县十八届人大常委会第十三次会议审查批准县人民政府关于2018年度预算调整方案的议案。11月28日，县十八届人大常委会第十四次会议听取和审议县人民政府关于德化十三五规划纲要实施情况中期评估报告，并做出审议意见，要求县政府及有关部门要完成规划目标任务，提升经济发展质量和后劲，统筹城乡发展，助力乡村振兴，加强民生保障，补齐民生事业短板。

代表工作

【概况】 2018年，县人大常委会加强代表履职管理和代表建议督办，邀请代表列席常委会会议35人次，参加执法检查、视察、调研、专题询问、工作评议等活动11场，参加监督活动103人次，组织代表旁听法院庭审，参加法院、检察院“开放日”活动。

【代表履职管理】 2018年，代表网上履职平台建设逐步完善，完成全部代表建议件的整理上传工作和代表混编工作，做好代表履职的申报、审核工作；做好“人大代表联系群众活动室”的建设，18个乡镇均已设立活动室并开展活动，7个乡镇已设立人大代表联系群众驻城关活动室；建立代表述职制度，全年有8名县人大代表向原选区选民进行述职，并拟定德化县市人大代表向县人大常委会述职方案；实行履职登记制度，建立代表履职档案，省、市、县人大代表的履职情况在“福建省三级人大代表履职平台”上进行登记，如实反映履职情况；加强代表培训，组织开展市十六届人大代表集中培训7人次，完成18个乡镇人大主席轮训工作，开展专题讲座。

【代表建议督办】 2018年3月，县十八届人大二次会议代表建议交办会召开；5月，对13个重点办理单位的办理情况进行督查；7月，听取代表建议意见重点办理单位办理情况汇报；11月，组织视察代表建议意见重点督办件办理情况，听取和审议县政府关于代表建议、批评和意见办理情况的专项工作报告；12月，开展代表建议意见办理情况满意度测评。通过梳理归类、集中交办、重点督查、跟踪督办、满意度测评等方式，促进代表议案建议的办理工作。县十八届人大二次会议和闭会期间，收到代表建议意见287件，已答复287件，其中满意282件，基本满意5件。

【执法检查】 2018年9月29日，县人大常委会开展《中华人民共和国教师法》情况执法检查，10月30日，县十八届人大常委会第十三次会议听取和审议执法检查组关于实施《中华人民共和国教师法》情况的执法检查报告，并做出审议意见，要求县政府和有关部门要加强师德教育，优化师资结构，完善激励机制，创建和谐环境，促进教师队伍身心健康。10月25日，县人大常委会执法检查组对德化实施《中华人民共和国水法》情况进行执法检查，11月28日，县十八届人大常委会第十四次会议听取和审议执法检查组关于德化县实施《中华人民共和国水法》情况的执法检查报告，并做出审议意见，要求县政府和有关部门要做好分工与协作，规范执法，加强宣传。

【视察调研】 2018年3月1—23日，县人大常委会组织开展德化工业用地开发利用情况调研，要求盘活存量，加大现有工业用地资源的开发建设力度，做好近、中远期工业用地规划，统筹推进工业用地规划开发利用工作；5月31日至6月1日，开展城区总体规划修编情况调研，要求注重实用性、生态保护和部门协作；5月24日，开展中医药事业发展情况调研，要求加快推进中医药事业平衡发展，完善扶持中医药发展有关政策，加强中医药人才队伍建设，注重发挥中医药特色优势；7—8月，开展盘活闲置土地发展设施农业情况调研，要求培育龙头，探索农业产业化新路子，打造精深加工，强化流转，激发农村土地新活力；9月11日，视察2018年重点项目建设情况，要求加快建设和审批提速，做好保障和规范管理；9月26日，视察“七五”普法工作情况，要求加强宣传和转变创新方式，夯实主体责任和完善机制建设。9—10月，开展壮大陶瓷产业规模调研，

2018年10月16日，县人大常委会组织开展壮大陶瓷产业规模调研

（图/县人大办）

要求强化企业发展要素保障，夯实陶瓷产业发展基础，推动生产走向智能制造，从根本上缓解企业的“用工难”，加快陶瓷专业市场建设，打造陶瓷产业营销展示新平台，提升世界瓷都品牌知名度，夯实扩大陶瓷国际国内市场，注重陶瓷产业发展创新，寻找陶瓷产业转型升级突破口，开展招商选资工作，注重抓大扶小壮大根基，推进产业分工发挥集群的效应。

【专题调研】 2018年7—8月，县人大常委会开展全域旅游发展问题专题调研；8月30日，县人大常委会召开全域旅游发展问题专题询问会，并做出审议意见，要求县政府及有关部门要转变思维理念，凝聚全社会共抓全域旅游思想共识；科学规划设计，构建全域旅游发展新格局；强化宣传推介，打响“世界瓷都·润养德化”品牌；完善基础设施，提高全域旅游公共服务能力；加强队伍建设，提升全域旅游发展水平；促进产融发展，打造旅游产业新业态。

【工作评议】 2018年6月，县十八届人大常委会第十一次会议采用“票决”方式，确定县发改局、财政局等10个部门为2018年度工作评议对象，并把2017年度评议结果为不满意的广安天然气公司重新列为评议对象进行重点评议。2018年11月起，各评议工作组到各有关单位、乡镇、企业集中开展评议调查，并向德化县138名县人大代表发出对11个单位的工作评议测评表，进行问卷测评，同时在德化网开设专栏对11个单位的工作和服务情况进行满意度测评。

人事任免

【概况】 2018年，县人大常委会召开有关人事任免议案的常委会5次，任免51人次。

【县第十八届人大常委会第九次会议审议】 2018年2月9日，县第十八届人大常委会第九次会议审议决定：免去尚志刚德化县人民政府副县长职务；免去陈成模德化县人大常委会财政经济工作委员

会主任职务；免去陈能顺德化县人大常委会教育科学文化卫生工作委员会（县人大常委会华侨民族宗教工作委员会）主任职务；免去徐文曙德化县人大常委会内务司法工作委员会副主任职务；郑以文任德化县人大常委会教育科学文化卫生工作委员会（县人大常委会华侨民族宗教工作委员会）主任；免去赖佳忠德化县民政局局长职务；免去陈琴堂德化县人力资源和社会保障局局长职务；免去洪忠建德化县水利局局长职务；免去陈金殿德化县文化体育新闻出版局局长职务；免去黄其树德化县安全生产监督管理局局长职务；陈大孝任德化县民政局局长；黄全忠任德化县人力资源和社会保障局局长；张金演任德化县水利局局长；郑宝林任德化县文化体育新闻出版局局长；徐剑峰任德化县安全生产监督管理局局长；免去林清源德化县人民法院上涌人民法庭庭长职务；免去钟德才德化县人民法院执行庭（局）副庭（局）长职务；免去陈庆谋德化县人民法院民事审判第一庭副庭长职务；免去赖庆铨德化县人民法院立案庭庭长职务；免去张延胜德化县人民法院生态资源审判庭庭长职务；免去周全喜德化县人民法院审判员职务；林清源任德化县人民法院生态资源审判庭庭长；钟德才任德化县人民法院上涌人民法庭副庭长；岳广明任德化县人民法院立案庭庭长；陈庆谋任德化县人民法院执行庭（局）副庭（局）长；李平任德化县人民法院民事审判第一庭副庭长；曾凯旋任德化县人民法院民事审判第一庭副庭长；黄佳鸿任德化县人民法院龙浔人民法庭副庭长；施小容任德化县人民法院知识产权审判庭副庭长；郑荣平任德化县人民法院审判员；免去温培东德化县人民检察院检察员职务；免去赖诗霖德化县人民检察院检察员职务。

【县第十八届人大常委会第十次会议审议】 2018年4月27日，县第十八届人大常委会第十次会议审议决定：接受苏宏亮、徐陆平、郑德全、黄其兑、徐剑峰、彭建稽、郑宝林、张奕敬、徐明晓、林传景、黄全忠、曾世超辞去德化县第十八届人民代表大会代表职务。

【县第十八届人大常委会第十一次会议审议】 2018年6月28日，县第十八届人大常委会第十一次会议审议决定：林雪辉任德化县人民法院审判员。

【县第十八届人大常委会第十二次会议审议】 2018年8月30日，县第十八届人大常委会第十二次会议审议决定：接受黄青松辞去德化县第十八届人民代表大会代表职务。

【县第十八届人大常委会第十五次会议审议】 2018年12月29日，县第十八届人大常委会第十五次会议审议决定：接受刘德旺辞去德化县人民政府县长职务；接受陈成模、陈能顺辞去县十八届人大常委会委员职务；接受陈成模、陈能顺辞去县十八届人大代表职务。

（县人大办）

2018年8月30日，县人大常委会第十二次会议召开全域旅游发展问题专题询问会 （图/县人大办）

德化县人民政府

综 述

【概况】 2018年，德化县地区生产总值246.23亿元，比上年增长9%；一般公共预算总收入18.26亿元，比上年增长8.2%，一般公共预算收入11.83亿元，比上年增长7.3%；农业总产值21.78亿元，比上年增长2.5%；工业总产值330.18亿元，比上年增长13.1%；工业增加值105.53亿元，比上年增长10.4%；第三产业增加值95.89亿元，比上年增长8.1%；水电发电量7.22亿千瓦时、产值2.24亿元；矿业产值5.95亿元；社会消费品零售总额84.35亿元，比上年增长13.3%；固定资产投资增长16%。

【农业发展】 2018年，德化县实施乡村发展提升行动，落实强农惠农富农政策，全年支农支出4.66亿元，比上年增长1.3%。建立全县首个院士工作站，新增市级国家科技园区示范企业（基地）9家、市级以上科技特派员40名。划定水稻生产功能区6800公顷，建成市级以上林下经济示范基地23个，获评市级以上农民专业合作社示范社4家、家庭农场示范场8家、三星级森林人家3家。棘胸蛙、茶油等农产品深加工产业初见成效，建成全省最大棘胸蛙养殖基地，年产棘胸蛙50万只以上，成立福建省石冻王生物技术研发中心，成功开发石冻王（儿童版）营养粉片，双全公司棘胸蛙获第十九届中国绿色食品博览会金奖。茶油奶奶山茶油出口及内销订单达3700万元，祥山大果公司被中国林业产业联合会木本油料分会授予《木本油料企业品牌价值评价》团体标准起草单位，被评为福建省科技小巨人领军企业，德化县获评福建省特色农产品（油茶）优势区。德化黑羊通过国家农产品地理标志保护登记，春美乡（黄花菜）列入全国一村一品示范村镇，恋南山黄花远志花茶获第六届成都国际都市现代农业博览会金奖、海峡两岸最受欢迎伴手礼奖，台湾山樱花获评第十届海峡两岸现代农业博览会暨第二十届海峡两岸花卉博览会金奖，6个农产品获第十九届中国绿色食品暨国际有机食品博览会金奖。

【工业经济】 2018年，德化县实现陶瓷产值328.46亿元，比上年增长14.1%，其中陶瓷工业产值263.81亿元，比上年增长16%。制定陶瓷产业跨越发展五年行动计划，召开陶瓷产业跨越发展大会，出台推动陶瓷产业跨越发展10条补充措施，实施新一轮技改、抓大扶小，循环化改造示范试点建设顺利通过国家验收，兑现涉企资金1.1亿元，减税降费1.24亿元，规下转规上工业企业26家，全县电子商务交易额106.3亿元，比上年增长24.7%。组织企业参加北京大学研修班、广州陶瓷工业展以及管理创新、技术创新等专题培训班。开展"领导干部一线办公"活动周，召开现场办公会12场、企业家座谈会8场、政银企对接会6场，解决企业难题132个。发布贸易摩擦相关信息，应对日用陶瓷产品反倾销调查，引导企业运用出口信保政策，规避贸易风险，新增进出口经营权企业65家，总数551家，自营出口21.52亿元，比上年增长19.6%。开展金融风险防控工作，县企业应急保障资金帮助38家企业周转资金3.39亿元；全县金融机构贷款余额199.69亿元，比上年增长5.7%，存贷比94.7%。全县政府性债务严控在省定限额之内。实施陶瓷产业提升行动，成立德化陶瓷产业创新发展研究院，启动"中国白"未来共享、全球推广、创新提升三项计划，建设中瓷网络科技"互联网+陶瓷"平台，"后金砖"

品牌效应逐步显现，入选国家用瓷生产企业2家，新增省科技小巨人领军企业、高新技术企业、科技型企业、科技企业孵化器等科技企业（平台）48家，授权专利1071件、国家地理标志证明商标3个、国内注册商标2365个、马德里国际注册商标10个、省重点培育和发展的国际知名品牌3家，列入市级产业龙头企业22家、服务型制造示范企业2家、重点技改项目6个，列入省级智能制造、两化融合、技术创新、工业新增长点、工业和信息化龙头企业培育发展对象等项目28个，获评省智能制造试点示范、两化融合管理体系贯标企业26家、省级重点上市后备企业2家、省级以上知识产权优势企业3家，五洲陶瓷列入市级生产性服务业重点培育对象，顺美集团获评省级工业设计中心，佳美公司获评省工业企业质量标杆企业。启动第二届中国白国际陶瓷艺术大奖赛，举办第一届中国（德化）茶具文化产业博览会、“何朝宗”杯工业设计大赛等陶瓷展会赛事近50场，设立德化陶瓷营销中心5家，新增工艺美术大师国家级3人、省级69人、大师工作室11个。德化陶瓷在香港大公交易所成功上市，实现电子化交易零的突破。

【第三产业】 2018年，德化县实施全域旅游提升行动，全年接待游客488.09万人次，旅游总收入45.53亿元，均增长23.2%。推进石牛山、九仙山、云龙谷、旅游集散服务中心等20个旅游重点项目建设，完成投资8.07亿元。围绕“世界瓷都·润养德化”旅游品牌主题定位，创新“网游德化”营销新模式，开展首批旅游商品名录认定，设立云龙谷剪纸、顺美等研学基地，举办抖音创意视频挑战赛等“发现大美德化”系列评选活动、“丝路瓷源·月记窑”陶瓷文化摄影作品比赛，以及上涌梨花、雷峰温泉、杨梅银杏、美湖民俗等不同主题的乡镇文旅特色节庆活动。九仙山木屋、游客服务中心获批建设生态旅游和教学实训基地，启动智慧旅游一期项目建设，创建省旅游特色村3个，南埕村、南埕镇分别获评省三星级旅游特色村、休闲集镇，德化世界瓷都旅游休闲综合开发项目获评省首批标志性旅游产品项目，县陶瓷博物馆获评首批福建标志性文化旅游场馆，大龙湖、龙门湖分别获评省级、国家水利风景区，杨梅乡列入森林中国·发现森林文化小镇。

【社会民生】 2018年，德化县实施社会民生提升行动，县财政民生支出21.09亿元，占一般公共预算支出比81.5%。居民人均可支配收入28500元，比上年增长7.1%。教育方面，投入3.7亿元推进32个教育项目建设，新增校舍面积4.85万平方米、学位4730个；成立县教育发展基金会并筹资6197.6万元；中高考质量持续向好，中考成绩在全市居中等偏上水平，高考本科上线人数1290人，上线率75.09%；本一上线人数329人，上线率19.15%。江德扬以693分居全省第27名，被清华大学录取。录取“211”以上高校87人（其中录取“985”高校36人）；德化一中、德化职校分别入选省示范性高中建设学校、省示范性现代职业院校建设工程A类培育项目校；创建市级示范老年学校9所，提前完成全县老年教育十三五发展规划目标任务。医疗卫生方面，投入6300万元推进县医院医技楼、县第三医院、县妇幼保健院建设，“三平台”“六大中心”建设，县域心电诊断中心、县域医学影像中心、县域临床检验中心、县域消毒供应中心、县域病理诊断中心建成投用；开展县级公立医疗机构“暖心服务”三年行动；举办第十三届中国泉州—东南亚中医药学术研讨会；县中医院、县医院分别获国家节能型示范单位、全国综合医院中医药工作示范单位，获评全国基层中医药先进工作县。社会保障方面，新增城镇就业5180人，落实全民参保登记计划，城乡居民养老保险参保率99%；创建农村居家养老服务示范点30个，社会救助和保障体系更加完善；开工建设棚户区改造安置房2288套，完成城东、宝美进城务工人员安居工程，改造石结构房屋2万平方米、农村危房26户；投入3060万元，抓好城市安全信息系统、“雪亮工程”等项目建设；开展扫黑除恶专项斗争，做好矛盾纠纷排查调处，全县信访形势持续改善；设立公共法律服务中心和县乡村三级综治中心，县级社区矫正中心标准化建设走在全省前列，综治平安“三率”（社会治安的满意率，党政领导重视率，平安建设知晓率）水平位居全市前列；南埕镇、杨梅乡分别获评全国、全省无邪创建示范乡镇，浔中镇凤池社区列入全国第一期青少年零犯罪零受害社区试点单位；全面推进安全风险分级管控和隐患排查治理双重预防机制，安全生产态势平稳；开展“食品安全提升年”活动，食品安全满意度测评二、三季度位居全市第一；提级改造县图书馆，建设村级基层综合性文化服务中心示范点2个，新增百姓书房6个、社区文化室7个；德化窑申报第一批省级考古遗址公园，新增省级文保单位4处、省级以上非物质文化遗产传承人4人、市级以上文化产业示范基地4家，德化瓷烧制技艺入选第一批国家传统工艺振兴名录；在全省率先建设县融媒体中心，县广播电视台获改革开放四十周年全国百佳县级广播电视台；出版《德化县志（1988—2007）》，《浔中镇志》被中国地方志指导小组办公室列入第三批中国名镇志文化工程；获全国“五一劳动奖章”、入选“福建好人”榜各1人；双拥、武装、统计、档案、科普、外事侨台、防震减灾、妇女儿童、残疾人等工作也取得新成效。

【项目建设】 2018年，德化县实施项目攻坚提升行动，开展“项目攻坚2018”“大干40天、比拼开门红”、项目征迁“拔钉清障”等活动，落实“周碰头、月调度、季会商”制度，全面实行收账机制，召开协调会433次，协调解决困难问题161个、突破征迁项目29个、提前开工项目75个、提前竣工项目53个，全县218个重点项目完成年度投资107.1亿元，比上年增长24.3%；列入省、市重点项目17个，完成投资29亿元。开展“大招商招大商”活动，成立利用外资工作领导小组，实施“回归工程”，新引进项目74个，协议总投资139.13亿元，其中，生产性项目33个，协议总投资48.56亿元，亿元以上项目13个，德化瓷都文化小镇总投资60亿元，是德化县迄今为止单体投资最大的小镇项目。在谈项目102个，意向总投资205.45亿元，其中，亿元以上项目16个，意向总投资183.2亿元。投入2.39亿元，加快完善陶瓷园区配套基础设施，启动城东四期古洋片区、中小企业创业园二期和后朱片区建设，打造万亩工业园区。中国茶具城一期建成投用，新秀园、香业园初具规模。争取土地、林地指标120公顷、277.4公顷，完成征地465.27公顷、拆迁房屋22.6万平方米、供地181公顷。完成土地出让收益10.43亿元、耕保政策收益10.14亿元，争取上级资金15亿元、政府债券资金6.38亿元、财政性项目融资18.97亿元。

【城乡发展】 2018年，德化县实施城市品位提升行动，投入27.5亿元，实施46个市政提升工程，完成城区绿化、夜景及瓷都大道、浐溪两侧景观风貌提升工程，八中人行天桥、车碓岭道路改造建成投用，新改建城区道路25.5千米、供水供气和污水管网36.28千米，改造电网302千米，城区沥青加铺2.5万平方米，建成区新增绿地50多万平方米，人均公园绿地13.82平方米，城区垃圾无害化处理率99%，新增公交线路2条、公交车20部，新建停车场3个、公园2个。拆除违建15.72万平方米。投入10.7亿元，加快推进兴泉铁路德化段和国省干线、通乡镇公路建设，完成德化至永泰嵩口高速公路工程可行性研究报告文本编制，待省发改委审查，厦沙高速公路汤城枢纽至德化段（泉三高速公路德化连接线）列入交通运输部“十三五”建设规划修编。投入6750万元，开展37个村“一清二整三美化”行动，提级改造农村公路40千米、安保工程88千米，建设乡村振兴试点示范村6个、基本点3个，培育特色农业休闲观光带9条，完成54个村生活垃圾、58个村生活污水治理，实现全县农村生活垃圾常态化治理。国宝乡佛岭村进入第一批市级特色乡村扶持创建试点名单，葛坑镇龙塔畲族村列入省少数民族特色村寨试点村，桂阳乡涌溪村入选省库区移民环境综合整治试点村，杨梅乡云溪村列入省传统村落改善和提升重点村，新增中国传统村落13个。农村建档立卡贫困人口稳定脱贫，32个建档立卡贫困村全部摘帽退出，52个“空壳村”全部消除。

（县政府办）

重要会议

【概况】 2018年，德化县召开县政府第一次全体会议1次、县政府常务会议14次、县长办公会议10次，研究讨论有关政治、经济、文化、社会、生态等方面的内容，并提出具体解决方案。

【县政府第一次全体会议】 2018年1月12日，县政府第一次全体会议召开，贯彻落实中央、省、市有关部署要求和县“两会”精神，组织实施好陶瓷产业、全域旅游、乡村发展提升行动和做好年底各类迎检工作，加强节前安全生产大检查，维护社会安全稳定等工作。

【县政府常务会议】 2018年1月9日，县第一次常务会议召开，传达《中共福建省纪委关于五起违反中央八项规定精神典型问题的通报》《中共泉州市纪委关于3起违反中央八项规定精神典型问题的通报》，研究确定《德化县公安机关警务辅助人员管理实施意见》等问题。

2月7日，县第二次常务会议召开，研究确定国土局提交的T2017（工业）020号等8宗地块出让有关事项。

3月26日，县第三次常务会议召开，传达《中共泉州市纪委 中共泉州市委宣传部关于认真学习人民日报〈习近平同志在福建宁德工作时反腐倡廉的生动实践〉的通知》，研究确定关于2018（工业）001号地块出让、建设盖德镇便民服务中心、回收德化县华林瓷业有限公司备用地（华林职工住宅小区）、《德化县流通领域食用农产品入市质量安全检测方案（试行）》、涉案医疗器械处理、福建闽中（德化）田园综合体项目规划、《德化县打拐解救儿童安置方案》、《德化县扫黑除恶专项斗争实施方案》等问题。

4月28日，县第四次常务会议召开，传达全市政府性债务管理工作和金融风险防控工作专题会议精神，研究确定关于《德化县事业单位公务用车制度改革实施方案》《德化县国有企业公务用车制度改革实施方案》《德化县行政机关和事业单位会议费管理规定》《德化县行政机关和事业单位培训费管理规定》《德化县行政机关和事业单位办公用茶开支标准》《规范县直机关工作人员缴纳差旅伙食费有关事项的通知》《德化县行政事业单位财务内部控制管理制度》《德化县公务员医疗补助实施意见》，以及石牛山旅游度假区景区项目管理模式、浔中镇东埔农贸市场建设项目等问题。

6月1日，县第五次常务会议召开，传达省、市扶贫办关于县级脱贫攻坚项目库建设有关文件精神，研究确定采用EPC模式建设闽江防洪工程德化段（二期）项目、《德化石壶殿改造代建合同》、石牛山旅游度假区酒店项目管理模式等问题。

6月12日，县第六次常务会议召开，研究确定关于《德化县霞田文体园PPP项目实施方案》、霞田文体园采用PPP模式相关咨询服务费、2018（工业）006等49宗地块出让等问题。

7月4日，县第七次常务会议召开，研究确定2018年度扶持村集体经济发展项目补助资金、市委交叉巡察三组扶贫领域专项巡察反馈2013年“二女户”造福工程未付款项整改、《德化县人民政府华润健康集团有限公司合作框架协议》、付“互联网+陶瓷”区域化链条化试点首期补助资金、2017年度德化县机关（含参公）单位科级以下工作人员年度考核记三等功及嘉奖、大兴泉铁路德化盖德站站房建设资金等问题。

8月8日，县第八次常务会议召开，研究确定《省委巡视二组反馈巡视中发现的问题（涉及县政府及部门）任务分解表》《2018年以来全县消防工作汇报》等问题。

8月23日，县第九次常务会议召开，传达学习修订后的《福建省工业用地招标拍卖挂牌出让实施办法》，研究确定《“泉州迪特工业产品设计有限公司”项目建设合作协议》、何朝宗杯2018中国（德化）茶具工业设计大赛、县土地管理委员会第34、35次会议决定的T2018（工业）045号等15宗地块出让、政和杨源至永定高速公路（闽粤界）德化至永泰段工程（泉州段）初步勘察、测量《德化县进一步推进“四好农村路”建设（2018—2022年）实施方案》等问题。

9月29日，县第十次常务会议召开，会议传达全市中央、省级环保督察反馈问题整改和党政领导生态环境保护目标责任书项目推进会议、宗教问题和宗教工作系列重要论述及全省宗教工作电视电话会议精神，研究确定《县城规划区旧厂房改造为商业办公场所的若干意见（试行）》《县城规划区旧厂房改造为公共服务设施和市政配套设施的若干意见（试行）》《德化县公共租赁住房保障管理办法》、德化县农贸市场提升改造、德化旅游集散服务中心项目招商方案、贫困村集体经济发展试点资金和空壳村集体经济创收资金使用等问题。

10月15日，县第十一次常务会议召开，传达学习《福建省党政领导干部安全生产责任制实施细则》、研究确定德化县智慧旅游项目投资建设方案、2018（工业）008号等10宗地块出让等问题。

11月20日，县第十二次常务会议召开，会议传达学习《中共福建省委办公厅福建省人民政府办公厅关于认真学习贯彻习近平总书记对信访工作重要批示的通知》，研究确定《德化县亡人火灾多发及陶瓷企业生产厂房消防安全隐患突出情况报告》、德化智慧停车招投标等问题。

12月20日，县第十三次常务会议召开，会议传达学习国务院、省、市打击治理电信网络新型违法犯罪工作电视电话会议精神、学习生态环保有关文件精神，研究确定德化县进城党群城市家园建设涉及证明事项、产权保护、生态文明建设和环境保护、放管服改革、互联网+政务等规范性文件清理、《“中国白”国际陶瓷艺术大奖赛项目合作协议》、《德化县支持全域旅游发展奖励办法》等问题。

【县长办公会议】 2018年1月9日，县长刘德旺主持召开第一次县长办公会议，讨论研究2018年重点项目问题。

1月10日，刘德旺主持召开第二次县长办公会议，研究确定电商物流园建设等问题。

2月7日，刘德旺主持召开第三次县长办公会议，研究确定收购德化县东盛房地产开发有限公司位于龙浔镇丁溪村内西环工业区（许厝山）的经营性房地产用地(G2005—06—02）有关问题。

3月26日，刘德旺主持召开第四次县长办公会议，研究确定关于《德化县贯彻落实安全生产领域改革发展实施意见》、《进一步加强和完善城乡社区治理的实施方案》、红旗瓷厂历史风貌区保护提升工程、霞田文体园和月记窑文化创意产业园项目设计单位及设计费用、采用PPP模式建设霞田文体园项目等问题。

4月28日，刘德旺主持召开第五次县长办公会议，传达4月18—19日世行贷款医改项目县域紧密型医共体建设现场会议精神，要求县卫计局要将相关议题提交县委常委会研究确定。

6月1日，刘德旺主持召开第六次县长办公会议，研究确定关于《实施乡村振兴战略的实施意见》《德化县发展壮大薄弱村集体经济三年行动方案》等问题。

7月4日，刘德旺主持召开第七次县长办公会议，研究确定《德化县党委政府及其部门安全生产权力和责任清单明细》《德化县组建总医院工作实施方案》《2018年度德化县绩效评估工作方案》等问题。

9月29日，刘德旺主持召开第八次县长办公会议，研究确定推荐2019年省市为民办实事项目、《德化瓷都文化小镇项目投资合作协议》等问题。

11月16日，刘德旺主持召开第九次县长办公会议，研究确定关于《实行县对乡镇第十二轮财政体制的通知》《〈德化县国民经济和社会发展第十三个五年规划纲要〉实施情况中期评估报告》《德化县提升营商环境行动实施意见》《第一届中国（德化）茶具文化产业博览会工作方案》等问题。

12月20日，刘德旺主持召开第十次县长办公会议，研究确定《德化县党政机关国内公务接待管理办法》、2019年县《政府工作报告》、《德化县2019年城乡“6+4”提升工程重点建设项目安排表》、《德化县深入推进审批服务便民化的实施办法》等问题。

（县政府办）

行政服务

【概况】 2018年，县行政服务中心设置办事窗口176个、审批股室61个、进驻66个单位、工作人员308名、审批服务事项1075项。全年累计受理各类行政审批服务事项83万件，按期办结率、当日办结率、提前办结率分别为100%、97.1%、99.2%。

【建设审批项目“一区通办”全省首创】 2018年，县行政服务中心在全省创新推出建设审批项目“一区通办”，在行政服务中心设置建设项目服务专区、乡镇便民服务专窗、信息归集专用平台等“三个专区”，设立建设项目服务专区“一区通办”窗口，设有咨询协调、供地信息、统一收件、统一出件等前台窗口岗位6个和后台配套岗位6个，实行“前台统一收件、部门并联审批、窗口统一出件”的办事新模式，实现“一区通办、受审分离”，建设项目从项目生成、用地确认、施工许可到可动工建设全流程总耗时压缩至96个工作日，其中行政审批环节总耗时压缩至20个工作日。德化在全省创新推出建

2018年6月11日，县行政服务中心在全省创新推出“一区通办”。图为建设项目服务专区

（图／县行政服务中心）

设审批项目“一区通办”的经验做法在《省机关效能建设工作简报》《侨区快讯》《泉州改革情况》《泉州晚报》等刊物刊发，在泉州电视台系列专题节目《改革：直通“放管服”》播出。

【集中购买图审服务全省首创】2018年，针对德化境内没有图审机构、图审耗时长等问题，在引导109家中介机构入驻市审批服务网上中介超市、引进7家中介服务机构入驻行政服务中心实体大厅的基础上，在全省首创推出集中统一购买图审服务，将德化县建设项目图审业务统一打包，通过公开招标交由一家施工图审查机构承担，并由行政服务中心统一协调、有效监管，实现图审仅需11个工作日的目标。福建天正图审公司中标，中标价按省物价局定价的0.6折收取费用（年预算300万元图审费用通过购买图审服务可节约资金120万元），该公司于2018年10月1日正式入驻行政服务中心运行，受理审查业务43件，已完成图审39件，均在规定时限内完成。

【乡镇便民服务窗口设立】2018年，针对德化80%多的人口聚集城关的特点，在行政服务中心设立6个乡镇便民服务专窗，于6月19日入驻试运行。其中，3个代办专窗由龙浔、浔中、三班分别派员进驻，为辖区内固定投资200万以上的企业和建设项目审批提供代办服务；其他15个乡镇轮流派员（2名）到行政服务中心，设立3个乡镇便民服务综合窗口，实行专窗统一收件，解决群众城乡来回跑的问题。

【行政审批优化】*办事流程优化* 2018年，深化“多证合一”改革，企业开办时间由30个工作日缩减至2个工作日，新增企业2966户、个体户7583户，企业由改革前的月均注册162户增加到247户，个体户由月均注册227户增加到632户；深化不动产登记改革，整合国土、住建、林业等职能，不动产登记平均耗时从7.9天缩短到3.5天，居全市前列。深化公安审批服务便民化改革，通过调用工号、取消限号、增设窗口等举措，交警窗口日办理业务由200多件增至700多件。

自由裁量权规范 2018年，规范行政审批服务自由裁量权标准化体系重新建立，对进驻行政服务中心的1046项审批事项进行重新梳理，梳理出鼓励允许类810项，限制类236项，需现场踏勘212项，制订现场踏勘打钩式清单样表212项，需技术审查32项，制作工作细则1045项，建立由窗口审批股（负责人）牵头、后台股室参与的现场踏勘运行机制并全部使用现场踏勘打钩式清单样表，规范审批人员行使审批权及现场踏勘行为。及时对接县级行政许可、公共服务事项目录清单，实行动态管理，完善办事指南要素，明确提交材料的依据。

重点项目台账管理 2018年，95个新建重点项目列入“服务账单”，抓住“录入、查阅、剖析”三个关键，从项目立项、受理收件、审查审核、协调督促、批复等实行全流程台账管理、实时动态更新。各审批部门各自建立审批台账，对项目审批过程中遇到的困难问题，建立重点项目服务微信群和陶瓷企业审批联络群，实现项目问题及时沟通对接，同时由“一区通办”项目协调窗口督促协调，并组织人员上门服务，保障重点项目顺利报批。

【“互联网＋审批”拓展】2018年，“开放式”24小时自助行政服务平台建设，推行网上办事和微信预约办事，推广电子证照生成和复用，推行网上预审、窗口即收即办结的“一趟式”办结、“一网式”服务模式。全年梳理公布“最多跑一趟”“一趟不用跑”办事清单1271项，其中“最多跑一趟”671项、“一趟不用跑”504项，占总事项92.4%；支持在线申报事项1086项，网上申报件1550件，生成电子证照37982份，调用电子证照2338件次，网上申报件、电子证照调用比率均位居全市前列。

（郑巧雯）

统筹城乡发展

【概况】2018年，德化县统筹城乡工作按照“实施三三三工程打造新型城镇化发展样板”新思路，继续深化省级新型城镇化试点，推进64项新型城镇化重点工作，做好农业转移人口市民化、城市功能提升、城乡融合发展等方面工作，常住人口城镇化率74.8%。

【陶瓷业转型升级】2018年，德化县实施陶瓷产业提升行动，成立德化陶瓷产业创新发展研究院，启动“中国白”未来共享、全球推广、创新提升三项计划，建设中瓷网络科技“互联网＋陶瓷”平台，“后金砖”品牌效应逐步显现，入选国家用瓷生产企业2家，新增省科技小巨人领军企业、高新技术企业、科技型企业、科技企业孵化器等科技企业（平台）48家，授权专利1071件、国家地理标志证明商标3个、国内注册商标2356个、马德里国际注册商标10个、省重点培育和发展的国际知名品牌3家，列入市级产业龙头企业22家、服务型制造示范企业2家、重点技改项目6个。启动第二届中国白国际陶瓷艺术大奖赛，举办第一届中国（德化）茶具文化产业博览会、“何朝宗”杯工业设计大赛等陶瓷展会赛事近50场，设立德化陶瓷营销中心5家，新增国家级工艺美术大师3人、省级工艺美术大师67人、大师工作室11个，德化陶瓷在香港大公交易所上市，实现电子化交易零的突破。

【全域旅游发展】 2018年，德化县实施全域旅游提升行动，推进石牛山、九仙山、云龙谷、旅游集散服务中心等20个旅游重点项目建设。围绕“世界瓷都·润养德化”旅游品牌主题定位，创新“网游德化”营销新模式，开展首批旅游商品名录认定，举办抖音创意视频挑战赛等“发现大美德化”系列评选活动、“丝路瓷源·月记窑”陶瓷文化摄影作品比赛，以及上涌梨花、雷峰温泉、杨梅银杏、美湖民俗等不同主题的乡镇文旅特色节庆活动；设立云龙谷剪纸、顺美等研学基地，九仙山木屋、游客服务中心获批建设生态旅游和教学实训基地。创建省旅游特色村3个，南埕村、南埕镇分获省三星级旅游特色村、休闲集镇，德化世界瓷都旅游休闲综合开发项目获评省首批标志性旅游产品项目，陶瓷博物馆获评首批福建标志性文化旅游场馆，龙门湖获评国家水利风景区。全年全县接待游客488.09万人次，旅游总收入45.53亿元，均增长23.2%。

【农林业特色发展】 2018年，德化县建立首个院士工作站，新增9家市级国家科技园区示范企业（基地）、40名市级以上科技特派员。建成23个市级以上林下经济示范基地，获评4家市级以上农民专业合作社示范社、10家家庭农场示范场、3家三星级森林人家。棘胸蛙、茶油等农产品深加工产业初见成效。6个农产品获第十九届中国绿色食品暨国际有机食品博览会金奖，德化黑羊通过国家农产品地理标志保护登记，春美乡（黄花菜）列入全国一村一品示范村镇，恋南山黄花远志花茶获第六届成都国际都市现代农业博览会金奖、海峡两岸最受欢迎伴手礼奖。

【第三产业发展】 2018年，德化县推进26个三产重点项目，总投资178.13亿元，年度计划投资23.73亿元，全年完成投资23.78亿元，占年度计划投资的100.21%。发展快递物流，加快仓储建设，完善邮政宝美包件仓储处理中心，探索陶瓷智能仓配一体化；培育第三、四方物流，发展具有采购、仓储、配送等服务的供应链物流服务商；鼓励制造企业逐步剥离或外包物流服务；深化“全产业链金融服务”，推进金融产品和服务创新。做好支持符合条件的服务企业进入境内外资本市场融资金融服务，扩大企业直接融资规模，加大不良贷款处置力度，推进打包转让、清收核销、债务重组。通过整合资源，依托第三方网络服务商，发挥县电子商务协会作用，开展瓷都电商节活动，推动陶瓷产业发展。线上线下并举，搭建德化茶具产业对外交流、合作新平台，提高德化茶具品牌知名度。发挥中国国际电子商务中心培训学院泉州分院、“百城千校，百万英才”跨境电商人才基地、电商协会等机构作用，全年组织开展19场培训会，约1000人次参加。组建成立德化县电商园建设经营有限公司，推进电商物流园项目建设。

【城市建设管理】 2018年，德

2018年1月2日，浔中镇东埔路沥青加铺　　（图/李宏图）

化县实施城市品位提升行动，投入25.4亿元，实施46个市政提升工程，完成城区绿化、夜景及瓷都大道、浐溪两侧景观风貌提升工程，八中人行天桥、车碓岭道路改造建成投用，全年城区新增城市道路25.5千米，城区道路总长205千米，其中沥青路29.5千米，道路硬化率98.6%；新安装路灯434盏，路灯总数16883盏，平均亮化率98.92%；新增污水管网9.14千米，城区污水管网达130.37千米，污水处理率90.63%；新增绿地面积10万多平方米，建成区绿地率39.94%，绿化覆盖率43.29%，人均公园绿地13.82平方米；垃圾无害化处理率99.9%，新增公交线路2条、公交车20部；拆除违建15.72万平方米。投入7.7亿元，加快推进兴泉铁路德化段和国省干线、通乡镇公路建设，德化至永泰嵩口高速公路进入初步勘察设计阶段，厦沙高速公路汤城枢纽至德化段（泉三高速公路德化连接线）列入"十三五"建设规划修编。加强城市管理，对城市主干道、户外广告、渣土车开展专项治理，改善城市生活环境。引导企业创建优质工程，获得"闽江杯"优质工程1个，"刺桐杯"优质工程2个，省优良项目1个，强化建筑市场和工程质量安全监管，全年"双随机"检查104次，对3家中介机构进行信用评价。加强社会治理，投入3060万元，抓好城市安全信息系统、"雪亮工程"等项目建设。设立公共法律服务中心和县、乡、村三级综治中心，县级社区矫正中心标准化建设走在全省前列，综治平安"三率"水平位居全市前列，南埕镇、杨梅乡分别获评全国、全省无邪教创建示范乡镇，浔中镇凤池社区列入全国第一期青少年零犯罪零受害社区试点单位。推进安全风险分级管控和隐患排查治理双重预防机制，安全生产态势平稳。开展"食品安全提升年"活动，全年食品安全满意度测评第二、三季度位居全市第一。

【农村经济发展】 2018年，上涌镇深化农村产业融合试点示范，聘请省农科院专家到上涌镇现场调研，组织编制《德化县上涌镇农村产业融合试点示范实施方案》，培育"农+工、农+游、农+网、农+牧、农+渔、农+菌"等6个"农+"融合发展，推进农村产业融合试点，打造特色小镇。规范农村产权交易。自2014年3月建立全省首个县级农村产权交易中心，已投入150多万元建设650平方米交易服务场所，设立农业、林业、供销等15个服务窗口，为县农村各类产权交易提供场所设施、信息咨询、组织交易、鉴证登记等服务便利。同时，建设德化县农村产权交易中心网站、手机站点、便民式触摸式查询机、LED大屏幕电子显示屏等软硬件设施，完善农村产权交易信息库和数据库。制定《德化县农村产权交易管理暂行规定》《德化县农村产权交易中心农村产权交易规则（试行）》《德化县农村土地承包经营权流转交易规则》《德化县农村集体物业使用权交易规则》《德化县集体林权交易规则》《德化县小型水利设施经营权交易规则（试行）》等规章制度，严格规范产权交易流程，全年开展产权流转交易215宗金额3.6亿元。鼓励支持村企共建发展村集体经济，推进经营性资产股份合作制改革。支持村集体资金投资固定资产、发展光伏、入股国企等，增加村集体经济收入。利用耕地保护机制，盘活农村旧宅基地、历史遗留损毁、采矿用地及荒草地等闲置土地，实现资源的保值增值。实施发展壮大薄弱村集体经济三年行动，全年对36个空壳村、14个薄弱村扶持村财创收项目补助资金1402万元。34个省定建档立卡贫困村获省、市级扶持村集体经济试点资金1700万元，县级配套资金340万元。第五轮整村推进扶贫开发获990万元资金补助，市级基础设施专项补助资金700万元。对接省财政取得2018年省级专项资金目录清单，明确省级专项资金的主管部门、规模和投向，为部门、乡镇提供向上争取信息支持；落实向上争取资金考评通报机制，全县争取上级补助资金14.9亿元，比上年增长10%。省财政厅下达德化县2018年新增债券资金6.38亿元，比上年增加3.48亿元，增长120%。新引进项目71个，协议总投资138.62亿元，其中，生产性项目33个、协议总投资48.56亿元，亿元以上项目13个，德化瓷都文化小镇总投资60亿元，是德化县单体投资最大的小镇项目。在谈项目86个，意向总投资166.81亿元，其中，亿元以上项目13个，意向总投资148.6亿元。

【农村宜居环境建设】 2018年，德化县开展37个村"一清二整三美化"行动，提级改造农村公路40千米、安保工程90千米，建设乡村振兴试点示范村6个、基本点3个，培育特色农业休闲观光点（带）9条，完成54个村生活垃圾、58个村生活污水治理，实现全县农村生活垃圾常态化治理，国宝乡佛岭村进入第一批市级特色乡村扶持创建试点名单，葛坑镇龙塔畲族村列入省少数民族特色村寨试点村。做好小城市培育试点项目建设工作，三班、水口两镇确定项目56个，年度计划投资8.6亿元。历史文化名镇名村（水口镇、龙门滩镇霞山村）和传统村落（上涌镇曾坂村、龙门滩镇碧坑村、杨梅乡云溪村）已完成编制保护规划方案初稿（正在报审）。10月，国宝乡佛岭村列入泉州市第一批市级特色乡村扶持创建试点名单，并启动相关工作。落实最严格耕地资源保护、水资源管理制度和河(湖)长制，森林防火“六个化”做法在全省推广。实施小流域水质提升、重点流域整治，造林绿化1206.67公顷，治理水土流失3000公顷。投入2.79亿元，推进浐溪水系河湖连通综合整治、闽江防洪工程德化段（二期）前期工作，抓好蕉溪清新流域样板工程、河道治理和安全生态水系建设，退出小水电站8座，完成水电站生态下泄流量改造55座，桂阳乡涌溪村入选省库区移民环境综合整治试点村。完成节能减排任务，空气质量优于国家二级标准，水质达标率100%。

【民生事业】 2018年，德化县成立县教育发展基金会并筹资6190多万元。投入5200万元，推进县医院医技楼、县第三医院、县妇幼保健院建设，开展县级医疗机构“暖心服务”行动，举办中国泉州——东南亚中医药学术研讨会，县中医院获得“全国综合医院中医药工作示范单位”。实施就业创业帮扶计划，落实就业创业优惠政策，提高城乡居民就业创业质量。建设300多平方米的“就业超市”，提供就业创业服务。全县城镇新增就业5180人，城镇登记失业人数517人，城镇登记失业率1.08%。审查通过25户新申请住房保障家庭分配住房，发放廉租补贴17户，发放金额0.78万元。指定专人时时跟踪住房保障管理信息系统，办理申请家庭资格审查，全年审查30户，均在规定期限内完成审查工作。开工建设棚户区改造安置房2288套，完成城东、宝美进城务工人员安居工程。落实全民参保登记计划，城乡居民养老保险参保率99%，建立失业保险待遇享受与物价上涨的联动机制，城乡居民养老保险开通微信、支付宝“智能缴费平台”。推进乡镇敬老院“三个一批”工作，加强农村养老设施管理，提升全县农村居家养老服务站（农村幸福院）服务能力，创建农村居家养老服务示范点30个。

（县统筹城乡办）

人事人才

【概况】 2018年，德化县人事人才工作围绕人事管理和人才队伍建设，做好公务员、事业单位招考和干部职工培训、干部管理任用等方面，全年公布和批准确认444名职称任职资格，新增3个“福建省技能大师工作室”（曾映雪、赖礼同、陈仁海）。

【机关事业单位招考】 2018年，德化县政府系统部门招考14名公务员、196名事业单位工作人员，安排2名临床医学专业毕业生定向到乡镇卫生院报到。

【事业单位岗位聘任管理】 2018年5月起，德化县事业单位（教育、卫生系统以及乡镇林业工作站按现行结构比例执行）专业技术高级、中级、初级之间的结构比例提高至10:36:54。全面落实在乡镇工作累计满25年以上且仍在乡镇工作的专业技术人员职称直聘制度，开展“县级专设岗位”聘任。全年办理专业技术岗位聘任手续880人（“县级专设岗位”6人、农村工作满25年直聘5人）。

【干部职工培训】 2018年，德化县组织100多个单位7000多名机关事业单位工作人员参加网络继续教育培训，选送4名科级公务员参加市委党校第48、49期科级任职培训班，2名事业单位副科级干部参加第3、4期事业单位科级任职培训班，2名副科级公务员干部分别参加“产城融合发展”专题班和“双基”公务员专题班。办理2017年度继续教育验证手续6000多人次。25名工勤人员通过技能等级升级考核。

【干部管理任用】 2018年，德化县完成2017年年度考核工作（不包括科级干部和教育系统），给予136人嘉奖、13人记三等功。以县政府名义任免干部7批28人次，办理人事调动90人、股级干部任免8人、转正定级136人、公务员登记24人、更改学历36人、职级晋升9人、辞职13人、退休87人，安置军转干部2人。

【高技能人才】 2018年，德化县推荐连紫华申报国家级技能大师工作室、国务院政府特殊津贴，推荐陈仁海申报中华技能大奖，推荐林建胜申报全国技术能手。开展首届德化县技能大师评选，20人获评县级技能大师。新增“福建省技能大师工作室”3个（曾映雪、赖礼同、陈仁海），市级技能大师4名，新增高级技师117人，技师24人，高级工7人，中级工568人。

【专业技术人才】 2018年，德化县公布和批准确认的职称任职资格444人（高级86人，中级29人，初级329人），其中非公有制279人（高级29人，中级12人，初级238人）。审核、推荐委托职称评审10批次487人（高级74人，中级187人，初级226人），其中非公有制436人（高级26人，中级184人，初级226人）。

【人才扶持政策】 2018年，德化县出台《德化县高层次人才（泉州市第六、七层次人才）认定标准（试行）》《德化县2018年陶瓷产业人才培训计划》等政策。落实“港湾计划”，为高层次人才和县优秀人才提供人才认定、住房安居、子女入学、医疗保健等方面“一站式”服务。209人通过高层次人才认定，发放高层次人才服务卡209张，86人入驻人才公寓，办理高层次人才子女入学20次。持续实施“名师带徒”制度，18个师傅带徒73人。做好人事代理、学籍档案管理服务工作，签订人事代理合同120份，新接收学籍档案1620份、开具调档函185份。

（林恩茂）

信访工作

【概况】 2018年，德化县群众信访总量1027件次1468人次，与上年同期相比，件次增长26%，人次下降19.1%。受理群众来信来访195件，比上年增长3.17%。其中，受理来信51件，比上年增长24.4%；接待群众来访144批357人次，比上年批次、人次分别下降27.2%、2.46%，到县集体访32批674人次，比上年批次、人次分别下降5.88%、25.05%。

【信访渠道】 2018年，在德化县人民政府网站设置“领导信箱”“网上信访”链接，把领导信箱、网上投诉等信访渠道全部纳入福建省信访信息系统，运用福建省信访信息系统在网上进行登记、受理、办理、答复、录入、督查、督办。引导群众通过网上信访渠道反映诉求。全年办理“省长信箱”来邮20件、“市长信箱”来邮20件、泉州市“12345”便民服务平台来邮574件、“人民网”地方领导留言板涉及德化事项6件，按期办结率100%。

【领导接访】 2018年，县委、县政府主要领导接待来访群众14批17人次，受理14件信访件，已解决或答复解释。

（县信访局）

2018年7月15日，县委书记梁玉华接待来访群众 （图／县信访局）

政协德化县委员会

综 述

【概况】 2018年，县政协召开常委会会议4次；政协十届二次会议期间提出的74条意见建议呈送县四套班子领导，审查立案154件提案，委员对答复的满意和基本满意率100%；开展行政审批、教育环境等方面的专项协商调研；收集社情民意反映件120多件；调研考察关于日用玻璃制品产业发展、扶贫补助兑现、改善社会民生等方面内容，并建言献策；组织编纂出版《德化农业文化遗产》《德化美食》等文史资料；接待省内外政协和其他单位到德化开展调研活动20批次。

【调研考察】 2018年，县政协组织委员围绕文物保护、社会民生、教育环境、旅游资源开发、陶瓷发展等方面外出调研考察14批次。通过开展调查研究，形成调研报告、提案、建议案等，向有关部门提出意见和建议。

【文史工作】 2018年，县政协组织编纂出版《德化农业文化遗产》《德化美食》等文史资料。参与省政协《亲历福建改革开放40年》征稿活动，其中《德化陶瓷再出发》为泉州地区入选的三篇文稿之一。

【联谊交流】 2018年，县政协加强与外地政协联谊交流，接待各地省、市政协到德化开展有关陶瓷产业发展、乡村振兴、陶瓷品牌建设、全域旅游示范区建设、养老工作、公共文化服务、休闲农业、农村文化事业、生态文明建设等调研考察活动20批次，促进双方沟通交流和工作开展。

重要会议

【概况】 2018年，县政协召开常委会会议4次，听取和审议政协委员关于政治、经济、文化、社会、生态等方面的建言献策、意见建议和提案办理情况等。

【常委会议】

县政协十届六次常委会 2018年3月27日，县政协主席温文英主持召开县政协十届六次常委会议。会上，县政协副主席刘志阳传达全国政协十三届一次会议精神；协商通过十届县政协常委会2018年工作要点和县政协机关人事任免有关事宜。县政协副主席林文昌、颜鸿琪参加会议。

县政协十届七次常委会 2018年7月19日，县政协副主席刘志阳主持召开十届七次常委会。会上，副县长赖有为通报2018上半年经济社会发展情况；县行政服务中心汇报促进审批提速增效工作开展情况，县政协常委、邀请参加的委员和企业相关人员建言献策；县政协副主席张晓文组织学习《习近平总书记关于加强和改进人民政协工作的重要思想专题摘编》及有关文件精神。县政协副主席林文昌、颜鸿琪出席会议。

县政协十届八次常委会 2018年9月30日，县政协副主席颜鸿琪主持召开十届八次常委会议。会议听取副县长陈志奋通报2018年政协委员提案办理情况，并就“城区学校周边环境综合整治”进行专题协商，县公安局、教育局、卫计局、市场监督管理局、文体新局、环保局、综治办、行政执法局等单位就如何采取整治措施、开展整治情况和所取得成效作专题发言，与会正、副主席，常委和部分县政协委员及社会各界代表对相关单位开展城区学校周边环境整治情况进行民主测评。

县政协十届九次常委会 2018

2018年7月19日，县政协十届七次常委会召开　（图/吴朝烨）

年12月10日，县政协召开十届九次常委会议。会议听取县纪委副书记、监委副主任许金标通报2018年度反腐倡廉工作情况，协商通过县政协十届三次会议有关事宜，协商通过有关政协常委、委员调整事宜。县政协副主席刘志阳、颜鸿琪、张晓文参加会议。

政治协商

【概况】　2018年，县政协在政协十届二次会议期间提出的74条意见建议呈送县四套班子领导，审查立案154件提案，委员对答复的满意和基本满意率均为100%。开展行政审批、教育环境等方面的专项协商调研。

【全面协商】　2018年，县政协在政协十届二次会议期间围绕德化县发展大局提出涉及企业发展、农业发展、旅游发展、城市管理等八大方面74条建议呈送县四套班子领导。

【专题协商】　2018年，县委确定“促进审批提速增效”专题协商课题，通过调研、座谈讨论、学习考察，呈送《关于促进德化企业建设审批提速增效的建议》，县委书记梁玉华作出重要批示：“此建议有较强的可操作性，对德化有指导、推动意义，请县政协牵头相关部门落实调研成果转化。”县委、县政府出台《德化县深化建设项目全流程提速增效改革的实施办法（试行）》，对建设项目全流程审批进行全面改革，从项目生成、用地确认、施工许可到可动工建设，全流程总耗时96个工作日，其全程限时、可控的做法在全省乃至全国首创。其中，涉及行政审批总时限压缩至20个工作日，比国务院要求的审批时限少100个工作日。教育软环境建设列入专题协商课题，通过视察调研、提案督办、征求意见等方式，提出实施“三大工程”、建立“四个机制”、用好“两项激励”等建议，县委、县政府主要领导分别作出批示，促进教育部门采取有效措施落实相关工作。

民主监督

【概况】　2018年，县政协围绕食品安全、社会保障、教育生态、文物保护等社会关注热点问题开展民主监督活动，收集社情民意反映件120多件。

【专项监督】　2018年，县政协委员到德化三中、六中、鹏祥中学等开展“城区学校周边环境综合整治”专项民主监督。在常委会上，公安局、教育局等8个单位针对整治措施进行专题发言，政协委员、社会人士等近百名代表对整治情况进行民主测评，呈送《关于德化城区学校周边环境综合整治专项民主监督报告》，推动学校周边的治安、交通、食安等环境进一步改善。

【委员监督】　2018年，县政协委员参与部门民主监督，在促进党风廉政建设、机关作风转变、工作效能提高等方面发挥作用。县政协委员向上反映辽田尖山古遗址宣传保护开发情况，市政协副主席、全国政协委员骆沙鸣在全国政协十三届一次会议期间提交《支持泉州苦寨坑、辽田尖山原始瓷窑址群申报国家考古遗址公园》提案，国家文物局商省人民政府，同意该窑址群申报遴选第八批全国重点文物保护单位。

【民意监督】　2018年，县政协收集社情民意反映件120多件。其中，《关于提升行政服务中心交警违章处理窗口服务质量的建议》《关于加强城关排涝能力建设的建议》等得到采纳，促进德化公共服务能力提高。发挥委员活动组和乡镇政协委员联络工作室植根基层、联系群众的优势和作用。其中，《关于支持陶瓷企业进入军工市场的建议》在市政府、市政协专题协商会上进行交流，引导优势陶瓷企业进入军品科研生产和维修领域。

参政议政

【概况】 2018 年，县政协加强与民主党派、工商联和无党派代表人士的经常性联系，为委员知情明政、建言献策创造条件，组织委员们调研考察关于日用玻璃制品产业发展、扶贫补助兑现、改善社会民生等方面内容，并进行建言献策。提出涉及企业发展、农业发展、旅游发展、城市管理等八大方面 74 条建议，立案 154 件提案，委员对答复的满意和基本满意率均为 100%。

【建言献策】 2018 年，县政协委员对日用玻璃制品产业发展情况开展视察，提出完善配套设施、保障生产原料、提供优质服务等建议，推进 25 家玻璃生产企业加快落地；组织委员到邵武市考察竹木加工业，寻求陶瓷与竹木加工相配套、相结合的新路子，促进陶瓷发展领域不断扩大；县政协在开展扶贫帮困过程中，发现德化光伏扶贫项目存在政策落地脱节、电费没有及时兑付、影响扶贫工作等问题，主动对接供电部门，分析问题成因，向县委、县政府呈送《关于尽快协调解决德化发电站电费和补助问题的建议》，提出及时组织补助申报、督促发放电费、做好风险防控的建议措施；组织委员视察青少年教育管理，提出全社会广泛参与、持续建设保障设施、拓展多元梯度教育等措施，共同推动青少年健康成长；组织委员视察基层卫生服务能力，针对部分乡镇卫生院医疗业务用房不足，呈送《关于协调解决三班镇卫生院扩增业务用房项目的建议》专报件；组织委员开展特色农业发展、乡村旅游建设项目等调研，提出整合安永德“海丝通道”资源、打造陶瓷文化旅游等建议。在市委、市政协“实施乡村振兴战略，提升农村文化事业发展水平”专题协商会上，作了《用好乡村文化资源，助推乡村振兴发展》发言，向市里建言更多的政策支持。

【参与发展】 2018 年，县政协邀请北京、山东等政协智库人员，为德化农科所人员、农业种养大户传授种养管理技术，为引进优质品种试点种植牵线搭桥；参与城乡“6+4”提升工程重点建设项目，到唐寨山森林公园、霞田文体园、镇镇有干线、春秋葡萄酒庄等重点项目和重要民生工程一线，发现问题、寻找对策、制定措施，努力破解安征迁难题，同时，选派干部参与重点项目督查、建设。

【提案办理】 2018 年，县政协十届二次全会审查立案 154 件提案，交由 60 个承办单位办理，委员对答复的满意和基本满意率均为 100%。其中《关于配套建设立体停车场和菜市场的建议》办理后，推进宝美停车楼、创意集团南侧农贸市场等项目加快建设；《关于优化德化公共交通线路的建议》办理后，多条公交线路得到开通、调整和延伸，市民出行更加便捷。

（谢绍欣）

2018 年 9 月 21 日，县政协主席温文英（左一）带领考察组考察县日用玻璃制品产业发展情况　（图 / 吴有森）

纪检监察

综 述

【概况】 2018年，德化县纪检、监察工作围绕深化体制改革，向乡镇派出监察组，派驻机构更名为派驻纪检监察组。全县运用监督执纪“四种形态”399人次，对16名不正确履职的干部进行问责，给予党纪政务处分8人。查处违反中央八项规定精神问题15起17人，通报曝光4期8起。开展3轮6批常规巡察和1轮机动式巡察，巡察单位65个，发现问题279个，边巡边改54个。受理各类信访举报480件次，其中检控类初信初访306件次；立案90件，其中乡科级干部12件，给予党纪政务处分94人，移送司法3人。

【纪检监察组派驻】 2018年，德化县向基层延伸监察职能，向乡镇派出监察组，派驻机构更名为派驻纪检监察组。探索纪法贯通，在全省率先探索建立案件调查联动工作机制，形成案件调查整体合力。建立重要问题线索分析研判机制，办理问题线索143条。制定出台基层党纪政务案件协审工作规程，提升案件审理工作效率和质量。

党风廉政建设

【概况】 2018年，德化县加强党风廉政建设工作，落实全面从严治党主体责任，做好全程纪实工作，实现乡镇和部门全覆盖。全县运用监督执纪“四种形态”399人次，对16名不正确履职的干部进行问责，给予党纪政务处分8人，对“两个责任”落实不到位的5名党员干部和1个党组织实施党内问责。

【全程纪实】 2018年，德化县落实“一册一平台”“七看七必查”机制，促进主体责任落细落实。抓好省委、市委落实全面从严治党主体责任情况检查“问题清单”的整改落实。协助县委通过重点检查、交叉互检、委托检查三种方式开展落实全面从严治党主体责任情况检查，实现乡镇和部门全覆盖。

【监督执纪】 2018年，全县运用监督执纪“四种形态”399人次，其中第一、二种形态占比91%，第三种形态占比5.5%，第四种形态占比3.5%，扭转往年第三、第四种形态倒挂局面。向被函询的2名县管干部和4个单位反馈函询了结情况，并督促其在民主生活会上作出说明。

【追责问责】 2018年，德化县对16名不正确履职的干部进行问责，给予党纪政务处分8人。开展落实全面从严治党主体责任情况检查，对“两个责任”落实不到位的5名党员干部和1个党组织实施党内问责。

巡 察

【概况】 2018年，德化县做好“1+X”专项督查，开展督查101次、明察暗访27次，查处违反中央八项规定精神问题15起17人，通报曝光4期8起。开展3轮6批常规巡察和1轮机动式巡察，巡察单位65个，发现问题279个，边巡边改54个，延伸巡察68个村（居），发现问题126个。运用巡察成果，立案处理22人，给予党纪政务处分17人。

【专项督查】 2018年，德化县出台《进一步贯彻落实中央八项规定精神实施办法》《关于规范党员和公职人员操办婚丧喜庆事宜的规定》，开展领导干部利用名贵特产类特殊资源谋取私利问题专项整治。强化“1+X”专项督查，开展101次督查、27次明察暗访，联合德化电视台开展“正风肃纪在行动”3期，查处违反中央八项规定精神问题15起17人，通报曝光4期8起，持续释放“越往后执纪越严”的信号。集中整治形式主义、官僚主义，查处5起5人，对1起典型案例进行通报。拓展移风易俗专项治理，举办“清纯瓷都·家话廉洁”家风教育、“廉内助”专修班等活动，促进好家风建设。

【巡视巡察】 2018年，德化县修订完善巡察工作规划、工作实施办法，全年开展3轮6批常规巡察和1轮机动式巡察，巡察单位65个，发现问题279个，边巡边改54个。通过“巡镇带村（居）”，探索延伸到村(居)、一插到底的巡察模式，延伸68个村(居),发现问题126个。做好十届省委巡视德化和市委交叉巡察公检法、宣传部、小城镇、生态环保领域扫黑除恶等8场次相关配合协调、服务保障工作。在省委巡视德化期间，同步对3家国有企业开展联动专项巡察。强化巡察成果运用，立案处理22人，给予党纪政务处分17人。建立集体约谈机制，梳理巡察发现的共性问题并进行通报，督促职能部门健全完善规章制度、规范整改，编印《德化县落实全面从严治党常用规章制度汇编》，从源头上固化巡察成果。

反腐倡廉

【概况】 2018年，德化县受理各类信访举报480件次，其中检控类初信初访306件次；立案90件，其中乡科级干部12件，给予党纪政务处分94人，移送司法3人。

【反贪肃腐】 2018年，德化县查处全省首例留置案件县供电公司原财务人员赖某、林某，追查外逃18年的原德化县外销矿产申报站工作人员苏某等典型案件。开展涉黑腐败、形式主义、官僚主义、移风易俗、扶贫领域腐败和作风问题等专项治理工作，查处发生在群众身边的“四风”和腐败问题22起34人，给予党纪政务处分20人，通报典型问题2期2起。

【扶贫领域治理】 2018年，德化县针对民生资金、“三资”管理、征地拆迁、教育医疗、生态文明建设等领域，解决基层干部吃拿卡要、优亲厚友等问题。查处发生在群众身边的“四风”和腐败问题22起34人，给予党纪政务处分20人，通报典型问题2期2起。

【扫黑除恶专项斗争】 2018年，德化县纪委、县监委加强与县公安局、检察院、法院等部门协作配合，重点关注“为黑为恶、护黑护恶、失职失责”等三类问题，对13条涉黑涉恶腐败问题线索进行调查核实，立案4件7人，办结3件5人，给予开除党籍处分2人，通报典型案例1期1起。对长期参与赌博，并为违法犯罪团伙提供便利和庇护的黄某给予开除党籍处分。全面完成中央扫黑除恶第4督导组和省、市纪委监委督导反馈问题的整改。

廉政宣传教育

【概况】 2018年，德化县利用反腐倡廉教育基地和职务违法犯罪预防宣讲等活动开展警示教育。完善廉政档案，运用“清纯瓷都”微信公众号传播廉政“好声音”，组织拍摄《这个月我已经当了八回典型了》微电影进行廉政宣传。

【廉政档案完善】 2018年，德化县实施“责任、权力、风险”三维立体化清单管理，健全完善廉政档案，并向股级干部延伸。举办“关键岗位人员集中警示教育月”活动，组织45名关键岗位人员到泉州监狱接受警示教育。

【廉政微电影拍摄】 2018年，德化县运用“清纯瓷都”微信公众号传播廉政“好声音”，组织拍摄《这个月我已经当了八回典型了》微电影，并在中央纪委、国家监委网站刊播。

【廉政教育基地建设】 2018年，德化县推进纪法教育基地、“亲”“清”政商文化馆等廉政文化载体建设。推行“三会一书两公开”警示教育模式，开展党风廉政教育和职务违法犯罪预防宣讲、旁听职务犯罪案件庭审等活动。

（县纪委、县监委）

九三学社德化县支社

【概况】　2018年，九三学社德化县支社新增正式社员5名、入社积极分子4名。全年支社成员42人，平均年龄49.5岁，具有高级职称26人，占比62%，保持九三学社的先进性和代表性，切实履行参政党职能。

【建言献策】　2018年，支社成员多次参加中共德化县委、县政府、县政协、统战部及有关部门举办的座谈会、协商会、征求意见会、情况通报会，围绕着党委政府工作、经济形势、民生热点等方面建言献策。支社主委郑向阳、副主委洪泉泉，社员王培景、赖宏忠、周冬菊、赖礼同、梁双升、郑姝敏、江松青等人参加县委常委会、县人大会、乡镇党委书记抓基层党建工作述职评议会、县政府班子民主生活会整改通报会、党外人士情况通报会等党委政府会议、调研考察活动50多场次。

【参政议政】　2018年，支社围绕生态、教育、卫生、陶瓷业、人才队伍建设等党委、政府重点发展方向和关注热点，形成多份人大议案、政协提案、社情民意反映件。在市第十六届人民代表大会第二次会议，郑向阳提交《关于加快城乡医保信息系统改造　方便患者结算的建议》《关于统一同级医院中医药诊疗项目报销比例的建议》等7篇人大建议。在市政协第十二届委员会第二次会议，赖礼同、周冬菊提交《关于引进劳动力缓解劳动力短缺的建议》《关于支持做大做强世界瓷都德化的建议》等4篇提案。在县政协第十届二次会议，支社提交《关于加强德化县精神病医院建设的建议》《关于优化住宅专项维修资金管理和使用的建议》等5篇团体提案。赖宏忠、钟秋娌等政协委员提交《关于加强“因病致贫”人员疾病管理的建议》《关于加强高层住宅小区消防管理的建议》等个人提案5篇。

【社情民意反映】　2018年，郑向阳、洪泉泉、陈能玺等人撰写《关于建立戴云山自然保护区黄山松林森林大样地的建议》《关于优化住宅专项维护资金管理和使用的建议》《我市乡村文化市场监督存在的问题和建议》《关于加强和改进我市文化下乡工作的建议》等9篇建议材料报送社市委。围绕着民众关注的社会热点、难点、焦点，组织社员深入社会察民情、听民意、汇民智，撰写社情民意反映件，全年在各类媒体刊发信息21篇。

【民主监督】　2018年，郑向阳、洪泉泉、周冬菊、赖礼同、许庆水、梁双升等被县委、县纪委及一些部门单位聘为县委权力公开透明运行工作社会监督员、县党风政风监督员、县机关效能建设监督员，参与党委、政府及有关部门的党风廉政建设、机关效能建设、政风行风评议、综合执法检查、巡视巡察整改等工作，如实反映情况，提出看法和建议，履行民主监督职责。

【社会服务】　2018年，支社组织和参与龙浔镇英山村、三班镇桥内村、南埕镇高漈村、赤水镇苏洋村等义诊送药活动10次，赠药0.83万元。社员向德化县教育基金捐款、物23.08万元。组织扶贫济困6名，发放慰问金3000元，赠药3200元。郑向阳到新疆昌吉市参与“德昌医联体战略合作”项目，与德化县医院医生吴孝掌到宁夏吴忠市红寺堡区参加“闽宁合作、德红携手”活动，受众300多人；赖礼同创建大师工作室，常年免费为社会培养德化陶瓷烧制技艺人才；医卫界社员钟秋娌等经常无偿为民众提供健康保健及疾病防治知识、进入课堂为小学生普及饮食卫生知识；泉州工艺美术学院社员梁双升等为地方企业出谋划策，设计产品，培养优秀设计艺术人才；农业界社员曾丽明等经常义务为农村群众提供农业技术咨询服务等。

（九三学社德化支社）

德化县工商业联合会

【概况】 2018年，德化县有4个乡镇商会：三班镇商会、上涌镇商会、龙浔镇商会、水口镇商会；直属主管8个协会组织：德化县陶瓷同业公会（有2个分机构：翰林府邸陶瓷分会、三班茶具分会）、德化县矿产同业公会、德化县拥军协会、德化县电子分销协会、德化县电商物流协会、德化县兴隆文化经济发展促进会、德化县陶艺协会、德化县大铭乡大铭村经济促进会；异地德化商会8家：厦门市德化经济促进会、晋江市德化商会、北京市德化商会、郑州市德化商会、福州市德化商会、泉州市泉德商会、上海市德化商会、莆田市德化商会，德化异地商会2家：德化福州商会、德化永春商会。德化县工商联会员、异地商会累计为教育发展基金捐款1600多万元，占全县捐赠金额42%。

【商协会创建】 2018年，县工商联指导组建水口商会，筹备成立玻璃产业协会，协助上海德化商会、香港同乡会、厦门经济促进会、福州德化商会、泉州泉德商会等异地商会召开会员大会；指导泉德商会、上海德化商会成立党支部；做好上海“异地医保代结报服务站”有关工作；开设传统陶艺技能培训班，联合德化陶瓷产业发展研究院开展各项专题讲座，举办“中国白2018德化陶瓷创新品牌策划大赛”等。

【招商选资】 2018年，玻璃产业园、上海德化商会创业园、德化深邃蓝陶瓷有限公司、德化幸耕包装有限公司、德化东陶科技顺利签约落地，总投资3亿多元；利用上海福建商会到德化考察、举办2018年德化第一届茶具博览会等重要时间点，通过开展政策宣传、联谊交流、项目推介，吸引和鼓励德商回德投资兴业，完成年初县委、县政府下达的2000万元招商任务。

【陶瓷诚信建设】 2018年，德化县开展陶瓷行业失信行为专项整治和陶瓷行业诚信建设综合治理，对2017年被列入“黄牌警告”“黑名单”管理已经整改到位的15家企业解除“黄牌警告”“黑名单”，并公布新一批“黄牌警告”15家、“黑名单”企业15家（人）。

【陶瓷品牌打造】 2018年7月，“德化白瓷”“德化玉瓷”“德化窑瓷器”获国家市场监督管理总局核准公告，成功注册地理标志证明商标，这是继“德化陶瓷”“德化瓷雕”之后德化陶瓷产业又获批的3个地理标志证明商标，全县共有6件地理标志证明商标；县工商联协助2018年德化第一届茶具博览会活动的开展和组织县陶艺协会会员企业参加“两岸一家亲 共享新时代”陶艺（柴烧）艺术展，大力推广德化陶瓷品牌；县工商联、商务局联合举办“共创共赢·财富传承暨陶瓷产业发展交流会”，邀请中国台湾地区义守大学教授、博士生导师李建兴作专题讲座。

【非公人才培养】 2018年，德化县报送非公职称高级工艺美术师参评22人、高级工程师5人、陶瓷工艺美术师129人、工程师23人、经济师1人，已经评审通过助理工艺美术师95人、助理工程师20人；通过举办厦门大学、北京大学研修班做好人才培育工作；引进陶瓷专业人才，享受国务院特殊津贴的山东籍陶瓷材料专家刘凯民、广东陶瓷艺术大师谢两岳已到德化落户。

【联络联谊】 2018年，石狮市工商联常务副主席陈伟祥等一行人到德化考察交流；香港德化同乡会换届时，县委书记梁玉华带队参加活动，为促进香港和德化两地发展做出积极贡献；吉林省长春市二道区工商联（总商会）组团到德化考察，并与德化县工商联缔结友好商会。

（程清水）

德化县总工会

【概况】 2018年，县总工会围绕维护职工合法权益、服务改善民生、营造发展环境、推进创新创业、构建和谐社会等方面开展工作；做好基层工会组织和会员信息的采集工作，完成会员信息采集2万多人，初步建成德化县工会组织和工会会员实名登记管理数据库；新组建基层工会81家，发展工会会员2478人；在德化县非公企业、新经济新社会组织中培育21家星级示范工会。

【职工合法权益维护】 2018年，县总工会推进工资集体协商和集体合同制度，签订行业性、区域性集体合同和工资集体协议176份，覆盖企业1200多家、职工4万多人；协同受理欠薪举报投诉23件，涉及职工237人，追回被克扣拖欠工资265万元，结案率100%；建立健全德化县劳动争议调解组织453家。组织813家企事业单位参与“安康杯”竞赛活动；在瓷都广场、宝美工业区南环路段开展2场《职业病防治法》专场宣传咨询活动；举办1期工会劳动法律监督员培训班，220多人参加培训。

【职工项目服务】

扶贫帮困 2018年，德化县走访慰问劳模35人、困难职工70人，发放慰问金41万元；走访户外高温作业的一线工人1300多名，发放防暑降温物品8.8万元；“金秋助学”发放助学金24.45万元，帮助48名困难职工子女圆大学梦；发动德化县443个单位2.18万人参加职工医疗互助，筹集互助金164.23万元，补助1078人次155.49万元，发放大病补助49人次9万元；对临时大病职工和特殊困难职工家庭入户调查30多人次，发放慰问金4万多元。

就业创业帮扶 2018年，县总工会与人社局等单位联合举办春季人力资源招聘会，135家企业提供2100个岗位，达成就业意向485人次；实施17个农民工创业扶助工程项目，其中市级9个、县级8个，发放帮扶资金61万元；在安成创业园建设职工公共服务平台，整合政府部门、群团组织、协会、院校的政策资源、信息、功能入驻，服务德化县职工创新创业。

女职工服务 2018年，县总工会组织龙浔镇、浔中镇280名一线女环卫工进行“两癌”免费筛查并每人发放一条围巾；“三八”国际妇女节期间，走访慰问3名女劳模和2名巾帼标兵；“六一”国际儿童节期间，走访慰问5所幼儿园和小学，送上慰问金2万元；开展“心系女职工——中国女性宫颈健康促进计划”健康关爱课堂讲座；为8名单亲困难女职工免费健康体检；在行政服务中心新建1家“妈妈小屋”；在金锁小学、第三实验小学开办“四点半课堂”课后服务，免费为651名学生提供课后辅导及兴趣教学。

2018年7月5日，县总工会开展“夏送清凉”活动，给环卫工人送上防暑降温慰问品 （图/县总工会）

【职工经济技术创新】 2018年，德化县组织21个项目参加国际发明展，其中巴黎2个、韩国2个、美国硅谷1个、伊斯坦布尔5个、广东佛山11个，14个项目获奖，其中金奖4个、银奖6个、铜奖4个；21个项目参加全省百万职工“五小”创新大赛活动，获一等奖1个、二等奖2个、三等奖4个。

【职工技能竞赛】 2018年，县总工会建立陶瓷行业职工技能竞赛“三级联赛模式”，承办全省陶瓷行业技能竞赛，举办2场县级陶瓷行业技能竞赛，发动109家陶瓷企业开展劳动技能竞赛；与县综治办、商务局、交警大队、交通局、闽兴公交公司等单位联合开展网格员、交通辅警、公交驾驶员、电子商务等行业的岗位练兵活动。

【职工文体活动】 2018年，县总工会举办中国象棋比赛、趣味运动会、乒乓球比赛、排球比赛、气排球比赛、摄影作品展、着装礼仪知识讲座、廉政教育主题猜谜活动、青年交流联谊活动、插花艺术培训等职工文体活动；在职工服务中心建设“百姓书房”，拥有实体书1500多册，并设置“职工电子书屋”1台，可供下载电子书5000多册；实施农民工“求学圆梦行动”计划，帮助80多名农民工提升学历层次。

【劳动模范管理】 2018年，德化县获评全国“五一劳动奖章”1名、省劳模5名、市劳模9名、泉州工匠2名；评选表彰县劳模20名、瓷都工匠10名；县委、县政府召开庆祝“五一”国际劳动模范表彰大会，表彰2018年度获评的各级先进模范；通过电视台、报纸、微信等形式开展“红五月”劳模风采展播；拓展提升3家“劳模工作室”“劳模创新工作基地”。

（陈光汀）

共青团德化县委员会

【概况】 2018年，共青团德化县委员会加强基层团建工作，开展一系列主题实践活动，凝聚引导德化县青少年在社会经济建设中发挥积极作用，帮助青少年就业创业服务和加强思想政治教育，引导德化县青少年积极向上，弘扬社会主义的核心价值观。

【孙炳章入选团中央候选委员】 2018年6月25日，中国共产主义青年团第十八次全国代表大会预备会议通过，增选德化憨鼠网络团工委书记孙炳章为共青团十七届中央委员会候补委员。全省仅两名，泉州市唯一一名。

【基层团建工作】

基层团组织建设　2018年10月30日，德化县完成214个村（社区）团组织换届工作，吸纳大学生村官、农村青年致富人、非公企业负责人等各领域优秀青年。其中，214名团支书平均年龄32.77岁，党员比例87.4%，大专以上比例48.1%，进两委比例84.6%，各项指标较上届均有所提升。调整充实城东工业园区团工委，下设非公企业团委4个，联合团支部3个，覆盖企业180多家、青年2100多名，覆盖率73.5%，成立团工委至今，3家初创企业获得天使投资、2家初创企业获得银行贷款、10家孵化企业获得大学生创业补贴、8家孵化企业获得大学生创业一次性开业补贴、毕业孵化企业9家、孵化器获得知识产权合计64件、4人获得省工艺美术大师及省陶瓷艺术大师等称号。举办电子商务、陶瓷技能等各项培训、人才沙龙、企业对接会等多种孵化培育活动30场次。建成“青年之家”综合服务平台18个；成立龙浔镇和浔中镇区域青年工作共建委员会。2018年，成立青商会党支部，联合成功村镇银行、农商银行发行“青商贷”“青创卡”，授信10家企业贷款550万元、139名创业青年贷款528.5万元，发动青商会企业家参与教育基金捐款216.1万元，赠予县公安消防大队价值3万元的空调并开展结对共建活动。

全团带队　2018年，团县委做好中学共青团、少先队改革，督促少先队活动课、“雏鹰争章”、少先队辅导员待遇政策等工作的落实；加强仪式教育和规范化教育，聘任1名县级少先队总辅导员和21所学校少先队大队辅导员；推进全国“动感中队”创建，县2个中队获评全国优秀“动感中队”；深化团教协作，开展学校团队组织规范化创建工作考评；在全省率先开展少先队活动课抽课比赛，举办“不忘初心、牢记使命”少先队辅导员风采大赛。

【主题实践活动】

精准扶贫　2018年，团县委组织青商会企业家开展“精准扶贫对口帮扶”“暖冬行动”，先后到18个乡镇为70多户贫困对象送去大米、食用油等物资及帮扶资金13万元；联合团市委开展“青春同行·暖冬行动”和结对帮扶精准扶贫工作，到桂阳乡5个村走访慰问精准扶贫挂钩对象、贫困团干、贫困孤儿等30多人，送去毛毯、食用油等慰问物资和慰问金2.8万多元；联合团市委走进三班中心小学开展“同心圆 同心愿”经典诵读公益进校园活动，捐赠学校图书5000册，并确定三班中心小学为泉州广播电视台904交通之声校园广播实验实训基地，现场聘任4名904交通之声主持人为学校的辅导员老师，并组织部分学生代表到泉州广播电视台904交通之声播音直播间；联合扶贫办等部门开展“扶贫济困 人人参与”扶贫日宣传咨询活动。

青年志愿服务　2018年，团县委组织近百名青年志愿者助力第一届中国（德化）茶具文化产业博览会、发动1000多名志愿者参加“青春同行·暖冬行动”爱心助孤、“建功新时代 瓷都再出发”学雷锋志愿服务主题活动、“青春雷锋 圆梦瓷都”义务植树、急性胸痛患者急救处置联合演练、“瓷都圆梦”爱心义诊进社区、助力高考、“青春之光”爱老计划助老志愿服务活动、文明出行宣传等志愿活动10余场；组织“大学生志愿者联盟”开展春运暖冬行动、寒暑假阳光义教、“青春同行 志愿服务”、文明县城创建服务、暑期公益主题晚会；联合团市委开展走进特殊学校开展“今天我们过生日”志愿服务活动等。

青年文明号创建　2018年，引导非公企业、青年社会组织等开展青年文明号创建活动。其中，三班派出所、南埕供电所等5家单位获评2018—2020年市级青年文明号；组织龙门滩引水工程管理处等7家单位参与2018年新一批的省市青年文明号创建；组织德化县102家青年文明号单位开展“优质服务示范月”“勤廉示范岗”“号户结对”帮贫助学等行动，推动青年文明号集体结对帮扶11户，慰问35次，送去慰问金和物资近2万元。

青少年活动平台搭建　2018年，团县委举办暑期少年军校、德化县“节水、护水、亲水，我们在行动”中小学生绘画比赛、“科技梦、中国梦”研学实践、科技小讲座、五四主题团日观影、520青年交流联谊、2018年“信合杯”青年篮球邀请赛、第十八届瓷都广场文艺会演、组织参加市青少年书画摄影比赛、“我的青春我的梦”征文比赛、泉州少先队卡通形象设计比赛等活动。

青少年成长环境净化　2018年，团县委举办“文明之行　德耀瓷都”德化县道德模范巡讲暨移风易俗宣传活动，邀请第四届市道德模范孙炳章为70多名团干部作模范事迹宣讲；开展移风易俗“三进”宣传活动，到村居（社区）、企业、校园发放“移风易俗·青年先行”“移风易俗·青商先行”“倡导移风易俗，树立良好风尚”等倡议书13000多份。

关爱特殊青少年群体　2018年，团县委开展“希望工程·圆梦行动”，为10名贫困准大学生发放助学金4万元；元旦、春节期间，动员各基层团组织开展“青春同行·暖冬行动”等志愿服务25场，受助对象300多人，向各类贫困对象送上慰问金、慰问品约10万余元；向省希望办争取高阳小学第1期建校补助款18.4万元，向市希望办争取英山小学创建音乐教室补助资金2.5万元；开展“共青团员义务星期六”“青年爱心志愿活动——走进十八乡镇”行动，发动憨鼠爱心小分队等社会各界力量，筹集资金80多万元，开展助孤助医、贫困帮扶等志愿活动。

预防青少年违法犯罪　2018年，调整充实预青领导小组成员，印发《关于进一步深化德化县预防青少年违法犯罪工作的实施意见》《2018年德化县遏制涉青少年犯罪重点专项治理行动实施方案》；指导浔中镇凤池社区创建全国“青少年零犯罪零受害社区”，做好青少年权益保护和犯罪预防工作，经验材料《打造青少年成长的幸福港湾》在《侨区快讯》发表；组建一支30余人的青少年事务社工队伍；联合县关工委、检察院、法院等单位配齐配强学校综治副校长、法制副校长等，到各学校开展未成年人思想道德建设专题报告60余场次，开展“模拟法庭”、“送法进校园”、“庭审进校园”、禁毒禁赌、校园周边环境整治等活动；联合县检察院等部门依托“瓷都青少年阳光之家”，对涉罪未成年人开展帮教矫正、心理辅导和就业培训等工作。

【就业创业服务】

瓷都青年创业行动　2018年，团县委与县委人才办、县人社局等部门联合开展“筑梦港湾”德化县第二届青年陶瓷创新设计大赛，评选出获奖作品20件，颁发奖金1.75万元；协调各类金融机构向创业青年人才发放贷款，帮助解决青年创业资金困难；联合县人社局、财政局在德化县范围内开展大中专毕业生创业补贴申报工作，上半年发放补助资金2万元；开办陶瓷创意市集，开设传统瓷塑区、家居日用区、文化创意区、西洋工艺区等，为近百名草根创业者、“德漂艺族”、在校大学生等提供一个免费展示和销售文创作品、交流文创梦想的新平台；联合县人社局等单位开展“大学生创客联盟”活动，搭建大中专毕业生创客联盟基地21个，落实创业就业政策，促进大学生就业创业。

职业技能培训　2018年，德化县开办陶瓷雕塑、公考辅导、电商特训营、电子商务培训等免费技能培训班10余期，培训青年800多人次；依托“青年创业就业见习基地”为大中专毕业生提供社会实践、勤工俭学平台；助力跨境电商创业服务基地，开展跨境电商人才培训项目，举办第一期培训班，培训学员30名。

【思想政治教育】

主题教育　2018年，德化县开展“我的中国梦”“红领巾相约中国梦”“争当新时代好队员——集结在星星火炬旗帜下”“扣好人生第一粒扣子”“清明网上祭英烈”“青年大学习”“建功新时代青春勇担当”“童心向党”“我与队旗合个影”和团队知识竞赛等各类主题教育活动20余场次。

模范选树　2018年，德化县开展省市青年五四奖章、县优秀青年人才、少先队先进集体和个人等各类评选活动，陶瓷手工艺者赖瑞攀获评2017年度“福建省青年岗位能手”，泉州阳光创艺陶瓷公司董事长郑金鼎、泉州龙鹏集团公司总经理苏康福获评第四届“泉州市优秀青年企业家”，德化三分地家庭农场场长李奕标、德化县万盛陶瓷公司总经理周冬菊、德化锦绣玉瓷研究所艺术总监庄晓阳及县电子商务协会获评第十一届“泉州市青年五四奖章”个人和集体称号，全年有18个团组织获市级以上表彰，63名青年获县级以上有关部门表彰；推荐庄晓阳参加市纪念五四运动99周年暨“青春建功新时代·奋斗青春最美丽”优秀青年典型分享会，与多部门联合挖掘4位青年典型，拍摄“青春建功新时代”系列宣传片。

宣传引导　2018年，团县委编发微刊60余期300余条，发布微博500余条，发动4.5万余名青年注册成为青年志愿者，全面打造“网上共青团”阵地，传播主流声音。

（陈晓星）

德化县妇女联合会

【概况】　2018年，县妇联加强基层组织建设，深化家庭文明创建，评选表彰省、市、县级“最美家庭”。关爱妇女儿童健康成长，持续开展技能培训、“两癌”（乳腺癌和宫颈癌）筛查、结对帮扶等活动，维护妇女儿童合法权益。6月5日，全国人大常委会副委员长、全国妇联主席沈跃跃到福建省调研妇联工作，水口镇驻城关片区妇联作为乡镇代表进行典型汇报发言。

【妇联基层组织建设】　2018年，德化县在盖德镇、葛坑镇、桂阳乡组建驻城关“流动妇女之家”3个、“片区妇联”3个，成立亿加艺品公司、物流协会“妇女之家”2个，成立顺美集团妇联、梅园酒店妇联、农村信用合作联社妇联、影城区域妇联4个，德化税务局妇工委1个；做好村级组织换届女性进村“两委”工作，建立县妇联科级干部挂钩乡镇制度，举办德化县女性进村“两委”专题培训班1期，德化县产生村（社区）“两委”女委员378名，占38.3%，女主干56名，其中：女村书记11名、女主任10名；社区女书记17名、女主任18名，“一肩挑”16名；新成立瓷都老年妇女志愿服务队一支；建立乡镇妇联工作经费纳入县财政预算机制，下拨乡镇妇联工作经费3万元，做好离任村妇代会主任（社区妇联主席）养老补助发放工作，补助120名，补助金额11.2万元。

【妇女创业技能拓展】　2018年，县妇联举办农村种养实用技术、电商、家政等培训8期，上涌农村淘宝服务站被市妇联列为妇女创业就业成效明显点；发动女陶瓷大师、优秀工艺美术工作者参加市第二届巾帼巧匠工艺美术精品展，30件获奖作品中德化占10件；开展剪刻纸作品展2期、绘画比赛1期，举办“助力乡村振兴 共建美丽家园”志愿主题活动，聘请8名巾帼民间河长，组织巾帼志愿者发放护河倡议书3000多份，清理母亲河亲水步道2500米。2018年，泉州集源林果有限公司获评2018年度省重点巾帼示范基地（全省8个，全市1个）；17名优秀女企业家加入市女企联，温素霞、陈丽玲、陈明华、林小青等4人被评为市“优秀女企业家”，温素霞是全省唯一一个被评为“2017《中国双拥》年度人物”。

【妇女儿童关爱帮扶】　2018年，德化县开展“母亲健康1+1”公益募捐活动，筹集善款11.4万元，发放“两癌”贫困妇女救助款17人6.7万元；开展关爱女性健康活动，为3400多名适龄妇女进行免费妇科检查和“两癌”筛查，为1336名女性购买安康险；开展妇女创业贷款“巧妇贷”推广工作，单列信贷5亿元，用于支持妇女创业就业和脱贫致富；实施“春蕾计划”，为45名贫困学生发放助学金6.84万元。全年向上争取基地创建补助及为民办实事项目经费等近60万元，建设浔中镇金凤社区、龙浔镇鹏都社区2个市级儿童之家。开展3D创客公益项目，对接中关村青创基金向德化13所学校（园区）捐赠价值169万元的3D智能创客实验室设备40余台，开设创客课程培训，帮助

2018年5月31日，县妇联在三班镇中心小学举办“我们和留守流动儿童在一起”结对关爱活动

（图／县妇联）

学校建设科技创新实验室。在妇女儿童活动中心设立“四点钟”学校2个，开展父母课堂、共享悦读、公益科技夏令营和航天航空模型展演等公益活动15场次。发挥女能人联谊会和旗袍协会巾帼志愿者的优势作用，在“三八节”“母亲节”“八一”“重阳节”期间，开展走进敬老院、学雷锋志愿服务、“八一”军民共建、结对农村留守流动儿童、慰问贫困母亲等活动，筹集资金5万余元，为120多名贫困妇女、女童送去慰问金、助学金、书籍及生活物资等。

【妇女合法权益维护】 2018年，“两纲”（《中国妇女发展纲要（2011—2020）》《中国儿童发展纲要（2011—2020）》）实施情况纳入县政府成员单位及相关部门绩效评估内容，推动“两纲”重难点指标逐步落实，德化金凤祥工艺有限公司被列入市“两纲”工作示范点。县妇联向上争取资金10万元建设妇女援助中心，组建妇女法律援助队伍，为妇女群众提供法律咨询和援助服务。利用“三八”妇女维权月、“6·26”国际禁毒日等时间节点，举办“家事审判”开放日暨幸福婚姻大讲堂活动，开展“为贫困母亲圆梦行动”，组织广大妇女参与巾帼学法用法网上竞答活动，做好普法、禁毒、防艾、平安家庭等普法宣传工作。制定下发《德化县推行“网格化+妇女维权服务”工作方案》，全面提升妇联系统服务妇女群众维权和推进“平安家庭”建设工作，龙浔镇兴南社区获市级平安家庭创建活动扶持资金。2018年，评选表彰“平安家庭”示范户96户，接待妇女群众婚姻和法律咨询26次，成功调解群众来访来电19例，参与陪审6起，针对家暴信访，协调县法院开出人身保护令11份。

【家庭文明创建】 2018年，德化县开展寻找“最美家庭”“五好家庭”和首届“最美新娘”活动，命名59名“三八红旗手”、68户“最美家庭”、13户“最美新娘”；2户家庭获评省“最美家庭”、4户家庭获评市“五好家庭”、4户家庭获评市“最美家庭”。龙浔镇兴南社区被列为市级和谐家庭文化创建工作成效明显点。在广播电视台、妇联微信公众号等媒体开设“瓷都巾帼”“她风采”专题专栏，展播巾帼主题事迹、优秀基层女干部典型故事11个。开展好家风好家训网上网下征集活动，举办好家风先进事迹报告会，开展晒“牵妈妈的手”“最美牵手照”随手拍微信征集活动，组织参观“传承优秀家风·助推乡村振兴”主题家风档案文化，开展“清纯瓷都·家话廉洁”家风教育活动。举办德化县科级干部“廉内助”专修班，发出《家庭助廉倡议书》100多份，创建3个县级家风家教示范基地，盖德镇有济村吴氏家风馆获评市家风家训馆。开展“刺桐花护童”走进校园活动15场次，组织市、县家教宣讲团开展巡回讲座56场次，举办家庭教育骨干培训1期，培育示范家长学校7个、县级示范家长学校68所。浔中镇金凤社区被市妇联列入家庭教育实践点。运用微信公众号、微信工作群，面向社会开展爱心募捐、招募爱心妈妈、经验分享等一系列网上活动。推送微信文章550多篇，微信群转发2万多条次，阅读11万多人次。

（苏芙蓉）

德化县归国华侨联合会

【概况】 2018年，德化县侨联全面启动开展德化县侨情普查工作，做好指导、督促基层侨联工作，加强族谱征集力度，做好华人华侨服务接待工作，加强与海外侨胞的联络联谊工作。

【泉州华侨历史学会德化分会成立】 2018年9月4日，泉州华侨历史学会德化分会成立，是继南安之后，全省第三家、泉州市第二家、山区县首家的县级华侨历史研究学会。侨史学会吸收了侨界人士、族谱专家、作家、陶瓷研究专家、收藏家、摄影家等各界精英50多名。成立《德化侨史研究（会刊）》编辑部，组织人员撰写华侨史料，完成会刊第一辑的组稿工作。

【德化县侨情普查工作启动】 2018年10月23日，德化县侨情普查工作会议动员部署及业务培训会召开。全面启动调查掌握德化县海外华侨华人、归侨侨眷及其眷属的信息和群体结构、分布及华侨华人社团等方面情况工作，建设德化县侨情数据库和南洋华裔族群寻根谒祖综合服务平台数据库。完成龙浔镇侨情试点普查验收工作，登记归侨人员88人、侨眷2029人、海外华人华侨43000多人，主要分布在马来西亚、印尼、新加坡、泰国、加拿大、美国、菲律宾、越南、缅甸等地。

【基层侨联工作】 2018年，县侨联为新成立的三班镇侨联和龙浔镇兴南社区等9个村（社区）侨联向上级侨联争取每家1万元，共10万元的工作经费补助，帮助解决基层侨联存在的经费少、办公条件差、活动开展难等问题。加强对基层侨联工作的督促和指导，引导三班镇侨联设立“三班侨文化交流中心”“蔡径村侨联小组”。参与组织由三班镇锦山村侨联等部门举办的“清明古道踏青寻梦·三班锦山品竹赏花”活动；组织相关镇村侨联参与县政协“推进陶瓷文化发展”调研活动，探讨出版《德化文史资料》“瓷帮古道”专辑的可行性；联合县政协文史委、龙浔镇统战等与永春县吾峰镇侨联对接，考察朱熹“之德化”诗碑、通德桥、五里街许港等，探讨“瓷帮古道”连通和宣传事宜。

【族谱征集】 2018年，县侨联征集民间族谱上百部，从扫描完成的族谱中搜集整理出各个姓氏族群外迁东南亚的户数，做好基础数据库建设，为海内外侨亲寻根谒祖提供服务。

【华侨服务】 2018年，县侨联向上级争取各项扶贫资金2.42万元，走访、慰问贫困归侨43人次。协助市侨联到德化开展第十届（2018）“海西春雨·侨青助学”活动，其中受资助的德化县贫困归侨侨眷子女学生31名，助学金3.1万元。发挥“侨界群众来访接待室”作用，协助处理马来西亚华侨颜氏祖屋等安置问题，沟通协调印尼侨眷陈钰堆信访件等。做好因病去世的归侨侨眷工作。全年为归侨侨眷子女就学、评先评优、申请补助等方面出具身份证明20多份，维护其合法权益。

2018年8月23日，泉州市侨联第十届（2018）“海西春雨·侨青助学”活动在德化一中举行 （图/县侨联）

【海外侨胞接待服务】 2018年，县侨联通过发送电子贺年卡、拨打电话、编发手机短信等方式向海外侨胞传递祝福；利用微信等新兴社交媒介，与海外侨亲进行日常交流、联络。接待回乡探亲、考察的海外社团、侨亲200多人次，分发《人才港湾计划》、《重点招商项目》、《旅游指南》和旅游图册、涉侨法律法规等乡情资料300多册，陪同参观陶瓷博物馆、城市规划馆，体验顺美陶瓷生活馆等。在省、市、县“两会”期间，及时探访参加会议的德化籍海外人大代表、政协委员。

【联络联谊】 2018年7月，县侨联组团到香港与德化同乡会探讨于7月下旬举行的香港德化同乡会换届及第十三届董事会就职典礼相关筹备事宜。9月，到马来西亚参加雪隆、彭亨、东甲德化会馆庆典，开展统战、侨务工作、人才联络、寻根谒祖、招商推介等活动，并与马六甲、东甲、雪隆、蕉赖、文律、彭亨、柔佛、柔南德化会馆以及新山永德会馆等9个会馆签订德化县驻马来西亚人才工作联络分站合作备忘录，颁发人才工作分站牌匾。在马来西亚期间，还聘请2位“泉州华侨历史学会德化分会”海外理事，委托撰写海外侨领发展史、奋斗史。

（徐婉嫣）

德化县科学技术协会

【概况】 2018年，县科协落实各项科普创先工作，做好科普宣传与活动，加强科普交流与合作，选送人员和作品参加各级青少年科技活动大赛并取得优异成绩，加强农村实用技术培训和学会（协会）工作，新建科普画廊3个、校园创新工作室1个、校外青少年科学工作室2个，建立德化县科协网，开设“科普新说”专栏。

【科普创先】 2018年，德化县开展第二批2016—2020年度福建省科普示范县创建工作，成立以县长为组长的创建工作领导小组，动员和部署省级科普示范县创建工作，并提交材料送省科协审核；开展科普教育基地和青少年科技教育示范学校建设，芹峰淮山文化产业园科普教育基地、县江山美人茶庄园被市委宣传部、市科技局等认定为“第八批泉州市科普教育基地”，德化第三实验小学、阳光小学、德化三中、德化六中被市教育局、市科技局、市科协认定为“第八批泉州市青少年科技教育示范学校”。

【科普活动】 2018年1月25—31日，县科协分别到盖德镇有济村、顺美集团、龙浔镇兴南社区、瓷都广场等地开展文化科技卫生“三下乡”活动；4月，配合市流动科技馆开展科普巡展系列活动，组织中小学生参观体验，参与人数4500多人；5月中下旬，联合县科技局、县妇联和县机器人科教协会组织开展科技工作者代表座谈会、走访慰问科技工作者、3D创客体验，组织科技工作者到德化六中、阳光小学、龙东社区等开展科普进校园、进社区活动；9月19日，组织县直有关部门在瓷都广场开展以“创新引领时代，智慧点亮生活”为主题的科普宣传活动；全国科普日期间，乡镇、社区、学校、科普教育基地、农村科普服务站等开展科普宣传活动60多场次；浔中镇东埔社区、龙东社区，龙浔镇南门社区在2018年德化县全国科普日开展的活动被省科协确定为2018年福建省全国科普日优秀活动。

【科普合作】 2018年，县科协邀请中科院院士谢华安及其科研团队与德化县绿园农业综合专业合作社就闽南高海拔山区优质水稻高产高效栽培与加工熟化技术示范推广项目进行合作，并建立县首个院士工作站，被市委人才工作领导小组认定为第九批市院士工作站；县科协指导省春秋农林科技有限公司建立专家工作站，被市委人才工作领导小组认定为第四批市专家工作站；泉州芹峰淮山食品有限公司对接海外技术转移，与瑞士健康医疗科技公司就“保健能量食品”开发合作项目在“6·18”福州海峡国际会展中心正式签约，在瑞士已完成配方测试，注册成立新公司；10月，省农科院与县政府确定院县战略合作。

【科普宣传】 2018年，县科协编辑出版《德化科普》1期，印刷1500多份，免费赠送给县直各单位、各乡镇、村（社区）、学校等；定期（2个月）更新科普画廊的科普宣传内容；指导德化县29个农技协、18个农村科普示范基地开展科普宣传活动；县淮山专业技术协会获得市级2018年科普惠农兴村计划优秀项目；县十八学士茶花专业技术协会被评为十佳农村专业技术协会；县绿佳农产品有限公司被评为农村科普示范基地；县绿园农业综合专业合作社曾丽春被评为农村科普带头人；浔中镇吉祥社区获得2018年市社区科普益民计划优秀项目。

【青少年科技活动】 2018年，县组织参加第三届市机器人竞赛，德化三中初、高中的2支FLL机器人工程挑战赛参赛队和1个机器人创意项目均获三等奖；组织4个科学影像作品参加市第四届青少年科学影像作品竞赛，获二等奖、三等奖各一个，阳光小学《家蚕生命特征展示》作品参加第九届全国青少年科学影像节获三等奖；9月22日，第九届县青少年科技创新大赛竞赛在德化三中举办，185项（幅）科技作品参赛，邀请市青少年科技创新大赛专家评委评审，分别评出一、二、三等奖若干名。推优选送124项（幅）科技作品参加第十五届市青少年科技创新大赛，50项（幅）科技作品获奖，其中：科技创新项目3个一等奖、5个二等奖、14个三等奖，科技创意项目2个一等奖、5个二等奖、2个三等奖，科技实践活动项目1个二等奖、1个三等奖，科幻画作品2幅一等奖、6幅二等奖、9幅三等奖；组织参加第三十三届省青少年科技创新大赛，龙浔中心小学学生卢明浩的科技创新项目“一款墨水瓶和砚台组合装置”获三等奖；县各中小学校的校外兼职科技副校长、科技教师撰写青少年科技教育论文参加市第十四届、省第二十七届青少年科技教育论文评选活动，市级评选获一等奖2篇、二等奖15篇、三等奖17篇，省级评选获三等奖1篇。

【农村专业技术和劳动力转移培训】 2018年，德化县先后举办德化县绿园水稻种植技术、十八学士茶花种植技术、多肉植物种植及管理技术、江山美人茶种植及管理技术等各类专业技术培训班，410多人参加；开展劳动力转移培训，联合县关工委等县直部门依托职业技术培训学校举办社会青少年陶瓷雕塑工艺技术培训班、社会青少年电子商务创业培训班、社会青少年陶艺手拉坯培训班，220多人参加。

【学会服务站建立】 2018年10月24日，县英山珍贵淮山农民合作社与中国粮油学会营养分会合作建立的学会服务站被省科协确定为2018年国家级学会创新驱动服务站、县绿园农业综合专业合作社与省院士专家交流协会合作建立的学会服务站被省科协确定为2018年福建省级学会创新驱动服务站。

【科普设施建设】 2018年，德化县新建龙浔镇鹏都社区、龙井社区，浔中镇阳光社区等3处科普画廊；申报科普e站27家，审核通过27家，其中：社区e站9家、校园e站6家、乡村e站11家、科普中国e站1家；新建阳光小学校园创新工作室；新建鹏都和龙井社区2个校外青少年科学工作室；建立德化县科协网，开设《科普新说》专栏。

【学会（协会）工作】 2018年1月17—18日，东北林业大学野生动物资源学院院长、教授、博士生导师张海明，东北林业大学野生动物资源学院、中国野生动物保护协会繁育利用专业委员会副会长、秘书长田秀华，福建农林大学教授陈友玲等一行3人到德化县双全农业有限公司，实地考察了解合作社技术需求。6月5—6日、8月2—3日，中科院院士谢华安及其科研团队先后两次到德化考察调研农业产业发展情况。10月23日，由省科协、省园艺学会主办，县农业局、县科协承办的省园艺学会2018年学术年会暨第十八届省科协年会分会在德化召开，来自全省园艺学领域著名专家学者、从事园艺相关工作人员等140余人参会；11月9—10日，第十三届中国泉州—东南亚中医药学术研讨会在德化召开，来自马来西亚、新加坡、菲律宾、美国等国家以及国内的中医药界近500位专家学者参会。县中医院成立德化县中医药学会。泉州村上小镇农业科技有限公司、福建省春秋农林科技有限公司、德化县蛙一哥农业发展有限公司等三家企业成立企业科协。

（*颜夏锌*）

德化县文学艺术联合会

【概况】 2018年，县文联所属协会10个：县作家协会、摄影家协会、南音艺术家协会、音乐家协会、美术家协会、书法家协会、诗词学会、剪纸艺术研究会、陶瓷艺术创作基地、古琴协会。

【文艺活动开展】 2018年，县文联协同有关单位和部门举办“新时代、新征程——泉州市宣传中共十九大精神文艺志愿服务”德化专场晚会、县第十八届瓷都广场文化、文化科技卫生三下乡、“文艺进校园”、“纪念改革开放四十周年”尤溪、德化书法联展、香林书院书法展览和摄影创作、戴云牡丹花展、元宵文艺晚会、以“剪影杨梅，琴和云溪”为主题的文艺下乡、杨梅乡“春天的银杏”“银杏的故事”采风或创作、“杏会杨梅”征文、“银杏小镇（多彩杨梅）”摄影大赛、杨梅乡民俗文化旅游节、国宝云龙谷剪纸游学基地赠书、第二十五届“野草叶”杯德化县中学生征文活动评审、“德化县文学艺术创作基地”授牌仪式、赠送《德化文学》《德化文艺》报刊及部分作家个人专辑等活动、“让文学照亮圆梦征程”“新闻写作”专题讲座、“德化老照片”征集、“我看改革开放新成就”书画作品征集、“刀尖勾勒景秀瓷都”剪纸创作、迎新春影视广场“旺年送百福”、建立杨梅乡云溪“剪纸人家”、“弘扬海丝文化，关爱儿童成长”“凝心聚力新时代，生育关怀展作为”刻纸作品展、“学习宣传贯彻十九大精神”“践行十九大精神”书法作品展、2018年“世界瓷都·德化”陶瓷书法技能竞赛、“我为祖国写首诗”征文、“文化龙门”采风、优秀童谣征集、为“不忘初心，书画瓷都”大型书画展美术作品配诗文、协助出版《水韵龙门》《“不忘初心·书画瓷都”大型书画艺术作品集》、“喜迎2018年新春联谊会暨工作年会”、元宵南音联谊演唱会、元宵花灯节南音演唱会、“送欢乐下基层”南音演唱会、龙腾庆新春、驾云亭欢度春节、庆祝“五一”国际劳动节、端午节纪念屈原南音演唱会、拍摄乡村风光、民俗风情、“拍德化美丽夜景”摄影创作、“世界瓷都·润养德化”“德化旅游二环线”摄影采风、“庆祝改革开放四十周年暨海上丝绸瓷路”主题摄影展、“每月一雅集”传统、清明节、端午节主题雅集、“花灯节”古乐奏演、古琴表演、三班古窑址陶瓷采风、陶瓷名家精品展、异象·第二届德化陶瓷双年展、国际陶艺学会第十届黏土研讨会、天津师范大学书画院陈元龙等五位艺术家作品展、曹天文作品展、“欢乐迎新春”演唱会、“庆元宵文艺晚会”、市第四届金钟花奖声乐大赛、赤水镇文娱专场演出、“童心向党”歌咏比赛、市校园文化艺术节、教师器乐比赛、第五届“五洲杯”青少年歌手大赛等活动。推荐优秀歌手参加2018泉州市青歌赛，邀请集美大学音乐学院教授蔡妙妙等3人到德化三中举办讲座、辅导音乐新人。

【文艺作品创作】 2018年，县文联所属协会会员创作文学作品800余件、书法作品1300余件、摄影作品2000余件、剪纸作品500余件、美术作品200余件、诗词作品400余件、音乐作品40余件、陶瓷作品1100余件、古琴表演作品6件、戏剧作品2件、歌曲19首。选送德化书法家、美术家29帧作品参加首届“红寺堡杯”全区书法、美术展览，7件书法作品、6件美术作品入展，1件美术作品获优秀作品奖（展览最高奖）。完成新县歌《窑火梦（暂名）》《火火中国白》歌曲创作。书法家黄思魁、罗国煌的书法作品获选入展省文联举办的“八闽丹青奖”福建省美术书法双年展，书法家苏燕婷、郑金庆、林炯宇、赖燕华入展和黄奇庆入选“守望兰亭”福建省第四届书法篆刻展，王文联、郑志烽入展省机关事业单位“庆十九大”书画展，罗美花、陈能旺参加中国硬笔书法家协会主办的“书法印象”比赛，分别获得成年组二等奖、佳作奖，王文联加入省书法家协会，另有5位加入市书协；在市首届青少年书画摄影大赛上，获得一等奖5人次（其中书法类小学组1人、绘画类小学组2人、摄影类小学组2人）、二等奖4人次（其中书法类中学组1人、绘画类中学组1人、摄影类小学组2人）、三等奖23人次（其中书法类小学组3人、书法类中学组3人、绘画类小学组2人、绘画类中学组8人、摄影类小学组6人、书法类青年组1人）；诗词学会多名会员在对联征集比赛中获奖或入选，其中苏国标参加《中华楹联报》“育英杯”对联攻擂赛获季军，赖家福对联作品入选省楹联界“改革开放四十周年”对联作品征集；陶瓷文化研究会会员陈明良、许瑞峰入选第五批国家级非物质文化遗产代表性项目代表性传承人名单，赖礼同、陈明良、连紫华获评中国工艺美术大师；作家协会范云英、张玉芬、郑那君、郑智得等在市级以上征文比赛中分别获奖，郑智得、曾世超被省作家协会吸收为会员并被市作家协会推荐为泉州市第三次文代会代表，郑允前被市作家协会吸收为会员。县诗词学会完成《苏履吉诗选》收编并付梓，出版《瓷都诗词》第九辑。

【文艺创作基地建设】 2018年，县文联恢复《戴云（德化文艺）》办刊工作，收集到文学作品约10万字并付梓；创建“瓷都文艺网”公众号，并录入各类文艺材料；完成福尧图书馆、青少年学生校外活动中心展厅装修，为美术书法摄影剪纸等办展提供方便；完成县文联新办公地点搬迁，并建立可供县内外艺术家共同使用的陶瓷艺术创作服务中心，建立庄苑、万旗、宝龙、亿加、博盛艺瓷、职业技术学校、陈胜华工作室等陶瓷艺术创作基地，为县内外艺术家进行陶瓷艺术创作牵线搭桥，引进外地艺术家150多名到德化进行陶瓷艺术创作；建立云龙谷剪纸游学创作基地、德化八中文学创作基地。

【文艺交流活动】 2018年，建立县文艺工作微信群及所属协会专业艺术微信群，开展“好诗、好文配好图”“好曲配诗词、书法、美图”活动，让各个协会之间加强互动交流。邀请陶瓷艺术家杨盛、书法家吴世雄、画家陈元龙等到德化举办讲座、授课12场次，组织举办文艺创作知识讲座、文艺沙龙、笔会、作品点评会36场次。加强与云龙谷景区及宁夏吴忠市红寺堡区、尤溪等外地文联交流。引进外来艺术家到德化办展，先后为天津师范大学画院“五人艺术家”、山东省艺术家曹天文、河北电视台“跟着画家走天下”节目组等在县城市规划馆等地办展提供方便。

（陈巧红）

德化县残疾人联合会

【概况】 2018年，德化县残疾人工作以改善残疾人生活、提高为残疾人服务能力为工作重点，组织实施残疾人康复、就业、文化、教育、宣传、维权、扶贫、社会保障等各项工作。德化县残疾人徐福坤创办的非凡陶瓷公司被中国残疾人福利基金会确定为全国“羲和手工艺者集善之家”项目，获得扶助资金27.66万元。同时，也是全省唯一一家获得中国残疾人事业新闻宣传促进会授予的“全国手工艺者集善之家”称号的企业。

【康复医疗】 2018年，德化县为79名残疾儿童发放补助资金79.6万元，为2017年度医疗康复费用超过省市核定补助标准的6名残疾儿童提供1.15万元的叠加补助；协调县医院为346名贫困白内障患者提供免费手术；为47名精神病患者提供医疗救助9.25万元，精神残疾服务率97.2%，配合综治部门开展精神残疾人情况调查，做好

450名精神病患者信息采集录入；指导5名听力残疾儿童享受省级人工耳蜗植入项目；落实残疾人基本辅助器具适配补助项目，先后6批次为196名残疾人提供基本型辅助器具适配补助42.89万元，辅具适配率100%；推动残疾人精准康复服务实施，服务率99.43%；与县慈善总会开展“慈善助残——爱心轮椅赠送”活动，向下肢残障群众赠送轮椅50部；联合市海西聋康中心、市康复中心分别到国宝乡、赤水镇开展为农村残疾人提供辅具适配下基层爱心活动和残疾预防下乡义诊宣传活动及免费送医送药服务，邀请市残联康复中心到德化为已安装假肢的残疾人进行回访服务活动。

【就业创业】 2018年，县残联配合地税部门做好残疾人就业保障金地税统一代征工作，向用人单位征收残保金750万元，促进用人单位安置残疾人32人；实施“扶助贫困残疾人就业创业”项目，为116名贫困残疾人提供每人5000元创业扶持资金；承办市2018残疾人电商培训班、举办县2018年残疾人陶瓷工艺培训班、组织2家企业和10名残疾人参加市残疾人就业招聘会，拓宽残疾人就业渠道；启动展销平台加盟活动，依托市残疾人手工艺品网络展销平台，发动引导县残疾人积极加盟，促进残疾人就业创业增收；指导培育残疾人创业企业旭鸿晟竹制品厂创建市级农村残疾人扶贫基地，德化县已有4家市级基地，充分发挥基地安置残疾人就业、吸纳残疾人入股、辐射带动残疾人创业等功能，促进残疾人增收；开展残疾人服务场所安全检查，增强消防安全知识和消防安全意识。

【扶贫帮困】 2018年，德化县为310名居家养护补助对象每人发放1000元补助金；为184名（省级）智力、精神和其他重度残疾人居家托养对象提供每人2000元的补助金；投资80万元（其中县残联出资5万元）创建龙门滩镇建档立卡贫困残疾人光伏电站扶贫基地，为53人贫困残疾人进行“兜底式”帮扶；配合民政部门落实困难残疾人生活补贴和重度残疾人护理补贴，将1830名符合条件的残疾人纳入低保、特困对象；配合财政、人社、卫计部门做好残疾人参加“新农合”“新农保”享受政府补贴工作；落实市为民办实事“一户多残家庭残疾人生活补贴”项目，完成全年529户1103人审核及其66.2万元资金核拨；建立残疾人自主创业社会保险补贴制度，为32名残疾人发放社保补贴10.3万元，对1家用人单位超比例安排残疾人就业奖励5.52万元；为600名60周岁以下特困（低保）重度残疾人发放18万元一次性临时价格补贴；落实特殊困难残疾人临时救助和重度残疾人医疗救助，对因遭遇突发事件、患重病等造成特殊困难的25名残疾人给予临时救助3.83万元；全年慰问残疾人贫困户600多户，发放慰问金15.8万元及食用油、大米、月饼等生活物资。

【教育助学】 2018年，德化县为156名贫困残疾学生和残疾人家庭子女就学提供28.9万元的助学金；落实彩票公益金——学前教育项目，为5名残疾儿童发放1.5万元助学金；为2名盲人大学生发放4000元助学金。

【残疾人信息专项调查】 2018年，德化县开展全国残疾人基本服务状况和需求信息数据动态更新工作。6月25日举办有各乡镇残联理事长和乡镇、村（社区）残疾人联络员等250多人参加的业务工作培训班，全面启动县全国残疾人基本服务状况和需求信息动态更新工作。

【维权信访】 2018年，德化县为残疾人提供法律服务和法律援助，加强信访信息系统专线建设，妥善处理来信来访10人次；办理残疾人证742本，累计发放残疾人证6521本，联合县卫计局组织县医院、中医院、第三医院相关评定医师先后到县18个乡镇100多个村（社区）为120多名贫困残疾人提供上门评残办证服务；协调有关部门做好无障碍建设，开展占用城市盲道清理工作。

【宣传文体】 2018年，德化县组织参加市残疾人艺术作品展，获得银奖2件，铜奖4件，优秀奖12件；推选10名选手参加市第五届残疾人职业技能竞赛，获陶艺、海报设计两项第1名，木雕第3名；选派2名残疾人代表作为市代表团选手参加省第六届残疾人职业技能竞赛，获得陶艺大赛项目第1名、海报设计项目第4名；县盲人林章录被推选为市盲人协会主席、会长到北京参加中国残联第七次全国代表大会；与憨鼠社区爱心小分队联合开展以“爱心助残 你我同行”为主题的“互联网+”志愿者助残活动，先后到春美乡双翰村、龙浔镇湖前社区、龙门滩镇大溪畲族少数民族村，雷峰镇雷峰村、上寨村，盖德镇吾华村、仙岭村，杨梅乡西墘村、浔中镇乐陶村、水口镇八逞村等，走访帮扶孤、老、病、贫、重度残疾人500多人，参与活动的爱心网友2800多人次；组织23名运动员参加市第五届残疾人运动会，获得3金2银4铜成绩；5月20日开通“德化县残疾人联合会”微信公众号，关注人数700人，累计发布各类资信200多条。

（张美蓉）

德化县国际贸易促进会

【概况】 2018年，县贸促会组织德化陶瓷企业参加国内外各种知名展览会，推介德化陶瓷，继续发挥后金砖效应。加强与俄罗斯的文化交流、经贸合作。为县陶瓷企业提供商事法律服务，追回被恶意欠款2.2万多美元。全年“德化贸促”微信公众号发布贸易资讯和法律信息44期、118篇。

【经贸交流】 2018年，第四届中国（泉州）海上丝绸之路国际品牌博览会在石狮市举办，德化以海上丝绸之路主要输出产品陶瓷作为参展元素，在石狮服装城展览艺术中心一层中心大庭第一个展位设立瓷器馆，组织80多位国家级、省级陶瓷工艺大师的100多件作品参展，到馆参观人数10000多人次，中央电视台、福建电视台等70多家新闻媒体到场采访。德化县组织13家陶瓷企业参加省文化产业金砖国家（俄罗斯）展览会并进行经贸交流，德化五洲陶瓷股份有限公司携带两套厦门金砖国宴瓷《祥云水墨·墨问》《祥云新彩·屿见》亮相省文化产业金砖国家（俄罗斯）展览会，并分别捐赠给俄罗斯国家当代历史博物馆和索科利尼基金会展中心现代书法博物馆收藏。德化五洲陶瓷股份有限公司还参加福建—俄罗斯经贸合作对接会，并作为福建企业代表在会上作德化陶瓷推介，宣传世界陶瓷之都。《中国贸易报》、中俄头条、人民网、《国际时报》等新闻媒体作专门报道。

2018年4月22日，第四届中国（泉州）海上丝绸之路国际品牌博览会上的德化瓷器馆展位

（图／县贸促会）

【商事法律服务】 2018年，县贸促会协同市贸促会法律部协助德化某陶瓷企业追回被中国台湾某公司恶意欠款2.2万多美元。新增注册登记3家，办理原产地证71份，优惠原产地证2份，出具国际商事证明6份。

【企业服务】 2018年，县贸促会联合县经信局组织60多家陶瓷生产企业的董事长、总经理、法人代表、专业工程技术人员100多人到广州参观佛山陶瓷工业展。新博龙陶瓷、煌明陶瓷两家企业在展会上与SKK公司当场预订两套自动成型生产线，有五六家企业与参展商商谈采购意向。

（陈丽婵）

德化县红十字会

【概况】 2018年，县红十字会先后组织开展各类应急救护培训、人道主义救助、无偿献血宣传等活动。德化县接受2例眼角膜捐献、2例遗体捐献、1例器官捐献。

【应急救护培训】 2018年，德化县组织开展红十字应急救护培训进社区活动，普及群众、志愿者救护和防病知识。全年开展公益培训12场，受益群众千余人；急救员培训班2场，培训急救员44名。

【遗体（器官）捐献】 2018年，

2018年1月30日，“冬日有爱”德化县红十字会博爱送万家救助衣物发放仪式在德化城东实验小学举行（图/县红十字会）

德化县接受2例眼角膜、2例遗体和1例器官捐献。其中，5月4日接受周泽辉遗体、眼角膜捐献；5月6日接受许文鹏器官捐献；6月29日接受吴思语眼角膜和遗体捐献。

【人道主义救助】 2018年1月，县红十字会到杨梅乡进行慰问，向留守老人送去“博爱箱”、棉被、衣服、慰问金等；1月26日，接受晋江市红十字会捐赠的价值34.65万元的咔酷德和鑫驿公司的棉衣和棉裤1400余件，先后发放给城东实验小学、盖德小学、乡镇留守儿童、困难家庭等儿童；8月15日接受固美金属集团捐赠的价值约5.7万元的电风扇、大米和食用油等慰问品并发放给德化留守老人、困难职工、残疾人等190户困难群众。

（县红十字会）

德化县计划生育协会

【计生慰问帮扶】 2018年，县计生协会开展2018年“两节”送温暖活动。慰问计生特殊家庭（独生子女死亡和伤残的家庭）、计生困难户、计生低保户等计生户196人，发放慰问金11.55万元。向市协会报送9名坚强母亲事迹，配合泉州晚报对龙门滩镇1名坚强母亲进行报道。母亲节期间，慰问9位母亲，发放慰问金0.45万元。紧急救助74人，发放救助金额12.5万元。组织慰问盖德镇有济村全省首例计生“二女户”女儿遗体捐献者家属，慰问金2000元。修订完善德化县幸福工程管理办法，提高帮扶标准，由原来的2万元提高到3万～5万元，帮扶贫困母亲11户，发放帮扶款55万元。开展21次法律援助宣传服务活动，为18个家庭提供法律援助服务，挽回损失20多万元。与县卫健局联合开展“1234”两孩生育服务行动，为德化县有生育第二个孩子意愿或已孕育第二个孩子的家庭服务。

【计生特殊家庭扶助】 2018年，德化县新增失独家庭6户，全县失独家庭26户，全年支出计生特殊家庭专项资金19.1万元。做好“六保障三关爱”（经济、医疗、养老、住房、发展、就学保障、生活、生育、精神关爱）活动，其中，医疗保障方面，新增为失独家庭免费购买城乡居民医疗保险、住院津贴保险、住院医疗补充保险和意外伤害保险，将其纳入职工医疗互助范围。住院津贴保险每人每天可获100元补贴，全年最高补贴1.08万元；住院医疗补充保险保费250元由财政承担，以医保已报销金额为标准，按40%给付医疗保险金，最高保额3万元/人；纳入职工医疗互助范围的，住院和特殊门诊参照职工医疗互助相关规定给予医疗补助。开展“五送助孕”，其中，失独家庭采用人工辅助生育的，给予一次性不低于1500元的补助金；采用试管婴儿辅助生育的，成功的每例给予一次性不低于2万元的补助，不成功的给予补助检查治疗总金额的30%（补助金额不超1万元/周期），每对夫妻采取试管婴儿辅助生育总共不超过3个周期。2018年，补助采取人工辅助生育的失独家庭1例2000元，补助采取试管婴儿辅助生育1例1万元。定期免费体检，体检项目分常规体检和再生育体检，再生育体检侧重于生殖健康检查和对再生育禁忌证的排查。2018 年参加体检 36 人次。配合县卫健局在德化县医疗机构开设“绿色通道”，计生特殊家庭可以优先就医。指导乡镇为每个失独家庭成立 1 个关爱小组，定期进行走访慰问。继续协调县公安、民政等部门为失独家庭办理收养和寄养手续。2018 年有 1 户失独家庭成功收养 1 名儿童。

【计生家庭意外伤害保险】 2018 年，德化县计生二女户家庭、计生特殊家庭和计生低保家庭确定为计生家庭意外伤害保险的重点对象全覆盖，并按县 50%、乡镇村 40%、个人 10% 出资比例承担保险费用。德化县 16370 户计生家庭参加意外伤害保险，缴纳保险金 163.7 万元（其中个人投保 10173 户），参保覆盖面 47%。获赔 299 起，赔偿金额 106.9 万元，赔付率 65%。

【计生小额贴息贷款】 2018 年，县计生协会精准选定帮扶对象，确定帮扶期限和帮扶额度。计生小额贴息帮扶 227 户，贷款金额 1161 万元。2018 年德化县小额贴息贷款工作在全省幸福工程培训班上作典型发言。

【计生奖学助学】 2018 年，德化县参加高考的计生女孩户女儿上大专线及以上 335 名。县计生协会采取“奖学 + 助学”的模式进行鼓励。奖学方面：对考取清华大学、北京大学的计生女孩户女儿给予一次性奖励 5000 元；对高考文科和理科成绩在德化最高分的计生女孩户女儿每人给予一次性奖励 3000 元；符合高考文科和理科成绩在德化计生女孩户女儿最高分的奖励对象 2 人。助学方面：属于特别困难的对象，给予大学全程资助。资助对象为参加 2018 年高考被高等院校录取的低保户、经精准识别的建档立卡贫困户、近两年家庭遭受重大病灾致贫致困的计生女孩户女儿以及父母双亡的孤女。本科连续资助四年，每学年资助 5000 元，专科连续资助三年，每学年资助 4000 元，此类对象资助 22 人；属于比较困难的对象，给予一次性资助。资助对象为除低保户、建档立卡贫困户、近两年家庭遭受重大病灾致贫致困的病灾户外，家庭生活比较困难的计生女孩户女儿，每人给予一次性资助 3000 元，此类对象资助 51 人；属于一般困难对象的，由乡村两级给予适当资助。

【青年儿童教育发展】 2018 年，县计生协会建立香港贝恩国际幼稚园德化园、雷峰镇儿童早期发展政企合作点、兴南社区“乖乖真棒”、上涌村等 6 个儿童早期发展教育项目点，开展亲子辅导 25 场，举办科学育儿知识讲座 27 场，服务家庭 1813 户。建立德化八中、德化三中青春健康教育基地和家长示范学校，举办青春健康教育讲座 2 场次，特邀厦门金尚中学高级心理教师李远授课，受教育 810 人次。

【流动人口计生管理】 2018 年 1 月 23 日，德化县成立陶瓷业、旅游业、矿产业 3 个行业流动人口生育关怀协会，利用新成立的陶瓷、旅游和矿业 3 个行业流动人口生育关怀协会做好均等化服务工作。对乡镇流入城区的县内流动人口，继续依托 16 个乡镇计生协会城关分会创新服务模式，结合各乡镇在城关的便民服务点和城关联合党支部等载体拓展城关分会服务项目，将城关分会培育为“会员之家”，方便进城务工计生群众，为他们提供精细化服务。继续巩固提升龙鹏集团、创意集团企业协会服务水平。开展流动人口困难家庭慰问活动，慰问 10 人，发放慰问金 1 万元。

2018 年 4 月 16 日，全市首部生育关怀微电影《账本》开机仪式在德化举行。图为该影片在陶瓷厂取景 （图 / 许华森）

【计生宣传】 2018年，县计生协会指导各乡镇在重要纪念日，广泛开展内容丰富的人口计生宣传教育活动，全年举办“会员心向党 建功新时代”——“5·29”会员活动日暨国际家庭日宣传服务活动、“凝心聚力新时代·生育关怀展作为”刻纸作品展、“生育关怀·悦读青春”暑期计生家庭少年国学班、生育关怀·婚姻家庭关系暨孕前孕期保健知识讲座等活动。4月16日，泉州市首部生育关怀微电影《账本》开机仪式在德化举行。

（县计生协会）

德化县关心下一代工作委员会

【概况】 2018年，德化县关心下一代工作围绕捐资助学、科技培训、帮教转化等形式帮助改造青少年，并加强思想道德建设和关注特殊青少年群体，依托青少年社会教育活动中心开展各项活动。全县各级关工委组织303个，民企关工委43个，已基本实现规模以上企业关工委组织大部分覆盖。

【捐资助学】 2018年，县关工委募捐爱心助学款12.1万元，资助录取贫困大学生41人、贫困中学生178名。

【科技培训】 2018年，县关工委联合县教育局、检察院、团县委、妇联、科协等单位，利用3个实用技术培训基地，举办电子商务创业培训、陶瓷雕塑工艺培训、陶艺手拉坯等实用技术培训班3期，免费培训青少年132人次。依托德化群芳、祥龙果农林专业合作社分别举办二期黄花梨栽培技术培训，来自周边乡镇的100多名青年农民参加。

【帮教转化】 2018年，县关工委与县法院、公安局治安大队、刑侦大队、交警大队合作，为12位未成年人担任法定代理人。县关工委和县检察院利用“涉罪未成年人帮教中心+就业技能培训基地”平台，对不具备有效监护条件的涉罪未成年人创设当地社会帮教条件，由关工委、妇联等工作人员担任“帮教合适成年人”指导、督促法定代理人开展监护工作。

【思想道德建设报告团】 2018年，调整由县关工委、教育局、政法委、老干局、法院、检察院、司法局、团县委、妇联、计生协会等10个单位57人组成的县关工委报告团。全年受邀作报告133场，其中思想道德28场、心理健康14场、法制教育31场、师德教育5场、家庭教育25场、社区教育30场，受教育人数7.65万人次。全县各级关工委开展心理辅导、讲座、咨询活动152场次，参加活动的青少年40140人次。

【关爱特殊群体青少年】 2018年，县关工委与县特校联办1期残疾人陶瓷雕塑工艺培训班，参训人员32人。全县各级关工委组织开展对特殊群体青少年群体的主题活动、慰问等35场，协助解决生活、学习等实际困难163次。

【青少年社会教育活动中心】 2018年，德化县青少年社会教育活动中心9个，利用各村镇现有的闲置校舍、村镇活动场地或祠堂、闲房等进行改（扩）建，活动中心配备宣传教育栏、科技活动室、文艺活动室、图书阅览室以及器材、图书、设备等。县关工委成立12支245人的关心下一代志愿服务队。

【祭奠先烈】 2018年，县关工委牵头组织城关中、小学部分师生和涉老单位老领导、老革命、老干部2000多人，参加祭奠革命先烈活动，并在德化县范围内开展“扣好人生第一粒扣子”主题教育活动。

（陈 馨）

政法及综治

【概况】 2018年，德化县政法综治工作围绕县委、县政府“七大提升行动”，探索创新社会治理模式，强化政法综治工作任务落实落细，维护德化县社会大局持续安定稳定，营造良好的社会治安环境。德化被市委、市政府评为“2017年度社会管理综合治理优秀县”。

【社会治安整治】

刑事犯罪打击 2018年，德化县立刑事案件1294起，比上年下降2.19%，其中立电信网络诈骗案件212起，比上年下降6.19%；八类严重暴力犯罪案件33起，没有发生抢夺案件；破获电信网络诈骗案件42起，比上年上升100%；破获刑事案件698起(现案614起)，破案率47.45%；抓获犯罪嫌疑人560名，比上年增长30.54%；追缴赃款赃物价值110万元。县检察机关批准逮捕各类刑事案件140件192人，提起公诉343件439人。县法院审结各类刑事案件351件，判决罪犯447人。

社会安全整治 2018年，德化县加强危险物品安全检查整治，购进民用工业炸药1771.92吨，雷管123.22万发，导爆索（管）48.6万米，检查涉爆从业单位仓库、爆破点475次，发现并整改安全隐患95处。强化治安要素管控，落实常态化检查机制，滚动排查整改旅馆业、娱乐场所、网吧、机动车维修业点、寄递物流业治安隐患1039处。加强对被列为市级社会治安重点整治点的赤水镇和18个区域性治安稳定问题突出的县级整治点跟踪督导。

社会治安防控体系建设 2018年，德化县实施“雪亮工程”（“雪亮工程”是以县、乡、村三级综治中心为指挥平台、以综治信息化为支撑、以网格化管理为基础、以公共安全视频监控联网应用为重点的“群众性治安防控工程”），建设第6期“城市安全信息系统”，完成267个点位的设备安装，基本实现城区、重点乡镇、主干道主路口、重点区域部位视频监控全覆盖。发挥特警队、派出所、治安巡防队等队伍的作用，采取警车、摩托车、徒步等方式，加强社会面的巡逻。加强对微信、微博、网站等新兴媒体的管理，及时落地查处网络敏感舆情4起。

交通安全整治 2018年，德化县18个乡镇建成214个农村交通劝导站，完成率100%，县级交通

德化县网格中心实时可察看德化县动态，摄于2018年1月27日

（图/许华森）

安全示范村创建率100%。发生一般道路交通事故131起，死亡29人、受伤140人、直接财产损失23.13万元，比上年分别下降13.25%、27.5%、7.28%和16.72%，无发生一次死亡2人交通事故。

【社会稳定维护】

反邪教、反恐怖和国家安全人民防线　2018年，德化县开展创建无邪教示范乡镇、村(社区)活动，巩固“一墙一窗”宣传阵地200多个，加强乡镇反邪教协理员和宣传员队伍建设，开展有关专项行动。充实更新陶瓷职业技术学校及南埕镇警示教育基地，建设龙浔、浔中镇反邪教宣传园，发放各类宣传材料1万多份，开展各种活动近30场次。细化反恐怖工作预案，组织校园、车站、医院、寄递业等重要目标反恐实战演练活动近50场。定期开展国家安全法律法规宣传教育活动，党校科级班开设国家安全人民防线建设讲座，筑牢国家安全人民防线。

重点人群管理　2018年，德化县开展“村医网格化”服务管理严重精神障碍患者工作，划分18个网格中心、214个网格，聘请214名村医担任网格长，与辖区网格员（综治协管员）、民警见面对接，联合开展入户随访，实现村医网和社区网“两网”衔接、融合；完善严重精神障碍患者救治补助办法，推动落实以奖代补、“一历五单”清单式管理，其中“一历”指患者病历，“五单”指《患者家属通知单》《乡镇（街道）卫生院（社区卫生服务中心）对接单》《公安（边防）派出所告知单》《乡镇（街道）综治中心提示单》《村（社区）跟踪单》，解决“衔接难”和失管脱管漏管现象，签订以奖代补协议书97份，发放医疗补助金46万元、临时生活困难救助金17.2万元，兑现以奖代补对象131人次39.3万元，列入“清单式”管理对象108人，实施“一历五单”管理患者206人。发挥县检察院、团委、妇联和关工委作用，加强对重点青少年群体的教育、帮扶、矫治和管理，对5名涉罪未成年人开展就业技能培训、心理辅导等个性化帮教，进校园开展精准普法活动近40场次；开展未成年人零犯罪村（居）创建活动，建立青少年社会教育活动中心，创建法治文化苑。推进社区矫正中心标准化建设，率先在全市成立社区矫正教育宣讲团，不定期开展法治教育、技能培训、心理矫治教育等。德化县累计接收社区矫正人员1335名，累计解除社区矫正人员1193名，在册社区矫正人员142名，无出现脱漏管现象；德化县设有1279个帮教小组，1279名刑满释放人员基本得到妥善安置与帮教。

矛盾纠纷化解　2018年，德化县排查矛盾纠纷1072起，调处成功率96.3%；先后向电视台报送调解案例7件，有5件调解案例分别在中央、省、市电视台刊播；县司法局被全国人民调解员协会授予“人民调解宣传工作先进集体”。

【扫黑除恶专项斗争】　2018年，中央督导组及省级、市级移交线索有效核查率和办结率均100%，位居全市第一；摸排、接受各类线索167条，办结152条，办结率91.02%；打掉黑社会性质犯罪组织1个，抓获组织成员7名，打掉恶势力团伙3个、非法高利放贷犯罪集团1个，抓获犯罪嫌疑人126人，破获涉恶刑事案件57起；与县纪委联合开展调查，查获省纪委认定的恶势力保护伞1起，向纪委监委移送黑恶问题线索19条。依法处置信访违法行为4人；排查软弱涣散村（社区）党组织21个、重点村（社区）24个、难点村（社区）22个。

【知识产权司法保护】　2018年，构建以县产权办、知识产权保护教育基地、知识产权保护中心、企业知识产权保护窗口为基础的“一办一基地一中心一窗口”工作体系，启动知识产权保护执法监督，完善知识产权案件管辖、证据规则、审理方式等诉讼制度，配强配齐知识产权审判团队，举办版权司法保护专题讲座、知识产权审判旁听等“4·26”知识产权保护活动周系列活动10余场次，新增国内注册商标700余件。

【平安创建】

综治责任落实　2018年，德化县落实社会治安综合治理领导责任制，逐级签订党政领导综治责任书，落实实绩档案、综治审核制度，实行综治工作与业绩评定、职务晋升、奖励惩处挂钩。把乡镇党政一把手、综治副书记、公安派出所所长作为乡镇综治“三率”第一责任人，健全和落实通报、约谈、一票否决等综治问责措施。

网格化服务管理　2018年，德化县录入楼栋数据27456幢，房屋信息98973套，家庭户信息93257户，人口信息269935人（其中常住人口246143人、流动人口23792人），为部门提供各类信息1万多条，办结各类事件15000多起；网格员协助送达案件2514件，成功率83.6%。

综治中心建设 2018年，德化县建设规范化的县、乡两级综治中心，发挥好综治中心实战化平台作用。全县18个乡镇214个村（社区）综治中心已全覆盖。

群防群治队伍建设 2018年，德化县投入近200万元，推广“综治+保险”等社会化运作模式，为351名理赔者发放综治保险理赔金101.5万元。发展壮大平安志愿者队伍，统筹整合治安巡逻队和网格员力量，配强综治协管员、平安中心户长等基层综治力量，引导经济组织、社会组织积极参与综治平安建设，推行整合护林员、环卫员、老党员、退伍军人等人员群体参与社会群防，实现政府治理和社会调节、群众自治的良好态势。

平安创建领域拓展 2018年，县综治办推进平安创建活动向林区、景区、矿区、库区、工地以及新经济组织、新社会组织等领域延伸。开展“平安单位”“平安乡镇”“平安村（社区）”三级联创活动，发放2017年度平安村（社区）“三个10%”奖励315万元，加强与邻县乡镇沟通联系，及时解决边界治安和矛盾问题，确保边界地区和谐稳定。开展“村际联防联调”工作，建立经常性的治安巡逻和联调机制，确保农村治安问题和矛盾纠纷及时妥善处置。

综治平安宣传 2018年，德化县开展以“平安在身边、瓷都再出发”为主题的综治平安建设宣传活动，开展“上好一堂法制课”“平安讲堂进祠堂”“防邪知识进家庭”“唱山歌话平安”“农事夜访”“平安夜话”“平安义诊”等活动。全年组织各类集中大宣传40多场次，悬挂宣传标语1000多条，入户走访面累计75%，发放各类宣传材料近10万份；定期推送平安资讯70余期，刊发推送信息200多条次。

（县委政法委）

法治政府建设

【概况】 2018年，德化县依法行政工作以建设法治政府为目标，贯彻落实《法治政府建设实施纲要（2015—2020年）》及省、市实施意见，进一步推进职能转变，提高依法决策水平，规范行政执法行为，强化行政执法监督，为德化经济社会发展提供法制保障。

【行政行为规范】 2018年，德化县强化规范性文件合法性审核，严格落实规范性文件法制部门合法性审查，健全完善规范性文件备案登记、公开发布、检查评估等制度，在政府门户网站设置“规范性文件检索”栏，便于群众查阅，接受群众监督，向市政府及县人大常务会报备县政府及其办公室规范性文件34件，均未出现被撤销或退回的情形。开展规范性文件专项清理工作，组织开展涉及证明事项、产权保护、民营经济发展、著名商标等规范性文件清理工作，清理涉及文件342件。深化执法案卷评查，制定执法案卷评查标准，开展行政许可及行政处罚案卷质量评查，对执法案件实体、程序及案卷整理等向各执法单位提出具体要求，进一步强化执法监督，开展执法案卷检查2次。完善网上行政执法平台建设，督促执法部门接入网上行政执法平台，督促执法单位将权责事项清单上传平台，实现行政执法网上运行，接受法制、效能网上电子监督。推行法律顾问制度，由顾问律师列席政府重大决策会议，聘用2名社会律师担任政府法律顾问，在解决石牛山景区开发、霞田文体园项目建设等问题发挥积极作用。

【行政复议】 2018年，县政府办理涉及城建执法、工伤认定、行政征收等领域行政复议案件9件。做好复议应诉案件的答复、答辩工作，依法履行行政复议被申请人、第三人、行政被告职责，首长出庭应诉，自觉执行复议决定、法院生效裁判文书，落实司法建议。办理各级法院受理以县政府为被告的行政案件29件，办理复议机关受理以县政府为被申请人（第三人）的复议案件8件。

【信访和人民调解】 2018年，德化县完善网上信访、初访分析、首办责任、信访听证、违法信访处置机制、律师参与接访制度，落实领导接访活动，切实维护正常信访秩序，妥善解决群众反映的合理诉求。全年德化县信访总量920件次，比上年增长49.1%。县级领导接待上访群众12批14人次，受理信访事项12件，办结11件。结合“扫黑除恶”专项斗争，部署开展人民调解专项活动，加强社会矛盾纠纷排查和黑恶势力摸排。2018年，德化县各类调解组织成功排查调处各类矛盾纠纷617件，调处率100%，成功率95.9%。

【服务型政府建设】 2018年，县政府调整各类权责事项194项，其中取消19项、承接下放或委托9项、增列48项、其他调整118项。组织实施县级前置审批和中介服务事项清单动态调整，调整前置审批34项、中介服务29项，取消审批6项、中介服务7项。实施“精准放权”工程，理出19项放权事项清单，由以往的县级“端菜”放权转变为社会和乡镇“点菜”要权。注重优化便民服务，推行“县乡通办”，对与群众生产生活密切相关，日常办件量大，且需群众回户籍地乡镇办理的事项，推动县乡加强信息互联互通，实现“多点办理”。梳理“县乡通办”事项13项。县行政服务中心设立乡镇便民服务专窗3个，向窗口人员充分授权乡镇审批服务事项49项。实行“跨乡镇代收代办”，对跨乡镇办理的事项，由首问乡镇按要求进行材料初审，符合受理条件的予以受理，并将受理材料转递管辖乡镇。2018年，县行政服务中心受理各类行政审批服务事项626898件，按期办结率、当日办结率、提前办结率分别为100%、96.8%、98.3%。

（县法制办）

公安

【概况】 2018年，德化县刑事发案、治安案件、交通事故比上年分别下降2.19%、6.16%、13.25%，刑事案件破案率、治安行政案件查处率、犯罪嫌疑人抓获数比上年分别增长11.7%、30.2%、30.5%。审核提请逮捕154件217人，审查移送起诉359件442人，没有因证据不足被检察院不起诉案件，没有被法院判决撤销、被市局行政复议撤销案件，没有因办理刑事案件引发信访事项。

【社会稳定维护】 2018年，县公安局完成中共十九届三中全会、上合组织“青岛峰会”及德化“茶具文化产业博览会”等活动及重要时期维稳安保工作。有效应对关注人员剧增态势，辖区关注人员流入116人次、流出108人次，没有发生任何问题。学习借鉴“枫桥经验”，发挥“三级调解室”作用，坚持局长信访接待日制度，排查化解各类矛盾纠纷1084件，办结群众来信来访141件，化解涉法涉诉信访件3件，涉公安环节信访案件比上年下降35%。

【刑事犯罪侦查】 2018年，德化县立刑事案件1294件，比上年下降2.19%，其中立八类严重暴力犯罪案件33件，没有发生抢夺案件；破获刑事案件698件，破案率47.45%；抓获犯罪嫌疑人560名、提请逮捕193人、移送起诉432人，比上年分别增长30.54%、27.81%、27.43%。扫黑除恶取得阶段性成效，中央督导组及省级、市级移交线索有效核查率和办结率均达100%，位居全市第一。摸排、接受各类线索167条，办结152条，办结率91.02%。打掉黑社会性质犯罪组织1个，抓获组织成员7名，破获虚假诉讼、寻衅滋事、非法拘禁等案件54件；打掉恶势力团伙3个、非法高利放贷犯罪集团1个，抓获犯罪嫌疑人126人，破获涉恶刑事案件57件；与县纪委联合开展调查，查获省纪委认定的恶势力保护伞1件，向纪委监委移送黑恶问题线索19条。破获八类暴力犯罪案件36件，破案率93.94%，年内杀人案1件、抢劫案1起（均100%破案），在短时间内侦破“12·9”盖德利用爆炸物杀人案，抓获涉及永春、大田民爆物品违法犯罪嫌疑人11名，追回全部流失民爆物品。破获电信网络诈骗案件42件，比上年增长100%；案值超10万元的电信网络诈骗案件破案率85.71%，位居全市第一名；德化县立电信网络诈骗案212件，比上年下降

2018年2月14日，副市长、市公安局局长李伙全（右二）到德化“12·9”杀人案案发现场指导侦破工作

（图／县公安局）

6.19%，群众经济损失215.66万元，比上年下降21.31%。破获传统“盗抢骗”案件247件，挽回群众财产损失80多万元；涉拐案件4件全破，打拐专项工作考评全市第三。利用合成作战机制破获案件近300件，全年破获的刑事案件65%以上均运用视频研判辅助侦查，为60多起非正常死亡事件提供证据支撑，利用人像比对抓获犯罪嫌疑人35人。

【社会治安管理】 2018年，德化县购进民用工业炸药1771.92吨，雷管123.22万发，导爆索（管）48.6万米。旅馆业、娱乐场所、网吧、寄递物流业“四实”登记率进一步提高。在全市率先完成标准地址二维码户室牌安装工作，完成率98.48%。打造治安管理特色亮点，建设“一加三”网上警务室，即建设网上警务室应用平台，运用“德化公安”“德化交警”“德化户政”三个微信公众号，受理办结微信申请事项520项，通过互联网办理电子证照1100余件，推进交管20项、治安6项、出入境5项“放管服”改革，“一趟不用跑、最多跑一趟”审批服务事项占比超过60%。看守所收押498人、办理出所505人，拘留所拘留人员415人，实现安全零事故、舆论零炒作、非正常死亡零指标的“三个零”工作目标。

【道路交通管理】 2018年，德化县发生一般道路交通事故131件、死亡29人、受伤140人、直接经济损失23.13万元，比上年分别下降13.25%、27.5%、7.28%和16.72%，无发生一次死亡2人以上交通事故。全年处理轻微交通事故1460件，调解率97%；开展宣传教育5200多人次；发放交通安全游戏棋500多副、《温馨提示卡》3万多张；对驾乘摩托车不戴安全头盔的，免费赠送安全头盔3000多个。累计查处“五类十项”严重道路交通违法行为30267件，其中，酒后驾驶582件、醉驾211件、超员3354件、货车超载319件、超速1266件、涉牌涉证8599件、未戴安全头盔15936件。重点车辆驾驶人总量4084人，审验数量4047人，审验率、换证率、满分学习率分别为99.38%、99.76%、99.76%。大型公路客车、旅游客车、危险品运输车等重点车型检验率、注销率均达100%，五小车辆注销率92.15%。会同相关部门投入资金285万元，整治22处省委、省政府为民办实事项目道路隐患路段；建成农村劝导站214个，完成率100%，县级交通安全示范村创建率100%。

【出入境及往来港澳台管理】 2018年，德化县受理公民出国（境）申请12146人次，其中：受理公民出国申请5295人次，受理公民往来港澳地区5100人次（其中香港探亲134人次，商务17人次），香港定居15人，往来台湾地区1728人次，台湾居民往来大陆签注、居留签注8人次；全年查处涉外案件7件7人（其中：非法居留案件6起6人、未尽监护义务致使未满16周岁的外国人非法居留1起1人），对违法人员处行政拘留1人、罚款 2人、警告4人；处置外国人在德化县正常死亡1起。

【网络安全管理】 2018年，县公安局推进“净网2018”专项行动，建立健全网络社会综合治理体系，净化网络环境，维护网络安全。上报舆情信息320条，上报网上有害信息、社会维稳、民生类事件信息253条，成功落地处置舆情39件，约谈网民58人，行政处罚3人。侦查刑事案件3件，配侦刑事案件80件，抓获CCIC网上在逃人员8名，协助刑侦等办案部门抓获嫌疑对象60人，破获刑事案件100余件。

【禁毒工作】 2018年，县公安局开展“飓风肃毒2018”“禁毒2018两打两控”会战行动，抓获网上在逃毒犯1名，破获容留他人吸毒案3起，抓获犯罪嫌疑人7人，查获吸毒人员9人。获全市缉毒执法考评第8名、全市综治有关禁毒工作考评第3名。

（危建全）

【林区治安管理】

严打整治 2018年，德化县查处各类森林案件441起，其中破获刑事案件14起，查结治安案件3件，查结林政案件424件；抓获网上在逃犯罪嫌疑人4名，行政处罚400多人次，依法收缴罚没款311万多元。

源头防范 2018年，德化县出动警力510人次，摸排重点整治区域70处，及时化解矛盾纠纷35起，按期查结反馈信访件17件，联合执法部门开展执法巡查100余次，查获6起非法猎捕、收购、出售野生动物案，当场收缴野生动物16只（头）。

警务合作 2018年，德化县组织开展联络交流、走访、考察学习等活动6次、开展闽中林区警务合作联席会1次、签订边界联防协议书12份，协助周边兄弟单位办理各类森林案件13起，查证案件线索16条；在周边兄弟单位的配合下，

2018年3月27日，县森林公安分局开展打击非法加工食用野生动物行动，对城区及周边的酒楼、饭店、农家乐等餐饮经营场所进行突击检查
（图／县森林公安分局）

抓获逃犯4名，破获刑事案件5件，逮捕到长期在尤溪县、南安市等地流窜作案的盗伐林木团伙。

宣传教育　2018年，德化县开展法律宣传咨询活动35场次，悬挂横幅37幅，张贴标语62张，举办图片展11次，分发宣传材料5000多份，提供法律咨询近400人次。上报信息325条，被采用305条（其中国家、省、市各级报刊网络采用60条，省森林公安局27条，市森林公安局302条，县有线电视台新闻栏目播出3条，瓷城快讯、德化政讯采用17条）。

基础设施建设　2018年，德化县投入272万元完成分局应急指挥中心、执法办案中心、视频会议系统及德化县10个林区视频卡口监控建设项目并投入使用；投入114万元，完成水口森林派出所业务用房主体工程建设；10月，葛坑森林派出所搬迁至新址工作；公安网计算机配备率、一线办案民警执法记录仪配备率、德化县民警数字证书配备率均达100%。

（陈荣地）

检察

【概况】　2018年，德化县检察工作融入县经济社会发展大局，依法履行刑事检察、民事检察、行政检察、公益诉讼等法律监督职责，批准逮捕各类刑事案件140件192人，提起公诉343件439人，介入县监委调查案件3件4人。

【刑事侦查检察】　2018年，县检察院受理、分流各类案件599件；批准逮捕各类刑事案件140件192人，提起公诉343件439人；批准逮捕“两抢一盗”等多发性侵财型犯罪46件53人，起诉50件61人；依法起诉侵犯公民个人信息、电信网络诈骗等犯罪嫌疑人5人；提前介入重大案件侦查，引导侦查机关及时收集、固定证据，依法办理叶某腾、卢某志等25人聚众斗殴案等一批社会关注度高的案件。贯彻宽严相济刑事司法政策，依法不批准逮捕42人，不起诉25人。

【刑事执行监督】　2018年，县检察院对应当立案而不立案的，监督立案5件，有5人被判处有期徒刑以上刑罚；对不应当立案而立案的，监督撤案5件。追诉漏犯7人，纠正遗漏起诉罪名4人，改变侦查机关定性11人；对侦查活动发出检察建议书7份、纠正违法通知书3份。发挥刑事审判监督职能，对确有错误的刑事裁判依法提出抗诉2件2人，市中级人民法院裁定发回重审1件1人，改判1件1人；提出量刑建议365人，采纳率96%，保障案件公正审判。开展暂予监外执行、刑事裁判涉财产部分执行等专项检察活动，立案230件，已执行204件。发出羁押必要性审查建议书15件，被采纳14件。加强驻看守所检察工作，与县公安局等部门制定保障看守所在押人员生活卫生权利工作机制，维护监管场所稳定和在押人员合法权益，检察入所495人、出所500人。设立社区矫正检察工作室，与县司法局会签《关于加强社区矫正监督工作的实施意见》，已监督189名社区矫正对象顺利回归社会。

【民事检察监督】　2018年，县检察院向县法院发出再审检察建议3件，均获采纳；开展民事执行监督工作，办理执行监督案件14件；检察长列席法院审委会讨论2件民事再审案件，加强法检配合与制约；强化行政违法行为监督，向相关行政机关发出改进工作检察建议10份，非诉执行监督检察建议6份，督促收回行政罚款24万余元；发出生态环境和资源保护领域、国有财产保护领域诉前检察建议31份，到期回复采纳率100%；提起刑事附带民事公益诉讼1件，诉讼请求获得县法院支持。与县法院会签《关于规范行政公益诉讼活动的若干意见（试行）》入选最高人民检察院《民事行政检察指导与研究》，是福建省唯一入选的规范性文件。办理的1起案件获评全省民事行政检察优秀案件、2起案件获评全市民事行政检察优秀案件。

【职务犯罪检察】 2018年，县职务犯罪检察部成立，与监察体制改革工作衔接，联合县纪委监委等部门出台《案件调查联动工作机制》，推进反腐败工作。提前介入县监委调查案件3件4人，受理移送审查起诉的职务犯罪案件3件4人，经审查提起公诉1件1人，移送泉州市人民检察院审查起诉2件3人。

【产权司法保护】 2018年，县检察院与县司法局签订《关于建立陶瓷电商领域检调对接机制的规定（试行）》，依托陶瓷电商创业园区检察工作室，为陶瓷企业提供多元化法律咨询，提升企业产权保护意识。联合县委产权保护领导小组各成员单位共同建设知识产权保护展示中心及企业保护知识产权示范窗口。全省首创在广电互动云平台开设知识产权保护专栏，搭建检企信息互通、业务咨询和工作交流的新平台。与县法院共同编撰发布陶瓷产业知识产权保护白皮书，与县科技局等部门举办德化县知识产权竞赛，邀请专家专题授课，开展集中销毁侵权陶瓷产品行动进校园等活动。

【未成年人保护】 2018年，德化县依法批准逮捕强奸、拐卖、故意伤害等侵害未成年人犯罪案件19人，提起公诉18人；加强教育行业从业人员准入监督，监督清理辞退具有不良记录教育工作人员1名；对未成年被害人及时提供司法救助，建议县民政局申请撤销拐卖亲生子女的被告人监护资格1人，法院已判决支持；以“瓷都青少年阳光之家”为依托，对5名涉罪未成年人开展就业技能培训、心理辅导等个性化帮教；成立普法讲师团，开展校园精准普法活动31场次；邀请人大代表、政协委员参加“关爱祖国未来，擦亮未检品牌”主题检察开放日活动，共同关注未成年人刑事检察工作；与县妇联开展“刺桐花护童”行动，加强幼童普法预防和权益保护工作。

【民生司法保障】 2018年，德化县开展危害食品药品安全犯罪专项立案监督活动，审查行政处罚案件28件，建议行政机关移送食品领域涉罪案件1件，公安机关已立案侦查；批准逮捕涉药领域刑事犯罪案件1件；发出食药领域诉前检察建议3件，其中1件被省人民检察院列入全省十起食品安全领域典型案例，督促处置非法进口的不合格医疗器械2台。重视维护弱势群体合法权益，办理追索抚养费支持起诉案件1件，法院已判决支持。依托检察监督指导中心，开展检察长接待日活动28次，化解矛盾纠纷和不稳定因素。

【扫黑除恶专项斗争】 2018年，德化县打击黑恶势力犯罪，批准逮捕涉黑涉恶犯罪案件6件20人，提起公诉3件13人，均作出有罪判决。与县纪委监委等部门联合建立扫黑除恶专项斗争问题线索快速移送、反馈，复杂案件同步立案、调查和典型案件会商、研判三项协同办案机制，主动加强与县公安、法院等部门的协作配合，深挖彻查，发现并移送黑恶势力及保护伞犯罪线索12条。

【零犯罪村（社区）创建】 2018年，县检察院与县综治办、关工委等9家单位制定工作方案，在龙浔镇宝美村、浔中镇富东社区设立“网格化＋社区检察官”工作室，聘任11名检察网格联络员，对接群众涉检涉诉需求；与县公安、法院、司法局建立刑事诉讼与民事调解衔接机制，化解社会矛盾；依托检察宣告室打造以案释法新平台，邀请人大代表、政协委员、社会民众参与宣告活动10场；组织到村（社区）开展涉枪涉爆、赌博、诈骗等普法宣传活动11场；举办“交通安全进校园、进家庭”专题普法活动，向在校中小学生发放宣传手册4万余份。

【“一溪两库”联动协作机制建立】 2018年，县检察院牵头建立“一溪两库”（彭村水库、龙门滩水库流域和浐溪）联动协作机制，与县河长办等部门会签《涉水环境损害事件联动工作机制》；继续做好“四市五县”（福州市永泰县、莆田市仙游县、三明市大田县、尤溪县、泉州市德化县等检察院）环戴云山生态保护司法联盟工作；建设生态法治教育基地，创建瓷都生态损害数据库，聘任5名生态检察咨询专家，办理补植复绿案件6件，涉及林地面积22.6公顷。

（林立昕）

2018年8月14日，“一溪两库”（浐溪和彭村水库、龙门滩水库流域）联动协作机制签约仪式在县检察院举行　　（图／县检察院）

法院

【概况】 2018年，县法院受理各类案件10289件，办结9502件，诉讼标的额5.91亿元；法官年人均收案311.2件，结案276.4件。

【刑事审判】 2018年，县法院审结刑事案件351件，判决罪犯447人，审理故意杀人、故意伤害、“两抢一盗”“黄赌毒”等严重危害社会治安案件91件115人，审结虚假信息诈骗、电信诈骗、网络诈骗犯罪9件9人。依法公开审理丁溪村聚众斗殴案，对25名被告人当庭宣判。与县纪委监委、检察院等部门建立协同办案机制，办理职务犯罪案件。贯彻罪责刑相适应原则，对符合条件的141名未成年犯、从犯判处缓刑，免予刑事处罚5人。加强人权司法保障，依法为18名未成年被告人或涉黑恶案件被告人指定法律援助律师出庭辩护，确保被告人刑事辩护权。县法院审理3起涉恶案件，13名被告人依法获刑并当庭认罪、悔罪。主动聚焦涉黑涉恶问题突出的重点地区、重点行业、重点领域，开展生态环保领域扫黑除恶专项行动。通过走访群众、征求意见等方式加强线索排查，深挖彻查“保护伞”。

【民事审判】 2018年，县法院审结各类民事案件3519件，标的3.17亿元，其中以调解、撤诉方式结案1786件。审结就业、医疗、住房等民生纠纷案件1784件。审结农村土地承包、流转、宅基地纠纷案件124件。对欠薪案件实行“绿色直通服务”，及时化解劳动争议、劳动报酬纠纷案件351件，发放欠薪870.7万元。简化、规范民间借贷案件办理流程，审结2204件，标的2.1亿元。创新“家和”审判方式，推行亲情调解、圆桌审判等做法，审结婚姻家庭纠纷515件，调解撤诉率82.4%；出具离婚证明书218份，发出“人身保护令”11份。

【商事审判】 2018年，县法院处理各类商事纠纷955件，标的2.19亿元，审结金融借款、信用卡纠纷等金融案件328件，采取财产保全60件，助力金融机构清收不良贷款8632.7万元；审结涉陶瓷企业著作权、商标权等知识产权纠纷58件，诉前证据保全9件，为企业挽回经济损失1412.5万元；妥善审理或执行涉重点知名企业系列案件77件，办理“执转破”（执行案件移送破产审查制度）2案件1件。

【案件执行】 2018年，县法院执结各类案件3844件，实际执行到位金额3.2亿元，比上年增长145.6%，“三个90%”和“一个80%”的核心指标均已完成。联合52家单位构建立体惩戒体系，向38个单位发出告知书，将有公职身份的被执行人的执行情况与单位综治考评等相挂钩，17人主动履行义务。开展凌晨行动、午间行动18次，拘传、拘留被执行人186人，查封房产124处，对失信人员形成高压态势。运用城乡社区网格化服务管理体系，建立驻乡镇“网格化执行办公室”，创新“网格化四维立体协助模式”和“网格化扣车四步法”，形成“人在线上寻、房在网上找、案在格中执、事在区中办”的“网格化＋执行”新格局。网格员协助扣车205部，协助找人、送达等426人次，协助执行成功率73.7%。省高级法院院长吴偕林对德化县法院“网格化＋执行”工作给予批示肯定并要求总结推广，《人民日报》、《法制日报》、新华网等媒体进行报道。部分全国、省级人大代表和市政协领导前来视察网格化执行工作，泉州中院将其确定为全市四项司法特色亮点工作之一予以推广。

【司法改革】 2018 年，县法院突出员额法官核心地位，重新核定法官助理、书记员、速录员等辅助人员，探索建立审判团队 11 个，优化审判资源配置。实行扁平化管理，由独任法官、合议庭直接签发裁判文书。落实院庭长一线办案常态化，院庭领导办结案件数占总结案数的 58.6%。制定专业法官会议规则，召开专业法官会议 8 次，专业咨询意见采纳率 95.6%，审委会讨论案件数比上年下降 48.8%。推进庭审实质化改革，完善鉴定人、证人出庭作证机制，出台庭前会议工作规则，实施量刑规范化罪名 35 个。推行轻微刑事案件快速办理机制，采用“三集中三简化”（集中移送审查起诉、集中提取公诉、集中开庭审理、简化文书创作、简化审批程序、简化庭审程序）办案模式办理危险驾驶等案件，平均审理时间缩短至 7 个工作日。推进“分调裁”改革，实施简案快审、普案标审、繁案精审，强化类案集约化办理。以案件为引导，建立和完善审判管理新格局，真正向管理要质量、要效率，法定审限内结案率 99.2%，一审服判息诉率 99.7%，发回重审率 0.59%。

【诉讼服务】 2018 年，县法院推进网上立案、送达、阅卷、开庭等一体化机制，推动线上“一网通办”、线下只进“一扇门”，努力让数据“多跑步”、群众“少跑腿”。上线运行诉讼服务微信小程序，实现在线立案、刷脸查案、获取文书模板、提交执行线索等功能，为当事人提供更加便捷高效的“掌上诉讼服务”。引进 ITC 自助诉讼服务终端，当事人可以自助缴纳诉讼费、自助立案、自助打印等。推进“12368”诉讼服务热线建设，打造集诉讼咨询、案件查询、联系法官、信访投诉等多项功能于一体的综合性便民服务平台。

【阳光司法】 2018 年，德化县 10 个审判法庭全部改造成为科技法庭，实现用高科技手段助推审判工作，升级改造监控设备，实现对立案、庭审、执行、车辆、安防等环节的在线监督，全面运用“智慧办案系统”“智能办公系统”。推进电子卷宗随案同步生成和深度应用，利用电子卷宗开展信息回填、网上阅卷、文书生成、类案推送等工作，随案扫描案件 2203 卷 9.5 万页，完成历史档案扫描工作 5.1 万卷 353.6 万页，为群众、律师等快速提供电子法律文书 500 余份。开展“七五”普法工作，推进“法律八进”，组织“法院开放日”21 次，1200 多名群众参与。在省级以上报刊媒体发表宣传 136 篇次，利用微博、微信推送信息动态 1000 余条，官方公众号影响力进入全国、全省法院微信排行榜 12 次，最高位居全国第 2 名。上网公布裁判文书 4954 件，网上直播庭审 424 场次，将庭审过程变成全民共享的“法治公开课”。

【基层法庭】 2018 年，龙浔法庭、雷峰法庭、上涌法庭、赤水法庭的审判资源整合优化，设立基层法庭联合办案中心，探索“1 个中心+4 个巡回点”工作模式，发挥“聚集效应”，方便群众诉讼。发挥联合办案中心靠近司法行政部门的优势，探索建立诉调对接中心，在医疗、劳动、交通事故等矛盾较集中、群众较关注的领域开展精准对接、联合调解，进行司法确认 68 件。组建统一送达小组，实现集约化送达；创新完善“网格化 + 送达”工作模式，网格员通过提供线索、指引上门等方式协助送达案件 2514 件，协助送达成功率 83.6%，三明中院、晋江政法委、丰泽政法委等单位组织前来参观交流。因地制宜开展巡回审判、墟日法庭、田间送达等工作。

（陈公照）

司法行政

【概况】 2018 年，德化县司法行政工作加强普法宣传，做好人民调解工作，全年排查调处各类矛盾纠纷 1072 件，成功率 96.3%；德化县在矫社区服刑人员 142 名，社区服刑人员稳控率 100%，实现零漏管、零脱管；设有 1279 个帮教小组，1279 名刑满释放人员基本得到妥善安置与帮教；德化县各律师所代理各类案件 1219 件，法律援助中心受理指派各类法律援助案件 766 件，公证处办结各类公证事项 591 件。1 月 16 日，建筑面积约 3622 平方米的县司法局业务用房（与县人民防空办公室、公安局森林分局和龙浔法庭合建）正式投入使用。

【普法依法治县】 2018 年，德化县实施“七五”普法规划，落实“谁执法谁普法”“谁服务谁普法”工作责任制，把普法依法治县工作纳入年度目标责任制、综治平安建设、精神文明创建和绩效考核范畴。9

月，德化通过市级“七五”普法中期督导检查。德化县建成法治文化阵地21个，其中县级1个、镇村级17个，青少年法治教育基地3个。探索创建“法律进校园”活动示范点，德化三中、五中、阳光小学等一批法治文化阵地正在建设中。开展法治宣传教育活动，持续深化“法律六进”活动，各乡镇、各单位围绕重点时段开展各类法治宣传教育810多场次。聚焦基层治理，推进法治、自治、德治体系建设，推行县、乡、村（社区）法治建设“三级联创”。

【人民调解】 2018年，德化县各级各类调解组织排查调处各类矛盾纠纷1072件，调处率100%，成功率96.3%。先后有5件调解案例分别在中央、省、市电视台刊播。完善实体平台建设，提档升级县级人民调解中心，组建世界瓷都·大调解中心；建设人民调解远程视频调解平台，对接18个乡镇调委会或司法所，实现多方远程调解、重大疑难纠纷专家会商、远程视频指导指挥、法律咨询解答等功能于一体；特邀“两代表一委员”15名、专职律师17名，创新设立“两代表一委员”调解工作室和律师调解工作室；组建陶瓷、电商、旅游行业调委会以及顺美集团调委会；培育发展网格调解信息员、网格调解员487名。

【矫正帮教】 2018年，德化县在矫社区服刑人员142名，社区服刑人员稳控率100%，实现零漏管、零脱管。德化县设有1279个帮教小组，1279名刑满释放人员基本得到妥善安置与帮教。设立县级社区矫正中心并实施标准化建设，3月被确定为全市县级社区矫正中心标准化建设试点，7月全省社区矫正中心标准化建设现场推进会在德化召开，经验做法在《侨区快讯》《省司法厅简报》刊发并被省司法厅以文件形式转发，形成“德化样本”。依托电子政务外网建设社区矫正远程视频指挥平台，构建以社区矫正中心为枢纽、18个司法所为支点的视频管理网络，集社区矫正实时监控、全面监管、远程监督、指挥调度和应急处置为一体。创新推行“1+X”模式，即“中心＋基地”模式，将社区服务、技能培训、警示教育、过渡性就业安置等6个基地作为辅助功能区域，纳入社区矫正中心统一管理，实现功能凝聚、优势互补。率先在全市成立“社区矫正教育宣讲团”，不定期组织开展法治教育、技能培训、社会公德教育、心理矫治教育等；落实监狱警察延伸社区矫正监管工作，在全市率先推行定期组织在刑身份意识较差、遵规守纪观念淡薄、行为纪律松懈的社区服刑人员进“高墙”接受警示教育活动，实现“墙外＋墙内”合力教育监管。落实特殊人群监管风险隐患评估，建立管理台账，并实行动态管理，全面做到底数清，情况明。

【法律服务】 2018年，德化县各律师所代理各类案件1219件，法律援助中心受理指派各类法律援助案件766件，公证处办结各类公证事项591件。设立县级公共法律服务中心，内设法律援助、公证、人民调解、法治宣传、法律咨询、值班律师等服务窗口；开通“12348”法律服务热线，在线提供优质高效的声讯法律咨询和法律服务引导；建立律师进驻县级公共法律服务中心工作机制，面对面为群众提供专业法律服务；引导公证、法律援助、律师等法律服务行业为社会各界提供多层次、多领域、个性化、体现公平正义价值的公共法律服务需求；组织开展法律工作者、法律服务机构年度考核，对法律服务执业情况开展定期或专项检查。

（郭慧婧）

2018年7月24日，全省县级社区矫正中心标准化建设现场推进会在县司法局召开 （图／县司法局）

军事

人民武装

【思想教育】 2018年，县人武部组织干部职工学习《中华人民共和国国防法》《中华人民共和国国防教育法》《中华人民共和国兵役法》等一系列军事法律法规；制定具体主题教育实施方案和计划，组织心得体会展评2次24篇，制定“传承红色基因、担当强军重任”专题宣传版面，开展“身处红色革命旧址、争当新时代革命传人”实践活动；4月，组织人员参加在军分区举行的国防教育讲师团授课比赛，县讲师团10名成员全部参加集训，其中2名成员综合成绩排名全市第一。

【军事训练】 2018年，县人武部对新年度的军事训练工作进行研究部署，制定年度、阶段、月、周计划，确保训练时间、人员、效果的落实。抓好专武、民兵干部骨干的集训培训。3月13日，组织1期专武干部及民兵营（连）长集训；5月，组织人员参加在军分区举行的课目教学比赛，县人武部参赛的单兵战斗动作、卡点布设两个课目取得第一、第二名，综合分位居全市第一；5月27日，完成军分区布置的县人武部民兵应急分队在仰恩大学驻训备勤试点任务；7月31日，邀请县四套班子领导、国动委各办主任到石狮市参观海军舰艇，集体过“军事日”活动；8月28日，组织全县预定新兵役前训练；10月29日，组织人员参加市、县经动演练；11月19日，组织应急、保交护路等民兵专业分队到泉州工艺美术职业学院进行军事训练；抓好民兵整组工作，优化基干民兵的组织架构。抓好兵役登记和征兵宣传工作，2018年高标准完成兵员征集任务。

【安全治军】 2018年，县人武部开展学法规、用法规、守法规活动，抓好安全法规学习，坚持每周学一章。4月，开展枪弹清理整治活动；5月，组织集中学习新条令；8月，开展军车交通安全月活动，组织车管干部和驾驶员集中学习《军事交通工作法规》《中华人民共和国国防交通法》《中华人民共和国道路交通法》；9月，开展“百日安全”活动，坚持问题导向，排查解决隐患；落实安全工作责任制，

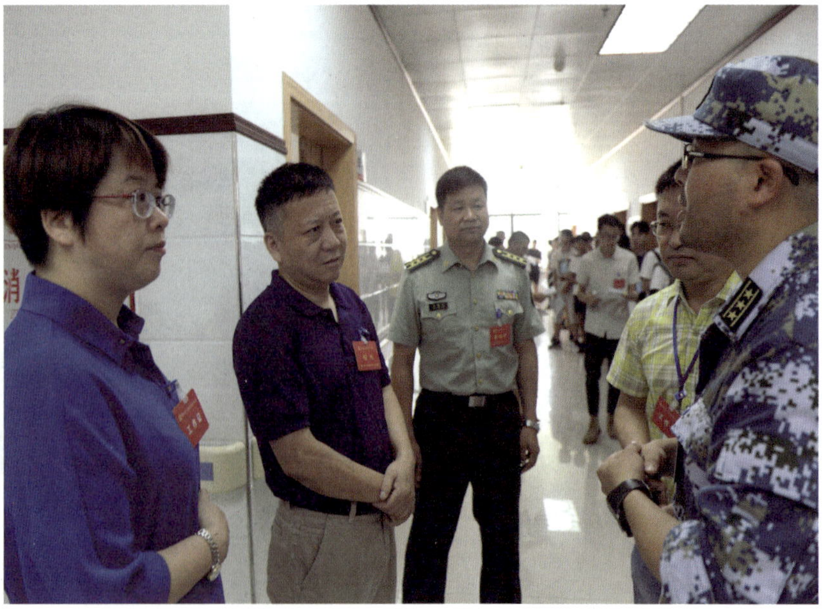

2018年8月3日，县长刘德旺（左二）到县中医院检查征兵体检工作

（图/李宏图）

2018 年 8 月 1 日，德化县四套班子领导看望慰问“泉州舰”舰艇官兵

（图 / 吴有森）

人人签订安全工作责任状，定期开展安全教育、组织政治审查、落实每季度 1 次安全形势分析、每周 1 次安全保密、武器装备安全管理检查等制度。

【双拥工作】 2018 年，县人武部到挂钩乡镇大铭乡琼溪村开展 1 场扶贫攻坚现场会，为琼溪村拨款 3 万元产业扶贫基金，用于生姜种植、竹鼠养殖等产业发展；看望特困群众 5 户，发放慰问金 2500 元；慰问贫困大学生每人 6000 元，用于解决贫困大学生生活费；6 月 1 日，为育英幼儿园和实验小学困难学生发放慰问金 1.15 万元。全年做好军转干部、转业士官的优质安置工作；协调县政府、财政局、民政局为进藏新兵增发一次性补助金；协调县教育局解决现役军人子女就学问题。

（县人武部）

人民防空

【概况】 2018 年，德化县人防工作重点推进人防工程建设和质量监督；推进人防地面指挥所建设和人防行政审批管理；加强人防宣传教育；开展“9·18”防空警报试鸣，城关两镇社区、城区中小学校组织人员进行疏散演练。

【人防工程建设】 2018 年，德化人民防空办公室加强人防工程监督检查，与市人防办质监站工程技术人员多次到工地现场，对“结建”人防工程进行查验、验收，按照防空地下室设计规范加强指导和监督，对工程建设中的各个环节跟踪监督到位，对存在的问题及时提出整改意见，严把防空地下室验收关，确保人防工程质量。

【指挥通信建设】 2018 年，德化县完成县人防指挥所土建部分建设，人防信息系统安装通过初验并开始试运行。结合县区划调整、机构设置、人员变动及经济社会发展变化情况，协调相关部门对《县防空袭方案》进行调整、补充和完善。加强防空警报器日常维护管理。搬迁安装防空警报中央站设备天馈系统，检查检测防空警报器 14 台次。“9·18”防空警报试鸣成功，警报器设备完好率、鸣响率均 100%，城区防空警报音响覆盖率 98% 以上。

【人防审批管理】 2018 年，县人防审批全面推行“预约服务”“上门服务”“代办”等“保姆式”全方位服务，凡是手续齐全的审批项目，当天办理完毕。对窗口设置和人员进行整合，人防审批在窗口受理一次性办结。做到服务大厅统一收件和收费，程序内部消化、一条龙服务、限时办结。

【人防宣传教育】 2018 年，在“9·18”防空警报试鸣前，县人防办提前 5 天采取在县有线电视台、《瓷都德化报》、德化网、建设信息网等媒体发布试鸣通告，在瓷都广场设置彩虹门、展板等形式开展宣传。试鸣日当天发出防空警报试鸣宣传彩页、人防法律法规宣传册等 1000 多份。部分机关企事业单位、城区中小学、社区等组织开展人员疏散演练。

（县人防办）

外事 侨务 港澳台事务

外 事

【概况】 2018年，德化县通过引导企业参加境外知名展会、赠送外事专用瓷、建立友好城市、招商推介、建立外语人才库等方式，对外宣传推介“世界陶瓷之都·德化”，拓展海外市场，提高知名度、美誉度；通过举办以陶瓷艺术为主题的涉外活动，加强国际文化交流。

【企业参展】 2018年，德化县引导企业以德化品牌“境外行”“海丝行”模式参加境外知名展会，宣传推介“世界陶瓷之都·德化”LOGO。3月3日，“德化到奥特卢中国白瓷展”在荷兰阿姆斯特丹瓷砖博物馆开幕，明玉陶瓷作为德化陶瓷“中国白”的代表参加展出。9月28日，德化5家陶瓷企业参加福建省文化产业金砖国家（俄罗斯）展览会，展会上德化五洲陶瓷公司将金砖国宴瓷——《祥云水墨·墨问》捐赠给俄罗斯国家当代历史博物馆收藏。

【涉外活动】 2018年，德化县筹办“‘海丝情·陶瓷韵’国际文化交流”“国际陶瓷艺术大奖赛”等活动。3月9日，德化职业技术学校和澳大利亚昆士兰TAFE Queensland的中澳合作办学项目启动仪式在德化职业技术学校举行。6月17日，来自斯里兰卡、巴拿马、苏丹等20个国家71名外国友人到德化开展“2018年发展中国家落实2030可持续发展议程研修班——减贫专题”考察活动。9月17—20日，以“一带一路·文明互鉴与创新”为主题的第三届中法文化论坛在陕西西安开幕。泉州市作为海上丝绸之路的起点城市受邀参加其中的“中法市长对话”活动，并强力推介德化陶瓷“中国白”；其间，启动第二届“中国白”国际陶瓷艺术大奖赛，出任该次大奖赛的评审专家包括中国当代陶瓷艺术家、清华美院陶瓷系主任白明，法国罗丹博物馆馆长卡特琳·舍维约，法国赛弗尔国家陶瓷艺术中心主任罗曼·萨尔法蒂等11位国际知名专家人士。大赛奖金设置一等奖5万欧元，二等奖3万欧元，三等奖2万欧元，优秀奖5000欧元。有《淼》《故城草木深》等10件中外艺术家作品获奖。

2018年6月17日，2018年发展中国家落实2030可持续发展议程研修班到德化考察。图为外国友人和德化尚思小学学生一起体验陶瓷彩绘

（图/李宏图）

【宣传推介】 2018年，德化县主动与上级外事部门沟通，结合上级领导到日本开展外事访问活动，宣传德化，为德化与日本多治见市建立友城关系牵线搭桥。3月，省外办组团到日本长崎县访问，向长崎县的波佐见町町长推介德化。德化五洲陶瓷公司研发生产的外事专用瓷，在“2018年中非合作论坛北京峰会”等外事活动中，得到中外贵宾好评。7月27—30日，县长刘德旺率团到葡萄牙开展国际陶瓷艺术城项目招商推介活动。

【泰国考察团到访】 2018年3月27—28日，泰国考察团到德化参观考察中泰“3+3”地理标志互认互保入选产品—德化白瓷产业发展情况。考察团通过到县陶瓷博物馆、凤凰陶瓷雕塑研究所、大千瓷苑、中国白陶瓷有限责任公司、陶瓷古窑址——月记窑等地进行实地考察，详细了解德化白瓷发展历史、生产制作原料、传统制作工艺、产品质量特色、地域保护措施及产业发展现状等情况。此次考察为德化白瓷最终能否列入中泰“3+3”地理标志互认互保产品打下基础。

【外语人才库建立】 2018年，德化县组织开展外语人才调查摸底工作，建立外语人才库，收集到英语、日语、德语、西班牙语等4个语种的外语人才信息31份。

（县政府外事办公室）

侨 务

【概况】 2018年，德化县做好联络联谊和服务侨企侨胞工作，全年接待华人、华侨16批437人次；慰问贫困归侨18人次，发放慰问金1.64万元；为14名遭遇大病大灾的贫困归侨发放补助金2.9万元。

【联络联谊】 2018年，马来西亚雪兰莪及联邦直辖区德化会馆、新山永德会馆、柔佛州德化会馆等社团及加拿大、马来西亚、新加坡经贸文化旅游参访团近200人回乡寻根谒祖。3月30日，泰国华泰教育交流中心组织110名华侨青少年到德化顺美集团开启“中国寻根之旅•顺美行”。4月3日，在东南网美国站的牵线搭桥下，美国福建公所副主席林文、郑国章到德化交流考察，各方就推动德化陶瓷走进美国达成初步合作意向。6月，德化企业家菲律宾商务考察团团长苏泉源一行访问菲律宾福建青年委员会。9月8—10日，县侨办、侨联等单位组团到马来西亚参加雪隆德化会馆成立15周年、彭亨德化会馆成立78周年、东甲德化会馆成立80周年等庆典活动，并与马六甲、东甲、雪隆、蕉赖、文律等8个会馆签订德化县驻马来西亚人才工作联络分站合作备忘录。

【侨企侨胞服务】 2018年，德化县对“华侨来闽定居”“申办APEC商务旅行卡”“华侨归侨侨眷身份认定”等事项的审批流程进行梳理优化，压缩办事流程，简化办事程序，变“坐等服务”为“上门服务”，把“最多跑一趟”事项，转化为“一趟不用跑”。

（县政府侨务办公室）

港澳台事务

【概况】 2018年，德化县抓好惠台政策的贯彻落实，为中国台湾地区高校学生提供实习、见习岗位30个，引进台湾地区人才团队1个、青年4人。新引进台资企业3家，意向投资2家，投资总额4500万元。加强与香港地区、台湾地区的联络联谊和文化交流。全年接待台湾同胞13批261人次，其中县石牛山石壶祖殿接待台湾地区进香团组2批57人次。

【港澳乡情普查工作启动】 2018年10月23日，德化县港澳乡情普查工作会议动员部署及业务培训会召开。全面启动调查掌握德化县港澳台居民及其眷属的信息和群体结构、分布及社团等方面情况工作，建设德化县港澳乡情数据库，登记澳门居民人数3人、香港居民人数89人、台湾居民人数216人、港澳台眷属人数196人、留学生11人、重点人士16人。

【创业就业扶持】 2018年，德化县抓好对台创业就业的政策扶持，坚持“以就业为重点、实习带动就业、就业带动创业”，做好吸引中国台湾地区青年人才和人力资源工作。组织企业参加第十三届台湾地区专业人才厦门对接会及举办德化县首届人才嘉年华活动，对接台湾地区中、高层次管理或技术类岗位人才。全年为台湾地区高校学生提供实习、见习岗位30个，引进台湾地区人才团队1个、青年4人。4月10日，中华文艺作家协会福建分会到德化采访台商杨闽华。7月23日，根据杨闽华创业故事采写的《越过海峡的绿色蓝图——台湾青年杨闽华大陆创办农场纪实》在省台办网站上发表。

【台资项目引进】 2018年，德化县建立台资项目促进机制，主动参与服务台资项目招商引资，及时跟踪掌握在谈台资项目。新引进台资企业3家，意向投资2家，投资总额4500万元。

【台企台胞服务】 2018年，德化县港澳台人才交流服务中心设立，通过入户走访、座谈交流、印发宣传手册等方式，加大优惠政策宣讲力度，保障“台商台胞服务年”活动进行。全年全县36人申领港澳台居民居住证，其中领取台湾居民居住证19人。出台《“深化德台人才交流合作”专项行动实施方案》，围绕政策支持、平台建设、服务保障、氛围营造等4个方面，逐步建立完善台湾同胞在德化学习、创业、就业、生活等各方面的待遇机制。

【文化交流】 2018年，德化县加强与香港、澳门、台湾地区的文化交流活动。3月29日，香港保良局陈守仁小学组织30名师生到德化开展“海上丝绸之路探索之旅”活动。5月5日，华侨大学港澳台学生等一行64人到雷峰镇朱紫村开展“百村千人行”文艺慰农演出暨福建新闻广播“书声计划”爱心书屋捐建活动。5月21日，《台湾导报》发表题为《天然淳朴的艺术回归》文章，专题介绍德化陶瓷艺术家张明贵的陶瓷创作过程。6月2日，台湾陈任公族亲会一行16人到南埕镇半岭村双交林寻根谒祖。7月13日，92名台湾青年到德化开展“台湾青年‘海丝泉州行’——泉台青年文化交流会”主题交流活动。8月13—18日，戴云山自然保护区管理局组团到台湾参加主题为“生物多样性与乡村再生”的“第九届海峡两岸生物多样性与森林保护文化研讨会”。8月，县顺美、五洲、成艺等6家陶瓷企业分别举办省、市两级海峡两岸大学生设计工作坊活动，来自台湾的青年学生及导师参加，共计60多人。10月31日，中国金门陈氏宗亲一行30人到德化参加龙浔镇高阳村顶头堂重修完工庆典活动。11月3—7日，县龙湖寺管委会主任李建文应台湾三代祖师联谊会邀请到台湾参加在台北保宁宫举办的第七届第三次信徒大会。11月7—11日，台北市德化同乡会理事长王川率旅台乡亲团组一行11人返乡参观。11月19日，台湾三代祖师联谊会总干事林逸民到德化参加龙湖寺创建820周年庆典。德化县利用“法主公”“三代祖师”与台湾地区的渊源关系，推动德化台湾民间信仰常态化交流。全年举办3场以陶瓷设计为主题的沙龙活动，活动邀请台湾著名陶瓷艺术设计大师王侠军，香港闽港台书画家联谊会会长杨胜及台湾第一届“智荣奖”得主、台湾“中华”两岸创业发展协进会会长、台湾文创园区专业教授吴建宏等参加。

【联络联谊】 2018年7月1—3日，县侨联主席周建阳一行到中国香港参加旅港乡贤颜俊杰吊唁仪式；7月20—23日，县委书记梁玉华率团到香港参加香港德化同乡会换届及第十三届董事会就职典礼。

（县委台港澳工作办公室）

2018年3月29日，香港保良局陈守仁小学组织30名师生到德化尚思小学开展“海上丝绸之路探索之旅”活动 （图/李宏图）

综述

【概况】 2018年，德化县农业总产值21.78亿元，比上年增长2.5%。其中，粮食总产量5.6万吨，比上年减少32%，水果总产量2.19万吨，比上年减少74.1%。全年种植香菇、平菇等食用菌185万袋，完成6个生态茶园基础设施建设，新增生态茶园33.33公顷。龙门滩镇苏洋村、美湖镇美湖村、上涌镇下涌村、三班镇奎斗村等建立大棚蔬菜基地33.33公顷，赤水、美湖、汤头等乡镇建立反季节蔬菜基地333.33公顷。全年肉类产量16976吨，禽蛋产量2099吨；德化黑鸡出栏59.5万羽，黑兔出栏16万只，黑羊出栏1.45万头；龙门山综合生态养殖农场蛋鸡存栏量5.3万羽。德化县渔业生产以水库、山塘为主，面积972公顷，池塘养殖面积76.8公顷。完成造林绿化1500公顷。

【科技兴农】 2018年，《德化县2018年特色农业项目申报及奖励标准》出台，对在德化县发展高效农业、休闲农业、特色农林产业、培育新型经营主体等给予适当的奖励补助。县农业局与省、市农科院所合作，建立“院士工作站”，与省园艺学会签订合作协议，开展“三黑”（黑鸡、黑羊、黑兔）、德化梨、黄花菜、优质米、淮山等研发应用。推广农业“五新”（新品种、新技术、新肥料、新农药、新机具），引进紫米、火参果、红美人杂柑、迷你葫芦瓜、沃尔富斯番茄新品种、黑斑蛙等特色品种、试验、示范、推广，建立示范基地400多公顷。发展富硒农业，上涌镇、赤水镇建立富硒水果、水稻、蔬菜示范片40多公顷。发展农业设施大棚，上涌镇下涌村完成A区“78—113棚”及C区“34—61棚”智能温控大棚4.11公顷建设；浔中镇土坂村完成智能温室大棚0.25公顷建设；雷峰镇潘祠村完成智能温控大棚0.77公顷建设。

【品牌兴农】 2018年，“德化黑羊”通过农业农村部农产品地理标志登记专家组评审，“德化黑鸡”地理标志变更申报、大铭生姜申报国家地理登记保护农产品均通过省农业厅初审，新增无公害农产品7个。德化梨、“刺明珠”葡萄、“十八格”黄花菜、德化县芹峰淮山、“岱仙山”黑鸡、“石冻王”棘胸蛙获第十九届中国绿色农产品博览会金奖。春美乡（黄花菜）列入全国一村一品示范村镇。组织参加第六届成都国际都市现代农业博览会，恋南山黄花远志茶获茶叶类金奖；参加第十一届海峡两岸（泉州）农产品采购订货会，恋南山黄花远志花茶被评为海峡两岸最受欢迎伴手礼；组织参加第十二届海峡两岸茶业博览会。

【质量兴农】 2018年，县农业局开展农业综合执法，推进农资监管平台建设，县级农产品质量安全检验检测中心通过验收，51家农业企业纳入市级以上农产品质量安全可追溯体系，38家农资经营企业纳入农资监管信息平台。2018年度完成蔬菜农残速测1075个，18个乡镇完成蔬菜农残速测6788个，合格率99.57%。新增农民专业合作社联合社1家（德化县优美农业专业合作社）、新培育省级农民专业合作社示范社4家、市级农民专业合作社示范社4家，省级家庭农场示范场4家、市级家庭农场示范场6家。福建省道畋智慧农业科技有限公司和福建省绿禾谷农业发展有限责任公司建设2018年德化县省级农民创业示范基地。

（县农业局）

种植业

【概况】 2018年，德化县粮食播种面积8682.33公顷。全年粮食总体属轻发生年；蔬菜属中等发生，虫重于病；果树属中等局部偏重发生；茶叶中等发生。完成测土配方施肥技术16666.67公顷次，征集各类古老、珍稀、特异、名优的作物地方品种和野生近缘植物种质资源31份。

【粮食】 2018年，德化县实施泉州市2018年粮食增产技术措施推广，粮食作物主导品种和主推技术到位率95%以上，推广优质稻5333.33公顷，杂交稻7333.33公顷，超级稻3333.33公顷，旱育秧5333.33公顷，脱毒马铃薯2333.33公顷。配合县财产保险公司开展水稻种植保险，完成投保面积8266.67公顷。建设6800公顷水稻生产功能区，建立美湖、上涌、杨梅、龙门滩4个乡镇33.33公顷优质稻示范基地，主推水稻旱育秧、优质稻、超级稻等技术。

【水果】 2018年，德化县组织对引进种植的红美人杂柑、鲜食凤凰李、福布娜、刺葡萄、新玉梨、红心猕猴桃、黄桃等十几个果树新品种，进行品试和适应性观察试验，筛选出适应德化自然条件的优良品种。推广百香果种植，种植面积800公顷。与福建农林大学技术合作，在上涌镇引进富硒水果开发与配套技术试验，示范推广6.67公顷；福建省园艺学会在德化举办学术年会，开展对外学术、技术交流合作。建立“南方早熟梨高优栽培技术示范推广”核心示范片66.67公顷，提高优质果率；开展“刺葡萄新品种引进与高优栽培技术试验研究”，为农业企业提供技术支持和优质服务。

【蔬菜】 2018年，德化县种植佛手瓜233.33公顷，重点抓好汤头吉山、赤水等高海拔基地建设，推广无公害栽培技术。发展666.67公顷黄花菜基地，推广高优栽培技术和无公害综合防治病虫害技术，提高黄花菜产品质量。引进沃尔富斯番茄10个新品种，进行田间比较试验，试验采用保护地和露地试验设计，在龙门滩镇东漈村、上涌镇下涌村、美湖镇美湖村进行夏、秋延试验测试，做适应性、丰产性、稳产性、抗病性、抗逆性、商品性及品质比较分析，筛选出优质高效、适销对路、高品质番茄新品种，满足生产需求。在龙门滩镇苏洋村、美湖镇美湖村、上涌镇下涌村、三班镇奎斗村等村建立大棚蔬菜基地33.33公顷，主要种植西红柿、黄瓜、空心菜、花椰菜、茄子、甜椒、辣椒、甜瓜等各种蔬菜品种。其中福建省鑫义展有限公司、福建省道畋农业科技有限公司建设智能温室大棚约26.67公顷，种植多种蔬菜，浇水施肥实现智能化；龙门滩镇苏洋基地推广无土栽培番茄6.67公顷，配套水肥一体化滴灌、夏季遮阳等设施，每亩年产值3万～5万元；美湖镇美湖村建立大棚蔬菜基地6.67公顷，主要种植西红柿、大白菜、空心菜、白花菜、甜椒、地瓜叶等十几个蔬菜品种。在赤水、美湖、汤头等乡镇建立反季节蔬菜基地333.33公顷，推广高畦栽培、覆盖保湿、平衡施肥、科学管水、植株调整、综合防治病虫害等配套技术，主要栽培甜椒、辣椒、花椰菜、大白菜、结球甘蓝等品种。

【食用菌】 2018年，国宝乡上洋村种植0.5万平方米双孢蘑菇，平均每平方米产鲜菇17.3千克，产量86.5吨。葛坑镇巴西蘑菇无公害标准化示范基地，示范种植巴西蘑菇2万平方米，辐射带动国宝乡上洋村种植巴西蘑菇1万平方米、草菇0.3万平方米，总产鲜菇165吨，总产值200万元。龙浔镇英山村淮山园示范套种竹荪0.2公顷；上涌镇鑫义展有限公司设施大棚内白香果示范套种竹荪3.33公顷。引进大球盖菇（赤松茸）在上涌镇鑫义展有限公司设施大棚进行试验，在英山村淮山园试验套种袋栽灵芝，均获得成功。强化菌政管理，认真贯彻落实新《中华人民共和国种子法》《食用菌菌种管理办法》等法律法规，对德化县范围内的菌种场（自繁）进行调查摸底，规范菌种生产，保证德化县食用菌菌种的质量。

【淮山】 2018年，德化县推广英山淮山标准化生产技术66.67公顷，龙浔镇英山村建立绿色食品示范基地13.33公顷、雷峰镇蕉溪村建立无公害淮山基地20公顷。县与泉州市农科所合作，在雷峰镇蕉溪村建立21个淮山新品种进行对比试验研究。

【生姜】 2018年，生姜是德化县种植的主要经济作物之一，主要分布在春美、大铭、美湖、赤水、上涌等乡镇，其中大铭乡建立无公害生姜示范片13.33公顷。

【主要作物病虫害发生情况】 2018年，粮食病虫害总体属轻发生年。水稻病虫害属轻发生，其中稻飞虱病虫害属轻发生年、卷叶螟病虫害属中等发生年；二化螟病虫害偏轻发生年；稻瘟病虫害属中等发生年，稻曲病虫害属少发生年，纹枯病轻发生年；病毒病、细条病为轻发生年。马铃薯以发生晚疫病为主，中等发生年。甘薯病虫属偏轻发生年；主要发生甘薯瘟、蔓割病等。鼠害中等发生年。粮食作物累计发生各种病虫鼠害13533.33公顷，防治15666.67公顷次。蔬菜病虫害属中等发生年，虫重于病。主要害虫以跳甲、斜纹夜蛾、甜菜夜蛾、菜青虫、小菜蛾、美洲斑潜蝇、蚜虫、地老虎、蛴螬等发生为主。病害主要有霜霉病、枯萎病、白锈病、疫病、炭疽病、黑腐病、青枯病、病毒病等，累计发生各种病虫害5533.33公顷，防治9733.33公顷次。果树病虫害属中等局部偏重发生年。柑橘主要发生红蜘蛛、潜叶蛾、介壳虫、锈壁虱、黑刺粉虱、刺蛾、食心虫、蚜虫等。主要病害有柑橘疮痂病、柑橘炭疽病、柑橘黄龙病等。梨以发生黑斑病、梨黑星病、锈病、炭疽病、食心虫、蚜虫、木虱、桔小实蝇等。累计发生各种病虫害12400公顷，防治15666.67公顷次。茶叶病虫害属中等发生年。主要以发生茶假眼小绿叶蝉、粉虱、蚜虫为主，累计发生3733.33公顷，防治5533.33公顷次。

【耕地质量保护与提升】 2018年，在美湖镇小湖村、赤水镇东里村、杨梅乡云溪村建设3个配方施肥示范片33.33公顷，在雷峰镇雷峰村开展测土配方施肥肥料校正试验项目1个。建立连片种植6.67公顷以上紫云英示范片9个，项目区分布在5个乡镇的9个行政村，共种植80公顷，辐射带动推广绿肥种植833.33公顷。推进化肥使用量零增长减量增效行动，2017年德化县用量12410吨（折纯），2018年12035吨（折纯），完成目标减量3%以上。开展土壤重金属污染监测和第二次全国农业污染源普查，完成30个农产品样品的采集和检测，完成144家畜禽养殖场（户）的普查和150个种植地块的调查及录入。2018年6月底前，德化县支持耕地地力保护补贴资金，由县农村信用社通过“一折（卡）通”方式兑付补贴资金1525.56万元，补贴面积12619.69公顷。

【种子供应与管理】 2018年，德化县征集各类古老、珍稀、特异、名优的作物地方品种和野生近缘植物种质资源31份，并按技术要求填写第三次全国农作物种质资源普查与收集行动征集表，将征集的农作物种质资源送省农业科学院。在杨梅乡云溪村、美湖镇小湖村、赤水镇东里村建立省级优质稻新品种核心展示示范片点3个，面积66.67公顷。展示“野香优676”“晶两优华占”“隆两优534”“晶两优534”“臻优177”“中浙优8号”“恒丰优534”等多个优质稻新品种。经现场测产验收，杨梅乡云溪村示范片点优质稻品种“野香优676”平均“亩产”563.5千克；美湖镇小湖村示范片点优质稻品种“晶两优534”平均“亩产”569.5千克；赤水镇东里村示范片点优质稻品种“臻优177”平均“亩产”559千克。根据省政府下达德化县每年承担1666.67公顷的粮食安全应急种子储备任务，2017年粮食安全应急储备种子（杂交水稻种子2万千克）于2018年3月27日入库，寄存在泉州市种子储备仓库。

（县农业局）

林业

【概况】 2018年，德化县实施封山育林2933.33公顷，开展森林抚育4066.67公顷、油茶林垦复施肥266.67公顷、毛竹林施肥垦复抚育133.33公顷，开设竹山和油茶林经营道路120千米。造林绿化工作在全省珍贵树种培训班上做典型经验介绍。实施唐寨山森林公园提升工程，规划建设瓷都五环绿道、景观提升及林分改造166.67公顷，已进入项目施工阶段。美湖樟树王被全国绿化委、中国林学会遴选为“中国最美古树”。开展城区两镇、公路沿线一重山森林生态景观改造提升等48.67公顷，将国宝云龙谷、九仙山、美湖樟树王等景区串联成线。重点抓好盖德镇有济村、浔中镇祖厝村等43个乡村生态景观林和特色花卉景观村建设。

【森林资源保护】

生态林和天然林管护 2018年，德化县累计拨付生态公益林、天然林补偿资金3426万元，调整优化生态公益林布局2533.33公顷。完成2017年度林地变更调查核实，核实小班3389个、1420公顷；完成158353.33公顷林地的调查工作，占任务数的94.21%。2016年、2017年德化县在全市保护发展森林资源目标责任制考核中位居全市各县第一名。

林业行政执法 2018年，县

林业局开展“禁种铲毒”“侵犯林业植物新品种权和制售假冒伪劣林木种苗”等专项执法行动，查处各类林业行政案件427起，没收木材156.4立方米，为国家挽回经济损失327.5万元。开展扫黑除恶专项整治行动，排查林业执法案件线索1431件，林业信访件线索55件。开展以森林检测、核查、执法全覆盖为主题的森林督查工作，核查897个疑似图斑。

森林防火 2018年，县林业局投入资金450万元，在预警监测、火源巡查、队伍管理、装备更新及扑火技术创新等方面，全力推进森林防火“六个化”（预警现代化、巡查网格化、管理智能化、队伍建设标准化、装备高效化、应急处置科学化）建设，森林火灾的防控得到提升。

森林疫情防控 2018年，德化县订购白僵菌粉炮1.6万发、苏云杆菌6吨，清理松枯死木2501株，预防防治松毛虫400公顷以上，成为全市未发生松材线虫病的两个县之一。

护林队伍管理 2018年，查处违规护林员69人次，辞退不合格护林员2名，扣罚绩效1.25万元。做好涉林信访工作，办结各类涉林信访件20件。

【绿色富民产业】 2018年，德化县继续发挥“金砖效应”，“茶油奶奶”山茶油出口及内销订单3700万元，祥山大果公司被中国林业产业联合会木本油料分会授予木本油料企业品牌价值评价团体标准起草单位，被评为福建省科技小巨人领军企业，德化县获评福建省特色农产品（油茶）优势区；参与央视录制专题片2场，建设省市林下经济示范基地23个、66.67公顷以上，成为全市2个获得省级正向激励奖励资金的县份之一；建成全省最大棘胸蛙养殖基地，年产棘胸蛙50万只以上，成立福建省石冻王生物技术研发中心，成功开发石冻王（儿童版）营养粉片，双全公司棘胸蛙获第十九届中国绿色食品博览会金奖；恋南山黄花远志茶获第六届成都国际都市现代农业博览会茶叶类金奖、被评为海峡两岸最受欢迎伴手礼奖。德化观赏苗木“台湾山樱花”获评第十届海峡两岸现代农业博览会暨第二十届海峡两岸花卉博览会金奖。集中资金、项目、技术等要素资源，建立林业精品示范工程122个。在中央财政造林补贴试点、现代竹业、纵深防护林封山育林等方面，争取上级各类项目资金5000多万元，比上年增长20%。培育国家级林业合作社3家，省级3家，市级8家，市级家庭示范林场8家、三星级（省级）森林人家3家。绵远合作社通过第二次国家农民合作社示范社监测。

【林业改革】 2018年，德化县继续列入全国林地占补平衡扩大试点县，落实补充林地518.27公顷，占任务数400公顷的129%；办结不动产权证160宗260.73公顷，解决重点项目征占用林地定额不足的瓶颈问题。组建县国有生态林场、县国有商品林场，经营面积18000公顷。以全市考核第一名的成绩通过省、市国有林场改革检查验收。成立县林权收储中心，举办林权抵押贷款合作签约、林权抵押贷款发放仪式。县农业银行和信用联社合计发放林权抵押贷款415万元。

【林业项目审批】 2018年，通过优化流程、压缩时限，为项目业主和群众节省审批时间1235个工作日，受理各类林业审核审批服务事项1149件，其中办理林木采伐1453.33公顷、森林蓄积量15万立方米；办理建设项目使用林地行政审核审批146件、284.8公顷。

（赖淑瑜）

【戴云山国家级自然保护区】

资源保护管理 2018年，德化县加强对高森林火险期的重点巡查，开展森林防火重点部位火灾隐患排查，完成森林防火重点区位林下清理5公顷，消除森林火灾隐患，确保辖区安全。抚育180多千米的森林防火林带，完成近30千米的重点部位林下可燃物清理。发放野生动植物保护知识、森林防火警示单、森林防火告知书、入区须知等宣传材料，并到辖区播放防火宣传广播。加强森林消防队伍建设，对扑火机具进行常态化检修，在新的森林防火期来临前组织全体护林员、森林消防队员进行护林防火暨森林消防业务培训并开展实战演练，提高应急处置能力。做好林业有害生物和野生动物疫源疫病防控和监测工作，加强对外来松木制品的植物检疫管理，组织开展松枯死木调查，并按要求及时清除松枯死木。加强与县林业局、森林公安局配合，打击非法占用林地、盗伐林木、乱捕滥猎野生动物的行为。按进度做好二类小班区划调查工作。

科研交流合作 2018年8月13—18日，以“生物多样性与乡村再生”为主题，在台湾举办第九届海峡两岸生物多样性与森林保护文化研讨会；继续与生态环境部南京环境科学研究所等科研机构（高校）合作，开展生物多样性鸟类、两栖、

2018年5月22日，福建戴云山国家级自然保护区管理局与德化实验小学联合开展"国际生物多样性日"科普进校园活动

（图/戴云山国家级自然保护区）

大中型哺乳动物红外相机观测；与福建省农业科学研究院、南京师范大学合作开展《氮沉降对亚热带森林生态系统碳固定及N20和CH4排放的影响规律研究》项目；继续推进市专家工作站《氮沉降对亚热带黄山松生态系统生产力及碳吸存影响研究》项目，并通过中期验收；《戴云山黄山松林不同演替阶段对土壤磷影响机制》项目被市科技局确定为2018年度泉州市科技计划项目，获得市2018年度科技计划项目经费补助8万元；组织人员参加"第九届海峡两岸森林保育经营学术论文征集""2018海峡两岸绿色发展与乡村振兴论文征集""海峡两岸闽南生态保育研讨会""2018年全省野生动植物保护学术年会"等学术研讨会，报送论文参评，14篇论文获奖，其中一等奖1篇、二等奖7篇、三等奖6篇。

科普宣传教育 2018年，做好生态科技馆的日常开放工作；开展"生态文化进校园"活动，先后与实验小学等单位联合开展"国际生物多样性日"等科普进校园活动；组织志愿者参加"建功新时代 瓷都再出发"学雷锋志愿服务主题活动和以"美丽瓷都，我们一起行动"为主题的环境日宣传活动；与中国野生动植物保护协会志愿者委员会联合举办"2018秋冬季节志愿者护飞行动"；组织人员参加县旅游讲解培训，提高科普宣教队伍业务水平。

基础设施建设 2018年，戴云山国家级自然保护区基础设施二期工程建设实施，开展保护区监控系统工程建设，完成智慧保护区监测点的监控设施安装。完成戴云山生态文化教育基地等综合业务用房土建及附属工程和室内布展工作，完成年度投资1200万元。

（戴云山国家级自然保护区管理局）

【葛坑国有林场】

木材产销 2018年，德化县葛坑国有林场生产木材1752.2立方米，其中主伐1204.6立方米，抚育间伐547.6立方米。销售木材1752.1立方米，全面完成年度销售任务。

营林生产 2018年，德化县葛坑国有林场完成造林8.13公顷，造林成活率95%以上。完成大田育苗0.1公顷、中幼林抚育438.87公顷，完成18.87公顷造林地准备，质量合格。

项目建设 2018年，德化县完成绿化苗木装袋6577株，完成计划任务的101.2%。完善《绿化苗木移植管护技术规程》，加强34.67公顷绿化苗木的管护。做好秃杉无性良种繁育基地和油茶良种繁育基地的后续管理工作。建设森林经营示范林69.8公顷，完成计划的105%。按目标树单株经营作业法，完成18.87公顷的目标树保留

2018年葛坑国有林场经济指标完成情况

表4　　单位：万元

项目/名称	经济总收入	木材收入	多种经营收入	销售利润	木材利润	多种经营利润	营林生产投资	基建专项工程
计划数	217.79	157.79	60.00	103.96	43.96	60.00	150.23	155.50
实际数	264.79	172.10	92.69	114.14	55.08	92.69	150.21	165.35
完成比例	121%	109%	154%	109%	125%	154%	100%	106%

工作。以林下补植、改培套种和抚育管理方式完成近自然经营69.8公顷。经调查统计，全县林场资源蓄积量29.2万立方米。

林业科研和技术推广 2018年，德化县葛坑国有林场做好普通油茶和小果油茶优良单株筛选及闽杂优32个品系在闽中高山区（海拔850米以上）表现测产工作。开展不同海拔、施肥对圆齿野鸭椿物候、生长、结实及药用活性成分积累的影响研究工作。新建多功能杉木马尾松人工林近自然经营13.33公顷，续建15.53公顷，完成24个样地的调查。一种秃杉育苗方法和一种提高秃杉种子园保存率方法已向国家知识产权局申请专利，进入答辩阶段。与福建农林大学协作申报“秃杉新变异—黄金秃杉选育试验及嫁接繁育技术研究”，已完成采穗母树扩繁250株。

森林资源安全维护 2018年，德化葛坑国有林场落实《护林员目标管理责任制考核办法》，在重要时间节点，护林员加强巡山护林的频率，宣传野外用火，瞭望台全天候监测林情火情。与葛坑森林派出所、上涌森林派出所、尤溪县坂面森林派出所及当地乡村护林队开展护林联防活动。坚持护林队与当地森林派出所定期联席工作会议制度。加强森林病虫害防治工作和野生动植物保护与管理工作。

（张先动）

畜牧业

【概况】 2018年，德化县对戴云山黑羊进行品种选育，做好有关技术数据和原始资料的记录，保持种羊每年按20%进行更新，采用群体随机交配方法进行继代留种。开展生猪养殖污染整治，督促乡镇完成非禁养区存栏10～250头生猪养殖场（户）的自行改造，对未能完成改造的养殖场户给予关闭拆除。

【畜禽养殖废弃物资源化利用】 2018年，德化县7个规模化养殖场开展畜禽养殖废弃物资源化利用项目建设，经农业农村局和生态环境局验收，7个养殖场粪污处理设施装备配套率100%，基本解决畜禽规模养殖场粪污处理和资源化问题。其中，春美林盛综合开发农场完成异位发酵床1800平方米，储污池1100立方米、铺设管道400米、有机肥初加工配套工程建设；永得利养殖有限公司建设储污池300立方米、异位发酵床600平方米、异位发酵床设备一套建设；永盛畜牧有限公司完成废水回用系统一套、储污池400立方米、异位发酵床600平方米、异位发酵设备1套建设；顺达生态畜牧有限公司完成废水回用系统一套、储污池300立方米、阳光棚300平方米；泉州雄益养殖有限公司完成储污池1000立方米、异位发酵床1000平方米、异位发酵床设备1套建设；龙门山生物科技有限公司：完成有机肥加工厂建设并完成验收；德化县儒园种养殖专业合作社建设管网3000米。

【动物卫生监督】 2018年7月31日，县农业局组织人员参加泉州市在石狮市举办的动物检疫技能竞赛，2名选手分别获得二等奖和三等奖。《张建文违法猪内脏注水案》参加福建省农业厅2018年度动物卫生和动物产品质量安全行政执法案卷评查工作，被省农业厅评为优秀案卷。严格动物和动物产品检疫，全年生猪屠宰检疫8.8万多头，生猪产地检疫56286头，牛羊2795头、禽类64595羽，无害化处理病死畜禽2698头。养殖环节累计抽检猪牛羊708头，“瘦肉精”检测结果全部呈现阴性。

【非洲猪瘟防控】 2018年，德化县全面落实监测排查，组织对辖区内生猪养殖场（户）、屠宰场、交易市场和无害化处理场等重点场所的生猪及其产品每天进行现场排查并做好巡查记录，落实日报告与零报告制度。全年排查生猪养场（户）1643个次，排查生猪76.26万头次，均无异常情况发生。落实准调证明管理制度，停止从黑龙江、吉林、辽宁、河南、江苏、浙江和安徽等疫区省份调运生猪及其产品，严禁运载工具途经疫区省份。全年排查生猪屠宰场和无害化处理场85个次，排查生猪20219头，均无异常情况发生。生猪养殖场坚持自繁自养和全进全出以及消毒灭源制度，严格控制人员、车辆和易感动物进入；养殖场（户）禁止使用未经高温消毒处理的泔水、食物残羹直接饲喂生猪；对饲养香猪之类的动物实行重点监管，指导落实圈养和防疫制度，避免与野猪等接触；生猪屠宰场、无害化处理场和交易市场开展日常消毒灭源。按照检疫规程对出栏生猪和进入屠宰企业的生猪进行检疫以及屠宰检疫，严禁“隔山开证”、不检疫出证、为检疫不合格的生猪及其产品出具动物检疫合格证明，开展生猪屠宰监管“扫雷行动”，打击收购和屠宰病死畜禽、生猪私屠滥宰、注水注物等违法行为。开展动物卫生日常监督检查22次，专项行动8次，屠宰执法检查24次，出动执法人员213人/次，查获案件3起，查处私宰窝点2个。行政立案3起，涉案金额总计50.9万，其中移送公安机关1起，移送市场监督管理局1起。全面检查和更新应急物资，全面落实24小时值班和领导带班制度，畅通疫情信息渠道，核查每一起疫情举报信息，一旦发现疑似动物疫情，按要求进行及时、规范处置，严防疫情扩散蔓延。开展非洲猪瘟等动物疫病防控知识宣传，发放技术明白纸和宣传图册410份，张贴宣传挂图190张，强化科普宣传，营造全民参与、科学防控的氛围。加强生猪饲喂泔水监管。通过电子屏幕播放、发放《禁止泔水喂猪明白纸》、签订承诺书等方式，宣传泔水喂猪的危害性，增强疫病防控意识。对辖区内餐厨剩余物饲喂生猪的场（户）情况进行排查梳理，登记造册，入户调查生猪192户，发放明白纸520多份。

【屠宰管理】 2018年，德化县每个月组织对德化县裕盛牲畜屠宰公司进行2次以上检查，加大对城郊接合部、城乡接合部的巡查力度，对私屠滥宰易发高发区域进行管控，全年开展执法检查36次，出动执法人员155人次，查获案件3起，查获并取缔私宰窝点2个，行政立案3起，涉案金额总计50.9万元，其中移送公安机关1起，移送市场监督管理局1起。

【动物疫病防控】 2018年，德化县开展春秋季重大动物疫病防控，无发生重大动物疫情。免疫禽流感94.01万羽，其中鸡81.67万羽、鸭11.2万羽、鹅1.14万羽，免疫猪、牛、羊口蹄疫分别为6.67万头、0.77万头、2.05万头，小反刍兽疫2.04万头，统筹开展新城疫、山羊痘、狂犬病的免疫指导；采样检测鸡新城疫免疫抗体1187份，合格率95.65%；猪、羊血清251份，口蹄疫合格率95.62%；羊亚洲Ⅰ型口蹄疫150份，合格率93.33%；小反刍兽疫500份，合格率94.8%；猪瘟免疫抗体244份，合格率96.72%；高致病性猪蓝耳病免疫抗体244份，合格率98.36%，免疫抗体常年处于有效状态。防控动物H5+H7流感，对德化县43个重点养禽场和6个活禽交易点以及36个村散养户采集禽类血清1547份、棉拭子136份进行禽流感H5和H7抗体检测或送检病原学检测，德化县免疫抗体平均合格率均达80%以上，未发现H5和H7阳性样品。

（县农业局）

渔业

【概况】 2018年，德化县杉城家庭农场建设稻田养鱼项目，福建省德化县桂阳倒刺鲃养殖专业合作社和福建省德化县双全农业有限公司两家被列入省级追溯企业。

【渔业生产发展】 2018年，泉州龙鑫荣实业有限公司在上涌镇下涌村投资建设大鲵养殖场，养殖面积3000平方米，养殖大鲵10万尾。德化县骏祥渔业科技有限公司在龙门镇大溪村投资建设鳗鱼养殖场，占地面积4.8公顷，投放鳗苗120万尾，2018年养殖面积增加5610平方米，完成投资2000万元。利用山区小水库和山塘科学发展渔业生产，推广优良品种匙吻鲟，经试验，水库放养匙吻鲟更替鳙鱼每亩可增收5000元。

【渔政监督管理】 2018年，德化县整治电鱼毒鱼，开展30余次水上巡查。与县环保局、水利局和水口镇人民政府等单位共同开展东固水库网箱清理。开展产地水产品质量安全监督，抽查取样45个，经快速检测水产品药物残留，抽检合格率100%。德化县雷峰旺达养鳗场和德化县骏祥渔业科技有限公司大溪养鳗场排放的养殖废水不达标，对两家养鳗场开具责令改正通知书并提出整改意见，开具行政建议书，建议所属乡镇落实属地管理原则，督促鳗场按要求进行整改。

（县农业局）

农业机械化

【概况】 2018年，德化县农机总动力9万千瓦。新增各类机具1035台套，其中耕整地机械628台、收获机械10台、田间管理机械181台、畜牧水产养殖机械40台、农田基本建设机械1台、收获后处理机械84台、农产品加工机械91台。

【农机作业水平提高】 2018年，德化县完成机械植保面积8666.67公顷，农副产品加工12万吨，农业运输5000多万吨千米，机耕作业面积7666.67公顷（其中水稻机耕面积6106.67公顷），水稻机插面积1466.67公顷，水稻机械化收获面积3266.67公顷。全年未发生农机重特大事故。

（县农业局）

农村工作

【概况】 2018年，德化县农村工作以脱贫攻坚、乡村环境整治、土地确权颁证、农村产权流转交易为重点，加强农村集体“三资”管理，着力做优特色农业、做强基础农业，加强农村集体产权制度改革，推进农业供给侧改革，农村工作发展取得一定成效。

【扶贫开发】 2018年，德化县建档立卡贫困户1166户3263人，建档立卡贫困村50个，均全部脱贫“摘帽”；县级财政扶贫投入资金1164万元、比上年增长11.6%，高于一般公共预算收入增幅。落实“雨露计划”补助对象60名，发放补助资金17.85万元，任务完成率106.25%；累计完成小额信贷3900万元（其中2018年新增贷款50万元），带动798户贫困户发展生产。2017年度在全市扶贫工作绩效考评中获得满分，并被中国全面小康论坛评为2017年度中国全面小康十大示范县。

【乡村环境整治】 2018年，德化县开展乡村环境整治提升，每个乡镇确定镇区所在村和镇区外1个村为环境整治示范村，每个示范村做到“一清二整三美化”。全县确定37个示范村，每个月进行卫生综合考评，每季度开展督查；县财政安排500万元作为年终奖补资金，分别奖补考核1～5名、6～15名、16～30名的示范村。

【土地确权颁证】 2018年，德化县应开展确权的村181个，其中除赤水镇小铭村因历史原因未能开展确权外，其他180个村完成合同签订，占应开展村数的99.45%；7月5日，德化县通过农业农村部农村土地确权数据库汇交初检。

【农村集体“三资”管理】 2018年，德化县共拒付村级不合法、不合理支出226笔161.41万元，挽回经济损失0.45万元；办理村集体资产资源处置及工程建设123个，涉及金额2190.4万元，节约集体资金68.59万元。

【农村集体产权制度改革】 2018年，德化县全面启动农村集体产权制度改革工作，开展清产核资村214个村（社区），清查账面资产总额94917.28万元，其中：经营性资产总额27553.52万元；核实资产总额101146.35万元，其中：经营性资产总额31324.42万元；集体土地面积223033.33公顷，其中：农用地面积209853.33公顷。

【农村产权交易中心】 2018年，德化县累计开展农村产权流转交易215宗，交易金额36054.5万元。其中森林资源流转38宗，面积3180公顷，交易金额3886.58万元；农村土地承包经营流转39宗，面积534.41公顷，交易金额3512.31万元；伐区竹木采伐销售招投标56宗，投标金额2333.22万元；农村房屋产权租赁19座，面积6146平方米，交易金额66.1万元；开展集体物业出租35宗，面积22388.87平方米，交易金额4821.7万元；农村贫困户居住房交易鉴证6宗，交易面积201.58平方米，交易金额22.6万元。农村产权抵押贷款登记25宗，贷款金额21430万元。

【村干部任期和离任经济责任审计】 2018年3月，县农业局联合相关部门下发《关于开展村干部任期和离任经济责任审计的通知》，5月底德化县214个村（社区）全面完成此项工作，审计面100%，审计总金额95654.07万元。查出涉及不合理开支金额23.53万元，涉及25个村，已清退22.62万元；查出涉及贪污、挪用集体财物人数4人，涉及金额13.95万元，已清退12.95万元，移送纪检监察机关处理人数1人，移送司法部门处理人数3人。

（县农业局）

水利

【概况】 2018年，德化县流域内植被良好，雨量充沛，平均降雨量在1600～2100毫米之间，平均水资源总量24.92亿立方米，约占全市的四分之一，平均每平方千米产水量111.64万立方米，人均水资源占有量7400立方米，居全市首位，分别是全省、全国平均水平的2.5倍、3.5倍。德化县水能资源理论蕴藏量49.7万千瓦，其中技术可开发的31.2万千瓦，已经开发利用水电站167座装机容量29.1万千瓦，开发率93.27%，设计年发电量约10亿千瓦时。全年完成水利投资2.65亿元，争取上级水利补助资金7974万元。

【依法治水管水】 2018年，德化县打击河道非法采砂（石）行为，发出责令改正通知书16份，拆除非法采砂设备14处，立案2起，罚款1万元，没收非法所得1.2万元。完善水土流失预防监督和治理机制，联合县检察院等单位开展水土流失专项督查，督促矿山企业落实好水土流失防治措施，限期抓好整改。审批水土保持方案38份，完成生产建设项目竣工验收报备9件。做好水资源费、水土保持补偿费等规费征收工作。制定规章制度抓好节水型社会建设，实行水资源有偿使用制度，推进农业水价综合改革，严格地下水管理和保护，通过回购城区地热水户头，逐步减少地下水取水总量。

【水利基础设施建设】

县浐溪水系河湖连通综合整治项目启动 2018年，德化县浐溪水系河湖连通综合整治项目规划连通浐溪、蕉溪两条流域，解决城区应急备用水源问题，项目总投资1.08亿元。已完成项目可行性研究报告编制和审批以及初步设计方案编制、审查等。

闽江防洪工程德化段（二期）建设 2018年，闽江防洪工程德化段（二期）建设总投资1.7亿元，已完成项目可行性研究报告和水保、环评。项目采用EPC方式建设，于10月完成招标并签订合同，已开展勘察、初步设计等工作。

清新流域样板工程打造 2018年，雷峰镇蕉溪村和美湖镇小尤溪列入市"十三五"清新流域建设盘子。其中，雷峰镇蕉溪村批复投资2.06亿元，2018年主要完成蕉溪防洪工程、水质提升工程等项目建设，完成投资2058万元。

安全生态水系建设 2018年，德化县投资1287万元，完成龙门滩水库下游河段项目建设安全生态河道8千米；投资2000万元，实施杨梅乡雷潭溪、涌溪上涌河段项目建设。

河道治理 2018年，德化县投资2997万元，完成涌溪下涌段项目建设综合治理河道8.33千米；投资4011万元，实施龙门滩镇大溪村、雷峰镇蕉溪村、南埕镇塔兜村3个项目建设，建设防洪堤6千米。

农村水电站建设 2018年，德化县投资3056万元，完成10座水电站改造，改造后装机容量由9840千瓦提升到1.54万千瓦，多年平均发电量由原来的3257万千瓦时提升到4661万千瓦时，年均可增加发电量1404万千瓦时。全面启动水电站生态改造和小水电退出工作，完成德化县167座水电站生态下泄流量核定工作，55座水电站下泄流量在线监控安装，水电站退出8座。

【河（湖）长制管理】 2018年，德化县打造"一河一湖一景"德化版河（湖）长制。出台推行河（湖）长制实施方案，形成以县委书记和县长为总河（湖）长、3名副县长为副河（湖）长、6个县直单位为联系部门、67名乡镇级河（湖）长、208名河道专管员的县、乡、村三级联动治理体系。在全省首创"专管员+督导员"河流管养机制，以"购买服务"县聘、村级推荐乡聘等方式建立县、乡两级河道专管员队伍。建立健全河道检察官、河道警长、河道督导员、四市五县环戴云生态保护司法联盟、"一溪两库"涉水环境损害事件联动、环境公益诉讼等工作机制，加强对德化县非法制砂、水土流失、生活污水、工业污染、养殖污染、生态下泄流量和"四乱"（乱占、乱采、乱堆、乱建）现象等监管和治理。德化县在各河流湖库显著位置设立"河长制""湖长制"公示牌，接受社会监督。聘任"德化县巾帼民间河

2018年10月18日，河道专管员管护浐溪河段 （图/许华森）

长”“德化县河长制社会监督员”，鼓励引导全社会共同参与“河（湖）长制”工作。通过河长制“一台戏”文艺会演等方式加强宣传，同时推动河长制信息化管理，建设县河长制综合管理信息平台、使用无人机开展河道巡查、在河长制公示牌中加入NFC芯片、设立河长制微信公众号、建立河长制电视互动云平台。

【水土流失治理】 2018年，德化县完成投资2560万元，综合治理水土流失3000公顷。其中，水利部门完成投资2260万元，治理水土流失1733.33公顷。全国坡耕地（南埕镇、水口镇）项目完成投资771万元，治理水土流失200公顷；省级重点县（上涌镇）和重点乡镇（杨梅乡、汤头乡、盖德镇）项目完成投资751万元，治理水土流失1000公顷；水土保持生态村完成投资71.5万元，治理水土流失83.33公顷等。

【防汛减灾】 2018年，德化县做好防汛备汛工作，抓好水库（山塘）责任措施的落实，充实防汛抢险应急队伍和物资，举办防汛培训班，召开水库安全度汛和防汛演练推进会，开展城区内涝应急抢险综合演练和镇、村危险区域群众避险转移演练，完成乡镇防汛指挥图编制，构筑防汛减灾应急管理体系。抓好在建水利工程质量监督，实现新开工水利项目质量监督全覆盖，未发生较大质量和安全生产事故。应用技术升级防汛会商系统，在全省率先完成县、乡防汛高清视频会商系统建设，网络传真系统建设，危险区域转移对象建档立卡和系统录入等。做好台风暴雨防御工作，确保人民生命和重要堤防、水库（山塘）、设施安全。

【水利风景区创建】 2018年，德化县实施岱仙湖、银瓶湖、龙门湖等水利风景区提升工程，助力全域旅游示范区创建。龙门湖、大龙湖分别获评国家水利风景区和省级水利风景区。

（苏建宁）

【龙门滩引水工程】 2018年，德化县降雨1898毫米，比上年增长6.15%；入库水量3.06亿立方米，比上年减少23%；调水量3.39亿立方米，比上年减少10.8%；全年发电量1.45亿千瓦时，比上年减少8.2%；售电收入4209.02万元，全年可分配利润及股东付息591.54万元，纳税691.13万元。

项目建设　2018年，省重点工程彭村水库于1月18日下闸蓄水，7月9日并网发电，主体工程通过完工验收，土坂安置区A区完成投资约2亿元，约占总投资额87%，安置房全部封顶，部分建筑进入工程收尾；龙门湖成功申报国家水利风景区；防汛调度综合平台正在施工；检修综合楼正进行室内装饰装修工程；二级电站生活区宿舍楼立面改造正准备完工验收；二级电站更换110千伏隔离、接地刀闸技改以及城关办公楼配电系统均完成更换和改造；一二级电站零星修缮基本完成；水库底泥清淤设计方案上报董事会审议；上丰公园完成招投标，12月进入施工阶段。全年争取上级补助资金118.6万元。

安全生产　2018年，德化县在彭村水库下闸蓄水拦蓄6000万立方米库容的情况下，通过科学调度，合理安排机组出力，实现“零”泄洪；编制《一二级电站运行规程》《检修规程》，抓好电站安全管理，实现全年无安全生产事故；龙门滩水库一、二级电站安全生产突破5000天，水库安全度汛29年。

（龙门滩引水工程管理处）

【水文】 2018年，县水文局下辖2个水文站（凤洋、水口），1个水位站（德化），16个雨量站（赤水、格头、盖德、英山、德化、凤洋、龙门滩、雷峰、春解、枣坑、水口、涌口、涌溪、东固、葛坑、双翰），6个国家级水功能区水质监测点（水口、龙门滩、尾厝、凤洋、相垵水库、国宝）及3个省级水功能区水质监测点（店仔坂桥、涌溪四级、东固水库）。凤洋水文站位于德化县浔中镇乐陶村，是国家二类精度水文站，控制流域面积270平方千米。

水文要素　2018年，德化县平均降水量1893.5毫米，接近多年平均值，平均降雨日数147天，各站降水量在1420毫米（涌溪）至2238.5毫米（春解）之间；辖区内最大日降雨量114毫米，发生在7月11日枣坑站。凤洋水文站没有发生超警戒水位（464米）的洪水，7月13日出现年最高洪水位463.53米，相应流量248立方米/秒；年径流量2.75亿立方米（包含彭村水库蓄变量），径流深度1018.9毫米，平均输沙率3.76千克/秒，平均含沙量0.54千克/立方米。

（陈志恒）

工业

综述

【概况】 2018年，德化县工业总产值330.18亿元，比上年增长13.1%；规模以上工业总产值313.69亿元，比上年增长13.3%；工业增加值105.53亿元，比上年增长10.4%，增速位居全市第3位。工业投资增速100.7%，其中工业技改投资增速100.6%。工业纳税7.46亿元，比上年增长8.7%。

【工业投资】 2018年，德化县实施新一轮企业技改专项行动，华夏金刚、同鑫陶瓷、华茂陶瓷等3个项目列入省级工业新增长点项目，同鑫陶瓷等6个技改项目列入市级重点技改项目，德化县工业技改投资增速100.6%，增速位列全市第1位。引导企业开展余压余热等陶瓷窑炉改造，推动海峡水泥等重点用能企业能耗在线监测系统和能源管理体系建设，实现节能降耗，推进国家循环化改造示范试点园区建设，6月以全国第三的成绩高分通过国家发改委考核验收。参加市政府在深圳举办的珠三角区域招商项目洽谈会，完成市下达民企对接项目任务102%。

（苏联锦）

电力

【概况】 2018年，德化县规模以上电业产值8.62亿元，比上年增长5.8%，水电业纳税0.96亿元。德化县工业用电13.16亿千瓦时，比上年增长14.6%，其中，陶瓷用电8.17亿千瓦时，比上年增长7.2%；矿业用电5938万千瓦时，比上年增长1.7%；水泥用电1.3亿千瓦时，比上年增长44.1%。天然气供应量6645万立方米，比上年增长16.8%。鑫阳矿业、海峡水泥列入2018年度省级大用户电力直接交易企业。

（苏联锦）

【国有电力投资经营】 2018年，县电力国投公司完成售电量1300万千瓦时，实现销售收入总额414万元，其中水电销售308万元，其他收入106万元，上缴税收124万元。

小水电站管理 2018年，县电力国投公司对曾坂电站生态流量进行设计、施工，于11月全部完成公司所属5座小水电站生态流量改造任务。做好水电站增效扩容改造后期工作，电站增效扩容改造消除电站存在的安全隐患，发电设备自动化水平和效率大幅上升。国有小水电站安全运行，年上网电量1300万千瓦时。

参股企业监管 2018年，县电力国投公司加强对涌溪水电有限公司、龙门滩水利水电有限公司的监管，积极参加股东会、董事会、监事会，了解公司的运行管理和财务经营情况。2018年，涌溪水库来水属偏枯年份，发电量为1.3亿千瓦时，公司投资收益237万元。公司投资参股的梓溪电站采用承包方式，保证投资收益；双溪二级电站按电站技改前10年平均上网电量作为原股东的收益，电价执行现行径流电站的平均电价，双二电站收回63万元。

资金运作 2018年，公司银行贷款余额5539万元，均为一年期的流动资金贷款。

（陈仁魏）

【供电建设】 2018年，县供电公司完成售电量15.71亿千瓦时，比上年增长11.25%；电费回收率100%；综合线损率3.54%，比上年下降0.86个百分点；完成电网投资1.16亿元。

电网建设 2018年，县供电公司提前投产110千伏上寮输变电工程，按期投产龙浔110千伏变电站2号主变增容工程；按时序开展输变电工程前期工作，完成1000千伏特高压线路及国宝220千伏变电站路径可研收资工作。推进农配网升级改造，提升10千伏线路“N-1”通过率和户均配备容量。组织编制德化配电网目标网架规划，通过省公司评审，其中城区的核心区纳入省公司配电网目标网架规划的示范区建设打造，将按照市一级市区标准规划建设。完成1.5亿个配网项目储备工作。加强现场质量管控，2个工程获泉州公司配电网优质工程称号。

生产运维　2018年，县供电公司强化风险管控，编制发布七级及以上电网风险15条。开展变电站精益化评价，完成110千伏龙浔变、李田变的精益化评价，查出问题325条，分类制定整改措施和计划分配到相关专业责任人，限期整改，消除安全隐患和管理问题。开展变电运维常态化工作，变电站设备巡视1213次；运维一体化工作524项次；针对重载设备、重要设备开展红外测温；季节性特点开展设备防鸟害、防汛、防潮防渗特巡。开展生产技改大修项目精益化管理，提前完成省公司91%的目标值。规范配调管理，推行抢险队伍网格化，推进带电检测，开展配电带电作业，大幅缩短停电复电时间。开展PMS2.0系统台账不合格数据整治1043条。重点推进高故障线路防雷措施、线路综合检修，提升配网设备抵御自然灾害的能力，降低配网故障率。

营销服务　2018年，全力打造一流电力营商环境，推行“一码办电”网上服务，实现新增、增容等常规业务“一趟不用跑”，减容、销户等复杂业务“最多跑一趟”。

2018年1月22日，德化首座全遥控智能变电站——110千伏上寮输变电工程　（图／县供电公司）

加快充电桩建设进度，完成4个快速充电站24个快充桩和4个小区72个慢充桩建设并投运。推广智能交费，超额完成目标值。畅通用户沟通渠道，未发生重复致电事件。加快乡镇供电所建设，4个供电所获评四星级供电所。业扩全流程时长64.88个工作日，压降至省公司要求目标值以下。完成第一届茶博会、政府“两会”、重要节假日等活动期间保供电工作。

（李丽雅）

矿业

【概况】　2018年，德化县主要矿山企业采出原矿279.14万吨，精矿40.43万吨，主要矿山企业产值5.95亿元，利润税收总额4617万元；德化县矿业权人勘查开采信息公示43家，其中采矿权27家、探矿权16家；成功出让龙门滩镇蜈蚣山和浔中镇鸡冠寨采石场采矿权，出让价款463.74万元；完成汤头溪柄金矿探矿权延续县级初审、盖德上西坪瓷土矿采矿权登记。

【矿山生态恢复治理】　2018年，县自然资源局委托闽西地质大队通过无人机、GNSS等技术开展矿山地质环境治理恢复工作核查，检查矿山企业32家、整改30家；重新排查治理2007年以来废弃或闭矿的矿山企业18家，完成治理9家、正在治理5家、平整为工业用地拟出让2家；组织开展第二批废弃矿山生态环境综合治理工程包1个，完成苏洋瓷土矿、汤头乡岭脚村陶瓷土矿、陈安寨叶蜡石矿、东山洋村大俫田紫砂土矿和雷峰镇瑞坂村废弃矿点5个；由政府组织实施矿山恢复治理项目2个（浔中镇朝祥杉仔林采石场、雷峰镇东古寨石材矿），已进入施工阶段。

（郑小丽）

【阳山铁矿】　2018年，阳山铁矿采收矿石总量16.74万吨，全年生产铁精矿 10.12 万吨，品位 65.28%。销售结算 10.89 万吨，营业收入 5082.85 万元，实现利润 -706.59 万元，与上年比减亏 251.4 万元；上缴税金 720.51 万元；全年财务费用为 -172.8 万元，投资收益 127.6 万元；全年节约采购成本 18.6 万元。

采矿管理 2018 年，针对新田矿区矿石资源持续贫化严峻形势，4 月 16 日起实施采矿承包费结算由原来的抛废前按原矿量结算改为经“二破三抛”后按中矿量结算。自实施结算新方式以来，矿石质量由公司单方面管理转变为承包方人员主动参与管理，选比下降 1.02，铁精矿原矿成本与原来相比下降 18.17 元 / 吨精矿。加大低品位混杂矿回收力度，全年回收预选处理 22.5 万吨，回收矿石 4.44 万吨，同时加强装载机作业、维修管理地控制、降低装载机成本。

安全环保 2018 年，阳山铁矿牢固树立安全生产“红线”意识，完善落实安全生产责任制，强化矿山安全管理工作落到实处，确保安全，做好矿山生态环保工作，严格按照绿色矿山建设发展规划实施方案和水土保持方案，综合利用矿产资源，节能减排，推进生态环境恢复治理、水土保持，推进绿色矿山建设。

（阳山铁矿有限责任公司）

【双旗山金矿】 2018 年，双旗山金矿、邱村金矿处理矿石量 46.04 万吨，完成年度计划 124.42%，其中双旗山金矿 19.82 万吨，入选品位 1.34 克 / 吨，邱村金矿 26.22 万吨，入选品位 1.23 克 / 吨；两个矿山累计产出黄金 520.14 千克，完成年度计划 100.02%；“两矿一厂”销售黄金 486.21 千克，完成年度计划 97.24%。全年实现主营业务收入 11936 万元，比上年下降 13.68%，完成年度计划 92.48%；实现利润总额 1241.97 万元，比上年下降 42.28%，完成年度计划 82.8%；上交税费 2026.07 万元，其中税收 1310.29 万元。

探矿增储 2018 年，两个矿山累计投入探矿资金 1638 万元，完成掘进 17386.72 米，完成年计划 145.25%；完成坑内钻探 15921.66 米，完成年计划 146.54%。开展地质找矿工作，全年双旗山金矿新增矿石资源量 19.7 万吨，平均品位 1.25 克 / 吨，新增金属量 246.9 千克；邱村金矿新增矿石资源量 32.65 万吨，平均品位 1.05 克 / 吨，新增金属量 341.8 千克。两个矿山合计新增矿石资源量 52.35 万吨，新增金属量 588.7 千克。两个矿山合计保有资源储量 104.78 万吨，金属量 1273 千克。

降本增效 2018 年，两个矿山注重采掘技术数据的跟踪和资料收集，全年组织 14 个采场单体设计，其中邱村金矿 11 个，双旗山 3 个。通过组织专业技术人员对双旗山金矿破碎系统技术改造编制方案，并根据方案更换圆锥破和振动筛型号和强化日常技术管理，优化浮选工艺流程，增加精选段数，提高选矿回收率和金精矿品位来降本增效。组织人员对现有公司已征用未使用的土地、林地等资产进行盘点，盘活资产，促进资产保值增值，企业增收创效。同时摸清各类资产情况，杜绝重复采购，提高资产使用效率，降低经营成本。双旗山金矿通过采用刷采矿和回收材料的方式，全年节省掘进工程量、材料费 195617.5 元。邱村金矿通过调整相关爆破参数，累计节省爆破费用 26850.63 元；组织部门员工自主铺设电缆、回收旧管路和延长材料使用周期等方式节省工程和材料费用。

项目建设 2018 年，双旗山金矿溪柄尾矿库安全标准化评审和现

2018 年 11 月 7 日，副县长赖有为（左三）到双旗山矿业有限公司视察溪柄尾矿库扩容工程建设项目　（图 / 双旗山矿业有限公司）

状评价顺利通过验收并取得安全生产许可证，二期扩容工程完成总工程量40%；邱村金矿712以下中段“三同时”建设已开工；邱村金矿矿山地质环境治理工程通过项目验收，解决公司使用中央财政拨款资金治理项目久拖未决的问题；时刻关注矿权政策的新动向和新变化，采取有效的应对措施推进安村采矿权转让、仙洋矿段探矿权延续等工作。

（双旗山金矿）

2018年11月28日，第三届泉州市工艺美术大师（陶瓷类）现场创作考评在泉州工艺美院举行　　（图/县城镇集体工业联合社）

城镇集体工业

【概况】 2018年，德化县城镇集体工业联合社指导、维护、监督、协调、服务县属集体企业，参与工艺美术行业服务管理。连紫华、陈明良、赖礼同获评第七届中国工艺美术大师。组织工艺美术作品参展参评并取得优异成绩。加强工艺美术人才培养，新增11个工艺美术大师工作室，数量位居全市第一。

【城镇集体经济发展】 2018年，县城镇集体工业联合社下属集体企业除德化县化工塑料厂尚在少量生产外，其余6家已转为物业租赁型。对物业租赁型企业，通过规范出租公开招投标程序，集体资产有效实现保值增值。

【国家级、省级工艺美术大师人选】 2018年，连紫华、陈明良、赖礼同获评第七届中国工艺美术大师。11月28日，县城镇集体工业联合社在泉州工艺美院举行第三届泉州市工艺美术大师（陶瓷类）现场创作考评活动。12月，李璋高、温清民等67人获评第五届福建省工艺美术大师，苏基石、郭锦标等77人获评第五届福建省工艺美术名人。

【工艺美术参评获奖】 2018年，县陶瓷作品在第十三届中国（莆田）海峡工艺品博览会期间举办的“优秀作品”评选中，获3枚金12枚银5枚铜牌；在第十六届中国工艺美术暨古典家具、珠宝玉石博览会暨“中艺杯”艺术品评比大赛中，获10枚金4枚银牌；在第十一届厦门文博会“海峡工艺精品奖”评选活动中，获5枚金3枚银8枚铜牌，另有1件获最佳传承奖，1件获最佳技艺奖；选送25件作品参加厦门文博会期间主办的2018福建省工艺美术创意设计大赛，获2金4银3铜。

【工艺美术人才培养】 2018年7月2—5日，德化县组织38名大师新秀参加在华侨大学举办的“2018年一带一路工艺美术传承创新高级研修班”。发动林灵月、赖瑞攀等14位工艺美术从业者参加5月起在泉州市工艺美院举办的为期64天的国家艺术基金“白瓷瓷塑艺术创新人才培养研修班”集中培训；组织54位工艺美术大师与162位徒弟签订协议书结对授艺，向上争取大师带徒资金77.04万元。

【工艺美术大师工作室创建】 2018年，德化县新增11个由市城镇集体工业联合社授牌的工艺美术大师工作室，数量位居全市第一，全县已获授牌大师工作室65个。

（苏文森）

住房和城乡建设

城市规划与建设

【概况】 2018年，德化县做好县城总体规划修编和控制性详细规划编制及审查工作，做好4个城市建设改造项目：省道203线德化环城路（东段）暨乐陶片区改造、南后街片区改造、瓷都大道大洋段改造、红旗瓷厂片区改造。

【城市规划】 2018年，德化县聘请省城乡规划设计研究院负责县城总体规划修编工作，已完成总体规划纲要方案。做好控制性详细规划编制及审查工作，完成三班镇上寮工业区（城东四期中小企业创业园）控规、月记窑文化创意产业园控规、宝美中小企业创业园控成果报批工作。做好城区道路工程、电动汽车充电基础设施专项规划，已完成初稿；开展城市开发边界划定和生态连绵带实施规划前期工作。

【省道203线德化环城路（东段）改造】 2018年，乐兴小区边坡工程完工并通过验收；乐兴小区（安置地）台地挡土墙第一标段完成总工程量的30%；社区配套污水管网施工，完成总工程量的50%；德化县观音岐隧道出口至乐陶安置地道路工程进行前期办公场所建设、清表、排水沟施工等工作；（陶源新居）安置房完成竣工验收，进行竣工备案；陶源路等道路及边坡工程进入北路扶壁式挡土墙基础，西路地基换填，边坡土方挖运及锚杆，排洪渠开挖等施工阶段。

【南后街片区改造】 2018年，金龙·中心城水电安装工程、地下室工程、室外附属等已完工，进行竣工验收。

【瓷都大道大洋段改造】 2018年，庠柄小区B4地块：1号楼桩基工程施工完成，基桩检测完成，基础砖胎膜完成45%；2号楼主体封顶，装修（外墙抹灰）完成70%；3号楼主体封顶，装修（外墙抹灰）完成70%；4号楼主体封顶，装修（外墙抹灰）完成70%；5号楼主体封顶，装修（外墙抹灰）完成70%；6号楼主体封顶，装修（外墙抹灰）完成70%；7号楼主体封顶，装修（外墙抹灰）完成70%。2～7号楼外墙马赛克完成40%，外架拆除完成20%。室外配电工程委托设计中。儒林地块二：1号楼外架拆除至9层，屋面防水施工，窗户安装完成，门安装至7层；2号楼外墙饰面砖施工。儒林地块三：地下室顶板施工完成。凤曙小区安置地土石方工程：二至四标段土方开挖累计完成60万立方米；一标段清表，修临时道路，完成洗车台施工，边坡修整。

【红旗瓷厂片区改造】 2018年，红旗瓷厂片区项目完成项目立项、可研报批、总平报批、工程地质现场钻探工作，完成起步区初步设计及概算、施工图预算，完成起步区施工、监理招投标，完成平台基础浇筑。完成核心区亨鲤堂初步设计及概算。宝泰花苑（德化县第二瓷厂片区棚户区改造安置房）完成项目建议书批复、选址意见书、用地预审意见书、可行性研究报告的批复、水保、环评、初步设计暨概算批复、用地批准书。一期工程完成施工监理招投标和桩基施工30%；二期工程完成施工图审查及预算，进行财政预算。

（县住建局）

村镇建设

【概况】 2018年，德化县做好村镇建设工作，投资三班镇、水口镇两个市级小城市培育试点乡镇约10亿元，做好美丽乡村建设“千村整治、百村示范”工程，推进石结构房屋改造和农村危房改造。杨梅乡云溪村列入省重点改善提升传统村落。

【小城市培育试点项目】 2018年，德化县三班镇、水口镇两个市级小城市培育试点镇，挖掘优势资源，补齐试点镇（村）产业、基础设施和公共服务短板，完成投资约10亿元。

【“千村整治、百村示范”美丽乡村建设】 2018年，德化县抓好美丽乡村建设“千村整治、百村示范”工程，浔中镇祖厝村、盖德镇有济村、三班镇岭头村、龙门滩镇苏洋村、雷峰镇瑞坂村，南埕镇西山村、西洋村，水口镇昆坂村、国宝乡南斗村、美湖乡洋坑村、大铭乡联春村、春美乡新阁村、上涌镇西溪村、汤头乡汤头村、葛坑镇下岭村、桂阳乡涌溪村、杨梅乡云溪村等17个村，完成裸房整治85幢，道路硬化14.05千米、河道治理1.6千米、三格化粪池改造452个、景观绿化1.33公顷、垃圾屋161个、垃圾桶691个、垃圾箱155个。

【石结构房屋改造】 2018年，德化县推进石结构房屋改造工作，实施石结构房屋改造1.97万平方米，完成投资739万元。

【传统村落保护】 2018年，杨梅乡云溪村列入省重点改善提升传统村落名单中，获得省级补助资金500万元。

【农村危房改造】 2018年，德化县完成农村危房改造任务26户，帮助一批农村贫困人口解决住房安全问题。

（县住建局）

市政建设

【概况】 2018年，德化县市政管理工作坚持把县城当成景区来规划设计和建设，凸显“山魂、水魄、瓷韵、人文”的城建理念，以城市功能布局、品位内涵、设施配套、管理服务为重点，实施市政项目31个，总投资7.39亿元。全年城区新增城市道路25.5千米，城区道路总长144千米，其中沥青路29.5千米，道路硬化率98.6%；新安装路灯434盏，路灯总数16883盏，平均亮化率98.92%；新增污水管网9.14千米，城区污水管网130.37千米，污水处理率93.24%；新增绿地面积10万多平方米，建成区绿地率39.94%，绿化覆盖率43.29%，人均公园绿地13.82平方米；垃圾无害化处理率99.9%。

【城区路桥建设】 2018年，省道310线蒲坂至盖德（火车站）路段完成房屋测量、协议签订；进行盖德段工程0＃桥台墙身砼浇筑、k2＋815涵洞台帽及河床土方开挖等土建工程，完成路基工程建设13%。国道355线车碓岭至观音岐道路工程完成路基夯填11万立方米，完成市政配套工程雨污管2000米、电力管1900米、排水涵95米。城区道路沥青化改造工程完成湖前、德新街、东环路等片区沥青加铺7.5万平方米，标线施画10000平方米；完成举人路、隆中路、南后街等沥青加铺工程招投标工作。城区桥梁工程完成盛凤桥主体桥面、桥拱砼浇筑施工，进行人行道、廊架施工；八中人行天桥完成主桥钢结构安装、桥面砼浇筑。

【城区设施建设】 2018年，城东综合停车场进行项目征迁扫尾工作。完成凤池地下停车场主体工程建设和绿化种植，进行验收结算；完成边岭格停车场路面砼浇筑施工。改造湖前、德新等城区人行道1万多平方米。改造建设炭湖坂、大洋等清洁楼5座，福尧图书馆对面、富东街等公厕10座。新装科技园、六中等零星路灯72盏，提升改造城区4670盏中华灯。

【广场公园建设】 2018年，德化县驾云亭公园扩建工程完成征迁工作，安置房项目进行土方开挖及人工挖孔桩施工；完成鹏都公园建设；完成诗墩公园公厕主体建筑，进行配套设施建设。

【城区景观工程】 2018年，德化县瓷都大道沿线景观风貌提升工程完成高速出口至龙浔路口绿化景观工程；完成龙浔路口至瓷都广场段立面、店招改造及夜景提升工程；完成高速连接线中分带及桥墩陶瓷元素大部分涂装和丁溪沿溪两侧三角梅种植，制瓷72道工序座椅安装；进行LOGO大型雕塑钢筋结构安装。城区绿道工程完成龙东桥至火电厂绿道竣工验收。

【供水供气】 2018年，蒲坂水厂及输配水管网工程，完成城区饮用水水源引水隧洞衬砌，进行固结灌浆；净水厂工程完成主体建设，进行设备安装和内外装修；城区部分配水管网工程预埋及安装管道3350米。改造东头、诗墩等城区排水管网2千米，新建和改造城东三期、浔龙大道等DN100以上供水主管道14290米千米。建设城东三期滨江北路等天然气管网6.5千米，扩大城区供水、供气服务范围。

【污水处理】 2018年，新建或改造德新街、湖前等污水管网9.14千米。污水厂三期工程进行二沉池及氧化沟的底板施工。

（县市政局）

市容管理与执法

【概况】 2018年，德化县行政执法工作局围绕开展县城品位提升年活动，推进城市精细化管理，集中开展城乡重要通道、“两违”（违法用地和违法建设）、“两高”（高铁、高速）、户外广告等专项治理行动，打造“城市管理示范街”“城管驿站”等特色亮点工作，全面提升城市管理水平。

【市容环境卫生整治】 2018年，德化县规整店招，整治乱搭设遮阳（雨）棚、城市“牛皮癣”。配合施工队伍拆除不规范及违章广告、店招，拆除城区墙面大型广告、店外店立式广告、布幅等违章广告1591块，规整店面招牌269块；开展沿线商店乱搭设遮阳（雨）棚整治，做好入户宣传发动自行拆除和协调处置工作，拆除乱搭设遮阳（雨）棚178个；清理“牛皮癣”等户外小广告，清理“牛皮癣”6万余处。开展“店外店”、流动占道摊点整治，抓好“瓷都大道、浔南路、浔北路”3条重点主干道及隆中路早菜市、城后马路市场的主干道、重要路口存在的占道经营、店外店、乱堆放等进行全面清理，集中解决占道经营影响行人车辆通行等问题，定期开展施工噪音、占道经营噪音、室外和流动餐饮油烟废水污染、渣土车扬尘污染、清水工程、焚烧垃圾扬尘污染等整治工作，落实环保督办件和突出环境问题。全年纠正主干道店外店、流动摊点占道经营3.8万多起，暂扣经营物品641余件，行政处罚94起23300元。

【创建全国文明城市综合整治】 2018年，德化县做好数字城管平台建设，“数字城管”平台投入试运行（该平台覆盖县城区20平方千米），成立县“数字城管”监督指挥中心，推行“大城管”运行模式，包括县公安局、住建局、龙浔镇、浔中镇等22个终端处置部门（单位）。全年“数字城管监督指挥中心”立案2236件（事件2208件、部件28件），处置1982件，结案率86.83%，其中涉及行政执法局的2146件，以市容环境管理为主；涉及专业部门的90件，各部门都能及时处置并反馈到县“数字城管”监督指挥中心。开展背街小巷综合整治，对南后街、福兴路等背街小巷开展综合整治，全年纠正背街小巷店外店、流动摊点占道经营2万多起，暂扣经营工具、物品等300余件。

【工程施工及渣土车整治】 2018年，德化县从严整治渣土车违法运载行为。开展“零点行动”“XIN”行动等专项整治行动，强化工地源头治理，严格渣土车辆准运许可和出入工地管理规定，强化路面巡查，从严查处渣土车辆“滴洒漏”行为。全年与其他部门开展联合执法30次，责令清洗路面265次，检查路面车辆329辆，检查工地215次，

2018年6月23日，县行政执法局到百德·畔山云海拆除违规建筑

（图／县行政执法局）

查扣车辆204部，行政处罚171起17.02万元，查处乱倾倒垃圾处罚21起2.4万元。

【“两违”治理】 2018年，德化县抽调县公安、住建、国土、行政执法局在内的4名工作人员全“脱产”按要求集中在县治违办上班，督促检查“两违”治理“百日拆违工作”。重点突出创城整治、重要通道及“两高”可视范围内存量违建、国土卫片督查的违法占地清理、水库周边的违建等，明确时间节点，强力挺进拆违工作。全年制止违法建设265起，拆除违建111起，面积约16209平方米；暂扣工具249件，发放责令停止违法行为通知书166份，责令改正违法行为通知书323份，立案查处超规划建设115起，罚款金额509.07万元。

【“两高”专项整治】 2018年，德化县行政执法局累计摸排“两高”沿线并列入2018年底前需拆除的乱搭乱建（含逾期未拆除的临时工房、仓库）18处，面积约1.92万平方米；广告需拆除1处，面积50平方米；隧道洞渣、垃圾需处理4处。拆除沿线两侧乱搭乱建15宗，面积13303平方米；拆除大型广告1宗，面积50平方米；黄土裸露地块实施复绿中3宗。

【市容管理示范点建设】 2018年，德化县将浔北路段凤池街打造为“市级城市管理示范街”，规范街容秩序，对翰林府邸、瓷都酒店等店面招牌进行规划改造，以点带面，树立典范，推动城区街（路）管理规范化。打造南后街（含隆中路）为县中心城区背街小巷规范管理示范点，通过完善基础设施、改善居住环境，营造“市容整洁、环境优美、交通顺畅、管理有序、安全文明”的街巷环境。建设三班镇“城管驿站”，提供休息、借阅、查询等基本服务，并作为市民与城管部门沟通的窗口，通过留言、征求意见等形式听取广大市民对城市管理工作的意见与建议，已完成“城管驿站”选址、装修工作。

（县行政执法局）

建筑业

【概况】 2018年，德化县建筑业实现产值19.15亿元，比上年增长36.1%。德化县第一个超高层建筑海丝广场，建筑高度119.6米，于2018年开工建设。

【建筑业行政审批】 2018年，德化县办理建筑工程施工许可证177份，受理工程竣工验收备案27宗，办理房屋建筑和市政基础设施工程招投标备案118件，其中招标方式为公开招标的115件，邀请招标3件，招标控制价221891.21万元，中标价204484.58万元，节约17406.62万元。

【建筑业新设备技术使用】 2018年，德化县新建、在建工程推广使用施工新工艺、新技术，提高工程质量安全水平，全年出让的G2018-05地块项目（金交颐园工程）的1号楼、2号楼、3号楼采用钢筋混凝土装配式建筑，建筑面积47102.67平方米。

【建筑材料监管】 2018年，德化县开展建筑工程钢筋、水泥、建筑用砂等建筑材料专项整治，抽测钢筋原材及焊、连接件289组，抽测水泥6组，抽测建筑用砂25组。

【建筑施工安全优质工程创建】 2018年，德化县创建市级建筑施工安全生产标准化优良项目5个，创建省级建筑施工安全生产标准化优良项目1个，创建“刺桐杯”市级优质工程2个、“闽江杯”省级优质工程2个，德化县中医院新院区2号楼工程获2018年度“华东地区优质工程奖”。

【建筑节能】 2018年，德化县所有新建受监项目全面执行建筑节能设计标准，其中43个项目按绿色建筑标准设计并通过施工图审查，建筑面积143.96万平方米。竣工验收绿色建筑项目3个，建筑面积12.77万平方米。

【质量安全监管】 2018年，德化县每季度召开一次安全生产形势分析会，开展“安全生产月”活动，开展4次建筑工程质量和施工安全大检查工作，检查工程项目206个次，发出责令整改通知单206份，发现质量安全隐患1155条。发出《违规事实确认与违规计分告知单》206份，对206人次项目经理记2379.56分，对55家施工单位记1695.13分，对206人次总监理工程师记1703.1分，对31家监理单位记1283.1分。监管特种设备，检查73台次施工升降机、67台次塔式起重机，责令10台塔式起重机、7台施工升降机暂停使用。

（县住建局）

房地产业

【概况】 2018年，德化县房地产开发投资28.83亿元，比上年增长20.2%；办理商品房预售许可24宗、现售许可8宗，建筑面积48.77万平方米；商品房销售40.16万平方米，比上年增长0.37%，销售金额27.01亿元，比上年增长14.35%；其中，住宅销售3434套，比上年下降10.02%，销售面积37.01万平方米，比上年下降5.35%，销售金额24.02亿元，比上年增长5.96%。

【房地产项目】 2018年，德化县房地产开发项目在建的有金龙·中心城、优山美地四期、美伦·山景叠苑四期、冠益·凤凰国际三期、鹏花花园三期、百盛广场、鑫泓顺度假山庄、华竣·水岸御景、山水花园等；城市花园、华骏东方城、城东花苑、优山美地、红星美凯龙、城东保障性住房等房地产开发项目陆续竣工交付使用。

【销售楼盘巡查】 2018年，德化县对华竣·水岸御景、冠益·凤凰国际三期、美伦·山景叠苑、鑫泓顺度假山庄、鹏祥花园三期、百德·畔山云海等13个商品房销售楼盘进行巡查，了解住房销售情况，加强跟踪指导，确保房地产市场有序运行。

【行政审批】 2018年，德化县办理8家房地产开发企业资质年检，6家房地产开发企业暂停资质申报，4家房地产开发企业资质延期。

【房地产中介管理】 2018年，德化县房地产中介市场开展专项治理，组织人员进行现场检查，要求各中介公司将经纪服务项目、服务内容和收费标准在显著位置进行公示，对未备案的要求尽快办理备案手续，查处群众投诉举报、哄抬房价、炒卖房号和怂恿客户签订“阴阳合同”等中介机构，规范房地产经纪经营行为。

【物业管理】 2018年，德化县完成9个项目的前期物业招投标工作，实现预售项目100%实行前期物业招投标；全年有园丁新村、西苑大厦、聚兴小区、景苑花园、城市花园、宝美职工公寓等6个小区成立业主委员会；抓好物业承接查验备案和物业服务项目备案工作，有济科小区、美伦·山景叠苑、茶具城、优山美地二期、凤凰国际一期、嘉裕花苑一期、华骏·东方城二期、红星·国宾1号等8个项目进行物业承接查验备案。

【专项维修资金归集】 2018年，德化县按规定标准缴存专项维修资金，实行分户管理，专款专用，全年缴存专项维修资金6631.55万元，代管金额6776.16万元，已批准紧急使用物业维修资金三次1.38万元。

【房屋征收】 2018年，德化县开展国有土地上房屋征收突出问题专项治理行动。每月及时上报全县房屋征收情况。同时配合相关片区改造项目的拆迁工作。

【住房公积金管理】 2018年，德化县新增归集职工1023人，新增归集住房公积金2.8亿元。与县人社、工商、金融等多部门进行信息数据交流，了解全县各单位信息，摸清县各大、中企业的经营情况，对应建未建公积金制度的单位开展扩面工作。德化县批准51979人次提取住房公积金2.01亿元。对业务流程和材料进行再压缩再简化，取消缴存登记、个人账户开立纸质材料、简化个人账户并户操作、死亡提取证明材料、按揭项目备案材料等，修改完善贷款申请新表，提升服务效率。德化县新增发放住房公积金贷款501户，发放金额2.06亿元，贷款余额9.47亿元，个贷使用率119.77%，逾期率为零。规范个人住房贷款业务流程，压缩审批时限，贷款审批时限提速为3个工作日办结。10月起德化县开展贴息贷款业务，受理12笔471.3万元。住房公积金中心实现业务收入2946.86万元，实现增值收益1060.42万元。

（县住建局、泉州市住房公积金管理中心德化县管理部）

环境状况

【概况】 2018年，德化县生态环境保护工作以生态环境质量改善为主线，抓好环保督察整改、党政领导生态环境保护目标责任书落实、污染防治攻坚战、环保改革创新等各项重点工作，德化县生态环境质量持续向好，群众生态环保获得感不断增强。

【大气污染防治】 2018年，德化县加强储油库、加油站和油罐车油气污染治理，开展餐饮专项治理，确保已完成安装油烟净化设施的大中型餐饮企业设施正常运行，继续开展重点行业挥发性有机物治理。落实省、市《重点行业挥发性有机物污染防治工作方案》，推进VOCs减排。

【水污染防治】 2018年，德化县做好重点流域整治工作，完成投资9400万元，完成安装饮用水源地隔离网5500米，铺设污水管网30千米，建设垃圾中转站2座，改造三格化粪池500户等，流域及周边的环境得到较大改善。做好小流域水质提升工作，县大云溪小流域水质从V类跨类别提升至III类，正式完成V类销号。提前完成小流域水质提升任务，德化辖区内14条小流域水质全部达到III类以上标准。

【土壤污染防治】 2018年，德化县落实《固体废物污染环境防治法》，建立健全污染防治责任制度，辖区内产废单位均按规范转移危险废物，并交由有资质的单位处置。加强对土壤污染重点监管企业监管力度，排查德化县重点行业企业土壤污染状况，同时委托第三方开展德化县土壤污染治理修复规划，为德化县土壤污染治理构建顶层设计。

环境质量

【概况】 2018年，德化城区环境空气质量优良率98.4%，在泉州市11个县（市、区）环境空气质量优良率排名第一。全年降雨采样量1824毫米，pH平均值5.9，比上年上升0.35个pH单位。区域地表水水质达标率100%，城关饮用水源地水质达标率100%，县城区域声环境质量和道路交通噪声均达到相应的国家标准，县内重点污染源监督监测达标率100%。

【环境空气】 城区空气质量 2018年，德化城区环境空气质量优良率98.4%，比上年上升2.2个百分点，在泉州市11个县（市、区）环境空气质量优良率排名第一。可吸入颗粒物（PM_{10}）、二氧化硫（SO_2）和二氧化氮（NO_2）年均浓度达一级标准，细颗粒物（$PM_{2.5}$）年均浓度达二级标准，一级达标天数202天，占有效监测天数的55.3%，二级达标天数157天，占有效监测天数的43%，污染天数6天，主要污染物为O_3(8h)。

酸雨 2018年度降雨采样总量1824毫米，其中8月降雨量最多378.8毫米，全年酸雨采样监测53频次，有2次pH值小于5.6，最低值5.46，出现在6月10日，酸雨频率3.77%，全年pH平均值5.9，比上年上升0.35个pH单位。

【水环境质量】 2018年，德化县水环境质量总体良好，德化区域晋江水系水质状况良好、闽江水系水质状况优，各监测断面的主要水质指标均达到或优于III类水质要求，达标率100%，与上年持平。集中式生活饮用水水源地1个，III类水质

2018 年度德化城区空气质量指标表

表 5

年份	月份	综合指数	SO_2	NO_2	PM_{10}	$PM_{2.5}$	CO（95 百分位）	O_3(8h)（90 百分位）	达标率
			毫克 / 立方米	毫克 / 立方米	毫克 / 立方米	毫克 / 立方米	毫克 / 立方米	毫克 / 立方米	%
2018 年度	1	2.64	0.005	0.021	0.036	0.023	1.1	0.094	100
	2	3.33	0.006	0.015	0.051	0.043	1.0	0.103	96.4
	3	3.00	0.005	0.018	0.042	0.027	1.0	0.136	100
	4	3.58	0.006	0.020	0.059	0.033	1.2	0.144	96.7
	5	2.85	0.005	0.014	0.039	0.023	1.0	0.152	96.8
	6	2.28	0.004	0.011	0.028	0.016	1.0	0.132	100
	7	2.38	0.004	0.012	0.030	0.020	1.0	0.122	96.8
	8	2.21	0.004	0.012	0.026	0.018	1.0	0.114	100
	9	2.33	0.004	0.011	0.031	0.018	1.1	0.120	100
	10	3.07	0.005	0.017	0.046	0.024	1.2	0.148	93.5
	11	2.33	0.004	0.017	0.037	0.015	1.2	0.093	100
	12	2.66	0.005	0.021	0.043	0.018	1.4	0.095	100
	年均值	2.86	0.005	0.016	0.039	0.023	1.2	0.138	98.4

2018 年度德化区域晋江水系水质监测评价结果表

表 6

断面名称	评价标准	水质类别						达标率	所属流域
		1 月	3 月	5 月	7 月	9 月	11 月		
初溪	III	II	II	II	I	I	I	100%	晋江流域
奎斗桥	III	III	III	III	III	III	III	100%	晋江流域
冷水坑	III	II	II	III	II	II	II	100%	晋江流域

2018 年度德化区域闽江水系水质监测评价结果表

表 7

断面名称	评价标准	水质类别												达标率	所属流域
		1 月	2 月	3 月	4 月	5 月	6 月	7 月	8 月	9 月	10 月	11 月	12 月		
横龙桥	II	I	II	II	II	II	II	III	II	II	II	II	II	100%	闽江流域

2018 年度德化城市集中式生活饮用水源地水质监测评价结果表

表 8

断面名称	评价标准	水质类别												达标率 %	超标因子
		1 月	2 月	3 月	4 月	5 月	6 月	7 月	8 月	9 月	10 月	11 月	12 月		
德饮	III	II	II	II	II	II	II	II	II	II	II	II	I	100	—

达标率 100%。其中，II 类水质比例 91.7%，I 类水质比例 8.3%。与 2016 年基准水质相比，德化县 9 个小流域断面水质稳中有升。其中，梓溪从 II 类水质提升至 I 类；奎斗村桥断面从 V 类水质提升至III类；蕉溪小流域水质保持在III类，除总磷外，各项指标均提升至 II 类水标准；没有新增超标或劣 V 类水质情况。

2018 年度德化区域小流域水质监测评价结果表

表 9

断面名称	2017 年基准水质	水质类别						河流	所属流域
		1 月	3 月	5 月	7 月	9 月	11 月		
奎斗村桥	V	III	III	III	III	II	III	浐溪	闽江流域
蕉溪口	III	II	—	III	—	II	II	蕉溪	闽江流域
南埕镇政府桥	II	—	—	II	—	II	II	双芹溪	闽江流域
尾厝	III	—	III	III	III	III	III	浐溪	闽江流域
浐溪塔兜	III	—	—	III	—	II	III	浐溪	闽江流域
涌溪口	II	—	—	II	—	II	II	涌溪	闽江流域
石龙溪塔兜	I	—	—	II	—	I	I	石龙溪	闽江流域
湖坂二级电站	I	—	—	I	—	I	I	石牛溪	闽江流域
梓溪口	II	—	—	I	—	II	I	梓溪	闽江流域

【声环境】 2018 年，县生态环境局对 103 个德化城区声环境测点和 18 个道路交通噪声测点进行监测并评价。县城区域声环境质量和道路交通噪声均达到相应的国家标准。其中，昼间区域噪声 54.9 分贝，比上年度上升 0.3 分贝，夜间区域噪声 45 分贝，昼间、夜间区域声环境质量均达二级水平（较好）；昼间交通噪声 68 分贝，比上年度上升 0.2 分贝，夜间交通噪声 59.8 分贝，昼间道路交通噪声强度等级达一级水平（好），夜间道路交通噪声强度等级达二级水平（较好）。

【4 项主要污染物总量控制】 2018 年，德化县削减 COD 953.36 吨，NH_3-N 103.7 吨、SO_2 153.59 吨，NOx 20.18 吨，除 NOx 减排由于核算细则的更改未能达到时序进度，其余三项主要污染指标均超额完成“十三五”减排任务。

环境管理

【概况】 2018 年，德化县环境管理工作以深化“放管服”改革为方向，简化环评审批，压缩审批时限，打通服务群众“最后一公里”，开展环境监管和环保宣传等工作，促进经济、社会、生态协调发展。

【环评审批】 2018 年，德化县简化环评审批，扩大环境影响登记表备案范围，实现 80% 的建设项目无须审批。实行“一窗受理”，不再单独设置环保受理窗口，所有的审批事项全部进驻行政服务中心“一区通办”办理。压缩审批时限，将报告书审批由法定 60 工作日压缩至 5 个工作日，报告表审批由法定 30 工作日压缩至 3 个工作日，时限压缩 90% 以上。加强中介管理，制定《德化县环境影响评价中介服务工作规范》，提高工作效率。推进监管系统建设，有效统筹发展与保护的关系，确保红线“能落地”“管得住”。建设“亲清服务平台”，集企业办事、企业档案、在线咨询

2018 年度德化县环保“110”投诉案件与去年同期比较表

表 10　　单位：起

年份	案件数	案件类别				
		烟气	噪声	废水	固废物	其他污染
2018 年	105	47	15	40	2	1
2017 年	114	53	15	37	9	0

和环境质量、环保动态、百姓监督等功能为一体，打通服务群众“最后一公里”。

【环境监管】 2018年，县生态环境局先后组织开展陶瓷行业污染“百日整治”“保护浐溪，我们在行动”和整治违法排污企业保障群众健康等专项执法行动，全年立案处罚违法企业28起，处罚款71.2万元，办理查封案件18起，采取停电措施企业3家，处罚金额和查封案件与上年相比均有显著增加。推进环境监管网格化管理，划分二级网格区域1个、三级网格区域18个、村居4级网格区域211个。全年环保网格员上报环境事件7595条，采集日常巡查信息18471条。强化环境应急预案备案工作，印发实施《突发环境事件应急预案》《大气重污染应急预案》《集中式饮用水水源地突发环境事件应急预案》，督促企业完成应急预案编制备案，德化县国控企业、较大及以上环境风险企业备案率均达到100%。做好中央环保督察反馈意见的整改落实。

【生态保护】 2018年，县生态环境局牵头做好生态保护红线划定成果调整方案对接工作，会同有关部门开展绿盾自然保护区监督检查专项行动，加强戴云山国家级自然保护区生态保护。

【节能减排】 2018年，县生态环境局培育节能环保循环利用示范企业，引导企业回收利用废瓷、废弃廉价土、中水、废纸、尾矿废渣等，为企业提供清洁生产、治污减排、节能降耗等方面的信息咨询和技术指导，推动企业向绿色环保方向发展；结合县污染行业特点，做好石膏行业、洗砂行业、石板材加工行业整治行动，促进行业转型升级。强化环境空气预警预报，每日向县委、县政府领导和有关部门负责人推送空气质量信息，提前预警污染，牵头采取防控措施。

【环保“110”社会服务联动】 2018年，县生态环境局接到环保投诉105起，比上年下降7.9%，其中烟气污染投诉有所减少，废水污染投诉有所增加，固废污染投诉有较大幅度减少，按时调查处理率100%。

【环保宣传】 2018年，县生态环境局联合县委文明办、团县委等部门开展2018年“美丽中国，我是行动者”环保志愿服务活动，80多名青年志愿者分成15支小分队，进社区、企业、商场、公交站等地向群众发放环保袋和环保宣传资料；以“6·5”世界环境日为契机，联合县委文明办、团县委在瓷都广场开展2018年“6·5”世界环境日暨“圆梦瓷都”环境保护宣传志愿服务活动。

（陈松浩）

2018年6月5日，县环保局在县瓷都广场举行德化县2018年“6·5”世界环境日暨“圆梦瓷都”环境保护志愿服务活动 （图/县环保局）

商贸服务业

国内贸易

【概况】 2018年，德化县实现社会消费品零售总额84.35亿元，比上年增长13.3%，新增限额以上统计企业27家，总数92家。为省、市级“菜篮子”基地、限额以上企业等申请补助奖励金197.6万元。

【“菜篮子”基地优化】 2018年，德化县组织有关人员对德化县英山珍贵淮山农民合作社等10个“菜篮子”基地进行实地核查，推荐上报3个无公害“菜篮子”基地为省级副食品调控基地推荐7个无公害“菜篮子”基地为市级副食品调控基地。

【副食品市场供应保障】 2018年，德化县加强商品应急调控，推进农超对接，配合做好平价商店建设，引导重点商贸企业加大商品储藏和调运力度，做好生猪活体储备工作，保障节假日期间主要生活必需品市场供应稳定。

【商务行政执法】 2018年，德化县开展商务领域执法检查活动，加强对商场、超市、成品油、单用途商业预付卡、再生资源回收等商务领域的监督管理，出动执法人员12人次，检查市场经营单位53家次；加强商务领域安全生产管理，出动执法人员42人次，检查生产经营单位38家，查处安全生产隐患3处，发出责令整改通知书3份，安全生产隐患整改率100%。

（苏联锦）

对外贸易

【概况】 2018年，德化县自营出口商品总值21.52亿元，比上年增长19.6%，完成年计划的119.6%；实际利用外资259万美元。获评福建外贸转型升级示范县，通过商务部国家级外贸转型升级基地考核认定。新增备案登记进出口经营权企业65家，总数551家。为外贸企业兑现省、市、县各项补贴资金1894.38万元。

【市场拓展】 2018年，德化县组织553家次企业、877个摊位参加中国进出口商品交易会(简称“广交会”)、中国华东进出口商品交

2018年11月1日，第124届秋季中国进出口商品交易会在广州市举行。图为世界陶瓷之都——德化展区　　（图/县工业信息化和商务局）

易会（简称“华交会”）、德国法兰克福消费品展等知名展会，巩固扩大欧美、东南亚等传统市场，开拓非洲、中东等新兴市场，实现出口市场多元化。利用春、秋两届广交会平台进行立体组合宣传，通过在广交会展馆显眼位置悬挂“世界陶瓷之都·德化”广告牌、播放宣传片、举行新品发布会等方式，加大世界陶瓷之都品牌宣传。

【招商引资】 2018年，德化县组织企业参加泉商回归对接会、“5·18”国际资本投资福建推介会、“9·8”中国国际投资贸易洽谈会等专项招商活动工作，成功对接陶瓷文化生活馆升级改造建设、泉州德化大润发大型超市、汤洋温泉旅游、德台陶瓷色釉料加工、陆升国际营销中心、城东医养康综合体、德化瓷都文化小镇等7个项目。

【贸易摩擦应对】 2018年1月，德化县14家日用陶瓷生产企业通过土耳其对中国的日用陶瓷产品反倾销调查，获得16.12%的优惠税率。5月，欧盟公布对华陶瓷餐具和厨具启动反倾销日落复审立案调查，德化县统一组织54家日用陶瓷出口企业参加第一阶段应诉，并在5月30日向欧盟提交抽样问卷。发布中美贸易摩擦相关信息和情况，规避贸易风险。

（苏联锦）

招商引资

【概况】 2018年，德化县新引进项目74个，协议总投资139.13亿元，其中生产性项目33个，总投资48.56亿元，占协议总投资额的34.9%；文旅类项目13个，总投资87.08亿元，占协议总投资额的62.59%。2000万元以上项目36个，超额完成县下达任务的80%，亿元以上项目13个，超额完成市下达任务的116.7%。全年开展招商推介活动12场次。

【文旅项目引进】 2018年，德化县引进总投资60亿元的德化瓷都文化小镇项目、总投资6亿元的陶瓷文化创意产业园和总投资2亿元万顺源文化创业园等一批文旅项目。其中，德化瓷都文化小镇是单体投资最大的小镇项目，已启动项目安征迁前期工作等。

【新产业项目引进】 2018年，德化县引进超细环保纤维、玻璃制品、硅材料、铜加工等新产业项目4个，拟总投资额35亿元。其中，超细环保纤维材料项目已办理施工许可证，完成一期第一条生产线挡土墙工程、地基工程，签订钢结构施工合同；玻璃制品产业园项目已签约25家企业，其中1家签约企业已竞得项目用地并开工建设，其他签约企业也在着手进行前期规划设计工作；硅材料高新技术产业建设项目已完成设备安装，正在项目地块“三通一平”（水通、电通、道路通和场地平整）和进厂公路拓宽工程施工；金属铜加工生产项目正在钢结构车间施工，宿舍办公楼砌体施工和天然气安装。

【德化县与港澳台合作项目】 2018年，德化县涉港澳台签约项目4个，总投资额1.48亿元。台宜陶瓷色釉料加工项目由台商投资3000万元建设标准化陶瓷色釉料加工厂，已完成相关手续办理，待达净地条件后供地；高端日用陶瓷生产基地由香港一园国际实业有限公司投资3000万元打造一园国际·德化高端陶瓷产品品牌，项目用地正在建设中，企业已在三班镇中国茶具城设立办公场所；台湾宜龙企业有限公司与德化企业合作，已签约入驻玻璃制品产业园，项目投资约7800万元，建设用地1.73

2018年10月10日，德化县与世茂集团德化瓷都文化小镇投资合作协议签订仪式在县政府举行

（图/县招商办）

公顷，正在办理供地前期手续；泉州东福陶瓷有限公司由台商与德化企业合作成立，总投资1000万元进行开发、生产日用陶瓷，已办理营业执照，租赁厂房试生产中；另在谈项目芳盛大酒店由庄义法（户籍澳门）投资3000万元建设，正在变更土地使用性质。

（曾锦毅）

电子商务

【概况】 2018年，德化县电子商务交易额106.6亿元，比上年增长24.7%，网络零售额33.6亿元，比上年增长34.4%。德化县被评为阿里巴巴集团乡村振兴调研基地。全县淘宝镇3个，淘宝村13个，电子商务应用企业7000多家，开通阿里巴巴“诚信通”企业数3100多家，1688平台入驻企业2000多家，开通“出口通”企业100多家，第三方服务企业200多家。

【电商活动举办】 2018年2月，德化县举办首届020电商优品年货节暨电商人才对接会；3月，举办瓷都京东厨具类目招商及培训会；4月，举办“全球梦 创未来”新外贸节经验分享会；5月13—16日，举办德化县茶器优品展洽会，50多家企业到场布展，来自全国各地的渠道商、电商、分销商等1300多人与300多家参展企业达成初步合作意向，现场累计成交金额超150多万元；6月，举办瓷都电商节启动仪式暨瓷都电商发展论坛，表彰一批优秀电商企业与电商人才，并成立德化县跨境电子商务综合服务基地；7月，举办德化县电子商务技能竞赛，分客服、摄影、视频、设计4个专场，200多人参加；8—9月，开展4期电商特训营，160多人参加；10月，举办秋季茶器优品展洽会，日均人流量超700人，下单或者达成合同意向金额650多万元。

【电商人才培训】 2018年，发挥中国国际电子商务中心培训学院泉州分院、“百城千校，百万英才”跨境电商人才基地、电商协会等机构作用，组织开展各种培训会、人才对接会和沙龙等30场，组织20家电商企业到南平市政和县、松溪县和江西省景德镇开展参访对接活动，学习先进经验。

【农村电商发展】 2018年，德化县有33个阿里村淘点，覆盖13个乡镇，县域农村淘宝销售额2215.3万元，16.32万笔订单。实施电商精准扶贫，开展2018德化县助力精准扶贫“电商创业特训营”、举办3期电子商务助力精准扶贫培训班和1期农村电商培训班，组织部分贫困户、贫困村从事电子商务待业人员或创业青年、各村干部等103人参加电商培训。

【电商配套完善】 2018年，《德化县扶持电子商务发展若干措施》出台；德化县争取兑现各级电商发展扶持资金125.28万元；评选表彰电子商务领军人物5人、示范企业5家和金牌服务商5人；由县农村信用社合作联社、县商务局、县电子商务协会三方合作，采用免抵押便捷低息循环授信模式，降低电商互助贷利率，2018年授信908.9万元。

【电商物流园建设】 2018年，电商物流园项目规划用地41.33公顷，分三期实施，一期3.2公顷已供地规划建设电商办公大楼，已组建电商物流园建设公司开展方案设计、项目报批等前期工作。

（苏联锦）

供销合作

【概况】 2018年，德化县供销合作社工作围绕“三农”工作大局，通过农产品销售、“闽宁圆”两个电商平台和基层电商服务网点，整合德化电商市场，完成线上线下同步销售德化特色农产品模式；做好农资供应和烟花爆竹监管；新领办创办14家农民专业合作社；新建电商大楼、农产品仓库物流项目、供销社农贸市场食品安全快速检测室。全年销售液化石油气26120吨，比上年增长15.1%；销售炸药1400.4吨，比上年增长39%；销售雷管92.76万发，比上年增长21.6%。

【农产品销售平台】 2018年，借助全国供销总社“供销e家”电商平台打造德化农产品的网上销售平台“德化供销电商”网站、“智慧戴云”客户端，推进“特色农产品网上展示中心”专区建设，加强对农特产品的网上宣传和推介，开展线上销售、线下配送，促进农特产品网上销售。

【“闽宁圆”平台】 2018年，“闽宁圆”平台是在全国东西部扶贫协作的大背景下搭建的一个对口帮扶、增收富民的重要项目，由德化供销社和宁夏吴忠市红寺堡区葡萄酒协会、宁夏汇达酒庄合作建设，是德化与宁夏吴忠市红寺堡区在农业、经贸、旅游、党建等方面紧密协作的成果。通过平台，集中展示两地的名优特色产品，大力推介特色旅游景点，提升公众的认知了解，提高两地对外宣传的知名度、美誉度。

【电商服务网点建设】 2018年，德化县完成40个电商服务网点改造建设，实现城区到乡镇供销电商服务点全覆盖。线上，通过电商平台推进农特产品进城；线下，为农村居民在购买、销售、缴费、物流、资讯等方面提供综合服务。

【电商大楼建设】 2018年，德化县投资3000万元改造建设总建筑面积约10000平方米的电商大楼。将农资储备仓库大楼打造成集创业孵化、线下体验、产品展示、游客观光、仓储物流、创客公寓等多要素为一体的电商产业园，已完成设计勘察公开招投标工作。

【农民专业合作社建设】 2018年，德化县新领办创办14家农民专业合作社，领办4家农民专业合作社联合社。用好用活德化黑鸡、淮山、黄花菜等国家地理标志保护产品，借助电商平台对专业合作社特色农产品进行统一包装、推广、销售，提升农产品品牌，提高消费者对农村电商企业的认可度，宣传打造瓷都地方区域品牌。

【国家农业综合开发项目建设】 2018年，德化县组织实施德化县1万吨农产品仓库物流新建项目，总投资3500多万元，其中申请中央财政补助资金200万元，新建仓库、生产车间20000多平方米，冷库2000立方米，新增实验检测设备、输变电设备各1套。

【供销社农贸市场食品安全快速检测室建设】 2018年，供销社农贸市场食品安全快速检测室建设，主要检测品种以市民消费量大的新鲜果蔬、水产品、畜禽及肉制品、干货和豆制品为主，检测项目以农残、氯霉素、瘦肉精、甲醛、二氧化硫等市场较为常见的有毒有害物质为主。对检测室发现的检测结果不符合食品安全标准的食品、食用农产品，按程序进行处置，提高农贸市场食品安全风险防控能力和安全保障水平。

【农资供应】 2018年，德化县农资供应采取“统一进货、统一配送、统一定价、统一标志、统一服务承诺”方式，开展化肥冬储和春耕备耕工作，储备各种化肥6500吨，保障春耕农资供应；配合县市场监督局、农业执法机构开展农资产品质量监督检查，全年组织开展6次农资质量检查，对德化县18个农资经营网点进行全面检查，严禁假冒伪劣农资商品进店上柜；8月，县农业局对县农资公司英山农资门市三元复混肥等3种肥料进行抽检，检测结果全部合格。

【烟花爆竹监管】 2018年，德化县加强烟花爆竹质量安全巡查、上级领导监督抽查和监督检验等情况，建立符合国家标准要求的烟花爆竹生产、管理模式，保障德化县供销系统安全和谐稳定。

（赵伟斌）

物资流通

【概况】 2018年，县物资公司主要经营液化石油气、炸药、雷管等物资，全年实现销售收入1.37亿元，比上年增长25%；实现利润304万元，比上年增长18%；上缴税收456万元，比上年增长18.75%。

【安全管理】 2018年，德化县做好安全生产标准化及风险分级管控工作，经专家综合考评以优秀级别通过市、县经信部门考核验收；成立安全工作领导小组，加强安全监督检查，及时发现和消除安全隐患；组织员工开展安全知识培训和消防演练；县物资公司组织到陶瓷企业、餐饮行业、居民用户等宣传安全用气知识和分发安全使用液化气的宣传品，通过电视媒体、微信群、信息群等方式宣传；做好各种设施和设备的维修、保养、更新，确保各项安全生产工作正常有序运行。

（胡志明）

粮食贸易

【概况】 2018年，德化县做好粮食安全行政首长责任制迎检各项工作；完成4562吨储备粮轮出及2872吨轮入工作；做好粮食质量安全监管工作。

【粮食安全行政首长责任制】 2018年，德化县做好粮食安全行政首长责任制迎检各项工作，对考核组到德化现场考核后提出的新问题、新要求，协同有关单位查找薄弱环节，补齐短板，抓好责任落实，确保粮食安全行政首长责任制年度考核各项目标任务落实到位。

【粮食质量安全监管】 2018年，德化县开展收获粮食的食品安全监测和质量调查和库存粮油质量监测和检查，确保粮食质量安全。

（苏联锦）

烟草专卖

【概况】 2018年，德化县查处各类违法违规案件58起，查获各类违法卷烟44.43件，案值36.35万元，收缴罚没款3.55万元。辖区入网零售户1653户。

【市场管理】 2018年，德化县抓住节前、节后关键节点，开展市场专项整治行动，对重点区域、旅游景区及周边区域和重点业态客户进行巡查。运用“APCD”工作法，采取错时检查方式，重点打击治理涉嫌违规经营的烟酒店。加强无证户清理整治。联合县市场监督管理、公安等部门对全县无证户进行清理整治6次，查获并移送12户无证经营案件。开展大户专项整治行动，制定监管计划，对3户非法经营大户加大巡查频率，查处违规经营大户4户次，取消1户违法经营大户经营资格。加强特勤耳目布建，强化信息摸底调查。引导客户“一户一码”规范经营，发放宣传材料1700份。

【卷烟打假打私】 2018年，德化县开展“3·15”国际消费者权益日“6·29”全国科普行动日“12·4”全国法制宣传日活动，发放烟草专卖法律法规宣传材料1800多份，及时更新辖区内打假宣传栏（牌）的宣传内容，并在边界新增打假宣传牌1块。开展制假隐患点联合排查行动。结合“闽剑三期”专项行动，联合永春县烟草局、公安和林业等部门，对乡镇行政村、边远自然村、毗邻县市地区的制假隐患点进行排查，开展边界排查4次，林区排查3次，分发宣传材料300份。联合市烟草局稽查支队，采用新技术开展山林区域等复杂地域制假隐患点高分辨排查1次。与各乡镇派出所、邮管、高速交警沟通协作，向驾驶员宣传托运烟草专卖品的相关法律规定，防止真烟非法流通。开展联合行动8次，出动人数100多人次，查获无证运输卷烟案件10起。

【专卖管理】 2018年，德化县开展同IP订货、同卡结算、定点取货点及取货户是否存在违规行为检查，对于存在违规嫌疑问题的6户零售户及出现非法真烟外流的17户零售户进行降量。制定大户治理计划，每月核查同一IP，11件以上客户限使用率75%，减少大户借证套证空间。中小户帮扶注重“精准”，开展经营现状摸底调查，从严筛选14户帮扶对象，制定分阶段提升计划、个性化经营指导书，建立扶持跟踪台账，每月落实一户一套帮扶措施，帮扶目标客户月均销量比上年增加2.35件，比上年增长111.9%，实现经营规模均提升一个档位，转化率100%。

【零售终端建设】 2018年，德化县做好现代终端建设，为189户客户安装新菲林片和终端信息化建设，打造47户标杆户，建成260户现代零售终端客户，占全县客户数15.8%。全商品扫码现代终端客户数129户，占现代终端客户数49.6%，卷烟零售终端系统2.0版本使用率100%。指导好客户使用新订货系统，开展“晒晒我的盈利单”宣传活动，宣传面100%。

（陈　森）

金融监管

【概况】 2018年，德化县银行业金融机构资产总额280.6亿元，比年初增加26.94亿元，比上年增长10.36%；负债总额265.83亿元，比年初增加25.02亿元，比上年增长10.11%；利润5.27亿元，比上年增长8.92%。全县银行业机构本外币各项存、贷款分别为210.9亿元、199.69亿元，比上年分别增长6.5%、5.73%，分别超全市平均增幅的5.69个、0.42个百分点；存贷比94.68%，不良贷款余额1.44亿元，比年初减少1527万元，不良占比0.72%，比年初下降0.12个百分点，比全市低1.27个百分点，不良贷款总量和占比均处于全市县域最低水平，信贷资产质量全市最好。全县银行业金融机构11家、银行业协会1家、网点52个、自助银行53个、自助设备154个、业务库17个、保险箱（库）2个。从业人员623人，其中，正式员工551人、劳务派遣员工72人。有东兴证券股份有限公司德化证券营业部1家。

【监管督导】 2018年，德化县推进普惠金融、乡村振兴战略、精准扶贫工作，加大小微、“三农”、扶贫等薄弱领域支持力度，确保小微企业“两增两控”等普惠金融重点领域目标实现。至12月底，全县涉农贷款余额154.81亿元，比上年增速3.33%；小微企业贷款余额89.23亿元，比上年增速7.45%，增速高于各项贷款同比增速1.72个百分点；小微企业贷款户数12786户，比上年同期增加610户。至12月底，辖区无还本续贷办理474笔、金额13.39亿元。督导辖区银行业机构协同县金融办、经信局、县人行组织开展6场政银企融资洽谈会，现场融资意向签约5.68亿元。全县各项贷款余额比年初增加10.82亿元，比上年增长5.73%，增幅均位居全市前列。

【风险管控】 2018年，不良贷款余额1.44亿元，比年初减少1527万元，不良占比0.72%，比年初下降0.12个百分点，比全市低1.27个百分点，不良贷款总量和占比均处于全市县域最低水平，信贷资产质量全市最好，辖区没有出现大的企业主失联、跑路事件。

【案防机制】 2018年，德化县

2018年9月12日，德化县银行业扫黑除恶暨信贷文化建设知识竞赛活动在县瓷国明珠酒店举办
（图/县银监局）

督导辖内各银行业机构在银行业市场乱象整治、信贷文化建设和合规文化建设、扫黑除恶专项斗争，元旦春节和“两会”期间各网点安全保卫、金融知识宣传教育、新闻舆情、民间融资活动风险监测等方面增强案件防控工作，全年继续保持零案件。

【监管实效】 2018年，德化县开展各行、社高管履职评价，通过召开各行、社中层以上干部会议，对各行、社2018年度经营管理情况作出监管评价，并就存在的主要问题和风险提出监管意见，推进辖区银行业治理乱象、信贷文化和合规文化建设的开展。

【金改工作】 2018年，德化县推动德化县农村信用联社改制农商行工作，提升品牌形象，提高服务水平。德化联社完善风险防控与薪酬分红挂钩机制，本着不分红或少分红的原则，提高利润留存比例，扩大内源性资本补充，力争以丰补歉，增强在发展中抵御风险的能力。

（陈丙林）

银行业

【中国人民银行德化县支行】

绿色金融 2018年，县人行对高科技陶瓷材料产业化、微波烧瓷技术应用推广、高温电热隧道窑改造、陶瓷窑炉余热利用、窑炉天然气等比例控制系统、瓷泥生产工艺用水闭路循环等项目资金需求发放贷款4.76亿元；发放陶瓷专利权质押贷款支持的绿色陶瓷生产企业14家，金额2.35亿元。对不符合环保条件的企业贷款申请实行“一票否决”制。

金融精准扶贫 2018年，县人行发放扶贫贴息贷款644户、金额2844万元，覆盖644户建档立卡贫困户（其中：光伏扶贫贷款578户，余额2815.52万元，覆盖德化县17个乡镇）；推动设立1200万元新型农业经营主体合作发展基金，作为新型农业经营主体贷款的风险补偿金，发放3户新型农业经营主体贷款900万元；发放新型农业经营主体贷款564户，金额8355.8万元，其中：无贷户转有贷户121户，金额1566.5万元；发放二女户计生贴息贷款219户、1070万元，生源地信用助学贷款1737户、3001.16万元；8户农民以农村住房所有权、土地承包经营权、林权等为抵押获得贷款376万元。

金融安全维护 2018年，县人行加强对法人金融机构流动性、不良贷款、企业资金链、产能过剩行业、房地产、互联网金融、民间融资（特别是信贷人员参与）、类金融机构（典当行、担保公司、小额贷款公司等）、非法金融活动等领域的风险监测，截至12月底，辖内不良贷款余额1.44亿元，比上年减少0.15亿元，占比0.72%，比上年减少0.12个百分点，持续保持辖区最低的不良率；做好县信用联社、成功村镇银行等2家法人投保机构评级，保费统计核对和交纳工作；做好对辖内金融机构2017年度综合评价工作；组织对县工行和县信用联社开展综合执法检查，促进金融机构合规经营；建立电信网络新型犯罪银行账户快速止付冻结机制，定期开展相关案例分析，强化防范和打击电信网络新型违法犯罪活动；联合县公安局、税务部门以及银行机构等组织开展防范电信网络新型违法犯罪的户外宣传活动，提高公众风险防范意识。

反洗钱工作 2018年，县人行接收可疑交易线索4条，移送公安机关1条，上报市行研判1条（已移送市公安机关）；加强反洗钱监管，开展监管约谈1家，非现场监管走访2家，发出监管意见书，促进反洗钱义务机构自我管理、自主管理，提高履行反洗钱义务的执行力；督导辖区各银行业金融机构认真履行反洗钱工作职责，加强涉黑涉恶资金监测，及时向公安机关报送涉黑涉恶资金可疑交易线索，切实有效防范和打击涉黑涉恶势力洗钱犯罪。

支付结算管理 2018年，县人行深化农村支付环境建设，拓展农村助农取款服务点业务范围，实现向农村普惠金融服务点升级改造；利用微信公众号等渠道为企业开户提供预约，设立小微企业开户绿色通道，承诺“审核账户当天受理当天办结”；推进移动支付便民示范工程，建立“云闪付”应用推广激励机制，实现县医院和中医院、南门农贸和龙南农贸、新华都和永辉、陶瓷街和茶具城、大龙湖景区等实现云闪付业务应用，方便公众日常支付；县信用联社在全市率先使用“云闪付”进行党费缴纳；加强支付系统风险管理；全年办理电子商业汇票3749.61万元，电子化率实现100%。

货币发行服务 2018年，县人行督促银行机构配备硬币兑换机，加大硬币清分、包装设备的配备；做好德化县闽兴公交公司与好多多超市、新华都购物广场、个体商户等企业硬币调剂机制，2018年实现硬币调剂540多万元；加强对残损人民币及小面额人民币兑换工作，强化现钞全额清分制度，组织对县工行、民生、信用联社、成功村镇银行等11个营业网点开展暗访，督促抓好整改；全年没收假币1560张，金额14.24万元。

国库管理　2018年，县人行实施国库会计标准化管理，开展国库县支库示范库建设；履行国库监管职责，加大对辖区各银行机构经收税款业务和代理国库集中支付业务的检查辅导和柜面监督，防范预算资金运行风险；与税务、银行等部门沟通，推进税、库、行横向联网电子缴税系统应用和国库集中支付财政支出无纸化系统上线准备，第二代国库信息处理系统上线运行工作，提高国库业务电子化水平。

农村信用体系建设　2018年，县人行指导县信用联社建立辖内农户信用档案7.96万户，评定信用农户5.7万户；联合县政府、县信用联社授予三班镇、雷锋镇、南埕镇、赤水镇、国宝乡、水口镇、春美乡、葛坑镇、杨梅乡等10个乡（镇）为信用乡（镇），为农村信用户授信10亿元；开展对辖内工行、建行、邮储以及信用联社征信管理及信息安全相关业务现场检查，促进辖区金融机构提升信息安全意识和规范征信业务管理；规范征信服务，全年办理个人信用报告查询9916人次，发放机构信用代码1727份，变更454份。

外汇管理　2018年，县人行首次选择宏观审慎管理模式为美图（福建）铝业有限公司办理外债业务1笔，金额为30万新加坡元；与商务部门沟通做好外贸转型示范县的政策传导和服务工作，推动便利化试点业务，为2家企业利用试点政策办理2笔资本金结汇、合计金额13万美元；加强个人外汇数据监测和分析，加大对个人结售汇业务的事中事后核查力度；加强货物贸易监测，重点加强对货物贸易出口少收汇、退汇等业务的监测管理，对连续两年未发生进出口和收付汇业务的40家企业进行名录注销处理；对68家申请开展外贸业务的企业进行名录登记和信息公开；组织对中国银行德化支行经常项目外汇业务专项核查，及时纠正其存在问题；按季开展国际收支间接申报、结售汇统计现场核查，先后对县邮储银行、建行、信用联社、泉州银行等4家银行开展核查，针对存在问题提出整改意见。

（姚晓鸣）

【中国农业发展银行德化支行】2018年，中国农业发展银行德化支行贷款余额19.93亿元，贷款日均余额27.8亿元，发放贷款4.62亿元，不良贷款余额为零，信贷资产质量优良；对公存款余额5.31亿元，对公存款日均余额7.47亿元。

业务发展　2018年，支行仅一季度贷款审批金额15.7亿元，完成率157%，贷款投放金额4.27亿元，完成率142.33%；对公存款余额9.67亿元，比年初增加2.42亿元，完成率127.24%，日均余额7.66亿元，比年初增加0.41亿元，完成率102.13%。开展贷款营销9个项目，金额46.2亿元，追加三个棚户区项目。拓宽资金来源，推动存款业务持续增长。累计营销非贷存款笔数18笔，金额27622万元、营销粮食风险基金提前超额到位800万元，到位率192.77%。

（中国农业发展银行德化县支行）

【中国工商银行德化支行】　2018年，中国工商银行德化支行外币各项存款余额16.59亿元，各项贷款余额19.21亿元；实现中间业务收入1872万元；实现拨备后利润5310万元；2018年上缴税收500万元。

业务发展　2018年，支行下辖瓷都支行和环城路支行，承办本外币存贷款、结算、汇兑、银行卡、代收代付、代理证券以及国际结算、结售汇等业务。全年实现拨备前利润、净利润“双增长”，存款、中间业务收入竞争力“双提升”，不良额、不良率“双下降”目标。

风险防范　2018年，支行做好内控外防管理，层层签订《党风廉政建设责任状》《案件防范责任状》，防范和打击非法集资活动，用好MOVA系统，加强业务培训，规范服务管理。

（中国工商银行德化支行）

【中国农业银行德化支行】　2018年，中国农业银行德化支行各项存款余额35.26亿元，比年初增加3.52亿元；各项贷款余额48.69亿元，比年初增加5.34亿元。存贷款市场份额指标均居四大国有银行首位，存量贷存比138%，当年增量贷存比152%。实现中间业务收入2196.62万元，比上年增加288.54万元，增幅15.12%。实现拨备前利润14089万元，比上年增加2386万元，增幅20.39%；实现拨备后利润13262万元，比上年增加2627元，增幅24.70%，拨备前利润人均首次突破150万元。不良贷款余额301万元，不良占比0.06%；信用卡不良余额336万元，不良率1.59%；实现不良贷款（含卡透）余额及不良率双下降，法人贷款零不良，信贷资产保持高质量运行，全年未发生风险事件。

项目支持　2018年来，支行累计为8个重点项目合计授信27.8亿元，实现贷款投放12.36亿元，其中2018年给予“艺都花苑”“石牛山景区”“电商物流园”3个项目新增授信合计9.8亿元，并实现“石牛山景区”新增贷款1亿元及“彭村水库”新增贷款6000万元。对接“国际陶瓷艺术城”“月记窑文化创意园”等项目的融资需求。对接城乡居民住房金融需求，优先安排信贷投放。全年支行住房贷款余额16.78亿元，比上年净增1.05亿元。近三年累计实现住房贷款投放10.96亿元，其中累计为城东保障性住房、进城务工人员安居工程两个保障性住房项目发放606笔1.08亿元个人住房贷款。

服务“三农”　2018年，支行先后向省农行上报并获批《“中国白瓷贷”产品服务方案》《惠农e贷（德化陶瓷新秀）金融服务方案》《惠农e贷（德化陶瓷大师）金融服务方案》等方案。为省级龙头企业德化县祥山大果油茶有限公司新增贷款2200万元。落实上级行普惠金融政策，结合前期批复的服务方案，强化对民营小微企业的金融服务。全年给予23户民营小微企业新增授信1.75亿元，实现新增贷款1.07亿元；累计向1600多户农户发放线上惠农e贷1.92亿元。

风险防控　2018年，支行将风险防范渗透到客户准入、贷前调查、贷中操作、贷后管理等各个环节，加大风险防范力度，信贷资产质量继续保持同业最优水平。严格执行《德化支行关于加强个人贷款及信用卡业务管理的通知》，加强逾期贷款监控，加大核销处置力度，做细不良清收工作。落实案件风险防控，年初组织签订案防责任书，制定案件防控工作意见，明确案防工作重点及各部门责任，坚持全年案防工作常态化。

（中国农业银行德化支行）

【中国银行德化支行】　2018年，中国银行德化支行各项存款86033万元（含表内理财），比年初增加7258万元，日均新增10880万元。人民币各项贷款124699万元（含信用卡），比年初增加15010万元。资产质量总体良好，公司贷款不良余额63万元，不良率0.11%；零售贷款五级分类不良余额857万元，不良率1.63%。非息收入1048万元。叙做国际结算量9666万美元，市场份额30.16%，比上年下降0.4百分点；跨境人民币结算量163万元，市场份额排名第一；资金业务交易量8747万美元，完成全年计划5000万美元的174.94%，排名全辖第一。实现净收入4316万元，比上年增长1.6%。

业务开展　2018年，支行与政府主导项目融资对接，加深银政关系，立足德化以中小企业为主的特点，推动中小企业授信业务拓展。全年中小企业贷款余额34780万元，累计新增投放10819万元，比年初增长17.46%；中小企业新增授信客户11户，在全辖中小企业条线考核中排名第一。关注全县楼盘项目进度情况，做好营销个贷项目储备，加大贷款投放；拓展非息业务，重点发展车位分期、分期通业务，经市场调研，及时营销介入3家非按揭合作楼盘。

风险防控　2018年，支行关注企业经营情况和行业变化，增强主动风险意识，到企业做好授后管理工作，掌握企业状况，严控企业新生不良。特别针对年初以来银行卡不良冒升趋势，加大催收力度；执行内控整改活动要求，各条线开展自查整改，并按要求上报分行，年初县外管常规业务检查中，总体情况良好。

（中国银行德化支行）

【中国建设银行德化支行】　2018年，中国建设银行德化支行一般性存款余额17.3亿元，比年初新增2.37亿元；各项贷款余额18.32亿元，比年初减少2.5亿元，处置对公不良贷款1.14亿元。

特色产品拓展　2018年，围绕支行“房贷”金字招牌，加快个人消费贷款与按揭贷款的投放，围绕房贷客户这一群体资源，延伸零售服务流程，配套分期通、装修分期、汽车分期、商户分期、车位分期、现金分期和账单分期信用卡等特色分期业务。配合县发展电子商务活动，开展支行善融商务、跨境人民币、建行手机银行、建行网上银行等电子产品的综合服务能力，方便电商企业。在支行附行自助银行区安装“圈存机终端机”，使用小微企业信贷产品对接，开展普惠金融业务营销，做好大师信用贷、税易贷、造价咨询业务、黄金租借等特色业务服务。搭建银政合作平台加大普惠金融服务，与县市场监管局合作，为经营者提供“一站式”代办工商登记服务，并在全程化登记中为企业申请提供便利。

内控管理加强　2018年，支行加强现金管理，压缩无效资金占用，防范和化解现金结算风险。严格大额、可疑支付交易的报备制度，开展人民币反假防假的宣传，定期开展反洗钱和反假知识的培训。

（李丽丹）

【中国邮政储蓄银行德化支行】 2018 年，中国邮政储蓄银行德化支行各项贷款余额 13.06 亿元（含市行发放的公司贷款 1.79 亿元），比年初增加 1.87 亿元，增幅 16.7%；各项存款余额 9.93 亿元，比年初增加 0.53 亿元，增幅 5.61%；不良贷款余额 1183.9 万元，不良率 1.05%，全年不良贷款处置量 558 万元。12 月 26 日，中国邮政储蓄银行德化支行搬迁至浔中镇东埔路 9～19 号办公。

“三农”信贷投放 2018 年，支行涉农贷款余额 82127 万元，比年初增长 3659 万元，年增长率 4.66%。与政府相关单位配合，通过短信宣传、电话营销，主动上门对重点大户、合作社进行现场走访，对接资金需求。结合德化地域特点，开展“进村拓户”活动。加强老客户联络，了解客户资金需求，做好客户维护工作。通过万村千乡走访，掌握县域行业分布、行业特点。通过信用村授牌的方式，提升邮储品牌，全年信用村累计发放贷款 80 笔，金额 215.5 万元，结余 72 笔，余额 184.08 万元，年净增 184.08 万元。已授牌的信用村 3 个：龙浔镇高阳村，浔中镇乐陶村、蒲坂村。

小微企业贷款 2018 年，支行小微企业贷款余额 63720 万元，比年初增加 7165 万元，年增长率 12.67%。单户授信总额 1000 万元以下（含）小微企业贷款比上年增速 18.82%，高于各项贷款，比上年增速 15.8%，贷款户数 974 户，高于上年同期水平 953 户。持续开展扶持中小微企业活动，推进金融服务工作，特别是陶瓷产业。结合快捷贷、税贷通、无还本续贷、公司外汇优惠政策等综合金融服务方案，创新金融产品。调低个体工商户和小微企业主的贷款利率，个体工商户和小微企业主贷款利率下半年比上半年下降幅度超 0.6%。邮储的明星产品个人商务贷款月利率低至 4 厘，5 年自助循环随借随还，方便客户融资需求，降低小微企业主的融资成本。

绿色金融 2018 年，支行投放于绿色行业的存量贷款客户 448 户，贷款结余 7810.31 万元，其中有 4 笔小水电贷款，贷款结余 534.36 万元。开展绿色金融产品，倡导和扶持绿色行业，提供优惠的金融服务，并以此引导信贷投入，支持绿色金融发展。

民生服务 2018 年，支行全年发放家庭农场贷款 472 笔，金额 6431.6 万元。推广支持贫困户学生就学的“生源地助学贷款”，对接政府平台，帮助家庭经济困难学生顺利上大学，提供学费、住宿费、生活费、培训费等。全年累计发放生源地助学贷款 51 笔，金额 39.9 万元，授信金额 119.96 万元。

政企合作 2018 年，支行拓宽贷款业务，授信厦沙高速公司项目贷款 7 亿元，全年新增放款 3300 万元，贷款结余 1.79 亿元。同时，对接教育、旅游、陶瓷艺术城等重点项目，支持政府重点项目发展。

信贷资产质量 2018 年，支行信用卡不良 140 户，金额 343.97 万元，不良率 3.13%；比年初增加 28 户，金额增加 0.35 万元，不良率下降 0.16%。各类贷款不良 47 户，金额 1183.90 万元，不良率 1.05%；比年初增加 4 户，金额增加 349.53 万元，不良率上升 0.19%。其中，小额贷款不良余额 258.03 万元，抵押类贷款不良 908.39 万元，信用消费贷款不良 17.48 万元，小企业法人贷款未出现不良。全年累计

2018 年 6 月 14 日，中国邮政储蓄银行德化支行与龙浔镇高阳村信用村授牌暨“乡村振兴”战略合作签署仪式在龙浔镇高阳村举行

（图 / 中国邮政储蓄银行德化支行）

清收零售信贷不良558.3万元，核销后累计收回178.04万元。

（张青荔）

【德化县农村信用合作联社】

2018年，德化县农村信用合作联社各项存款余额93.01亿元，比年初增加5.44亿元，增幅6.21%，占德化县存款增量40.37%。各项贷款余额58.02亿元，比年初增加8.01亿元，增幅16.01%，市场份额29.05%。不良贷款余额0.63亿元，比年初下降19万元，不良贷款占比1.08%，比年初下降0.18个百分点。各项财务总收入6.43亿元，比上年增加0.56亿元，增幅9.56%；实现账面净利润1.6亿元，比上年增加0.13亿元，增幅9.13%。实现资金营运总收入2.1亿元，比上年增加150万元，实现净收益2亿元，资金收益率4.65%。全年手机银行存量12.32万户，新增1.85万户；扫码商户存量5035户；新增云闪付APP用户18008户。资本充足率17.16%，杠杆率9.13%，流动性比例48.65%，贷款损失准备充足率1239.06%，拨备覆盖率791.65%，拨贷比8.55%，均高于最低监管指标。

支农支小　2018年，涉农贷款余额52.49亿元，比上年增加7.26亿元，增幅16.05%，高于各项贷款同期增速0.04个百分点。单户授信总额1000万元以下（含）小微企业贷款36.76亿元，比上年增速16.03%，高于各项贷款比上年增速0.02个百分点；有贷款余额的户数8239户，比上年同期增加236户；全口径小微企业不良贷款余额0.55亿元，不良率1.26%，比各项贷款不良率高0.18个百分点，不超过各项贷款不良率2个百分点。引导符合条件的小微企业办理“无还本续贷”业务，累计办理194户，287笔，金额7.8亿元，无还本续贷笔数占比16.26%，比年初增加5.05个百分点；无还本续贷金额占比40.95%，比年初增加5.61个百分点。县联社与乡政府、村委会、乡村医疗点、便利店合作，加大农村地区助农取款服务点的布设力度，不断完善农村基础金融服务网络。布设自助机具67台、零币兑换机1台、布设177个“小额支付便民点”，并按照人行标准进行升级改造，交易6.53万笔，其中领取社保金3.77万笔，缴存社保金1.04万笔，转账类业务3983笔，缴费类业务1.10万笔，农民工卡取款2183笔。创建信用乡（镇）10个、信用村118个，评定信用农户2.02万户。全辖发放贫困户贷款（含市定标准）776户，贷款余额4534.52万元，比年初增加248.83万元，比上年增长5.8%，其中发放扶贫小额贴息贷款644户，余额2844.31万元；发放光伏扶贫贷款578户，余额2518.52万元；发放生源地助学贷款1737户，余额3001.16万元。建成德化县戴云黑鸡养殖有限公司金融扶贫开发示范基地和水口镇光伏扶贫示范基地。

普惠金融　2018年，县联社设立中国茶具城乡村振兴金融服务示范基地，向中国茶具城建设项目授信3200万元，用信余额3099万元；向入驻茶具城的商家提供贷款181笔，金额4554.8万元，用信余额4215.61万元，同时推广电子银行产品，对商家进行精准建档。为亮相“金砖会晤”的茶油企业授信2户510万元，为从事棘胸蛙养殖、珍贵树种培育等“林下经济”的企业授信2户1340万元，为美湖镇大龙湖漂流项目和南埕镇桃溪居项目分别授信100万元。县联社与陶瓷管委会、县科技局开展业务合作，推出“新秀贷”产品支持城东四期中小企业创业园建设，授信11户，金额2766万元；推出“电商互助贷”，为28位电商人才办理电商互助贷652万元，用信余额649万元；向科技型、成长型企业推出利率较低的专利权质押贷款——“科创贷”，由县科技和知识产权局注入的“双创基金”作为风险补偿金，企业并享受财政贷款基准利率的30%～50%贴息，办理“科创贷”5户，金额1620万元。县联社在龙浔、浔中、三班、盖德等镇13个营业网点25位客户经理（专职金融网格员）挂钩155位城乡社区网格员（兼职金融网格员），负责37个行政村（社区）155个网格，精准建档27367户，“农e贷”授信4178户，金额21588.59万元，用信14952.14万元。

小额信贷产品　2018年，重点推广“农e贷”“快e贷”“普惠金融卡”“同心贷”“首装贷”“田园贷”等小额信贷产品。“首装贷”授信57户，金额1148万元；向农村基层组织干部创新推出“引领贷”，授信17户，金额242万元。推出“快e贷”，授信466户，金额666万元。

银政合作　2018年，县联社与县招商办签订战略合作协议，提供综合授信额度人民币10亿元，为招商引资企业提供资金结算、一条龙及全流程授信支持等全方位、综合化的金融服务，满足企业投资、厂房建设、经营周转等资金需求，建立良好的招商引资环境。

（德化县农村信用合作联社）

【泉州银行德化支行】 2018年，泉州银行德化支行下辖瓷城花园社区支行，各项存款余额10.05亿元，各项贷款余额3.76亿元，不良贷款余额65万元，不良率0.17%，实现拨付前利润1248万元，纳税金额210万元。

贷款业务 2018年，支行支持县重点工程建设，加大投入制造企业的贷款，扩大“无间贷”（续贷无须还本）业务，让“无间贷”惠及贷款客户。全年支行累计办理“无间贷”70笔，金额6840万元；支持小微企业发展，对符合条件的小微企业找政策、想办法、鼎力支持；化解与核销不良贷款，向总行争取降息、核销等政策，减轻企业负担，降低贷款不良率。

服务优化 2018年，支行通过柜面管理和推动营业网点“厅堂一体化”建设，对支行营业厅重新改造实现明确的功能分区，通过推广自助回单打印、自助发卡机以及微信公众平台等方式，打造亲民舒适的网点环境。

（李斯帆）

【泉州农商银行德化支行】 2018年，泉州农商银行德化支行各项存款余额6.68亿元，增幅4.89%；各项用信总余额4.31亿元，其中信用卡用信4427万元，信用卡不良余额60.59万元，信用卡不良率1.37%；各项贷款余额3.87亿元，比年初增加1.13亿元，增幅41.45%。不良贷款392万元，不良率1.01%，贷款投放及风险防控均完成政府下达的任务指标。

支农支小 2018年，支行涉农贷款余额3.41亿元，比年初增加1.07亿元，增幅45.71%，其中农户贷款余额2.92亿元，比年初增加9040.47万元，增幅44.94%小企业贷款余额4683万元，比年初增加1681万元，增幅56%。截至12月底，办理企业无还本续贷笔数13笔金额3154万元，企业转贷覆盖率100%。

风险防控 2018年，支行加大贷款有效投放，全年新增贷款规模1.16亿元，各一级支行排名第二，其中小额贷款新增706户，余额9806万元。与县金融办、法院、公安经侦等部门协调，推动诉讼案件进程，通过各种途径收回各类风险贷款350万元，支行风险总体保持在可控的范围内。

（泉州农商银行德化县支行）

【中国民生银行德化支行】 2018年，中国民生银行德化支行本外币各项存款余额3.94亿元，较上年增长0.76亿元，增幅23.98%；本外币贷款余额合计2.53亿元，较上年增长0.25亿元，增幅10.96%。总体资产质量较为良好，无不良贷款。

小微企业融资产品 2018年，支行在原有小微企业融资产品服务体系的基础上，加大线上“微贷”产品推广，由客户经理根据小微企业主需要，上门办理，简化贷款手续，解决小微企业融资难问题。同时，加大“无还本续贷”以及“结算全免费”等产品的推广，降低小微企业在融资、结算等方面的成本。

普惠金融 2018年，支行设立“薪资客群”（陶瓷工人客群、建筑工人客群）、“老年客群”等专项服务小组，研究分析客群特性及金融需求点，并制订专项服务方案，定期定点驻厂，到社区、广场为群体开展系列活动，以“合适产品”代替“优势产品”理念，帮助群众获取金融服务、解决金融问题。

（中国民生银行德化支行）

【福建德化成功村镇银行】 2018年，福建德化成功村镇银行各项存款余额21817.08万元，比年初增加6049.58万元，增幅38.37%。贷款余额16281.42万元，比年初增加6615.04万元，增幅68.43%；贷款户数635户，比年初增加240户。全年无不良贷款。手机银行签约2078户，比年初增加585户，动户率46.73%，动户数971户；“码上付”二维码收单户数239户，交易笔数11.98万笔，交易净额2763.18万元。各项业务收入1394.94万元，其中贷款利息收入981.80万元；金融机构往来利息收入241.49万元，手续费及佣金收入8.06万元，营业外收入163.59万元。

服务“三农” 2018年，支行抓好农户小额贷款的拓展，推广“合家欢”贷款产品和“美食贷”贷款产品，其中“美食贷”主要针对餐饮行业经营者推出，依靠收单经营流水和第三方外送平台数据统计，有效识别客户经营状况并给予灵活的利率定价；推出“简易贷”贷款产品，简化小额贷款流程和手续，提高办贷效率。

服务小微企业 2018年，支行小微企业贷款余额（含个体工商户和小微企业主贷款）8016.68万元，比年初增加4088.03万元，增幅104.06%小微企业贷款户数171户，比年初增加103户，小微企业贷款同比增速高于2018年各项贷款同比增速68.43个百分点，完成2018年小微企业“两增两控”目标。

政企合作 2018年，支行与团县委、县青商会合作推出“成功·青商贷”贷款产品，主要贷款对象为县青年企业家和青年创业者。全年“成功·青商贷”申请客户38户，发放14户，授信金额415万元；4月9日，德化县2018年政银企对接会暨普惠金融产品推介会召开，现场达成贷款意向的企业有30家，意向贷款金额3990万元。支行完成与全部意向企业的对接和洽谈，累计发放贷款7户，金额835万元。

（福建德化成功村镇银行）

保险业

【概况】 2018年，德化县保险公司有中国人寿保险德化支公司、中国人保财险德化支公司、大地保险德化支公司、中国太平洋保险德化支公司、中华保险德化支公司、中国平安保险德化支公司等6家。

【中国人寿保险德化支公司】 2018年，中国人寿保险德化支公司股份总保费16380.57万元，比上年增长24.17%。长期险首年标准保费1584.57万元，预算完成率79.29%，长期险首年保费4489.51万元，其中：长险首年趸交保费428.7万元，长险首年期交保费4060.81万元，预算完成率96.11%，比上年增长1.7%。其中，10年期及以上首年期交保费1599.03万元，负增长69.63%。其中，保障性产品期交保费1044.27万元，预算完成率100.58%，比上年增长68.08%。续期保费10442.6万元，比上年增长39.7%。短期险保费1448.46万元，预算完成率108.05%，比上年增长21.92%；互动业务达成551万，完成率78.65%，比上年增长9.48%，全市排名第二。

保险业务 2018年，支公司收取学平险保费511.7万元，比上年增长29.6%，占据德化学平险市场主导地位；与县计生协会沟通，通过下乡包片，进村入户宣传收取计生险保费63.25万元；收取“精准扶贫保险”保费27.81万元，比上年增长65%；收取女性安康险保费13.79万元；与县财政局、民政局、老龄办等有关单位沟通，收取老人险保费10.14万元；与县农信社沟通，从9月1日开始合作，打破太平洋保险公司长期独家经营的局面，收取小额信贷险保费40933元，弥补农信社小额信贷险的空白；与县委办、劳动局沟通开展工伤补充意外险缴交工作，收取工伤补充意外险保费40多万元。

保险服务 2018年，支公司受理长期寿险77件，赔付金额2395.54万元；受理长期健康险30件，赔付金额101.7万元；受理短期寿险5件，赔付金额22万元；受理短期健康险2667件，赔付金额349.96万元；受理短期意外险401件，赔付金额345.03万元；受理短险团单及汇交件705件，被保险人数187566人；短险个单2988件；受理寿险电子投保单5994件，比上年增长20.5%。受理集团保全件1441件；8版股份保全件7435件，万能险保全件1036件，短险保全件1492件。德化客户服务中心对2265个股份客户开通E宝账户。

风险防控 2018年，支公司开展非法集资和反洗钱专项治理活动。落实反洗钱客户定期审核数据核实1份，对系统提取的可疑数据进行分析170笔，并对2017年第四季度受理及2018年1—7月的业务进行反洗钱抽查559笔，对问题件进行整改。

（中国人寿德化支公司）

【中国人保财险德化支公司】 2018年，中国人保财险德化支公

2018年9月4日，德化县人民法院与中国人保财险德化支公司联合在县法院指挥中心举行执行救助保险服务合作协议签订仪式

（图／中国人保财险德化支公司）

司实现自营保费收入7321万元，比上年增长15.49%，其中车险保费收入4933万元，非车险完成保费2388万元，接受各类有效报案5589件，其中机动车辆险4145件，企财险72笔，工程险3件，货运险352件，责任险18件，意外险436件，家财险（含综治）563件。截至12月底，累计决赔款支出4215万元，未决赔款650万元，全年纳税957万元。

保险业务　2018年，支公司在承保方面，实施出单集中式管控，方便大众投保，提高出单效率，优化出单服务界面。在理赔方面，做好理赔标准化服务工作，每日对理赔服务用车及查勘工具进行检查，并按5S标准要求进行整理，提升客户的满意度。公司接到客户报案后，查勘员在县城15分钟内到达现场，出城外30分钟内到达现场，不能到达现场的及时与客户联系告知；从单证收集齐全到核赔通过的时间区间，万元以下一小时通知赔付。开辟理赔绿色通道，简化农险理赔程序，帮助受灾人民群众及时恢复生产生活。加强与政府良性互动，利用政策性平台支撑包括“三农”业务、支农融资项目、精准扶贫项目、综治、执行救助、警报联动加强与政府相关职能部门互动，促进合作发展。

（蒋雯燕）

2018年6月1日，平安德化“大宣传、大走访”活动启动暨2018年上半年综治保险理赔金发放仪式在县瓷都广场举行

（图／中国人保财险德化支公司）

典 当

【概况】　2018年7月16日，德化县首家典当行——德化县天顺祥典当行有限公司成立，注册资本1000万元，地址设在德化县龙浔镇浔南路58号。

【经营情况】　2018年，德化县天顺祥典当行典当贷款总额477.86万元，典当贷款按贷款抵押物品分类划分，其中动产383.86万元，房地产94万元，业务笔数22笔（典当业务18笔，续当业务4笔）。取得利息收入24.12万元。收入按贷款抵押物品分类划分，其中动产16.51万元，房地产7.61万元。应上缴各项税款1.55万元。实现净利润2.6万元。期末在当业务12笔，其中动产典当贷款8笔，房地产抵典当4笔，典当贷款余额437.86万元（动产典当贷款余额343.86万元，房地产典当贷款余额94万元）。

【业务开展】　2018年，德化县天顺祥典当行开展以证券交易账户资产为资押的股票抵典当业务，不存在未经批准发行和转让股权、股票、基金及其他理财产品等，也没有开展或参与互联网金融业务。公司上传监管信息系统的统计数据与实际审计结果一致。公司无对外担保事项。

（县金融办）

旅游业

综 述

【概况】 2018年，德化县旅游业以创建国家全域旅游示范区和发展优质旅游为目标，突出陶瓷文化旅游和山水生态游憩两大主题，推动全域旅游。全年接待游客488.09万人次，旅游总收入45.53亿元，均增长23.2%。

【品牌情况】 2018年，德化县拥有"五区两园"（戴云山国家级自然保护区、岱仙湖国家级水利风景区、石牛山国家AAAA级旅游景区、九仙山国家AAAA级旅游景区、云龙谷国家AAA级旅游景区、石牛山国家地质公园，石牛山国家森林公园）7块"国"字号生态旅游品牌，获批创建国家全域旅游示范区，中国最佳生态旅游县。

【旅游配套设施】 2018年，德化县新增1家旅行社独立社（福建省德化瓷国旅行社有限公司）、3家营业部（腾邦旅游集团德化营业部、宝中德化瓷都营业部、厦门航空国旅旅行社有限公司德化营业部）。

景区景点

【概况】 2018年，德化县有石牛山景区、九仙山旅游度假区、云龙谷创AAAA提升工程、潘祠—李溪旅游项目等20个旅游重点项目，总投资37.5亿元，累计完成投资8.07亿元，完成年度投资计划的102.79%。

【石牛山景区】 2018年，石牛山景区累计完成投资33020万元，完成融资4.5亿元。

岱仙瀑布项目　2018年，国道355线改道工程基本完工；完成石牛山景区游客服务中心及商业街建设工程护坡挡墙90%施工及2幢配套用房、4幢设备房主体施工；完成岱仙酒店项目扩建工程四层主体施工；完成玻璃观景台及配套游客中心项目风洞实验、山体稳定性及施工图审查，进入工程预算阶段；完成瀑布景区游步道等旅游设施提级改造工程施工设计，进入财审阶段；悬崖栈道工程基本完工；岱仙瀑布景区入口服务区广场基础设施工程，进入用地手续报批及施工图设计等相关工作阶段。

石龙溪漂流项目　2018年，南埕镇塔兜村至枣坑村公路提级改造工程已完工；上、下码头游客管理中心基本完工，进入最后的装修和景观收尾工程阶段。

索道项目　2018年，完成大索道经过线路林木砍伐工作；完成站房方案报批工作；完成索道站房施工图审查和大索道下站房桩基检测工作；完成小索道及大索道下段施工货索搭设工作；完成30个支架基础开挖和13个支架基础浇筑。

主峰项目　2018年，完成石牛山景区游步道等旅游设施提级改造工程节点外的施工图设计，完成主峰悬崖栈道主体工程约300米；动工建设水口镇榜上村给水、排污工程；完成主峰服务中心等工程方案设计优化、地质勘查、施工图审查，进入预算阶段；完成石牛山度假宾馆及别墅内外装修提升工程室内平面、室外立面、室外附属配套方案设计；完成主峰低压电缆工程建设，并投入使用；完成主峰临时用水工程建设，并投入使用。

竹筏漂流项目　2018年，完成项目修规、地质勘探、施工图设计，以及立项、规划选址、用地等手续办理。

景区托管　2018年，经公开招投标，确定北京巅峰智业为石牛山景区托管和创AAAAA工作指导单位，托管团队已进场开展前期指导

2018年12月17日，石牛山景区封闭改造施工中　（图／县旅游事业局）

工作，并于9月3日召开《石牛山创建国家AAAAA级旅游景区规划设计》《石牛山旅游度假区提升策划》论证会。

【九仙山景区】 2018年，九仙山景区累计投入6300万元，完成农特产品展示中心室外广场增加钢结构连廊、假山塑石工程。酒店室内外装修项目施工完成90%；配套温泉项目水井施工中，水疗区项目场地施工已基本完成。

【云龙谷景区】 2018年，云龙谷景区累计投入5900万元，完成景区大门、游客服务中心等8个项目的修复，新增金蛙送福广场、丛林穿越、萌宠乐园、游乐场、春夏秋冬园等景观（点），提升改造景区整体绿化景观，并于5月19日恢复开园（8月8日起正式对外开放营业）。开园后，云龙谷景区的单日游客量多次突破万人。

【旅游集散服务中心项目】 2018年，德化县旅游集散服务中心项目累计完成投资1370万元，完成75%的土石方工程，完成项目区内道路工程施工图设计和图审，进入工程预算阶段；完成项目区内道路工程预算和财审及旅游集散服务中心施工图图审工作，进入工程预算阶段。

【潘祠—李溪片区乡村游项目】 2018年，潘祠—李溪片区乡村游项目累计投入752万元，实施基础设施、景观内涵、节庆宣传和乡村环境四大提升工程，整村连片推进，整体打包规划，打造“春看樱花、夏观竹海、秋赏稻浪、冬泡温泉”等具有德化特色的乡村旅游精品线路。

【佛岭—国宝片区乡村游项目】 2018年，佛岭—国宝片区乡村游项目累计投入1500万元，围绕打造“文旅小镇、养生国宝”发展目标，加快景区复建提升、启动主题村落创建、实施便民惠民工程、优化美化人居环境等片区综合建设，云龙谷景区以全新的面貌正式开园。此外，完成龙湖山旅游度假区、龙门大峡谷休闲旅游度假区总体规划评审；唐寨山酒店一期工程、维也纳酒店和德商大酒店相继建成开业。

旅游策划与管理

【概况】 2018年，德化县旅游业以创建国家全域旅游示范区和发展优质旅游为目标，大力扶持旅游产业的规划发展。加强旅游安全管理，强化安全生产隐患排查治理。

【旅游策划】 2018年，德化县旅游业从各乡镇的实际出发，根据不同季节和特色进行旅游策划，包装并推出梨花观赏、德化梨及芙蓉李采摘、美食品尝、农耕体验等一批亮点旅游产品，打造各具特色的旅游线路和旅游景点，通过整合资源和景点，重点宣传推介8条乡村旅游线路。全国重点旅游扶贫村杨梅乡杨梅村编制完成《杨梅村旅游扶贫规划设计》；雷峰镇潘祠村、李溪村，盖德镇有济村等旅游特色村编制《乡村旅游提升规划》。通过政府主导、与第三方合作等方式，设立国宝云龙谷剪纸游学基地以及九仙山旅游度假区、顺美陶瓷文化生活馆、如瓷生活文化馆、洞上陶艺村研学旅行示范基地。出台《德化县研学旅行产品开发实施方案》，指导德化县研学旅行健康发展。

【旅游管理】 2018年，德化县通过召开旅游安全生产会议、开展旅游安全联合检查、“安全生产月”，强化旅游安全责任制落实。全年组织各类安全大检查11次，其中联合检查4次，排查安全隐患153处，整改完成率100%。开展德化县旅游市场秩序综合整治“利剑行动”专项行动，集中开展旅游市场秩序检查活动，严肃查处导游（领队）执业资格、涉及违法案件旅行社、强迫消费购物场所及非法从事旅游活动组织和个人，不断强化诚信经营导向，净化旅游消费环境。

旅游宣传与活动

【概况】 2018年，德化县围绕“世界瓷都·润养德化”形象定位，以品牌形象塑造和市场营销为重点，召开关于民俗文化、摄影、采摘、温泉等主题旅游活动，组织企业参加各种旅游展会，宣传推介旅游产品，不断提升德化旅游知名度。

【旅游宣传】 2018年，德化县编印《德化导游词》《刀尖勾勒景秀瓷都》剪纸画册、《世界瓷都·润养德化》宣传折页，调整更新政府门户网站“畅游德化”栏目，完成第一至第五批泉州伴手礼名录复核工作，开展2018年首批“德化伴手礼”认定评选工作，举办第三届“闽艺杯”陶瓷艺术创意设计暨陶瓷旅游纪念品创意设计大赛。结合旅游产品形象定位，在德化网、德化旅游微博、德化旅游微信公众号、省旅发委网站、市旅发委网站等平台发布德化旅游图文资讯、旅游产品、旅游线路、节庆活动、优惠措施等旅游资讯300多条，全方位、多渠道跟进旅游宣传。

【旅游活动】

节事活动 2018年，举办“发现大美德化”抖音创意视频挑战赛，从7月27日上线，至8月6日上午（8点）点击量达181万人次；制定“旅游+电商”宣传营销合作方案，委托福建省旅游频道制作相关视频，与第一批电商企业合作开展“网游德化”宣传营销活动；与县总工会联合举办“丝路瓷源·月记窑”陶瓷文化摄影作品比赛；协助举办国宝云龙谷剪纸游学基地开馆和云龙谷景区恢复开园、龙浔镇“田园风光、果香高阳”芙蓉李采摘节等活动；指导开展第二届上涌镇梨花节、雷峰镇首届温泉美食旅游节、三班镇“清明古道踏青寻梦·三侨锦山品竹赏花”活动、德化县桃仙溪景区第四届文化旅游节暨桃仙溪杯五人制足球邀请赛、杨梅乡首届民俗文化旅游节、2018德化陶瓷文化徒步之旅、“相约有济·记忆乡愁”盖德镇乡村民俗文化旅游节、首届“中国农民丰收节”暨“2018金秋葛坑”民俗文化旅游节、水口镇“移风易俗·清新水口”文化演出暨“美丽梨坑·养生福地”摄影采风等活动。

营销活动 2018年，德化县组织旅游企业参加第四届中国（泉州）海上丝绸之路国际品牌博览会、第十四届海峡旅游博览会、第三届（北京）文旅产业巅峰大会，开展“5·19”中国旅游日系列活动，做好全国百家电视台大型集中采访、联合播出活动和中国港澳台地区摄影家走进“世界瓷都·润养德化”摄影活动、与巅峰智业和福建海峡旅游文化有限公司对接德化县旅游品牌建设与宣传营销工作方案策划等工作，持续跟进旅游宣传营销推介。

2018年4月30日，2018德化县杨梅乡首届民俗文化旅游节举办（图/吴有森）

陶瓷文化旅游

【概况】 2018年，德化旅游一大主题是陶瓷文化旅游，县内主要陶瓷文化景点景区有陶瓷街、屈斗宫古窑址、德化陶瓷博物馆、洞上陶艺村、顺美陶瓷文化生活馆、如瓷生活文化馆、中国茶具城、新秀园等。

【陶瓷街】 位于龙浔镇龙鹏街，是世界陶瓷之都·德化的形象窗口。为汇集德化陶瓷精品，展示德化陶瓷风采，方便游客购买，德化于2002年开始把这条街整合成陶瓷商品专营街，店铺专门经营陶瓷商品，产品涉及日用陶瓷、传统雕塑工艺瓷、西洋工艺瓷、红壤陶等四大类近万个品种，是德化陶瓷产品的大观园。

【屈斗宫古窑址】 位于龙浔镇宝美村破寨山西南坡上，窑长51.7米，宽1.4～2.95米，有17间窑室。1976年出土800多件生产工具和6790件瓷器标本。其产品以纯净莹润的乳白色为特征，造型和烧制方法具有明显的宋元时代瓷器的特点。出土的器物中，品种有碗、盘、碟、壶、罐、瓶、高足杯等，在日本、菲律宾和印度尼西亚等国家发现有不少同类器物，证实该古窑址为外销瓷生产的重要遗址。屈斗宫古窑址对研究宋元时代中国的民窑体系，以及瓷业的生产规模、窑炉发展、烧制工艺和外销状况具有重要的价值。发掘以来，日本、英国、美国、荷兰、德国、丹麦、澳大利亚等一些国家的考古专家、学者以及中国香港地区，内地20多个省、市、自治区的考古工作者先后前来参观考察。

【德化陶瓷博物馆】 位于唐寨山森林公园内，毗邻泉州工艺美术职业学院，是福建省第一家资料齐全的陶瓷专业馆，占地面积5.47公顷，大楼建筑面积5700平方米，为框架结构两层仿古建筑，内设六个展示及学术报告厅、陶吧、资料室、库房、监控室等。该馆于2003年10月动工建设，投入资金1200多万元，2006年10月完工，现有藏品5000多件，其中国家一级文物10件、二级文物5件、三级文物408件。博物馆一楼大厅镶嵌有一幅长13米，宽2.6米，由520块德化白瓷制作而成的高浮雕壁画，展示了德化窑拱制、德化瓷制作生产以及对外贸易的状况。

【洞上陶艺村】 位于三班镇蔡径村，距城区2千米，实际面积59公顷。景区以德化瓷烧制技艺非物质文化遗产和古龙窑（月记窑）柴烧、传统手工制作为主题，以当代国际陶瓷艺术创作、交流、展示等陶瓷文化活动为载体，整合蔡径古村落的农耕文化、民俗风情、天园风光等自然资源。陶艺村拥有综合服务区、月记窑当代陶艺家创作中心、陶艺家工作室、两岸大学生陶艺工作区。在这里可以与有400多年历史的龙窑的活化石——月记窑对话，感受乡村最传统的陶瓷制作和烧制的工艺；大学生创意工作室有最具创意的时尚与古朴的陶艺作品；陶艺DIY的体验区可以让每位游客体验与瓷泥互动带来的快乐；农耕民俗文化和家庭农庄可以让每位游客回味孩提时的生活情境和绿色美食。

【顺美陶瓷文化生活馆】 位于浔中镇城东工业园区，于2010年投建，建筑面积20000平方米，其中文化创作场所5000平方米、文化产品展示中心10000平方米、其他配套设备5000平方米。该馆是一个多元化的国际陶瓷文化创意公共服务平台区，是国际陶瓷创作大师、中央美院、福州大学、华侨大学等学院的师生创造实践基地。主要包括陶瓷文化大师创作基地、陶瓷国际文化礼品区和中国陶瓷文化礼品区、海丝陶瓷文化历史博物馆等，是德化陶瓷传统雕塑、陶瓷传统绘画与书法装饰、陶瓷瓷花制作、陶瓷漆线雕、西洋工艺品创作、个性茶具（手工柴烧瓷器）等多元素、全方位的陶瓷文化创意创作中心。

2018年3月20日，顺美陶瓷文化生活馆中的储钱罐样品展区

（图／李宏图）

【如瓷生活文化馆】 位于龙浔镇泰峰瓷坊1楼，由德化县如瓷生活文化有限公司创立。福建省大学生创意创业孵化基地，福建省观光工厂。该馆立足世界瓷都德化，面向世界，以“古丝绸之路到新丝绸之路”为脉络，是集德化瓷雕创作、

许氏陶瓷历史博物馆、如瓷生活文化馆、陶艺体验中心为一体的陶瓷文化展示与休闲体验中心。

【中国茶具城】 位于德化县三班镇，是福建省重点建设项目，规划建设面积80公顷，总投资25亿元，由专业市场、会议中心、博物馆、电子商务、会展中心、总部大楼、酒店、文化广场等功能区组成。一期项目建设用地19.47公顷，建筑面积35万平方米，总投资6亿元，于2015年动工建设。2018年2月商铺全部售罄，来自上海、广州、西安、郑州、厦门、潮州、武夷山等全国各地200多家企业和商家入驻，初步形成集茶具批发、展示、零售、电商、物流、科研、培训、创作与产业链融合等于一体的国际化专业茶具市场，成为全国最大的茶具产业集散高地与陶瓷文化、文创产业特色窗口。

【新秀园】 位于德化城东工业园区，总建筑面积约6.8万平方米，已有70多家的工作室和研究所入驻，在这里汇聚了全国各地的青年陶瓷人才。以“戴云山筑”建筑风格为特色，以打造青年人创业创新平台为核心，成为德化经济持续发展、文化特色鲜明、陶瓷文化融合、创意人才集聚、辐射带动明显的陶瓷文化产业园区，为园区内和来自世界各地的艺术家交流、探讨和展示提供舞台。

（县旅游事业局）

山水生态旅游

【概况】 2018年，德化旅游又一大主题是山水生态旅游，县内关于山水生态的主要景点景区有戴云山国家级自然保护区、岱仙湖国家水利风景区、石牛山国家AAAA级旅游景区、九仙山国家AAAA级旅游景区、云龙谷国家AAA级旅游景区、石牛山国家森林公园、石牛山国家地质公园、桃仙溪景区桃花岛、石龙溪橡皮艇漂流、桃仙溪竹筏漂流、大龙湖漂流、塔兜温泉、焦溪温泉等。

【戴云山国家级自然保护区】 素有“闽中屋脊”之称的戴云山地处北纬25°38′07″～25°43′40″，东经118°05′22″～118°20′15″，因戴云峰“一柱撑空”，高出云表，常被云雾所盖而得名；又因戴云山顶峰常有积雪，故又名迎雪山，是福建省中部主要山脉。山体由大戴云、小戴云、中尖、白鹿贡、莲花池贡、牛皮尖、大格贡等七座海拔均达1660米的山峰组成，其中主峰——大戴云海拔1856米，为福建省境内第一高峰，故古时有“天下无山高戴云”之说。戴云山景色秀丽，奇峰异石，使人神移目迷，叹为观止。明代张助曾把戴云山的风光景物概括为“戴云秋献”“迎雪春潮”“三山耸秀”“一柱擎空”“七里盘谷”“六朝真僧”“石帽顶冠”“凤髻通玄”“云窝古寺”“涧畔石舟”“天池丽雪”“石壁悬松”“云中石厂”“天外线泉”“山西石鼓”“岩东石钟”等十六胜景。

【岱仙湖国家水利风景区】 概况 位于水口和南埕两镇，包括岱仙湖、岱仙瀑布、石龙溪漂流和塔兜温泉四个区域，形成“一水带四区”的景观组合。“一水”以贯穿水口镇和南埕镇为主线，将岱仙湖休闲区、岱仙瀑观光区、漂流探险区和温泉度假区“四区”相连接，集湖静、瀑绝、溪险、泉奇等特色为一体。2008年9月，被批准为国家水利风景区。

岱仙湖休闲区 为景区水资源景观中心依托点，拥有1433平方千米流域面积，植被覆盖率80%以上，湖面宽广，面积2.4平方千米，水质清澈，湖岸林木葱郁，山青水碧，环境优美。景区由环船岛山、下狮山、背腰里内湖、大云山内湖、葫芦坑内湖、虎尾山田园等景点连成一体。

岱仙瀑观光区 岱仙瀑观光区内岩层断裂发育，落差大，形态奇异，是景区内一道靓丽的风景线。溪水经飞仙山峰，分成两股飞泻直下。东为岱仙瀑布，高184.05米，宽约30米；西为油漏潆瀑布，高约110米，宽80米。枯水期时，山泉叠成一条宽约1～3米的流瀑缓缓而下，从远处看，像一缕油水在光滑的悬崖上流淌，颇具情趣。

【石牛山国家AAAA级旅游景区】 位于德化县东北部，地处戴云山脉中段，主峰位于水口镇，海拔1782米，总面积86.82平方千米，由石牛山、岱仙、浐溪3个景区组成。公园以极具科学性、稀有性的地质遗迹，优美的地貌景观，良好的生态环境和源远流长的人文景观为其特色，是集旅游观光、休闲度假、科研及科普教育于一体的综合性地质公园。2003年石牛山被林业部授予“国家森林公园”称号，2005年9月被国土资源部授予“国家地质公园”称号，是中国第四批国家地质公园。2011年，石牛山获评国家AAAA级旅游景区。

【九仙山国家AAAA级旅游景区】 位于德化县西北部，景区面积约13.6平方千米，分为九十九洞景区、仙峰寺景区、弥勒洞景区、只有天景区、天池景区等四大景区。九仙山是闽南地区的宗教圣地，景区内文物蕴藏丰富，有至今保持完好的省级文物保护单位唐代弥勒石刻造像及戴冠观音石刻造像等，景区内奇岩兀立，怪石遍布，峰峦叠嶂，幽洞密布，万木竞秀，四季各异，年均雾天、相对湿度、风速均居全国第二位，山上常年云遮雾绕，风云变幻、经常出现云海、佛光、雾凇等气象景观，是一座集观光、朝圣、避暑、疗养、度假为一体的旅游胜地。2014 年 12 月，九仙山正式获评国家 AAAA 级旅游景区。

【桃仙溪景区桃花岛】 位于南埕镇南埕村，是桃仙溪与芹溪交汇冲积而成的长达 1 千米、面积约 46.67 公顷的一个小岛屿，因岛上种有近万株呈八卦阵的桃树而得名。桃仙溪景区景点主要有百年老樟、迎客松、两树相拥的情侣树、亚热带藤本植物、古树群、大洲宫、桃仙别墅、环岛观光火车、十八乡镇特色商品购物一条街及全国最大的原生态亲水乐园等。山中还有苏十万抗元遗址：调兵寨、厘顶寨等。

【石龙溪橡皮艇漂流】 位于南埕镇枣坑村，全程 5 千米，有 69 个弯，88 个急流点，落差 36 米，历时 2 个小时，沿途水流湍急，溪水清澈，森林茂密，野生动物众多。

【桃仙溪竹筏漂流】 位于南埕镇塔兜村，南埕境内全长约 13 千米。沿溪两侧有众多的古树群，亚热带藤本植物，还有温泉。两岸的主要景点有天然小岛、情人树、古树群、五仙听雷、石狮潭、天平城古城址、桃花岛、调丁潭、三潭印月、迎客松、莲花台、湖内宫等。1999 年 7 月，开发了被誉为“闽中第一漂”的竹筏漂流旅游项目，漂流行程近 7 千米，历时约一个半小时。

【大龙湖漂流】 位于美湖镇美湖村，全程 5 千米，落差 125 米，是福建境内罕有的，最惊险刺激的极速漂流。大龙湖漂流漂段分为三种体验模式：全程漂、勇士漂、情侣漂。

【塔兜温泉】 位于南埕镇塔兜村，有大小温泉眼 10 多个，水温高达 92℃，日出水量约 50 吨，可溶性 SiO_2 含量较高，属偏硅酸温泉水质，有助于提高人体皮肤弹性、儿童骨骼发育，防止老年人骨质疏松作用，具有保健、美容、护肤、疗养的功效。

【蕉溪温泉】 位于雷峰镇蕉溪村，距德化城关 10 千米，交通便利。自古以来，蕉溪村就以温泉闻名遐迩，该温泉处于主要地热异常即东南沿海地热活动带中部，地热异常显示较明显，水热活动强烈，补给充足，地下热水以上升泉群形式出露地表，是福建省低温温泉分布带之一。已探明 7 处天然地热水喷口，出水量大，日出水量约 5000 立方米，水温最高达 82℃，具有水温高、出水大、埋存浅、泉质优、分布广、含硫低、富含偏硅酸、氟等微量元素的特点，是休闲疗养的胜地。

（陈安娜）

南埕镇塔兜温泉，摄于 2018 年 8 月 12 日　　（图 / 南埕镇政府）

交通 邮政 通信

交 通

【概况】 2018 年，德化县交通基础设施建设完成投资 7.8 亿元，兴泉铁路德化段建设进展顺利，国省干线及普通公路建设有序推进，完成农村公路提级改造 51.86 千米、危病桥改造 1 座，新开通城区公交线路 2 条。德化县完成公路运输总周转量 1562631.9 万吨千米，比上年增长 6.5%。

【兴泉铁路德化段】 2018 年，兴泉铁路德化段途经县春美、美湖、盖德、龙浔 4 个乡镇，全长约 29.3 千米，土建工程和安征迁总投资 13.5 亿元，建设工期 4.5 年。截至 12 月底完成投资 7.2 亿元，占概算总投资的 25.44%，其中工程建设完成投资 5.5 亿元，工程进度和完成投资居全线首位。安征迁方面：完成土地测量 109.98 公顷，已交地 109.98 公顷，其中铁路红线交地 37.13 公顷，临时设施交地 72.85 公顷；拆除房屋 132 座 56000 平方米。主要控制性工程建设用地（包括临时设施用地）已全部交给施工方使用。工程建设进展方面：所有控制性工程均已开工建设并稳步推进，戴云山一号隧道进口开挖 477.4 米；戴云山一号隧道 1 号斜井开挖 1459 米，戴云山一号隧道二号斜井开挖 2915 米；戴云山一号出口开挖 1401 米；戴云山二号隧道进口开挖 950 米；戴云山二号隧道 1 号斜井开挖 2044 米，2 号斜井开挖 1059 米，出口开挖 561 米；白林安隧道斜井开挖 512 米，白林安隧道斜井正洞向大里程开挖 555 米，白林安隧道斜井正洞向小里程开挖 746 米；大寨垅隧道进口开挖 574 米；梁春隧道出口开挖 708 米，洋田三线大桥桩基完成 30 根、承台完成 1 个，大寨垄 2 号大桥完成桩基 12 根，和平溪大桥完成桩基 30 根，抗滑桩完成 11 根承台完成 2 个。1 号墩身 33.5 米，2 号墩身 24 米。洋田路基土石方开累计开挖 133202 立方米；临时便道累计完成 59.75 千米；2、4、5 号拌和站已建设完工并投入使用；临时电力线路完成 38.5 千米（含永临结合电力线路 3.9 千米），德化段全线已全部供电；火工品仓库已通过市公安验收。

【公路建设】

德化城关至永泰嵩口高速公路 2018 年，该项目全长约 57 千米，

2018 年 2 月 13 日，副市长吕刚（中）到德化慰问兴泉铁路建设者

（图 / 县交通局）

总投资约68亿元，在德化境内全长约38千米，委托福建省交规院进行工程可行性研究报告编制，已完成送审稿。

纵四线（国道355）德化三班大兴岭至永春界路段　2018年，该项目全长4.5千米，总投资7639万元（其中建安费6131万元），至12月底完成投资4050万元，累计完成投资7104万元，占总投资的93%。

县道329桂东线南埕塔兜至龙门滩路段　2018年，该项目全长17.58千米，总投资约1.19亿元，完成投资3150万元，占总投资的26.4%，已完成路基7.6千米、路面1.6千米，土石方开挖72.6万立方米、填方31.1万立方米，砌体31150立方米、涵洞47座、桩基16根、承台1个、桥台4个。

通乡镇公路　2018年，春美乡至联三线（锦洋村）公路全长21.47千米，总投资约3.3亿元，完成年度投资16150万元、占总投资49.18%，累计完成投资28150万元，完成路基17.5千米、路面6千米、填方132万立方米、挖方220万立方米、涵洞83座、桥梁桩基39根、承台5个、桥台2个、薄壁墩5个，隧道掘进675米已贯通，梁片预制23片。桂阳乡至联三线（上涌村）公路总长13.47千米，总投资1.82亿元，完成投资1970万元，占总投资的10.8%。完成土石方开挖25万立方米，填方14万立方米，砌体1130立方米。

农村公路提级改造工程　2018年，投资2852万元实施农村公路提级改造51.86千米。

危病桥改造　2018年，投资154万元实施美湖镇美湖村土地仑桥危病桥改造。

农村公路安保工程　2018年，投资849万元实施农村公路生命防护工程16条87.91千米。

公路养护　2018年，德化县对603条2087.74千米群养公路进行日常养护；投资280万元完成县道329桂东线8千米的专项养护提升；对县道311（水桂线）进行“示范路”创建。1月牵头制定《德化县农村公路路长制实施方案》，1月25日挂牌设立县路长办公室，挂靠在县交通运输局，各乡镇同步挂牌成立乡镇路长办。同时，建立乡村道专管员制度，已全部在岗履职。

公路信息指引标志　2018年，县交通局投资88万元完善涉及18个乡镇的县、乡、村道路里程碑、分界标志、路口指示牌、高速公路指引标志等公路信息指引标志。

【运输市场管理】　2018年，德化县从事道路客运企业4家（其中旅游客运1家）；货运企业8家；城区公交企业1家；二级客运站2个；从事机动车维修企业15家（其中一类1家、二类3家、三类11家）；B级综合性能检测站1家；驾培机构4家、教学车辆253辆，教练员316人，年培训6325人。德化县货车738辆、班线客车156辆（其中旅游客车10辆、农村客车30辆）、城区公交车110辆，出租车65辆。城区公交客运量980万人，比上年增长8.8%。拥有省际客运班线7条、省内市际班线19条、市内县际班线21条、县内班线21条。

春运工作　2018年春运从2月1日起至3月12日结束，共计40天。春运期间，县日均投放客运车辆145部，累计运送旅客10.85万人次，比上年下降4.2%；投入公交车90辆，累计运送旅客150.68万人次，比上年增长56.3%。无发生道路旅客运输安全责任事故和长时间大面积旅客滞留现象，道路运输总体正常、安全、有序。

城市公交发展　2018年，德化县新开通德化城关至英山、德化城关至三班东山村2条公交线路，即12号、13号线，优化调整5号线、10号线，至2018年底有公交线路12条，公交车辆90部。

行政审批服务　2018年，县交通局推进“放管服”工作，做好各级下放的行政审批事项的承接，并进驻县行政服务中心实行标准化管理，年审道路运输证828本，货车迁出20辆，个体许可户67户。

行业监管　2018年，县交通局与运输企业、客运站、维修企业、驾培机构等签订责任书，确保安全监管责任到人；定期召开安全例会，强化企业安全源头管理，落实安全检查制度，抓住春运、全国“两会”、汛期及“五一”国际劳动节、中秋、国庆等重点时段的道路运输安全，开展专项整治，督促做好问题整改；加强营运车辆动态监控，严格查处客车超速违规行为，从源头上及时消除各类安全隐患，严防道路运输事故的发生。

质量信誉考核　2018年，根据省交通运输厅及市道管处有关质量信誉考核文件要求，分别对县客、货运企业及驾培机构进行综合考核，考核结果为AAA级客运企业2家、A级客运企业2家，AA级货运企业3家、A级货运企业1家（不满1年企业1家，不予考核），AAA级驾培机构1家，AA级驾培机构1家，A级驾培机构2家。

【安全生产工作】

事故控制目标情况　2018年，

德化县发生道路运输交通事故2起，死亡2人，无人受伤，其中货运事故1起，死亡1人，客运事故1起，死亡1人。死亡人数和受伤人数与上年相比均大幅下降，均在控制指标内；无发生内河水上交通安全事故；无发生因公路标志、标线、危险路段不善造成的交通事故，无发生维修企业、道路施工企业等职工重大伤亡事故。

交通行业安全生产检查　2018年，县交通局对重要交通场所、重点交通部位及春运、春节、“两会”、清明、“五一”国际劳动节、中秋、国庆等重点时段进行督查，组织专项整治检查组22个，参检人员545人次，检查单位152个次，现场提出工作建议214条，发出整改通知书22份，发现隐患65个，并全部整改完成。

建设双重预防机制　2018年，县交通局参与泉州市“智慧安监”隐患排查治理信息系统建设，指导督促县各交通运输企业开展隐患排查治理体系建设，明确隐患排查治理检查、培训和宣传等方面的责任分工和具体任务，积极探索安全隐患排查治理长效机制，实现交通运输行业企业隐患“自查自改自报”与监管部门系统相关联，基本实现在线统计德化县交通运输系统隐患整改情况功能。在客货运、出租、维修、公交、驾校、客运站等行业企业中择优遴选1家企业作为试点单位，按照有关标准规范组织企业开展对标活动。已有21家企业初步完成风险分级管控体系建设，企业内部安全预防控制体系日渐完善。

安全生产管理　2018年，县交通局加强营运车辆动态管理，实时监控车辆安全运行状况，查处违法违规行为，确保行车安全；严格执行车辆行车安全管理规定，督促企业100%落实车辆动态监管，规范长途客车夜间运行，严格落实凌晨2—5时停车休息和接驳运输管理制度，严禁超员、超速、疲劳驾驶、行车接打手机等违法违规行为。强化旅游包车客运监管，严格包车客运标识牌管理。督促各客运企业严格落实“三不进站，六不出站”（无关人员不进站、无关车辆不进站、易燃易爆和易腐蚀品不进站，超员客车不出站、客车证件不齐不出站、乘客未系安全带不出站、驾驶员资质不符合要求不出站、安全例行检查不合格不出站、出站登记表未经审核签字不出站）制度，组织开展应急处置演练，提升道路运输企业应对突发事件的能力和水平。

安保维稳　2018年，县交通局查处车辆超速、疲劳驾驶等违规行为9起，对涉违车辆和驾驶员严格按照规定分别采取停班脱岗教育学习及罚款措施。做好安保维稳隐患问题排查工作，对班线经营矛盾、事故纠纷等重点问题进行跟踪化解，确保交通运输系统安全、稳定。全年排查化解客运班线矛盾纠纷2起。

寄递物流安全管理　2018年，县交通局与公安派出所、工商部门组成执法检查组开展寄递物流专项综合整治，对寄递物流企业证照证件情况进行全面排查，对无照无证的物流、寄递企业，由工商部门负责处理，对有照无证的寄递企业由邮政、交通运输部门共同处理。全年出动执法检查人员135人次，检查货运物流企业36家次，发出整改通知书7份，发现隐患22个，查处各类货运物流案件159起，罚款21.46万元。

扫黑除恶专项斗争　2018年，针对交通运输领域涉黑涉恶问题新动向，全方位开展集中排查、滚动排查，成立5个排查小组对道路客货运输、水运运输、公路工程建设、交通运输执法等领域涉黑涉恶情况明察暗访，对2014年以来各类信访案件和行政执法案件进行梳理排查，并将排查统计情况及时上报相关上级部门。全年排查发现疑似涉黑涉恶线索2条，全部移交扫黑办核实处理。

交通安全宣传教育　2018年，县交通局利用“安全生产月”“综治平安宣传月”“综治平安建设大宣传、大走访”“全国交通安全宣传月”等主题活动，广泛开展各类交通安全宣传，为民众提供与生产、生活密切相关的交通安全咨询服务。全年悬挂宣传横幅23条，制作宣传简报、编发专刊4期，发放各类宣传材料1000多份，发送手机警示短信2000多条。

【综合行政执法】　2018年，县交通局出动执法人员2559人次，检查客货运车辆5020车次（包括春运联合设卡检查），检查企业、场站276个次，查处非法违法案件218起，行政罚款37.37万元。全年开展“两客一危”专项行动22次，查处客运班车违法案件11起、旅游包车违法案件3起、危货运输案件7起。受理出租车投诉案件1起，查处出租汽车案件1起，纠正不规范经营行为5起。开展打击黑车专项行动36次，开展联合执法行动18次，查处非法营运黑车案件7起。开展维修专项整治行动5次，立案查处违法违规案件2家，责令自行关停1家。开展对无证经营，规范租赁和驾培经营专项执法行动17次，纠正不规范经营行为19起，查处案件14起。开展治超统一行动45次，开展渣土车联合执法行动8次，查处超限运输案件34起，卸分载超限货物419.6吨。查处污染公路案件51起，查纠占道经营317起，协助公路部门清除违章堆积物13670平方米，查纠桥下搭盖、堆放行为2起，查纠其他违法行为271起。开展特殊天气情况下的路政巡查，重点开展对赤水路段、农村公路等山区道路易积雪、结冰、塌方路段的联合巡查，春运期间开展联合巡查6次，出动执法人员51人次，排查隐患点6处，维护养护施工路段秩序7次。开展水路巡查36次，联合地方海事部门执法2次，联合相关部门对“三无船舶”1艘拖离上岸。组织货运物流源头执法检查12次，出动路面执法人员412人次，查处物流运输环节违法行为117起、动态监管案件1起。查处非法运输经营案件17起（客运案件7起，危货案件7起，其他3起），查处违法案件201起。

【交通战备】 2018年，德化县加强国防交通基础设施建设，贯彻落实交通战备工作正规化建设相关规定，开展交通战备动员潜力核查评估，完善应急作战交通保障方案预案，开展民兵整组工作，配合开展征兵工作，落实各项安全保密措施。

（陈神谋）

【泉州市汽车运输总公司德化分公司】 2018年，泉州市汽车运输总公司德化分公司营运车辆74部，公交车110部，九仙山景区接驳车辆10部。站点营收905万元，利润累计53.3万元；公交营收829.52万元；累计上缴税金196.3万元。德化游客服务中心主体工程通过验收，并已交付承租方。

客运　2018年，德化至广州班车闽CYG882调整接驳点，从溪南服务区调整到广东潮州服务区；德化至南平线路由原经泉三高速变更为厦沙高速。投入资金对原赤水车站进行乡镇综合服务站改造。

公交　2018年，德化县公交车110部，运送市民1026.35万人次，办理各类公交卡34377张。新开通第10路公交线——德化红星时代广场至交通局、第12号公交线——瓷都广场至龙浔镇英山村、第13路公交线——西门汽车站至三班镇等三条公交线路。同时对5号线进行调整优化。

行车安全　2018年，德化分公司营运车辆74部，集体行驶里程累计6688974千米，发生一般行车事故1起；行车事故直接经济损失0.48万元。行车事故次数频率每百万车0.45次/千米、行车事故伤人频率每百万车0.29人/千米、行车事故责任死亡频率0.08、行车事故直接经济损失频率每百万车0.07万元/千米。公交车110部（11月初报废10部），九仙山景区接驳车辆10部。行驶里程累计3277439千米，无发生一般以上道路交通事故，发生轻微道路交通事故造成直接经济损失15.13万元。无发生机件、商务事故和治安刑事案件。

安全生产教育　2018年，德化分公司开展驾驶员继续教育和全员安全生产知识竞赛活动；组织汛期运输生产安全工；加强行车队伍安全建设，严格审查驾驶员从业资质；加强客运站场安全管理，严把危险品进站关，检查旅客行包120635件，查获各类刀具9把；举办消防实地灭火演练3场次，提升全员的消防意识。

（泉州市汽车运输总公司德化分公司）

2018年1月1日，德化闽兴公交13号线（西门车站至三班）开通

（图/泉州市汽车运输总公司德化分公司）

【公路小修管理】 2018年，德化县完成4座专养公路隧道入口处设置护栏工程518千米、完成S215线6座桥梁的栏杆改造、对初溪大桥及前垄2号大桥进行特殊检查、全面清理9座水毁堵塞涵洞、对观音岐隧道的照明线路进行规范改造和更换损坏的灯具108盏；全面落实桥涵隧的管理责任、检查制度，及时更新“一桥一档、一隧一档”技术档案资料；同时结合日常小修养护完善桥涵隧的附属设施结构和修复相关的缺损、病害，确保桥涵隧的运营安全；对G355（原S203线K177+800～K212+200）路段补植茶梅、三角梅、双荚槐、木槿花等开花灌木2500株，对G355、S215线路侧空地撒播花化草籽进行绿化美化约20000平方米，绿化物全面追肥2次、修剪4次及除虫4次；集中全面清理排水系统4次，修复局部损毁排水系统302米/45处；根据水泥路面接缝的使用周期及接缝材料损坏情况，对深海格隧道洞内路面进行水泥路面清灌缝作业0.5千米；做好停车区环境卫生，设施设备、绿化管护等，同时开展“厕所革命”工作，完成S310线宝坑林场停车区增设公共卫生间工程，对G355线石柱、双交林停车区公共厕所进行提升改造；做好路面保洁工作，采取机械化作业和人工清扫相结合方式，及时清除路面垃圾和落叶杂物，实现全天候、全方位、全路段保洁。

【专案工程管理】 2018年，德化县规范招投标管理，严格项目实施管理，组织工程交竣工验收，全年仅剩S215线山茶停车区建设工程仍在施工中，其余均已完工，完成投资1154.825万元。完工项目有路面大中修、改建工程1个工号，桥涵隧大中修、改建工程2个工号，安保工程3个工号，道班房工程2个工号，停车区工程2个工号，未分类项目2个工号，绿化工程1个工号，集镇整治工程2个工号，灾害防治工程1个工号。

【乡村公路发展】 2018年，县公路分局抽调2名技术人员参与厦沙高速公路建设扫尾工作，抽调2名技术人员参与赤水—春美、上涌—桂阳“镇镇通干线”工程建设。

【公路路政管理】 2018年，县公路分局上路巡查314车次、901人次，开展联合整治行动64次，纠正、制止各种路政案件183起，办理路产赔偿案件16件，协议式管理案件7件，收取赔、补偿费8.24万元，办结率100%，群众满意率100%。

【公路应急体系管理】 2018年，县公路分局根据不同季节的气候情况，完善防汛抢险和雨雪天气保畅通的应急预案，公开抢险应急电话，加强防汛抢险值班，组织开展应急演练增强应对公路水毁突发事件的快速反应能力、应急处理能力和协调作战能力；加强应急物资储备管理，做好物资采购补库工作，完善各种配套物资；为应对极端低温冰冻雨雪天气，分局购买融雪撒布机4台、融雪剂24吨；做好应急抢险机械、抢险设备的管理工作。全年填报涉路事件2860件、专案工程涉路事件16件、群众来电30次、因交通事故影响道路通畅7件、溜塌方等水毁事件35件，防汛抗台期间启动Ⅵ级以上应急响应9次，信息报送及时、高效、真实，值守到位。

（张碧玉）

邮 政

【概况】 2018年，县邮政局累计实现业务总收入3951.66万元，完成收入预算指标的107.67%，是全区唯一完成收入预算指标的单位；比上年增长36.62%，增幅居全区第一位。

【金融业务代理】 2018年，德化邮政代理金融累计实现收入856万元，余额实现跨越发展，期末余额规模首次突破5亿元，达5.04亿元，全年净增5278万元。2018年，城乡储蓄存款占有率提升0.001个百分点，新增存款市场占有率5.4%。

【速递物流类业务】 2018年，德化寄递业务实现收入2511.35万元，比上年增长104%。其中，国内标快实现收入11万元；电商快包实现收入2483万元，比上年增长122.9%；国际业务实现收入17.35万元，比上年增长241.25%。

【邮政传统业务】 2018年，县邮政局基础函件业务累计实现业务收入78.7万元；分销业务实现收入83.28万元，比上年增长15.75%；增值业务累计实现业务收入40.23万元；集邮业务累计实现业务收入178.5万元；报刊业务累计实现业务收入163.37万元，比上年增长8.61%。

【邮政网络建设】 2018年，县

邮政局配合电力部门做好空白网点的建设，依托线上邮乐网和“邮掌柜”系统平台，线下“邮乐购”实体站点渠道，形成一个集“网络代购+平台批销+农产品返城+公共服务+普惠金融”为一体的邮政农村电商服务体系，做好“邮乐购”实体店的建设。至12月底，德化县邮乐购站点138家、邮乐购精品站点2家，邮乐小店在线注册用户数936户，919电商客户节完成批销额45.1万、邮乐小店订单笔数1705笔，建立2家邮乐购形象旗舰店，完成德化县138个便民站“邮掌柜”系统安装。

【“三农”服务】 至2018年底，县邮政局连续九年协助政府做好大化肥冬储工作，配送化肥、药肥200吨；介入德化梨配送项目，开展德化梨农产品配送项目六年，先后为德化县50多位梨农专业户配送德化梨25万多千克，涉及梨农项目资金120多万元，累计创收企业利润超过100万元，负债余额沉淀超过1000万元；优化7个村级“三农”服务站，提升服务“三农”能力，同时还提供支农小额贷款服务，帮助农村种植养殖大户和中小企业主解决“贷款难”问题。

（陈　晶）

通信

【中国电信德化分公司】 2018年，中国电信德化分公司完成预算口径考核收入9979万元，比上年增幅4.3%；缴纳地税135.5万元，国税增值税额97.78万元；天翼用户10.03万户，大流量用户4.3万户，宽带用户6.5万户，ITV互动电视用户3.7万户。

4G网络建设　2018年，累计投资6000万元，完成2018年4G建设站点规划，站点选址92个、开通4G建设站点92个、建设配套光缆552纤芯千米，满足用户移动数据通信需求，打造现代移动办公、移动商务，促进社会信息化、生活智能化。

宽带网络建设　2018年，分公司光衰达标完成率96.5%，宽带服务满意度在91.23分以上。投诉处理管控指标99%，经营服务健康度评价保持全市前列。

“智慧城市”建设　2018年，分公司累计投入近1200万元用于智慧城市、智慧政务、智慧旅游、智慧民生等项目拓展。推进办公应用软件、全球眼、物联网、云计算等信息化产品应用建设，推进机关、教育、企业、景区等信息化发展。

戴云山保护区视频监控系统　2018年，分公司在戴云山保护区域内的13处农村或林区设立视频哨卡，建立完善保护区视频监控系统为后期的林业管理、森林防护、智能办公等方面深层次合作提供业务基础。通过建立横向互通、纵向顺畅、末梢遍布的通信系统，为“智慧林业”的信息传输提供快捷高效的网络通道。

小水电站流量下泄流量监测　2018年，分公司协助县水利局全面推进水电站生态改造工作，掌握县域内小水电站站点位置、关键人物及政府动态信息，联合有力设备系统集成商，累计完成30座小水电站下泄流量监测改造工作，创收过百万元。

（中国电信德化分公司）

【中国移动德化分公司】 2018年，中国移动德化分公司收入1.43亿元，其中无线上网收入近8000万元，比上年增长23.1%以上，增幅居泉州市所有县市第一位。德化移动通信用户20万户，其中4G用户突破15万户，占德化全部4G客户的75%。

4G网络建设　2018年，累计投资6750万元进行网络建设，不断夯实优化2G、4G网络。针对县城中心、乡镇中心、学校等高负荷站点进行扩容，提升网络容量，对新开发区域和新建楼盘进行4G网络覆盖，并对县城和部分农村进行FDD覆盖建设，累计新建4G基站161个，4G站点数量1015个。2018年，4G网络建设以TDD/FDD融合发展为策略，对县城城关以TD-LTE作为主力承载网络，新区域及时跟进结构性补点，完善连续覆盖。持续优化补点，使用小微站保障深度覆盖，按需对站点扩容满足容量需求。对县城以下区域以FDD900为主进行覆盖增强，同时使用FDD1800对高流量热点区域等特殊场景进行容量覆盖补充。移动4G网络覆盖德化县212个行政村、高速公路和省道，城区、乡镇镇区、党政、企事业单位、工业园区、风景区、酒店等，行政村基础覆盖率100%。

宽带网络建设　2018年，开展光纤入户工程，提升光纤宽带网络覆盖率，累计投入600多万元，德化城区移动宽带光纤网络覆盖率98%。2018年，通过成片立项覆盖及盲区快速补点两大通路对需求点进行深度覆盖，全年上线1.51万个端口，累计总端口数近8.24万个，城区覆盖率98%以上，居全区第一。同时，开展宽带品质提升工程，持续针对早期一级分光的宽带小区进行改造，并采用新技术、新设备来提升用户带宽。

“智慧德化”建设　2018年，德化移动公司参与德化综治、公共事业建设，与德化县各卫生院研究4G医护规划、与公安局合作建设城安监控一期到七期项目，完成德化县人民法院科技法庭一二期项目、执法局“数字城管”、公安局智能停车、交通局执法监控平台。同时，在已完成的政府网站安全项目、检察院检务通项目、城安监控线路基础上，参与智慧旅游、录播教室、电子病历等信息化项目的建设筹备工作。

（李芳芳）

【中国联通德化分公司】　2018年，中国联通德化分公司主营收入2336.5万元，比上年增长11.6%，其中传统收入1880.6万元，比上年增长1.4%，创新收入455.9万元，比上年增长107.7%。全年业务收入1419万元，比上年减少2.7%。电话用户2.4万户、宽带用户0.9万户；拥有移动网基站568个，其中2G站点42个（2G已逐步退网），3G站点355个，4G站点171个；固网宽带端口43696个，宽带小区132个。

市场营销　2018年，分公司聚焦“大带宽、大视频、大融合”，通过先安装后付费，简化流程实现宽带业务轻受理；结合智能平台，实现线上平台订单自动化处理，倒逼后端资源建设。创新业务收入455.9万，占到主营业务收入19.5%，已逐步成为公司拉动收入增长的主要驱动力。结合触点营销平台升级，由单产品升级为全产品销售，实现销售入口统一归集，灵活配置一厅一码，一品一码，全面支撑宣传触点营销、新型渠道建设，传统渠道销售转型。

4G网络建设　2018年，分公司开通35个4G站点，新增15个宽带小区。网输优化建设网络传输18千米，整治15个光交纤芯，新建管道路12.5千米，整治传输隐患66段。

（中国联通德化分公司）

【福建广电网络集团德化分公司】　2018年，县广电网络公司经营总收入2899.53万元，完成率105.32%。集客业务完成1441.92万元，完成全年指标114.44%。

支撑保障　2018年，德化县完成城东分前端机房建设，投入试运行，定期组织开展安全生产自查自纠工作，对各机房、库房的安全隐患进行排查。利用厦沙高速置换光纤资源，建设中心机房—赤水站—上涌站传输环网，优化县乡数据网网络结构，提高网络传输可靠性。

“政企”合作共建　2018年，“世界瓷都·德化”云平台上线，引进海尔集团“智慧云店”。与县教育局联合打造的“德化教育之窗”正式上线，是“互联网＋TV＋教育”模式的成功实践。

全省首家《县级融媒体合作协议》签约　2018年10月16日，分公司与县委宣传部合作的全省首家县级融媒体中心签约仪式在县广电局举行。签约后分公司把融媒体中心建设作为“督办事件”，推动德化县融媒体中心指挥中心大屏、广电网络专网、编辑工作站和记者媒资在线采集设备等硬件设备的采购建设落地。11月22日，县委宣传部正式与分公司签订《县级融媒体合作协议》。

（涂建署）

2018年10月16日，福建广电网络集团德化分公司与县委宣传部合作的全省首家县级融媒体中心项目签约仪式在县广电局举行

（图／县广电网络公司）

综合经济管理

宏观经济管理

【概况】 2018年，德化县宏观经济管理工作编制完成《德化县2018年国民经济和社会发展计划执行情况与2019年国民经济和社会发展计划（草案）的报告》；组织开展《德化县国民经济和社会发展第十三个五年规划纲要》执行情况中期评估工作。

【经济运行监测】 2018年，县发改局加强经济指标跟踪监测，落实"月会商、季协调、半年汇报"经济指标预警研判工作机制，加强对关键性、苗头性和倾向性问题的跟踪分析，提出对策措施，协调指导推进短板指标推进工作，完成全年目标任务。组织开展《德化县国民经济和社会发展第十三个五年规划纲要》执行情况中期评估工作，撰写执行情况中期评估，报县十八届人大常委会第十四次会议审议通过。

【重点项目建设】 2018年，德化县安排重点项目218个，比上年多42个，计划总投资553.3亿元，年度投资106亿元，比上年增长24.6%。全年动工建设开工208个，开工率95.4%，完成年度投资107.1亿元，占年度投资计划101%，比上年增长24.4%。其中省市重点项目17个，完成投资29亿元，占年度投资计划的110.2%。

【政策项目对接】 2018年，德化县申报中央、省项目80个，总投资12.18亿元，获得上级资金项目43个，总投资4.08亿元，已下达补助资金1.82亿元。加快推进"互联网+陶瓷"区域化链条化试点，筹备参加"6·18"项目成果交易会，组织德化县成艺陶瓷有限公司参展，泉州村上小镇农业科技有限公司与福建农林大学签约，推进科技成果向现实生产力转化。

【物价管理】 2018年，德化县做好43种副食品和农副产品的常规价格监测，启动6家平价商店，拨付3个大类8个品种平价商品差价补贴37万元，发放困难群体一次性春节临时价格补贴资金101.55万元、重阳节特困（低保）失能老人价格补贴资金6万元。开展春运客运票价、旅游市场价格、供水、供气、供暖、电信领域价格、商业银行收费行为、殡葬领域价费、转供电环节加价情况等专项检查，处理价格投诉，受理价格举报20件。启动石牛山景区门票及配套交通设施票价核定工作，对德化县137个行政事业性收费单位2017年度收费情况进行审核，并发布公告。加强成本监审和农产品成本调查，完成县城建成区存量房基准价格修订，做好价格认定工作，全年办理涉案物品价格认定案件90宗，标的总额132.4万元。

【行政审批审核】 2018年，县发改局行政服务中心窗口接受咨询1000多人次，办结各项行政审批事项538件，其中项目审批（审核）236件、核准6件、备案296件，审批、核准（审核）全部提前办结，备案按要求全部即时办结。

【经济体制改革】 2018年，德化县推进供给侧、生态文明体制改革等各项改革工作，牵头做好经济体制和生态文明体制改革专项工作。做好企事业单位车改工作，出台《德化县事业单位公务用车制度改革实施方案》《德化县国有企业公务用车制度改革实施方案》，基本完成企事业车改各项工作。

（郑志阳　陈炜）

财 政

【概况】 2018年，德化县一般公共预算总收入18.26亿元，比上年增长8.2%。其中一般公共预算收入11.83亿元，比上年增长7.3%。德化县一般公共预算支出27.11亿元，比上年增长2.1%。

【财源培植】 2018年，德化县落实鼓励高新技术和小微企业发展、增值税并档降率、部分行业增值税留抵税额退还等政策，停征、免征、调整部分行政事业性收费和政府性基金，实施失业、工伤、生育保险阶段性降费，减轻实体企业负担，全年减税降费1.24亿元。出台陶瓷、电商、旅游、建筑等产业扶持政策，全年兑现涉企扶持资金1.1亿元，助推做强做大陶瓷产业；鼓励支持矿产品在县内精深加工，提高矿产品增加值及税收贡献度；支持企业开拓建筑市场，提升县建筑业竞争水平；支持石牛山景区提升工程，力促全域旅游项目快速推进。引导金融服务实体经济，用活2600万元“双创基金”，用好企业应急保障周转资金，助力打通金融流向实体通道。支持电商园、工业园建设，培育垂直电商平台，促进园区提档升级。出台《招商工作考评办法》，对贡献较大的产业和企业采取一企一策、一事一议等措施专项扶持。

【税收征管】 2018年，县财政局及时分解全年收入任务，多方查找税源，逐月有效组织收入，健全协税护税管理体系，注重税源监控，加强重点行业、重点税源企业和新兴产业跟踪服务，促进税源管控精细化、专业化，培植成长性可持续财源，不断提高财政收入质量，加强非税收入管理，盘活闲置国有资产，加大征收力度，做到依法征收。

【民生支出】 2018年，德化县民生相关支出22.09亿元，占一般公共预算支出的81.5%，比上年增长4.9%。三农支出4.66亿元，比上年增长1.3%。实施乡村振兴战略，坚持农业农村优先发展。巩固提升脱贫成效，全年县级扶贫支出2300万元。教育事业费支出6.66亿元，比上年增长15.2%，落实义务教育经费保障机制和提高生均公用经费标准，支持高中、幼儿园、职业教育发展。基建支出3.7亿元，推进23个教育项目建设。医疗卫生与计划生育支出1.48亿元。深化医疗卫生体制改革，提高基本公共卫生、城乡医保等补助标准。基本公共卫生服务项目政府补助标准从每人每年50元提高到55元，城乡居民医疗保险政府补助标准从每人每年450元提高到490元。社会保障和就业支出1.5亿元，比上年增长0.6%。筹集临时救助资金、安排“救急难”专项资金，解决城乡群众突发性、紧迫性、临时性基本生活困难。重点项目方面，筹措整合资金，保障城市品位提升、工业园区、交通道路、旅游、保障性住房、教育、医疗卫生等政府重点项目的建设资金需要。全年重点项目支出35.73亿元，比上年增加16.92亿元，增长89.95%。

【财政管理】 2018年，德化县预算编制、预算执行、收入质量、优化收支等6方面工作在全省管理绩效综合考评中，名列全市第一、全省第六。完成德化县100个县直预算单位国库集中支付电子化管理改革，清理撤销德化县行政事业单位多头开设的120个银行账户。制定新一轮县乡财政体制，建立激励性、均衡性转移支付机制，采取差异性分类分档财政补助政策，出台新一轮县对乡镇财政体制，每年增加支出4005万元用于提高乡镇保障水平。严格控制一般性支出，压缩三公经费，做好“保工资、保运转、保民生”工作，建立存量资金清理常态化机制，收回县直部门结余结转资金5786万元统筹用于急需支出。控制政府投资项目成本，德化县财政投资预（结）算评审141个项目，送审金额29亿元，审定金额27.45亿元，核减金额1.55亿元。建立财政资金绩效管理考核机制，强化预算绩效对资金清理和安排的导向作用，将171个项目2.66亿元纳入预算绩效管理，占一般公共预算项目支出的99.37%；组织127个项目2.54 亿元开展预算绩效自评工作；开展金锁幼儿园智能化建设等5个项目重点评价。德化县行政事业单位资产交易79宗，投标价3.37亿元，成交价6.43亿元。推进政府采购网上公开，实行网上超市采购，全年完成政府采购20.65亿元，比预算采购节约0.18亿元。

【财政监督】 2018年，县财政局出台财务内部控制管理制度，修订培训费、会议费等管理规定，进一步规范行政事业单位财务管理；组织乡镇财务互审，开展内部审计，从源头上防范财政管理风险；持续开展扶贫资金在线监管、落实中央八项规定精神“1+X”专项督查、财政系统扶贫工作作风督查，对18个乡镇6个大类2080万元资金进行专项检查。

（危荣北）

税 务

【概况】 2018年，德化县税务系统累计组织各项税收收入15.57亿元，比上年增收1.49亿元，增长10.6%，社保及其他非税收入3.32亿元，比上年增收0.39亿元，增长13.3%。

【国家税务总局德化县税务局挂牌成立】 2018年7月20日，国家税务总局德化县税务局挂牌成立，标志着原德化县国税局、原德化县地税局完成合并。

【纳税服务】 2018年，德化县推行“互联网+税务”，推广“闽税通”“云闪付”等移动办税APP，扩大发票网上申领、发票代开覆盖面，实现柜上、网上、掌上一体化办税服务。重点抓纳税人学堂建设，开展纳税人学堂16期，参加人数超过1500人次，内容涵盖财务报表转换、微信端个税申报、环保税等当前税收热点；开展“展示新税貌·纳税人开放日”活动，拉进税企距离，提升纳税遵从度；开展“支持民营经济大走访大调研”活动，宣传税收政策，回应企业诉求。简化办税流程，落实推广新办纳税人“套餐式服务”；创新导税形式，由企业财务和热心志愿者组成志愿导税服务队，提高导税效率。

【营商环境优化】 2018年，德化县小微企业减免增值税额2898.55万元，受惠面100%。出口核准免抵退税额2.75亿元，比上年增长16%。2018年10月开始实施的个人所得税改革让更多中低收入群体获益，第四季度减轻工薪阶层个人所得税300万元。制定《优化税收营商环境工作内容分工及时间进度安排台账》，确保优化营商环境工作有序推进，落实到位。继续与县农村信用社、工商银行、邮政储蓄银行签订《银税互动业务合作协议》，全年累计为纳税人提供1.67亿贷款。设立行政服务中心、西门税务大楼、三角街三处自助办税区，为纳税人提供24小时的自助办税服务。

2018年7月20日，国家税务总局德化县税务局挂牌成立

（图/县税务局）

【社保和非税收入职责划转】 2018年，县税务局成立职责划转办公室，多部门联合，细化部署、协调推进，确保工作分解到位。通过研讨走访、调研摸底、专题学习和培训、政策辅导和宣传等方式，确保职责划转工作有序推进。

【个税改革】 2018年，县税务局成立个税改革专项领导小组，按宣传舆情、政策业务、征管信息和督导检查细化工作分工，采取集中办公、专题培训、上门辅导和公共宣讲等多形式落实个税改革新政，县税务局相关工作人员到顺美集团博士后工作站，为科员人员辅导个税新政的举措被新华社和上级部门广泛报道。

（郭秋临）

自然资源管理

【概况】 2018年，德化县自然资源工作围绕推动高质量发展、生态文明建设、保障和改善民生为中心，做好土地资源与矿产资源管理，地籍管理与耕地保护，防范防治地质灾害，做好自然资源执法监察和移民后期扶持工作，参与4个重点城建项目，全力支撑服务好德化发展。

【项目审批及农村个人建房审批】 2018年，德化县办理建设项目用地预审94件、国有土地使用权划拨审核23件、建设用地批准书核发14件、采矿权新立5件、采矿权延续登记1件、采矿权变更登记2件、采矿权抵押备案1件、水利水电工程移民后期扶持有关事项的审批、审核（含扶持规划、项目规划、开发项目、年度计划、人口核定）21件、利用属于国家秘密基础测绘成果审批9件。办理农村村民住宅用地审核22件，242宗481户，用地面积34363.92平方米。

【不动产统一登记】 2018年，全年累计完成登记办件45984件，其中权籍调查入库7310宗、不动产权证书8794本、不动产登记证明13291份、查封登记306件、解封登记323件、注销登记2595件、不动产档案查询13456件。累计办结外网申报件4272件、补录电子证照11322份。累计审核审批农村个人建房用地5批次，348宗704户2495人，面积50311.32平方米。存量数据整合工作有序推进，完成注销抵押资料扫描8034条、抵押资料扫描6446条、属性录入68201宗，完成房产档案扫描29800卷、生产电子化目录25000宗，装订57808卷、补充录入68554宗。

【耕地开发与保护】 2018年，德化县分解下达耕地保有量指标任务16457.33公顷、基本农田保护指标14563.07公顷、补充耕地任务200公顷、高标准农田建设任务570公顷；累计完成高标准农田建设290.87公顷，完成补充耕地290.87公顷。其中，市级土地整理项目7个491.91公顷、县级土地开发项目25个174.8公顷、旧村复垦项目2个7.08公顷。累计完成指标交易1.8公顷，获益10.14亿元。

【地质灾害防治】 2018年，县自然资源局组织专家开展地质灾害排查，对新旧地灾点进行重新调查核实，核销已搬迁的地质灾害点7处、高陡边坡点8处。运用突发性地质灾害野外监测系统，实时监测野外地质情况和雨量情况，发布预警短信89条、上报灾情险情4起、开展应急调查5次、发出地灾应急处理单3份。组织推进上涌镇曾坂村、南埕镇塔兜村2处地质灾害工程治理，完成上涌镇曾坂村滑坡治理工程B4及以上平台工程量，完成南埕镇塔兜村滑坡治理工程设计方案变更评审。

【执法监察】 2018年，德化县累计录入移动执法巡查信息5552条，开展县级国土资源动态巡查184场次，制止土地违法行为16起，涉及土地面积2.6万平方米，检查矿山点、硐100多处。组织开展土地利用巡查120处，发出预警提醒通知单9份，无偿收回国有建设用地使用权1宗，督促开工建设21宗。

【城建项目参与】 2018年，德化县承建城乡“6+4”提升工程重点项目4个。其中，八中扩建项目安置小区及配套设施建设完成门窗及室内装修收尾，室外市政工程开始施工；王厝山棚户区改造项目基本完工；国际陶瓷艺术城项目完成房屋征迁协议签订，并启动安置房工程建设；数字德化地理空间框架建设项目完成5个分项目验收和试运行。

【移民后期扶持】 2018年，德化县累计争取大中型水库扶持项目21个、扶持资金1406.68万元、直补资金183.42万元；争取小型水库扶助项目6个、扶助资金120万元；完成移民后扶项目竣工验收21个、拨付补助资金1277.6万元。

【信访工作】 2018年，德化县建立一站式纠纷化解服务平台，成立国土资源行业人民调解领导小组，调处化解土地、矿山、土地确权登记等国土资源工作领域各个方面存在的矛盾纠纷问题。全年累计受理涉地涉矿信访件81件，办结77件；处理国土资源涉法涉诉和行政复议案件11件。

（郑小丽）

国有资产管理

【概况】 2018年，德化县国有资产实现净利润553.8万元，资产总额14.46亿元，所有者权益6.55亿元。

【国有资产监管】 2018年，县国投公司做好公司及所属企业店面、经营场所出租续租向社会公开招投标，并按相关规定纳入公共资源市场化配置交易平台规范运作；梳理下属企业财务资产管理流程和权限，签订《经营责任书》明确各企业责、权、利关系，让资产管理全面、真实、准确反映所属企业财务状况、经营成果和国有资本保值增值情况。

【重点项目融资】 2018年，县国投公司与省城投公司签订棚户区改造项目贷款合同9.3亿元，用于德化乐陶安置房项目、德化县大洋片区改造和德化县王厝山棚户区改造安置房工程项目，已发放资金7.55亿元，还款1亿元，确保县重点工程建设项目按时推进。

【应急资金管理】 2018年，德化县使用应急资金122笔，企业67家，累计资金8.89亿元，切实帮助企业解决应急资金困难。

【对外投资项目】 2018年，县国投公司先后参股福建省双旗山矿业有限责任公司、泉州晋江国际机场股份有限公司、德化县民益建设投资公司、福建省冠福现代家用股份有限公司、泉州银行股份有限公司等12家企业，对外投资金额14340万元。

（苏振荐）

审计

【概况】 2018年，德化县完成审计项目23个，查出管理不规范金额1.38亿元，审计发现非金额计量问题57个，出具审计报告和专项审计调查报告31篇，提交审计信息97篇。

【财政预算执行审计】 2018年，德化县完成2017年县本级预算执行及决算草案审计，完成生态建设和环境保护政策性资金4个专项审计项目，完成县旅游局、安监局、商务局等3个县直部门预算执行审计。综合其他项目审计结果，向县政府上报《关于德化县2017年度县级财政预算执行和其他财政收支审计的结果报告》。

【经济责任审计】 2018年，县审计局重点关注主要领导干部贯彻国家重大经济方针政策及决策部署情况，地域经济社会发展情况，重大经济事项决策制度建立健全情况，财政财务收支和政府性债务管理情况，完成县委组织部委托的9名领导干部任期经济责任审计，完成杨梅乡党政主要领导干部自然资源资产离任审计。

【重大政策跟踪审计】 2018年，德化县派出4个审计组对县政府投资重点建设项目进行跟踪审计，对省重点建设项目德化高效生态循环旅游农业示范园项目2018年第一季度建设进展情况进行审计调查；对德化石牛山景区工程项目建设投资管理情况进行跟踪审计；对春美乡至联三线（锦洋村）公路工程项目进展情况进行专项审计调查；对德化城东陶瓷园区配套基础设施三期项目2018年度进展情况审计调查。审计发现非金额计量问题7个，查出管理不规范金额6000万元，并就存在问题提出9条审计建议。

【民生项目跟踪审计】 2018年，县审计局对石狮市2017年保障性安居工程的计划、投资、建设、分配、运营等情况，以及配套基础设施建设情况进行审计，重点对安居工程政策落实、管理绩效和遵守法律法规情况进行审计；开展精准扶贫资金审计；对永春县2017年精准扶贫暨民生重点专项资金“最后一公里”情况进行审计。

【专项审计】 2018年，德化县对2018年度审计项目计划安排的预算执行及其他财政财务收支情况审计项目、党政主要领导干部经济责任审计项目所涉及的县老干局、县妇联、县财政局、县商务局、县科协、县城镇联合社、县安监局、县旅游局、龙门滩镇政府、水口镇政府、汤头乡政府等11个单位的2016年、2017年公务支出和公款消费情况进行审计。通过对公务支出预算、会议和培训、公务接待、公务用车配置、因公出国（境）、办公楼等楼堂馆所建设等管理情况的检查，分析对比相关费用的变化趋势，提出加强管理、促进建立健全加强公务支出和公款消费管理监督制度体系的建议。

（郑夏萍）

统计

【概况】 2018年，德化县统计工作服务德化县发展大局，提高统计数据质量，提升统计数据分析、监测和经济预测、预警能力，完成各项工作目标任务。8月16日，县统计局被省第三次全国农业普查领导小组办公室授予“福建省第三次全国农业普查省级先进集体”称号，林玉燕、林加镔、郑桂英、郑志军、温长敬、郑贵长被授予“福建省第三次全国农业普查省级先进个人”。

【统计服务】 2018年，县统计局对德化陶瓷、全域旅游等主导产业以及电子商务、观光农业等新兴产业的一线生产经营情况进行了解，并形成经济信息和专题研究报告一篇；编印《统计常识手册》《统计摘要》《统计年鉴》等统计产品，对各级领导和社会各界人士所关心的统计指标进行解读；编印《统计月报》；撰写月度经济运行监测报告，季度经济运行分析。

【经济普查】 2018年，县统计局做好第四次经济普查前期各项工作，完成普查机构组建、普查

"两员"选聘、普查区地图划分与绘制、编制清查底册和单位清查等工作。

【常规统计调查】 2018年，县统计局完成农业、工业、建筑业、批发零售业、住宿餐饮业、房地产业、重点服务业等行业，以及基本单位、能源、投资、人口、劳动工资、文化、科技、信息化等领域各项常规统计调查。

（县统计局）

调 查

【概况】 2018年，德化县调查工作围绕县委、县政府的中心工作，落实各项统计调查任务，不断改革创新，扎实推进业务建设，优化升级服务功能，依法依规开展统计调查，各项工作取得新进展。

【居民调查】

居民收支调查 2018年，德化县抽选15个调查点家庭户进行调查。其中，国家样本点10个：龙浔镇丁墘村、英山村、浔东社区，浔中镇浔中村、浔阳光社区、蒲坂村、金凤社区、东埔社区，三班镇蔡径村、雷峰镇瑞坂村，地方样本点5个：龙浔镇高阳村，浔中镇东埔社区，盖德镇大墘村，三班镇锦山村、泗滨村，共150户。2018年，全体居民人均可支配收入28840元、人均生活消费支出19188元，比上年分别增长8.4%、8.1%，其中：城镇居民人均可支配收入33863元、人均生活消费支出21684元，比上年分别增长8.1%、8.3%；农村居民人均可支配收入15465元、人均生活消费支出12541元，比上年分别增长8.5%、6.3%。

农户固定资产投资调查 2018年，德化县抽选龙浔镇丁墘村、英山村，浔中镇浔中村、蒲坂村，三班镇蔡径村、雷峰镇瑞坂村等6个调查点（村）进行调查，农户投资从居民收支调查资料中取得，农户建房投资调查该点（村）所有建房户情况，调查数据进行超级汇总。

农民工监测调查 2018年，德化县抽选龙浔镇丁墘村、英山村，浔中镇浔中村、蒲坂村，三班镇蔡径村、雷峰镇瑞坂村等6个调查点的农民工户进行调查，调查数据进行超级汇总。

农民工市民化进程动态监测调查 2018年，德化县抽选龙浔镇丁溪村、德新社区，浔中镇东埔社区等3个调查点各15户外来农民工户进行调查，调查数据进行超级汇总。

2018年9月25日，德化县调查队到上涌镇开展中稻实割实测调查

（图／德化调查队）

【农村调查】

中稻单产抽样调查 2018年，德化县抽选10个国家调查村的30个样方开展调查，调查数据进行超级汇总。

主要农作物播种面积调查 2018年，德化县抽选7个国家样本点，3个省样本点进行调查，调查数据进行超级汇总。

主要农产品中间消耗调查 2018年，德化县抽选5户普通农户调查样本进行调查，调查数据进行超级汇总。

主要畜禽监测调查 2018年，德化县对主要畜禽大中小型养殖户抽选11户进行调查，调查数据进行超级汇总。

主要农产品生产者价格调查 2018年，德化县抽选21户普通农户和生产单位调查样本进行调查，调查数据进行超级汇总。

【价格与企业调查】

工业生产者价格调查 2018年，德化县抽选17家包括矿产、陶瓷制品、电力、林产化工等涵盖德化县主要工业类别的规模以上工业企业进行调查，调查数据进行超级汇总。

新设立小微企业和个体经营户跟踪调查 2018年，德化县抽选2014年3—7月新设立的15家小微企业和8户个体经营户进行调查，调查数据进行超级汇总。

【专项调查】 2018年，德化县调查队组织实施2018年度德化县政府绩效评估公众评议调查。

（李小燕）

市场监督管理

【概况】 2018年，德化县市场监督管理工作围绕市场综合监督管理、市场监管综合执法和市场主体统一登记注册等方面开展工作，服务陶瓷和品牌发展。实施“三十五证合一”“证照分离”登记制度改革，全年全县新增各类市场主体10731户，首次实现单年度增长超过1万户，比上年增长131.16%，市场主体37704户，其中内资企业11468户，农民专业合作社1062户，外资企业64户，个体工商户25110户。在全省率先开展产权保护活动周，其中知识产权保护展示中心被列入德化县首批特色亮点项目观摩点。

【陶瓷发展服务】 2018年，泰国考察团到德化参观考察中泰“3+3”地理标志互认互保入选产品—德化白瓷产业发展情况，此次考察为德化白瓷最终能否列入中泰“3+3”地理标志互认互保产品奠定基础。省日用陶瓷产品质量监督检验中心通过国家实验室认可，出具的检测报告在美国、德国、法国、韩国、巴西等70多个国家通行，央视《晚间新闻》刊播以省陶检中心通过国家实验室认可为背景的《中国瓷器畅游“一带一路”》新闻。全年完成日用陶瓷产品检验1271批次，合格率97.1%。推进《电子商务交易产品信息描述规范日用陶瓷》等4项国家标准立项，正式立项1项。引导龙头企业参与《日用陶瓷名词术语》《普通陶瓷烹调器》等6项国家、行业标准制（修）订。

【品牌发展服务】 2018年，“德化白瓷”“德化玉瓷”“德化窑瓷器”3件地理标志证明商标获批注册，新增国内注册商标2365件，马德里国际注册商标10件，全县拥有国内注册商标8308件，陶瓷大师、名人的“人名商标”62件，国际注册商标45件，地理标志证明商标6件，驰名商标6件。新增ISO 9000质量管理、ISO 14000环境管理、OHSAS 18000职业健康安全管理等标准体系认证6张。建立省政府质量奖3年滚动培育计划，华夏金刚、茶油奶奶、同鑫等3家企业被列入省政府质量奖三年（2019—2021年）滚动培育计划。

【民生服务】 2018年，德化县检定计量器具7327台件，定量包装计量抽检26批次，合格率96.15%，不合格计量器具监管到位率、整改落实率均达到100%。投入62万元升级改造南门、龙南农贸市场2个食品安全快速检测室，新建1个城后供销农贸市场食品安全快速检测室，每个检测室每天至少随机检测10批次农产品，并向社会公众免费提供食品安全快速检测服务。成立社会热点专项整治组，对涉及市场监管领域的食用油、“五毛食品”（单价为“五毛”左右的零食）、社会舆情等民生热点问题进行排查整治，立案查处1起，罚款5万元，相关经验做法在《中国食品安全报》刊登。

【食品安全监管】 2018年，德化县开展“食品安全提升年”活动。组织开展农（渔兽）药残留、水产品、食品保健食品欺诈和虚假宣传、冷库及冷冻食品、食用油、网络食品、“五毛食品”以及学校及周边食品安全等专项整治，结合食品安全快检室、餐饮服务“明厨亮灶”、加强监督抽检、提升“食品安全满意率”等措施，提升德化县食品安全保障水平。全年开展抽检700批次，检出不合格6批次，总体合格率99.1%；创建省级食品生产加工小作坊、省级餐饮服务示范单位、“市级放心肉菜超市”各1家；县法院公开审判食品刑事案件1起；立案查处37起，罚没106.68万元。按时序完成“一品一码”可追溯体系建设，省级食品安全信息追溯管理平台注册154家，市级食品安全信息追溯管理平台注册479家，录入上传各类追溯信息35万多条。在市对县食品安全满意度测评中，德化县连续两个季度（第二、第三季度）位居全市第一。食品安全工作相关经验做法先后6次在《中国食品安全报》《八闽快讯》《侨区快讯》《泉州晚报》刊发。

【药械安全监管】 2018年，德化县做好常态监管药品、化妆品和医疗器械生产经营质量管理，推进医疗机构药品规范化管理工作，与24家乡镇（含）以上医疗机构签订《医疗器械质量安全承诺书》；全面排查药械流通领域隐患风险，集中开展疫苗、中药材、中药饮片、特殊药品和中高考期间校园及周边环境两品一械安全专项整治。全年监督抽检、快检149批次，合格率95.9%，立案32起，罚没款153.2万元；督促县医院、中医院及乡镇卫生院加强ADR、MDR上报工作，收集上报并评价药械化不良反应277例。在市对县药品安全满意率测评中，第三方测评药品满意率在全市年度总排名第二，绩效药品满意率全市排名第四。

【特种设备安全监察】 2018年，德化县全面排查治理各类特种设备事故隐患，促进特种设备安全稳定运行。全年出动执法人数220多人次，检查使用单位580家次，检查特种设备860台件，检查维保单位22家次，查封土制升降机3台，抽查在用电梯385台件，发出安全监察指令书7份，责令整改通知书23份，立案查处4起，罚没款3.56万元。

【产品质量安全】 2018年，德化县加强产品质量管控，组织开展电动车、婴幼儿产品、纸制品、成品油、鞋服类等的巡查和抽检。经市政府考核，德化县在2017年度全市各县（市、区）政府质量工作考核中名列A级第五，其中，在全市政府质量工作测评中居民质量满意度和服务业顾客满意度两项指标分列第1名、第3名；加强对德化县4家在产的冶炼铸造（地条钢）企业的监督巡查，联合经信等部门对生产法兰盘的兴宏昌铸造企业落实“五拆除”措施，出动执法人员120人次，检查企业18家次，拆除生产法兰盘企业1家。

【市场执法办案】 2018年，德化县加大对食品、药品、特种设备、旅游、汽车等各类违法行为的查处力度；打击侵犯知识产权和制售假冒伪劣商品行为，以关系民生的儿童用品、食品相关产品、汽车及其配件、家用电器、汽柴油以及电子商务产品等为重点，开展“质检利剑”行动，打击各类质量违法行为。全年立案144起，罚没款333.71万元。

【市场监管督查】 2018年，德化县探索实行“双随机”抽查监管新模式，在全市市场监管系统创新自行设计“双随机”抽查软件，先后组织开展食品批发零售经营行为、商场超市、企业公示信息登记事项、陶瓷行业不正当竞争行为、药品经营企业等双随机抽查7次，牵头组织县人社局、农业局、旅游局、文体新局、广电局等6部门开展跨部门双随机联合抽查2场次。全年抽查检查企业786家，列入经营异常名录45家，责令改正9家，立案1起，抽查检查结果同时通过国家企业信用信息公示系统进行公示。全年归集信息行政许可、行政处罚、小微扶持、联合惩戒等信息5464条，比上年增长107%。开展陶瓷行业不正当竞争失信专项整治，进行陶瓷行业双随机抽查，对在检查中发现的29家存在问题的陶瓷企业给予列入经营异常名录。开展伪造产地、压价抢单、恶意侵权等专项整治，全年督促整改失信问题陶瓷企业65家，引导转型升级31家，黄牌警告26家，列入黑名单19家，立案查处52起，罚没21.17万元。联合县纪委在元旦、春节、“五一”国际劳动节、中秋、国庆期间开展“1+X”专项督查，采取查阅订单，销售台账、相关票据资料等形式，围绕“定点消费、使用公款定期支付、出入不对外开放的高端隐秘场所”等，进行实地检查企业58家次。开展扫黑除恶专项斗争，检查经营主体4354户次，发现4条疑似涉黑涉恶线索，报县扫黑办进一步调查核实。

【消费者权益保护】 2018年，德化县推进消费维权“五进”活动，延伸维权服务领域，借助电视、短信、网站、微信公众号等平台，发布消费提示、警示；建

2018年3月15日，县市场监督管理局在县瓷都广场举办德化县“3·15”国际消费者权益日宣传活动（图/县市场监督管理局）

立消费维权快速反应机制，配齐配强消费维权队伍，运用好“12315”“12365”“12331”热线，做好消费咨询、申诉、举报处理工作。全年受理各类投诉举报案件2431件，为消费者挽回经济损失31.25万元。

【广告合同监管】 2018年，德化县开展对保健食品、医疗、金融投资等民生重点领域的广告执法力度。全年开展行政指导约谈经营户260多户次，检查网站页面62个次，监测互联网广告300条次，督促电商经营户自行整改网店涉及广告内容100余家次，立案15起，罚没款2.02万元。德化县27家、19家和8家企业分别被评为县级、市级和省级“守合同、重信用”企业。

（县市场监督管理局）

应急管理

【概况】 2018年，德化县应急管理工作以落实灾害救助为主线，做好全县安全生产、自然灾害类应急救援和县火灾、水旱灾害、地质灾害等防治。全年发生各类生产安全事故20起、死亡8人、受伤15人、直接经济损失194.21万元，比上年分别下降4.8%、下降52.9%、上升25%和上升15.9%；亿元GDP死亡率从0.77%下降至0.03%，比上年下降58.4%，降幅全市第一。

【安全生产体系构建】 2018年，《德化县推进安全生产领域改革发展实施意见》制定，明确70项重点任务，各乡镇、行业主管部门相应制订本单位实施意见。全年应完成任务58项已全部完成并取得阶段性成果。9月，县政府安委会调整提升为县安委会，实行双主任制度，由书记、县长任主任。并对县安委会成员单位和下设18个行业安全生产工作领导小组进行调整，制定出台《德化县党委政府及其部门安全生产权力和责任清单明细》《德化县安全生产约谈实施意见》。督促企业实行全员安全生产责任制度和岗位安全生产责任清单。

【安全监管执法】 2018年，德化县累计组织检查组402个，检查各类生产经营单位和场所2078家，下发整改通知书368份，排查整改安全问题隐患3544处，责令停产停业整改20家，行政处罚罚款244.3万元。严查道路运输非法违法行为，打击道路运输领域非法违法行为231起，处罚37.37万元。整改临水临崖、连续下坡、视距不良及事故多发路段隐患22处，投入资金205.7万元完成省委省政府为民办实事8处事故多发路段、8处危险路段和6处临水临崖路段整治任务。全年德化县道路交通安全形势实现好转，各类交通事故起数和死亡人数比上年分别下降15.97%、30.76%。组织开展消防安全集中整治大会战、出租屋消防安全专项整治、电动自行车消防安全综合治理、重点领域火灾隐患集中排查整治等专项行动，检查单位1172家，督改隐患1398处，处罚单位65家，临时查封10家，责令“三停”单位18家，罚款95.83万元，政府挂牌督办重大火灾隐患2家。开展尾矿库“头顶库”治理，2座“头顶库”已实施闭库，符合尾矿库综合治理要求；加强对地下矿山采空区坍塌、透水、露天矿山高陡边坡整治，排查治理安全隐患219条。完成德化县危险化学品调查摸底，严格管控经营、储存、运输等各个环节，对24家危险化学品经营企业、1家烟花爆竹批发企业和43家零售点检查全覆盖。加强电梯日常巡查、土制升降机专项整治，德化县出动执法人数220多人次，检查使用单位580家次，检查特种设备860台件，检查维保单位22家次，查封土制升降机3台，抽查在用电梯385台件，发出安全监察指令书7份，责令整改通知书23份，立案查处4起，罚没款3.56万元。此外，城镇燃气、建筑施工、粉尘涉爆、旅游、学校等行业领域全面排查整治安全隐患，改善安全生产状况。

【安全风险防控】 2018年，德化县加强源头管控，落实安全准入制度，提高准入门槛，实行安全生产和重大安全生产事故风险“一票否决”。建设安全生产风险分级管控体系，县教育局完成行业安全生产风险评估，县安监局完成德化县非煤矿山、危险化学品企业风险评估。德化县摸排城乡公共区域风险源367处、企事业单位风险点7362处，落实管控措施7561条。持续抓好隐患排查治理体系建设，组织开展20多次专题培训，实现新增企业全覆盖培训。树立隐患排查治理体系建设县级标杆企业8家、行业和乡镇标杆企业24家，组织编制非煤矿山、危险化学品、工贸等行业示范清单8份。

【应急救援】 2018年，德化县开展应急管理专项执法检查，完成各乡镇、行业生产安全事故应急预案的修订、优化工作。建立非煤矿山、危化企业应急辅助救援队17支，组织开展应急演练230多场。抓好防汛减灾工作，完成危险区域转移对象建档立卡、系统录入和5座中型、13座小（一）型、44座小（二）型水库《防洪调度运用计划》《抢险应急预案》编制、审批。与上海金汇通用航空股份有限公司联合开展“空中120”应急救援演练活动，通过“空中120”可无障碍第一时间直达现场开展应急救援，提高应急救援能力。

【消防工作】 2018年，德化县发生火灾134起，死亡6人，无受伤人员，直接财产损失617.16万元，比上年火灾起数下降2.9%，死亡人数增加6人，受伤人数与上年持平，直接财产损失比上年上升333.49%。无重特大火灾事故发生。

隐患整治 2018年，县消防大队联合县公安、安监、治安、工商、文体和派出所等部门，到辖区商场市场、文物古建筑、社会福利机构、劳动密集型企业、学校、医院等场所进行排查整治。检查单位1229家，督改隐患1433处，处罚单位67家，临时查封10家，责令“三停”单位18家，罚款96.54万元，政府挂牌督办重大火灾隐患2家。各基层派出所检查单位3372家，发现并督促整改火灾隐患7374处。

火灾防控 2018年，县政府通过下发《关于开展电动自行车消防安全综合治理工作的通知》《德化县创建全国文明城市消防安全专项整治工作方案》《关于开展重点领域火灾隐患集中排查整治行动的通知》《关于印发今冬明春消防安全集中整治大会战实施方案的通知》等文件和召开消防会议，健全考评机制等方式，部署开展冬春、夏季火灾防控、出租屋消防安全整治、电动自行车、文物古建筑、劳动密集型企业等专项治理，紧盯人员密集场所、三合一场所、电气火灾等火灾防控关键和薄弱环节，加强监督检查，高压清剿火患。

后勤保障 2018年，德化县投入100万元为雷峰、水口、美湖及杨梅4个乡镇配备小型消防车；投入1500万元采购1辆53米直臂云梯车，加强高层灭火救援装备建设。

宣传培训 2018年，县消防大队结合“3·15”国际消防者权益日、“5·12”全国防灾减灾日、6月安全生产月、“119”消防宣传月以及春节、清明、“五一”国际劳动节、国庆、元旦等节日，筹划一系列消防社会化主题宣传活动，先后开展“小小消防员”儿童绘画、作文大赛，“消防安全示范课”征集，消防宣传教育“进军训”“开学第一课”等主题宣传培训活动。全年开展消防培训50余次，发放宣传资料2.5万余份，消防站开放40余次，累计接待参观学习群众6000余人。

（廖凯远）

【安全宣传教育】 2018年，德化县组织开展“安全生产月”、“安康杯”竞赛、青年安全示范岗、“职业病防治法”宣传周等活动，抓好安全知识宣传普及。职业卫生、非煤矿山、危险化学品、城镇燃气、建筑施工、电力等行业都组织开展从业人员安全生产和职业健康培训。推进安全法规知识进校园进课堂，落实每周1节安全教育课、放学前5分钟安全教育和中小学每月至少1次、幼儿园每季度至少1次应急逃生疏散演练等制度。落实安全生产不良信用“黑名单”制度和安全生产失信企业联合惩戒机制，强化警示作用。推行安全生产责任险，在矿山、危化、烟花爆竹等领域先试先行，德化县矿山企业、国有加油站已全部投保安全生产责任险。

（县应急管理局）

海关（检验检疫）

【概况】 2018年，根据国务院“将国家质量监督检验检疫总局的出入境检验检疫管理职责和队伍划入海关总署”的机构改革要求，“泉州海关”“泉州出入境检验检疫局”合并后称为“泉州海关”，为副厅级海关单位。泉州海关下设6个办事处，分别为：驻泉港办事处、驻刺桐办事处、驻安溪办事处、驻晋江办事处、驻石狮办事处、驻南安办事处（筹）。驻安溪办事处负责泉州市安溪县、永春县、德化县辖区的海关和检验检疫业务。

【泉州海关驻安溪办事处德化监管科成立】 2018年4月，泉州海关驻安溪办事处德化监管科成立，并完成职能配置、内设机构和人员编制工作。原泉州检验检疫局德化办事处不再保留。

综 述

【概况】 2018年，德化县财政下拨科技经费10批4004万元，科技投入占财政一般预算支出比例提高至2.5%，其中用于落实创新资金、科技奖励、人才经费、兑现招商引资、购买设备补助、贴息等优惠政策经费3507.89万元；下达科技项目47项434万元。完成向上争取资金1478.91万元，比上年增长12.12%。建立科技特派员联席会议制度，新增省、市级科技特派员40名，实现所有乡镇及一、二、三产业科技特派员全覆盖。对85户企业和个人发放“瓷艺贷”“科创贷”“新秀贷”9710万元；完成知识产权质押贷款1.78亿元。

【科技经费】 2018年，德化县财政科技投入占财政一般预算支出比例提高至2.5%，推进研发投入分段补助，获省、市研发经费分段补助616.54万元。开展研发活动的规上陶瓷企业占规上企业比重达72.22%，研发补助申请率72.53%，两项指标均位列全市第一位。

【科技金融】 2018年，德化县推广“瓷艺贷”“科创贷”“新秀贷”等科技金融产品，67户企业和个人获“瓷艺贷”贷款5113.97万元，完成贴息补助154.2万元；对8家企业发放“科创贷”贷款2960万元；对8家企业发放“新秀贷”贷款1636万元。

【科技特派员】 2018年，德化县建立科技特派员联席会议制度，新增省、市级科技特派员40名，新申报省级科技特派员21名，实现所有乡镇和一、二、三产业科技特派员全覆盖，涉及养殖、果蔬栽培、陶瓷、旅游等10多个专业领域。新增国家、省级星创天地各2家；实施县级农业科技项目22项；争取上级科技特派员后补助项目8个，经费80万元。

科技研究与创新

【概况】 2018年，德化县企业研发、跨界创新等研发专项25项；新增14家通过国家科技型中小企业备案企业；新增省科技小巨人领军企业22家；新增国家星创天地2家、国家知识产权优势企业1家、省知识产权优势企业2家、省级高新技术企业8家、省科技孵化器1家、市级科技企业孵化器2家；签订产学研合作协议6项，引进超细环保纤维材料项目。

【科技研发】 2018年，县科技局向上争取资金1478.91万元，比上年增长12.12%。实施成长型企业研发、跨界创新等研发专项25项，研发出陶瓷蓝牙音箱、陶瓷音乐盒、陶瓷无线加热器等10多项创意新产品。加大对新上规模以上企业的研发支持力度，组织新上规模以上企业实施6项研发项目，经费66万元。扶持快速成长企业，对10家连续三年复合增长率超过30%的高成长型企业给予贷款贴息补助138.6万元。

【科技创新企业】 2018年，加大创新企业培育，提升企业增强自主创新能力。14家企业通过国家科技型中小企业备案，新增省科技小巨人领军企业22家、省级高新技术企业8家；发展创新创业服务机构，培育专业化众创空间和科技企业孵化器。新增省级科技企业孵化器1家、市级众创空间1家、市科技企业孵化器2家。累计拥有创业导师33名，设立520个创业工位，孵化280多家企业和创业团队，投入风投资金800万元，开展创业培训32期2070人次。

【科技创新奖励】 2018年，德化县兑现创名牌、争名牌、通过认证、制修订标准等创新资金358万元，奖励2017年度获授权的401件专利269.1万元，奖励高新技术企业、国家星创天地、国家知识产权示范企业等23家企业390万元，发放首届陶瓷版权创意大赛奖金40.6万元，对购买先进制造设备企业给予补助485.97万元。通过普惠制的形式，惠及德化县400多家企业。

【"数控一代"工程】 2018年，县科技局引导支持陶瓷企业引进机械化、自动化、智能化的生产设备，推动人工制造向智能制造转变。兑现2017年下半年以来购置陶瓷机械县级补贴486万元。德化县现有自动化、半自动化生产设备100多套，2018年来推广应用36台（套）；研发数控一代产品，先后与中科院泉州装备所、华中科大智能制造研究院等签订产学研合作协议，开发新型练泥机、移印机等系列新产品，坤泰机械的陶瓷自动滚压生产线、丰弘机械的自动注浆生产线列入泉州市数控一代产品目录。

【科技合作】 2018年，县科技局签订产学研合作协议6项，获市级产学研合作立项1个、县级产学研合作项目3个。引进由厦门东芯博新材料科技公司与国家非金属材料研究所合作研发的超细环保纤维材料项目，该项目规划占地30公顷，总建筑面积95万平方米。

2018年11月15日，新型陶瓷军民融合科学研究院落户德化签约仪式举行 （图/李宏图）

知识产权保护

【概况】 2018年，德化县申请专利2117件，获授权1330件，每万人发明专利拥有量8.23件。新增国家、省知识产权优势企业3家。加强知识产权宣传和维权保护，打击侵犯、假冒专利权行为，全年查处专利案件15件。

【知识产权开发应用】 2018年，新增国家知识产权优势企业1家、省知识产权优势企业2家、省级知识产权专员38名。对2家国家、省知识产权优势企业奖励15万元；对8家通过贯标认证企业奖励40万元；完成知识产权质押贷款1.78亿元，组织15家企业申请贷款贴息；对16家企业进行专利权评估费补助7.58万元。

【知识产权宣传】 2018年，县科技局利用科普宣传日、宪法日、专利周、"4·26"知识产权日、科技文化卫生"三下乡"等活动开展宣传教育工作；举办德化县知识产权知识竞赛，11324人次参与答题；开展"培训师资+开设课程+举办竞赛+专利申请"为一体的青少年知识产权宣传教育活动；编印《德化县青少年知识产权教育读本》，并在德化县初一年段知识产权课程上推广使用，3402名学生参与学习；德化县知识产权保护展示中心被列为2018年首批特色亮点观摩项目。

【知识产权保护维权】 2018年，县科技局查处专利案件15件，联合县市场监管局等六部门开展陶瓷行业诚信建设双随机抽查，抽查企业49家；5月，与厦门美亚柏科签订服务协议，在德化县陶瓷企业推广使用知识产权电子数据存证云服务，利用"互联网+司法鉴定"应用平台，免费为企业提供知识产权取证、存证及出证服务，帮助更多企业解决知识产权纠纷自证难、取证难的问题，已有100多家企业申请使用。

（苏俊基）

防震减灾

【概况】 2018年，德化县做好防震减灾工作，加强地震监测和震灾预防，开展防震减灾宣传活动，建立预防机制，完善防震措施。县防震减灾教育基地全年接待师生4000多人次。德化八中获评福建省防震减灾科普示范学校。龙浔镇浔南社区获评福建省地震安全示范社区。

【地震监测】

台站维护管理 2018年，县地震办按观测程序每天收取前兆数据，整理周、月、年会商资料；按时向省、市地震局报送观测数据的日、月、年报表，对台站数据做定期跟踪分析；做好重大会议期间等特殊时段加密会商与异常零报告；邀请省、市专家到德化对观测台站进行维护指导，更新德化地震办德化井（国宝地下流体观测站）综合监测仪器，提高观测水平；定期对台站周边环境进行清理维护；配合省地震局在德化GPS基准站（三班桥内）新增北斗地面增强系统并通过国家地震局验收投入使用；支持省地震局在德化龙门滩水库开展的陆海联测科研活动，保障2018年福建及台湾海峡地壳深部结构探测工作实施；配合省、市推进震害预警系统项目在德建设试点工作，建设地震预警消息发布系统，全县已设112处。

宏观观测 2018年，县地震办指导、督促两处宏观观测点（戴云黑鸡养殖场、雷峰镇焦溪鱼种场），准时上报地震宏观观测日报表，对宏观观测异常事件及时处理，备案存档。采用信息化管理软件建立宏观管理数据库，组织各乡镇助理员参加培训，及时更新“三网一员”（地震宏观测报网、地震灾情速报网、地震知识宣传网，防震减灾助理员）信息，每季度进行确认，实现动态管理。

信息化管理系统 2018年，县地震办完善、充实“泉州市防震减灾信息化管理系统”内县信息节点系统的各项功能，健全各类基础数据库。完善远程会商视频系统运行管理机制，每周对系统进行测试，定期参加远程视频会议。

【震灾预防】 2018年，县地震办做好地震安全性评价及抗震设防标准办理的改革工作，加强事中事后监管；参加新、重建设项目图纸会审，并提出建议和意见；落实“放管服”工作，已无审批事项和公共服务事项需在行政服务中心窗口办理，通过“双随机一公开”加强行政执法检查监督工作。5月，以“行动起来，减轻身边的灾害风险”为主题开展系列宣传活动。组织德化三中组队代表德化参加防震减灾知识电视大赛；到龙浔镇浔南社区、兴南社区、金锁社区、龙井社区开展防震减灾入社区活动；通过微信客户端开展有奖问答活动1049人次；指导德化县各中小学进行消防、防震等专题演练38场次；开放县地震馆，各中小学校自行组织到馆参观4次，受益观众400多人；开展校园防震减灾专业讲座一场，发放宣传册1000多份。

【地震应急体系】 2018年，泉州工艺美院新建II类应急避难场所1个，德化六中新建III类应急避难场所1个，完善德化应急避难场所布局，提高保障能力；对德化各处应急避难场所进行动态自查，并加以整改，确保所有应急避难场所能随时启用；安排专人对县现有避难场所内的专业设备进行检测与巡查，每季度对场所内的应急发电设备进行充放电启动维护，确保各种应急设备设施工作正常；配合全国文明县城、国家园林县城创建做好城市应急避难场所的保障工作；指

2018年9月19日，县地震办在县瓷都广场举行德化县“全国科普日”主场宣传活动——创新引领时代、智慧点亮生活 （图/县地震办）

导德化县各中小学校开展地震应急疏散演练；配合消防大队，增购地震救援设备，协助县、乡（镇）两级地震灾害紧急救援队、地震应急救援志愿者队伍开展培训演练，开展专业救援知识讲座3场；组织参加在安溪县举办的地震现场工作队的应急演练，提高应急救援水平。

（县地震办）

气象

【概况】 2018年，德化县气象工作以服务瓷都建设为工作中心，做好气象监测预警、公共气象服务、气象防灾减灾、气象科普宣传等，为德化县提供优质的气象保障。开通“德化气象”微信公众号，全年发布39期气象工作动态。

【气象服务】 2018年，德化县出现2次强寒潮和低温冰冻、1个台风影响、3轮全县性暴雨、20场强对流等天气。发布预警信号241次，报送重要气象信息专报29期，重要天气预警报告25期，专题气象服务19期、短时强天气报告21期，发送预警短信28万余条。年内服务无失误，未发生因气象灾害造成的重大伤亡事件。在彭村水库规范建设标准化作业点，4人次参加人影作业培训，1人参加省局人影作业竞赛。组织实施人影作业3次，发射火箭弹20枚，缓解农业旱情、净化空气和增加水库蓄水，降低森林火险。加强与县农业、林业、旅游、水利、环保、市政等部门协作，对300多个农业种养大户、景区安全负责人提供气象服务，完成暴雨公式修订。为城乡规划总规修编、发改委空间规划、国土耕地监测、厦沙高速建设、乡村旅游等提供气象数据、服务支撑。为云龙谷复园、乡镇民俗、美食、银杏、古镇等文化旅游节开展10多项专题保障服务。

【气象防灾减灾】 2018年，德化县国家突发事件预警信息发布平台完成室内装修、设备安装和调试。推进气象防灾减灾工作纳入政府对乡镇的绩效考核，及时更新村级换届后的信息员信息。与县科协、安监、民政等部门联合开展气象防灾减灾知识进社区、进农村、进广场等活动。发挥单位科普基地作用，全年接待乡镇村气象信息员、中小学生、小记者、社区人员等参观培训200余人。检查防雷安全生产，持续将乡镇防雷安全纳入对乡镇政府绩效考核目标。组织对全县的加油站、易燃易爆场所、烟花爆竹仓库等20家防雷重点单位进行专项检查，发现安全隐患12处，督促整改12处。

【气象监测】 2018年，德化县开展地面观测自动化智能化改造，完成自动降水、日照、多传感器温度雨量融合系统等自动化设备建设。升级南埕、水口、龙门滩、葛坑区域自动气象站，强化区域站保障维护。组织专家开展论证工作，完成防雷提升工程的设计、招投标，工程建设有序施工中。推进建成省市县一体化短临监测预警平台应用。落实值班带班制度，强化短时临近预警服务保障，全年发布3次红色暴雨预警信号，属于偏多年份。县公安局高清视频监控接入气象局客户端，促进气象实时了解到城乡内涝、霜冻雨雪等灾害性天气实况，实现德化天气实景监测全县覆盖，弥补气象服务在天气实景监测方面的空白。

【主要气象事件及其影响】 2018年，德化县气象灾害总体较轻。主要灾害性天气有寒潮、台风、暴雨、强对流天气、大雾、干旱，以台风和暴雨造成的气象灾情为重。全年有3个台风影响德化，影响偏轻，分别为1808号“玛莉亚”、1822号“山竹”、1826号“玉兔”，其中1808号“玛莉亚”对德化造成影响最为严重。强降水天气较多，降水强度较强，据县防汛办统计，截至8月30日全县18个乡镇受灾，受灾人口768人，转移人口543人，农作物受灾12.6公顷，损坏灌溉设施9处，直接经济总损失328万元。春季有2天出现高温天气，极端最高气温分别为34.℃、37.9℃。夏季≥35℃高温日数分别为水口42天、南埕40天、杨梅18天、龙门滩6天、三班5天，主要表现在6—8月期间。有5次较强冷空气过程，其中2次寒潮影响德化。受冷空气影响，3月6～10日连续5天，出现平均温度低于12℃的春季低温阴雨天气。“23型”秋寒出现在9月8日（历史平均9月17日）偏早，“20型”秋寒出现在10月11日（历史平均10月9日）正常。

（陈臻皓）

教 育

综 述

【概况】 2018年，德化县中小学、幼儿园122所，其中幼儿园80所（公办园19所、集体办园13点、民办园48所），完全小学20所、教学点8个，中学12所（初中校8所、完中校3所、独立高中1所），特殊教育学校1所，职业技术学校1所。学生61682人，其中在园幼儿19269人（城区17873人，占92.8%；农村1396人，占7.2%），小学生24504人（城区22881人，占93.4%；农村1623人，占6.6%），初中生10133人（城区9548人，占94.2%；农村585人，占5.8%），高中生5464人（城区5249人，占96.1%；农村215人，占3.9%），特教学生124人，职校学生2188人。教师3389人。成立县教育发展基金会，筹资6197.6万元。

【学校建设】 2018年，德化县教育重点建设项目23个。其中，德化八中教学楼、城东实验小学、尚思小学及特教标准化建设、龙浔中心小学教学楼、第三实验幼儿园、荣昌幼儿园、德化职校实楼训、实验小学西综合楼等8个项目于12月前建设完成并投入使用；丁墘中学、丁墘小学、鹏祥中学、鹏祥小学、实小西综合楼、蒲坂小学等5个项目进入主体工程建设；乐陶幼儿园、瓷都幼儿园、德化六中扩建、德化县第二实验小学分校、世科幼儿园、新寨小学、新寨幼儿园、盖德中学、盖德中心小学等9个项目进行基础施工；丁墘幼儿园进行图纸设计审查。

【教学仪器配备】 2018年，德化县投入1000多万元为城东实验小学、第三实验幼儿园、荣昌幼儿园等新建学校配备教学仪器设备及教学玩具；投入资金85万元，为德化一中、二中、三中、五中、六中、八中建设云播课堂录播互动设备；投入资金54万元，为德化县各中小学购买人教版教学资源服务。

【德育工作】

学习实践体验　2018年，县教育局组织开展少先队活动、班队会课、主题团日观摩与展示活动，加强班会课的管理和指导。开展体验式教育活动，引导学生参加社会实践、比赛活动、读书活动等综合实践活动。暑假期间，组织实验小学、第二实验小学等134名学生参加“走进国学”小学生免费培训班。组织开展县中小学生“新华杯”“暑假读一本好书”征文评选活动，评出小学低年级组、中年级组、高年级组一等奖各4名、二等奖各8名、三等奖各12名，以及优秀指导教师奖9名，优秀组织奖3个单位。组织开展“时刻听党话，永远跟党走”读书活动暨中小学生征文比赛、中学生演讲比赛、小学生讲故事比赛和春苗杯知识竞赛，评出讲故事比赛一、二、三等奖10名，中学演讲比赛6名，读书征文比赛小学组一、二、三等奖22名，中学组一、二、三等奖20名。组织开展德化县“童心向党”歌咏比赛活动，实验小学、第二实验小学获一等奖，浔中中心小学、龙浔中心小学、尚思小学、阳光小学获二等奖，第三实验小学、城东实验小学、第二实验小学分校、金锁小学获三等奖。2018年春南音清唱比赛在浔中中心小学举行；县第八届中小学生现场陶艺比赛在尚思小学举行。与省、市、县委文明办联合举办2018年省中小学生经典诵读展演活动（德化专场），推进“扣好人生第一粒扣子”“中国梦”系列主题教育。组织小学五年级、初一年、初二年、高一年、高二年每学年到南埕、国宝社会实践基地开展为期3或5天的社会实践活动，乡村、城市少年宫学校举行庆“六一”暨少年宫成果展演。

主题教育活动　2018年，县教育局建立健全特殊学生档案，成立关爱帮扶制度，开展“关爱·大走访”活动，注重对特殊学生的思想道德、行为习惯等教育。举行未成年人思想道德建设讲座103场，加强对未成年人的思想道德教育。各校充分利用主题班会课、黑板报、宣传板报、电子屏幕、专题讲座等形式开展形式多样的法治宣传教育。同时组织参加“12·4”国家宪法日法治宣传活动。12月16日，女生青春期健康教育专题讲座活动在德化职校凤凰山讲堂举办。开展“学宪法讲宪法”演讲比赛活动，评出中小学组一等奖1人、二等奖2人、三等奖4人。落实“德育一日测评”活动。继续组织对各校的德育测评，随机到学校对学生上学、放学、课间、课堂、两操、卫生、文明礼仪、实践活动、晚自修等在校常规表现进行督查，邀请家长入校开展德育测评，并将每次的督查、测评结果纳入县教育局对学校目标管理考评的指标体系。6月13—21日，县教育局组织测评组人员对德化县23所中小学进行德育一日常规测评活动。

队伍建设　2018年，县教育局加强对第二届46名班主任的管理和指导，发挥名班主任的示范、引领作用。组织名班主任和德育干部参加培训，开展班主任经验交流活动，提升德育队伍管理水平。经各学校（单位）评选推荐，评出66名优秀班主任和18名德育先进工作者。举行少先队活动课观摩活动，德化县中小学少先队分管领导、中小学少先队总辅导员、副总辅导员等100多人参加活动。组织开展县中小学“新华杯”教师“暑假读一本好书”征文评选活动，评出小学（幼儿园）组一等奖7名、二等奖14名、三等奖21名，以及中学组一等奖1名、二等奖2名、三等奖4名。

校园文化建设　2018年，德化县组织县各校创建书香校园、开展书香班级和科技、文化及体育等校园文化活动，加强文明上网教育，各校结合乡土教材，通过地理、综合实践活动等课程，增强学生热爱环境、保护环境、与自然和谐相处的绿色文明意识，通过开展绿化美化校园，节能环保科技创新等活动，养成节约资源和保护环境的良好行为习惯。实施“学校形象提升工程”，开展校园文化（校训、校徽、校歌、校服等文化符号标识微展示）及校容校貌提升工作评比，开展校园文化美篇制作比赛活动，24所学校获得一、二、三等奖。

【教育宣传】　2018年，县教育局在省、市教育网站刊发德化教育简讯246篇，在德化教育动态上刊发简讯2770篇，在德化电视台《瓷都教育》新闻专题报道192条，在德化广播电台播出115条。与德化广电网络联合开设“德化教育之窗云平台”，设德育教育、基础教育、名师讲堂、体育美育、教育动态、安全教育等6个栏目；制作《不忘初心再出发 牢记使命建新功》《上有质量的课》和《立德树人，做有质量的德育》3个专题片。

【梦想课程】　2018年，县教育局召开3次梦想课程座谈会，布置任务和总结工作。期初、期中、期末对各校开展情况进行督查、检查、考评；加强梦想课程研究，结项7个梦想课程课题；4月26日，德化县梦想课程现场说课比赛在县第三实验小学举行，来自12所小学12名梦想教师参加比赛；5月17—18日，在阳光小学举行一星梦想教师培训，参训人员120多人；5月30日，县梦想课程教学研讨活动在县第二实验小学举行，参加活动150多人次；11月22—23日，在实验小学和尚思小学举行县级梦想赛课，评出一等奖3名、二等奖4名、三等奖5名。全年7位教师通过国家级二级梦想教师。

【体卫艺语】　2018年，县教育局组织开展德化县中小学生乒乓球比赛、中小学生足球赛、中小学生棋类比赛、中小学生游泳比赛、中小学生田径运动会。组织教育系统教师参加县直干部职工“健康杯”篮球邀请赛获第三名、2018年“信合杯”青年篮球赛获第五名。组织学生参加市中小学生棋类比赛获团体小学象棋二等奖、中学象棋团体二等奖、中学围棋团体三等奖，组织参加市中小学生体育联赛田径比赛获高中组团体总分第四名、初中组团体总分第七名，并获“体育道德风尚奖”。县第三实验小学、县城东实验小学、德化职业技术学校入选“2018年全国青少年校园足球特色学校”。开展德化县医院志愿者服务队“公益讲堂”进校园活动，会同卫生部门开展市学校卫生综合监督评价工作和学校“师生健康中国健康”主题健康教育活动。举办市中小学生艺术节德化赛区声乐、朗诵、中小学美育改革创新优秀案例征集比赛；举办县第八届中小学生现场陶艺比赛；组织德化县小学专职美术教师参加“泉州市小学、幼儿园‘美育+陶艺’指导教

2018 年 5 月 17 日，金锁小学举行第三届棋艺节暨“煜元窑陶瓷”杯棋艺挑战赛（图 / 王双季）

师培训班”活动；组织教师舞蹈队参加 2018 年“全闽共舞·舞动中国梦”广场舞比赛获市第二名；组织参加县第十七届瓷都广场文化活动，开展“泉州市中小学艺术特色学校”“泉州市书法教育示范学校”县级自评及推荐工作；举办 2018 年小学美术和书法现场课教学比赛；组织参加市里举办的各类美育比赛，参加泉州市中小学生艺术节声乐、朗诵、器乐、戏剧比赛项目，获得二等奖 5 个，三等奖 4 个；选送的中小学美育改革创新优秀案例《没有围墙的艺术乐园》《传承南音雅乐 弘扬非遗文化》入围省第六届中小学艺术节中小学美育改革创新优秀案例（全省共 57 篇），分别获得一等奖和二等奖，尚思小学老师郑文庆的美育案例《没有围墙的艺术乐园》被推荐参加教育部中小学生艺术节比赛。2018 年 9 月后新投入使用的校本美育教材有浔中中心小学五年级《刻纸》、二年级的《闽南童谣》，第三实验小学二年级的《剪纸》、二至六年级的《陶艺》，城东实验小学高、低年级的《版画》等。开展中国书法教学软件进校园活动，以尚思小学和城东实验小学作为先行示范学校，逐步在其他校运用推广，推进学校创建语言文字示范校工作；4 月组织学校参加“县域普通话调查培训工作”；9 月，开展第 21 届推普周宣传等活动；5 月、10 月，先后组织开展“县域普通话调查工作”。

【教育督导】 2018 年，县教育局及时调整教育督导工作重点，开展中小学素质教育、幼儿园办园行为等“综合督导”，对三班第二中心小学、盖德中心小学、盖德中学、阳光小学等学校开展第五轮实施素质教育“综合督导”评估，阳光小学认定为素质教育工作县级“先进校”。对实验幼儿园、丁溪幼儿园、蒲坂幼儿园、高阳小学附设幼儿班、凤凰幼儿园、博艺幼儿园等幼儿园办园行为开展“综合督导”评估，实验幼儿园、丁溪幼儿园认定为“优秀”等级。有效开展春秋季开学工作、初中控辍保学工作等“专项督导”，常态化开展“做有质量的德育”“上有质量的课”“从严整治庸懒散混”等“随机督导”，组织开展 2018 年教育督导论文评选工作，推荐 10 篇论文到市参评，获一等奖 1 篇，二等奖 3 篇。

【校园安全】 2018 年，县教育局组织各学校开展新一轮“平安校园”等级创建，做好校园治安综合治理和安全保卫工作，德化县 64 所学校申报“平安校园”等级创建，AAAAA 达标创建 32 所。德化县公

2018 年 3 月 10 日，2018 年德化县中小学“上有质量的课”活动启动仪式在县教育局举行（图 / 县教育局）

民办学校完成安全风险分级管控体系建设94所，完成率97.91%。在城区学校、持证民办幼儿园及农村较大规模学校安装技防联网报警系统，更换“全球眼”高清数字探头、紧急报警装置，各学校已基本实现可视监控及“一键报警”功能，基本实现德化县学校视频监控“全覆盖”。全年度各学校安全形势稳定，无发生重特大校园安全事故。

（县教育局）

教师队伍建设

【概况】 2018年，德化县招聘编制内教师89名，其中，小学教师42名、幼儿教师25名、高中（职校）教师13名、初中教师8名、特教1名。招收编外合同教师80名。从外县调入紧缺学科教师22名。新增高级教师岗位14个、中级岗位110个。举办12个专题22个班次培训，培训人数1399人。

【教学视导】 2018年，县教学视导团到阳光小学（听课298节）、浔中中心（听课312节）开展为期一个月的教学视导，并进行活动成果展示和“同课异构”等研讨活动。3月26日至4月16日，到鹏祥中学，围绕“上有质量的课”开展教学视导活动，参与备课组集体备课活动11场，听取9个学科教师的课堂教学61节，开展送教回访活动8场，送教8节。11月19日至12月31日，到德化三中开展教学视导活动，听取9个学科教师的课堂教学88节，参与备课组集体备课活动13场，组织学科教学提升展示课5节，开展送教回访活动4场，送教5节。12月26—28日，与市教科所联合开展对德化一中教学视导活动，这是德化首次把教学视导活动推向高中，听取9个学科教师的课堂教学36节。

【教研活动】 2018年，县教育局与省普教室联合开展小学语文、数学“送教下乡”活动，与市教科所联合开展小学语文、数学、英语“送教下乡”活动；组织县级“上有质量的课”展示活动3场；开展省级义务教育管理标准化学校教学开放及市、县级名师优质课展示、交流等活动4场；开展高中语文、数学、物理、生物、地理，初中语文、数学、英语、物理、化学、道德与法治、地理、生物等学科专题教研活动50场；组织教师参加2018年度“一师一优课，一课一名师”活动，推荐县级小学“优课”12节参加市赛6节获得市级“优课”，1节获省级“优课”；组织教师参加“福建省中小学教师网络学习空间”创建活动，获得市一等奖3个、二等奖3个、三等奖4个，省一等奖1个、二等奖6个、三等奖2个。

【教学创新】 2018年1月，县小学名师网络展播活动在教师进修学校网络教研中心举行；5月，小学“品读教材领略语文之美”专题培训活动在县第二实验小学开展；7月，县“十三五”第三期中小学教师全员培训活动在教师培训基地开展。

【教育质量监测】 2018年6月，德化县开展三年语文、品生、英语，四年英语，五年科学以及六年语文、数学共七大学科随机抽测和全员监测，12月组织五年级学生参加省义务教育质量监测。及时召开质量分析会进行精准分析，做好考试成绩信息的反馈，把考试成绩作为对学校教学评价的重要依据，查摆不足，提出整改措施。5月举行德化县小学生现场作文竞赛，12月举行小学生“阅读素养”检测活动。

【毕业班工作指导与学业质量监测】 2018年，县教育局召开2018年初中毕业班市质检单科质量分析反馈会及2018年春、秋季初中校际教研中心工作会，开展校际交流研讨，共同探讨毕业班复习备考策略，打好中考攻坚战。做好2018年春、秋季初中基础年段期中、期末学业质量监测以及市2018届初中毕业班质量检测工作。初中部及三所三级达标高中高一年段实行德化县统一考试和统一网上评卷制度。建立学科教师教学质量数据库，做好质量分析，实行动态管理，了解各校每一位学科教师的教学质量。

【“初中学科联盟”及省级课题研究】 2018年，开展“初中学科联盟”工作，新编、修订学科联盟“县本练习”424份。开展9个学科县级子课题研究工作，开展研题培训和课堂教学观摩活动45场。

【师生竞赛】 2018年，县教育局组织学生参加市高中数学、物理、化学学科知识竞赛，开展县级初中数学、物理、化学及语文、英语阅读能力、语文作文竞赛等学科竞赛8场，参赛学生2150人，获市一、二、三等奖25人次；组织教师参加“泉州市第二届中小学教师技能竞赛”活动，1人获得一等奖，5人获得二等奖，14人获得三等奖。

（县教育局、县教师进修学校）

学前教育

【概况】 2018年，德化县幼儿园80所（公办园19所、集体办园13点、民办园48所），3～5岁适龄幼儿18833人，入园18424人，入园率97.83%，17696人幼儿在普惠性幼儿园入园，普惠率91.84%，位居全市第三。县第三实验幼儿园、荣昌幼儿园（公办幼儿园）正式开园，增加学位400个。其中，县第三实验幼儿园开设8个教学班，招收适龄幼儿252名。制定并实施县《第三期学前教育三年行动计划（2017—2020年）》。

【示范幼儿园建设】 2018年10月，金锁幼儿园通过省示范性幼儿园市级评估验收，阳光幼儿园、宝美博艺幼儿园等6所通过德化县示范幼儿园评估验收，“示范性幼儿园”比例逐步提高。实验幼儿园开展“保教改革建设幼儿园”成果展示活动。依托县园际教研中心组深入贯彻《3—6岁儿童学习与发展指南》精神，持续推进幼儿园各类游戏的开展，防止和克服“小学化”倾向，加强家园共育，提升区域学前教育质量。

【公民村办幼儿园结对帮扶】 2018年，“第二轮公民村办幼儿园结对帮扶”工作启动，15所公办幼儿园分别与33所村、民办幼儿园结对，以优质幼儿园带动一般园、薄弱园，形成“自上而下、以点带面”的格局。11月开展幼儿园园长跟班实践学习活动。第二实验幼儿园、城关幼儿园、金锁幼儿园被推荐获评省级第二批“保教改革建设幼儿园”。

【教师教学技能竞赛】 2018年11月，县教育局组织举行幼儿园教师硬笔、简笔画基本功竞赛，评出一等奖6名、二等奖15名、三等奖22名，郑小兰获2018年市第二届中小学幼儿园教师教学技能大赛幼儿园组二等奖。

【校外培训机构整治】 2018年，县校外培训机构治理工作小组实地排查整治校外培训机构155家，发出限期整改通知书54份、停业整顿通知书28份、限期注销通知书6份、拆除广告牌2块，取缔校外培训机构39家，通过整改达标的机构36家，暂时停业整改培训机构8家，颁发办学许可证1家，公布德化县校外培训机构第一批“白名单”2家、“黑名单”14家。

【民办幼儿园】 2018年，德化县民办幼儿园48所（2018年新设立3所、撤并1所）、在园幼儿9700人，占全县幼儿总数50.33%，持证民办幼儿园36所（其中2018年取得办学许可证3所），县级示范园9所（小溪幼儿园、凤凰幼儿园、浔中第三幼儿园、城东旺旺幼儿园、城南旺旺幼儿园、童之梦幼儿园、宝美博艺幼儿园、湖前小叮当幼儿园、城东瑞凡旺旺幼儿园）。2018年3—6月，县教育局做好德化县民办幼儿园年检和等级评估工作，着重检查民办幼儿园依法办学、办学条件、常规管理及安全管理等方面情况并向社会公示；4月，县教育局、财政局、物价局联合确认33所民办园为德化县普惠性民办幼儿园；8月27日，在德化教育网公布48所民办幼儿园的办园资质，其中优秀幼儿园9所、合格幼儿园25所、基本合格幼儿园7所、不合格幼儿园5所；10月22日，下达民办幼儿园各类补助资金16万元；11月13日，下达各类补助资金332.91万元用于普惠性民办园生均公用经费财政补助、改善办学条件、冲抵保教费、奖励普惠性民办园当年持证上岗专任教师及民办幼儿园师资培训等方面。

（县教育局）

义务教育

【概况】 2018年，德化县坚持“划片招生，就近入学”原则，组织所划定的招生片区内的适龄儿童就近免试进入公办小学、中学就读；统筹安排符合招生政策性照顾及居住在德化的外来务工人员随迁适龄子女和进城务工人员子女进入城区公办中小学就读。2018年，秋季报名就读初一生数3502人，其中在农村各校就读215人，在城区各校就读3287人。通过志愿+电脑派位的方式，1734名外来工子女和进城务工人员子女全部安排到城区小学就读，1365名外来工子女和进城务工人员子女全部安排到公办中学就读。德化县第二实验小学分校更名为德化县第五实验小学，德化丁墘小学更名为德化县第六实验小学，更名后，其隶属于县教育局。德化县大铭中心小学撤销。

【小学教育】

片区管理 2018年9月，县教育局把德化县小学分为六大片区：第一片区：实验小学、丁墘小学、三班中心小学、上涌中心小学（含葛坑中心小学）；第二片区：第二实验小学、第二实验小学分校、阳光小学；第三片区：第三实验小学、金锁小学、雷峰中心小学（含南埕中心小学、水口中心小学）；第四片区：尚思小学、城东实验小学、盖德中心小学、国宝中心小学（含春美中心小学）；第五片区：龙浔中心小学、英山小学、高阳小学、宝美分校；第六片区：浔中中心小学、蒲坂小学、乐陶小学中心小学。

示范性学校建设　2018年，德化县实验小学、第二实验小学、第三实验小学、尚思小学、金锁小学、城东实验小学、龙浔中心小学、浔中中心小学、德化三中和德化三班中学10所学校通过省级评估认定，被省教育厅确认为“福建省义务教育管理标准化学校”。实验小学、第二实验小学、第三实验小学、尚思小学、龙浔中心小学、浔中中心小学入选省“义务教育教改示范性建设学校”；尚思小学获省基础教育改革成果二等奖。

教师评选比赛　2018年3月10日，县教育局举行“上有质量的课”启动仪式；3月13日，出台《德化县开展“上有质量的课”活动实施方案》，下发《关于开展中小学阶段同类学校“抓五比、创特色、争先进”活动方案》；6月12—15日，开展初中6个学科教师说题比赛6场，参与教师66人；10月，德化县“上有质量的课——课堂观察与分析”（小学语文）现场书面评课活动在县第二实验小学举行；11月，德化县小学美术现场课教学比赛在阳光小学举行；11月，小学、幼儿园新教师教学基本功大赛举行，德化县近三年毕业的小学、幼儿园新教师全员参与；12月，开展初高中数学、英语、物理、化学4个学科教师观评课比赛8场，参与教师60人次。德化县“上有质量的课——小学数学优质课现场展评”活动在县第一实验小学举行。

【初中教育】　教育质量提高　2018年中考，德化县3个科目（语文、数学、英语）的及格率、优秀率进入全市前五；9个科目的及格率、优秀率18个指标中14个指标进入全市前七；中考成绩在全市居中等偏上水平。

控辍保学　2018年，县教育局加强控辍保学工作，从落实学籍管理制度、出勤点名制度、动员复学制度、辍学学生汇报制度入手，建立“控辍保学”工作责任制。初中“控辍保学”工作取得显著成效，2018届初中学生三年巩固率98.87%，居全市前列。

课堂教学改革　2018年，县教育局借助《导学案》推动课堂教学改革，以《导学案》指导学生自主学习、主动参与、合作探究，让教师在课堂中贯彻“先学后教”的理念，使学生实现“要我学”到“我要学”再到“我会学”乃至于“我学会”最后达到“我发展”的阶梯式转变。8月31日，课改动员大会暨启动仪式在德化五中会议室举行，12月14日采取“请进来”的方式，举行课改观摩活动。

（县教育局）

普通高中教育

【概况】　2018年，德化县参加高考1718人，高考本科上线人数1290人，上线率75.09%；本一上线人数329人，上线率19.15%。一中学生江德扬以693分居全省第27名，被清华大学录取。德化县录取“211”以上高校87人（其中录取“985”高校36人）。8月21日，德化二中丁墘校区正式开学，首批招收高一年4个班级、学生200名，初一年6个班级、学生297人，德化二中步入“一校两区”发展模式。4月，德化三中重新被省教育厅确认为“福建省三级达标高中”；9月，被省教育厅确认为“义务教育标准化管理”学校。12月28日，德化三中举办建校30周年庆典仪式，成立校友总会。德化三中获“全国青少年人工智能活动特色单位”、泉州市“心理健康教育特色学校”“青少年科技教育示范学校”等称号。德化三中林慧雅获得全国第十三届宋庆龄奖学金，是迄今德化中小学唯一获此荣誉的学生。德化八中提出“立足城东办教育，服务县域促发展，努力打造有质量、有内涵、有特色、有品位的‘四有’好学校”发展目标，办学亮点纷呈。德化八中践行陶行知教育思想，10月8，日举行“行知讲坛”启动仪式，邀请福建教育学院教授邹开煌进行开坛第一讲。德化鹏祥中学更名为德化第七中学。

【德化一中】　2018年，德化一中48个教学班，学生2531人，教职工221人。2018届学生江德扬在高考中以总分693分位居全省第27名，录取清华大学。在校学生学科竞赛中3人次获得国家级奖项，1人次获得省级奖项，39人次获得市级奖项。8月，学校入选第三批福建省中小学心理健康特色学校；12月，入选福建省示范性高中建设学校。

学科竞赛　2018年，张清在全国高中数学联赛中获省二等奖，周炳鸿获东南联赛三等奖；林华鹏、庄丹玲、周炳鸿三人在第三十五届全国中学生物理竞赛中获省赛二等奖，刘斯怡获省三等奖，林华鹏获市赛一等奖，庄丹玲、周炳鸿获市赛二等奖；林华鹏、庄丹玲在2018年泉州市高二物理竞赛中获一等奖，蔡荣龙获二等奖；郑榕伸在第十届中国国际发明展览会暨第三届世界发明创新论坛中获“发明创业奖、项目奖”铜奖；陈彦昕、颜卓函和郑榕伸在第十六届全国中学生水科技发明比赛中获创新奖全国二等奖；郑榕伸、林华鹏与庄丹玲在第十五届泉州市青少年科技创新大赛中分获科技创新项目泉州市一、二等奖。

德育工作　2018年，学校重新梳理《德化一中班主任工作月评细则》《德化一中文明班级评选办法》内容，制定《德化一中学生综合素质评价方案》，从新高一开始，探索实践新高考改革背景下的学生综合素质评价。成立德化一中学生发展指导中心，研讨切合学校实际的“学生生涯规划方案”，在高一年开设选修课《心理沙龙之生涯规划》，指导学生为自己的生涯发展制定计划。组织学生参加北京、上海两线研学旅行，多次组织学生在县内开展研学活动。邀请学校交通辅导员开展交通安全专题讲座，举办专题班会，开辟法制教育专栏（板报），开展安全宣传周等系列活动。

教育科研　2018年，学校组建数学、物理、化学、生物、信息、创新大赛和机器人大赛等七个竞赛团队，全年完成526节（次）竞赛辅导工作。修订完成《德化一中教育科研课题管理办法》，学校在研县级以上课题13个，CN刊物发表论文65篇。组织编辑《研考荟萃》2期。与永安一中、漳平一中建立良好沟通渠道，在教育教学交流研讨、联考互动等方面，实现合作共赢。

校园文化　2018年，学校有野草叶文学社、学生广播电台、英语协会等学生社团12个。定期举办“科技节”“体育节”“文化艺术节”，以及在重要节假日进行文艺会演、开展主题征文大赛等。

（县教育局）

2018年6月17号，德化一中举行以“不忘初心·逐梦前行”为主题的高中毕业典礼　（图/德化一中）

职业教育

【概况】　2018年，德化县大中专院校2所：泉州工艺美术职业学院（大专）、德化职业技术学校（中专）。泉州工艺美术职业学院2018年秋季招生953名，五年专录取学生483人。德化职业技术学校全日制在校生2215人，教师122人。

【泉州工艺美术职业学院】

招生工作　2018年秋季，新生报到953名，五年专录取学生483人。2017—2018学年发放学生奖助资金115.12万元，75名新生通过绿色通道入学，协助85名学生做好生源地贷款工作，

专业课程建设　2018年，学院入选教育部第二批现代学徒制试点单位，“建构大师+名师工作室培育三创型现代新工匠——陶瓷类专业人才培养改革与实践”获国家级教学成果奖二等奖，“跨界教学产教融合培养复合型艺术设计类人才”获省级教学成果奖二等奖，陶瓷智造应用技术协同创新中心入选省级高职院校应用技术协同创新中心，工艺品商贸专业群入选2018年省职业院校服务产业特色专业群建设项目，艺术设计专业入选2018年省职业院校产教融合示范专业点培育项目（B类），工艺美术专业群实训基地入选2018年省职业院校专业群实训基地培育项目（B类），工商企业管理专业现代学徒制试点入选省第四批现代学徒制试点项目。与德化职业技术学校“工艺美术专业”衔接的“工艺美术品设计专业”入选省第三批中高职衔接专业指导性人才培养方案

开发项目，文创产品设计、陶艺成型技法2门课程入选省第三批职业教育精品在线开放课程建设项目。

创新创业教育　2018年，学校举办创新创业讲座、培训，开展学院“互联网+”创新创业大赛，强化创新创业实践指导，提升学生创新创意意识和能力；举办院级职业技能大赛，遴选学生参与实际项目设计、创作等，强化学生的动手能力和团队合作精神；开设在线课程，试点线上线下结合混合学习方式。组织开展中、高级技能培训、鉴定考试，举办省建盏陶瓷艺术高级研修班、雕塑泥片成型技艺高级研修班、陶瓷坯釉料配方培训班、泉州市残疾人电子商务培训班等8个班次，培养培训各类人才700多人；建设成为“泉州市美育·陶艺培训基地”“泉州市中小学生研学实践教育基地”，举办3期市小学、幼儿园美育·陶艺教师培训。建立陶瓷职业技能培训基地，开展陶瓷、建盏高技能人才培训考核130人。

就业服务　2018年，学校加强顶岗实习工作的谋划和管理；举办毕业生供需见面会3场，邀请老工匠珠宝有限公司、九牧集团、乐普艺术陶瓷有限公司等企业入校举行专场招聘会，提供就业岗位1100多个；加大收集发布就业信息的力度，服务好学生的就业工作，2018毕业生一次就业率87.8%。

陶瓷发展　2018年，学校获批建设“陶瓷智造应用协同创新中心”，立项陶瓷材料类科研项目9项、市级“校地协同创新项目”2个，合成玉瓷材料、高钾熔块釉项目研发进入中试阶段；参与财政部、国家发改委下达的德化陶瓷产业园区循环化改造项目的企业调查、子项目立项考察、技术指导等；配合县直有关部门开展项目立项、项目验收工作。做好科研工作，向省市各部门申请各类科研项目22项；组织17个在研项目结题，推动科研成果转化。协助企业进行各种科技项目的申报、总结、鉴定，累计完成项目申报、评审、总结、鉴定50多项。

技能竞赛获奖　2018年，学院习近平新时代中国特色社会主义思想读书社入选省高校第二批马克思主义理论读书社；学生学习成效持续改善，获得各级各类表彰110多人次。在全国职业院校陶瓷专业学生技能竞赛中，获得4个一等奖、5个二等奖、3个三等奖；在2018年度省职业院校技能大赛中，学生获得二等奖1项、三等奖4项、优秀奖12项；在第三届奥派杯全国移动商务技能竞赛福建赛区选拔赛中，学生代表队获一等奖、最佳创新奖，作为唯一的团队代表福建参加全国总决赛，另有一代表队获二等奖；在第二届省黄炎培职业教育奖创新创业大赛决赛中，学院代表队获得最佳创意奖；在第二届“爱我国防”省大学生演讲比赛决赛中，陈飞宇获得三等奖；在市2018年大学生创新创业大赛中，学生获得一等奖、二等奖、三等奖各一项的成绩；在市首届高职院校会计技能大赛中，学生获得二等奖和三等奖各一项的成绩；在市第十九届太极拳锦标赛中，学生代表获得2枚金牌、1枚银牌、2枚铜牌。1名老师获市“优秀共青团干部”称号，1名学生获市“优秀团员”称号。社会实践中，1支队伍获得省级优秀团队称号、1人获得先进个人称号。

第二轮人才培养评估工作回访　2018年，学院做好迎接第二轮人才培养评估专家回访工作，根据专家组提出的评估整改意见和建议，结合学院的客观实际和发展战略进行整改。7月，专家组入校对学院进行二轮评估回访，对学院整改工作给予充分肯定。在福建省教育厅评估中心发布的2017年高职高专院校发展潜力报告中，学院在福建省53所高职排名第22名，比2016提升4名。

信息化校园建设　2018年，学校做好信息化校园基础平台和业务应用系统、数据中心机房升级改造、校园网络升级改造、校园一卡通、校园监控系统等“五大工程建设”，信息化软件平台一阶段工程完成验收，全面进入第二阶段的优化完善。聘请信息化顾问，邀请专家沈立心等到校开展多场信息化专题讲座，举办院级信息化教学大赛，遴选3组选手参加省“网龙杯”信息化教学大赛均获三等奖。利用网络信息平台在教学管理中的远程实时、信息集成等优势，推进教学信息化改革和教学管理优化，完成100门校本在线课程的建设和3门省级精品在线开放课程的开发。学院入选省高校教育信息化工作先进单位。

交流合作　2018年，学校加强与省内外院校、企业建立校际合作、校企合作关系，接待海外友人到学校参观学习，全面推进对外交流合作。开展“海丝情·陶瓷韵”国际文化交流活动。承办2030可持续发展议程研修班（减贫专题），来自毛里求斯、约旦、乌干达等17个国家的71名官员到学校学习陶瓷产业发展经验等。举办国家艺术基金资助项目——白瓷瓷塑艺术创新人才培养研修班，来自9个省的30名学员参与。牵头成立泉州市工艺美术学会。与省网龙普天教育科技有限公司签订校企合作协议，联合打造“福建省 VR/AR 实训基地项目”；与深圳积木易搭科技技术有限公司、厦门布塔科技有限公司、建阳市网际电脑职业技能培训学校等建立合作关系，合作开展人才培养、研发项目等工作。与县三班中心小学、金锁小学签订结对共建协议书，开展陶艺指导。举办省美术素质教育与高考改革新趋向论坛、市文化创意职业院校联盟等活动。制作学院宣传片《大学之道》和宣传画册。举办德化第二届陶瓷双年展、“‘廉心·中国白’2018 年陶瓷设计大赛作品展”、“庆祝改革开放四十周年暨天津艺术家陶瓷·国画作品展”、“墨趣·瓷韵”陶瓷书画艺术作品展、“守先·待后”——曹天文作品展、“拍平”中的泥片哲学——罗小平教授雕塑泥片成型技艺高级研修班作品展，举行“匠心·文心”陶瓷教育沙龙等活动。协办做好省陶瓷行业技能竞赛、第六届省陶瓷艺术与设计创新大赛等。组织参加“首届中国（德化）茶具文化产业博览会”“2018 年德化杨梅第二届银杏文化旅游节”等活动，邀请四川仪陇电视台到校开展特色办学采风活动。

文体活动　2018 年，学校举办大学生骨干培训班；开展“书画添光彩喜庆中共十九大”书画摄影联展等 10 多个项目的校园文化艺术节系列活动，举办“传承海丝文化，筑梦世界瓷都”瓷都文化广场活动；引导学生参加各类志愿服务活动；开展心理健康咨询系列活动，深化易班、网络文化工作室建设，增强学生社团的育人功能。

教师队伍建设　2018 年，学校开展专业技术职务晋升、晋级工作，有 35 名教师晋级，8 名教师晋升；聘请 9 名国家级大师、名人为学院客座教授，新招聘教师 14 名；组织近 100 名教师、管理骨干到上海、广东、台湾等地区参加培训、访学、进修等，遴选 22 名教师到企业实践，邀请教授刘建强、郑传芳、吴贵明等到校开展专题讲座。开展学院“最美教师”“优秀教师”“先进教育工作者”评选，推荐德化县“孔子文化教育奖”人选等，推动师德师风建设。张南章、周金田、赖颖秦、邱玫瑰、许庆裕等 5 人获“福建省工艺美术大师”称号，张阿芬入选省 2018 年职业院校名校长培养人选，赖颖秦、廖亦彩入选省 2018 年职业院校专业带头人培养人选，池至铣被中国陶瓷工业协会评为“中国陶瓷行业杰出科技工作者”，周金田获评“全国技术能手”“全国陶瓷行业技术能手”，庄虹虹被授予“福建省金牌工人”“福建省五一巾帼标兵”称号，8 名教师入选市高层次人才，3 名教师入选首批市高校中青年学科（专业）带头人培养对象，教师参加第十一届中国陶瓷艺术大展等国家和省级各类比赛获奖 50 多人次。

（黄 焰）

【德化职业技术学校】　2018 年，学校正式编制教职工 122 人，全日制在校学生 2215 人。2018 届高职招考生 102 人，大部分上专科线，其中 3 人上本科线，录取本科院校 2 人。2018 届美术绘画高考班学生 56 人，双上线达 28 人。5 月，德化职校被确认为省示范性现代职业院校建设工程项目 A 类培育学校。工艺美术专业群、陶瓷商贸（电子商务）专业群建设获省教育厅确认。

教学点新设　2018 年，泉州广播电视大学、泉州师范学院等高等院校在德化职校设立教学点，招收高等教育非全日制本、专科学生。

技能竞赛获奖　2018 年，德化职校在中国工艺美术学会、中国轻工业联合会、中国陶瓷工业协会等主办的工艺美术作品展中，获 5 枚金奖、8 枚银奖、12 枚铜奖。教师刘育发、卢美彬被评选为福建省工艺美术名人；教师苏大昕、张祥琦被评选为福建省工艺美术大师。

2018 年 3 月 9 日，德化职业技术学校中澳合作办学项目启动仪式在德化职业技术学校举行

（图 / 许华森）

2017—2018学年，学生参加各级技能竞赛，市级6人、县级25人分获一、二、三等奖。组织参加2018年市中小学艺术节合唱比赛获三等奖；组织参加2018年县中小学生运动会，30人次获一、二、三等奖。

职业培训 2017—2018学年，德化职校举办20个培训班（其中：创业农户1个班，新型职业农民3个班，技师、高级技师培训1个班，陶瓷跨境电商人才孵化营1个班，油茶籽仓储加工技术1个班，电商特训营6个班，安全知识培训3个班，生产经营单位1个班，特种作业人员安全技术培训3个班），进行蔬菜种植、油茶种植、毛竹种植、黑羊养殖、黑鸡养殖、肉鸭养殖、果蔬专业、休闲农业、村级资产阶级管理、陶瓷装饰工、陶瓷烧成工、陶瓷原料准备工、油茶籽加工技术、电子商务、烟花爆竹、危险化学品、非煤矿产、低压作业、登高作业、高压作业等项目20个专业的培训，1495人参训。

产教融合 2018年，德化职业技术学校重点建设3D打印、智能家居等实训室。学校建有校企合作单位35个，年内新增鑫盛电子商务有限公司、德商大酒店等10个校企合作单位，涉及电商、旅游教育、学前教育、工艺美术专业。与宁夏吴忠市红寺堡区职业技术学校、厦门工艺美术学院、湖南科技大学等12个院校开展交流合作，在专业建设、师资培养方面开展院校共建活动。3月9日，德化职业技术学校和澳大利亚昆士兰TAFE Queensland的中澳合作办学项目启动仪式在德化职业技术学校举行。

教学科研 2018年，学校为做好专业改革，组织200多人次对33家企事业单位和学校九大专业十个方向开展调研活动，与31位企业专家交流，听取专家对课程改革的意见。新增2个课题——教育部信息化教学指导委员会课题《中职学前教育专业课程信息化教学行动研究》、省职教中心课题《产教融合背景下的工艺美术（陶瓷）专业群人才培养模式探究》。

学生文体活动 2018年，德化职业技术学校多次组织23个学生社团志愿者到敬老院和特殊教育学校开展献爱心服务和联谊活动；开展纪念“五四”青年节系列活动、“社团之夜”晚会、校首届舞蹈之夜晚会、学生会辞旧迎新“欢送会”；成立德化职校社团联合会；开展“国旗下讲话”活动；举办德化职校第三、四届校园爱心义卖活动；举办学生党校一期，35名学生会干部、学生参加培训。

陶瓷文化交流 2018年，德化职校“海丝文化”游学基地成为海丝文化传承的重要基地，成为德化陶瓷艺术对外宣传的又一重要窗口。5月，华东五省一市教育国际交流协会秘书长一行12人到校考察基地建设；6月，北京市劳动保障职业学院师生80多人到校开展陶瓷装饰体验活动；7月，仰恩大学法学院社会实践队驻校开展暑期社会实践；8月，青岛中职名师国培班学员40多人到校参观游学基地。

基础设施建设 2018年学校投入500万元，建设工艺美术实训楼，已基本完工；投入9.5万元，完成校园的绿化提升工程；投入5万元建设校门车牌识别系统；投入3万元增加校园监控系统；投入18.3万元，完成多媒体设置提升工程；投入13万元，完成教学楼节水型厕所改造；投入3万元，购买一台电子借阅机等。中国电信的光纤接入升级到150兆，装配硬件防火墙等智能安全硬件，保证了校园网信息的安全。全校计算机总数490台，生均0.24台，全校51间教室均连入校园网，教室安装触摸液晶书写屏、交互式电子白板、数字投影仪、中控多媒体计算机等多媒体教学设备，100%的教室具有多媒体教学功能。

（颜韶雄）

特殊教育

【概况】 2018年，县特殊教育学校义务教育阶段在校学生89人，其中自闭症学生13人，脑瘫学生4人，其他残疾学生72人。送教上门学生22人。秋季新招收学前班1个，学生10人，新招收职高班1个，学生4人。

【义务教育阶段入学保障】 2018年，学校采取与普通学校随班就读并行，以送教上门为补充的教育安置政策。大部分的适龄残疾儿童都安排在特殊教育学校入学，一些残疾程度较轻的学生就近安排在普通小学入学，部分因家庭和身体原因未能到学校就读的残障儿童则列入送教上门对象。转变办学方向，学校不再招收听力残疾学生，适龄的听力残疾学生动员其到泉州或者兄弟县市的特教学校就读。学校以招收中重度智力障碍儿童为主，招收自闭症、脑瘫、多重残疾学生。

【送教上门】 2018年，学校排查

2018年度需要入学的残疾儿童，确定11名送教上门对象，送教上门学生总数22名。为学生建立学籍，建立档案，并选派教师开展送教工作。近两年来，县6～8周岁残疾少儿均已得到妥善的教育安置。

【非义务教育阶段特殊教育】 2018年，学校开展学龄前残疾儿童康复研究，为脑瘫儿童、多重残疾儿童提供助行器、轮椅等康复器具。2018年秋季新招收学前班1个，学生10名，解决学龄前儿童入学难、学习缺乏针对性、成效低、外地受训成本高的问题。9月，在德化职校的支持下，新招收一个职高班，学生4人，聘请专业教师开设缝纫、面点、陶艺等职教课程，完成特殊教育向高中阶段的延伸。

【课程改革】 2018年，学校在课堂教学中推行差异教学和个别化教学，为每个学生建立成长档案，重视教具、学具和康复辅助器具的开发与应用，合理利用“蒙台梭利”“奥尔夫音乐”等教具、学具开展教学，鼓励教师根据教学实际需求自制教学具，提高教育实效。2018年2名教师分别参加市级的自闭症教育、智障教育的优质课评选。

【教育科研】 2018年，学校5名教师分别在市级的微课比赛、论文评选中获奖；5月，县级小课题《智障儿童早期语言干预的实践与研究》顺利结题；11月，小课题《代币制在中度智障学生课堂问题行为矫正中的应用研究》经过德化县申报课题评选推荐，被确定为市级“十三五”规划（2018年度）立项小课题。

【基础设施建设】 2018年，学校大门改造、新建职教楼等工程项目稳步推进。旧教学楼于上半年完成拆除，总体四层的新建餐宿楼的建筑主体的建设及装修工作于下半年完成。运动场的设计图纸已经完成。7月，学校综合楼的修缮项目完成。

（县特殊教育学校）

继续教育

【概况】 2018年，县广播电视大学在籍生559人，开设9个本科专业和11个专科专业，招生177人，其中春季招生104人，秋季招生73人，超额完成市下达目标任务。县老年大学设政治经济、科技、卫生保健、文化、艺术、体育、老年远程教育等7个系，开设48个专业61个班10个学会，学员1530名，1923人次。

【福建广播电视大学德化工作站】

招生工作　2018年，德化电大在籍生559人，2018年招生177人，其中春季招生104人，秋季招生73人，超额完成市下达目标任务，74人取得大学本科或专科毕业证书。德化电大被省电大评为2018年春季开放教育招生工作先进集体。曾志锋、林美溪分别被省电大评为2018年春季、秋季招生工作优秀个人。

专业开设　2018年秋季，德化电大开设法学、汉语言文学、会计学、行政管理、学前教育、工商管理、计算机科学与技术、土木工程、小学教育等9个本科专业和学前教育、计算机网络技术、会计、行政管理、劳动与社会保障、市场营销、法律事务、工商企业管理、建筑工程管理、行政管理（村镇管理方向）、家庭农场经营管理等11个专科专业。

社区教育　2018年，德化电大继续做好“一村一名大学生计划”项目，“一村一”农村行政管理专科专业在籍生72人。2018年农村行政管理专科专业毕业生31人。6月17日，“高考平行志愿填报的策略与技巧”专题辅导讲座在德化一中举办，邀请高考志愿填报专家、福建广播电视大学泉州分校原校长杨永清先生开讲，德化一中学生、学生家长和老师800多人到场；10月12日，家庭教育专题知识讲座活动在德化八中举办，特邀泉州市拔尖人才、市社会工作者协会会长、泉州师范学院教授徐莉主讲陪伴孩子读高中系列讲座之二——《高中生心理特点与家庭关系调适》，德化八中的学生家长200多人到场；12月17日，社区居民健康知识专题讲座及义诊活动在三班镇龙阙村举行，邀请县医院中医科主任医师许辉煌、内科副主任医师李新锋、眼科副主任医师林永鑫开讲并进行义诊活动。

【县老年大学】 2018年，德化县老年大学（学校）227所，其中县级老年大学1所，乡镇老年学校18所，村（社区）老年学校208所；国家级、省一级示范校1所，市级（一级）示范校13所，县级示范校77所。县老年大学设政治经济、科技、卫生保健、文化、艺术、体育、老年远程教育等7个系，48个专业61个班10个学会，学员1530名，1923人次，老年大学每年分别拨款2000元给10个学会（德育、摄影、诗词、南音、山歌、远教、教

2018年9月28日，县老年大学"迎国庆暨颂改革开放四十周年"文艺演出在龙浔镇塔雁小区举办　（图/县老年大学）

研、乒乓球、围棋、艺术团）用于日常活动开展，每个学会每学年至少开展四次研讨活动。

市级（市一级）示范校创建　2018年，上涌镇、美湖镇2所老校申报创建市一级示范校，三班镇、龙门滩镇、雷峰镇、南埕镇、春美乡、葛坑镇、杨梅乡7所乡镇老校申报创建市级示范校，9所老校全部高质量通过评审验收。至2018年底，德化县市级以上乡镇示范校13所（其中市一级示范校4所、市级示范校9所），占乡镇校总数72%，超额完成十三五规划示范校创建工作目标。

县级远程教育示范点创建　2018年12月17—21日，县老教委组织三个评审组到9个乡镇申报的11个村（社区）老年学校远程教育示范点进行评审验收。经评估汇总，申报评审的11所村（社区）老年学校全部达到德化县老年远程教育示范点标准。至2018年底，德化县老年远程教育示范点81个。

文体活动　2018年2月7—8日，县老年大学组织到浔中镇东埔社区、聚盛小区、东顺社区、嘉德新苑开展戊戌年"翰墨飘香迎新岁，喜迎新春送吉祥"义写春联活动；5月5—6日，举办乒乓球比赛和安永德围棋擂台赛；6月14日，举办包粽子接力赛；6月21日，举办"不忘初心　永远跟党走"瓷都老党员庆祝中国共产党建党97周年文艺会演活动；9月26日、9月28日分别举办"迎国庆·颂改革开放40周年"文艺比赛、文艺会演；10月17日，开展重阳节游园活动；10月29日，组织开展第十八届瓷都广场文化活动老年大学专场；11月27日，举办德化县老年学校"十大员"事迹演讲比赛活动。县老年大学泰迪球班的《红色娘子军》代表德化参加市第十届老年人体育健身运动会比赛获优秀奖；摄影班学员在县级以上报刊被选用图片200多幅，其中曾宪校41幅，徐艺星35幅，郑光前、陈能与、郑步云、林焕明、赖梭桃、林润源、张圭如等10多位学员的作品分别在《中国老年报》《福建老年报》《福建日报》《泉州晚报》《东南早报》《泉州广电报》《瓷都德化》等报刊相继发表。许永汀2篇诗作发表于省级诗词刊物上，吴文凯19篇诗作发表于省市刊物上。

志愿活动　2018年3月1日，县老年大学与浔中镇龙东社区开展"老少欢乐闹元宵　温暖和谐一家亲"元宵节活动；3月30日，组织志愿者参加2018年"建功新时代　瓷都夕阳红"社区离退休干部志愿服务工作年启动仪式；3月31日，与县市场监管局联合举办"12331——助力健康中国梦，食药安全伴你行"主题宣传日活动；5月10日，与县委老干局、县中医院联合开展以"中医护理服务百姓健康助力"为主题的健康咨询义诊活动；5月15日，联合县市场监管局、县医院举办"安全用药关注老年人健康"知识讲座；6月5日，组织志愿者参与"美丽瓷都我们一起行动"环保志愿服务宣传活动；6月11日，联合县医院胸痛中心举办常见急救知识讲座与义诊活动；6月15日，老年志愿服务队与浔中镇龙东社区开展"品味端午，传承文化"端午节活动。

理论研究　2018年，县老年大学报送的调研文章获全国优秀论文三等奖2篇，被全国性刊物采用4篇、在省老年大学网发表8篇，42篇信息被县级以上报刊、媒体采用。德化参加"五个十工程项目"的纪实报告材料，被编入《社区老年教育的漫山红遍》一书，并受全国老年大学协会表彰。《德化党政领导谈老年教育》《德化十大员先进事迹》初稿已初步形成。

（苏巧艳）

文化事业

【概况】 2018年，德化县组织举办群众性文化活动60多场次，举办各类陶瓷作品展，组织民间木偶剧团参加市第八届民间布袋戏邀请赛，获一、二等奖。投入370多万元提级改造县陶瓷博物馆和县图书馆。加强非物质文化遗产、文博事业的保护和传承。全年获评省级文化产业示范基地1家，市级文化产业示范基3家。新增德化瓷烧制技艺非物质文化遗产代表性项目代表性传承人国家级2人：陈明良、许瑞峰，省级2人：赖礼同、连紫华。

【群众文化活动】 2018年，德化县组织开展第十八届瓷都广场文化活动、践行中共十九大精神“迎新春 送春联”剪刻纸、书法家写春联刻纸送春联活动、南音演唱活动、书法作品展、不忘初心瓷都行“三下乡”活动、世界读书日暨数字悦读大闯关、爱水主题图画展、生育关怀剪纸作品展等文化活动60多场次。举办暑假书法、舞蹈、古筝、钢琴、声乐等艺术培训。先后举办“当代陶瓷名家（国家级）精品展”、“不忘初心 书画瓷都”大型书画艺术作品展、“拍平”中的泥土哲学——罗小平教授雕塑泥片成型技艺高级研修班作品展、“传承·裂变——白瓷瓷塑艺术创新人才培养研修班作品展”“瓷苑聚萃——德化第二瓷厂联谊会（首届）陶瓷艺术作品邀请展”等陶瓷文化专题活动。在四川博物院举办“瓷彩中国白”展览并举办学术讲座。组织德化瓷作品参加第二届工艺精品展。在陶瓷博物馆专门设立金砖国礼展区，展出15件金砖国礼瓷，2套金砖国宴瓷。加强文化艺术交流，邀请香港、澳门、台湾地区摄影采风团到德化开展摄影采风活动。在德化职校为导游培训班举办“陶瓷文化历史专题学术讲座”。组织民间木偶剧团参加市第八届民间布袋戏邀请赛，获一、二等奖。

【文艺精品创作】 2018年，《苏履吉诗选》正式出版，完成《中国德化陶瓷文化大观》编纂工作。创作瓷都宣传音乐作品管弦乐四重奏《瓷画丝路》第二、三乐章，山歌民谣《祖龙宫陶渊》《竹筒倒黑豆》，歌曲《朝阳中国梦》。

【文化创意产业】 2018年，《德化县陶瓷文化旅游规划》编制完成，策划项目包括德化第一瓷厂、红旗瓷厂片区、月记窑、屈斗宫遗址、祖龙宫窑神庙、梅岭遗址、辽田尖山原始瓷窑址等陶瓷文化点，打造县城陶瓷文化旅游精品路线。月记窑文化创意园项目建设完成方案设计，引进汉侯博物馆等招商引资项目。获评省级文化产业示范基地1家，市级文化产业示范基3家。全县有文化产业示范基地6家，市级17家。组织文化企业参展第十一届海峡两岸（厦门）文化产业博览交易会。

【非物质文化遗产传承】 2018年，新增德化瓷烧制技艺非物质文化遗产代表性项目代表性传承人国家级2人（陈明良、许瑞峰），省级2人（赖礼同、连紫华）。德化瓷烧制技艺入选文化和旅游部、工业和信息化部联合发布的《第一批国家传统工艺振兴目录》。组织开展文化和自然遗产日系列非遗活动，举办陶艺进校园、南音进社区、木偶戏演出、图片展等纪念活动。

【文物保护】 2018年，德化县完成梅岭遗址窑1、窑2保护棚工程建设，德化窑梅岭遗址申报第一批省级考古遗址公园；邀请市考古队对辽田尖窑址周边的德化县境内进行考古调查工作，做好辽田尖古窑址的发掘、保护及宣传工作；组织召开2018年度德化县文物工作会暨文物安全工作培训会，签订责任书，落实安全工作责任；推进德化县县级以上文物保护单位档案建设；完成水口镇承泽村济美桥、龙门滩镇碧坑村粹美桥两处县级文物保护单位的维修审批工作；完成屈斗宫德化窑遗址安防设计，方案已通过省文物局的审核，专项资金申请已报国家文物列入2018年度计划；完成屈斗宫德化窑遗址16处维护工程的设计工作，设计方案已报省文物局审批；县陶瓷博物馆被评为“首批福建标志性文化旅游场馆”；辽田尖窑址（青铜时代）、大兴堡（清朝，三班镇）、永革桥（清朝、民国，上涌镇）、厚德堡（清朝，水口镇）等4处被评为省级文保单位。

【公共文化设施建设】 2018年，德化县投入资金近300万元提升改造陶瓷博物馆二楼两个展厅，新增展柜72台，修缮博物馆馆舍、展厅等；投入资金70多万元提级改造县图书馆；规划建设江山美人、浔中文化站、县工会等6个百姓书房，采购书本4000多册；完成桂祥图书馆主体建设，进入室内装修阶段；完成雷峰镇瑞坂村、水口镇承泽村2个村级基层综合性文化服务中心示范点建设；完成大洋、鹏都、龙井、吉祥、东顺、凤凰、阳光等7个社区文化室建设；采取补助形式提升龙浔镇、浔中镇、水口镇、大铭乡、桂阳乡等5个乡镇综合文化站和龙浔镇丁墘村、南门社区、兴南社区，浔中镇土坂村、东埔社区、凤池社区、浔东社区的设施配备及服务效能，进一步满足群众文化需求。

（陈安娜）

档案

【概况】 2018年，县档案局（馆）指导监督德化彭村水库移民安置、北三环、环城路东段档案，规范管理农村产权交易、农村土地确权、精准扶贫档案。开展“口述档案”、老照片、特色档案资料征集，做好档案安全保管、利用和宣传，加强档案信息化建设，完成馆藏71万页档案全文扫描。全年接待利用者2745人次，提供馆藏档案3230卷次，出具证明2420份。做好《电子商务政策汇编》编印，确定龙浔镇丁墘村为首批“乡村记忆文化”项目试点村。

【农村产权交易档案管理】 2018年，县档案局在全市率先出台《德化县农村产权交易档案管理规定》，规范农村产权交易档案的收集、整理、保管和利用等各个环节。经验做法获得市档案局调研组的充分肯定，并发文向全市推广德化经验做法。

【重点项目建设服务】 2018年，县档案局做好彭村水库移民安置、北三环、环城路东段等重点建设项目材料收集、分类、整理的指导，协助整理基建档案1327卷，设备档案43卷，确保重点建设项目形成的文件材料齐全完整。对德化县21个省市重点建设项目进行现场业务检查和指导。

【“乡村记忆文化”项目】 2018年，县档案局选取龙浔镇丁墘村、三班镇泗滨村、杨梅乡云溪村为“乡村记忆文化”项目的申报单位，并确定丁墘村为首批试点村。指导丁墘村做好档案整理、安全保管、信息化和文化展示厅建设等工作。

【农村土地确权档案规范】 2018年，德化县举办农村土地确权档案业务培训班。开展专项督查和县级自查，确定整理技术规范和业务标准，规范农村土地确权档案整理、编目和数字化工作。

【精准扶贫档案管理】 2018年，县档案局指导乡镇做好精准扶贫档案的收集、整理和编目工作，提升精准扶贫档案管理水平。

【“口述档案”采集】 2018年，县档案局启动“口述档案”采集工作，完成邱双炯、柯宏荣、许瑞峰、苏玉峰等10位国家级工艺美术（陶瓷艺术）大师和非物质文化遗产项目代表性传承人口述档案的资料收集、采访、录制工作，采集整理口述档案音像资料552分钟，对具有德化陶瓷文化特色的“活历史”“活档案”进行挖掘抢救，填补馆藏“口述档案”的空白。

【老照片征集】 2018年，县档案局开展老照片征集活动，面向社会征集反映德化经济社会发展历程、城乡面貌更新、百姓生活变迁的老照片161张，编目整理老照片516张，录入电子目录454条，建立老照片电子目录数据库和全文数据库。

【特色档案资料征集】 2018年，德化县征集到明万历十四年（1586年）规格为100厘米×90厘米的清泰里（现水口镇）民众山林及厝地买卖契约1份，将最早馆藏档案资料年代提前 100 多年。接收《德化白瓷艺术——丝路使者中国白再出发》《德化窑古瓷珍品鉴赏》《德化教育知名人物选萃》等资料 28 册。

【档案安全保管】 2018 年，县档案局落实档案库房安全管理制度，实行档案安全责任追究，组织开展对档案库房、办公区域、馆区环境、库房安装门禁系统和防盗网等重要区域进行安全隐患排查，及时消除安全隐患，保持档案安全保密“零事故”。

【档案查阅利用】 2018 年，县档案局开辟函电代查、预约查档、寄件上门等便民服务，接待公众咨询 2745 人次，提供档案利用 3230 卷次，出具证明 2420 份。在开展档案查询利用的同时，注重档案利用效果跟踪，建立档案利用效果登记，汇编档案利用效果典型实例 20 例。

【依法治档】 2018 年，县档案局梳理行政审批和公务服务事项清单，精简办事环节，压缩办理时限，所有事项办理时限均压缩在法定时限 35% 以内，并全部转为“一趟不用跑”“最多跑一趟”事项，其中“一趟不用跑”事项占 80%，方便群众办事。对 11 个乡镇的档案归档整理、安全保管、信息化建设、档案移交、档案登记和电子目录报送等情况进行专项检查，对个别单位存在的到期档案未按时移交、案卷质量不高、档案管理存在安全隐患等问题进行通报并提出限期整改意见。

【信息化建设】 2018 年，县档案局全文扫描 71 万页馆藏档案，累计完成 379.9 万页，馆藏档案数字化率 83.2%。核对、整理县委办、组织部等 29 个全宗纸质档案和电子目录，修改电子目录 3471 条、补录目录 380 条，修整扫描件 201 份。完善纸质档案、电子目录和档案数字化副本同步接收制度。对接国家重点档案保护与开发项目建设，重新录入馆藏民国档案文件级目录数据 16000 条。

【宣传教育】 2018 年，利用“6•9”国际档案日开展“档案见证改革开放”主题宣传活动，发放档案法律法规等宣传材料 600 多份，接受群众档案利用咨询 100 多人次。组织近百名市民和学生走进档案馆，体验档案查询利用服务，参观爱国主义教育基地展厅、档案资料库房。

（林新超）

广播电视

【概况】 2018 年，县广播电视台设有日播《德化新闻》，周播专题《陶瓷视界》《戴云风情》《德化故事》等；广播电台包含资讯、经济、音乐、生活以及与老百姓生活息息相关的停电、停水、气象预报等节目；继续开展“观音德化”新媒体平台建设。德化县 191 个行政村村村响以及农村应急广播预警系统有效维护，实现农村有线广播长期通、有效通；观音岐、九仙山转播台广播电视节目无线数字化覆盖工程建设完成。建设并投入使用高清演播厅，启用数字电视转播车，让群众更直观、更快速地关注德化新闻。

【新闻报道】 2018 年，县广播电视台宣传报道德化学习宣传贯彻中共十九大精神、精准扶贫、生态旅游等各方面工作，全年制作播放新闻 2000 多条，专题近 200 期，摄制各类汇报片、宣传片 20 多部。县广播电视台开设《百姓热线》《瓷都教育》等自办栏目，完成直播节目 2000 多期，联办专题节目 900 多期。在市级台以上媒体播出新闻、专题近 1000 条次，其中联合中央电视台制作“清雅瓷城——中国德化”“德化白瓷传奇”等专题片并在央视播出。举办世界陶瓷

2018 年 3 月 13 日，新建成的高清演播厅投入使用（图 / 县广播电视台）

之都·德化——全国百家电视台大型集中采访、联合播出活动，全国26个省、自治区、直辖市近百家电视台围绕德化陶瓷文化和生态旅游等方面进行集中采访报道，在参与台集中播报新闻、专题100多条次，覆盖人口3000多万。

【电台品牌节目】 2018年，“资讯60分”综合类新闻资讯节目，为大家传递最新的国内、国际新闻资讯；“畅聊生活”介绍保健养生知识，养成科学的生活方式；“百姓热线”解决百姓的难点焦点问题，免费发布招聘求职、家政等各种信息；“音乐传情”点歌交友送祝福；“咱厝的声音”闽南顺口溜，咱厝的歌曲，瓷都人的乡情乡音；优化情感节目“从容聊吧”、闽南语节目“咱厝的声音”、民生节目“百姓热线”。

【电视节目创新】 2018年，县广播电视台“德化新闻”进一步改进时政报道，减少会议报道，改进领导活动、会议新闻报道方式，强化新闻内容的延伸报道，更注重舆论引导、监督，把话筒镜头对准基层，多报道社会热点难点问题；播放“全国文明县城”“喜迎中共十九大”“安全防火”“社会主义核心价值观”等文字图像公益广告5万多条次；加强与宁夏吴忠市红寺堡区、山东省新泰市的合作互动。全年《走进德化》栏目播出新闻、专题300多条次。

【电影发行放映】 2018年，德化县做好农村公益电影放映工作，落实原乡（镇）老电影放映员政策，按时足额发放生活补助金；继续实施一村一月放映一场电影工程，全年放映农村公益电影2292场。

【德化县融媒体中心创建】 2018年，德化建设全市第一家融媒体——德化县融媒体中心，并进行县域融媒体平台建设，在内容、渠道、平台经营管理等方面转型、对接和融合。省内20多个县（市）和5个省区的10多个县（市）同行前来参观学习。

【基础设施建设】

新媒体发展 2018年，观音德化网站、APP和微信公众号、微博这“两微一端一网”的新闻资讯发布量超过5000条次，“一端一网”的点击浏览量近50万人次，“两微”浏览量约400万人次，总浏览量比上一年度增长30%以上，资讯发布量增幅60%。

村村响工程维护 2018年，维护村村响工程50多起，确保在台风、泥石流等极端天气时村村响发挥好应急预警作用；实施广播电视节目无线覆盖提升工程，德化县可以免费收看中央、省市县16套电视节目以及相关广播节目，开工建设50米高广播电视塔。

安全播出 2018年，县广播电视台落实安全播出工作，在春节、“五一”国际劳动节、国庆节、中共十九大等重要安全保障期，落实安全播出责任制，没有发生安全播出事故。

（郑丽梅）

新闻出版

【概况】 2018年，县报道中心在市级以上媒体刊发（转载）信息报道2646条次，其中国家级媒体713条次，福建日报437条次，泉州晚报及其他市级媒体1496条次。全年编辑出版《瓷都德化》报50期，开设专栏18个，刊发专题报道文章200多篇。

【陶瓷产业专题报道】 2018年，德化县从智能制造、创新设计、市场营销、人才引进、诚信建设等方面，采写报道文章《从“郑三峰”到“郑三家”》展示瓷坛三兄弟的外销瓷路拓展的显著成效；《德化陶企智能制造“三级跳”》报道新技术变革老工艺；《设计创新领航“500亿”梦想》展现新理念、新设计、新工艺。还有《德化陶瓷：提档增效驶上快车道》《“三新”驱动点燃瓷都产业梦》《德化瓷，丝海逐浪打造500亿产值》《德化瓷，丝海逐浪再远航》等一批报道在福建日报、泉州晚报等媒体刊发。围绕陶瓷产业跨越发展大会提出的500亿元产值目标，推出“千年德化瓷 迈向500亿”系列报道，从日用家居瓷、大师工艺瓷、出口工艺瓷三大瓷种，结合传统工艺传承、瓷艺新秀创新创意、“指间匠心”工匠精神等内容，在泉州晚报环湾周刊“论瓷”专版刊发。采写《德化何以吸引“瓷漂”艺族？》，报道县陶瓷产业环境吸引外来艺术人才的生动实例在泉州晚报专版报道，《新秀园 让青年瓷客汇聚德化》在福建日报、泉州晚报刊发专题报道，《“80后”夫妻王代丁和张娜娜瓷艺创作故事》在新华社刊发通稿，在人民日报刊发“夫妻创业”图片新闻。围绕陶瓷茶具和茶宠、茶叶罐等配套相关产业及茶道人物，策划专题报道，《各类茶具“绽放” 器美茶更香》等专版在泉州晚报刊发。

【乡村振兴报道】 2018年，编发《造血式扶贫拓宽群众致富路》《昔日污染村 复耕变花园》《德化乡村振兴，一“路”向前》《乡村有济，振兴“有计”》《“一村一品”富瓷都百姓》等信息，并对驻村工作成效、杨梅乡云溪村实施传统村落保护提升工程等经验做法进行报道。《德化：小乡镇也有大亮点》《德化：编织小网格 共享大平安》《收账机制打通工作落实“最后一米”》等及项目行政审批改革、德化全省率先推行仲裁审查确认，打通农民工维权“最后一公里”等特色亮点在各级媒体刊发。兴泉铁路德化段、中国茶具城、新秀园、石牛山旅游度假区等重点项目建设进展成效显著，围绕项目攻坚主题，挖掘项目征迁、项目施工等环节的典型事迹做好宣传报道，其中《日夜奋战的隧道工》在泉州晚报摄像专版刊发。加强对国宝云龙谷景区恢复开园和乡村生态旅游节庆活动特色亮点的宣传报道，提升乡村生态旅游特色品牌知名度和影响力。

【首届中国（德化）茶具文化产业博览会宣传报道】 2018年，首届中国（德化）茶具文化产业博览会开幕当天36家媒体61人到场报道活动情况，据不完全统计在各级各类媒体上刊播相关新闻报道420多篇（条、次）。新华社刊发《福建德化：创新助力陶瓷茶具成为产业新亮点》《传统中国茶具现“新面孔”：更便携、更科技、更多元》《福建德化：白瓷“说”家风》《明代瓷塑大师何朝宗〈坐蒲观音〉拍出高价》4篇新闻通稿，其中《明代瓷塑大师何朝宗〈坐蒲观音〉拍出高价》的浏览量超过110万人次。中央电视台综合频道“晚间新闻”栏目播出县陶瓷文化产业发展内容《中国瓷器 畅游“一带一路”》。新浪网分预热宣传、展会高潮、总结报道3个步骤，对本届博览会进行宣传报道，网民关注度高、评价好。华人头条于12月14日提前上线“首届中国（德化）茶具文化产业博览会”宣传专题，并置顶华人头条首页“推荐”频道推广。发挥55个国家91个站点优势，在全球91个合作站点同步推送活动盛况以及相关信息。此外，活动盛况信息在全区域资讯推送，并在Facebook平台上进行推广。中国台湾导报刊发《第一届中国德化茶具文博会开幕》《茶与器专家学者对话发展金点子》2个专版宣传；泉州晚报在活动期间刊发《聚八方来客 品匠心茶具》《材质好 精雕细琢》《设计美 匠心匠意》《工艺优 荟萃名器》《销路广 八方聚朋》等8个专版宣传；东南早报刊发《名茶自古配佳器 茶香斟满德化瓷》1个跨版，对活动盛况进行全面宣传；《瓷都德化》先后刊发《器美茶更香——中国白里的方圆天地》《德化茶具何以“甲天下”——首中国（德化）茶具文化产业博览会于12月21—23日开幕》《以瓷为媒 架起合作交流“连心桥”——首届茶具产业博览会精彩纷呈、亮点十足》1个跨版、2个专版宣传。

【纪念改革开放40周年专题报道】 2018年，县报道中心参与福建日报举办的改革开放40周年“福建影响力”案例征集活动，从产城融合发展“大城关”“两传”经验抢占陶瓷发展新高地、烧瓷能源改革保护生产环境、转变政府职能推行行政审批改革、乡村振兴和教育优先发展等7大专题，总结县各个领域改革开放40年来取得的重大成就，并在福建日报刊发《德化水口，从革命老区“绿野仙踪”》图片专题报道，展示美丽乡村建设成果。

【典型人物事迹宣传报道】 2018年，福建日报专题刊发《河道保洁员 水上净家园》《妙手翻飞 瓷泥翩跹》《梁得贤 ：返乡创业养泥鳅 》《孙炳章：“公益路虽苦，值得走下去” 》《竹编未成往事，我们还在坚守》等报道；在该报开设《身边故事 共同铭记》栏目，刊发《林忠明：三十年养护筑路情》《林为南：行诊36年 守护村民健康》《黄炳峰：心系农村教育 梅香三尺讲台》《憨鼠爱心小分队 德化志愿服务闪亮品牌》等近20篇报道；《助村》栏目，刊发《引入“活水”助力乡村振兴》《黄清霞：用心“驻”就美丽杨梅》，以及《美德少年》栏目刊发《周思颖：尽职奉献 勇于担当》《郑懿敏：想读福建中医药大学，当名中医》等报道篇目。

【旅游资源宣传报道】 2018年，《德化乡间民宿 让游客住下来 让百姓富起来》《高山古寨有人家》《德化上寨：挂在峭壁上的村庄》等报道在福建日报刊发；《“醉”美桂阳》《德化石牛山景区6.8千米索道开建 届时上山约只需20分钟》《德化：绿色生态催旺全域旅游》等在《瓷都德化》刊发；新华社、中新社、人民网、光明网、中国香港经济导报等数十家媒体长年关注德化旅游，瓷都德化报社及时收集相关资料，长期与各级媒体保持联系，适时向各大媒体推送采访线索和相关新闻稿件。

（林婉清）

地方志

【概况】 2018年，德化县地方志工作以编纂二轮县志、开展旧志整理、推动乡镇志编纂、申报中国名镇志文化工程、实施年鉴精品工程为工作重点，推进全县地方志事业科学发展。

【《德化县志（1988—2007）》出版】 《德化县志（1988－2007）》编纂工作于2007年10月启动，2018年12月底出版。该志为精装大16开本，分上下两册，全书共分概述、专记、大事记前列、正文、附录等39卷、184章725节，计284万字。全书系统记述1988—2007年间德化县政治、经济、文化、社会等各领域，尤其在陶瓷、“大城关”、生态以及以教育、医疗为重点的公共服务均等化等各行各业发生的变革和变化。

【《德化年鉴（2017）》获全国二等奖】 2018年9月14日，《德化年鉴（2017）》被中国地方志指导小组、中国地方志学会评为第五届全国地方志优秀成果（年鉴类）二等奖，是泉州市2个获奖县份之一，也是全国33部（县区级）获此荣誉的年鉴之一。此外，《德化年鉴（2017）》篇目设置还被中国地方志指导小组办公室列入全国试点。

【《浔中镇志》被列入中国名镇志文化工程】 2018年，县方志办把《浔中镇志》申报第三批中国名镇志出版计划作为一项重点工作狠抓落实。11月，《浔中镇志》被列入中国名镇志第三批出版计划（全国28部、全省2部）并正式出版。12月6日，县方志办与浔中镇政府受邀参加在湖北省孝感市召开的第三届全国名镇志论坛暨第三批中国名镇志丛书出版座谈会，浔中镇政府在会上介绍《浔中镇志》编纂经验。《浔中镇志》是福建省自2015年以来第三部被列入中国名镇志文化工程的乡镇志。

【《德化县志》（嘉靖、康熙、乾隆、民国）等旧志出版】 2018年12月13日，被省方志委列入《闽台历代方志集成》项目的《德化县志》（嘉靖、康熙，乾隆、乾隆续志，民国、民国大事记）等6部旧县志，由福建省地方志编纂委员会、德化县地方志编纂委员会办公室联合整理重印，社会科学文献出版社正式出版。

【《德化年鉴（2018）》出版】 2018年，县方志办严格按照《福建省年鉴质量评比标准》《福建省地方综合年鉴图照使用规范》要求，组织编纂《德化年鉴（2018）》并申报全省精品年鉴工程，4月，《德化年鉴（2018）》被列入全省十家年鉴精品工程候选项目。12月，《德化年鉴（2018）》出版。

【乡镇志、部门志编纂】 2018年，县方志办通过组织人员到国宝、龙门滩、雷峰、三班、桂阳、汤头、杨梅等乡镇开展业务指导和召开乡镇志编纂工作推进会等方式，进一步推动在编乡镇志和部门志编纂进度。全年审核《龙门滩镇志》《国宝乡志》《南埕镇志》《德化县建设志》《德化县财政志》等5部乡镇志、部门志送审稿。至12月底，全县乡镇志出版8部、完成审定稿1部、送审稿（已审）2部、征求意见稿4部，编纂之中3部。

【方志资料库、地情信息库建设】 2018年，县方志办对资料库、陶瓷专柜的现存资料继续进行分类整理入柜，以便查阅；通过购买、交流、收集等方式，充实方志资料库、地情信息库资料，全年入库志鉴、地情等各类书籍203本，其中陶瓷方面书籍22本。

【刊物网站】 2018年，县方志办编发《德化月志》（双月刊）5期1200份、“德化方志”简报5期250多份、“德化方志”微信公众号上传100条信息。“德化方志”网站全年更新方志视界、动态新闻等栏目信息125条。

【地方志法规宣传】 2018年，县方志办开展以“方志文化进图书馆、进校园”为主题的2018年地方志法规宣传月活动，为县图书馆、德化一中捐赠《德化县志》（1992版）、《德化县陶瓷志》、《德化县姓氏志》、《戴云山志》、《德化民俗》等地方志书籍各2套。并与县档案局共同确定龙浔镇丁墘村为首批“乡村记忆文化”项目试点村，在丁墘村设立一个方志书柜，为其充实《德化县志》（1992版）、《德化陶瓷志》、《戴云山志》、《德化民俗》、《德化县地名志》等各类书籍25本。

（曾丽茹）

卫 生

【概况】 2018年，德化县医疗卫生工作稳步发展，加快县医院医技楼、县第三医院、县妇幼保健院等的建设。德化县制定一系列政策，推进医疗信息化建设、公共卫生服务、公立医院保障服务、中医药发展、医疗应急体系建设等工作。全年开展农村贫困人口大病专项救治4004人次，医疗总费用289.69万元，个人自付1.72万元。

【医疗项目建设】 2018年，县医院医技楼投入5960万元完成主体工程工程建设，进入内外装修阶段；县第三医院投入2000万元完成土方回填、边坡支护和主体工程基础施工；县妇幼保健院争取中央预算内投资1200万元，完成立项、可研、设计等各项前期工作，进入土石方开挖和边坡支护阶段；浔中镇社区卫生服务中心总投资约900万元，设置全科诊室、中医科、康复科、B超室、心电图室、化验室、公共卫生科、防疫科、儿保妇保室等相关科室，2018年8月投入使用；医养康综合体选址城东乐陶片区，占地9.4公顷，已完成用地红线、施工围墙设计及造价预算等，进入招商洽谈中；县医院立体停车楼由上海大洋泊车有限公司中标建设运营。

【医疗信息化建设】 2018年，德化县打造"互联网+医疗健康"创新服务，加大智慧医疗建设力度，投入1300多万元，完成"三大平台""六大中心"建设。县域心电诊断中心9家基层医疗机构协作联网运行、县域影像诊断中心6家基层医疗机构协作联网运行、县域分级诊疗平台22家单位联网运行；18家乡镇卫生院（社区卫生服务中心）全部完成基层卫生信息系统软、硬件建设；县医院在全省县级医院率先使用人工智能（AI）辅助阅片，胸痛中心国家认证现场核查工作顺利实施。11月21日，"健康德化"项目与新博卓畅技术（北京）有限公司完成战略合作协议签约。

【公共卫生服务】 2018年，德化县村卫生所采取"N村N所"模式，即在城区两镇试行"一村多所"，在边远村试行"多村一所"，解决城镇人口密集、卫生服务能力不足和偏远农村留守老人、慢性病人看病难、买药难等问题。投入100万元，加强城关两镇（龙浔、浔中镇）社区卫生服务中心"同心妇产科"配套建设。在城关两镇组建健康管理服务团队，为县内跨乡镇流动孕产妇、儿童、老年人免费提供健康管理服务。全年为2000名农村适龄（35～64岁）妇女免费提供"两癌"检查和为2500名孕妇免费提供产前筛查诊断任务。县级疾控实验室投入120万元（计划分三年总投入300万元）采购相关设备，增强登革热、霍乱、手足口病、诺如病毒等检测能力。严厉打击非法行医和非法采供血行为。投入资金在1家中心卫生院和5家示范村卫生所设立"健康自测小屋"。重点抓实建档立卡贫困人群慢病家庭医生签约服务管理，德化县已建立家庭医生服务团队84个，参与签约的家庭医生189人，签约率31.91%，其中重点人群签约率62.8%。落实医养融合工作，城关两镇社区卫生服务中心开展延伸服务，与确定的5家医养结合试点单位签订合作协议。

【公立医院保障服务】 2018年，县医院重视学科建设，加强高水平重点专科建设，打造骨科、新生儿科优势品牌亮点。县医院骨科经过传承发展，技术水平在福建省县级医院处于领先水平，新生儿科在保障德化新生儿健康的同时也为周边地区的新生儿提供健康保健服务。2018 年，收治 1000 余人，治愈率 97%、死亡率 0.1%。县医院、中医院均设立便民服务中心，为患者提供全过程的综合性服务；与金融单位协作，探索后勤服务社会化管理模式，解决收费窗口拥挤问题。自动化药房获泉州市改善医疗服务行动计划暖心品牌。此外，县医院还开展康复科加设夜诊、候诊椅改造、太阳能供热水系统建设等行动。实行出院病人全员电话回访制度，针对群众关心的行业作风、服务态度、医疗技术、诊疗流程、就医环境等热点问题展开满意度调查，在全省 2018 年度二级以上医院满意度问卷调查中，县中医院位居全省第 15 名，县医院排名第 98。

2018 年 3 月 24 日，德化县医院打造“空中 120”，开启直升机救援“空中绿色生命通道” （图 / 县卫健局）

【中医药发展】 2018 年，县中医院拥有省级农村特色优势病种专科 3 个（老年病科、针灸推拿康复科、妇产科），市级重点专科 3 个（骨科、针灸、脾胃病科），院内重点发展学科 1 个（骨伤科），成立“曾进德全国基层名老中医专家传承工作室”，现为福建中医药大学实践与实习基地；县医院开设“国医堂”，聘请有名望的民间老中医定期坐诊，被国家中医药管理局确定为“全国综合医院中医药工作示范单位”，现为福建省中医药大学教学医院。加强基层服务，在原有 8 家乡镇“中医馆”基础上新增浔中、南埕、美湖、春美等 4 家乡镇“中医馆”，于 2018 年 8 月中旬全部建设完成。重点做好“中医药 +”工作，开展中医药文化科普和基础研究，推动中医药种养业规模化发展，在龙浔社区卫生服务中心开设“药膳养生体验馆”。圆满承办第十三届“中国泉州 —— 东南亚中医药学术研讨会”。

2018 年 11 月 9 日，第十三届中国泉州—东南亚中医药学术研讨会在德化举行。图为开幕式现场 （图 / 吴有森）

【医疗应急体系建设】 2018 年，德化县各医疗卫生机构开设急危重症患者绿色通道，实行“先抢救，后付费”模式，实现挂号、就诊、检查、取药、住院、交费“六优先”。3 月，县医院与中国人保、上海金汇通用航空股份有限公司举行空中医疗救援签约启动仪式，正式开启德化县直升机救援“空中绿色生命通道”，与福州、厦门多家医院构建“半小时紧急救援圈”。县 120 急救中心与各基层医疗机构建立联动机制，即县 120 急救中心接警后派出救护车，基层卫生院救护车接患者同时相向行驶，半道相遇后进行病人转运，缩短患者到医院急救时间。

【健康扶贫】 2018年，县医院、中医院及时做好医保信息系统与医院HIS系统功能改造对接工作，开通就医绿色通道，如期实现“先诊疗，后付费”的结算服务。全年开展农村贫困人口大病专项救治4004人次，医疗总费用289.69万元，个人自付1.72万元；对国定建档立卡贫困人口白内障患者进行排查摸底，建立健全动态追踪和治愈销号的闭环式救治管理台账，有计划地组织到县医院进行免费救治。已安排3个患者到德化县医院进行免费手术；把扶贫对象录入到全国健康扶贫动态系统，并做好贫困人口患病信息、“三个一批”分类救治、家签服务、医疗费用等详细信息的填报、更新；组织县医院、中医院、第三医院医师为贫困残疾人提供上门服务，开展“关爱残疾人上门评残服务”活动，为18个乡镇116个出行不便的贫困残疾人进行上门评残服务。

【计生管理】 2018年，德化县人口出生率27.5‰，政策符合率91.26%，出生性别比113.02，计生经费投入3430.31万元，人均80元以上，1～10月，德化县免费孕前优生健康检查覆盖率95.18%。全县办理二孩服务登记2190本。落实7周及以上孕妇人工终止妊娠手术审批、B超检查、出生医学证明发放实名登记等制度，依法严厉查处“两非”16例、重大“两非”案件2例。发挥小区“网格员”作用，实行流动人口小区“网格化”管理，加大流动人口服务管理力度。加强县医院和县中医院妇产科、儿科床位建设，启动投资2亿元的县妇幼保健院建设，新增床位300张（产科、妇科、儿科各100张）；利用每年投入50万元的两孩生育服务专项资金，全面开展“1234”两孩生育服务行动，促进全面两孩政策稳步实施。新建1个流动人口健康促进示范社区，开展3场“把健康带回家”流动人口卫生计生关怀关爱专项行动。

【计生扶助】 2018年，德化县对2018年度患病住院的贫困农村“独生子女户、二女户”实行精准帮扶40人，帮扶资金18.97万元；全面两孩政策实施前的计生家庭，继续适用现行奖励扶助政策；提高标准，将计生特殊家庭的奖励金由原先的每人每月1000元提高到1400元。2018年度确认农村部分计划生育奖励扶助对象2014人，城镇农村部分计划生育奖励扶助对象456人，贡献奖励对象157人，独生子女伤残死亡特别扶助对象31人，农村二女夫妇奖励对象5569人，发放奖励扶助金864.82万元；继续帮助23户农村计生“二女户”（每户资助2万元）进城购房；发挥关爱互助小组作用，加大对计生特殊家庭在生活帮扶、医疗保障、养老服务、社会关怀、精神慰藉等方面的帮扶力度。

（县卫健局）

体　育

【概况】 2018年，德化县投资2.5亿元规划建设霞田文体园区，总用地面积约70.67公顷；新建汤头乡汤头村笼式足球场、浔中镇后所村室内健身房体育设施2处、老年体育活动中心1座；全年组织开展全民健身活动30多场次。

【全民健身活动】 2018年，德化县组织开展第22届全民健身节和“百场万人”体育活动、“林业杯”羽毛球团体赛、“中建世晟杯”乒乓球团体赛、“西蜀老妈杯”篮球邀请赛、福建省全民健身运动会德化赛区排球赛、福建省全民健身运动会德化县分赛区篮球比赛、福建省全民健身运动会德化分赛区“庆七一”党员职工气排球比赛等各类赛事活动30多场次。

【竞技体育】 2018年，少体校新招收运动员123名，向市体校、体工队输送运动员6名。组队参加全省、全市锦标赛，在省锦标赛上获10枚金7枚银5枚铜牌，市锦标赛上获32枚金46枚银60枚铜牌。33人代表泉州参加福建省第十六届运动会的决赛，获11枚金5枚银8枚铜牌，少体校输送的福建省队跆拳道运动员林纪萍在全国跆拳道锦标赛中获得女子57公斤级第三名，击剑运动员张伟松获得2018全国少年击剑赛第二名，许诗莹、郑璐璐获得第三名。

【体育设施建设】 2018年，德化县投资2.5亿元规划建设霞田文体园区，总用地面积约70.67公顷，其中园区内文体设施占8.33公顷，主要建设含综合性体育馆、体育场、游泳馆、文化馆、体校综合训练楼及其他公共配套项目，已完成立项、选址、用地红线、可研报告及PPP项目合同签订。新建汤头乡汤头村笼式足球场、浔中镇后所村室内健身房体育设施2处、老年体育活动中心1座。

（陈安娜）

社会民生

居民生活

【概况】 2018年，德化县全体居民人均可支配收入28840元，人均生活消费支出19188元，比上年分别增长8.4%、8.1%，其中：城镇居民人均可支配收入33863元，人均生活消费支出21684元，比上年分别增长8.1%、8.3%；农村居民人均可支配收入15465元，人均生活消费支出12541元，比上年分别增长8.5%、6.3%。

【居民收支调查】 2018年，德化县抽选15个调查点家庭户进行调查。其中，国家样本点10个：龙浔镇丁墘村、英山村、浔东社区，浔中镇浔中村、阳光社区、蒲坂村、金凤社区、东埔社区，三班镇蔡径村、雷峰镇瑞坂村，地方样本点5个：龙浔镇高阳村、浔中镇东埔社区、盖德镇大墘村，三班镇锦山村、泗滨村，共150户；抽选龙浔镇丁墘村、英山村，浔中镇浔中村、蒲坂村，三班镇蔡径村，雷峰镇瑞坂村等6个调查点（村）进行调查，农户投资从居民收支调查资料中取得，农户建房投资调查该点（村）所有建房户情况，调查数据进行超级汇总；抽选龙浔镇丁墘村、英山村，浔中镇浔中村、蒲坂村，三班镇蔡径村，雷峰镇瑞坂村等6个调查点的农民工户进行调查，调查数据进行超级汇总；抽选龙浔镇丁溪村、德新社区，浔中镇东埔社区等3个调查点各15户外来农民工户进行调查，调查数据进行超级汇总。

（李小燕）

社会保障

【概况】 2018年，德化县发放城乡居民养老保险金5750.38万元、被征地养老保障金659.58万元、失业金382.43万元、工伤保险待遇2296.72万元、生育保险金650.63万元；城乡居民基本医保享受待遇426107人次，基金支出20428.5万元。

【养老保险】 2018年，德化县机关事业单位养老保险参保人员10401人，其中在职7445人，离退休2956人，基金收入18889万元，基金支出14494万元；机关事业单位退休人员基本养老金人均月增资179元。企业职工养老保险在职参保人员40233人，基金收入17125.49万元，基金支出12939.45万元；无力参保县级集体企业退休人员和未参保高龄职工老年生活保障金60.93万元。企业退休人员基本养老金人均增资127元。城乡居民养老保险110072人续保缴费，续缴率97.16%，征收保费1413.86万元，发放养老金5750.38万元；发放被征地养老保障金659.58万元。城乡居民养老保险基础养老金最低标准提高至每人每月118元，被征地养老保障金提高至每人每月130元。

【医疗保险】 2018年，德化县医疗保险参保单位1564个，城镇职工基本医保参保38171人，基金征收8048.19万元；公务员医疗补助参保10637人，基金征收600.97万元；城乡居民基本医保参保296923人，基金征收19894万元；城镇职工基本医保享受待遇91560人次，基金支出7923.82万元；公务员医疗补助13389人次，补助532.04万元；城乡居民基本医保享受待遇426107人次，基金支出20428.5万元；城乡居民医疗救助21997人次，救助350.16万元；精准扶贫医疗叠加保险补救助6348人次，补救助42.02万元；精准扶贫医保补充补助5015人次，补充补助30.71万元。

【失业保险】 2018年，德化县失业保险参保人员14514人，基金收入341.05万元，665名失业人员享受失业保险待遇，发放失业金382.43万元、失业人员物价补贴4.11万元，代缴职工医疗保险费49.8万元，8家企业获得2017年稳岗补贴30.52万元。

【工伤保险】 2018年，德化县工伤保险参保人员43416人，基金收入1339.19万元，327人享受工伤保险待遇2296.72万元。

【生育保险】 2018年，德化县生育保险参保33876人，基金征收324.59万元，生育保险享受待遇536人次，基金支出650.63万元。

【住房保障】 2018年，德化县做好公共租赁住房动态管理工作。对经审查通过的39户新申请住房保障家庭，给予及时分配住房。对因家庭收入、住房等条件发生变化，不再符合享受住房保障条件的36户家庭，均按规定予以腾退；发放廉租补贴17户，发放金额0.78万元。全年获中央城镇保障性安居工程专项补助资金4756万元，获省级保障性安居工程专项补助资金1246万元，合计6002万元；获保障性安居工程配套基础设施项目补助资金9670万元。全县新建棚户区改造项目5项：裕正·山水花园（配建安置房）、世界瓷都·德化国际陶瓷艺术城安置房（艺都花苑）、艺都花苑（二期）、德化县驾云亭片区棚户区改造安置房（凤凰花苑、凤池花苑）、宝泰花苑（德化县第二瓷厂片区棚户区改造安置房），建设安置房2288套，均于9月底前开工建设。7月，新开工建设进城务工人员安居工程住宅（嘉裕花苑二期）747套。

（县人社局 县住建局）

就业与劳动

【概况】 2018年，德化县城镇新增就业5180人，城镇登记失业人数626人，安置城镇失业人员就业618人，城镇登记失业率1.1%。

【就业平台搭建】 2018年，德化县组织15家企业到宁夏吴忠市红寺堡区开展考察调研暨劳务对接活动，参加“2018年红寺堡区‘春风行动’暨闽宁劳务协作（德化）专场招聘会”，提供就业岗位近300个，初步达成就业意向65人；举办2018年春季人才招聘交流会、2018年金秋招聘会暨精准扶贫招聘会，152家企业参会，提供就业岗位2400多个，初步达成就业意向500多人；联合泉州工艺美术职业学院、德化县职业技术学校举办2018年校企对接会，113家企业参会，提供就业岗位近1400个，初步达成就业意向200多人；组织福建省德化安成陶瓷有限公司参加第十三届台湾专业人才对接会。发放社会保险补贴127人500万元。联合人寿保险公司推出超龄工人意外伤害商业保险，1500多人参保。组织70名企业经营管理人员参加“德化企业家厦大研修班”学习。

【大学生就业创业】 2018年，德化县建设就业见习基地3家，组织33名高校毕业生参加就业见习。接收2018年高校毕业生“三支一扶”23人到基层工作。安排110个公益性岗位解决未就业高校毕业生、有劳动能力的精准扶贫对象等就业困难人员就业。组建大学生创客联盟，搭建大学生就业创业平台。实施大中专毕业生一次性创业补贴，14家企业获得创业补助15万元。推荐新秀园申报省级创业孵化基地，县3个创业项目获得省、市级资助18万元。

【就业培训】 2018年，德化县举办SYB培训班7期、189人参训。

2018年10月17日，县人社局举办以“就业扶贫·帮困脱贫”和“促进供需匹配·助力企业发展”为主题的专场招聘会　（图／吴有森）

组织160人参加初级育婴师职业技能鉴定考试，114人获得育婴师初级职业资格证书。

【劳动关系与劳动工资】 2018年，德化县调整机关事业单位工作人员基本工资标准和增加机关事业单位离休人员离休费，涉及7401人，其中在职7375人，人均月增资342元；离休（含1950年5月12日前参加工作的人员）26人，人均月增资502元。在全县开展“1+X”津补贴专项督查，结合省委巡视整改工作，规范津补贴发放。取消10项县自行出台的津补贴，组织相关单位对违规发放的津补贴进行自查自纠，并开展清退工作。做好年度考核晋升工资档次、晋升职级工资、年终一次性奖金等工资审批。推进劳动合同制度建设，推行企业劳动用工备案，健全协商劳动关系三方机制。全年受理和审查工伤认定申请327件，开展企业薪酬调查，调查样本企业54家。

【劳动争议仲裁】 2018年，德化县率先在全市推行“流动仲裁庭”活动，率先在全省推行劳动仲裁与劳动监察衔接机制、仲裁审查确认工作，并在全省推广经验做法。全年处理劳动人事争议案件195件，结案率100%。

【劳动监察】 2018年，德化县走访检查企业398家，发出劳动监察文书18份，处理举报投诉案件143件（其中立案12件），涉及劳动者775人，追回被克扣拖欠工资1450.20万元，结案率100%。全年“无欠薪项目部”创建活动从房建市政工程项目扩展至水利、交通项目工程，全年61家在建工程开展创建“无欠薪项目部”活动。6月22日，联合县住建局举办创建“无欠薪项目部”培训会，部署“无欠薪项目部”创建工作，要求施工企业落实农民工实名制管理、考勤管理、工资支付管理等制度，并设立农民工工资专用账户和维权告示牌。落实工资保证金差异化缴存制度，并将工资保证金缴存领域从建筑工程扩展至水利、交通工程。落实“110”联动24小时值班、值勤制度，做到接警及时，出警迅速，处理各类突发事件。

（林恩茂）

2018年12月8日，县人社局在县瓷都广场举行德化县“欠薪投诉举报劳动法律咨询”宣传活动 （图/县人社局）

民政

【概况】 2018年，德化县民政工作以服务民生为主线，围绕社会救助、优抚安置等中心工作，做好农村居家养老建设、老年人补贴、社区管理和区域地名界限、婚姻、殡葬等管理服务工作。全年发放城乡低保金额2362万元；发放救助金额171.92万元；发放助学金和慰问困难家庭83.3万元；发放抚恤补助金760.93万元。向省市民政、财政部门争取资金3571.81万元，其中非政策性项目资金121万元，比上年增长118%。

【社会救助】

城乡低保保障 2018年，德化县城市、农村低保标准每人每月分别从516元、420元提高到560元、460元，分散供养特困人员标准（全自理、半护理、全护理）分别从794元、1009元、1163元提高到870元、1075元、1290元，集中供养特困人员标准（全自理、半护理、全护理）分别从928元、1143元、1297元提高到1020元、1225元、1440元；城乡低保比上年增加804人。全县城乡低保对象3032户4566人，城乡低保覆盖率1.12%，全年保障金额2362万元，其中城市低保对象91户159人、农村低保2225户3678人、特困人员供养救助689户711人、孤儿18户20人。通过查阅资料、实地察看、入户走访、邻里访问等方式，抽查全县30%低保户与特困人员，确保低保对象和特困人员认定准确。发放2017年下半年和2018年上半年困难残疾人生活补贴和重度残疾人护理补贴393.24万元。

自然灾害应对　2018年，德化县下拨自然灾害生活补助资金50万元和毛毯、绒衣裤等御寒物资，帮助受灾群众解决冬春期间口粮、御寒等困难。完善农村住房统一保险和自然人公众责任保险制度，县财政累计向中保财险德化支公司支付农房统保保费68.37万元、自然人公众责任保险保费46.26万元，140户农村灾民获得保险理赔金150.14万元。建设城东救灾仓库存贮、安保和防潮防湿设施，已投入使用。做好“5·12”全国防灾减灾宣传日活动，宣传防灾减灾知识。

救助机制完善　2018年，德化县通过印制《德化县社会救助工作（民政部分）政策宣传册》《德化县社会救助及精准扶贫政策知识问答》《社会救助—城乡低保、低收入家庭、建档立卡贫困户等困难群众优惠政策简介》等宣传材料，加大政策宣传。在全市率先出台低收入家庭认定实施意见，明确低收入家庭月人均收入应低于低保标准3倍以内，同时印发《关于做好当前社会救助工作的通知》，明确各乡镇低收入家庭认定指导性任务数。建立低保对象（特困人员）、建档立卡贫困户和低收入家庭三个名册，明确救助对象，做到精准救助。1—11月全县临时救助633人，发放救助金额139.21万元；救急难67人，发放救助金额32.71万元。开展慈善助学、大病救助等活动，资助贫困高中生129人12.9万元、贫困大学生119人31万元，救助因灾、因病造成生活特别困难的家庭164（人）户39.4万元。做好流浪乞讨人员救助工作，救助流浪乞讨人员178人次。慰问困难群众1612人，发放慰问金48.48元；福利机构3家，发放慰问金慰问品8.5万元，其中慰问革命“五老”人员及遗偶45人，发放慰问金3.87万元；慰问特困、失能、空巢、五保和基层老年工作者等老年人1257名，发放慰问金30.33万元；县慈善总会慰问困难群众140户，发放慰问金7万元。做好公安打拐儿童安置工作，制定《拐解救儿童安置方案》，完成收养工作。掌握县福利综合厂职工基本情况，与人社等部门沟通对接，形成《德化县民政局关于德化县福利综合厂职工办理医疗保险实施方案》，并已为福利厂职工办理医保。

2018年9月30日，县委、县政府在塔尖山革命烈士陵园举行革命烈士公祭活动　（图/许华森）

【补助金发放】　2018年，德化县落实重点优抚对象抚恤补助标准自然增长和城乡同一标准制度，发放抚恤补助金1200多人760.93万元。发放2018年度自主就业退役士兵一次性地方经济补助金344.17万元。发放随军待业家属生活补助金1.76万元。发放移交政府安置的军队离退休干部、退休士官、无军籍退休职工等生活费31.72万元。

【拥军优属】　德化县召开全县双拥工作领导小组第11次全体（扩大）会议暨双拥模范表彰会，研究部署2018年双拥工作任务和表彰部分双拥模范单位和个人。春节、“八一”中国人民解放军建军节期间走访慰问市军分区、共建部队、驻德部队和优抚对象，发放慰问品50.3万元。落实军人优待政策，通过举行兵员入伍退役仪式、开通军人依法优先绿色通道、为军属张贴春联送喜报等，营造浓厚的“学习军人、热爱军人、崇尚军人”的良好社会氛围。清明节和烈士纪念日期间，全县7000多人次参加祭扫烈士活动，600多人次参观革命历史纪念馆。

【农村居家养老建设】　2018年，德化县加快县社会福利中心迁建项目建设，对前期《用地预审》《选址意见书》等手续进行变更，并与县国地房地产有限公司签订代建协议。项目用地预审、选址意见书、林地补批工作基本完成，已进入设计招标准备阶段。下拨12户低保安居房、3个省级和10个市级自然灾害避灾点提升工程、10所省级农村幸福院，7所市级农村居家养老服务站和4所社区日间照料中心建设补助资金，督促指导相关项目业主按时序推进项目建设。打造养老示范点，提升全县农村居家养老服务站（农村幸福院）服务能力，全年创建市级示范点1个，县级示范点29个，将龙浔镇英山村列入2018年农村幸福院建设计划。盘活乡镇敬老院，推进乡镇敬老院“三个一批”工作，除盖德镇、大铭乡2所敬老院征迁、重建之外，全县所有乡镇于9月30日前完成行政许可任务，并进入运营准备阶段。

【老年人补助】 2018年，德化县为80周岁以上老年人提供20元／月（政府购买）的居家养老基础服务和250名70周岁以上特困失能老人每人每月1次的政府购买助洁、助餐、助浴、助行等实体援助服务（90分／次，价值50元）；为168名特困失能老人发放补助资金60.48万元。为90周岁以上的老年人发放高龄补贴，为376名90～99周岁老人发放上半年高龄补贴10.66万元；为5159名80周岁及以上老人购买每人每年20元的意外伤害保险，缴保费10.32万元；9月底开始为全县80周岁及以上老人每人每年缴纳意外伤害保险20元，共10.32万元；为60周岁以上老人办理老年优待证175张，70周岁以上163张。

【城乡社区治理】 2018年，德化县向上争取市级城乡社区服务站1个、农村社区建设示范村4个、城乡社区协商示范点2个、“共建共享”新型示范社区3个，完善城乡社区软硬件设施。开展社区治理工作，召开全县社区治理工作推进会，部署城乡社区治理工作，构建城乡社区治理体系，提升社区治理和服务创新水平。

【老区帮扶】 2018年，德化县向上争取老区重点帮扶村1个、老区村农民专业合作社特色产业项目4个、其他老区专项项目37个，下拨补助资金223万元。下拨“五老”人员生活补助12人11万元，五老遗属生活补助29人1.6万元。

【区划地名和界线管理】 2018年，德化县完成全国地名普查质量自（核）查报告、普查成果复验申请等上报工作。对《国家标准地名词典》词条进行修改完善，完成福建省地名文化遗产名录中德化千年古县有关材料收集报送工作。完成德化—永泰县级行政区域界线及德化县汤头—葛坑等8条乡镇级行政区域界线内外业联检，持续开展平安边界创建工作，维护边界地区和谐稳定。投入38万元新建城区标准路街巷桥牌137块，逐步规范城区主要道路标准地名标志设置。

【社会组织管理】 2018年，德化县成立县社会组织综合党委，加强指导直接登记的社会组织党建工作。打击非法社会组织，联合县公安局开展排查，未发现有非法社会组织活动的情况。完成1家基金会、6家社会团体登记，8家社会团体换届登记，1家社会团体、2家民办非企业单位变更登记，110家社会团体、56家民办非企业单位年检。

【婚姻登记服务】 2018年，德化县办理结婚登记1972对，协议离婚697对，补领婚姻登记证577对，登记合格率100%。

【殡葬管理服务】 2018年，德化县减免城乡低保、城镇“三无”、农村“五保”人员和重点优抚对象、革命“五老”人员的基本殡葬服务费用11.86万元。加强殡仪馆制度建设，健全完善殡仪馆职工绩效考评制度，巩固墓石改革成果，在全省首推经济墓型示范区建设，已投入使用。

（县民政局）

【老龄事务】 2018年，德化县60周岁以上老年人45501人，占总人口12.86%，其中女23553人，男21948人；60～64周岁15946人，65～69岁11419人，70～79岁12352人，80～89周岁5285人，90～99周岁494人，100周岁及以上老人5人；入住养老机构的老年人370人，与家庭成员同住24140人，单独（或只与配偶）居住20912人，与亲戚同住46人，其他33人。德化县879名老年人享受城乡低保，38364名老年人享受新型农村社会保险，415名90周岁以上老人享受高龄补贴，2018年发放高龄补贴金22.46万元，45个村为老年人发放固定生活补贴，10128名老年人享受固定生活补贴。投入使用养老机构2个，县老人公寓可容纳285个床位，入住老年人275人；龙浔镇盈康源敬老院可容纳床位120个，入住老人95人。德化县18个乡镇老年活动中心，192个行政村，19个社区建立老年协会，村（社区）老年活动室201个。

老龄工作宣传 2018年，县老龄办开展敬老助老爱老传统美德宣传，围绕基层老龄、养老服务、重大社会活动、先进典型等内容进行正面宣传。县老年大学南音学会秘书长徐顾瞻多次在省市老龄问题研究发表调研文章，老年记者团曾宪校、徐艺星、郑光前、赖梭桃等在省老年报、泉州晚报、德化报等刊物发表德化敬老孝老报道。

老年人优待政策落实 2018年，德化县为老年人办理福建省老年人优待证338张，其中60岁以上老年证175张，70周岁以上老年证163张。为老年人外出旅游、乘坐公交车提供服务，县10条城市公交线路继续实行对60～69周岁的老年人实行半价优惠、对70周岁以上老年人实行免费的优待政策。

帮扶慰问活动 2018年，春节和老年节期间，开展慰问特困、失能、空巢老人3300名，发放慰问金51.19万元。

惠老办实事活动 2018年，德化县为90～99周岁老年人每人每月发放50元的高龄补贴，共为415名90周岁以上老人发放高龄补贴22.46万元。其中，为100周岁及以上老人发放1～12月长寿营养补贴2.5万元。

基层老龄工作 2018年5月，县老龄办到部分乡镇社区调研基层老年协会规范化建设基本情况；8月，市老龄办分别下拨给龙浔镇金锁社区、浔中镇东埔社区老年协会老年活动设施补助资金各2万元；三班镇奎斗村、龙浔镇金锁社区、龙浔镇德新社区、龙门滩镇霞碧村老年协会老年活动设施补助资金各1万元；县老年协会下拨给32个基层老年协会18.7万元，用于添置老年协会办公设备及开展各项老年活动。10月，市老龄办分别下拨给龙浔镇金锁社区、浔中镇凤池社区居家养老服务补助资金各2万元。确定南埕镇连山村为2018年老年活动中心建设单位，年底完工投入使用。完成申报省级老年健身康乐家园（龙浔镇兴南社区、水口镇湖坂村、三班镇奎斗村、三班镇龙阙村、雷峰镇瑞坂村）5个、市级老年健身康乐家园（三班镇奎斗村、浔中镇凤池社区）2个。

专项调研 2018年，县老龄办与县民政局等部门到有关乡镇开展调研，了解农村留守老人状况，探讨如何加大力度关爱农村留守老人，加快推进社会养老服务体系建设，完成县人大第十八届人大二次会议第1109号、1181号、1206号、1234号建议的答复，县政协十届二次会议提案第18068号建议的答复工作。12月，开展2018年老龄事业统计工作。

（宋志鹏）

【《革命老区发展史》编纂】 2018年，县老促会配合县委党校课题组做好《革命老区发展史》编纂工作，于8月形成初稿。初稿完成后报送县委、县政府和有关单位领导审阅，征求意见、建议。召开初稿阅评座谈会对初稿进行调整、修改。

【老区发展】 2018年，德化县做好市、县老促会挂钩联系的革命老区村南埕镇枣坑村、上涌镇桂格村的扶持资金和项目建设。枣坑村光伏发电项目并网发电，年增加村财收入3.65万元。桂格村完成竹林垦复40公顷，正进行重新发包工作。

【黄仲咸奖学金发放】 2018年11月26日，黄仲咸教育基金会奖学金发放仪式在县老年活动中心举行，确定45名获奖学生名单，其中德化一中15名、二中4名、三中13名、八中13名，每人1000元，共4.5万元。

（县老促会 县新四军研究会）

民族宗教事务

【概况】 2018年，德化县民族宗教工作牢牢把握民族团结进步主题，做好外来少数民族流动人口调研工作，争取各级民族发展补助资金来发展民族村特色产业，保障少数民族的合法权益，开展各类民族团结宣传活动。加强宗教场所管理和安全检查，指导宗教界开展慈善活动，捐资款近百万元。

【外来少数民族流动人口调研】 2018年，全县集中居住外来少数民族981人，贵州省铜仁市松桃苗族自治县苗族322人，外来少数民族员工集中的企业（10人以上）6家，其中三班镇两家企业通过劳务中介招收新疆籍员工82人，劳务输出地有专人带队管理。截至9月25日，新疆籍员工全部离开德化。外来回族群众到德化经营拉面馆7家，从业人员19人。

【民族发展补助资金】 2018年，德化县累计获得各级民族发展与补助资金97万元。其中大溪畲族村公路建设获中央民族发展资金10万元，引导发展黑兔养殖增加农民收入获省级5万元、市级资金5万元，购买商铺增加村财收入获市级

10万元，市民政局挂钩大溪村帮扶5万元；龙塔畲族村下前坪危桥改造获20万元（其中中央级10万元、市级10万元）；民宗局获市级民族团结进步活动资金3万元。县财政落实2016—2018年每年预算30万元作为大溪畲族村整村推进帮扶资金，县国土局、县交通局、县农业局分别挂钩帮扶3个少数民族聚居地给予9万元帮扶资金。

【民族村特色产业发展】 2018年，引导龙门滩镇大溪畲族村与德化吉盛黑兔养殖公司对接，采取“公司+党支部+农户”模式，发动黑兔养殖户，由村补助兔舍及部分兔苗资金，公司负责技术和包销售，第一批黑兔2000只已出栏，成为农村留守老人增收的途径。葛坑镇龙塔畲族村被省民宗厅确定为第四批少数民族特色村寨试点村，中央少数民族发展资金将分3年给予扶持100万元。

【少数民族群众合法权益保障】 2018年，德化县对民族村开展少数民族贫困户调查，持续跟踪落实建档立卡少数民族贫困户帮扶进展情况。对接省民宗厅、市政协、市民宗局慰问少数民族贫困户19户，开展节前慰问，送去慰问金1.4万元。为2名应届少数民族贫困大学生争取补助资金1.3万元。关注少数民族村村级换届选举，大溪畲族村党支部书记和村委会副主任、龙塔畲族村村委会副主任由畲族群众担任。

2018年11月19日，美湖镇举办古樟小镇第二届民俗文化旅游节暨龙湖寺创建820周年庆典活动 （图/许华森）

【民族团结宣传活动】 2018年，县民宗局与县委统战部、宣传部在瓷都广场联合举办以“团结奋斗 铸牢中华民族共同体意识”为主题的瓷都广场文化活动，邀请具有民族特色的宁德市畲族歌舞艺术传承中心出演活动，龙塔畲族村也选送刚组建的畲歌队参加演出，同时开展民族宗教政策法规宣传，发放宣传读本600本。

【宗教场所管理】 2018年，德化县把九仙山寺庙、灵鹫岩管理作为重点工作。灵鹫岩大雄宝殿、护厝已装修完成，左右两个钟鼓楼基本完成修缮，场所环境得到明显改善。全县54个宗教活动场所进行换发登记证工作，民间信仰联系点登记13处登记备案（市级2处，县级11处）。全县10平方米以上民间信仰活动场所579处，选定11处民间信仰场所作为县级管理联系点，推选2处列入市级管理联系点。

【教职自主管理】 2018年，针对德化县佛教教职少的管理情况，引导场所引进佛教教职参与管理。西华岩已移交僧人管理，常住僧人3名。灵鹫岩聘请1名教职人员入驻主持宗教活动。督促基督教选送1人到华东神学院深造，道教协会选送3人到龙虎山天师府传箓，提高教职人员宗教造诣。

【宗教场所安全管理】 2018年，德化县采取随机抽查方式对全县宗教活动场所开展安全检查，发现问题开具整改通知书，限期跟踪整改，形成闭环，提高宗教活动场所的安全防范能力。同时，在宗教活动场所开展风险分级管控体系建设工作，建立场所安全管理台账。

（县民宗局）

乡镇概览

龙浔镇

【概况】 2018年，龙浔镇地区生产总值124.98亿元，比上年增长8.9%，一般公共预算总收入5.1亿元，新增固定资产投资（非工业）6.57亿元，比上年增长16%。连续四届被评为省“文明村镇”，2018年入选“全国综合实力千强镇”。全镇建成规模工业区4个、电商创业园3个，工业企业近千家（规模企业64家），其中陶瓷企业800多家，从业人员4万多人。在全国各地建立“中国瓷都·德化陶瓷营销（展示）厅”30多家、陶瓷经销网点1.3万多个，产品远销190多个国家和地区，是西洋工艺瓷重要出口基地。

【经济发展】

工业经济　2018年，全镇实施新一轮技改等政策，推动规模以下转规模以上工业企业10家达64家，实现产值119.67亿元，比上年增长15.68%；获评国家级知识产权示范企业、优势企业2家；列入2018年度省级工业新增长点项目名单企业2家；列入2018年省级重点上市后备企业2家；佳美集团在德化县率先获评省工业企业质量标杆企业；五洲陶瓷列入市级生产性服务业重点培育对象；协发光洋获评市级“数字化车间”；新增国家级工艺美术大师3人。

农业　2018年，全镇继续落实强农惠农富农政策，农村土地承包经营权确权登记颁证、农村集体产权制度改革清产核资等。淮山、茶叶等农产品深加工产业初见成效，泰生元农综项目启动建设。英山芹峰淮山获评第十九届中国绿色食品博览会金奖，基地获评省农业科学院科技示范基地；江山美人庄园获评市级休闲农业示范点、科普教育基地。

第三产业　2018年，金锁社区获评全国淘宝村；江山美人庄园、高阳滑翔伞基地等重点旅游项目加快推进；成功举办桃花岭芙蓉李采摘节。德商、陆升、海丝等11个酒店、广场等各类生活娱乐场陆续入驻运营。金交颐园、碧桂园、华骏水岸御府等7个房地产项目稳步建设。

招商引资　2018年，新引进项目5个，意向投资6.5亿元，到位资金1922.6万元；在谈项目6个，意向投资15亿元；在建项目8个，意向投资3.7亿元，完成投资6824.5万元。其中，顺来电新能源、华中太阳能发电、卓翼能源等项目填补了龙浔镇能源项目空缺；畅德陶瓷、中国白科技文化创意园、鑫盛贸易等项目进一步补齐陶瓷产业科技、文化创意和贸易短板，延伸产业链条，提升发展质量。

【城乡建设】 2018年，全镇拆除违建房屋2.38万平方米、腾出土地1.33万平方米，提升城区绿化、夜景及瓷都大道、浐溪两侧景观风貌工程；争取社区用房1750平方米，建成鹏都公园、坪埔法治文化公园、龙湖反邪教宣传园，改造塔雁商园广场，健全完善群众学习娱乐休闲场所；投入资金996万元开展环境卫生综合整治，城区垃圾无害化处理率达99%；南门人行天桥、车碓岭道路改造建成通行，实施“白改黑”路段1.25万平方米，建设宝美停车楼、飞龙桥立体停车场等公共停车场；打造桃花岭农业示范特色示范点，打造城郊生态休闲旅游精品路线1条，培育特色农业休闲景观带2条；建设高阳、英山环境整治示范村，开展“一清二整三美化”，实现农村生活垃圾常态化治理，建设社区服务中心2座，提级改造农村公路3.5千米；高阳村入选第五批中国传统村落，获得省级乡村振兴示范村建设专项资金

300万元；丁垅村入选全市首批“乡村记忆文化”项目建设试点村；高阳村、英山村列入市级乡村振兴建设试点村；脱贫攻坚方面，累计发放各类补助资金2425人次76.59万元，农村建档立卡贫困人口稳定脱贫，高阳建档立卡贫困村“摘帽”退出。开展重点流域整治，建设河岸2.5千米，造林绿化17.23公顷、森林抚育73.74公顷。完成节能减排任务，空气质量优于国家二级标准，水质达标率100%。

【社会事业】 2018年，全镇完成为民办实事项目86个，居民人均可支配收入28500元，比上年增长7.1%；龙浔中心小学综合楼、荣昌幼儿园投入使用，7所学校新、扩建工程有序推进；德化六中获省义务教育管理标准化学校，龙浔中心小学获省义务教育教改示范性建设学校；县中医院获评国家节能型示范单位，盈康源敬老院获市医养结合示范单位；落实全民参保登记计划，扩面参保率、新农保续缴率、新农合参合率分别达58.44%、98.10%、104.62%；创建农村居家养老服务示范点2个，英山“敬老爱心食堂”列入县级拉练项目，其做法获得省市主流媒体宣传推广，英山幸福院被评为市四星级农村幸福院；完成宝美进城务工安居工程、高阳金城新村二期建设，改造石结构房屋18座7801平方米；开展扫黑除恶专项斗争，设立镇村两级综治中心，化解信访积案3起，建成村（社区）监控大屏7个，综治“三率”持续保持较高水平；创新网格化服务管理模式，省、市有关单位先后12批次到龙浔镇检查调研并给予充分肯定，相关经验在《八闽快讯》《侨区快讯》刊发，永春、永泰等20多个县市派队观摩调研；创建省级“安全社区”，签订企业安全生产责任书970多家；开展食品药品、公共卫生、劳资纠纷和金融债务等领域风险防控；新增百姓书屋、社区文化室5个；南门社区入选省“三百四有”活动先进基层妇联组织；双拥、武装、统计、档案、科普、妇女儿童、残疾人等工作协调开展。

【项目建设】 2018年，全镇辖区内54个县级“6+4”重点项目、28个陶瓷产业建设项目稳步推进。完成征地70.27公顷，拆迁房屋及厂房14.38万平方米，迁移坟墓886穴，推进国际瓷艺城、二厂、瓷都大道大洋段两侧改造、旅游集散中心等一批重点项目征迁，霞田文体园项目历时45天完成8.5万平方米拆迁协议签订。

（林晓青）

浔中镇

【概况】 2018年，浔中镇工农业总产值106.97亿元，比上年增长9%，镇财政收入5.1亿元，比上年增长12.15%，镇连续两届获评“全国文明村镇”“全国重点镇、千强镇（496名）”，《浔中镇志》被列入中国名镇志文化工程并正式出版。

【经济发展】

工业经济　2018年，全镇企业800多家，规模以上企业暨年产值2000万元以上企业45家，全镇工农业总产值106.97亿元，比上年增长9%，财政收入5.1亿元，比上年增长12.15%。顺美集团获评省级工业设计中心、省优秀旅游商品企业，入选2018年省智能制造试点示范企业；同鑫公司列入2018年省工业新增长点项目名单；冠鸿公司获评省知识产权优势企业；坤泰机械通过首批省级高新技术企业认定；龙鹏陶瓷文化创意园列入2018年省级工业和信息化龙头企业拟培育发展对象；东华陶瓷“东华岩”和冠鸿陶瓷“GH”图形商标成功注册马德里国际商标。

农林生产　2018年，全镇建立黑鸡放养、黑兔养殖、花卉培育以及食用菌、樱花、金线莲、红心猕猴桃、中国台湾爱玉果、中草药种植等特色农业基地，培育了龙翰黑兔、石山食用菌等专业村，创建了龙翰黑兔、祥意山茶油等省市农业知名品牌。石山食用菌专业合作社获评省级农民专业合作社示范社，戴云农家农民专业合作社获评市级示范社，凤洋村竹柏王获评省竹柏王，鑫义展、祥山大果油茶通过第三批泉州国家农业科技园区示范企业认定，祥山大果油茶入选省政府质量奖滚动培育计划（2019—2021年）名单，贵德洋稀有树种合作社参展的中国台湾山樱花（中国红）获第十届海峡两岸现代农业博览会“观赏苗木类”金奖。

【城乡建设】 2018年，全镇开展乡村环境综合整治工作，以石鼓村、祖厝村乡村环境综合整治示范村建设为引领，投入181.9万元，完成缨溪小流域治理、红星水库精品工程、高效节水灌溉等一批水利项目。投入160多万元，种植美国紫薇0.27公顷、十八学士茶树300多棵、双荚槐3万余株，砌筑沟渠2.8千米，开展裸房装修18座，架设污水管网3.2千米，新安装一体式三格化粪池150个，全镇11个村有9个村基本实现农村生活污水治理全覆盖，新建旅游公厕1座，铺设生产生活道路6.6千米，安装村道路灯210盏。祖厝村列入第五批中国传统村落。

【社会事业】 2018年，全镇贫困户143户369人已全部稳定脱贫，累计为建档立卡贫困户发放低保金等各类补助金2064人次73.1万元，发放住房修缮补助资金33万元，改善提升27户贫困户住房条件，发放扶持资金30.78万元，分两批次发放黑兔苗2062只，涉及贫困户97户，帮助贫困户创收1960元；完成光伏扶贫项目建设，为60户贫困户年创收1900元；城东实验小学东校区、城东中心幼儿园、德化八中新教学楼建成投入使用，蒲坂小学、第二实验小学分校扩建、世科幼儿园、新寨小学、新寨幼儿园加快推进建设；德化五中录取一级达标高中205人，录取普通高中500人，录取人数居德化县首位；贯彻落实“全面两孩”政策，为878名计生奖扶对象发放奖励扶助金108万元，资助19名困难“二女户”子女助学金1.7万元，扶持41户计生“三户”家庭发展补助金1.5万元，为681户计生家庭办理意外伤害保险；凤池社区、龙东社区医养结合市级示范点通过验收，东埔社区获评“市流动人口健康促进示范社区”，阳光、吉祥社区通过市级交通安全示范村居验收，全镇示范村居8个，示范村居比例位居全市前列；关注企业欠薪、征地拆迁等矛盾纠纷，率先在凤池社区创建全国第一期“青少年零犯罪零受害”社区试点（全省6个、全市1个）；打击六合彩、赌博、盗窃等违法犯罪活动，受理治安案件218起、刑事案件19起，执行巡逻防控749次，调处矛盾纠纷342起；为3191名60岁以上老人发放养老金459万元，为1750名60岁以上失地农民发放养老金273万元；为低保户、五保户、优抚对象、重度残疾人、农村籍退役士兵等对象发放生活补助金216万元；新农保、城乡居民医保续缴率均达到95%以上；石山村投资51.5万元，架设路灯1.8千米32盏；仙境村投资35万元，硬化村庄角落公路1.6千米；龙翰村投资30万元，硬化村庄角落公路1.4千米；祖厝村投资9.2万元，硬化村庄角落道路680米；世科村投资7.76万元，硬化村庄角落公路470米；凤洋村投资7.45万元，硬化村庄角落道路420米；蒲坂村投资13.75万元，硬化村民休闲广场850平方米；旅游、宗教、统战、群团、统计、档案、志愿服务、工青妇、科技、气象、物价、食品药品等工作取得新成效。

【项目建设】 2018年，全镇完成征地120多公顷，拆除房屋11万多平方米，迁移坟墓320多穴。完成东埔农贸市场、唐寨山森林公园提升、土坂至盖德市政大道、新寨一路、新寨小学幼儿园等项目征迁，推进东环路暨乐陶片区改造、驾云亭公园、妇幼保健院、城东四期等项目征迁。唐寨山森林公园提升、城东四期、县第三医院等项目前期工作顺利进行。浔中镇办公大楼便民服务中心及地下公共停车场地下主体工程完成。乐陶安置区、彭村水库移民安置区已基本完成建设，凤洋安置区建设快速推进。阳光公园建成开放，诗墩公园、嘉裕公园建设快速推进，驾云亭公园扩建、唐寨山森林公园提升项目开工建设，市民休闲娱乐的生活空间进一步拓展，人居环境和城镇面貌持续改善，城市品位不断提升。

【《浔中镇志》列入中国名镇志文化工程】 2018年11月《浔中镇志》被列入中国名镇志文化工程正式出版，并由中国地方志指导小组

2018年12月24日，被中国地方志指导小组办公室、中国名镇编纂委员会列入中国名镇志文化工程的《浔中镇志》首发仪式暨家风家训专题讲座在浔中镇政府举行

（图/林淑玲）

办公室、中国名镇志丛书编纂委员会授予“浔中镇为中国名镇志文化工程”牌子和“入选证书”。为福建省2015年以来入选“中国名镇志文化工程”（全国65部）的三部名镇志之一。该志32.9万字，为16开本，全书以图文并茂方式主要记载了唐代以来至2014年底，浔中镇发展的历史和现状。12月6日，浔中镇政府与县方志办受邀参加在湖北省孝感市召开的第三届全国名镇志论坛暨第三批中国名镇志丛书出版座谈会，浔中镇政府在会上介绍《浔中镇志》编纂经验。12月24日，镇政府召开《浔中镇志》首发仪式暨家风家训考题讲座，省方志委副主任俞杰到场授课。

（张佰凌）

盖德镇

【概况】 2018年，盖德镇工农业总产值4.25亿元，比上年增长17.7%，其中工业产值3.38亿元，比上年增长18.6%，农业产值0.87亿元，比上年增长13.9%；非工业项目固定资产投资0.8亿元；镇财政总收入924.36万元，比上年增长19.9%；农民人均所得收入14608元，比上年增长7.3%。

【经济发展】

农业 2018年，全镇耕种农田680公顷，发放耕地地力保护补贴73.3万元，完成水稻种植保险投保面积396.34公顷、总保费7.1万元。土地开发新增耕地23.39公顷，超额完成县级下达新增耕地任务数的269.84%。2018年一事一议项目11个，拨出财政奖补资金413.21万元。

林业 2018年，全镇完成林分补植29.47公顷、异地恢复造林6.8公顷、防火林带造林7.27公顷、乡村景观林1.47公顷。成立农民林业专业合作社2家，涉及林农232人，扶持凤山村、上地村发展中药材扶芳藤6.87公顷，示范带动林下种养殖业发展。完善护林员管理机制，林业资源得到有效保护，森林防火工作年度考核获全县第2名，盖德森林消防队演练获全县三等奖。

特色产业 2018年，全镇培育下寮黄花远志种植基地3.47公顷、芹山林饲养专业合作社番鸭养殖生产基地7.67公顷，扩建无公害百香果采摘基地14.67公顷，新建有济村向阳花基地13.33公顷。绿佳农产品恋南山黄花远志茶先后获第六届成都国际都市现代农业博览会茶叶类金奖、第11届海峡两岸泉州农产品采购订货会品牌企业总评榜“海峡两岸最受欢迎伴手礼奖”和第十四届海峡两岸（三明）林业博览会暨投资洽谈会金奖。

【乡镇建设】 2018年，全镇完成下寮至有济道路拓宽改造5.6千米、福阳村至凤山村道路硬化1.2千米、镇区至山坪村道路拓宽改造3.05千米；投入150万元实施水土流失治理项目；新建垃圾屋18座、添置垃圾桶2800多个、改造旱厕87座；开展“一清二整三美化”，卫生考评获全县第3名，累计获得市、县专项奖励资金27.9万元；拆除“两违”建筑19宗，石结构改造4153平方米，完成年度任务115.36%；建立双河长机制，落实APP定位巡河制度；累计投入809万元实施有济美丽乡村示范点建设；吴氏家风馆被评为市级家风家训馆、县级廉洁文化示范点和县直机关党员干部廉政教育基地。

【社会事业】 2018年，全镇新农保续缴率99.13%，城乡居民保缴费率97.15%；全年兑现低保、“五保”及其他补助资金154.8万元；开展“两节”送温暖慰问活动和慈济慈善事业，为全镇220户343位特困、低保户分发慰问品；2018年秋季，盖德中学普高录取率60%，其中德化一中录取9人，录取率37.5%；村级农家书屋、家风家训馆、全民健身活动等农村公共文化服务基础设施持续完善；推广网格化、村村联动管理模式，将维稳、综治“三率”、扫黑除恶专项斗争工作等重要指标纳入村级组织管理考核；投入10余万元建设“雪亮工程”视频监控系统；开展警务进工地活动，与兴泉铁路6标项目部组成联合巡逻队；全面落实安全生产责任制，实现全镇安全生产零事故目标；对全镇47户贫困户128人实行“一对一”挂钩帮扶，其中43户贫困户通过低保政策兜底，23户签约光伏扶贫项目，存量贷款量115万元，覆盖面77%，保证年收益13.4%；全镇14个村一次性选举成功率100%，选出新一届“两委”班子成员83名，新进班子成员29人。

【项目建设】 2018年，盖德片区开发安征迁工作顺利完成，其中第一阶段兴泉铁路盖德段安征迁工作提前完成；第二阶段安征迁项目（包括梅苑小区、兴德安置区、市政道路、中小学校迁建等）于2018年10月31日一次性100%完成。全镇承接县城乡“6+4”提升工程重点项目5个，完成投资1751万元。其中，中小学校迁建开始动工建设，主体工程建设于12月完工；市政道路完成涵洞1座，桥台墙身浇筑3500立方米，路基填方5万立方米，结构物、石渣回填3万立方米；陶瓷文化古镇核心区完成项目备案审批。2018年累计向上争取各级资金总额1694.63万元。引进总投资3亿元的德化梦幻彩虹谷项目落地上坑村，已完成土地流转80公顷和项目概念性规划。盖德镇有济小学艺术创作基地及民宿项目成功签约；下寮霞瑶海丝国际艺术村、荣谊陶瓷有限公司等项目正在洽谈中。

（康叶芳）

三班镇

【概况】 2018年，三班镇工农业总产值24.2亿元，比上年增长6.5%，其中，规模以上企业产值22.9亿元，比上年增长15.65%；工商税收8401万元，比上年增长7.5%。港、澳、台同胞2000多人，华侨、华人11400多人，主要分布在东南亚各国，是德化县主要侨乡之一。

【经济发展】

农业 2018年，奎斗道畋智慧农业投入资金8500万元，进行农产品质量安全追溯管理建设、农业休闲设施和大棚基础建设；种植百香果、草莓、瓠瓜、西红柿等新品种，引进特色养殖和鸵鸟园等项目；做好农机技能培训、农事活动准备，与农科院开展合作项目5个；调整农业产业结构，逐步形成天马山芦柑为主的水果基地、龙阙和锦山茶叶基地、龙阙黑鸡养殖基地、奎斗和蔡径无公害果蔬基地等农业“四大产业”基地。推进奎斗道畋智慧农业和黑斑蛙特色养殖基地等现代高效农业。推进农业供给侧改革，打通“戴云黑鸡”等农产品网络电商销售渠道，拓展农业产业链、价值链。

旅游 2018年，全镇投入450万元实施月记窑提升工程，重新进行规划设计，签订厂房征迁协议27427平方米。修缮泉州海丝申遗点梅岭古窑址，修复千年瓷帮古道，保护迄今发现最早烧制原始青瓷的辽田尖遗址。培育传统村落、中国茶具城等文创旅游基地，推进产业融合，加快旅游产业转型升级。挖掘陶瓷文化内涵，推广官方微信公众号，拍摄三班陶瓷文化专题宣传片，成功举办首届中国（德化）茶具产业博览会，打造三班旅游文化“软名片”。

【乡镇建设】 2018年，全镇向上争取7个一事一议项目财政奖补110.9万元，完成全镇土地确权工作，开展农村集体产权制度改革、土地流转、畜禽防疫等工作，完善农田水利设施建设。岭头村投入130万元，进行污水处理施工，新建垃圾池20个，对5座裸房进行外立面装修，新建公厕1座等。确定三班村、儒坑村为乡村环境综合提升示范村，投入110万元完成村级公园绿化，推进外立面装修、庭院改造、沟渠整治等。实施桥内至锦山道路拓宽硬化工程，开通蔡径天然气至茶具城道路，泗滨村旧街道进行白改黑，新建桥梁1座。建设大云溪慢道，投入98万元完成文技楼大院硬化、绿化和亮化工程。维修防火林带3千米，完成造林绿化48.67公顷。投入450万元完成大云溪水质提升河道清淤，完成三班村、泗滨村、东山洋村污水管网；总投资约3300万元的大云溪生态环境综合整治项目建设中。

【社会事业】 2018年，全镇贫困户138户366人，无整户新增、返贫人员。投入219万元建设8个光伏项目点，推进光伏产业精准扶贫。建设扶贫项目库，申报扶贫资金22个项目533.7万元。发放中央省市专项财政资金185.25万元、医疗补助资金1.25万元、教育补助资金0.75万元、房屋修缮补助33.25万元。做好镇综治中心、“雪亮工程”建设，安装摄像头，基本实现镇主要路口、重点部位、重点场所平安视频监控全覆盖。开展扫黑除恶专项斗争和打击“黄赌毒”专项行动。

【项目建设】 2018年，纵四线（G355）投入资金4154万元，完成涵洞15个，新建桥梁3座，完成挡土墙12362立方，基本完成征地并发放征迁款，确定泗滨村和东山洋村安置地块，完成公墓区台地平整，新建通公墓区道路2.5千米；三班110千伏变电站投入资金2810万元，完成道路硬化0.7千米，新建两座机房450平方米，完成变压器、高压断路器、隔离开关、避雷针、母线等设备安装，并正式投入使用；城东四期中小企业园投入资金7600万元，完成二期土石方工程开挖，进行路基处理，完成1.5千米园区道路硬化、电线杆埋设、污水管网、排水沟等配套设施，完成首期路灯安装，签约乡贤及部分本、外地企业家计24家投资建设日用玻璃制品产业园；引进总投资12亿元的超细环保纤维材料项目；德化县鹭城陶瓷有限公司完成装修并投入生产，东强陶瓷、仁源陶瓷、福利陶瓷灯企业正在进行厂房建设；德化珍视界工贸有限公司、安徽兆誉科技有限公司等项目正在洽谈中。

【中国茶具城营业】 2018年，中国茶具城投入资金1.62亿元，完成园区内部道路沥青铺设及亮化美化，中央广场和音乐喷泉投入使用，一期店面装修完成开业。10月1日，中国茶具城（一期）开启试营业模式，并正式启动“何朝宗杯”2018中国（德化）茶具工业设计大赛。12月21日，举办首届中国（德化）茶具产业博览会。

（洪小燕）

龙门滩镇

【概况】 2018年，龙门滩镇地区生产总值9.58亿元，比上年增长5.6%，其中工业总产值7.52万元，比上年增长4.9%，农业总产值2.06万元，比上年增长8.4%；一般公共预算总收入587万元，比上年下降2.7%。

【经济发展】 2018年，全镇积极发展休闲农业、观光农业、体验农业、采摘农业，培育了苏洋村嘉绿生态农业文化创意园、大溪村骏祥鳗鱼养殖基地、霞山村龙门山生态蛋鸡养殖基地等一批特色亮点项目；成功举办首届“愉悦龙门·一鱼多品”美食文化旅游节，提升龙门滩“一鱼多品”美誉度。统筹用好碧坑村国家传统村落补助资金300万元，建设绿化景观带0.67公顷、重建粹美桥、修复古官道2千米、完善“戴云山筑”风格立面装修20000平方米，提升国家级传统村落内涵。

2018年11月4日，龙门滩镇举办首届“愉悦龙门 一鱼多品”美食文化旅游节 （图/吴有森）

【乡镇建设】 2018年，全镇投资2400多万元建设县道329线龙门滩段，完成路基工程6.8千米及路面铺设3千米，建设涵洞19个及桥墩6个；浐溪龙门滩水库下游安全生态水系工程完成投资800多万元，清淤清障8千米、生态护岸、景观护脚砌筑1.7千米；湖洋溪大溪段防洪工程完成投资1000多万元，河道治理5千米；投入380多万元硬化霞碧、大溪通角落公路8.2千米。

【社会事业】 2018年，全镇开展“扫黑除恶”专项斗争；投入17多万元完成综治平安建设改革创新示范试点建设，安装高清监控视频30多个，提升群众安全感；全面推进安全风险分级管控和隐患排查治理双重预防机制，安全生产态势平稳；开展“七五”普法教育；做好精准脱贫工作，统筹资金306万元投资光伏发电426.3千瓦，发放首批光伏发电分红4.37万元，涉及贫困户42户107人；投入220万元建设镇敬老院、苏洋日间照料中心；全年发放低保金136.8万元，利用镇慈善资金慰问困难群众219人10万元；全镇新农保续费人数6047人，续费率96.96%，新农合参合14320人，参合率100%。

【项目建设】 2018年，城东四期古洋片区于6月30日100%提前腾空验收，完成50座137户民房征迁协议签订工作，完成土地征收149.42公顷，顺利推进城东四期古洋片区安征迁任务。做好省道310线城东至镇区路段安征迁工作，完成12座房屋测量、搬迁腾空及协议签订，硕儒、苏洋土地、青苗清点确认全部完成。

（龙门滩镇党政办）

雷峰镇

【概况】 2018年，雷峰镇工农业总产值6.73亿元，比上年增长10%，其中工业总产值4.56万元，比上年增长11%，农业总产值2.17万元，比上年增长9%；财政总收入1807万元，比上年增长6%；农民人均收入16477元，比上年增长10%；全年争取项目资金4839万元。

【经济发展】 2018年，全镇种植水稻619.67公顷，发放耕地地力保护补贴147.09万元，农业支持保护补贴146.67万元，种粮大户补贴24.91万元，完成土地确权4099户，面积1258.87公顷。“一事一议”项目8个，财政奖补资金96.38万元，引进鑫义展在潘祠村规划百亩大棚种植西红柿、草莓等特色水果和建设集农耕体验、采摘、休闲、观光为一体的农业观光休闲体验区。全镇完成植树造林142.67公顷，森林抚育133.33公顷；完善提升蕉溪至潘祠樱花大道4千米和潘祠林下休闲游步道3千米；打造铁皮石斛、福建山樱花、黄花远志、棘胸蛙苗培育等一批特色林下经济。

【乡镇建设】 2018年，全镇累计投入2000多万元，先后建成潘祠沿溪漫步道、停车场、垅内民宿、李溪村观景平台、人民公社食堂、滑索、潘祠李溪公路景观带等一系列的旅游景观，初步形成吃蕉溪美食、泡蕉溪温泉、观潘祠樱花、赏竹海梯田、游生态农庄的乡村旅游线路，并列入市级乡村振兴示范点。蕉溪清新流域立项，已完成投资3100万元，其中已投资1300万元建成蕉溪300吨、潘祠50吨微动力污水处理站各一座，铺设污水管网6千米，投资1200万元实施蕉溪防洪工程，建设生态护岸5千米，投资1600万元开展“一清二整三美化”，依照戴云山筑的标准开展民居靓化工程，对沿溪及主干道两侧房屋约10000平方米进行立面装修；利用路边、溪旁和房前屋后开展周边美化工程，美化、亮化道路10千米，绿化房前屋后45栋。

2018年12月18日，县委书记梁玉华（左四）到雷峰镇调研鑫义展花卉设施项目

（图/雷峰镇党政办）

【社会事业】 2018年，全镇新农保、新农合年缴费率和参保率分别达98.8%和100%；全镇纳入特困户34户40人，低保户154户279人，完成特困户危房改造1户；2018年发放扶贫帮扶资金310.41万元，光伏分红12.4万元；全镇矛盾纠纷成功调处5起，调处率100%；投资20万元建设镇区视频监控平台，完善立体化社会治安防控体系；加大巡查和对“两违”整治力度，及时制止查处拆除违法占地，拆除“两违”房屋10160平方米，完成年度工作任务127%。

（雷峰镇党政办）

南埕镇

【概况】 2018年，南埕镇实现农业总产值1.44亿元，比上年减少3.5%；财政收入1012万元，比上年增长3.04%；农民人均纯收入14655元，比上年增长7.3%。

【经济发展】

农林业　2018年，南埕镇鼓励各村发展以种养业为主的“一村一品”项目，形成百香果、生姜、棘胸蛙等示范基地，重点巩固发展东风水库倒刺耙国家级无公害养殖基地、岱仙山牌德化黑鸡国家级无公害产地证书、绿泰油茶合作社国家级示范合作社等“国”字号品牌。南埕村棘胸蛙养殖基地被列入县2018年首批特色亮点观摩项目。

生态旅游　2018年，南埕镇适度开发桃仙居度假村、桃花岛景区、石龙溪橡皮艇漂流、塔兜温泉等乡村旅游项目；做好总投资5000万元的石龙溪漂流改造提升项目，推进石龙溪漂流上下码头及停车场建设；举办第四届文化旅游节暨桃仙溪杯五人制足球邀请赛；做好“农业+旅游”，壮大绿泰油茶、大南埕休闲农业观光园，打造田园综合体。

【乡镇建设】 2018年，南埕镇总投资4000万元的县道329桂东线南埕段提级改造项目，累计完成90%的路基工程、30%的桥梁及沿线附属工程；组织实施总投资2820万元的中小河流治理项目——德化浐溪塔兜段防洪工程，构架集防洪、观光为一体的生态连绵带；推进塔兜滑坡治理工程、旧村复垦等项目，5个村的坡耕地水土流失综合治理项目、县级土地开发、市级土地整理开发项目完成验收；开展环境整治行动，通过垃圾清理、沟渠治理、畜禽圈养、裸房整治、“两违”房屋拆除，创建南埕、西山两个环境整治示范村，经县环境整治领导小组综合考评，南埕村获评二等村，奖励20万元；西山村获评三等村，奖励10万元。

【社会事业】 2018年，南埕镇脱贫仍享受政策的贫困户105户323人，其中省定81户247人，市定24户76人。落实挂钩帮扶制度，协助争取扶贫资金123万元，办实事185件。落实小额信贷资金332万元，81户省定贫困户入股光伏发电全覆盖；筹集980万元，扶持47个专业合作社，辐射带动420多户贫困户参与特色产业发展，人均年增加收入1000余元。10个村筹资175.4万元投资光伏发电产业，年可增收村财2万元；支持3个村列入省扶持村集体经济试点发展项目，年可增收村财3.85万元。开展“平安在身边，南埕再出发”“大宣传，大走访”主题入户访视活动，化解信访矛盾，获评全国无邪创建示范乡镇。全面落实安全生产工作责任制，组织开展安全生产大检查，防控“非洲猪瘟”疫情。做好低收入群众的保障工作，列入低保户181户273人、特困人员21人、孤儿2人，累计发放保障金139万元。做好社会救助，累计救助困难群众34人，发放救助资金3.35万元，新农合参合率99.2%，新农保参保率97.3%。

（王明珍）

2018年11月20日，南埕镇塔兜至枣坑公路提级改造完成

（图/南埕镇党政办）

水口镇

【概况】 2018年，水口镇生产总值4.22亿元，比上年增长7.2%，其中工业产值1010万元，固定资产完成投资2985万元，公共财政总收入1560.9万元，比上年增长8.1%；农民人均纯收入15163.8元，比上年增长6.9%；规模以上企业产值3373万元，比上年增长17.5%。

【经济发展】

农业 2018年，湖坂村、榜上村种植金线莲、铁皮石斛等10公顷，久住村林下种植皂角刺20公顷，淳湖村种植鱼腥草2公顷，全镇铁皮石斛、黄花远志、百香果、黄金蜜柚、德化梨、水蜜桃等观光采摘园133.33公顷，德化湖心岛森林人家获三星级森林人家。完成566.67公顷水稻生产功能区划定，组织10家种养殖合作社参加“一品一码”业务培训，完成可追溯体系建设，完成农产快速检测351个样。

林业 2018年，水口镇建设涉及林下经济发展、观光采摘园建设、丰产油茶林基地建设、森林抚育等县级林业精品工程5个、镇级林业精品工程4个。油茶林抚育466.67公顷，设计商品材伐区81块，蓄积6806.9立方米。完成造林绿化任务94公顷、森林抚育321.4公顷、封山育林133.87公顷、毛竹林劈草抚育866.67多公顷。新建生物防火林带2公顷，建设森林防火应急通道4条7.2千米，投资25万元购置消防车1辆，加强巡查59个地质灾害点和121个潜在地质灾害点。打击破坏林地、盗滥伐等违法犯罪行为，查处各类违法案件38起，为国家追回经济损失28.5万元。

集体经济发展　2018年，梨坑村、承泽村、昆坂村列入德化县2018年扶持村集体经济发展试点村，每个村获得补助50万元入股城投公司，年可增收3.25万元；梨坑村、承泽村、昆坂村各获市级补助10万元入股泉州市金融控股集团有限公司。梨坑村列入第五轮市级整村推进扶贫开发重点村，获资金补助50万元；八逞村获资金补助40万元入股城投公司，年可增收2.5万元。昆坂村采取异地合作投资70万元发展光伏项目，年可增收9.38万元。

【城乡建设】　2018年，水口镇投资300多万元建成镇老年人活动中心，湖兴桥完成投资635万元，投资204万元修建梨坑梨学桥、工会桥、水尾桥和承泽济美桥等4座水毁桥梁，投资182万元建设安全生命防护工程19千米，投资150万元实施承泽溪承线公路拼宽2.8千米，投资120多万元建设亭坑至凤坪公路拓改1.5千米、白潭安保工程3.5千米，投资31万元铺设祥光至樟境村道路片石6.5千米，投资15万元完成榜上村环村公路1.5千米路基拓改。投资300万元建设环岱仙湖休闲旅游慢道3.07千米。投资20万元完成淳湖、毛厝、昆坂、梨坑村安全饮水巩固提升项目。投资640万元实施农业综合开发项目，建设农渠、排灌渠、拦水坝、田间路等农用设施。投资27万元实施镇区亮化提升工程，安装景观灯183盏。投资210万元完成昆坂“千村整治、百村示范”美丽乡村建设。投资33万元购置垃圾运输三轮车18辆、环卫垃圾桶60个、模压垃圾桶1000个。完成梨坑村居家养老服务中心、上湖村自然灾害避灾点提升工程、承泽村综合性文化服务中心示范点建设。投资295万元实施湖坂村、祥光村、丘坂村坡耕地水土流失综合治理121.2公顷。开展以畜禽养殖污染防治、农村生活垃圾、污水治理为主要内容的生态环境综合整治，完成东固网箱清理。投资32万元建设一体式生活污水处理设施139座，投资15万元安装饮用水源隔离网1500多米。投资95万元完成祥光村、八逞村、湖坂村高效节水工程。投资160多万的水口中学新综合楼房后滑坡治理工程、祥光村部及老年活动中心房后滑坡治理工程完成工程验收。

【社会事业】　2018年，水口中镇开展城乡低保、医疗救助、临时救助等工作，新农保续保率96.7%，按时发放149户247人低保金98.4万元、42户43人特困人员生活救助金45.4万元，71名重点优抚对象、“五老”人员定期补助款73万元，一户多残生活保障金10户20人1.44万元，70名60周岁以上退役士兵和烈士子女生活补助13.6万元，发放20户因病因灾等特殊困难群众临时救助金2.76万元，发放慰问金154人次6.85万元。争取上级各类扶持资金317.6万元，均按照规定和时限要求发放给贫困户，改善贫困户住房条件42户，发放补助资金97.65万元。将全镇无劳动力等建档立卡贫困人口158人纳入低保对象，确保每月收入不低于460元。发放走访慰问金5万多元，帮助10户贫困户养殖黑兔18组，开展贫困户技术培训8场次，使贫困户掌握1～2项致富技能，122户377人建档立卡贫困户脱贫成果得到有效巩固。昆坂、梨坑、承泽、榜上、祥光等5个省定建档立卡贫困村实现脱贫摘帽。开展“扫黑除恶”专项斗争和综治“大宣传、大走访”等活动，发放综治宣传折页、反邪教、扫黑除恶等宣传材料2000余份，综治宣传品（雨伞、手电筒等）1200余份，接受群众咨询150余人次，设立举报信箱17个，张贴通告、奖励办法26份，张贴和悬挂横幅标语76幅。开展矛盾纠纷大排查大调处活动，办结信访件27件。抓好安全生产隐患大排查、大整治，做好非洲猪瘟防控工作。开展“两违”房屋综合治理专项行动，完成两违治理4630平方米；报送农村个人建房4批次16宗2591.7平方米、设施农用地3宗16.07公顷，报批新村建设安置用地2宗195平方米进行土地总体规划，办理农转用手续3宗320平方米。完成县级耕地开发项目4个18.53公顷，新增耕地14.6公顷，争取上级奖励金229万元。54.33公顷市级土地整理项目通过市级验收，新增耕地4.4公顷。土地确权登记颁证工作基本完成，完成16个村农村集体产权制度改革清产核资工作，并录入系统核对。此外，卫生计生、民族宗教、科普、工青妇、老年人、统计等工作也取得新成效。

【石牛山景区打造】　2018年，

水口镇配合县委、县政府投资4.12亿元打造融“山水生态游览、特色文化体验、高端运动休闲、康疗养生度假、休闲游乐体验”五大体验为一体的石牛山国家AAAAA级龙头核心景区。完成石牛山景区提级改造、小城镇建设等重点项目征地41.23公顷、房屋拆迁10741.6平方米、坟墓迁移57座。岱仙酒店、景区游步道、玻璃观景平台、岱仙瀑布景区道路、大小索道、游客服务中心、悬崖栈道、石牛山度假宾馆及别墅等及相关配套设施建设有序推进。完成国道G355岱仙服务区路段改造0.92千米，岱仙酒店扩建项目完成4层主体施工，石牛山景区游客服务中心及配套设施建设项目完成95%挡墙施工，完成消防水池、生活泵房、柴油发电机房等主体施工，完成游客服务中心建筑基础开挖。石牛山景区悬崖栈道项目完成栈道路面及栏杆施工，进入路面装修及相关收尾工作阶段。石牛山度假区索道项目完成大索道经过线路林木砍伐、站房方案报批、索道站房施工图设计，小索道完成施工货索搭设、23个基础开挖、18个基础浇筑。岱仙溪竹筏漂流项目进入施工图财审阶段，项目所需的土地征用已全部完成。石牛山度假区主峰项目完成游步道等施工图设计、主峰栈道浇筑300米，完成石牛山度假宾馆及别墅内外装修提升工程方案设计，完成主峰低压电缆、临时用水工程建设。投资65万元打造坂里红色曙光——“忆初心、强党性、葆本色”党性教育基地，基地被确定为首批县级“廉政教育基地”。举办水口镇“移风易俗·清新水口”文化演出暨“美丽梨坑·养生福地”摄影采风活动。

（林丽艳）

国宝乡

【概况】 2018年，国宝乡工农业总产值1.78亿元，比上年增长10%；农民人均纯收入13944元，比上年增长7.5%；乡财一般预算收入212.2万元，比上年增长5%。

【经济发展】 2018年，永德生态农业专业合作社投入资金100万元，发展特色休闲农业，完善祥云生态农业观光园配套设施。投入资金120万元，完成戴云之战溪口纪念广场、南斗村革命老区入村印象公园建设，提升魁斗农家院等一批新型农家乐经营主体建设环境，壮大经营规模。引进泉水叮咚、双寨花海等农林专业合作社完成投资60万元，新建德化首家田螺养殖场和樱花种植基地，流转土地8公顷。总投资200万元，打造农耕体验主题乐园，建设奶油草莓采摘园0.33公顷、云龙谷黄花梨采摘园1.67公顷。

【特色旅游】 2018年，国宝乡建设特色精品民宿集群，首期完成5座民居租赁签约，完成3座古民居的规划设计，其中福美堂率先进场施工，完成投资100万元，打造德舍休闲民宿；洋中堂投入120万元建设谷外云居民宿酒吧。创建佛岭—国宝乡村旅游片区，全年完成投资1200余万元，建设完成云龙谷景观大道2.1千米。保护性开发传统建筑，打造集“剪纸文化”“宗祠文化”等为一体的“海丝非遗文化游学基地”，使佛岭—国宝初步形成有文化、有故事、有个性的乡村旅游示范片区，同年，佛岭村成功纳入首批市级特色村镇扶持创建试点名单。

【乡镇建设】 2018年，国宝乡启动“一清二整三美化”整治活动，净化乡村卫生环境，引导群众在房前屋后种植瓜果蔬菜、藤草花卉，做到拆墙种绿、见缝插绿，建造温馨和谐乡村美景。投入180万元，建设垃圾中转站1座和日处理量100吨的微动力污水处理站2座，组建保洁队伍，实行垃圾统一收集处理，做到日产日清。投入278万元，硬化、拓宽、铺设佛岭—国宝环村路、厚德村部至刘山角落公路等村级道路11.2千米；投入230万元，管护浐溪、蕉溪河道22.6千米，落实55千米渠道的小农水管理任务，建设水渠19千米；投入75万元，完成内坂村、南斗村垃圾中转站建设2座。实施造林绿化、林分修复补植、花化彩化10.67公顷，新建生物防火林带8.07公顷，维修防火林带35.47公顷，投入12万元配齐森林消防器材库配置。

【社会事业】 2018年，国宝乡发放扶贫资金206万元，成立扶贫开发有限公司，扶持各村发展光伏发电产业。投入136.8万元在国宝中学和内坂村、格头村、厚德村、南斗村等村部建设5处面积2100平方光伏发电项目，装机容量217千瓦的光伏电站。推进农业普查工作，全乡8个村全部完成土地确权合同签订工作。深化平安国宝建设，专项整治重点行业领域，安全生产态势平稳。开展文体活动，推进计生、档案、气象、地方志、民族宗教等工作。

【项目建设】 2018年，国宝乡彭村水库征安迁工作完成房屋拆迁和土地征收，推进库区复建工作，彭村水库于1月18日顺利下闸蓄水。厦沙高速国宝段做好国宝安置房、安置区水、电、路等基础设施建设、农田改水、改路、改渠工作。国宝香业园项目在城东三期动工建设，累计完成投资4000万元，德发、香立方等12家供地企业开始厂房主体建设，部分厂房开始投产。策划生成佛国田园、游服小镇、美丽香村、记忆南斗、花果祥云、云龙索桥、兴洋农庄、金鸡竹海等8个招商项目。1—10月，香业园区项目、观音山陶瓷文化创意园项目、云龙谷景区提级改造项目、南斗村农业综合开发项目、佛岭村落民宿项目等落地项目累计完成投资8000万元。

【云龙谷景区开放营业】 2018年，云龙谷景区规划创建国家级AAAA级旅游景区，投入资金6000万元，完成修复景区大门、游客服务中心、荷花池、春园、茶楼、游步道、木栈道、漂流码头，新增金蛙送福广场、纳福公园、叠水瀑布、丛林穿越、萌宠乐园、游乐场、婚纱摄影基地、春夏秋冬园等景观景点，于8月8日正式对外开放营业。

（李月明）

2018年8月8日，国宝乡云龙谷景区正式对外营业开园。图为巨型“金蛙”落户景区

（图/王双季）

赤水镇

【概况】 2018年，赤水镇生产总值2.20亿元，比上年增长8%，农民人均纯收入1.45万元，比上年增长7.5%。

【经济发展】 2018年，赤水镇争取闽东南地质队和市卫健委技术支持，对境内土壤和农产品进行检测，均含有硒元素，且达到富硒标准。通过“合作社+基地+农户”运营模式，打造富硒产业园区，建成东里富硒产业展示厅，开发富硒茶叶、富硒大米、富硒蔬菜、富硒中草药等20余种特色富硒产品，打响富硒品牌。支持优仙发合作社发展艾草等中草药种植，开发系列新产品，建设中草药膳馆和展示馆。福全村、吉岭村种植中草药53.33公顷。支持“茶油奶奶”基地建设，发展猛虎茶花产业。全镇兑付农业三项补贴资金79.2万元，面积700公顷，粮食作物播种面积866.67公顷。

【特色旅游】

九仙山景区建设 2018年，九仙山木屋、游客服务中心获批建设生态旅游和教学实训基地；投入6300万元，完成农特产品展示中心主体工程，基本完成装修及室外广场钢结构连廊、假山塑石工程，确定大部分店面对外招商经营项目；投入4300万元，完成九仙山酒店主体工程及70%室内外装修；开挖打通地热水，办理林地相关报批手续，启动水疗区项目；与省市气象局合作建设气象科普体验馆。

热气球项目 2018年，引进飞猪（厦门）航空科技公司，建设热气球、婚纱摄影、汽车营地等三家旅游特色项目。已签订投资协议，选址西洋村，规划用地4.67公顷，总投资8000万元，分两期建设。第一期投资2000万元，建设游客中心、汽车营地、热气球营地，第二期投资6000万元，建设民宿、热气球文化产品展示体验、婚纱摄影基地。

民宿建设 2018年，引导推动南安客商在小铭村建设小田园农庄。西洋村做好民宿发展规划，改造2座民宿。

农业旅游 2018年，投资5000万元建设全市首个鸭嘴鱼特色渔业及农业休闲旅游开发项目，已建成鱼塘6口，完成20万尾鸭嘴鱼投放养殖，建成0.1公顷特色水果采摘园，获评德化县2018年特色亮点优

秀项目。引进满丹山（厦门）农业科技有限公司，投资1500万元，在铭爱村种植无花果33.33公顷。

【乡镇建设】 2018年，镇镇有干线春美乡至联三线赤水段全长4.78千米，投入2000多万元，完成赤水段全部道路施工。推进赤吉线、福湖线两条乡村道路提升工程和厦沙高速“三改”扫尾工作。对接东溪省级生态安全水系、安全饮水巩固提升、猛戴线景观带、省级森林村庄、农业综合开发、坡耕地治理、土地开发整理等项目10多个。全年招商引资项目4个，到位资金4200万元。

【社会事业】 2018年，赤水镇做好精准扶贫工作，抓好东里村、西洋村的“党支部+富硒产业”和“党支部+特色民宿”等“造血式”扶贫模式。建立赤水镇扶贫开发公司，整合小额贴息贷款、上级补助资金、厦门商会等帮扶资金，用于发展光伏、黑兔产业、富硒农业等项目。做好锦洋村与电商物流协会、小铭村与福州市德化商会等6家企业或商会的结对工作，开展社会帮扶活动。全镇16710人参加城乡居民基本医疗保险，参合率99.2%；6835人参加城乡社会养老保险保，续缴率95.26%。纳入低保109户212人、特困61人，全年发放社会保障金154万元。开展生育关怀行动，小额贴息贷款7户35万元，参加计生意外伤害保险704户7.04万元，落实农村奖励扶助政策32人，享受独生子女特别扶助政策2人。开展土地确权和农村集体产权制度改革，通过盘活闲置资产、入股城投、发展特色产业等方式，增加村财收入，全面消除“空壳村”。完成15个村（社区）换届选举工作，一次性选举成功率100%，6个村实现“一肩挑”。落实中央和省、市、县扫黑除恶专项斗争会议精神，深化“平安赤水”建设，加强矛盾纠纷排查和信访问题化解，提升综治“三率”。加强严重精神障碍患者、社区矫正对象、刑事解教人员管理服务。落实安全生产目标责任制，抓好道路交通、建筑施工、危险房屋、消防、宗教场所、旅游景区等安全隐患专项排查整治，食品药品安全监管，防控非洲猪瘟，做好防火、防汛。

（陈曙东）

美湖镇

【概况】 2018年，美湖镇实现工农业总产值31.8亿元，比上年增长6.2%，其中，规模以上工业产值29.07亿元、纳税3117万元，比上年同期分别增长11.9%、75%，农业总产值1.68亿元；一般公共预算总收入1550万元，比上年增长19.14%，其中一般公共预算收入1050万元，比上年增长16.28%；农民人均纯收入16438元，比上年增长7%。

【经济发展】

农业 2018年，全镇落实各项支农惠农政策，推进农村土地承包经营权确权登记、农村集体产权制度改革清产核资，全年兑付农业三项补贴资金69.12万元。加强农产品质量安全监管，完成蔬菜、水果、茶叶速测300多例，合格率100%。持续抓好九龙茶叶、台湾甜柿、大棚蔬菜、德化梨、泥鳅养殖等特色农业，新增黑鱼、锦鲤养殖和甘蔗、青首萝卜、新品地瓜、百香果种植16.67公顷，九龙茶叶专业合作社研发的“红茶米粉”入选首批“德化伴手礼”名录。

矿业 2018年，大阳矿业新建一条日处理800吨铅锌原矿的生产线，停产5年多的金灿多金属选矿厂年初启动复产。开展矿山企业安全巡查、打击假冒特种作业操作证专项治理行动、工贸行业有限空间企业安全生产工作专项检查，矿山生产安全有序。全年接受国家应急管理部、省安监局、市安全生产专项巡查、泉州市生态环保领域巡察等市级以上专项检查4场次，助推2018年泉州市突发环境事件应急演练在福建省海峡水泥股份有限公司举行。

旅游 2018年，古樟小镇第二届民俗文化旅游节暨龙湖寺创建820周年庆典活动举办。精心打造小尤溪“一廊三区四节点”生态休闲旅游景观带，建设生态护岸10.17千米、湿地公园2个，种植银杏、福建山乌桕、紫薇、紫玉兰等树木1500多棵。巩固龙湖峡谷漂流配套设施，全年接待游客1.3万多名，累计营业额204万元。龙湖山旅游度假区通过总体规划评审，进入林地、土地等项目报批阶段。召集辖区8个村和福建省大龙湖旅游公司共同投资组建注册资金1000万元的德化县美福旅游发展有限公司，抱团发展小湖村樟树王公园至美湖村漂流码头的轨道观光小火车项目，打造链珠式生态休闲旅游精品线。

【乡镇建设】 2018年，全镇开展“一清二整三美化”行动，确定上岸村、小湖村、美湖村为示范村。建立健全“户集、村收、镇运、县处理”的生活垃圾处理机制，购买垃圾转运车、垃圾箱、垃圾桶，实现上岸村、小湖村、美湖村3个示范村垃圾桶覆盖到户。建设上岸村污水管网收集系统工程，有效解决污水横流现象。落实最严格耕地资源保护、水资源管理制度和河（湖）长制，开展重点流域水环境综合整治，新建污水处理站2个，完成全国二次污染源普查20家。全力推进县级土地开发项目建设，完成土地开发整理16.93公顷、新增耕地14.72公顷，拆除“两违”房屋面积2682平方米。抓好洋坑村“千村整治、百村示范”项目建设，完成裸房整治5座，新建公厕1座。稳步推进矿山开采生态恢复，全力做好非洲猪瘟防控和生猪养殖面源污染防治工作，发动群众改厕260户。全镇聘请护林员13名，查处野外违章用火9起，完成造林绿化110公顷、森林抚育133.33多公顷、林带抚育25.8千米。完成节能减排任务，空气质量优于国家二级标准，水质达标率100%。

【社会事业】 2018年，全镇2个建档立卡贫困村全部脱贫摘帽退出，3个“空壳村”全部消除。落实全民参保登记，扩面参保率、新农保续缴率分别排名德化县第一名、第三名。落实“一事一议”财政奖补项目6个、兑现财政奖补资金122.53万元，全年发放低保金111.98万元、各类优抚金73.92万元，新建农村幸福院1个，为全镇71名新录取的研究生、本一、本二大学生发放奖学金6.25万元，为1083名65周岁以上老年人和高血压、糖尿病、精神病患者及建档立卡贫困户免费提供健康体检。完善社会治安防控体系，综治“三率”持续保持德化县前列。协调解决兴泉铁路建设涉及的矛盾纠纷问题，成功化解城关阳馨新村9号楼、14号楼、17号楼、22号楼楼房及地面裂缝补偿等历史遗留问题。开展扫黑除恶专项斗争，在镇、村主要交通道路口悬挂宣传横幅57条、设立大型户外扫黑除恶宣传牌8块，签订扫黑除恶承诺书89份。开展移风易俗活动，在千年樟树王公园建设一条以践行社会主义核心价值观和廉政文化为主题的百米文化长廊。千年樟树王入选“中国最美古树”名录，双拥、武装、统战、工青妇、残疾人等工作协调开展。

（美湖镇党政办）

大铭乡

【概况】 2018年，大铭乡工农业总产值13390万元，比上年增长4.9%，其中：工业总产值8019万元，比上年增长3.4%，农业总产值5371万元，比上年增长6.7%。公共财政总收入667.1万元，比上年增长5.3%，其中一般公共预算总收入151.06万元，公共财政预算收入64.26万元；农民人均纯收入13984元，比上年增长7.6%。

【经济发展】

农林业 2018年，大铭乡通过土地开发、旧村复垦等办法，稳定粮食播种面积614.2公顷，完成水稻保险308.89公顷，完成新年度耕地地力补偿工作，发放60.83万元。完成绿色村镇、屏障、乡村生态景观林1.33公顷，人工造林更新38.53公顷，全年未发生森林火灾。种植桂花、中国台湾樱花、紫薇等珍贵树种4公顷，推广林下和种植黄精中药材6公顷多，引导德化县九仙黄山生态种养殖专业合作社种植百香果 5.33公顷（套种西瓜、无花果），百香果年产量1万千克以上，辐射带动2名贫困户，户均增收约1万元。试种五加皮13.33公顷、草珊瑚6公顷建砂仁3.33公顷。

土地整理开发 2018年，大铭乡实施市级土地开发整理项目3个264.47公顷，总投资2100多万元，已通过市专家组验收。新增耕地面积55.35公顷，新增耕地指标流转后加上产能置换，为金黄村、琼溪村、大铭村通角落公路硬化近18千米。大铭乡作为市级贫困乡镇获上级奖励资金约2500万元，为二级路及连接线工程建设提供资金保障。

农村集体经济发展 2018年，大铭村成立德化首个经工商联、民政部门正式注册登记的具有商会性质的村级经济促进会，通过举办各种有益的联谊活动，增进交流，凝聚乡情，扶贫济困，共同促进全村经济社会健康发展。琼溪村、上徐村各入股县城市建设投资公司50万元，享受固定分红。金黄村计划统筹资金在县城购买店面等固定资产，以获得固定租金收入。

【乡镇建设】 2018年，春美至赤水联三线（锦洋村）大铭段完成隧道开挖贯通，联春大桥桥梁桩机8根；金黄村、上徐村两段变更路段林地用地手续于7月通过国家林草局审批。大铭乡连接线公路工程完成招投标，进入施工阶段。完成桶盘仑至琼山村2.6

千米的公路拓宽硬化工程。完成浐洋至琼英村的5千米道路路基拓宽工程。完成大铭村至琼溪村9.7千米的农村公路生命安全防护工程。全面推行“河长制”，实施修复大樟溪大铭段生态环境10千米，河道两岸砌石块2.5万立方米，底泥清淤6万立方米，建设生态护岸6千米。总投资1220万元，已争取中央预算内投资补助资金540万元。组建环境卫生督查组、巡查组，投入资金安装一体式化粪池改厕改圈，建立县级农村生活污水治理示范村1个，安装一体式化粪池110座，新建公厕2座，购买干湿垃圾桶200个。建立公厕“一厕一档”台账，制定公厕管理办法，规范公厕标识，做好公厕日常管理。确定大铭村、金黄村为环境整治提升示范村，开展污水收集和排水沟治理，结合旅游景点，发展大铭村民宿资源。建设大铭镇区实施水流域环境整治工程，建设生态护岸6千米，重新修整大铭村木栈道，对溪两岸进行园林规划种植花草，建设大铭村公园1处。联春村铺设竹篱笆1.5千米，路面硬化2.5千米及完成房屋裸房整治5座、开展中心区排水沟治理，改造新建一体化粪池30个，购买干湿垃圾桶75个，垃圾分类箱10个。

2018年12月6日，德化·大铭第二届生姜文化旅游节在大铭乡开幕

（图／李宏图）

【社会事业】 2018年，完成扶贫项目库的申报工作，完成市级村级基础设施项目申报工作，争取上级财政专项扶贫发展资金70.32万元，用于扶持建档立卡贫困户发展生姜种植等扶贫项目，贫困户住房修缮8户，培育黑兔养殖产业7户。争取第五轮整村推进重点帮扶村扶持资金40万元，用于金黄村基础设施建设、村财创收、公共服务建设等。完成乡扶贫开发有限公司的税务登记、绑定账户、经营范围变更等工作。总造价130多万元的光伏电站全部并网发电，至12月已累计发电26万多千瓦。做好计生工作和综治平安建设，开展扫黑除恶专项斗争。全乡7个村53个村民小组全部完成合同签订，确权农户总面积363.28公顷，集体总面积225.67公顷。对重点建设工程检查，排查各类安全隐患19处，落实整改19处。重新审核确定农村低保户74户162人，特困户13户，月发放保障资金4.61万元。加强临时救济力度，2018年10户困难群众因灾因病申请紧急救助。新农保参与率99.26%，新农合参与率97.83%。

【生姜产业培育】 2018年，全乡种植生姜133.33公顷，亩产2000千克，年产量4000多吨。大铭生姜申报国家地理标志保护产品认证已通过初审，土壤消毒防治姜瘟新技术在上徐村、金黄村田间实验成功经验的基础上，进行逐步推广。12月6日，德化·大铭第二届生姜文化旅游节在大铭乡举办，由大铭村村民林明煌选送的总重量4.45千克，姜种0.1千克，新姜产出率43.5的生姜，成为第二届“生姜王”。大铭乡与中国太平洋财产保险公司泉州中心支公司签订生姜价格保险扶贫战略合作协议，以保障农民生姜销售价格，提高农民生姜种植的积极性。

（陈燕山）

春美乡

【概况】 2018年，春美乡地区生产总值25402.6万元，比上年增长8.8%；农业总产值10085.3万元，比上年增长9.5%，工业总产值15317.3万元，比上年增长8.3%；企业总产值21329.7万元，比上年增长8.9%；乡财自有收入59.7万元，比上年增长22%；农民人均可支配收入14973.8元，比上年增长8.6%。

【经济发展】 2018年，全乡发放农业支持保护补贴74.46万元，申报特色现代农业项目8个、全国基层农技推广补助项目科技示范主体32户。完成粮食播种面积475.6公顷（其中中稻406.33公顷），粮食总产量3419吨，划定水稻生产功能区402.29公顷；建设中草药、纯种芳樟、毛竹林等林业示范片3个；黄花菜、棘胸蛙、茶油等农产品加工产业初现成效。立足本地资源优势，策划生成母亲花游学园、特色乡村休闲驿站等旅游招商项目，建设黄花菜示范基地景观提升工程（黄花菜观光园），挖掘苏履吉"官德流芳"文化资源，完善春美乡文化公园建设，打造旅游精品线路。引进项目2个：泉州康士达玻璃有限责任公司，签约用地0.67公顷，投资3000万元；福建德化喜玥文创发展有限公司，签约用地0.4公顷，投资1800万元；对接开工建设的招商项目1个：福建省石冻王健康产业园，已完成投资2000万元；在谈招商项目3个，意向总投资2亿元。

【乡镇建设】 2018年，春美乡至联三线（锦洋村）公路工程（春美段）项目完成清表路面6.9千米，路面铺设5千米；兴泉铁路德化段（梁春隧道）已进洞700米；黄花菜示范基地景观提升工程、特色乡村休闲驿站、纯种芳樟种植及精油提炼、福建石冻王健康产业园等4个特色亮点项目也按时序推进；投资650万元，完成美台墘市级土地开发项目和上春、双翰县级土地开发项目；总投资约1100万元的21个为民办实事项目全面完成；开展春美村、双翰村2个村"一清二整三美化"，推进新阁村千村整治，新增农村公路11千米，培育特色农业示范点1个，完成7个村生活垃圾、1个村生活污水治理，实现全乡农村生活垃圾常态化治理；农村建档立卡贫困人口稳定脱贫；投资100万元完成杭坑溪堤护岸建设；实施重点流域整治，造林绿化51.47公顷，治理水土流失146.67公顷。完成水电站生态下泄流量改造2座。

【社会事业】 2018年，落实全民参保登记计划，城乡居民养老保险参保率99.83%；春美乡养老院项目完成双翰村农村幸福院、新阁村居家养老服务中心建设；创建并获评市级老年学校示范校；做好社会管理综合治理工作；抓好"雪亮工程"项目建设；开展扫黑除恶专项斗争，综治平安工作水平名列全县第三，《德化县春美乡扎实推进平安乡镇创建取得成效》一文作为典型经验交流在侨区快讯发表。此外，卫计、双拥、武装、统计、档案、科普、防震减灾、妇女儿童、残疾人等工作也取得新成效。

【黄花菜产业】 2018年，春美乡种植黄花菜866.67公顷，年产干花650多吨，黄花菜价格上升至每斤50元，产值4550多万元。实施黄花菜产业提升行动，出台黄花菜产业发展扶持政策，引导群众集中连片规模种植，对出售给十八格农产品有限公司的鲜黄花菜每千克给予补贴2元，全年发放补贴7万多元。春美乡（德化黄花菜）入选第八批全国一村一品示范村镇，十八格黄花获第十九届中国绿色食品博览会金奖。

（林志材）

上涌镇

【概况】 2018年，上涌镇农业总产值1.7亿元，比上年增长9%；公共预算收入1324.08万元；人均可支配收入1.54万元，比上年增长6.9%；向上争取资金5096.07万元，比上年增长49.88%，向上争取资金考评全县第一名。

【经济发展】 2018年，下涌鑫义展现代农业科技生态园完成投资4200万元，流转土地32公顷，建成智能温控大棚20公顷，蔬果日均产量4吨，成功进军各大超市；龙鑫荣实业有限公司投入1000万元，建设娃娃鱼养殖基地6000平方米，养殖娃娃鱼约11万尾；德化县鑫华农林专业合作社投资400万元，建设棘胸蛙养殖基地3500平方米，投放种蛙120对，小蛙1万尾；投入60万元，建成鲟龙鱼养殖池5个，养殖鲟龙鱼与丁桂鱼2000余尾；举办第二届"驿路梨花爱润古镇"赏花节、采摘节、摄影节活动；德化梨标准化建设80公顷，13.33公顷德化梨全程可视化质量追溯体系通过省市级验收。鑫义展现代农业被认定为福建省无公害农产品产地。

【乡镇建设】 2018年，上涌镇确定实施县级重点项目6个，总投资2.77亿元。投入1000万元，完成县道311桂阳乡至省道215线（上涌）公路（上涌段）项目施工招投标及林地审批，推进项目安征迁工作，基本完成林木采伐工作，路基开挖有序推进；总投资2997万元的上涌镇涌溪下涌段河道治理工程建设已完成河道清淤 8.33 千米，建设护岸 5.3 千米、护脚 1.3 千米，旧堤加高 2.51 千米，项目基本完工；投资 1401 万元建设省级生态安全水系工程项目，开展清新流域样板试点建设；投入 93 万元，绿化涌溪上涌段河岸，新增绿化面积 5000 平方米；投入 200 多万元，新铺设污水管网 2.6 千米，建设二次污水收集设施 2 个，新建垃圾中转站和公厕各 1 座；完成曾坂村等 7 个村 210 个“三格式”化粪池改造任务。

【社会事业】 2018 年，上涌镇贫困户 143 户 394 人，全镇 2018 年空壳村 12 个，全都实现创收 3 万元；落实各级扶贫补助资金及慰问资金、物资到户 284.4 万元；投入 119.8 万元实施饮水提升工程，实现全镇贫困户安全饮用水有保障；投入 1277.33 万元，实施四大脱贫工程；市检察院筹集 100 万元入股鑫义展，每年固定提取 15 万元分红给 66 户贫困户；统筹安排县、镇产业帮扶资金 66.7 万元，扶持贫困户发展种养业，每户给予 3000 元不等补助；统筹政府资金 + 贫困户贴息贷款 504 万元，投资光伏发电 832.63 千瓦，全镇申请光伏贷款贫困户 99 户，每户每年可分红约 6700 元；投入 31.6 万元，动员 3 户贫困户实施易地扶贫搬迁；给予 3 户灾后重建的贫困户，每户补助 6.5 万元；桂格村投入 120 多万元改造毛竹林，建设苗圃基地，公路拓宽改造建设工程；后坂村投入 120 多万元，改善村居环境，投入 75 万元建设蓄水坝 1 座；西溪村投入 350 万元加强环境综合整治；开展扫黑除恶专项斗争，全镇破获刑事案件 3 起，抓获犯罪嫌疑人 2 人；落实农村计划生育家庭奖励扶助政策，兑现奖励和落实优惠措施；2018 年向上争取项目资金超 5000 万元。

【央企项目招商】 2018 年，成功引进中国综合投资控股集团（央企）投资 15 亿元建设的“生态康养院和上涌十八景”项目。2018 年 2 月《上涌镇新型城镇化建设项目土地及房屋征收安置补偿实施方案》经县政府审批，9 月 20 日县政府与中国综合投资控股集团有限公司签订投资协议书，第一笔资金 100 万已到位。工业区（首期）建设基本完成，第一家企业成功摘牌入驻建设。戴云山文化创意园（首期）完成招拍挂，通往园区道路已建好投入使用。

（许宝臻）

汤头乡

【概况】 2018 年，汤头乡工农业总产值 3.37 亿元，比上年增长 26%，其中工业产值 2.57 亿元，比上年增长 26.70%；农业产值 8035 万元，比上年增长 26.8%；农民人均纯收入 15389 元，比上年增长 12%。

【经济发展】 2018 年，全乡实施“一村一品”工程，吉山村和草村村的佛手瓜、福山村和岭脚村的水果、汤垵村和格中村的油茶已初具规模，成为农民增收的新途径。兴茂油茶专业合作社投入 780 多万元，打造集农副产品销售、垂钓于一体的特色农家乐。规范山地林果开发，治理水土流失面积 250 公顷。实施山水林田湖草生态保护和修复工程，人工造林 132.56 公顷，森林抚育 196.59 公顷，封山育林 133.93 公顷。

【乡镇建设】 2018 年，全乡投入 134 万元硬化格中村道路 1.5 千米、岭脚村道路 1.5 千米；完成芹菜坑饮用水工程，解决 28 户村民饮用水安全问题；购置大垃圾桶 30 个、干湿分离垃圾桶 180 个，建设标准三格式化粪池 70 个；福山村投入 50 万元，完成裸房整治 7 处，平改坡 5 处；汤头村投入 48 万元，完成裸房整治 2 处，建成文化科普公园，建造水冲式公厕一座。投资 431 万元整理土地，增加有效耕地面积。2018 年，完成确权农田总面积 588.74 公顷。

【社会事业】 2018 年，汤头乡投入 30.25 万元为贫困户购置生产农具和生产资料；通过低保、医疗保险、教育补助 62 户贫困户；为 13 人申请社会救助资金 4 万元；落实小额贴息贷款 155 万元，慰问计生困难户 36 户，扶持 34 户计生户发展增收项目，扶助 7 名二女户上大学，办理计生家庭户意外保险 670 户；投入 38 万元对全乡贫困户住房重建、修缮加固；向上级争取资金 24.68 万元为 12 户贫困户改水改厕；全乡低保对象 64 户 101 名，发放低保金 43.8 万元，五保户（特困人员）17 户 18 人，发放补助金 22.7 万元；为 17 名重点优抚对象发放补助金 28.7 万元，发放高龄老人补贴 3.3 万元，为 69 名重度残疾人发放生活补贴 5.2 万元，护理补贴 6.15 万元；投入计划生育经费 30.55 万元，集体生育关怀资金 6.18 万元，发放二女户安居工程款 2 万元，孕前优生健康检查对象补贴 1.25 万元；新农合“参合率”91%，新农保缴费率 97%；投入 12 万元，重新修编《汤头乡志》。

【项目建设】 2018 年，汤头乡重点项目 8 个，总投资 1.67 亿元。其中，春秋葡萄酒庄园项目列入县“6+4 重点工程”，完成投资 2000 万元，完成计划投资额的 100%。优化整合福山瓷土精制厂股份，引进厦门欣意盛陶瓷原料有限公司的先进技术，完成技改升级。誉隆石英科技公司开发岭脚石英矿的招商引资工作完成 0.15 平方千米矿权转让。

（陈春升）

葛坑镇

【概况】 2018 年，葛坑镇实现农业总产值 0.82 亿元；规模以上工业产值 9.87 亿元，比上年增长 11.8%。公共财政总收入 1063.32 元，比上年增长 25.16%。

【经济发展】

农业 2018 年，葛坑镇做优做强特色水果产业，新种植百香果等特色水果 53.33 公顷，发放补助资金 2.2 万元。龙漈村龙远柑橘农场获评省级示范农场，龙塔俊美家庭农场获评市级示范农场并获全县工作会议表彰，绿色果园专业合作社获评市级示范合作社。规划建设葛坑镇现代农业产业园，完成投资 240 万元。以龙远柑橘农场为依托，打造特色农业示范点，种植柑橘 8 公顷。播种水稻 533.33 公顷，推进“三黑”生态养殖示范基地建设，存栏黑兔 4000 只、黑羊 500 只、香猪 300 头、藏香猪 180 头。

矿业 2018 年，双旗山矿业累计处理原矿 46.04 万吨，产出黄金 520.14 千克，销售黄金 486.21 千克，实现营业收入 2.29 亿元，实现利润总额 1079.6 万元。双旗山溪柄尾矿库二期扩容工程完成投资 990 万元。

旅游 2018 年，葛坑镇发展“传统文化 + 旅游”，举办湖头村、漈头村系列民俗庙会；发展“特色水果 + 旅游”，于 10 月 9 日举办县首届“中国农民丰收节”暨“2018 金秋葛坑”民俗文化旅游节，吸引游客千余人，泉州晚报、东南早报等多家媒体宣传报道；发展“畲族文化 + 旅游”，龙塔村列入中央第四批少数民族特色村寨试点村，10 月 31 日参与承办县首届少数民族文化活动，彰显畲族风情。

招商选资 2018 年，葛坑镇签约引进招商项目 3 个，总投资额 10.37 亿元。一是誉隆硅材料高新技术产业建设项目，项目选址龙塔村，总投资 8.72 亿元，规划总用地面积 16.67 公顷；二是美岭新型建材项目，项目选址浔中镇，总投资 1.6 亿元；三是德化县辛耕包装有限公司项目，总投资 500 万元，9 月正式投产，日产量 500 ～ 700 个旅行箱。

【乡镇建设】 2018 年，葛坑镇开展“一清二整三美化”活动，投入 345 万元综合改造人居环境，镇区人居环境提升工程项目获评县 2018 年特色亮点优秀项目。投资 50 万元，实施垃圾填埋场整治、污水管网升级、购置垃圾桶等，完善“村收集、镇转运”机制，提升垃圾清理转运工作效率。投资 33 万元建设镇道街区路灯 150 盏，投资 12 万元硬化旧街路面 1500 平方米，方便群众出行，扮新扮亮镇区。投资 10 万元，建设排洪沟 600 米，排污沟盖板 56 块，清理淤泥杂物 650 吨，清理河道 1200 米。投资 95 万元，对镇区主干道两侧 8000

2018 年 12 月 20 日，葛坑镇政府建成葛坑镇法治文化公园

（图 / 葛坑镇党政办）

平方米屋面进行立面改造，统一建筑外墙风格、改善村容村貌。投资10万元，完成“让乡村成为有梦想的地方”主题墙绘800多平方米。投资65万元，完成镇区道路两侧绿化建设，铺植草皮800平方米，砌筑花池600平方米，提高镇区绿化覆盖率。沿省道215线富地村入口至镇区路段新植银杏200多株，葛坑“黄金大道”初具雏形。投资30万元建设葛坑镇法治文化公园，投资35万元完成省道215线入口公园建设。葛坑村村主任徐坡耕地项目和葛坑片区小型农田水利项目通过验收，完成大岭、大正市级土地整理项目和水门等8个村旧村复垦项目建设，完成村道扩宽硬化6.7千米。采取入股双旗山等企业、闲置资源出租、发展光伏项目等方式，消除湖头、大正两个“空壳村”，农村集体产权制度改革基本完成。

【社会事业】 2018年，葛坑镇下玲村、龙漈村实现贫困村“摘帽”。27户贫困户小额贴息信贷135万元入股光伏扶贫发电项目，确定2批次38户贫困户作为发展特色农业脱贫示范户，帮助10户贫困户申请黑兔养殖扶持项目，为10名贫困户解决就业难题。发放住房修缮资金29.25万元，为16户贫困户改善住房条件。筹集资金50万元入股双旗山矿业，每年收取10%收益用于精准帮扶，确保稳定脱贫不返贫。落实各项兜底资金发放，发放各类保障资金107.4万元。完善社会救助体系，救助群众58人，发放救助金16.18万元。在乡贤黄宏宝的支持下，成立葛坑镇幸福敬老基金，为全镇254名80周岁以上老人发放2018年度敬老金20.32万元。推进低收入家庭认定、低保扩面、退伍军人和其他优抚对象信息采集工作，确保符合标准对象一个不漏。全年综治“三率”均位居全县第一，获评全县依法治县先进集体。投入20多万元实施“雪亮工程”，新建全球眼8个，实现辖区内重要地段全覆盖，全镇安全态势持续稳定。举办食品药品安全知识培训讲座，结合墟日开展食品药品安全综合宣传13场次。做好非洲猪瘟防控，实现非洲猪瘟疫情零发生。落实免费婚前保健和孕前优检，免费孕前优检覆盖率120.8%。为计生户家庭投保意外伤害保险，开展基本公共卫生服务项目入村入户行动，加强科教文卫武装各项事业。

（林世杰）

桂阳乡

【概况】 2018，桂阳乡工农业生产总值8857万元，比上年增长6.9%；财政总收入400.42万元，其中一般预算收入388.42万元；农民人均可支配收入15855元，比上年增长10.08%。

【经济发展】

农业 2018年，桂阳乡建设三大“百”亩高山农业板块，与三明农科院合作在王春村建设百亩保价明椒示范基地，对接漳州文鸿食品有限公司等企业，在梓溪村、陈溪村建设百亩食品企业原材料生产基地，在桂阳村、溪洋村建设百亩特菜基地。建设“千”亩中草药基地，与“神农氏中草药有限公司”合作，注册“德化县中源药材有限公司”，在彭坑村流转林地66.67多公顷建设中草药基地。主动对接亳州大型企业，与北京万恒国际投资管理有限公司建立合作关系，引导村民种植金线莲、皂角刺、覆盆子、破布木等中草药。建设“万”尾倒刺耙和“万”羽德化黑鸡养殖基地。安章倒刺耙种养专业合作社投入200多万元，发展养殖倒刺耙4多公顷5万多尾、青鱼和鲤鱼1公顷2万多尾、德化黑鸡20000羽、白鸭8000只。扶强扶壮10家综合实力强、发展前景大、能带动贫困户致富的合作社和家庭农场，同时实行1名班子成员和2名干部挂钩帮扶一家合作社，落实政策、争取资金、解决难题。

招商引资 2018年，新引进项目2个，在谈项目3个，签约未投产项目1个。其中，泉州市走走文化传播有限责任公司投资500万元，在涌溪村建设户外体验拓展活动基地，已正式对外营业。德化五凤山综合文旅项目完成项目概念性规划初稿。深圳市思通汽车电子有限公司德化生产研发基地与国土部门、龙浔政府对接，争取解决企业供地问题。德化县森彩竹木工艺有限公司准备试产。

【社会事业】 2018年，桂阳乡农村低保户80户115人，累计发放农村最低生活保障金56.87万元；特困人员13人，累计发放生活保障金16.53万元；新农合参保户数6970户，累计收缴金额138.05万元；新农保参保率100%。针对桂阳乡高山边远，冬季气候寒冷等特点，建立相应的防寒物资储备库。巩固稳定脱贫成效，做好贫困人口动态管理，解决好贫困群众的义务教育、基本医疗和住房安全保障问题。完成村级换届选举工作，产生新一届党支部委员27名，村委会委员28人，“一肩挑”比例55.6%。开展“扫黑除恶”专项行动，在各村村部悬挂举报箱、横幅标语、张贴通告，成立综治服务队到各村开展无死角、全方位的宣传活动。加强矿山、道路交通、森林防火等安全生产工作，排查出二级路施工现场、涌溪村至安章村临崖路段等5个低风险点，并积极采取管控措施，没有发生安全生产事故。抓好非洲猪瘟防控，对全乡1338头存栏生猪动态管控到位、责任到人，对重点路口进行24小时设卡检查。

【项目建设】 2018年，桂阳乡实施道路建设、土地整理、林业综合开发和美丽乡村建设等9个重点项目。其中，加快桂阳乡至联三线（上涌）公路建设，完成手续报批、坟墓迁移、建筑物拆迁、项目部建设等工作；投入250万元完成梓溪至上涌半嗣水泥路面铺设；投入120万元完成彭坑尾—葛坑潦头危桥改造；投入500万元实施陈溪86.67公顷土地整理；投入480万元实施2018年泉州市德化县桂阳乡高标准农田建设项目。

【“寨见桂阳”旅游品牌打造】 2018年，注册“寨见桂阳”统一商标品牌，成立农民专业合作社联合社，投入80万元盘活闲置的乡供销大楼，邀请专业人士规划设计，建设集农业生产体系、质量控制体系、物流配送体系和市场销售体系为一体的平台。同时，加强与泉州车友会协会、泉州拓迪派克LOT物联网合作，走中高端营销路线，解决营销难问题。桂阳村投入200万元，完成“寨见桂阳”游客接待中心、镇区绿化美化和景观公园建设。涌溪村投入2016万元，建设玻璃人行悬索桥1座、林下小木屋5栋、休闲亭1处、登山步道6千米、哞妈文化广场1处、鸵鸟基地1个、观景平台1座、道路硬化6.5千米、路灯架设200盏、停车场2500平方米及景区绿化美化、LED视频安装等项目。银瓶湖水利风景区被评为“福建省第七批省级水利风景区”。涌溪库区乡村旅游规划顺利通过评审验收。

（桂阳乡党政办）

杨梅乡

【概况】 2018年，杨梅乡工农业总产值2.95亿元，比上年增长6.9%；乡财政收入2509.08万元，比上年增长27.72%，农民人均纯收入17635元，比上年增长10%。

【经济发展】

农业　2018年，杨梅乡大力发展毛竹产业，采用林场合作式、股份制等形式，推动林业生产专业化、规模化，增加林农收入；完成白叶村市级土地开发项目，新增耕地15.6公顷，增加乡财收入700多万元；支持特色农业发展，云溪村“一亩良田”众筹农业种植规模20.8公顷，年产量100余吨，白叶村“百香果”采摘园种植规模7.07公顷，投入70多万元完成安村村“棘胸蛙”养殖基地；特色农业示范点德化县协盈科技种养场开展福建省优质稻新品种种植，全程采取机械化栽培等科学管理技术种植“野香优676”“晶两优华占”等优质水稻品种26.67公顷，每亩增产50千克，产值34万元；和顺村被福建省农业科学院确定为“水稻新品种示范基地”和“德化和顺水稻良种良法科技示范基地”，亩产850千克，产值超过250万元。2018年，引进福建誉隆石英科技有限公司。

林业　2018年，杨梅乡种植银杏树、杨梅树、福建山樱花等1.5万多株，种植红叶石楠、百日菊、红花继木等植物30000多平方米，完成主题墙绘1500多平方米。绿化造林113.27公顷，新造生物防火林带2千米；森林抚育177.73公顷，完成森林资源管护机制改革，网格化划分全乡森林资源管护片区，聘请14名专职护林员管护8666.67公顷的森林资源。打击非法圈死生态林、树木等行为，保护杨梅红菇生产地。

【乡镇建设】 2018年，杨梅乡完成“镇镇有干线”杨葛二级路交工验收，推进完成杨梅村溪底至丁荣道路单改双建设，硬化杨梅、上云、云溪、和顺、西墘等5个村角落公路，完善交通基础设施；实施35千瓦输变电工程；完成河道清淤25840立方米、河道清杂28450平方米，建设3处过河步、3处亲水节点和1个人工湿地，打造3个景观节点。建设游步道10千米；开展环境卫生整治月活动，张贴宣传标语22条、发放宣传单1200份，清理路边垃圾、河道漂浮物等25吨，拆除烘笋炉32个，猪圈60个，厕所24个，柴火间55间，清理违法占道30多处，新安装三格式化粪池100户，新建云溪、丁荣两座旅游公厕，垃圾屋30座，投放干湿分离垃圾桶800多个。2018年度市、县“美丽乡村”环境卫生整治考评综合成绩位列德

2018年11月13日，“杏会杨梅·丁荣之旅”杨梅乡第二届银杏文化旅游节在杨梅乡开幕（图/王双季）

化县第一名，杨梅村、云溪村在德化县乡村环境整治示范村评比活动中分别获得一、二等奖。

【社会事业】 2018年，杨梅乡新农合、新农保参保率96%，完成村级换届选举工作，一次性选举成功率100%，选出39名村干部，“一肩挑”比例43%，开设“多彩杨梅”微信公众号，实时更新杨梅动态，在全市率先建设边界联调联防中心，与尤溪县中仙乡、福州市永泰县洑口签订《边界联防共建协议》，投入17万元推进“雪亮工程”建设，投入3.8万元为村民购买社会治安综合保险。开展扫黑除恶专项斗争活动，2018年继续保持刑事案件“零”发案和无大纠纷态势，综治“三率”水平走在全市前列，被省防范和处理邪教问题办公室授予“创建无邪教示范乡”称号。制定《2018年杨梅乡深化移风易俗工作实施方案》，建立健全各村村民议事会或道德评议会、禁毒禁赌会、红白理事会等“四会”，遏制婚丧嫁娶大操大办、奢侈浪费、黄赌毒等陈规陋习。结对帮扶67户贫困户，落实帮扶资金275.8万元，完成全乡贫困户44人政策兜底任务。出资27.5万元为22户贫困户修缮房屋，出资13万元为11户贫困户解决安全饮水问题，完成低收入家庭申请认定57户189人。开发公益性岗位，聘用有劳动能力的建档立卡贫困户6人，人均月增收1380元。改造闲置税务所为乡老年学校和老人协会活动场所，并率先在城关设立分校，动员入学70多人。与2015名村民签订家庭医生服务协议，建立村民健康档案5258份，常住人口电子建档率92.3%，举办各类知识讲座12次、健康咨询活动9次，发放各类宣传材料4000余份，村民健康知晓率85%，开展65岁及以上老年人健康体检，体检服务318人次，体检率70.5%。

【云溪中国传统村落】 2018年，首届民俗文化旅游节在杨梅乡举办，聘请省村镇发展中心对云溪传统村落进行规划设计，编制《德化县杨梅乡云溪村传统村落保护发展规划2018—2035》，投入500多万元，修复鱼池楼、裕德堡等古建筑7座，立面改造3000平方米，铺设污水管网800米、建设氧化塘一处，建成云溪非遗展览馆、云溪花灯馆、云溪刻纸人家和林氏家风家训馆等，拍摄《云溪觅宝》微电影。

【丁荣旅游特色村】 2018年，杨梅乡编制《杨梅乡银杏山庄项目概念性规划》，拍摄德化县首部旅游微电影《银杏之约》，配套完善基础设施，改造丁荣小学建设银杏文化展示馆和古树名木科普基地，打造银杏寻梦长廊及竹林体验区；举办“2018德化杨梅第二届银杏文化旅游节”，开展丁荣旅游招商暨旅游线路推介会、徒步活动、大众网友“杏会杨梅”活动、“银杏小镇”摄影大赛等相关活动。《丁荣银杏特色旅游村项目》列入县2018年特色亮点优秀项目。

【忆初心教育基地】 2018年，通过盘活闲置的中小学校舍改建成忆初心教育基地，打造完善扶枫林知青生活体验馆、林氏家风家训馆等4个现场教学点，并成为德化县干部培训基地、忆初心党性教育基地、廉政教育基地、县委党校（行政学院）现场教学基地。2018年，德化县第8期科级干部培训班、泉州市第29期中青年干部培训班、新一届村（居）主干培训班学员等572人先后到培训基地开展教学活动，列入乡镇2018年特色亮点观摩项目。

（杨梅乡党政办）

人物

2018年度领导人名表

一、县四套班子领导

表11

机构名称	职务	姓名	籍贯	任职起止时间
县委	书记	梁玉华（女）	惠安县崇武镇	2016.6—
	副书记	刘德旺	泉州市洛江区	2016.6—2018.12
		黄文捷	泉州市石狮市	2018.12—
		陈金忠（正处级）	雷峰镇瑞坂村	2015.11—
	常委	吴顺情	南安市石井镇	2011.7—
		王志安	南安市洪濑镇	2013.5—
		刘惠煌	泉州市泉港区	2016.7—（2017.10—2018.10主持县委政法委工作）
		林祖传	美湖镇美湖村	2016.7—
		陈坚宏	永春县桃城镇	2016.7—
		林明义（女）	泉州市鲤城区	2016.7—
		黄晓东	泉州市泉港区	2016.7—
		石渊文	湖南省怀化市	2016.7—
		杨志东（挂职）	宁夏回族自治区隆德县	2018.5—
县人大常委会	主任	王传敬	水口镇上湖村	2015.12—
	副主任	徐明侃	盖德镇福阳村	2010.1—
		连继续	杨梅乡杨梅村	2011.12—
		苏惠生	龙浔镇宝美村	2016.12—
		郑荣尊	三班镇东山洋村	2016.12—

续表 11

机构名称	职务	姓名	籍贯	任职起止时间
县政府	县长	刘德旺	泉州市洛江区	2016. 12 — 2018. 12
		黄文捷	泉州市石狮市	2018. 12 —
	常务副县长	吴顺情	南安市石井镇	2011. 7 —
	副县长	陈祥端	雷峰镇李溪村	2011. 7 —
		张秋英（女）	龙浔镇丁墘村	2016. 12 —
		苏锡培	龙浔镇宝美村	2012. 8 —
		陈维启	南安市码头镇	2016. 6 —
		赖有为	泉州市洛江区	2016. 8 —
		蒋文强	泉州市丰泽区	2016. 8 —
		陈志奋（挂职）	莆田市荔城区	2017. 11 —
	党组成员	张佳棠	莆田市涵江区	2018. 6 —
	副处级干部	徐文福	盖德镇三福村	2014. 6 —
县政协	主席	温文英（女）	浔中镇浔中村	2016. 12 —
	副主席	刘志阳	水口镇樟镜村	2011. 12 —
		张晓文	惠安县东桥镇	2016. 12 —
		林文昌（兼职）	盖德镇仙岭村	2011. 12 —
		颜鸿琪	三班镇泗滨村	2016. 12 —

二、县委各部门

表 12

机构名称	职务	姓名	籍贯	任职起止时间
县委办	主任	刘振铭	美湖镇小湖村	2012. 8 —
	副主任	叶长占	国宝乡国宝村	2016. 5 — 2018. 12
		苏文忠	大铭乡联春村	2016. 6 —（2016. 11 起到宁夏吴忠市红寺堡区挂职任政府区长助理）
		曾建清	浔中镇石鼓村	2018. 12 —
		黄发梓	水口镇榜上村	2018. 12 —
	机要局（密码管理局）局长	郑世德	水口镇淳湖村	2011. 5 —
组织部	部长	黄晓东	泉州市泉港区	2016. 7 —
	常务副部长	彭钦毅	龙门滩镇霞碧村	2018. 12 —
	副部长	彭钦毅	龙门滩镇霞碧村	2018. 8 — 2018. 12
		出彩云（女）	泉州市泉港区	2018. 1 —
宣传部	部长	陈坚宏	永春县桃城镇	2016. 7 —
	常务副部长	颜如春	南安市省新镇	2018. 12 —

续表 12

机构名称	职务	姓名	籍贯	任职起止时间
宣传部	副部长	颜如春	南安市省新镇	2018.2 — 2018.12
		郑清清	汤头乡岭脚村	2011.5 —
		黄鹏辉	南埕镇望洋村	2018.12 —
统战部	部长	林祖传	美湖镇美湖村	2016.7 —
	常务副部长	周启宗	赤水镇铭爱村	2015.8 — 2018.12
	副部长	林大利	大铭乡大铭村	2018.12 —
		陈　峰（女）	赤水镇苏岭村	2011.5 —
政法委（综治办）	书记	王志安	南安市洪濑镇	2013.5 —（2017.10 起到省委政法委挂职一年）
	常务副书记	林美兴	盖德镇林地村	2018.12 —
	副书记	赖有为	泉州市洛江区	2016.7 —
		林美兴	盖德镇林地村	2017.11 — 2018.12
		林华宏	桂阳乡桂阳村	2008.12 —
		郭新福	上涌镇下涌村	2015.9 —
	610 办主任	林华宏	桂阳乡桂阳村	2008.12 —
	综治办主任	郭新福	上涌镇下涌村	2015.9 — 2018.12
台工办（外事侨务办）	主任	苏左丹	龙浔镇宝美村	2011.5 — 2018.12
	副主任	赖宝彬（女）	大铭乡琼英村	2012.8 — 2018.12
	外事侨务办主任	苏左丹	龙浔镇宝美村	2012.8 —
	外事侨务办副主任	赖宝彬（女）	大铭乡琼英村	2012.8 —
编办	主任	李仁殿	杨梅乡安村村	2015.8 —
	副主任	赖秋凤（女）	三班镇龙阙村	2012.7 — 2018.12
		罗家渊	雷峰镇潘祠村	2015.10 —
	事业单位登记管理局局长	吴明慧（女）	雷峰镇蕉溪村	2015.11 —
县委巡察办	主任	许金标	美湖镇洋田村	2016.12 — 2018.1
		童宝春	国宝乡上洋村	2018.1 —
	巡察一组组长	陈永忠	赤水镇苏岭村	2016.12 —
	巡察办副主任	王　斌	晋江市罗山镇	2017.9 —
县直党工委	书记	黄晓东	泉州市泉港区	2016.8 — 2018.12
	常务副书记	郑克昌	上涌镇云路村	2016.8 — 2018.12
	副书记	张丽美（女）	雷峰镇长基村	2015.10 — 2018.12
	纪工委书记	苏文清	春美乡双翰村	2017.9 —
非公企业和社会组织工委	书记	彭钦毅	龙门滩镇霞碧村	2016.5 —
	副书记	黄秉文	水口镇承泽村	2015.10 — 2018.12
		寇凝一	盖德镇下寮村	2018.12 —

续表 12

机构名称	职务	姓名	籍贯	任职起止时间
老干局	局长	出彩云（女）	泉州市泉港区	2018.1 —
	副局长	赖素文（女）	大铭乡琼山村	2013.7 —
文明办	主任	张培基	水口镇亭坑村	2018.1 —
	副主任	赖诗造	汤头乡福山村	2015.10 —
县委信访局	局长	叶长占	国宝乡国宝村	2016.6 —
	副局长	张玉霞（女）	龙浔镇丁墘村	2006.5 — 2018.12
		毛录闽	水口镇毛厝村	2018.12 —
		王丽明（女）	浔中镇乐陶村	2018.12 —
党校	校长	黄晓东	泉州市泉港区	2016.7 —
	常务副校长	李远平	南安市梅山镇	2015.8 —
	副校长	赖清长	汤头乡吉山村	2011.5 —
		李辉城	桂阳乡洪田村	2013.7 —
党史研究室	主任	刘劲松	南埕镇南埕村	2015.5 — 2018.12
	副主任	陈艺斌	龙浔镇丁墘村	2012.8 —
县委史志研究室	主任	刘劲松	南埕镇南埕村	2018.12 —
	副主任	郑文欣	永春县桃城镇	2018.12 —
档案局	局长	郑文贤	雷峰镇长基村	2008.12 — 2018.12
	副局长	陈文利	葛坑镇葛坑村	2012.8 — 2018.12
档案馆	馆长	郑文贤	雷峰镇长基村	2008.12 —
	副馆长	陈文利	葛坑镇葛坑村	2012.8 —

三、县人大常委会工作机构

表 13

机构名称	职务	姓名	籍贯	任职起止时间
人大常委会办公室	主任	曾昭亮	浔中镇凤洋村	2016.6 —
人事代表工委	主任	寇文策	盖德镇下寮村	2016.6 —
	副主任	林廉敬	桂阳乡桂阳村	2015.11 —
环境与城乡建设工委	主任	苏兴坚	春美乡双翰村	2009.1 —
	副主任	杨建春	龙门滩镇苏洋村	2013.7 —
内务司法工委	主任	苏华廉	春美乡上春村	2015.5 —
农村经济工委	主任	林耀雄	浔中镇浔中村	2015.2 —
	副主任	蒋世杰（挂职）	上涌镇传豪村	2016.6 —
财政经济工委	副主任	陈建辉（挂职）	南埕镇连山村	2016.6 —
教科文卫工委（华侨民族宗教工委）	主任	郑以文	三班镇三班村	2018.2 —

四、县政府各部门

表 14

机构名称	职务	姓名	籍贯	任职起止时间
政府办	主任	陈东明	龙浔镇丁溪村	2008.12 —
	支前办主任	黄新颖（女）	龙浔镇丁墘村	2011.5 —
	副主任	赖礼基（挂职）	上涌镇下涌村	2015.10 —
		徐良春	盖德镇福阳村	2015.11 —
		陈爱玲（女）	国宝乡内坂村	2016.6 —
		童双利	国宝乡南斗村	2016.6 —
		刘玉珊（挂职）	美湖镇小湖村	2016.6 —
发展和改革局	局长	周益国	雷峰镇荐解村	2016.6 —
	物价局局长	周益国	雷峰镇荐解村	2017.1 —
	副局长	连新明	杨梅乡杨梅村	2011.5 —
		刘元春	仙游县大济镇	2015.10 —
经济和信息化局	局长	温明源	龙门滩镇霞碧村	2017.1 — 2018.12
	副局长	黄长连	水口镇榜上村	2015.5 —
商务局（粮食局）	局长	苏奕埕	大铭乡联春村	2016.5 — 2018.12
	副局长	颜全胜	三班镇泗滨村	2015.5 — 2018.12
		苏玉卿	春美乡尤床村	2015.5 — 2018.12
教育局	局长	黄文和	漳州市平和县	2012.8 —
	副局长	林丽芳（女）	美湖镇上漈村	2008.12 — 2018.12
		杨奇成	桂阳乡安章村	2011.5 — 2018.12
		余德兴（挂职）	南安市诗山镇	2015.10 — 2018.12
科技和知识产权局	局长	林耀心	浔中镇浔中村	2015.5 —
	副局长	陈仁捷	国宝乡南斗村	2015.5 —
公安局	副处级干部 党委书记、局长	苏碧江	泉州市丰泽区	2012.6 —
	政委	李健康	厦门市思明区	2012.6 —
	副局长	林亮旺	杨梅乡云溪村	2011.5 —
		林剑峰	盖德镇上地村	2012.8 —
		薛　伟	福清市龙田镇	2012.9 —
民政局	局长	陈大孝	龙门滩镇硕儒村	2018.2 — 2018.12
	副局长	张玉树	上涌镇黄井村	2015.10 —
		彭添福	龙门滩镇霞碧村	2015.11 —
司法局	局长	郑声威	水口镇淳湖村	2013.7 —
	副局长	林国团	桂阳乡溪洋村	2006.5 —
财政局	局长	蒲贻水	春美乡上春村	2017.10 —

续表 14

机构名称	职务	姓名	籍贯	任职起止时间
人力资源和社会保障局	局长	黄全忠	汤头乡汤垵村	2018.2 —
	副局长	连继任	杨梅乡杨梅村	2006.11 —
		岳丽君（女）	赤水镇赤水社区	2015.5 —
		陈秋玉（女）	上涌镇上涌村	2008.12 —
		陈兴才	南埕镇连山村	2015.5 —
公务员局	局长	黄全忠	汤头乡汤垵村	2018.2 —
	副局长	连继任	杨梅乡杨梅村	2015.5 —
		岳丽君（女）	赤水镇赤水社区	2011.5 —
		陈秋玉（女）	上涌镇上涌村	2015.5 —
		陈兴才	南埕镇连山村	2012.8 —
国土资源局	局长	陈荣斌	国宝乡南斗村	2012.8 —
	副局长	郑志勇	永春县介福乡	2007.1 —
		赖泽清	汤头乡吉山村	2011.5 —
		郑友端	上涌镇桂格村	2012.8 —
	副局长、不动产登记局局长	毛寿群	水口镇毛厝村	2016.6 —
住房和城乡规划建设局（人民防空办公室）	局长（主任）	程德强	莆田市荔城区	2016.6 —
	副局长	林其逊	大铭乡大铭村	2002.3 —
		郭少壬	浔中镇浔中村	2011.5 —
		吴友体	盖德镇有济村	2015.10 —
	副主任	林其逊	大铭乡大铭村	2015.5 —
交通运输局	局长	陈德峰	龙浔镇丁溪村	2012.8 —
	副局长	苏玉建	春美乡春美村	2011.5 —
国动委经动办	主任	周益国	雷峰镇荐解村	2016.6 —
农业局（农办）	局长（主任）	曾华基	上涌镇曾坂村	2017.10—2018.12
	副局长（副主任）	张玉彬	上涌镇黄井村	2011.5 — 2018.12
		陈智钦	雷峰镇格后村	2015.5 — 2018.12
		蔡成智	南埕镇西山村	2015.12 — 2018.12
		郑丽霞（女）	三班镇东山村	2016.6 — 2018.12
农业农村局	局长	曾华基	上涌镇曾坂村	2018.12—
	副局长	蔡成智	南埕镇西山村	2018.12—
林业局	局长	连硕卿	国宝乡格头村	2008.9 —
	副局长	查福恩	雷峰镇蕉溪村	2008.8 —
		赖景旻	大铭乡琼英村	2008.8 —
水利局	局长	张金演	龙门滩镇霞山村	2018.2 —

续表 14

机构名称	职务	姓名	籍贯	任职起止时间
水利局	副局长	林思辉	桂阳乡涌溪村	2008.12 —
		赖世源（挂职）	大铭乡琼英村	2016.6 —
文化体育新闻出版局	局长	郑宝林	三班镇桥内村	2018.2 —
	副局长	张志聪	永春县达埔镇	2008.12 —
		郑金勤	三班镇岭头村	2011.5 —
卫生和计划生育局	局长	连　婷（女）	国宝乡格头村	2016.6 —
	副局长	宋荣勋	盖德镇凤山村	2015.5 —
		林思燕	上涌镇上涌村	2015.5 —
		苏仁河	龙浔镇宝美村	2015.5 —
		张登相	雷峰镇长基村	2015.5 —
		蒋丽萍（女）	上涌镇黄井村	2015.5 —
审计局	局长	陈宝星	浔中镇乐陶村	2006.11 —
	副局长	徐荣贵	盖德镇三福村	2004.12 —
市场监督管理局（工商行政管理局质量技术监督局食品药品监督管理局）	局长	甘建安	龙浔镇宝美村	2015.5 —
	副局长	苏进育	春美乡尤床村	2015.5 —
		林国英	桂阳乡桂阳村	2015.5 —
		曾俊华	浔中镇祖厝村	2015.5 —
		戴志辉	南安市码头镇	2016.12 —
	食品安全总监	苏亲毕	春美乡春美村	2015.5 —
统计局	局长	陈能慎	赤水镇猛虎村	2015.5 —
	副局长	林玉燕（女）	赤水镇赤水社区	2008.12 —
城市管理局	局长	郑德全	三班镇桥内村	2018.12 —
	副局长	郑耀辉	上涌镇辉阳村	2018.12 —
		张诗煊	南埕镇西山村	2018.12 —
	县城乡考评中心主任	徐昌寿	汤头乡汤头村	2015.11 —
陶瓷产业园区管理委员会	主任	郑文导	国宝乡厚德村	2012.8 —
	副主任	苏文禄	春美乡古春村	2012.8 —
		赖雄阳	汤头乡格中村	2012.8 —
县方志办	主任 县政府办主任科员	王世言	汤头乡格中村	2011.5 —
	副主任	郑文欣	永春县桃城镇	2007.3 —
城镇集体工业联合社	主任	彭建稽	龙门滩镇霞碧村	2018.2 —
	副主任	张金章	水口镇村场村	2011.5 —（2015.11 — 2018.1 主持工作）

续表 14

机构名称	职务	姓名	籍贯	任职起止时间
供销合作社联合社	主任	王丽红（女）	永春县桃城镇	2012.8 —
	副主任	李学谦	赤水镇赤水社区	2012.8 —
		赖发熙	上涌镇曾坂村	2015.11 —
教师进修学校	校长	赖礼锋	上涌镇下涌村	2011.5 — 2018.12
	副校长	吴绍晋	盖德镇有济村	2011.5 —
地震办	主任	蒋双增	上涌镇黄井村	2015.11 —
行政服务中心管委会	主任	郭昌筑	上涌镇下涌村	2016.6 —
	副主任	郑文欣（挂职）	永春县桃城镇	2015.10 —
		林兴钐	美湖镇美湖村	2016.11 —
国资办	主任	陈祥端	雷峰镇李溪村	2004.8 —
金融办	主任	戴志辉	浔中镇龙东社区	2017.4 — 2018.12
		赖礼基	上涌镇下涌村	2018.12 —
民族与宗教事务局	局长	周启宗	赤水镇铭爱村	2012.8 —
环境保护局	局长	方文才	雷峰镇雷峰村	2013.7 —
	副局长	李艳誉	桂阳乡洪田村	2006.11 —
		林志鹏	厦门市同安区	2011.5 —
安全生产监督管理局（安全生产委员会办公室）	局长（主任）	黄其树	南埕镇梓垵村	2008.12 — 2018.2
		徐剑峰	三班镇奎斗村	2018.2 —
	副局长（副主任）	寇正吉	盖德镇下寮村	2011.5 —
行政执法局（副科级单位）	局长	张文都	南埕镇枣坑村	2015.10 —
公安局森林分局（副科级单位）	局长、公安局主任科员	郑文国	雷峰镇长基村	2008.8 —
	教导员 林业局主任科员	林其辉	大铭乡大铭村	2006.5 —
	副局长	李仁谋	杨梅乡	2008.12 —
	副教导员	苏鹏达	葛坑镇龙漈村	2016.1 —
戴云山国家级自然保护区管理局（副处级单位）	局长	涂青云	盖德镇上坑村	2007.9 —
	副局长	李文周	永春县达埔镇	2011.1 —
		徐建国	三班镇蔡径村	2012.5 —
广播电视事业局	局长、宣传部主任科员	林合虎	桂阳乡涌溪村	2012.8 —
	副局长	许志峰	美湖镇洋坑村	2008.12 —
		王世友	汤头乡格中村	2011.5 —
旅游事业局	局长、县政府办主任科员	曾宪升	上涌镇曾坂村	2018.2 —
	副局长	陈添树	龙浔镇丁溪村	2012.8 —
市政公用事业管理局	局长、县住房和城乡规划建设局主任科员	郑德全	三班镇桥内村	2018.2 — 2018.12
	副局长	林玉泉	盖德镇大墘村	2012.8 — 2018.12

续表 14

机构名称	职务	姓名	籍贯	任职起止时间
市政公用事业管理局	副局长	姚晓晖	福州市鼓楼区	2012.8 —
招商办	主任	赖有为	泉州市洛江区	2016.7 —
	常务副主任	郑全谋	雷峰镇长基村	2017.9 —
效能办	主任	陈东明	龙浔镇丁溪村	2008.12 —
	常务副主任	童双利	国宝乡南斗村	2017.6 —
重点办	主任	周益国	雷峰镇荐解村	2016.6 —
	常务副主任	赖清长	汤头乡吉山村	2011.6 —

五、县政协工作机构

表 15

机构名称	职务	姓名	籍贯	任职起止时间
政协办	主任	杨庆丰	龙门滩镇苏洋村	2012.8 —
	副主任	谢绍欣	龙门滩镇碧坑村	2012.8 —
专委办	主任	郭玉旭	上涌镇下涌村	2012.8 —
	副主任	苏永魁	春美乡古春村	2012.8 —
提案与文史办	主任	林宜兴	盖德镇山坪村	2016.7 —
经济科技与人口资源环境办	主任	许原培	水口镇八逞村	2016.7 —
	副主任	吴振伟	盖德镇有济村	2011.5 —

六、县纪委、监委及其工作机构

表 16

机构名称	职务	姓名	籍贯	任职起止时间
县纪委	书记	林明义（女）	泉州市鲤城区	2016.7 —
	副书记	许金标	美湖镇洋田村	2016.7 —
		许荣生	泉港区峰尾镇	2017.12 —
	常委	蒋声耀	上涌镇后坂村	2015.9 —
		张秋香（女）	龙浔镇丁墘村	2016.6 —
县监委	主任	林明义（女）	泉州市鲤城区	2017.12 —
	副主任	许金标	美湖镇洋田村	2017.12 —
		许荣生	泉港区峰尾镇	2017.12 —
	委员	蒋声耀	上涌镇后坂村	2017.12 —
		温庆捷	浔中镇仙境村	2017.12 —
纪委办	主任	周瑞佳	赤水镇铭爱村	2015.9 —

续表 16

机构名称	职务	姓名	籍贯	任职起止时间
组织和宣传部	部长	邓瑞珊	雷峰镇潘祠村	2016.3 —
党风政风监督室	主任	林国棣	桂阳乡桂阳村	2016.2 —
信访室	主任	陈瑞海	三班镇奎斗村	2011.5 —
案件监督管理室	主任	杨厚国	桂阳乡安章村	2016.2 —
第一纪检监察室	主任	陈泰山	国宝乡祥云村	2016.2 —
第二纪检监察室	主任	赖礼铭	上涌镇下涌村	2018.1 —
第三纪检监察室	主任	郑志春	永春县介福乡	2016.3 — 2018.12
案件审理室	主任	危泉美	雷峰镇肖坑村	2008.12 —
纪检监察干部监督室	主任	王明忠	雷峰镇肖坑村	2018.12 —
派驻县直有关单位纪检组	驻县委办公室纪检组组长	方明辉	雷峰镇坂仔村	2017.9 —
	驻县委组织部纪检组组长	郑秀亮（女）	三班镇二班村	2017.9 —
	驻县委宣传部纪检组组长	郭禾艳	汤头乡汤头村	2017.9 —
	驻县委统战部纪检组组长	张英森	龙浔镇丁墘村	2017.9 —
	驻县人大常委会办公室纪检组组长	陈汉雄	永春县岵山镇	2017.9 —
	驻县人民政府办公室纪检组组长	陈传基	国宝乡祥云村	2017.9 —
	驻县财政局纪检组组长	林中杰	水口镇久住村	2018.12 —
	驻县国土资源局纪检组组长	苏德志	春美乡古春村	2017.9 —
	驻县农业农村局纪检组组长	王天池	南埕镇高漈村	2018.12 —
	驻县政协办公室纪检组组长	涂瑞挺	赤水镇西洋村	2017.9 —
	驻县人民法院纪检组组长	颜丽荣（女）	三班镇泗滨村	2017.9 —
	驻县人民检察院纪检组组长	林春荣	永春县介福乡	2017.9 —
	驻福建戴云山国家级自然保护区管理局纪检组组长	苏瑞胜	春美乡上春村	2017.9 —

七、法院、检察院

表 17

机构名称	职务	姓名	籍贯	任职起止时间
法院	院长	苏益铮	泉州市惠安县	2016.12 —
	副院长	苏德丰	龙浔镇宝美村	2003.3 —
		黄德梅（女）	安溪县魁斗镇	2006.5 —
		林金盛	浔中镇后所村	2011.5 —
	政治处主任	郑华峰	三班镇三班村	2013.9 —

续表 17

机构名称	职务	姓名	籍贯	任职起止时间
检察院	检察长	王声典	南安市溪美镇	2016.12 —
	副检察长	李文革	龙门滩镇苏洋村	2002.3 —
		徐建伟	盖德镇福阳村	2011.5 —
		蒋鸿滨	惠安县崇武镇	2014.3 —
	政治处主任	冯忠锦	三班镇蔡径村	2011.5 —
	检委会专职委员	陈茂良	龙浔镇丁墘村	2016.5 —

八、县群团

表 18

机构名称	职务	姓名	籍贯	任职起止时间
总工会	主席	刘惠煌	泉州市泉港区	2016.9 —
	常务副主席	陈章琳	葛坑镇水门村	2013.8 —
	副主席	连素琼（女）	国宝乡格头村	2016.11 —
		林能斌	南埕镇南埕村	2015.9 —
		郑雄文	国宝乡厚德村	2018.12 —
团县委	书记	林文滨	大铭乡大铭村	2018.1 —
	副书记	林檀靓（女）	美湖镇上漈村	2015.11 —
妇联	主席	王艳琦（女）	永春县苏坑镇	2018.2 —
	副主席	黄金梯（女）	汤头乡汤垵村	2006.5 —
		颜敏属（女）	三班镇泗滨村	2012.8 —
工商联（商会）	主席（会长）	苏建堆	龙浔镇宝美村	2011.5 —
	常务副主席（副会长）	林大利	大铭乡大铭村	2011.5 —
	副主席（副会长）	雷雪莲（女）	龙门滩镇大溪村	2012.8 — 2018.12
		苏光辉	春美乡古春村	2011.5 —
侨联	主席	周建阳	浔中镇乐陶村	2016.6 —
	副主席	郭晓军	盖德镇盖德村	2013.6 —
科学技术协会	主席	赖佳忠	三班镇龙阙村	2018.1 —
	副主席	颜夏锌	三班镇泗滨村	2011.5 —
计生协会	会长	连继续	杨梅乡杨梅村	2017.11 —
	常务专职副会长	宋荣勋	盖德镇凤山村	2012.8 —
	专职副会长	孙义仲	浔中镇乐陶村	2011.5 —
文联	主席	曾世超	浔中镇浔中村	2018.1 —

续表 18

机构名称	职务	姓名	籍贯	任职起止时间
残联	理事长	徐华军	盖德镇三福村	2008.12 —
	副理事长	徐玉萍（女）	三班镇奎斗村	2012.7 —
贸促会（国际商会）	会长	颜光前	三班镇泗滨村	2012.7 —
红十字会	专职副会长	李双良	龙浔镇丁溪村	2011.5 —
老年大学	校长	林华武	大铭乡大铭村	2018.3 —
	常务副校长	许福海	美湖镇洋田村	2011.5 —
	副校长	赖素文（女）	大铭乡琼山村	2018.3 —
老教委	主任	黄晓东	泉州市泉港区	2016.8 —
	常务副主任	林华武	大铭乡大铭村	2018.3 —
	副主任	张秋英（女）	龙浔镇丁墘村	2018.3 —
		出彩云（女）	泉州市泉港区	2018.3 —
		黄文和	漳州市平和县	2018.3 —
关工委	主任	郑启梓	龙浔镇宝美村	2004.4 —
	副主任	陈其乾	龙浔镇高阳村	2004.4 —
		苏光彰	水口镇湖坂村	2004.4 —
老促会	会长	林昌宝	水口镇久住村	2012.4 —
	副会长	蒋恭祝	上涌镇传豪村	2007.11 —
		周金秋	赤水镇湖岭村	2012.4 —
老龄办	主任	陈大孝	龙门滩镇硕儒村	2018.2 — 2018.12
	专职副主任	徐春花（女）	三班镇奎斗村	2015.10 —
新四军研究会	会长	林昌宝	水口镇久住村	2012.4 —
	副会长	赵银贵	江苏省如东县	1994.12 —

九、县直各系统党委

表 19

机构名称	职务	姓名	籍贯	任职起止时间
党群系统党委	书记 县委办主任科员	徐陆平	龙门滩镇霞碧村	2018.1 —
	副书记	曾建清	浔中镇石鼓村	2015.10 — 2018.12
县政府综合系统党委	书记、政府办主任科员	郑剑平	三班镇三班村	2011.5 —
	纪委书记	陈传基	国宝乡祥云村	2016.12 —
发改系统党委	书记	周成灿	南埕镇许厝村	2018.1 —
	副书记	苏轩凤（女）	龙浔镇宝美村	2018.12 —

续表 19

机构名称	职务	姓名	籍贯	任职起止时间
宣传系统党委	书记	颜如春	南安市省新镇	2018.1 —
	副书记	苏莞尔（女）	龙浔镇宝美村	2011.5 —
	纪委书记	林信用	水口镇樟境村	2016.12 —
政法系统党委	书记	林美兴	盖德镇林地村	2017.11 —
	副书记	张文琳	雷峰镇荐解村	2018.12 —
	纪委书记	毛禄灌	水口镇毛厝村	2017.12 —
教育系统党委	书记	黄文和	漳州市平和县	2012.7 — 2018.12
		赖礼锋	上涌镇下涌村	2018.12 —
	副书记	陈为正	赤水镇苏岭村	2011.5 —
	纪委书记	陈为正	赤水镇苏岭村	2008.12 —
农业系统党委	书记	曾华基	上涌镇曾坂村	2017.10—2018.12
		陈智钦	雷峰镇格后村	2018.12 —
	副书记	陈仁捷	国宝乡南斗村	2018.12 —
林业系统党委	书记	陆木庆	福安市上白石镇	2008.7 —
	副书记	王天池	南埕镇高漈村	2012.7 — 2018.12
城市管理局党委	书记	赖长城	上涌镇门头村	2018.12 —
	副书记	黄德萍（女）	洛江区罗溪镇	2018.12 —
阳山铁矿党委	书记	江源泉	龙岩市永定区	2017.12 —
	副书记	李志铭	安溪县凤城镇	1999.9 —
		郑秀娟（女）	龙浔镇兴南社区	2010.4 —
	纪委书记	郑秀娟（女）	龙浔镇兴南社区	2002.1 —
国投公司党委	书记	郑义先	水口镇淳湖村	2004.12 —
	副书记	曾春凤（女）	龙浔镇兴南社区	2012.8 —
	纪委书记	梁瑞军	桂阳乡桂阳村	2016.12 —
供电公司党委	书记	颜柳达	晋江市安海镇	2018.11 —
	副书记	林文武	泉州市泉港区	2018.4 —
	纪委书记	黄钢水	南安市溪美办事处	2018.11 —
市场监督管理局党委	书记	黄激文	南安市蓬华镇	2015.4 —
	副书记	赖杉建	三班镇龙阙村	2015.9 —
	纪委书记	杨奇康	桂阳乡安章村	2017.12 —

十、省 市驻德单位

表 20

机构名称	职务	姓名	籍贯	任职起止时间
人武部	部长	张佳棠	莆田市	2017. 12 —
	政委	石渊文	湖南省怀化市	2014. 3 —
	副部长	孙　韬	江苏省南京市	2017. 7 —
泉州工艺美术职业学院（副厅级单位）	党委书记	廖伏树	安溪县官桥镇	2018. 6 —
	院长	张阿芬（女）	漳州龙海市	2017. 9 —
	党委副书记 纪委书记	杜桂发	泉州市洛江区	2017. 5 —
	副院长	吴志伟	雷峰镇蕉溪村	2007. 9 —
		李联益	晋江市内坑镇	2018. 12 —
	党委委员、陶瓷艺术系主任	张南章	南埕镇南程村	2007. 9 —
龙门滩管理处（副处级单位）	主任、副书记	苏荣薰	春美乡上春村	2014. 10 —
	书记	颜建东	三班镇泗滨村	2006. 12 —
	副书记、纪委书记	王惠力	惠安县崇武镇	2015. 4 —
	副主任	苏中徽	春美乡双翰村	2006. 2 —
		郑富智	国宝乡厚德村	2015. 3 —
		林民众	美湖镇洋田村	2015. 8 —
税务局	局长	谢培坤	安溪县城厢镇	2018. 10 —
	副局长	朱　翔	晋江市池店镇	2018. 10 —
		徐文益	盖德镇三福村	2018. 10 —
		苏少飞	春美乡上春村	2018. 10 —
		黄建生	浔中镇浔中村	2018. 10 —
		林国涵	桂阳乡梓溪村	2018. 10 —
		许伟胜	赤水镇永嘉村	2018. 10 —
		苏宗毅	龙浔镇宝美村	2018. 10 —
	纪检组长	吴齐华	晋江市池店镇	2018. 10 —
国税局	局长	谢培坤	安溪县城厢镇	2018. 7—2018. 10
地税局	局长	朱　翔	晋江市池店镇	2016. 2—2018. 7
气象局	局长	颜新春（女）	三班镇泗滨村	2011. 6 —
	副局长	胡晓兵	山西省芮城县	2015. 7 —
	纪检书记	连明发	国宝乡格头村	2013. 2 —
公路分局	局长	蔡国珊	莆田市城厢区	2008. 2 —
	教导员	郭献积	南埕镇南埕村	2013. 9 —
	副局长	伊宏杰	南平市松溪县	2015. 7 —
		林鹏飞	永春县蓬壶镇	2015. 6 —
瓷研所	所长	李双展	浔中镇富东社区	2002. 11 —
	副所长	林志辉	水口镇樟镜村	2009. 9 —

续表 20

机构名称	职务	姓名	籍贯	任职起止时间
消防大队	大队长	林福林	晋江市	2018.3 —
	指导员	王志文	南安市仑苍镇	2016.12 —
武警中队	中队长	钟根生	江西省吉安市	2015.8 —
国家统计局德化调查队	队长	林远华	南安市溪美街	2018.9 —
葛坑国有林场	场长	林贤山	南安市溪美镇	2001.4 —
	书记	林文锋	永春县蓬壶镇	2015.2 —
	副场长	林根旺	安溪县福田乡	2011.1 —
泉州住房公积金德化管理部	主任	郑素兰（女）	三班镇桥内村	2007.10 —
九仙山气象站	站长	陈为德	上涌镇上涌村	2013.3 —
	副站长	苏文元	龙浔镇宝美村	2008.8 —
水文局	局长	陈志恒	雷峰镇瑞坂村	2013.12 —
邮政局	副局长	赖宏文	汤头乡格中村	2009.4 —（2018.11 起主持工作）
		郭燕卿	浔中镇风池街	2018.10-
彭村水库管理处	主任	苏中徽	春美乡双翰村	2015.8 —
	副主任	林添德	美湖镇上漈村	2015.8 —
		陈一雄	惠安县净峰村	2015.8 —

十一、在德金融机构

表 21

机构名称	职务	姓名	籍贯	任职起止时间
中国人民银行德化支行	行长	黄东晓	南安市罗东镇	2016.4 —
	副行长	陈朝霞（女）	雷峰镇蕉溪村	2004.2 —
		苏胜利	春美乡上春村	2009.2 —
泉州银监分局德化监管办事处	主任	陈行泉	雷峰镇潘祠村	2008.5 —
	副主任	陈丙林（女）	龙浔镇浔东社区	2016.6 —
中国工商银行德化支行	行长	黄鹤鸣	永春县五里街镇	2017.11 —
	副行长	梁海生	龙浔镇兴南社区	2011.9 —
		高聪颖	安溪县大屏镇	2016.7 —
中国建设银行德化支行	行长	陈德伦	晋江市磁灶镇	2016.4 —
	副行长	陈建礼	雷峰镇蕉溪村	2010.8 —
		庄东昇	泉州市泉港区	2017.11 —

续表 21

机构名称	职务	姓名	籍贯	任职起止时间
中国农业银行德化支行	行长	张旭禹	惠安县崇武镇	2016.3 —
	副行长	赖俊达	上涌镇桂林村	2018.10 —
		颜曼清（女）	永春县达埔镇	2015.12 —
		郑国灿	三班镇三班村	2015.12 —
中国银行德化支行	行长	林湘扬	安溪县	2018.11 —
	副行长	林紫峰	雷峰镇朱紫村	2011.10 —
农村信用联社	理事长	林丽茹（女）	安溪县龙门镇	2017.6 —
	主任	林荣答	晋江市永和镇	2017.7 —
	副主任	苏丽琴（女）	龙浔镇浔东社区	2012.7 —
		蒋声坎	上涌镇后坂村	2017.11 —
	监事长	陈建朴	永春县岵山镇	2017.7 —
泉州银行德化支行	行长	姚亚方	永春县达埔镇	2018.3 —
	副行长	龚世明	莆田市城厢区	2012.4 —
农业发展银行	行长	蒋光辉	泉州市	2016.5 —
	副行长	赵　君	泉州市	2016.4 —
农商银行	行长	陈文阳	南安市金淘镇	2016.2 —
	副行长	陈昆明	美湖镇阳山村	2013.2 —
民生银行	行长	林传贡	杨梅乡杨梅村	2017.4 —
成功村镇银行	董事长	吴志刚	南安市溪美街道	2017.9 —
	行长	黄震荣	南安市美林街道	2018.10 —
	副行长	傅培金	南安市丰州镇	2018.10 —
邮政储蓄银行德化支行	行长	刘旭龙	上涌镇刘坑村	2014.9 —
	副行长	赖贤福	永安市	2018.9 —
中国人寿保险股份有限公司德化县分公司	副经理	柯雪咏（女）	龙浔镇南门社区	2015.7 —（2018.5 起主持工作）
		林雅伟	永春县五里街	2016.7 —
中国人民财产保险股份有限公司德化支公司	经理	李国嵩	龙浔镇英山村	2018.3 —
	副经理	叶伟霞（女）	龙浔镇德新社区	2014.4 —
大地保险股份有限公司德化县分公司	经理	李秀香（女）	浔中镇凤池社区	2007.10 —

十二、企业

表 22

企业名称	职务	姓名	籍贯	任职起止时间
电信公司	总经理	施新德	安溪县龙门镇	2018.7 —
	三级顾问	苏银生	龙浔镇宝美村	2018.1 —
	副总经理	王天锡	安溪县西坪镇	2014.5 —
		陈笔然	龙浔镇丁墘村	2018.3 —
移动通信公司	经理	许胜峰	泉州市丰泽区	2017.6 —
	副经理	姚布升	永春县桃城镇	2015.6 —
联通公司	总经理	陈劲斌	泉州市鲤城区	2016.4 —
	副总经理	刘旭东	三明市	2017.10 —
		李思典	龙浔镇	2017.10 —
福建广电网络集团股份有限公司德化分公司	总经理	邱敬措	南安市溪美镇	2017.11 — 2018.12
	副总经理	许秀霞（女）	美湖镇洋田村	2013.8 —
		林建阳	赤水镇赤水街	2015.1 —
铁塔公司	经理	苏泉兴	南安市康美镇	2018.10 —
县国投公司	总经理	郑义先（挂职）	水口镇淳湖村	2004.8 —
	副总经理	陈振渡	龙浔镇丁溪村	2004.8 —
		曾春凤（女）	浔中镇兴南社区	2012.8 —
电力国投公司	董事长、总经理，水利局正科级干部	苏珠辉（挂职）	龙浔镇宝美村	2011.5 —
	副总经理	曾福礼（挂职）	闽清县省璜镇	2012.8 —
物资公司	经理	许金昭（挂职）	美湖镇洋坑村	2015.10 — 2018.12
供电有限责任公司	总经理	林文武	泉州市泉港区	2018.4 —
	副总经理	颜柳达	晋江市安海镇	2018.11 —
		黄金铭	龙门滩镇苏洋村	2010.6—
		章煌辉	大田县济阳镇	2015.4 —
汽车运输公司	经理	吴振麟	莆田市仙游县	2015.3 —
	书记	连吉新	国宝乡格头村	1993.2 —
阳山铁矿有限责任公司	董事长	李志铭	安溪县凤城镇	2015.6 —
	总经理	江源泉	龙岩市永定区高头乡	2015.6 —
双旗山金矿有限责任公司	董事长	赖发报	汤头乡吉山村	2017.9 —
	书记、总经理	陈志明	国宝乡内坂村	2018.4 —
烟草专卖局（烟草公司）	局长	李贵星	永春县桃城镇	2015.8 —
	副局长	林文利	仙游县书峰镇	2015.2 —
	副经理	郑德群	永春县湖洋镇	2015.2 —
新华发行（集团）有限责任公司	经理	林德香	晋江市永和镇	2017.3 —

十三、乡镇

表 23

乡镇	机关类别	职务	姓名	籍贯	任职起止时间
龙浔镇	党委	副处级干部书记	林金雪（女）	南埕镇南埕村	2016.5 —
			郭小强	汤头乡汤头村	2016.5 —
		副书记	蒋朝阳	上涌镇黄井村	2015.10 — 2018.12
			张光辉	雷峰镇长基村	2018.12 —
			姚自亮（挂职）	宁夏回族自治区童心县	2018.4 —
			江大坝	水口镇祥光村	2018.12 —
			曾逸升	浔中镇石鼓村	2018.12 —
		纪委书记	赖传双	汤头乡福山村	2018.12 —
		宣传委员	陈能瀛	上涌镇上涌村	2016.5 —
		组织委员	黄鹏辉	南埕镇望洋村	2016.5 — 2018.12
		秘书	许剑强	赤水镇永嘉村	2018.12 —
		统战委员	杨巧凤（女）	浔中镇浔中村	2016.5 —
		委员、人武部部长	林明将	大铭乡大铭村	2015.10 —
	人大主席团	主席	徐文昌	盖德镇福阳村	2018.1 —
	政府	镇长	郭小强	汤头乡汤头村	2016.12 —
		副镇长	陈志雄	龙浔镇丁溪村	2012.8 — 2018.12
			黄德萍（女）	洛江区罗溪镇	2012.8 — 2018.12
			危文元	南埕镇前峰村	2016.12 —
			郑　欣（女）	三班镇桥内村	2018.12 —
			潘文剑	永春县达埔镇	2018.12 —
浔中镇	党委	副处级干部	黄世兴	水口镇湖坂村	2016.5 —
			涂德望	赤水镇小铭村	2016.5 —
		书记	黄世兴	水口镇湖坂村	2012.8-
		副书记	涂德望	赤水镇小铭村	2016.5 —（2016.11 起到宁夏吴忠市红寺堡区挂职）
			徐福前	盖德镇福阳村	2016.5 — 2018.12
			涂瑞萍（女）	盖德镇上坑村	2018.12 —
			许从清	美湖镇洋坑村	2018.12 —
			裴承祖	龙浔镇宝美村	2018.12 —
		纪委书记	周金燧	赤水镇铭爱村	2016.5 —
		组织委员	罗良全	南埕镇高漈村	2018.12 —
		宣传委员	郑梅英（女）	三班镇三班村	2018.12 —

续表 23

乡镇	机关类别	职务	姓名	籍贯	任职起止时间
浔中镇	党委	秘书	苏清景	春美乡古春村	2018. 12 —
		统战委员	方萍萍（女）	雷峰镇坂仔村	2018. 12 —
		委员、人武部部长	王杰生	雷峰镇肖坑村	2018. 12 —
	人大主席团	主席	赖育朕	大铭乡琼溪村	2018. 1 —
	政府	镇长	涂德望	赤水镇小铭村	2016. 12 —（2016. 11 起到宁夏吴忠市红寺堡区挂职）
		副镇长	陈立峰	赤水镇赤水社区	2015. 12 —
			苏沂尧	春美乡上春村	2016. 12 —
			郭庆宏	浔中镇世科村	2016. 12 —
盖德镇	党委	书记	王传换	水口镇上湖村	2018. 1 —
		副书记	林传景	浔中镇后所村	2018. 1 —
			林朝阳	雷峰镇雷峰村	2018. 12 —
			陈国安	南埕镇连山村	2018. 12 —
		纪委书记	钟志华	雷峰镇瑞坂村	2018. 12 —
		组织委员	林振阳	杨梅乡云溪村	2016. 5 — 2018. 12
		宣传委员	陈为仙	雷峰镇瑞坂村	2016. 5 — 2018. 12
		秘书、统战委员	许丽燕（女）	美湖镇洋田村	2015. 9 — 2018. 12
		委员、人武部部长	涂春雷	盖德镇上坑村	2016. 5 —
	人大主席团	主席	李光华	桂阳乡洪田村	2018. 1 —
	政府	镇长	林传景	浔中镇后所村	2018. 1 —
		副镇长	张诗煊	南埕镇西山村	2012. 9 — 2018. 12
			林思荣	水口镇久住村	2015. 12 — 2018. 12
			郑金端	国宝乡厚德村	2018. 12 —
			梁儒波	南埕镇蟠龙村	2018. 12 —
三班镇	党委	书记	陈正忠	水口镇村场村	2017. 9-
		副书记	张文都	南埕镇枣坑村	2018. 1 —
			张璋印	南埕镇西山村	2015. 10 —
			林华实	杨梅乡云溪村	2018. 12 —
		纪委书记	曾碧婷（女）	浔中镇石鼓村	2016. 5 — 2018. 12
		组织委员	郑泓圻	三班镇桥内村	2016. 5 — 2018. 12
		宣传委员	王丽琼（女）	龙浔镇宝美村	2018. 12 —
		秘书、统战委员	许宝明	美湖镇上岸村	2015. 10 —
		委员、人武部部长	苏剑秋	春美乡双翰村	2018. 12 —
	人大主席团	主席	陈煌林	赤水镇苏坂村	2018. 1 — 2018. 12

续表 23

乡镇	机关类别	职务	姓名	籍贯	任职起止时间
三班镇	政府	镇长	张文都	南埕镇枣坑村	2018.1 —
		副镇长	郑金端	国宝乡厚德村	2011.12 —
			罗贵贤	南埕镇高漈村	2016.12 —
			陈文彬	龙浔镇丁墘村	2016.12 —
龙门滩镇	党委	书记	方华宇	雷峰镇雷峰村	2015.8 —
		副书记	苏宏亮	龙浔镇兴南社区	2018.1 —
			陈能鹏	赤水镇岭边村	2016.5 — 2018.12
			王文发	雷峰镇肖坑村	2018.12 —
			苏宜发	龙浔镇宝美村	2018.12 —
		纪委书记	郑声超	水口镇淳湖村	2016.5 — 2018.12
		组织委员	寇凝一	盖德镇下寮村	2011.5 — 2018.12
		宣传委员	郑声超	水口镇淳湖村	2018.12 —
		秘书、统战委员	王往杰	浔中镇富东社区	2018.12 —
		委员、人武部部长	陈建旺	永春县苏坑镇	2016.5 —
	人大主席团	主席	郑素霞（女）	龙浔镇大坂村	2018.1 —
	政府	镇长	苏宏亮	龙浔镇兴南社区	2018.1 —
		副镇长	彭珍珠（女）	浔中镇浔中村	2016.12 —
			苏晓峰	龙浔镇兴南社区	2016.12 —
雷峰镇	党委	书记	林亮国	杨梅乡云溪村	2017.9 —
		副书记	徐明晓	盖德镇福阳村	2018.1 —
			林思泽	上涌镇上涌村	2011.5 —
			郑泓圻	三班镇桥内村	2018.12 —
			郭仙仙（女）	汤头乡汤头村	2018.12 —
		纪委书记	连文溉	国宝乡格头村	2018.12 —
		组织委员	黄发梓	水口镇榜上村	2016.5 — 2018.12
		宣传委员	陈胜发	赤水镇赤水社区	2018.12 —
		委员、人武部部长	吴金德	盖德镇有济村	2016.5 — 2018.12
	人大主席团	主席	吴勇民	盖德镇有济村	2015.12 —
	政府	镇长	徐明晓	盖德镇福阳村	2018.1 —
		副镇长	彭金键	龙门滩镇霞碧村	2012.9 — 2018.12
			陈允泰	春美乡新阁村	2015.12 —
			赖冰莲（女，挂职）	龙岩市武平县	2018.11 —

续表 23

乡镇	机关类别	职务	姓名	籍贯	任职起止时间
南埕镇	党委	书记	李波宁	浔中镇浔中村	2016.5 —
		副书记	林忠营	龙浔镇丁墘村	2016.5 —
			周玉来	雷峰镇双芹村	2018.12 —
			苏添钦	春美乡双翰村	2018.12 —
		纪委书记	郑秀春（女）	三班镇桥内村	2018.12 —
		组织委员	蒋恭团	上涌镇传豪村	2015.10 — 2018.12
		宣传委员	陈志明	浔中镇后所村	2018.12 —
		秘书、统战委员	周玉来	雷峰镇双芹村	2016.5 — 2018.12
		委员、人武部部长	苏清景	春美乡古春村	2015.10 — 2018.12
	人大主席团	主席	陈祖承	春美乡梁春村	2015.12 —
	政府	镇长	林忠营	龙浔镇丁墘村	2016.12 —
		副镇长	郑世保	上涌镇桂格村	2015.12 — 2018.12
			裴承祖	龙浔镇宝美村	2016.12 — 2018.12
水口镇	党委	书记	赖诗坛	上涌镇桂林村	2016.5 —
		副书记	陈国金	安溪县凤城镇	2018.1 —
			潘堡强	永春县达埔镇	2011.5 —
			许从清	美湖镇洋坑村	2015.10 — 2018.12
			张志欣（挂职）	晋江市磁灶镇	2018.11 —
		纪委书记	郭昌棠	汤头乡岭脚村	2016.5 —
		组织委员	徐巧珍（女）	盖德镇凤山村	2018.12 —
		宣传委员	曾良贤	浔中镇浔中村	2011.5 —
		秘书、统战委员	连文溉	国宝乡格头村	2015.9 — 2018.12
		委员、人武部部长	李自有	龙浔镇丁溪村	2015.10 —
	人大主席团	主席	吴福联	盖德镇有济村	2012.9 —
	政府	镇长	陈国金	安溪县凤城镇	2018.2 —
		副镇长	黄兴源	桂阳乡王春村	2015.12 —
			陈建平	龙浔镇德新街	2016.12 —
国宝乡	党委	书记	苏宏斌	龙浔镇宝美村	2018.1 —
		副书记	赖胜德	三班镇龙阙村	2015.8 — 2018.12
			曾逸升	浔中镇石鼓村	2015.10 — 2018.12
			徐凤伟	浔中镇乐陶村	2018.12 —
			陈文渊	雷峰镇瑞坂村	2018.12 —
		纪委书记	张其国	龙浔镇丁墘村	2016.5 — 2018.12
		组织委员	李文新	盖德镇盖德村	2016.5 —

续表 23

乡镇	机关类别	职务	姓名	籍贯	任职起止时间
国宝乡	党委	宣传委员	张晴文（女）	水口镇亭坑村	2015.10 —
		秘书、统战委员	张其国	龙浔镇丁墘村	2018.12 —
		委员、人武部部长	肖友宗	上涌镇后宅村	2016.5 —
	人大主席团	主席	彭建稽	龙门滩镇霞碧村	2015.12 — 2018.2
			罗新章	南埕镇高漈村	2018.2 —
	政府	乡长	赖胜德	三班镇龙阙村	2015.12 — 2018.2
		副乡长	陈志华（女，科技）	水口镇昆坂村	2012.9 —
			林思锐	上涌镇上涌村	2015.12 —
			陈江艺	三班镇奎斗村	2016.12 —
赤水镇	党委	书记	林思毅	桂阳乡涌溪村	2017.9 —
		副书记	陈敏坤	南埕镇连山村	2016.5 —
			李添发	龙浔镇英山村	2015.10 — 2018.12
			蒋恭团	上涌镇传豪村	2018.12 —
			曾碧婷（女）	浔中镇石鼓村	2018.12 —
		纪委书记	郑世保	上涌镇桂格村	2018.12 —
		组织委员	陈志明	浔中镇后所村	2016.5 — 2018.12
		宣传委员	王丽琼（女）	龙浔镇宝美村	2016.5 — 2018.12
		秘书、统战委员	徐星火	浔中镇乐陶村	2018.12 —
		委员、人武部部长	颜杰臻	三班镇三班村	2016.5 —
	人大主席团	主席	赖长城	上涌镇门头村	2016.12 — 2018.12
	政府	镇长	陈敏坤	南埕镇连山村	2016.12 —
		副镇长	江作民	水口镇祥光村	2011.7 — 2018.12
			江大坝	水口镇祥光村	2011.7 — 2018.12
			林一岚（女，科技）	大铭乡大铭村	2015.12 —
美湖镇	党委	书记	陈子苹	永春县岵山镇	2018.1 —
		副书记	黄永怀	葛坑镇龙塔村	2018.1 —
			卢美纪	上涌镇西溪村	2015.10 —
			张利堤	水口镇亭坑村	2018.12 —
			郑新接	上涌镇桂格村	2018.12 —
		纪委书记	林加乐	桂阳乡涌溪村	2016.5 — 2018.12
		组织委员	罗良全	南埕镇高漈村	2015.10 — 2018.12
		宣传委员	陈玲玲（女）	上涌镇上涌村	2011.5 — 2018.12
		秘书、统战委员	张光辉	雷峰镇长基村	2016.5 — 2018.12
		委员、人武部部长	苏基壁	春美乡上春村	2018.12 —

续表 23

乡镇	机关类别	职务	姓名	籍贯	任职起止时间
美湖镇	人大主席团	主席	郭启建	龙浔镇宝美村	2015.12 —
	政府	镇长	黄永怀	葛坑镇龙塔村	2018.1 —
		副镇长	江宏墩	水口镇祥光村	2011.6 —
			庄勇生	三班镇龙阙村	2015.12 — 2018.12
大铭乡	党委	书记	杨德源	桂阳乡安章村	2016.5 —
		副书记	林让苗	美湖镇上漈村	2016.12 —
			王文发	雷峰镇肖坑村	2015.9 — 2018.12
			张炳滋	水口镇村场村	2016.5 —
			赖礼贯	上涌镇桂林村	2018.12 —
		纪委书记	郑新接	上涌镇桂格村	2016.5 — 2018.12
		组织委员	苏万森	汤头乡岭脚村	2018.12 —
		宣传委员	陈仁杰	龙浔镇浔东村	2016.5 —
		秘书、统战委员	刘玉珊	美湖镇小湖村	2016.5 — 2018.12
		委员、人武部部长	徐凤伟	浔中镇乐陶村	2012.8 — 2018.12
	人大主席团	主席	曾华艺	上涌镇曾坂村	2015.12 —
	政府	乡长	林让苗	美湖镇上漈村	2016.12 —
		副乡长	陈仁杰	龙浔镇浔东村	2015.12 —
			陈清峰（科技）	美湖镇阳山村	2015.12 — 2018.12
			郑　欣（女）	三班镇桥内村	2015.12 — 2018.12
春美乡	党委	书记	林国旺	桂阳乡溪洋村	2018.1 —
		副书记	林埔填	龙浔镇丁溪村	2018.1 —
			赖发进	上涌镇曾坂村	2015.10 —
			林　郁（挂职）	福州市仓山区	2016.11—2018.12
			许章槐	美湖镇上岸村	2018.12 —
		纪委书记	许章槐	美湖镇上岸村	2016.5 — 2018.12
		组织委员	赖传双	汤头乡福山村	2011.5 — 2018.12
		宣传委员	邱宏伟	浔中镇凤池社区	2015.10 —
		秘书、统战委员	张文琳	雷峰镇荐解村	2016.5 — 2018.12
		委员、人武部部长	苏基壁	春美乡上春村	2015.10 — 2018.12
	人大主席团	主席	张奕敬	龙浔镇丁墘村	2015.12 — 2018.2
			陈为富	龙浔镇高阳村	2018.2 —
	政府	乡长	林国旺	桂阳乡溪洋村	2015.12 — 2018.2
			林埔填	龙浔镇丁溪村	2018.2 —
		副乡长	张文琳	雷峰镇荐解村	2015.12—2018.12
			吴楚莹（女）	雷峰镇蕉溪村	2015.12 — 2018.12

续表 23

乡镇	机关类别	职务	姓名	籍贯	任职起止时间
上涌镇	党委	书记	黄振宇	桂阳乡梓溪村	2011. 5-
		副书记	林其粮	大田县湖美乡	2016. 5 —
			许启奋	赤水镇永嘉村	2015. 10 — 2018. 12
			林德东	国宝乡南斗村	2018. 12 —
			林志威	龙门滩镇硕儒村	2018. 12 —
		纪委书记	徐仁茂	三班镇奎斗村	2018. 12 —
		组织委员	曾宪鹏	浔中镇仙境村	2015. 10 —
		宣传委员	徐星火	浔中镇乐陶村	2016. 5 — 2018. 12
		秘书、统战委员	林加乐	桂阳乡涌溪村	2018. 12 —
		委员、人武部长	陈子杰	葛坑镇葛坑村	2015. 10 — 2018. 12
	人大主席团	主席	林建兴	人铭乡大铭村	2017. 12 —
	政府	镇长	林其粮	大田县湖美乡	2016. 12 —
		副镇长	林朝阳	雷峰镇雷峰村	2015. 12 — 2018. 12
			林秀芳（女）	美湖镇洋田村	2016. 12 —
			缪宇竞	江苏省南京市	2018. 12 —
			陈明全	龙浔镇丁溪村	2018. 12 —
汤头乡	党委	书记	黄东胜	南安市码头镇	2012. 9 — 2018. 8
			陈文锋	南埕镇连山村	2018. 12 —
		副书记	陈文锋	南埕镇连山村	2018. 1 — 2018. 12
			李仁浩	葛坑镇漈头村	2015. 10 — 2018. 12
			彭金键	龙门滩镇霞碧村	2018. 12 —
			林修文	美湖镇上漈村	2018. 12 —
		纪委书记	陈公培	春美乡新阁村	2016. 5 — 2018. 12
		组织委员	吴衍鸿	雷峰镇蕉溪村	2016. 5 —
		宣传委员	曾全固	浔中镇祖厝村	2016. 5 — 2018. 12
		秘书、统战委员	陈子杰	葛坑镇葛坑村	2018. 12 —
		委员、人武部部长	陈公培	春美乡新阁村	2018. 12 —
	人大主席团	主席	陈国跃	国宝乡南斗村	2018. 1 —
	政府	乡长	陈文锋	南埕镇连山村	2018. 1 — 2018. 12
		副乡长	曾全固	浔中镇祖厝村	2015. 12 — 2018. 12
			郑剑华	永春县仙夹镇	2015. 12-2018. 12
			李小霞（女）	浔中镇土坂村	2015. 12 — 2018. 12
葛坑镇	党委	书记	蒋声彬	上涌镇黄井村	2018. 1 —
		副书记	周崇楚	赤水镇铭爱村	2018. 1 —
			林承锻	桂阳乡桂阳村	2015. 10 —
			林国明	水口镇上湖村	2016. 5 — 2018. 12

续表 23

乡镇	机关类别	职务	姓名	籍贯	任职起止时间
葛坑镇	党委	副书记	苏朝进	龙浔镇宝美村	2018.12 —
		纪委书记	郑秀春（女）	三班镇桥内村	2016.5 — 2018.12
		组织委员	叶义旭	国宝乡佛岭村	2016.5 —
		宣传委员	苏朝进	龙浔镇宝美村	2016.5 — 2018.12
		秘书、统战委员	涂双金	盖德镇上坑村	2016.5 — 2018.12
		委员、人武部部长	林国助	桂阳乡梓溪村	2011.5 —
	人大主席团	主席	赖呈游	大铭乡琼山村	2018.1 —
	政府	镇长	周崇楚	赤水镇铭爱村	2018.1 —
		副镇长	林振发	浔中镇浔中村	2015.12 —
			连俊强（科技）	国宝乡格头村	2015.12 —
			郭宏儒	美湖镇小湖村	2016.12 — 2018.12
桂阳乡	党委	书记	涂世泽	赤水镇西洋村	2018.1 —
		副书记	蔡伟明	漳州市漳浦县	2018.1 —
			郑建新	龙门滩镇湖景村	2013.7 — 2018.12
			陈永生	葛坑镇葛坑村	2018.12 —
			涂双金	盖德镇上坑村	2018.12 —
		纪委书记	陈永生	葛坑镇葛坑村	2016.5 — 2018.12
		组织委员	宋　健	莆田市城厢区	2011.5 — 2018.12
		宣传委员	曾华丰	浔中镇仙境村	2011.5 —
		秘书、统战委员	叶剑华	国宝乡佛岭村	2016.5 — 2018.12
		委员、人武部部长	蒋朝挥	上涌镇黄井村	2011.5 —
	人大主席团	主席	柯进福	永春县苏坑村	2018.1 —
	政府	乡长	蔡伟明	漳州市漳浦县	2018.1 —
		副乡长	陈明全	龙浔镇丁溪村	2016.1 — 2018.12
			曾华丰	浔中镇仙境村	2016.12 —
杨梅乡	党委	书记	林恭兴	桂阳乡桂阳村	2018.1 —
		副书记	苏开良	春美乡上春村	2016.5 —
			陈国安	南埕镇连山村	2015.10 — 2018.12
			曾华峰	浔中镇仙境村	2016.5 —
			庄克强	浔中镇浔中村	2018.12 —
		纪委书记	方萍萍（女）	雷峰镇坂仔村	2016.5 — 2018.12
		组织委员	陈海民	南埕镇连山村	2015.10 — 2018.12
		宣传委员	庄克强	浔中镇浔中村	2016.5 — 2018.12
		秘书、统战委员	方建辉	雷峰镇雷峰村	2015.10 —
		委员、人武部部长	王杰生	雷峰镇肖坑村	2015.10 — 2018.12

续表 23

乡镇	机关类别	职务	姓名	籍贯	任职起止时间
杨梅乡	人大主席团	主席	徐文曙	盖德镇福阳村	2018.1 —
	政府	乡长	苏开良	春美乡上春村	2016.12 —
		副乡长	陈成法	龙浔镇大坂村	2011.5 — 2018.12
			庄克强	浔中镇浔中村	2015.12 — 2018.12

说明：1. 该表收录2018年12月底在职的德化县四套班子领导（包括副处级及以上非领导职务），县直各单位、县直各系统党委、各乡镇中担任行政领导职务的人员；一人在两个单位担任两个或两个以上行政领导职务的分别收录到相应单位

2. 县人大常委会主任、副主任，县人民政府县长、副县长的任职时间以在县人大会议上当选时间为准，县政协主席、副主席以在县政协会议上当选时间为准，各乡镇人大主席团主席，政府乡镇长、副乡镇长以在乡镇人大会议上当选时间为准

2018 年度获得高、中级专业技术职务人员名单

表 24

序号	单位	姓名	专技职务	确认时间	备注
1	德化涌溪水电有限公司	黄宗毅	水利水电专业高级工程师	2018.1.26	—
2	泉州工艺美术职业学院	林国枝	工艺美术师	2018.1.31	—
3	泉州工艺美术职业学院	林碧清	工艺美术师	2018.1.31	—
4	福建省德化职业技术学校	周淑华	工艺美术师	2018.1.31	—
5	福建省德化职业技术学校	陈丽烨	工艺美术师	2018.1.31	—
6	福建省汤头建筑工程有限公司	林涌超	土木工程施工高级工程师	2018.2.2	非公
7	福建省汤头建筑工程有限公司	肖坤元	土木工程施工高级工程师	2018.2.2	非公
8	福建省永正建设发展有限公司	王恭富	土木工程施工高级工程师	2018.2.2	非公
9	福建省汤头建筑工程有限公司	陈少耕	建筑工程管理高级工程师	2018.2.2	非公
10	厦门建兴工程管理有限公司德化分公司	罗武庆	建筑工程管理高级工程师	2018.2.2	非公
11	德化县浔中延丰瓷厂	陈梗生	高级工艺美术师	2018.2.2	非公
12	德化县万玉陶瓷研究所	郑金星	高级工艺美术师	2018.2.2	非公
13	德化县岱仙艺瓷研究所	张遵山	高级工艺美术师	2018.2.2	非公
14	福建省德化县锦福陶瓷有限公司	吴学文	高级工艺美术师	2018.2.2	非公
15	德化蕴玉陶瓷雕塑艺术研究所有限公司	陈建阳	高级工艺美术师	2018.2.2	非公
16	福建省德化县新星陶瓷有限公司	林星育	高级工艺美术师	2018.2.2	非公
17	福建省德化县锦绣通玉瓷研究所	庄晓阳	高级工艺美术师	2018.2.2	非公
18	德化县城关永兴陶瓷厂	陈武聪	高级工艺美术师	2018.2.2	非公
19	福建省德化县兴业陶瓷有限公司	林东兴	高级工艺美术师	2018.2.2	非公
20	福建省泉州伟盛集团有限公司	林东星	高级工艺美术师	2018.2.2	非公
21	福建省德化县明艺特特种陶瓷厂	苏义友	高级工艺美术师	2018.2.2	非公

续表 24

序号	单位	姓名	专技职务	确认时间	备注
22	福建省德化龙峰陶瓷有限公司	苏建堆	高级工艺美术师	2018.2.2	非公
23	德化恒晟陶瓷工艺品有限公司	徐桂梅	高级工艺美术师	2018.2.2	非公
24	福建省德化八达陶瓷有限公司	柯上通	高级工艺美术师	2018.2.2	非公
25	德化县南艺陶瓷工艺厂	陈文德	高级工艺美术师	2018.2.2	非公
26	德化县优雅陶瓷研究所	王韩英	高级工艺美术师	2018.2.2	非公
27	福建省德化县泰峰瓷坊	曾兴枝	高级工艺美术师	2018.2.2	非公
28	福建德化精艺陶瓷有限公司	叶云凤	高级工艺美术师	2018.2.2	非公
29	德化臻艺陶瓷有限公司	周德健	高级工艺美术师	2018.2.2	非公
30	德化县骏临佳艺瓷研究所	蔡国海	高级工艺美术师	2018.2.2	非公
31	德化行知陶瓷研究所	孙敏强	高级工艺美术师	2018.2.2	非公
32	德化县怡家工贸有限责任公司	朱芳芳	高级工艺美术师	2018.2.2	非公
33	福建省德化县先达瓷厂	叶永祯	高级工艺美术师	2018.2.2	非公
34	泉州阳光创艺陶瓷股份有限公司	毛录贵	高级工艺美术师	2018.2.2	非公
35	德化县实验小学	林长青	高级教师	2018.2.24	—
36	德化县第二实验小学	陈金枝	高级教师	2018.2.24	—
37	德化县第二实验小学	苏碧秋	高级教师	2018.2.24	—
38	德化县第三实验小学	方金辉	高级教师	2018.2.24	—
39	德化县尚思小学	欧阳彩云	高级教师	2018.2.24	—
40	德化县城关幼儿园	郑少密	高级教师	2018.2.24	—
41	德化县第八中学	章学城	中小学（幼儿园）一级教师	2018.4.12	—
42	德化县第八中学	林慧超	中小学（幼儿园）一级教师	2018.4.12	—
43	德化县第一中学	陈玉兰	中小学（幼儿园）一级教师	2018.4.12	—
44	德化县第一中学	曾华成	中小学（幼儿园）一级教师	2018.4.12	—
45	德化县第一中学	郑心育	中小学（幼儿园）一级教师	2018.4.12	—
46	德化县第一中学	周明墩	中小学（幼儿园）一级教师	2018.4.12	—
47	德化县第一中学	陈修周	中小学（幼儿园）一级教师	2018.4.12	—
48	德化县第二实验小学	黄学铭	中小学（幼儿园）一级教师	2018.4.12	—
49	德化县实验小学	黄新琴	中小学（幼儿园）一级教师	2018.4.12	—
50	德化县第二实验幼儿园	陈亚玲	中小学（幼儿园）一级教师	2018.4.12	—
51	德化县葛坑镇农业服务中心	苏宜会	高级农经师	2018.6.5	—
52	德化职业技术学校	陈晓明	中等职业学校讲师	2018.6.15	—
53	德化职业技术学校	郑进结	中等职业学校讲师	2018.6.15	—
54	德化职业技术学校	郑建圣	中等职业学校讲师	2018.6.15	—

续表 24

序号	单位	姓名	专技职务	确认时间	备注
55	德化县第八中学	曾志洪	高级教师	2018.7.13	—
56	德化县第八中学	李克胜	高级教师	2018.7.13	—
57	德化县第八中学	曾宪东	高级教师	2018.7.13	—
58	德化县第二中学	陈建勇	高级教师	2018.7.13	—
59	德化县第三中学	林文博	高级教师	2018.7.13	—
60	德化县第三中学	赖厚爵	高级教师	2018.7.13	—
61	德化县第三中学	罗文水	高级教师	2018.7.13	—
62	德化县第三中学	陈文淑	高级教师	2018.7.13	—
63	德化县第三中学	李湘瑜	高级教师	2018.7.13	—
64	德化县第五中学	王齐明	高级教师	2018.7.13	—
65	德化县第一中学	苏诗川	高级教师	2018.7.13	—
66	德化县第一中学	陈敬伦	高级教师	2018.7.13	—
67	德化县第一中学	曾昭贤	高级教师	2018.7.13	—
68	德化县鹏祥中学	赖瑞登	高级教师	2018.7.13	—
69	德化县鹏祥中学	赖奇能	高级教师	2018.7.13	—
70	德化县鹏祥中学	郑孝谂	高级教师	2018.7.13	—
71	德化县鹏祥中学	吴小虹	高级教师	2018.7.13	—
72	德化县第三中学霞溪分校	连恩凯	高级教师	2018.7.13	—
73	德化县第三中学霞溪分校	陈建洪	高级教师	2018.7.13	—
74	德化县第三中学霞溪分校	曾荣店	高级教师	2018.7.13	—
75	德化县教师进修学校	林义河	高级教师	2018.7.13	—
76	德化县盖德初级中学	梁丽婷	高级教师	2018.7.13	—
77	德化县雷峰中学	张大淮	高级教师	2018.7.13	—
78	德化县三班中学	曾凤梓	高级教师	2018.7.13	—
79	景远（德化）建材有限公司	尤志杰	工程检测工程师	2018.9.4	非公
80	景远（德化）建材有限公司	叶陈群	工程检测工程师	2018.9.4	非公
81	福建省银厦建设工程有限公司	赖传明	建筑工程施工工程师	2018.9.4	非公
82	福建省银厦建设工程有限公司	蒋慧星	建筑工程施工工程师	2018.9.4	非公
83	福建省银厦建设工程有限公司	赖玉金	建筑工程施工工程师	2018.9.4	非公
84	福建省银厦建设工程有限公司	蔡培辉	建筑工程施工工程师	2018.9.4	非公
85	福建省银厦建设工程有限公司	曾万莉	建筑智能化施工工程师	2018.9.4	非公
86	福建省银厦建设工程有限公司	黄明亮	暖通与空调安装工程师	2018.9.4	非公
87	福建省银厦建设工程有限公司	尤良荣	市政工程施工工程师	2018.9.4	非公
88	福建省银厦建设工程有限公司	曾净莉	市政工程施工工程师	2018.9.4	非公

续表 24

序号	单位	姓名	专技职务	确认时间	备注
89	福建省银厦建设工程有限公司	梁亚鹏	市政工程施工工程师	2018.9.4	非公
90	德化县人力资源服务中心	郑志新	高级经济师	2018.9.10	—
91	德化县价格认定局	陈明玲	高级经济师	2018.9.10	—
92	德化职业技术学校	陈晓辉	高级讲师	2018.10.30	—
93	德化县医院	赖宏忠	基层中医主任医师	2018.11.30	—
94	德化县中医院	郭群辉	基层主任医师	2018.11.30	—
95	德化县医院	苏美华	副主任医师	2018.12.7	—
96	德化县医院	郑剑志	副主任医师	2018.12.7	—
97	德化县医院	赖家瑞	副主任医师	2018.12.7	—
98	德化县医院	温美珠	副主任医师	2018.12.7	—
99	德化县医院	许金坨	副主任医师	2018.12.7	—
100	德化县龙浔镇社区卫生服务中心	郑添海	副主任医师	2018.12.7	—
101	德化县盖德镇卫生院	苏建铸	副主任医师	2018.12.7	—
102	德化县医院	杨存瑞	中医副主任医师	2018.12.7	—
103	德化县医院	徐秋萍	中西医结合副主任医师	2018.12.7	—
104	德化县中医院	徐惠清	副主任护师	2018.12.7	—
105	德化县医院	陈春友	副主任护师	2018.12.7	—
106	德化县医院	郑青如	副主任护师	2018.12.7	—
107	德化县医院	黄武商	副主任药师	2018.12.7	—
108	德化县医院	李进庆	副主任药师	2018.12.7	—
109	德化县中医院	陈为托	基层副主任医师	2018.12.7	—
110	德化县中医院	周成发	基层副主任医师	2018.12.7	—
111	德化县中医院	林佳余	基层中医副主任医师	2018.12.7	—

2018 年度当选市级及以上劳动模范人员名单

表 25

姓名	性别	出生年月	学历	籍贯	单位及职务	当选时间
徐志刚	男	1967.9	大学	德化	德化一中教师	2018.4 全国五一劳动奖章
陈仁海	男	1970.6	大学	德化	德化县中国白陶瓷公司艺术总监	2018.4 福建省劳动模范
谢利英	女	1969.2	高中	江西省高安市	福建省佳美集团公司职工	2018.4 福建省劳动模范
李青艺	女	1970.10	中专	德化	德化腾艺陶瓷公司业务主管	2018.4 福建省劳动模范
李金贵	男	1969.11	大专	德化	德化英山珍贵淮山合作社总经理	2018.4 福建省劳动模范
郑雄文	男	1967.4	大学	德化	山花陶瓷有限公司总经理	2018.4 泉州市劳动模范
陈丽玉	女	1963.10	小学	德化	德化县丽玉生态农林专业合作社理事长	2018.4 泉州市劳动模范

续表 25

姓名	性别	出生年月	学历	籍贯	单位及职务	当选时间
陈继宝	男	1959.8	高中	德化	德化县戴云花卉苗木农民合作社理事长	2018.4 泉州市劳动模范
曾丽春	女	1980.9	中专	德化	德化县绿源专业合作社理事长	2018.4 泉州市劳动模范
赖作伟	男	1976.4	初中	江西省	德化县龙鹏集团公司釉下彩设计人员	2018.4 泉州市劳动模范
黄钢水	男	1974.8	本科	南安	国网德化县供电公司书记、工会主席	2018.5 福建省劳动模范

2018 年度热心家乡公益事业单位（个人）名单

表 26

单位或个人	性别	籍贯	捐资项目	捐资金额	捐资时间
黄宏宝	男	葛坑镇葛坑村	幸福敬老基金会	20.32 万元	2018.12
郑海容	男	汤头建筑公司	德化一中郑易真老师高考奖教金	12 万元	2018.12

说明：收录 2018 年度单位捐资 20 万元以上（含 20 万元）、个人捐资 10 万元以上（含 10 万元）的华侨、台港澳社团和乡亲及德化县社会各界人士或单位

2018 年度全县 100 岁及以上人员名单

表 27

序号	姓名	性别	出生年月	户籍所在地
1	徐　臻	女	1917.2	龙浔镇德新社区
2	苏　英	女	1918.12	浔中镇石鼓村
3	孙　俭	女	1918.3	三班镇三班村
4	张　午	女	1918.9	水口镇昆坂村
5	谢美旬	男	1916.11	汤头乡草村村
6	陈　诗	女	1919.6	杨梅乡杨梅村

2018 年度新闻人物

德化一中教师徐志刚获全国五一劳动奖章

徐志刚，德化一中物理老师，2018 年 4 月获全国五一劳动奖章。近 30 年的教学生涯，徐志刚一直都在德化一中，他兢兢业业，恪尽职守，以严谨的工作态度和忘我的敬业精神，深得全校师生的好评。

潜心教学 实现省级一等奖零的突破

徐志刚在德化一中从教至今 28 年，是福建省物理学科教学带头人、首届泉州市名教师、福建省徐志刚劳模创新工作室及德化县中学物理徐志刚重点名师工作室领衔人。现在的他除了在一中教学，还要到乡下进行为期一年的支教。

说起带领学生在物理奥赛上取得的种种成绩，徐老师很谦虚。他说，从 2000 年开始，他着手主持全校物理学科奥林匹克竞赛辅导工作。由于经验的匮乏、师资力量的薄弱，工作难上加难，遇到问题时，都找

2018年6月，德化一中教师徐志刚在高二年（12）班上课

（图／德化一中）

不到人一起讨论，有时要买资料书也困难，他心里打起退堂鼓。然而看到学生们信任的目光，他咬牙坚持。

功夫不负有心人，凭着热情和执着，2002年，徐志刚指导的学生叶鑫审参加物理奥林匹克学科竞赛，荣获福建赛区一等奖，实现了德化一中乃至德化县奥赛省级一等奖零的突破。

到2011年，徐老师开始任学校课外科技辅导员，积极组织学生开展课外科技活动，辅导的学生在全国中学生物理竞赛、全国青少年创新大赛中，已有30多人次在省级及以上获奖、100多人次在市级及以上获奖。凭着独特的教学风格，他所带学生在历届高考中成绩显著，带过的十几名学生分别考上清华、北大，一大批学生考上“985”“211”名校。

满怀热情 “为学生之发展而耕耘”

徐老师长期担任班主任，总是克服一切困难，对班级的每位学生一一家访。他始终坚持“为学生之发展而耕耘”，决不落下任何一名学生。作为班主任，虽然对学生很严格，但他对工作倾注了满怀热情。对有情绪的学生，他经常先找家长了解情况，然后来到学生身边跟他们聊天、开导他们。

“徐老师十分优秀，是位好老师。”现在在清华大学水利系攻读博士学位的林昌杰告诉记者，他于2010年从德化一中毕业，虽然徐老师没有直接教过他，但因为物理竞赛和老师有不少渊源。高一下半年，他开始接触物理竞赛，一直到高三年参加完省物理竞赛，徐老师给予他很大的帮助。高二时，继续学习物理竞赛的同学只剩下他一人，徐老师仍然尽力为他创造良好的学习条件。购书不方便，徐老师就专门从网上买了很多很经典的物理竞赛辅导教材给他学习，还给他物理教研办公室的钥匙，让他在节假日或周末到办公室学习物理竞赛内容。

林昌杰印象最深的是，高二暑假时，徐老师带着他在外地参加物理竞赛培训，先后到福州、杭州等地，还带着他到厦门与其他物理培训老师进行交流。“无论是时间还是精力，徐老师都投入很多。”林昌杰说，与徐老师一起参加物理竞赛的这一段经历，对他的人生道路产生很大的影响。

（文／陈小芬）

德化籍南平高速交警刘才添为救人因公牺牲

2018年，刘才添个人照

（图／德化网）

2018年12月31日凌晨1时45分，德化籍南平高速交警支队四大队二中队民警刘才添带队护送养护人员上路铺撒融雪剂，途经福银高速A道338千米（邵武上村大桥路段）时，发现一辆运输商品车的重型半挂牵引车因单方事故故障无法移动，刘才添立即组织对事故现场进行布控和警戒。其间，一辆途经该路段的重型半挂牵引车（车号鲁NC0312）因打滑失控冲入现场。刘才添发现警情后，立即呼叫事故现场的车辆驾乘人员撤离，自己却因躲闪不及被失控车辆碰撞挤压，不幸因公牺牲，年仅28岁。

（文／德化网）

荣 誉

先进个人名录

2018 年度获省部级及以上单位表彰的先进个人名单

表 28

姓名	工作单位	奖励名称	奖励单位	颁奖时间
郑素萍	德化一中教师	福建省先进工作者	省委、省政府	2018.4
徐婉嫦	县侨联	全国归侨侨眷先进个人	中国侨联、国务院侨办	2018.8

2018 年度获厅级及以上单位表彰的先进个人名单

表 29

姓名	工作单位	奖励名称	奖励单位	颁奖时间
曾宪校	县人事局退休干部	2017 年度全省老干部宣传工作表现突出个人	省委老干局	2018.1.31
苏剑水	县公安局汤头森林派出所副教导员	泉州市先进工作者	市委、市政府	2018.4
曾云燕	县职业技术学校教师			
苏秀芬	县实验小学教师			
曾少凤	县残联康复服务指导站职工			
梁双升	泉州工艺美院	瓷板画《生命之歌》获第十三届中国（莆田）海峡工艺品博览会优秀工艺作品评选活动铜奖	中国工艺美术学会	2018.5.1
陈素梅		第八届中国国际空间大赛中国建筑装饰设计奖别墅空间类银奖	中国建筑装饰协会	2018.6.1
王双季 李宏图 连江水 许华森 吴有森	《瓷都德化报》	优秀通讯员	福建日报社（报业集团）	2018.7.1
黄丽红	县检察院	中国法学会检察学研究会民事行政检察专业委员会第七届年会论文一等奖	中国法学会	2018.7.1
周凤婷		全省检察机关未检业务竞赛能手	省人民检察院政治部	2018.8.1
郑雅君		全省检察机关第十七期司法警察培训班被评为优秀学员	省人民检察院司法警察总队	

续表 29

姓名	工作单位	奖励名称	奖励单位	颁奖时间
梁双升 黄佳敏 纪繁芳 郑姝敏 吴凤琴 王素云 黄燕萍 柳叶萍 洪春美 梁双升	泉州工艺美院	2018年福建省职业院校信息化大赛三等奖	省教育厅	2018.9.1
		“网龙杯”2018年福建省职业院校信息化教学大赛三等奖	省教育厅	2018.9.1
		瓷板画《雄峰在望》获第六届中国陶瓷名家名作展评比铜奖	中国陶瓷工业协会	2018.11.1
		瓷板画《自然神曲》获第十一届中国陶瓷艺术大展铜奖		
许福海	县委老干局、县老年大学	中国老年大学协会第十三次老年教育理论研讨会优秀论文三等奖	中国老年大学协会、老年教育学术委员会	2018.9.1
苏尧棠、李炳芬	原省佳美集团公司董事长、县老年妇女联谊会会长	省最美家庭	省妇联、省委文明办	2018.9.17
陈英强、连惜	赤水镇猛虎村赤脚医生、务农			
周金田	泉州工艺美院	全国陶瓷行业技术能手	中国陶瓷工业协会	2018.10.1
叶振生	县广电局	主创的《陶瓷视界》获2018年全国优秀栏目文化类30强	中国广播电影电视社会组织联合会	2018.10.22
白秀艳				
王茹婷				
郭耀宏				
邱玫瑰	泉州工艺美院	第十一届中国陶瓷艺术大展 金奖	中国陶瓷工业协会	2018.11
张南章				
庄虹虹				
黄永星				
郑振雷				
徐晓莲	县检察院	全省关心下一代工作先进工作者	省关心下一代工作委员会	2018.11.1
董文彬		2018年护林联防工作中被评为先进个人	省第二护林联防区委员会	2018.12.1
林淑环	上涌镇后宅村妇联	全省优秀基层妇联主席	省妇联	2018.12.28

先进集体名录

2018 年度获省部级及以上单位表彰的先进单位名表

表 30

获奖单位	奖励名称	颁奖单位	颁奖时间
县供销社	全国供销合作社系统先进集体	人社部、全国供销总社	2018.1.1
浔中镇政府	全国文明村镇	全国精神文明建设委员会	2018.1.1
	全国千强镇	中国中小城市经济发展委员会	
德化县闽兴公交公司	开展 2017 年道路运输平安年活动成绩突出道路运输企业	交通运输部、公安部、应急管理部	2018.4.13
德化一中	2018 年第十六届“赛莱默”杯全国中学生水科技发明比赛暨斯德尔摩青少年水奖中国地区选拔赛优秀组织奖	环境保护部宣传教育中心	2018.5.1
	第一届（2015—2017 年度）文明校园	省委、省政府	2018.7.1
德化县彭村水库工程	2015—2016 年度全国水利建设工程文明工地	水利部精神文明建设指导委员会	2018.6.1
县司法局	2018 年度人民调解宣传工作先进集体	中华全国人民调解员协会	2018.6.5
县广电局	2015—2017 年度文明单位	省委、省政府	2018.7.1
	世界陶瓷之都·德化全国百家电视台大型集中采访展播活动优秀组织单位	中国广播电影电视社会组织联合会	2018.8.1
	改革开放四十年全国百佳县级广播电视台		2018.10.1
龙浔镇英山村芹峰德化淮山	第八批全国一村一品示范村镇名单	农业农村部	2018.7.3
三班镇龙阙村黑鸡			
春美乡德化黄花菜			
县检察院	2015—2017 年度省级文明单位	省委、省政府	2018.8.1
	全省检察机关“基层民事行政检察工作推进年”先进基层检察院	省检察院	2018.8.31
县法院	2015—2017 年度省级文明单位	省委、省政府	2018.9.1
泉州市公路局德化分局			
泉州工艺美院	“建构大师＋名师工作室培育三创型现代新工匠陶瓷类专业人才培养改革与实践”荣获 2018 年职业教育国家级教学成果奖二等奖	教育部	2018.9.1
水口镇祥光村	第九批省级文物保护单位名单	省政府	2018.9.7
德化县	全国法治县（市区）创建活动先进单位	全国普法办	2018.10.25
泉州市龙门滩引水工程管理处	2018 年全国工会职工书屋示范点	中华全国总工会	2018.11.1
龙门湖水利风景区	国家级水利风景区	水利部	2018.12.5
县科协	2018 年全国科普日表扬的组织单位	中国科协	2018.12.10
	2018 年全国科普日表扬活动		

续表 30

获奖单位	奖励名称	颁奖单位	颁奖时间
浔中镇祖厝村	第五批中国传统村落名录	住建部、文化和旅游部、文物局、财政部、自然资源部、农业农村部	2018.12.10
龙浔镇高阳村			
水口镇上湖村、白潭村、淳湖村			
盖德镇山坪村			
美湖镇美湖村、洋坑村、洋田村			
杨梅乡云溪村			
桂阳乡桂阳村			
大铭乡大铭村			
春美乡双翰村、春美村			

2018年度获厅级及以上单位表彰的先进单位名表

表 31

获奖单位	奖励名称	颁奖单位	颁奖时间
银瓶湖水利风景区	福建省第七批省级水利风景区	省水利厅	2018.1.8
龙浔镇浔东社区	省消防安全示范社区	省公安厅、综治办、民政厅	2018.1.14
中共德化县委老干部局	2017年度全省老干部宣传工作突出单位	省委老干局	2018.1.31
县检察院团支部	2017年度“福建省五四红旗团（总）支部”荣誉称号	团省委	2018.5.1
泉州工艺美院	“跨界教学培养复合型艺术设计类人才的研究与实践”荣获福建省2018年职业教育省级教学成果奖二等奖	省教育厅	2018.5.1
县广电局	“德化瓷装点金砖会晤中国白再放异彩”专题片获2017年度福建省新闻奖电视消息三等奖	省计协	2018.5.23
美湖镇	省第十三届（2015—2017年度）文明镇	省委文明办	2018.5.28
县检察院团支部	2016—2017年度省级“青少年维权岗”单位	省创建“青少年维权岗”活动组委会	2018.7.1
县报道中心	全省十佳报道组	福建日报社（报业集团）	2018.7.1
德化一中	福建省中小学心理健康教育特色学校（第三批）	省教育厅	2018.8.1
县教师进修学校	福建省基础教育省级教学成果二等奖	省教育厅	2018.9.1
盖德镇有济村	省级乡村振兴示范村	省财政厅	2018.9.25
水口镇梨坑村	福建省乡村旅游特色村	省旅游发展委员会	2018.10.1
龙浔镇兴南社区 三班镇泗滨村	第五批省级“民主法治示范村（社区）”	省民政厅、司法厅	2018.11.1
南埕镇	省三星级乡村旅游休闲集镇	省旅游发展委员会	2018.11.21
杨梅乡	中国森林文化小镇	中国林学会	2018.11.25
水口镇妇联	全省先进乡镇（街道）妇联	省妇联	2018.12.28
赤水镇妇联	全省先进乡镇（街道）妇联		
龙浔镇南门社区妇联	全省先进村（居）妇联		
水口镇妇联	福建省“三百四有”活动先进基层妇联组织		

德化县委、县政府2018年度表彰先进名单

2018年度德化县经济社会发展重点工作先进集体名单

一、陶瓷产业跨越发展工作

陆升（福建）集团有限公司

福建省德化同鑫陶瓷有限公司

福建省德化正和陶瓷有限公司

福建省威尔陶瓷股份有限公司

泉州市德化县恒峰陶瓷有限公司

二、社会民生提升工作

中共德化县委政法委员会

德化县卫生健康局

上涌镇人民政府

美湖镇人民政府

葛坑镇人民政府

三、乡村发展工作

德化县林业局

上涌镇人民政府

杨梅乡人民政府

四、项目攻坚工作

德化县发展和改革局

德化县财政局

德化县文化体育和旅游局

德化县城市管理局

龙浔镇人民政府

杨梅乡人民政府

五、党建保障提升工作

中共德化县纪律检查委员会

中共德化县委组织部

中共德化县龙浔镇委员会

六、人大代表建议和政协委员提案办理工作

德化县交通运输局

德化县城市管理局

七、双拥工作

德化县科学技术局

2018年度德化县经济社会发展重点工作先进个人名单

一、陶瓷产业跨越发展工作

林贵基 福建华夏金刚科技股份有限公司董事长

郑泽洽 德化县顺尔美工艺品有限公司董事长

王光明 福建省德化县晖德陶瓷有限公司董事长

李建阳 福建省德化县唐丰陶瓷有限公司董事长

郑荣文 德化东华陶瓷有限公司董事长

林福文 福建省德化福杰陶瓷有限公司总经理

郭建洲 福建德化五洲陶瓷股份有限公司董事长

郑成全 福建省德化县成艺陶瓷有限公司董事长

陈金贵 福建省嘉顺艺品股份有限公司董事长

陈仁海 中国白文化研究院院长、省工艺美术大师

二、社会民生提升工作

林亮国 雷峰镇党委书记

林国棣 德化县纪委监委党风室主任

罗光珍 德化县教育局中教股股长

黄镇西 德化县公安局治安管理大队副中队长

张辉铭 德化县城乡居民基本养老保险管理中心副主任

曾一烜 德化县建设工程质量监督站副站长

李巧玲 德化县农业农村局扶贫工作站负责人

郑友德 龙浔镇安监办副主任

邱莉毓 龙浔镇人民政府干部

连桂瑜 浔中镇政府干部

林文栋 雷峰镇卫生院副院长

林乐祥 葛坑镇人民政府干部

苏诗川 德化一中教师

黄源泉 尚思小学教师

三、乡村发展工作

林富杰 德化县农业科学研究所所长

林双红 德化县自然资源局地籍股股长

张智勤 唐寨山森林公园管理处主任

张艺凌 德化县水利局水保办副主任

吕文强 浔中镇国土资源所负责人

张生朝 浔中镇林业站站长

李桂芳 盖德镇人民政府干部

陈贞凯 龙门滩镇水利工作站站长

四、项目攻坚工作

陈金玺 三班镇人大主席

陈祖承 南埕镇人大主席、城东四期项目办主任

郑贵军 德化县公安局交通警察大队大队长

林兴钐 德化县行政服务中心管理委员会副主任

罗德榜 中共德化县委人才办副主任

邱振堆 中共德化县委文明办综合股股长

徐成武 德化县效能办股室负责人

林克城 德化县住房和城乡建设局干部

方兹榜 德化县文化体育和旅游局产业发展股负责人

张逸斌 德化县文化体育和旅游局干部
郑永峰 德化县城市管理局工程股负责人
李培源 德化县行政执法大队副队长兼龙浔中队中队长
余生锻 德化县招商办干部
曾华聪 浔中镇农业服务中心干部
许幼明 上涌镇人民政府财政所所长

五、党建保障提升工作

苏莞尔 中共德化县宣传系统委员会副书记
孙锦延 中共德化县委办党建股股长
郑华锋 中共德化县委统战部办公室科员
陈美德 中共德化县林业系统党务干部
连蓉蓉 浔中镇组织干事
苏巧利 春美乡纪委副书记、监察组副组长
江振顺 杨梅乡党政办主任

六、人大代表建议和政协委员提案办理工作

林亮旺 德化县公安局副局长
苏亲毕 德化县市场监督管理局副局长
林玉麟 德化县教育局组织人事股副股长
梁志宏 德化县文化体育和旅游局办公室负责人

七、双拥工作

郑德全 德化县城市管理局局长
林星海 德化县财政局干部

德化县 2018 年度特色现代农业示范典型名单

表 32

序号	荣誉称号	企业名称
1	休闲农业开发示范典型	福建省通远庄园旅游开发有限公司
2	特色产品猕猴桃生产示范	德化县连政农林专业合作社
3	百香果规模化生产示范	德化县源农生态农业开发有限公司
4	泥鳅特色养殖示范典型	德化县龙达泥鳅养殖专业合作社
5	开发利用民宿示范典型	德化县国宝乡德舍休闲山庄
6	富硒优质农业产业示范典型	福建德化洵美农业专业合作社
7	蔬菜规模化种植示范典型	德化县晶福蔬菜农民专业合作社
8	休闲渔业发展示范典型	德化县渔乐园休闲农业公司
9	美丽乡村建设示范典型	德化县盖德镇有济村
10	黄花菜加工提质示范典型	德化县十八格农产品有限公司
11	柑橘规模化种植示范典型	德化县峻美家庭农场
12	水果综合生产示范典型	德化县蓝氏家庭农场
13	森林人家示范	福建省德化县江山美人休闲农业有限公司
14	特色花卉典型	福建省德化县鑫义展旅游开发有限公司
15	品牌建设典型	德化县绿佳农产品有限责任公司
16	中草药开发利用示范	德化县优仙发农业综合专业合作社
17	乡村绿化美化示范	德化县雷峰镇潘祠村
18	棘胸蛙养殖示范	德化县种南山农林开发专业合作社
19	黄花远志种植示范	德化县金鸡山生态农业专业合作社
20	油茶加工典型	德化县儒园种养殖专业合作社

德化县2018年度纳税50万元以上企业名单

表33　　　　单位：万元

序号	纳税人名称	法人代表	税额
1	德化县农村信用合作联社	林丽茹	7743
2	德化碧桂园房地产开发有限公司	杨文杰	7329
3	国网福建省电力有限公司德化县供电公司	林文武	7263
4	泉州建坤房地产开发有限公司	陈志民	3867
5	德化美伦房地产开发有限公司	刘　荣	2621
6	德化金龙置业有限公司	蔡金山	2255
7	泉州裕正置业有限公司	张宝忠	2055
8	福建省汤头建筑工程有限公司	郑海容	2008
9	德化县鑫泓顺旅游置业有限公司	黄庆云	1851
10	德化东海开发有限公司	姚道义	1800
11	陆升（福建）集团有限公司	陆镇源	1618
12	福建省浔益建筑工程有限公司	陈钢梁	1348
13	福建省双旗山矿业有限责任公司	陈志民	1317
14	德化县星泓置业有限公司	李文凯	1246
15	景远（德化）建材有限公司	陈志武	1237
16	德化广安天然气有限公司	张子钢	1178
17	德化县城镇房地产开发公司	连其文	1170
18	百德（泉州）置业有限公司	林连堆	1167
19	德化县百盛房地产开发有限公司	陈书经	1124
20	德化涌溪水电有限公司	李文章	1106
21	福建省永正建设发展有限公司	蒋清泰	1095
22	福建华夏金刚科技股份有限公司	林贵基	1058
23	福建省德化鑫阳矿业有限公司	李志铭	1044
24	德化县顺尔美工艺品有限公司	郑鹏飞	974
25	福建省三班投资开发有限公司	郑永生	974
26	泉州冠益置业有限公司	杨志洪	965
27	中国人民财产保险股份有限公司德化支公司	李国嵩	957
28	福建联美建设集团有限公司	林添茂	920
29	冠福控股股份有限公司	林文智	865
30	中国农业银行股份有限公司德化县支行	张旭禹	853
31	德化华骏房地产开发有限公司	吴为益	843
32	泉州市龙门滩引水工程管理处	苏荣薰	798
33	泉州市德化县恒峰陶瓷有限公司	郑荣怀	781
34	福建省阳山铁矿有限责任公司	江源泉	759
35	德化县陶鑫建设发展有限公司	林加溱	759
36	福建省大阳矿业有限责任公司	陈国杰	750

续表 33

序号	纳税人名称	法人代表	税额
37	福建省毅龙建筑工程有限公司	陈国单	749
38	德化县影视城开发建设有限公司	苏良金	697
39	中铁十八局集团隧道工程有限公司	何承红	684
40	福建省德化龙峰陶瓷有限公司	苏建堆	684
41	福建群盛集团有限公司德化分公司	林玉燕	675
42	泉州景盛置业有限公司	陈斯锦	667
43	中鼎国际工程有限责任公司德化分公司	洪秀金	667
44	福建省德化县三峰陶瓷有限公司	郑永章	641
45	福建省德化同鑫陶瓷有限公司	曾俩相	640
46	福建省德化县佳美工艺品有限责任公司	苏尧鸿	639
47	中国建设银行股份有限公司德化支行	陈德伦	591
48	福建省海峡水泥股份有限公司	李小明	564
49	德化县银厦房地产开发有限公司	苏德县	563
50	福建龙元天地房地产开发有限公司	陶永春	560
51	德化东华陶瓷有限公司	郑荣文	553
52	德化县万佳房地产开发有限公司	苏银凯	547
53	德化县高德工程项目管理有限公司	林忠清	545
54	德化县民益建设投资有限公司	吴孝奇	526
55	德化县建筑工程公司	王文良	508
56	中国工商银行股份有限公司德化支行	黄鹤鸣	500
57	中国农业发展银行德化县支行	蒋光辉	498
58	泉州市汤头劳务服务有限公司	陈建章	495
59	中国平安财产保险股份有限公司泉州中心支公司德化营销服务部	陈锦掌	466
60	中国邮政集团公司福建省德化县分公司	赖宏文	456
61	德化县物资公司	黄民贤	456
62	福建省德化友盛陶瓷有限公司	颜竞峰	455
63	中华联合财产保险股份有限公司德化支公司	赖瑞昶	452
64	福建省银厦建设工程有限公司	蒋耀坤	442
65	福建省德化正和陶瓷有限公司	郑进东	429
66	福建省威尔陶瓷股份有限公司	危连进	423
67	福建省德化县晖德陶瓷有限公司	王光明	421
68	福建省德化必德陶瓷有限公司	林　鸿	420
69	福建省嘉顺艺品股份有限公司	陈金贵	412
70	福建省银美建设工程有限公司	蒋文明	408
71	福建省德化世盛陶瓷有限公司	苏玉书	402
72	福建兴宏昌铸造有限公司	赖景煌	392
73	福建省德化县嘉威陶瓷有限公司	林罡华	390

续表 33

序号	纳税人名称	法人代表	税额
74	福建省德化县佳美彩印有限公司	苏尧鹏	383
75	中国邮政储蓄银行股份有限公司德化县支行	刘旭龙	378
76	德化县医院	李松川	375
77	福建省德化县优扬工艺品有限公司	郭春材	374
78	德化县宏顺陶瓷有限公司	曾新宇	367
79	德化县四星投资有限责任公司	苏尧政	361
80	德化开元瓷业有限公司	苏银凯	358
81	福建省德化县兴业陶瓷有限公司	林东兴	355
82	曼妮丝绸时装（德化）有限公司	林少民	347
83	泉州亿兴电力工程建设有限公司德化分公司	郑瑞龙	347
84	德化县中冶房地产开发有限公司	孙文雄	344
85	德化县市政建设工程公司	郑渊明	339
86	福建省德化县宏顺发陶瓷工艺有限公司	颜晋钦	336
87	中国人寿保险股份有限公司德化县支公司	柯雪咏	334
88	福建省德化佳旺达陶瓷有限公司	李家往	328
89	福建省德化县腾艺陶瓷有限公司	曾昭腾	323
90	中国银行股份有限公司德化支行	林湘扬	321
91	福建省德化博龙陶瓷有限公司	张金涵	318
92	德化豪晟艺品有限公司	陈建文	316
93	德化县祥泰建筑工程有限公司	郑志忠	310
94	德化县永兴抗磨材料厂	许水冰	307
95	厦门鲁班源房屋营造有限公司	白春杨	306
96	福建省德化县臻晖陶瓷有限公司	苏启伟	305
97	福建省德化环宇陶瓷有限公司	黄美罗	303
98	福建省德化县昱晟工艺品有限责任公司	颜建煌	302
99	福建省德化县欣德益现代家用有限公司	赖清波	301
100	福建省德化县全丰陶瓷有限公司	曾文昌	301
101	福建省德化县晖龙陶瓷有限公司	张国平	301
102	德化县国地房地产有限公司	林渊硕	295
103	福建省海丝商业发展有限公司	李建雄	294
104	福建省德化县华泰陶瓷有限公司	庄锦贵	294
105	泉州市泉德盛房地产开发有限责任公司	陈清阳	293
106	福建省德化臻峰陶瓷有限公司	李传芳	293
107	德化华骏置业有限公司	吴端雅	286
108	德化恒瀚艺品有限公司	林锦明	285
109	福建省德化县锦华陶瓷有限公司	颜东升	284
110	福建省德化县冠鸿陶瓷有限公司	李桂贤	283

续表 33

序号	纳税人名称	法人代表	税额
111	福建省德化县成艺陶瓷有限公司	郑成全	280
112	美图（福建）铝业有限公司	洪志顺	279
113	福建省德化县华晨陶瓷有限公司	危大沣	278
114	福建省奕顺建设工程有限公司	许利亚	277
115	福建省德化县中昱陶瓷有限公司	危玉宝	263
116	中国移动通信集团福建有限公司德化分公司	许胜峰	261
117	德化县群发水力发电厂（普通合伙）	苏力克	260
118	福建省泉州景玉纸业有限公司	邓玉堂	257
119	福建省德化真泰尔陶瓷有限公司	颜真革	257
120	德化县丘埕矿业有限公司	肖小华	251
121	福建省德化县伟宝建材有限公司	陈仁贵	251
122	福建省德化县联达陶瓷有限公司	颜华智	249
123	福建省德化县金灿多金属选矿有限公司	肖小华	245
124	德化县自来水公司	陈焕颖	243
125	德化县吉元瓷业有限责任公司	陈素梅	243
126	福建省德化县华茂陶瓷有限公司	陈能谨	241
127	德化儒苑礼品有限公司	徐添福	239
128	福建省泉州市契合工贸有限公司	陈敦添	238
129	德化县八闽建设经营管理有限公司	许远新	237
130	德化县万盛陶瓷有限公司	陈宏昆	236
131	德化县建益瓷业有限责任公司	江恺洵	231
132	德化鼎力机械有限公司	黄　平	229
133	厦门市集和盛建筑劳务有限公司	白春杨	227
134	德化县戴云水处理有限公司	林积庆	224
135	福建省德化县豪发陶瓷有限公司	曾昭波	223
136	中国电信股份有限公司德化分公司	施新德	215
137	福建省德化县誉佳工艺有限公司	苏育晓	215
138	福建泉州顺美集团有限责任公司	郑泽治	214
139	福建省德化意达陶瓷有限公司	郭华松	214
140	德化县畅德陶瓷配件有限公司	吴学畅	213
141	泉州银行股份有限公司德化支行	陈仁肇	210
142	厦门安托建筑劳务有限公司	乐　迪	209
143	福建省德化新吉利工艺有限公司	颜志湧	204
144	福建省德化县继裕陶瓷有限公司	李文质	200
145	德化宏晟陶瓷有限公司	苏志勤	200
146	福建省德化福杰陶瓷有限公司	林福文	200
147	福能联信建设集团有限公司	陈云南	200

续表 33

序号	纳税人名称	法人代表	税额
148	德化县顺德包装彩印有限公司	郑圻增	199
149	福建省德化县驰宇陶瓷有限公司	张建榕	196
150	福建省德化臻南陶瓷有限公司	苏昆仑	188
151	泉州德化县嘉欧利工艺品有限责任公司	颜丕云	186
152	福建省德化煜坤陶瓷有限公司	曾新宇	185
153	德化县太阳鸟工艺品有限公司	邱振科	184
154	福建省德化县华兴陶瓷有限公司	苏锡坂	180
155	福建省德化县宏达陶瓷有限公司	吴洁清	179
156	福建省德化县先达瓷厂	叶文贤	178
157	福建省德化新奇丽工艺有限公司	曾金钟	177
158	湖南太中建筑工程有限公司	陈　云	172
159	泉州供电服务有限公司德化分公司	黄金铭	171
160	福建省德化佳诚陶瓷有限公司	苏建源	171
161	福建省德化益盛彩印有限公司	林东营	169
162	福建省德化县东盛陶瓷有限公司	林东星	169
163	德化春秋置业有限公司	叶文海	168
164	福建省德化县君福陶瓷有限公司	魏成云	164
165	福建省德化县秦顺陶瓷有限公司	陈星煌	162
166	福建省德化县亿加艺品有限公司	曾俊崴	162
167	德化县泉龙工贸公司	赖更松	159
168	泉州阳光创艺陶瓷股份有限公司	郑金鼎	159
169	福建省德化佳浩陶瓷有限公司	郑家坦	158
170	德化县中医院	郑国进	157
171	德化泉润建筑工程有限公司	温　伟	155
172	福建省德化县永煌陶瓷有限公司	林信增	154
173	福建省德化必达陶瓷有限公司	林　鸿	154
174	福建省德化县宝晶瓷厂（普通合伙）	林友星	150
175	福建省德化县三诺陶瓷有限公司	孙建军	150
176	福建省德化顺益泰艺品有限公司	郑培佳	148
177	福建省泉州得盛集团有限公司	颜竞峰	146
178	福建省德化县溢茂工艺有限公司	黄美溢	145
179	福建省德化明英华陶瓷有限公司	林建华	145
180	福建省德化鑫盛衍陶瓷有限公司	颜碧英	145
181	福建省德化龙飞瓷土有限公司	林燕煌	144
182	福建省德化县现代陶瓷有限公司	林思博	144
183	福建省泉运实业集团有限公司德化分公司	吴振麟	143
184	福建省德化县冠捷陶瓷有限公司	郭伙瑞	143

续表 33

序号	纳税人名称	法人代表	税额
185	德化县上玖陶瓷创作有限公司	林瑞红	142
186	德化县城市投资建设有限公司	连其文	142
187	福建省德化县鹏明陶瓷有限公司	危培源	141
188	福建省德化县泉鑫陶瓷有限公司	苏志扬	141
189	中国太平洋财产保险股份有限公司德化支公司	刘平燕	139
190	泉州坤达礼品有限公司	吴珊珊	137
191	德化县源翔工艺有限责任公司	陈能千	137
192	福建省德化县双盈陶瓷有限公司	李碧丰	136
193	福建省德化县双龙陶瓷有限公司	陈梓耀	136
194	福建省德化县杰宝陶瓷有限公司	颜杰荣	135
195	德化县供水劳动服务部	陈焕颖	134
196	德化县万旗投资有限责任公司	李　斌	132
197	福建省德化县祥晖陶瓷有限公司	苏银章	130
198	福建省德化仟山艺品有限公司	苏春扬	130
199	福建省德化金利丰陶瓷有限公司	陈章评	129
200	德化万晖房地产开发有限公司	方朝晖	128
201	福建省德化县帝窑陶瓷有限公司	方锦聪	127
202	福建省德化县宏跃陶瓷有限公司	刘秋霞	127
203	福建亿兴电力设计院有限公司德化分公司	苏剑文	126
204	福建省德化县鹏煌陶瓷有限公司	赖礼煌	126
205	福建省德化县锦福陶瓷有限公司	吴学文	125
206	中国大地财产保险股份有限公司德化支公司	李秀香	125
207	福建省德化县富盈工艺有限公司	林炯雄	125
208	德化县高圣工艺品有限公司	郑贵高	125
209	福建省德化县国有电力投资经营有限公司	曾福礼	124
210	福建省德化县希尔凯陶瓷有限责任公司	王桂环	123
211	福建省德化县紫云陶瓷工艺厂	颜紫云	123
212	福建省德化县顺捷宏陶瓷有限责任公司	郑荣榆	123
213	福建省宏武建设工程有限公司德化分公司	赵东明	120
214	泉州德化芳盛工艺制品有限公司	苏明芳	120
215	福建省德化县霞玲水电有限公司	黄联煌	120
216	福建省德化县祥盛工艺有限公司	颜德强	119
217	福建省泉州汇通安全防护用品有限公司	林士胤	119
218	中国人寿财产保险股份有限公司德化县支公司	吕云琼	119
219	福建省德化县雅丽达陶瓷有限公司	颜志达	119
220	福建省中建世晟工程有限公司	邓世明	118
221	福建省德化县新创意工艺有限责任公司	曾晓红	118

续表 33

序号	纳税人名称	法人代表	税额
222	福建省德化龙辉陶瓷有限公司	李成参	117
223	中石化森美（福建）石油有限公司泉州德化城龙加油站	戴尽良	117
224	福建省德化县矿产工业总公司	陈振渡	115
225	德化全盛陶瓷有限公司	林文胜	115
226	福建德化精艺陶瓷有限公司	徐贵阳	113
227	福建省德化隆南陶瓷有限公司	李文溪	113
228	福建省德化县晖鑫陶瓷有限公司	王晓兵	112
229	福建省德化县龙门爆破有限公司	吴贤卿	111
230	福建德化五洲陶瓷股份有限公司	郭建洲	111
231	福建省德化县金珠陶瓷有限公司	王佳耀	111
232	福建省德化县盛煌陶瓷有限公司	连建宗	110
233	福建省万旗科技陶瓷有限公司	张金池	110
234	福建省德化县百货公司	曾宪胜	109
235	福建省德化县日顺陶瓷有限公司	谢生篡	109
236	福建省德化业美陶瓷有限公司	苏朱坤	108
237	德化县木材公司上涌采购站	黄文玉	108
238	福建省德化县顺兴达陶瓷工艺有限公司	颜劲贵	108
239	福建省德化百合工艺品有限公司	颜文谦	106
240	德化县京隆堂陶瓷有限责任公司	颜金启	106
241	福建钰林晟建设工程有限公司	邓兴登	106
242	福建省德化县永川礼品有限公司	张清新	106
243	德化县闽兴公共交通有限公司	吴振麟	104
244	福建省德化县鸿意达陶瓷工艺有限公司	郭伟山	103
245	德化县中联建工有限公司	许世强	103
246	德化县后井窑瓷业有限责任公司	苏德华	103
247	福建省德化县凯丰陶瓷有限公司	林友德	103
248	德化磊鑫建设有限公司	何则尧	102
249	德化县兴业陶瓷科技有限公司	林毅铭	101
250	福建省德化龙顺陶瓷有限公司	陈朝榜	101
251	德化县联和建设工程有限公司	方锦修	100
252	中建骏宏集团有限公司德化分公司	苏丽华	100
253	福建省德化亿邦陶瓷有限公司	危明巧	99
254	德化县润祥瓷土加工厂（普通合伙）	陈长盛	98
255	福建省安厦房地产开发有限公司	陈梓耀	97
256	德化县齐禛陶瓷工艺有限公司	吴阿香	96
257	福建德化新耀华瓷业有限公司	颜光耀	94
258	中国石化销售有限公司福建泉州德化添力加油站	林文雄	93

续表 33

序号	纳税人名称	法人代表	税额
259	泉州市德化广达工艺有限公司	郑丽珍	93
260	福建省德化佳源盛工艺有限公司	苏桂程	93
261	福建省德化明源陶瓷有限公司	颜建源	92
262	德化县祥山大果油茶有限公司	林安娜	92
263	福建省德化县永德信陶瓷有限责任公司	郭山玉	92
264	福建省德化县零度创意有限公司	曾国彬	91
265	德化县润发建材有限责任公司	王传昶	91
266	福建省德化县泉艺陶瓷有限公司	张泉兴	90
267	泉州农村商业银行股份有限公司德化县支行	陈文阳	90
268	福建省德化县隆兴陶瓷有限公司	郭正沛	89
269	温州建设集团矿山工程有限公司	卢成艺	89
270	福建供销石油有限公司德化泉德加油站	郭海涛	89
271	福建省德化县雅卓工艺有限公司	林渊鹏	89
272	德化县正德利包装有限公司	郑东方	89
273	德化县隆杰陶瓷工艺品有限公司	林建明	89
274	福建省德化县兴达瓷厂（普通合伙）	陈斯顷	88
275	福建省德化县紫嘉工艺有限公司	苏银斑	87
276	福建省德化艺飞工艺品有限公司	黄飞巧	87
277	福建省德化县宏泉工艺品有限公司	苏宏伟	87
278	福建省德化县豪达陶瓷有限公司	陈东南	86
279	福建泉州市二建工程有限公司德化分公司	陈忠碑	86
280	德化县万宝古建陶瓷有限公司	林主团	86
281	福建省德化佳汇陶瓷有限公司	陈继生	85
282	福建省德化县隆华陶瓷有限公司	郑生泉	85
283	福建省德化县建鸿工艺有限公司	张添义	85
284	福建省德化多福陶瓷有限公司	郑福裕	84
285	德化县富东陶瓷工艺有限公司	林建全	84
286	福建省德化县有加陶瓷有限公司	曾俊崴	84
287	福建瑞凡轻工有限公司	侯宗权	84
288	德化县鑫美陶瓷有限公司	苏生辉	84
289	福建省德化县飞腾陶瓷有限公司	颜杰林	84
290	福建省德化鑫城美工艺有限公司	何志英	83
291	福建省西北建设工程有限公司	林思光	83
292	德化县鹏华贸易有限责任公司	姚仲华	83
293	福建省德化县鹏欣陶瓷有限公司	李文韧	82
294	福建省德化县宏艺陶瓷有限公司	林传统	82
295	德化县上春水电有限责任公司	陈章旺	81

续表 33

序号	纳税人名称	法人代表	税额
296	福建景图玻璃有限公司	曾满婷	81
297	福建省德化县宝瑞陶瓷有限公司	苏璋琨	80
298	福建省德化县浔达陶瓷有限公司	郭德新	80
299	德化县昕涛陶瓷工艺厂	易　辉	80
300	泉州市宇发涂料研制有限公司	彭美慧	80
301	福建省德化弘展艺品有限公司	许德生	79
302	德化县德鸿陶瓷有限公司	方武勇	78
303	福建省德化县嘉德利陶瓷有限公司	曾炳煌	78
304	福建省德化上古陶瓷有限公司	陈玉娜	78
305	福建省德化县中天陶瓷有限公司	刘小燕	76
306	福建省德化华厦陶瓷有限公司	刘建红	75
307	德化县鸿日印刷有限公司	苏银阳	75
308	江西中煤建设集团有限公司德化分公司	廖青龙	74
309	德化县万德建筑工程有限公司	陈忠碑	74
310	福建省德化县豪鹏陶瓷有限公司	许光权	73
311	福建省德化县佳福工艺品有限责任公司	陈文智	73
312	福建省德化县鑫洋陶瓷有限公司	林开渺	73
313	德化县鹤仙山殡仪馆	连文凯	73
314	德化县建生石料加工场	李建生	73
315	德化县长远建设有限公司	林素琴	72
316	德化中建远南置业有限公司	曾国炎	72
317	德化县旭鸿晟竹制品厂	方一亭	72
318	福建省德化华宇工贸有限公司	颜泽南	71
319	德化县泰坤投资有限责任公司	陈章旺	71
320	泉州市德化县丰弘机械有限公司	徐智强	70
321	福建省太古陶瓷有限责任公司	郑泽洽	70
322	福建省德化县许氏陶瓷有限公司	许启彬	70
323	福建省德化县天俊陶瓷有限公司	郑栋梁	70
324	福州星诚建筑工程劳务有限公司	林先武	70
325	德化宏远建设有限公司	潘向焱	69
326	福建省德化县灿东陶瓷有限公司	陈秀勉	69
327	福建广电网络集团股份有限公司德化分公司	邱敬措	69
328	德化县宏兴瓷土精制有限公司	林天赐	69
329	温州二井建设有限公司	金　杰	68
330	福建省德化虹晨礼品有限公司	苏文渊	68
331	德化梅园国际大酒店有限公司	朱庆洪	68
332	泉州市德化县鑫昌源陶瓷有限公司	葛　星	67

续表 33

序号	纳税人名称	法人代表	税额
333	福建省德化万顺捷陶瓷有限公司	郑华娜	67
334	福建省德化县瑜美陶瓷有限公司	王燕明	66
335	德化县银河房地产开发有限公司	林炳炜	66
336	德化县供销合作社冠龙资产运营管理中心	徐福华	66
337	中国民生银行股份有限公司泉州德化支行	林传贡	65
338	福建省德化县戴云大酒店有限责任公司	施能其	65
339	福建省德化新艺美陶瓷有限公司	周德锋	65
340	福建省德化县文瑞陶瓷有限公司	苏锡文	65
341	福建省戴云房地产开发有限公司	沙建国	65
342	福建众博人力资源有限公司德化分公司	黄春美	65
343	福建省中易工程管理有限公司	饶新远	65
344	福建省德化胜东陶瓷有限公司	陈益锋	64
345	福建泉州青草明方生物科技有限公司	潘美玉	64
346	福建省德化县福盛工艺品有限公司	黄建斌	64
347	泉州坤泰机械精工制造有限公司	柯国镇	64
348	德化县万诚投资有限责任公司	颜春城	63
349	德化江地路桥有限公司	胡钢燕	63
350	福建省德化县新飞陶瓷有限公司	郑瑞文	63
351	泉州市德化德源陶瓷有限公司	杨财德	63
352	福建省德化第五瓷厂	温伟智	63
353	福建省德化宝德陶瓷有限公司	苏伟顺	62
354	福建省八闽建设工程有限公司德化分公司	李志忠	62
355	福建省德化县昕美木制工艺品有限公司	苏志忠	62
356	福建省德化新艺龙陶瓷有限公司	颜尤波	62
357	福建省德化县万里阳陶瓷有限责任公司	陈登科	62
358	福建省德化县真华陶瓷有限公司	苏秀真	61
359	泉州万顺源文化创业园有限公司	郑少川	61
360	福建省德化县美景礼品有限公司	廖桂红	61
361	福建省德化圣光工艺有限公司	曾秀卿	61
362	福建省德化县豪顺丰陶瓷工艺有限公司	陈建文	61
363	福建省德化县南祥陶瓷有限公司	赖育南	60
364	泉州市烟草公司德化分公司	李贵星	60
365	福建省德化县东盛达陶瓷工艺有限公司	郑金微	60
366	福建永辉超市有限公司泉州德化兴南店	林小斌	60
367	福建省德化县唐丰陶瓷有限公司	李建阳	60
368	福建省德化县火木工艺品有限公司	郑雨村	60
369	福建省德化县新宇陶瓷有限公司	陈振宇	59

续表 33

序号	纳税人名称	法人代表	税额
370	福建省德化县航宇陶瓷有限公司	张辉松	58
371	福建省德化县悦盛工艺有限公司	颜少萍	58
372	德化冠兴艺品有限公司	陈紫碧	58
373	德化天星茶业有限公司	魏焜挑	58
374	德化县皇马工艺品有限责任公司	曾玉辉	58
375	福建省德化杨梅电力有限公司	陈彩国	58
376	德化县双溪水库水电有限公司	林绍锋	58
377	德化县凯旋汽车服务有限公司	李春东	58
378	福建省德化县三顺艺品有限公司	苏建洪	57
379	福建省德化荣信陶瓷有限公司	林朱石	57
380	福建省佳美集团公司	陈志翰	57
381	福建省德化县艺韵陶瓷有限公司	陈能谟	57
382	德化兴邦建工有限公司	蔡超群	56
383	福建省德化县宝艺陶瓷有限公司	苏文勤	56
384	德化垅安投资有限公司	陈　强	56
385	中建二局第二建筑工程有限公司	魏庆国	56
386	福建省德化双达陶瓷有限公司	张秀莲	56
387	福建省德化县贸易公司	颜霆飚	56
388	福建省德化县福荣陶瓷有限公司	林荣献	55
389	德化县恒大建设工程有限公司	王　华	55
390	德化县鑫川建设工程有限公司	尹纯雄	55
391	福建德化成功村镇银行股份有限公司	吴志刚	55
392	福建省德化县煜翔陶瓷有限公司	苏鹏翔	55
393	福建省德化石牛铸造有限公司	涂新龙	55
394	福建省德化万顺达陶瓷有限公司	罗万文	55
395	福建省德化新圣美陶瓷有限公司	曾国玺	55
396	五矿二十三冶建设集团矿业工程有限公司	李林凡	55
397	福建省德化县顺华达瓷业有限责任公司	郑文敏	54
398	福建省德化福昌陶瓷有限公司	苏淮文	54
399	福建省德化铭丰金花纸有限公司	吕素妹	54
400	福建省德化县中盛陶瓷有限公司	单　军	54
401	德化县珍陶工坊陶瓷厂	郑添礼	54
402	德化县宏鹏瓷业工艺厂	谢锦华	53
403	德化县山水建设工程有限公司	邹青华	53
404	福建省德化艺苑工艺品有限公司	庄孝德	53
405	紫金财产保险股份有限公司泉州中心支公司德化营销服务部	危双跃	52
406	福建省德化县龙威美陶瓷有限责任公司	郑志鹏	52

续表 33

序号	纳税人名称	法人代表	税额
407	福建省德化县哈维陶瓷有限公司	曾昭育	52
408	福建省德化金东宝瓷业有限公司	陈国凡	52
409	福建省德化中源陶瓷有限公司	徐志超	52
410	奥达建设（福建）有限公司	郑志鹏	52
411	中铁二十三局集团第一工程有限公司	曹德岗	51
412	德化县龙锦陶瓷有限公司	徐有爽	51
413	福建省银泉建设工程有限公司	蒋文明	51
414	福建省德化县双德陶瓷有限公司	李碧钻	51
415	福建省德化县星星陶瓷有限公司	吴晓星	51
416	德化县松峰陶瓷工艺厂	郑春松	51
417	德化利和陶瓷有限公司	陈思旺	51
418	德化县电商园建设经营有限公司	郭文杰	51
419	德化县浮龙竹木工艺有限公司	程成跃	51
420	福建省德化县益宝陶瓷有限公司	苏志钦	51
421	福建省德化县恒远礼品有限公司	林梓阳	51
422	德化金盛置业有限公司	王为民	51
423	福建省丹晖建设工程有限公司	陈辉煌	50
424	福建省德化县嘉发陶瓷有限公司	温桂园	50
425	福建省德化县秦兴工艺有限公司	叶兴选	50
426	德化县中晟工艺有限责任公司	卓仕国	50
427	福建省春秋陶瓷实业有限公司	徐昌毅	50
428	福建省德化县龙腾酒店有限公司	苏建政	50
429	福建省建审工程项目管理咨询有限公司德化分公司	曾桂梅	50
430	德化县臻煌陶瓷有限公司	苏玉煌	50
431	泉州市德化县拓牌瓷业有限公司	曾德涛	50
432	福建省德化县煌明陶瓷有限公司	苏秀明	50
433	福建省泉州协发兴包装有限公司	陈正平	50
434	福建省德化县宁昌陶瓷有限公司	苏友谊	50

附录

在全县工作会议上的讲话

县委书记 梁玉华

（2018年2月28日）

今天，我们召开全县工作会议，目的就是要在开春之际，擂起出征战鼓，吹响前进号角，动员方方面面行动起来，迅速拉开今年工作架势，蹄疾步稳推动德化经济社会发展持续争先进位、赶超跨越。刚才，我们对一批先进单位、先进个人进行了表彰，上涌镇作了典型发言，大家要相互借鉴、相互学习。会上，我们向各乡镇颁发了责任状，惠煌常委对《关于建立“收账”机制、推动工作落实的实施意见》作了说明，请大家认真对照、抓好落实。借此机会，我讲三点意见：

一、以“七大提升行动”为抓手，加快跨越发展，彰显德化担当

去年底以来，我们在原有工作思路基础上，提出“七大提升行动”，并在县委常委扩大会、县四套班子会、老干部征求意见座谈会等场合陆续推出，广泛听取意见，及时补充完善。可以说，“七大提升行动”是全县上下的思想共识，是方方面面的智慧结晶，整体思路比较清晰，操作性也比较强，是引领德化新一轮发展的载体和抓手。各级各部门要围绕“七大提升行动”，对号入座、主动作为，创先争优、力争上游，齐心协力打造海丝路上具有国际影响力的现代化世界瓷都。

1. *实施陶瓷产业提升行动*。年前，我们召开了全县陶瓷产业跨越发展大会，市政府康市长专程到会加油鼓劲。我们一定要加快实施陶瓷产业跨越发展五年行动计划，推动企业层面从研发设计、生产管理、营销运作、抱团协作、文化注入上着力使劲，政府层面从落实政策、撬动人才、做优平台、造浓氛围上综合发力，回答好康市长提出的“未来德化陶瓷产业是什么样子，德化陶瓷产业树什么旗帜，德化陶瓷产业将来谁来做，党委政府需要做什么”这四个问题，力促2022年全县陶瓷产值突破500亿元，年均增长17%以上。当前就是要在抓落实上下功夫：①任务要落实。我们已经明确了“四大支撑点，三大突破口”，并对五年行动计划进行任务分解，要咬定2018年度目标、责任、计划的分解落实，以旬保月、以月保季、以季保年，确保第一年“开门红”。陶瓷办要统筹协调，发改、经信、科技、商务、文体等主要部门要各负其责，推动各项任务扎实推进、取得实效。②服务要到位。要加快构建服务、营销、园区三大平台载体，尽快发挥德化陶瓷产业创新发展研究院作用，全力推进茶具城、瓷艺城、电商物流园和“7区1园”产业园区，紧抓“互联网+陶瓷”区域化、链条化陶瓷产业垂直平台省级试点项目建设，为企业发展提供全方位平台服务。③政策要兑现。我们不仅在企业技改、科技创新、工业设计、拓展市场等方面出台了一揽子解决方案，而且还整合了1亿元扶持资金，重新梳理出了45条惠企政策，这些都是“真金白银”的政策干货。各责任部门要加大宣传力度，“手把手”指导对接，“点对点”一一兑现，让企业用好用足用活，最大限度释放政策红利。④氛围要造浓。要借势“后金砖”“后国博”“后论坛”效应，加大工作力度，开展集中宣传，特别是要策划一两个高端展会或赛事活动，吸引世界陶瓷艺术名家“论剑德化”，把德化千年陶瓷文化、技艺推介出去，把德化陶瓷发展良好态势推介出去，把德化打造500亿陶瓷产业的雄心抱负推介出去，造浓陶瓷产业跨越发展浓厚氛围。这项提升行动，请金忠副书记、文福同志牵头细化、抓好实施，其他县四套班子领导要全力配合，确保完成2018年工作任务，合力做好陶瓷这篇文章。

2. *实施全域旅游提升行动*。旅游要形成星罗棋布、众星拱月的旅游格局和产品。要坚持“点线面”协同推进，用好关门建设两年时间，加快推进总投资37.5亿元的20个旅游项目，力促今年逐步开门迎客，接待游客突破440万人次、收入突破40亿元。①点上建好龙头景区，石牛山景区在金忠副书记牵头下，取得了阶段性进展，林业、国土、南埕、水口等做了大量工作，在用地报批方面取得突破，把不可能的事情变成了可能，可以说在争取政策方面发挥了榜样作用。希望大家今年继续保持这一工作态势，上半年启动岱仙酒店扩建、玻璃观景台等项目建设，完成岱仙瀑布景区道路、石龙溪漂流上下码头主体工程；下半年启动主峰游客服务中心、岱仙溪竹筏漂流项目，完成岱仙瀑布景区游客服务中心和商业街、悬崖栈道、石龙溪漂流道路等工程；九仙山景区上半年要完成农特产品展示中心建设，下半年要完成九仙山大酒店和气象科普体验馆建设；县城陶瓷文化要加快红旗瓷厂片区、梅岭窑遗址、何朝宗纪念馆、盖德陶瓷文化古镇等整合、保护、开发，其中红旗瓷厂片区要规划建成陶瓷文化博览区、陶瓷创意孵化区、陶瓷文创休闲区、遗址公园这“三区一园”，3月底前完成方案设计报批，9月底前动工建设宝泰花苑安置房；梅岭窑遗址要加快3个窑址保护棚建设，做好省级考古遗址公园申报工作；何朝宗纪念馆要加快前期工作；盖德陶瓷文化古镇要规划建成陶瓷文化旅游特色小镇，今年完成核心区和安置区安征迁工作，启动核心区基础设施、陶瓷文化工作室、商业街建设。②线上培育精品线路，东线以石牛山旅游度假区为核心，加快整合沿线温泉、漂流、瀑布等资源，打造山水休闲旅游线；西线以九仙山景区为核心，串连国宝云龙谷、赤水卧龙潭、美湖大龙湖、上涌十八景等项目，打造生态栖养旅游线；中线要规划建设传统和现代两个陶瓷文创区，传统陶瓷文创区要整合推进三班梅岭窑遗址、洞上陶艺村、红旗瓷厂等保护开发，现代陶瓷文创区要加快推进瓷艺城、茶具城、海丝文化广场等开发建设，打造陶瓷文化旅游线。③面上建设全域旅游，去年我们10多个乡镇举办了专场旅游节庆活动，不仅带动了旅游发展，还营造了良好氛围。这两年，我们不少核心景区都在“关门建设”，在还没有“开门迎客”前，三班瓷都茶具小镇、盖德陶瓷文化古镇、雷峰温泉小镇、水口湖居养生度假小镇、赤水国家避暑小镇、美湖古樟小镇、上涌生态文化古镇、杨梅森林小镇、赛见桂阳等特色小镇要发挥主体作用，加快建设，扛起全域旅游发展大旗，把旅游打造成德化的“第二张名片”。这项提升行动，请金忠副书记、秋英副县长牵头细化、抓好实施，挂钩乡镇和项目的县领导要主动靠前，重心下移，及时跟踪，督促进度，帮助协调解决存在困难和问题。

3. *实施城市品位提升行动*。总的就是要按照全县城市品位提升工作会议的部署，抓好总投资172.7亿元的46个项目，“点线面”协同推进，提升城市综合承载力。①点上，驾云亭片区要扫清安征迁剩余任务，启动安置房、行政服务中心基础工程建设；红旗瓷厂提升工程要加快推进土方开挖及边坡支护工程，年底形成雏形；陶瓷艺术城要抓紧确定最终方案，启动会展中心等一期工程，以及安置房、道路设施等建设；霞田文体园要正式启动，动建部分基础设施；电商物流园要抓紧做好前期工作，力争上半年动建。总之，这五大片区的规划、设计、建设都要拿出亮点和特色，打造成德化的地标性建筑和城市名片，彰显展示德化的城市品质和发展形象。②线上，浐溪、丁溪两岸景观风貌提升项目要做好做足前期工作，确保在3月份启动、年底前完成，一旦启动就要多点作业，尽量减少扰民，浐溪要打造成有品位的市民休闲示范线，丁溪要打造成具有瓷都风采的迎宾大道；在这其中，重点要围绕建设“生态连绵带”这个定位，既全力抓好绿化提升工程，又全面展示现代化瓷都元素，整体景观要形成视觉冲击和心灵震撼，让人一下高速公路就有种如沐春风、朝气蓬勃、清新扑面的感觉，让人一进入城区就知道来到了有文化、有信仰、有好山好水好风光的现代化世界瓷都。③面上，道路方面要完成滨江南路、浔北东路、国道355线车碓岭至观音岐道路建设；停车场方面要加快城东、凤池地下、中医院旧址等6处停车场建设，力促新增停车位300个以上；公园绿地方面要加快驾云亭公园、何朝宗公园、唐寨山森林公园建设，完成阳光、鹏都、诗墩、嘉裕等4座公园建设；农贸市场方面要规划建设后所小学北侧、虎头山东北侧、龙东桥西侧等6处农贸市场。此外，要以入围全国文明城市提名城市为契机，抓好道路交通整治、背街小巷环境综合整治、城市管理长效机制三项工作，打造美丽文明的世界瓷都。当前，我县的城镇化率达 74.8%，如果把城市环境整治好了，四分之三的群众就可从中受益，所以做好这项工作不仅是两镇的事情，也是所有文明片区理事长单位的责任。其中，对于背街小巷空闲用地，如果两镇想要改造成公园、停车场或其他生财点，可以认真谋划、研究方案，汇总到维启副县长，再统一提交研究。这项提升行动，请维启副县长牵头细化、大家共同抓好实施。

4. 实施社会民生提升行动。民生工作很多时候只有投入，所产生的效益更多地在长远，但却是党委、政府的职责所在，是执政根本，只要把民生之事办好、办实了，我们的发展才会更有温度和热度。各级领导干部要多一份公仆情怀，树立“以造福人民为最大政绩”的理念，加快总投资 57.1 亿元的 49 个民生项目建设，让群众有更多获得感和幸福感。①优先发展教育事业，加快推进总投资 11.2 亿元的 32 个教育项目，2018 年确保城东中心幼儿园、荣昌幼儿园、城东小学等 5 个项目竣工投用，新增校舍 4 万平方米、学位 4000 个；去年底，我们开始筹备成立“教育发展基金会”，目前已经收到捐款 3500 多万元，参与企业（团体）近 300 家（个）、个人 8000 多人，其中捐款 50 万以上的企业 14 家，分别是金龙置业有限公司 201 万元，美伦房地产开发有限公司 193 万元，鑫泓顺旅游置业有限公司 191 万元，建坤房地产开发有限公司 167 万元，广东省国强公益基金会（碧桂园）129 万元，百德置业有限公司 109 万元，龙鹏集团有限公司、协发光洋陶器有限公司、顺美集团有限责任公司、冠福控股股份有限公司、厦门春华集团有限公司各 100 万元，百盛房地产开发有限公司 61 万元，双旗山矿业有限责任公司、同鑫陶瓷有限公司各 50 万元。县四套班子领导、各乡镇、各部门要继续宣传发动，还没组织到位的要尽快组织到位，共同做大全县教育发展基金。相信有这么多有识之士和爱心企业的鼎力支持和关心关注，我们必定能打造省级教育强县。②补齐医疗养老短板，要抓好县医院医技楼、县第三医院（精神病医院）、县妇幼保健院 3 个医疗项目建设，促进乐陶医养康项目尽快落地建设，建好城乡居家养老服务设施、社会福利中心二期工程，利用优越的生态环境和全优的空气水质，打造德化“大健康”品牌。③巩固提升脱贫成果，省委、省政府扶贫开发工作考核组将于 3 月 5 日起，到我市开展扶贫开发工作成效考核，我县一定会受检。按照市里初步安排，我县将接受第三方评估检查，重点对建档立卡贫困人口识别准确率、退出准确率、贫困户稳定脱贫情况、因村因户帮扶工作群众满意度等进行入户评估，随机抽取 2~3 个乡镇，每个乡镇随机抽取 3 个村，全县共抽查 50 户的建档立卡贫困户和 10 户非建档立卡户。因此，大家要坚决摒弃任何侥幸心理，县委脱贫攻坚三个督导小组 18 名干部今天下午起要马上入户督导，发现问题，反馈给镇村，督促做好整改；镇村相关人员本周末要取消休息，根据省《考核方案》要求，再补缺、再落实；农业、卫计、教育、住建、民政等要落实各自扶贫职责，查找薄弱环节，加强对镇村的工作指导；各级帮扶责任人要全部动起来，在 3 月 5 日前再次入户，确保所挂钩贫困对象熟知帮扶工作开展情况、满意帮扶工作；县四套班子领导要做好挂钩乡镇考核迎检准备工作的督促、指导，带头走访挂钩贫困户。这里特别强调，大家要重点关注今年新增的贫困户稳定脱贫情况和入户调查低保户、残疾人户等六类低收入群体两项考核指标。省委、省政府将对此次考核结果进行排名，对排名靠后的，约谈市委书记、市长，并将结果报省纪委、省委组织部；市委、市政府也将进行通报，并约谈县委书记、县长。全县上下要齐抓共管、责任到人，确保万无一失，高分通过考核验收。在迎接考核中，出现问题影响考评质量的，将倒查追究相关人员责任。今年，我们要把工作重心转到提高脱贫质量上，一方面继续实施特色种养殖、乡村旅游、光伏发电等“造血式”工程，健全落实“救急难”体系，节点推进 2020 年消除薄弱村工作，巩固提升扶贫成果；另一方面要主动向上争取资金，保障扶贫项目建设。去年我们才向上争取了 3300 多万元，安溪却有上亿元，差别之大让我们诧异。说明我们还有很多工作可以做各乡镇、扶贫办等单位既要大干实干，又要巧干会干，把扶贫工作做实、做细、做出亮点。这项提升行动，请金忠副书记、坚宏常委、秋英副县长、锡培副县长分别牵头细化、抓好实施。

5. 实施乡村发展提升行动。要重点对接实施乡村振兴战略，努力解决农村“空心化”问题，培育德化版的“绿野仙踪”。①农村方面，坚持“县指导、乡（镇）主抓、村实施”的工作机制，推进乡村环境整治行动，开展“一清二整三美化”，各乡镇要重点抓好 2 个示范村环境整治，雷峰要抓好蕉溪—潘祠—李溪、国宝要抓好国宝—佛岭—南斗两条美丽乡村示范线建设，年底我们将结合美丽乡村观摩活动，组织现场拉练，进行综合评比，检验工作成效。②农业方面，要大力实施“十百千万”工程，做好特色农业、加工农业、休闲农业三篇文章，培育江山美人、春秋农场、道畋农业、上涌大棚蔬菜基地、南埕休闲农业观光园和绿泰油茶专业合作社等一批龙头企业，加快云中山生态观光园、石冻王健康产业园等项目建设，打造现代农业发展示范县。借今天县直部门、乡镇一把手和村主干都参会的时机，对推进农村集体产权制度改革作一个强调，也是动员部署，下一步农业部门还将开会对具体操作进行培训指导。实施农村集体产权制度改革是党中央、国务院作出的一项重大决策，这项工作从 2018 年开始，力争用 3 年左右的时间，基本完成农村集体产权制度改革，重点做好全面开展清产核资、科学确定成员身份、有序推进经营性资产股份合作制改革、发展壮大农村集体经济等工作，大家一定要高度重视、按照要求、尽快启动，确保这项改革在我县落到实处，真正为乡村振兴创造更加有利的条件。这项提升行动，请金忠副书记、锡培副县长牵头细化、全县上下抓好实施。

6. 实施项目攻坚提升行动。节前，我们开展了“大干 40 天，比拼开门红”活动，共完成项目投资 12.5 亿元，项目建设取得新的突破。接下来要延续好大干 40 天的攻坚气势，全面开展“项目攻坚 2018”活动，确保首季开门红，为完成全年目标奠定基础。①全力攻坚。要落实“周碰头、月调度、季会商”制度，强力推进年度投资 106 亿元的 218 个重点项目，特别是兴泉铁路德化段、瓷艺城、城关至永泰嵩口高速等超亿元重大项目建设，确保“月月都有项目新开工，季季都有项目新竣工”，保证全县固投增长 13% 以上。②精准招商。跨越发展支撑在项目，项目来源主要靠招商。要深化“大招商招大商”活动，继续围绕陶瓷产业链上下游和适合德化发展项目这两个重点开展精准招商，确保全年洽谈客商不少于 200 家，引进项目不少于 60 个，协议总投资不少于 70 亿元，并专班对接 40 个在谈项目，重点抓好签约项目的跟踪、落地、建设，切实增强发展的动力和后劲。今年，市里将每季度对全市 13 个方阵的招商引资情况进行排名，招商办、5 个招商组、各招商责任单位要专班招商、异地招商、精准招商，力促签约落地项目数量、体量实现更大突破。③争取资金。去年，全县共向上争取到位资金 14.45 亿元，增长了 12.9%，高于年初确定的 10% 目标，其中争取资金增加的有财政、发改、卫计、科技、住建等 16 个部门，以及美湖、龙门滩、上涌、南埕、赤水等 14 个乡镇，总体较好。今年，我们将继续落实资金争取排名评比制度，大家要强化全员跑资金、争项目、抓对接的意识，确保 2018 年向上争取资金继续增长 10% 以上。这三项都是今年重中之重的工作，也是绩效的重点加分项目，请顺情常务、祖传常委、有为副县长牵头细化、抓好实施，县四套班子领导要率先垂范、扎实落实。

7. 实施党建保障提升行动。思路明晰之后，人就是最关键的因素。我们所有的党建工作，都要围绕发展大局来开展，以提升党员干部精气神为主攻点，发挥党组织的战斗堡垒和党员的先锋模范作用。①打造党建品牌。要扎实推进 50 个重点党建项目，积极探索党员作用发挥机制，全面铺开“1+3”基层农村党建工作模式，以及园区“大党委”、社区“大党委”、网络“大党委”等城市党建工作模式，支持乡镇创新或提升 2 ～ 3 个本乡镇基层党建亮点示范，打造更多具有德化特色的基层党建品牌。②优化政治生态。要落实全面从严治党政治责任，有效运用监督执纪“四种形态”，统筹推进政治建设、正风肃纪、高压反腐、体制改革、制度建设等工作，特别要针对我县窝案串案、蝇贪蚁腐、“四风”反弹等突出问题精准施策，为跨越发展营造风清气正的政治生态。③激发队伍活力。要对接“不忘初心、牢记使命”主题教育，把“建功新时代，瓷都再出发”大讨论活动作为自选动作，推动干部“比服务、比效率、比创新、比担当”，推动企业“创业、创新、创造、创业绩”，推动群众“讲文明、讲大局、讲包容、讲打拼”，全面提振德化人爱拼敢赢和输人不输阵的精气神，广泛凝聚全社会热爱德化、奉献德化、建设德化的智慧和力量。这项提升行动，请各党委口负责同志牵头细化、加强指导，推动全县实施。

二、以“三个一”为基准，服务发展大局，展示德化形象

我们德化地理位置偏、交通比较闭塞、资源相对有限，要在全省大盘、全市大局中争得一席之地、争得话语权，必须做到以下“三个一”。

1. 保一方平安。这是我们各级领导干部应有的“底线思维”，必须全力抓好综治平安、安全生产、环境保护、计划生育、意识形态、全面从严治党等一系列重点部位和敏感问题工作，全力打造安定和谐、海晏河清的良好发展格局。综治平安工作要开展扫黑除恶专项斗争，合力化解疑难信访件，深化“法治德化”“平安德化”和过硬队伍建设，力争获得新一轮全省首批平安县；安全生产工作要加快建立长效管理机制，开展“安全生产执法年”活动，推进常态化隐患排查治理，坚决防范和遏制重特大事故发生，做到以制度管人、管事、管安全。环境保护工作要坚决打好水、大气、固体废弃物等领域污染攻坚战，强化造林绿化、水土流失治理、自然保护区建设等工作，擦亮国家生态文明建设示范县这块金字招牌。特别是今年中央环保督察组将对省里进行“回头看”，省环保督察组也将对市里进行“回头看”，问责问效力度将会比首次督察时还要大，各级各部门都必须拿出坚决态度，主动对号入座，举一反三，不折不扣整改到位。这里着重强调一下林地保护管理工作，去年 12 月林业厅通报了林地审核审批项目中涉及未批先占现象问题，对未批先占林地件数和比例前 3 名的 6 个县级政府领导进行约谈，整改期间暂不受理这 6 个地区的林地项目申请。我县也被通报了，未批先占项目高达 11 个，数量排在全省第七、全市第一。今年 1 月林业厅再次发文，今后对未批先占林地项目超 5 起（含 5 起）的县（市、区），将先行要求整改并暂停先占林地项目申报；整改不到位的，一律暂停审批。为强化我县重点项目林地要素保障，各乡镇、部门和项目单位要强化林地保护管理意识，一方面要严格依法依规申报使用林地手续，另一方面要建立林地日常巡查和报告制度，做到问题早发现、早报告、早制止，确保不各行其是，不再出现未批先占现象；林业部门对重点项目要提前介入，做好跟踪服务，全程监督指导，防止违法行为发生。计划生育工作要开展“1234”两孩生育服务行动，推进优生优育全程服务，加大计生关怀力度，营造良好的人口环境。意识形态工作要围绕学习宣传贯彻党的十九大精神这条主线，传递正向正气正能量，深化核心价值观建设，牢牢把握意识形态工作话语权和领导权。全面从严治党工作要落实好县纪委三次全会部署要求，致力打造德化山清水秀的政治生态。近年来我县发生了一些违纪违法案件，严重损害了德化形象。我们本来人口不多，经济总量较小，只有强化底线思维，保住一方平安、和谐，才能给外界的人比较好的感观和印象，我们也才有时间精力来抓发展、抓项目。以上强调的这些，不是一票否决，就是党政同责，都是上级领导和社会群众关心关注的重要事项，大家务必强化“守土有责、守土负责、守土尽责”的意识，立足德化县情实际，耕好一亩三分田，力保不出事。

2. 尽一份责任。作为典型山区县，德化经济指标、重点项目、招商引资等体量和基数原本就比较小，更缺乏诸如晋江国际中学生运动会、南安中国芯谷、惠安大招商工业区等能够为泉州增光添彩的重大项目。如果连市里布置的任务都没完成，都要自己给自己找台阶、减压力，甚至耍小聪明，有些明明今年可以完成的却藏着掖着，怕来年任务再压下来，这就是典型的小农意识、山区县思维，这样做的结果只能长别人志气、灭自己威风，导致的结果就是与其他县区的差距越来越大，长此以往将降低德化的形象和话语权。今年，市里给我县下达了 GDP 增长 8.7%、一般公共预算总收入增长 7.5%、一般公共预算收入增长 7% 等一揽子目标任务，包括环保、综治等上级各个部门下达的目标任务，我们都要拿出爱拼敢赢的气势、“输人不输阵”的拼劲，不讲条件、不作选择、不打折扣，按时、按量、按质全面完成，有可能还要力争超额超前完成，绝不给市里拖后腿，真正让市里放心满意。同样的道理，全县发展是由 18 个方阵共同撑起来的，大家也要站在全县发展的高度，全力以赴抓好经济社会发展各项工作，能快则快、能超则超、能优则优，做到一级向一级看齐、一级对一级负责，步调一致、凝心聚力推动德化在省、市发展大局中持续争先进位。

3. 创一批亮点。我们展现德化的形象、作为、担当，就必须立足德化县情，盘活县乡村三级资源，在创优创特上下功夫，做到常规工作勇争一流、特色工作亮点纷呈，逐步炒热德化发展态势和气势，逐步凸显德化力量和分量。去年来，我们推开了“三对比、创特色、争先进”工作，取得了很大成效，不少工作可圈可点。比如，党管武装五项工作居全市第一，获批创建国家全域旅游示范区，蝉联国家卫生县城两连冠、省级双拥模范县三连冠，被评为中国全面小康十大示范县、国家园林县城、首批国家生态文明建设示范县等，这些就是我们的特色亮点。我县的陶瓷、生态、电商、农业、统筹城乡等工作，都很有特色，资源也很丰富。会上，也印发了《进一步深化特色亮点培育工作的实施方案》，请大家认真盘点、抓住关键，持续打造、确保成效，重点抓住三个环节：一是年初要召开特色工作动员部署会，与分管或挂钩县领导盘点梳理，找准创特色、出亮点的方向和工作，确定 3 ～ 5 个项目，并每月召开1次特色亮点工作推进会，梳理工作开展情况，及时解决存在问题；二是年中要再次全面梳理，盘点创特色亮点工作进展，怎样扬长，怎样避短，该调整的调整，该完善的完善；三是年底要收账单，确保每个单位都有1～2个能在全市、全省乃至全国叫得响的特色工作，我们将在全县开展十大特色亮点工作评选活动，适时开展特色亮点项目观摩活动，促成“遍地开花”。总之，要通过保一方平安确保发展大局安定和谐有序，通过尽一份责任达成各项既定目标任务，通过创一批亮点集聚德化发展热气，共同弘扬主旋律、传递正能量、唱响好声音，一步一个脚印推动世界瓷都行稳致远。

三、以“收账落实”为目的，振奋干事激情，体现德化作为

全县工作框架拉开后，落实才是真本事。这次我们出台了《关于建立“收账”机制、推动工作落实的实施意见》，目的就是为大家提供工作抓手，打通落实“最后一公里”，努力向组织和群众交上一份满意的答卷。

1. *落实推进机制*。为推动工作落地落实落细，我们紧紧围绕工作重点领域和落实关键环节，制定出台了一系列配套政策措施，其中很大部分就是工作推进机制，像经济运行方面建立了“月会商、季协调、半年汇报”机制，项目建设方面建立了“周碰头、月调度、季会商”机制，以及陶瓷产业、全域旅游、招商引资、城市提升、社会救助、乡村环境整治等工作的领导机制、协调机制、责任机制，这些都对我们干事创业、抓好落实提出了具体要求。各级各部门要按照这些工作机制要求，一项工作一项工作抓落实，一个节点一个节点抓推进，确保“七大提升行动”落到实处、取得实效；我和县长每个月都将召开后进工作推进会，常委会每个月也将听取重要工作、重点项目进展情况汇报，我们将和大家一起来遵守规矩、推动落实。

2. *用好督查手段*。去年，虽然开展了“提振干事创业精气神”主题实践活动，但精气神还没有传导到普通干部，仍然需要通过督查来推动、来加压、来促进。所以督查工作只会越来越严，绝没有放松的可能，大家心里面要有个底。这次我们对督查工作再次梳理明确：一是日常督查，各督查单位要做好年度各项工作的跟踪、督查、通报和收账，同时深化“督查+服务”，主动协调解决问题，提高督查实效；二是突击督查，由县委督查组、大督查室、县委县政府督查室、效能办等分工负责，对存在的突出问题进行督促，并采取诫勉教育、通报批评、效能告诫等问责方式；特别是县四套班子领导要多用“四不两直”突击督查方式，每年至少开展两次以上，保证督查实效；三是机动巡察，对于多次督查仍无法解决问题、县领导协调后仍没有落实的，由县委巡察部门开展机动式巡察，对查清的违纪违规问题，采取党纪政务处分方式，去年我们围绕重点项目和精准扶贫开展了两轮机动巡察，取得了很好效果，今年要加大力度，发挥巡察利剑作用。

3. *严格考核奖惩*。主要是根据任务变化，突出今年工作重点，由相关职能部门及时修订完善经济指标、项目建设、招商引资、“三农”工作、基层党建、综治平安等工作考评方案，把每项工作都纳入收账范围，科学评价、全面评价。并在此基础上，将工作考核结果运用到三个方面：一是年度绩效考评工作，继续实施差异化考评，科学划分权重比例，特别要大幅提高重点项目、招商引资、资金争取、特色亮点等重点工作分值占比，更好发挥绩效考评的“指挥棒”作用；二是领导班子综合考评，去年我们对换届后科级领导班子和领导干部进行了一次综合考评，今后凡是开展领导班子综合考评工作的，都要着重参考工作考核和绩效考评结果，作为领导班子调整、单位评先评优、申报文明单位等的重要依据；三是干部一线实绩考察，将考核结果写入干部实绩档案，为干部选拔任用、推荐后备、评先评优、职称晋级等提供依据参考，真正做到让“吃苦的人吃香，有为的人有位”。

4. *强化责任担当*。我们县委、县政府任期一届是五年，2016年重点是调研摸底、盘点梳理、明确框架，2017年是完善、提升、拉开工作构架，2018年是承上启下、大干快上的关键之年，不管是实施“七大提升行动”，还是做好招商引资、资金争取、项目建设等单项重点工作，今年的任务都特别重。如果全年工作目标完成好了，那么德化跨越发展将迈出坚实的第一步，往后就将步入良性循环的轨道，逐渐缩小与先进地区的差距；如果大家还是只顾打自己的“小算盘”，怕担当、怕担责、怕出事，不作为、不敢为、慢作为，那贻误的将是我们的发展事业。比如，去年在棚户区改造上报方面，其他地区都大胆往上报足，享受到全部优惠政策，台投区、安溪县都是把整个村纳入棚户区改造往上报，我们却缩手缩脚，少报了700多套，不仅每套少了近2万元的上级补助，而且还减少了近3个亿的棚户区改造优惠贷款，说明我们不管是工作

气势，还是干事胆量，都与别人存在差距。这就要求县四套班子领导要发挥率先垂范作用，该拍板的大胆拍板，该攻坚的带头攻坚，做到既主动“挂帅”，又亲自“出征”，推动工作尽快取得突破；各乡镇、部门要勇于担当主体责任，把任务细化分解下去，形成“路线图”“项目单”“任务表”，切实做到“全力推进、全程跟踪、全面反映”；村级基层组织是“神经末梢”，担负着发展农村经济、带领群众致富、改善群众生活、推动乡村振兴等重任，要增强责任、守土尽责，公道正派、引领发展，扎实做好各项工作；广大干部要发挥主体作用，迸发干事创业精气神，把手头的事情做好，把自己的责任尽好。总之，县乡村三级要各负其责、各司其职，步调一致、齐心协力，形成强大工作合力，推动各项工作实现突破、走在前列！

同志们，新时代意味着新使命，新年度更要有新作为。让我们不忘初心、牢记使命，携手并肩、砥砺前行，全力推动德化经济社会发展迈上新台阶、实现新突破，加快打造海丝路上具有国际影响力的现代化世界瓷都。

在全县经济工作会上的讲话

县委书记 梁玉华

（2018年2月28日）

各位企业家代表、同志们：

刚才，德旺县长在总结去年工作的基础上，详细部署了新一年经济工作，讲得很全面、很具体、很到位，我都赞成；会上，还颁发了乡镇2018年工业经济发展目标责任书，请大家认真对照、主动认领、抓好落实。借此机会，我再强调三点意见：

一、加快跨越发展，必须紧盯目标、乘势而上。当前，跨越赶超已成为全省上下的共识和主线，省上明确了到2020年全省GDP达到4.2万亿元、每年增速保持在8.5%以上的目标；市里提出年均增长8.7%以上，在2020年GDP破万亿元，气魄也是非常大。今年，我县明确了GDP增长8.7%、一般公共预算总收入增长7.5%、一般公共预算收入增长7%、固定资产投资增长13%等一揽子目标。面对形势和任务，我们既要看到有利因素、坚定信心，又要正视不足、精准施策，保持定力、加倍努力，确保实现既定各项目标任务。一是成绩值得肯定。过去一年，通过政企同心、干群同力，全县经济大盘持续上行，实现GDP221.05亿元，税收增长12%，固投增长13.2%，金融机构存贷比95.38%，居全市第2位，陶瓷产值增长14%，尤其是中小企业发展迅猛，纳税30万元~300万元的占陶瓷税收近三分之二。此外，工业用电、天然气供应量、税性比等指标呈现良好态势，实现了较高质量的发展。二是正视短板不足。在看到成绩的同时，我们也要看到经济增速、工业增加值、财政收入等指标在全市排名靠后，陶瓷业还未形成强力的支撑点、引爆点，全县纳税1000万元以上的27家企业，陶瓷企业仅有2家；旅游业基本还在“关门建设”，还在持续的投入，远未能产生可观的收入；矿产业虽有回稳迹象，但仍处于恢复生产阶段；水电业装机容量饱和，产值、税收趋于稳定，等等。总之，我县经济总量不大、产业结构单一等问题依然突出。三是坚定发展信心。过去，很多干部群众认为德化地处山区，没有发展大产业、大项目的比较优势和基础条件。要看到，山区县也完全能有大作为，像隔壁的安溪和永春，安溪提出“争当全省山区第一县、挺进全国县域五十强”，去年实现GDP515亿元，今年安排了年度投资327亿元的387个重点项目；即便是基础同样较为薄弱的永春，去年实现GDP373亿元，今年安排了年度投资231亿元的184个项目。相比之下，我们的发展条件、氛围并不比他们差，尤其是随着高速、高铁等交通大动脉打通，区位优势更加凸显、要素流动更加充分。同时，我们通过“提振干事创业精气神”主题实践活动，广大干部、企业大师、社会群众发展士气得到提升，特别是节前召开了陶瓷产业跨越发展大会，康市长专程到会给我们加油鼓劲，打响了跨越发展发令枪，全县上下谋发展、求突破的心气更齐、干劲更足。所以，各级各部门要拿出“输人不输阵”的气势，自加压力、攻坚克难、力争上游，在全省、全市跨越赶超大局中扛起应尽之责、展现德化作为。

二、加快跨越发展，必须企业突围、转型升级。 在节前的陶瓷产业跨越发展大会上，康市长作了“三个评价、四个问题”的讲话，论断精辟，定位准确，引起干部群众和广大陶瓷人的反响和深思。下一步，广大企业家、大师、新秀要紧紧围绕康市长提出的问题，深耕陶瓷技艺，厚植陶瓷文化，创新陶瓷产品，在新一轮跨越赶超中继续挑大梁、扛重任。我在陶瓷产业跨越发展大会上就讲了很详细的意见，这里对照市长要求、围绕企业转型，再简要讲三个层面意思：

1. 创新求变是永恒主题。随着经济社会的发展，不怕没有消费人群，就怕没有好的产品。关键要从人才、设计、营销、运作等环节发力，让更多好资源做出好产品，更多好产品卖出好价钱。一要有人才，才有新发展。企业的发展，一靠企业家，二靠专家，三靠大家，说的都是人。要主动“走出去”参与各类学习培训、参展交流，长见识、开眼界，博采众长、为我所用；同时，更加重视“创二代”“创三代”的培养和成长，为发展注入新的动力和活力。人才方面，县里出台了人才公寓、人才限价房等政策，大家要用好用足，做到以人才为新支点，撬动新一轮发展。二要有设计，才有好产品。这方面，重点要让国内外高端设计资源为我们所用，推动产品设计与国际艺术主轴、时尚潮流、客户需求全面接轨。大家可以对接德化陶瓷产业创新发展研究院，依托智库平台，提升设计水准；也可以组建设计师团队，或者买别人的设计做产品。条条大路通罗马，只要我们企业在工业设计上用足心思、下大力气，我相信一定会打造出一系列让人眼前一亮、受各类消费人群喜欢的创意产品，引领市场、引领潮流。三要有运作，才有附加值。要借势“后金砖”“后国博”“后论坛”效应，激发商业头脑，放手包装策划，学会运作市场，通过高端展会、高端比赛、高端收藏、高端人才等渠道，联手炒热德化陶瓷，提升产品附加值。四要有闯劲，才有大未来。康市长会上讲的，晋江的企业家在产品还不怎么样，甚至一塌糊涂的时候，就敢去运作、闯市场，一边卖一边改进。这值得我们学习和借鉴。希望大家增强胆魄、眼光、眼界，大胆尝试、敢于突破，不仅要“会识天象、会看风水”，敏锐把握趋势、顺应规律，更要敢于谋求新发展、涉足新领域，敢走别人没有走过的路，敢干别人没有干过的事。这点做到了，离 500 亿产值目标就不远了！

2. 抱团发展是重要出路。大家知道，量大面广的中小企业是德化经济最基础、最具活力的支撑。综观我县整个企业面，我们缺少大型、超大型的，能有效带动其他中小企业的“龙头”企业，缺少上主战场和别人打拼的“旗舰”。做大做强企业是接下去大家面临的一个很重要的任务。一是“专业化”分工。石狮在近几年的转型中，一些企业愿意去代工了，有的做布料，有的做漂染，有的做纽扣，形成了专业化分工。这也是我们德化陶瓷在转型中要面对和经历的，中小企业要向“专精特新”发展，培育“单打冠军”，在细分领域做到第一，这并不是要中小企业简单地为大企业“打工”，而是在原料供应、产品生产、材料配套等方面，成为龙头企业的合作伙伴。对集群中的龙头来说，就是要专注做好工业设计、产品创新、市场营销、品牌打造等核心环节，不断做大做强。二是“生态圈”建立。康市长针对我们陶瓷产业未来发展前瞻性地指出，德化的产业要发展下去，要建立生态圈，如果生态圈没达成，有一天这个产业真的垮了，没人愿意做了，没有要素的集聚，那德化就什么都不是了，这必须引起我们的深思。希望广大企业在产业链条中，能围绕缺失环节、要素配套，有针对性地强链补链、招引项目，做艺术的专注艺术，做市场的开拓市场，形成专门的推手、经纪人团队、设计师团队、金融配套，降低产业配套成本，只有产业生态圈形成，产业链条发达，陶瓷才能成为我们永远搬不走的优势产业。三是“集群式”发展。只有集群，才有竞争力和话语权。我们三班的中国茶具城就是很好的例子！按照既定目标发展下去，将有效掌握整个茶具产业发展的态势和走势，招引涵盖茶具配套所有业态的企业进驻，促进茶具产业链全面布局、高位发展；还有我们的电商产业，促进了物流、包装、美工、运营等生产性服务业发展，显现出集聚效应，促进整个行业上规模、上水平。下一步，就是要多打造这样的发展平台和模式，以此扩大发展规模，形成集群效应，把产值留在德化，把利润留在德化。

3. 文化基因是产业根基。我们德化文化底蕴深厚，不仅有得天独厚的生态文化、宗教文化、红色文化等，更重要的是拥有流传千年的陶瓷文化，康市长对德化陶瓷的评价是：“一个产业，崛起一座城”“一个有根的产业，造就了一支有根的企业家队伍”“一个有历史的产业，成就了一段辉煌的中外陶瓷文化交流史”；也有权威专家评价“德化是一座有信仰的城市”。文化是德化这座城市的魂和根，要把文化传承作为产业发展乃至城市发展的根基，彰扬文化，鲜明文化。一要以文化兴城。现在我们说“瓷都”，国内很多人首先想到的是景德镇，甚至我们很多陶瓷企业还为景德镇“贴牌”。我们的陶瓷历史、文化底蕴并不比景德镇差，一定要树起自己的品牌和旗帜，聚焦“中国白”，复兴“中国白”，让人知道“中国白”就是德化，德化就是“中国白”。同时，要全面使用“世界陶瓷之都·德化”LOGO，积极申报中国驰名商标、地理标志证明商标、马德里国际注册商标等，塑造世界瓷都的影响力和竞争力。对于企业诚信和产权保护问题，县里高度重视，成立了陶瓷行业诚信建设和产权保护协调工作领导小组，分别由祖传常委、文强副县长和惠煌常委牵头，将加大惩治力度，纠正歪风陋习，营造公平公正的市场环境。二要以文化留人。就是要培育自身的企业文化，提升软实力，提高企业上下的凝聚力、向心力，激发员工的主动性和创造性。对外以文化壮大客户群，把“工匠精神”融入血液，追求完美和极致，提高产品品质，增强文化内涵，以此吸引消费、扩大市场、壮大体量；对内要以文化成就员工，把创业平台、创业孵化、工业设计、驻地创作等平台，运作好、使用好，让各类人才进得来、留得下，能尽其才，才尽其用。三要以文化立业。德化作为千年瓷都，文化底蕴深厚，不仅是中国最早青瓷制造地和中国龙窑起源地，还拥有“窑神”林炳、“瓷圣”何朝宗等一大批陶瓷先辈，我们的艺术大师要多带徒弟、多培养接班人，让陶瓷文化技艺传承创新、发扬光大，让千年窑火生生不息、代代相传。广大企业家特别是新一代企业家，要秉承前辈的创业精神，为爱拼敢赢注入开放、创新、变革等新时代内涵，打造持续经营、基业长青的“百年老店”。只有做到这些，才能把陶瓷产业这艘巨轮滚滚向前推进。

以上讲的主要是针对陶瓷，我县旅游、农业、矿业和水电业作为全县经济大盘中的重要组成部分，也必须下大力气抓实抓好，打造“1+4”多元化产业体系。旅游业要加快推进总投资 37.5 亿元的 20 个旅游项目，力促今年逐步开门迎客，旅游收入突破 40 亿元，打造经济发展新增长极；农林业要大力实施“十百千万”工程，既持续壮大现有龙头企业，又加快培育重点农业项目，强化农业招商引资，统筹特色农业、加工农业、休闲农业发展，打造现代农业发展示范县；矿业要加大勘探开发，开足马力生产，整合优势资源，打造铁矿生产、金矿生产、水泥生产“三大基地”，再造矿业支撑；水电业要做好彭村水库蓄水工作，推进水电站增效扩容改造工程，确保水电业安全高效生产。总之，要通过产业多点布局、全面开花，实现更高质量的赶超跨越，希望各行各业的企业家们，继续在跨越赶超的大局中奋勇争先、勇立潮头。大家在创造新财富、攀登新高峰的同时，要致富思源，回报社会，特别是教育发展基金会的捐款，今天会上表彰了一部分企业，目前已收到各界 3500 多万元的捐款，希望大家继续慷慨解囊、踊跃捐款，进一步做大教育发展基金，共同撑起德化教育的明天。

三、加快跨越发展，必须政府作为、造优环境。 跨越发展、争先进位，企业要强化主体作用，政府更应责无旁贷、创造条件，形成政企同心同德、团结奋斗、合力攻坚的良好局面。一是加大支持力度。主要是做好政策服务、人才撬动和平台打造这三件分内之事。政策服务方面，既要站在产业转型升级的高度，及时修订、补充、完善政策体系，又要加大政策宣传力度，把政策送到企业手上，覆盖到大、中、小、微企业，最大限度释放政策红利；人才撬动方面，要大力实施人才陆地港工程，造优医疗、教育、生活等环境，特别要用好红旗瓷厂、洞上陶艺村，以及茶具城、瓷艺城、电商物流园等载体，全力打造人才集聚高地；平台打造方面，要做好陶瓷产业创新发展研究院等服务平台，茶具城、瓷艺城、电商物流园等营销平台，以及“7区1园”产业园区平台，为企业发展提供全产业链支持。二是优化营商环境。行政服务中心及国土、住建、发改、农业、林业等部门要以“最多跑一趟”为目标，通过开展并联审批、协办代办等，竭力破除行政审批中梗阻问题，特别是县人大、县政协要加速开展可供利用土地和审批服务提速增效的专题调研，为企业提供用地、用工、融资等“保姆式”服务。要下意识营造“亲商、安商、富商”的营商环境，下大力气引进项目、企业、人才、投资者等，这些外力外脑加入德化的发展与建设，不仅能够创造财富利润，更重要的是还将带来理念上的冲击，为我们发展注入新的血液和力量，实现共融共赢发展。招商办要牵头尽快出台营造一流营商环境的工作意见，真正让客商进得来、留得下、能发展，把德化打造成创业创新的热土。三是弘扬德化精神。实现跨越发展，仍需进一步破解山区县的格局和长期以来形成的小农意识，弘扬“崇文尚德、包容善化、传承创新、敢拼敢赢”的德化精神，这对我们德化来说尤为重要。为此，今年我们将在全县范围开展“建功新时代，瓷都再出发”大讨论活动，推动干部比服务、比效率、比创新、比担当，改进工作作风，争创一流业绩，打造忠诚干净担当的干部队伍；推动企业创业、创新、创造、创业绩，加快转型升级，大胆开拓市场，自觉诚信经营，争当德化跨越发展的主力军；推动群众讲文明、讲大局、讲包容、讲打拼，服务发展大局，爱岗务实奋进。通过新一轮思想大解放，全面提振德化人爱拼敢赢和输人不输阵的精气神，为实现跨越赶超提供优质的人文环境和人文关怀，凝聚全社会奉献德化、建设德化的智慧和力量，在全省、全市跨越赶超大局中体现德化作为与担当！

各位企业家、同志们！创新转型大有可为，跨越发展天地广阔！让我们政企携手、共同奋斗，转型攻坚、聚力跨越，向省、市交上一份满意的经济答卷。

在全县经济工作会上的讲话

县长 刘德旺

(2018 年 2 月 28 日)

各位企业家、同志们：

春节刚过，我们就在这里召开全县经济工作会议，目的是贯彻落实中央经济工作会和省委十届五次全会、市委十二届六次全会精神，回顾总结我县 2017 年经济工作，研究部署 2018 年经济工作。等一下，县委梁书记将作强调讲话，大家要认真学习领会、抓好贯彻落实。下面，我先讲两点意见。

一、关于 2017 年工作

过去一年，面对错综复杂的宏观环境和艰巨繁重的改革发展稳定任务，全县上下认真贯彻落实上级决策部署，主动适应经济发展新常态，坚定不移打好转型升级系列组合拳，全县经济平稳健康发展。实现 GDP221.05 亿元，增长 7.7%；一般公共预算总收入 16.45 亿元，增长 5.2%，其中一般公共预算收入 11.02 亿元，增长 0.6%；固定资产投资 126.41 亿元，增长 13.2%。主要工作及成效体现在以下六个方面：

（一）扶持服务更加精准。开展“促进项目落地、帮扶企业发展”活动，成立经济指标预警研判协调和重点项目服务保障工作领导小组，实施政策、文化、设计、科技、市场“五个引领”，制定陶瓷产业跨越发展五年行动计划，出台推动陶瓷产业跨越发展若干措施，设立“双创基金”和陶瓷发展基金，完成国家循环化改造投资 1.56 亿元、工业技改投资 12.5 亿元，兑现涉企资金 1.39 亿元，争取上级资金 14.45 亿元、政府债券资金 6.01 亿元；县企业应急保障资金帮助 32 家企业周转资金 2.35 亿元；全县金融机构存款余额 198.03 亿元、贷款余额 188.88 亿元，分别增长 5.2%、12.4%，存贷比 95.4%，不良贷款率全市县域最低。

（二）产业发展更为稳健。工业经济稳住大盘，实现工业总产值 296.4 亿元，增长 9%，其中规上工业产值 269.71 亿元，增长 9.4%；陶瓷产值 227.42 亿元，增长 14%；规上矿山冶炼业产值 36.43 亿元，增长 20.4%；全县水电发电量 7.66 亿千瓦时，规上电力业产值 8.15 亿元。农业经济平稳发展，实现农业总产值 20.33 亿元，增长 4%。第三产业加快发展，全县接待游客 398.77 万人次，旅游总收入 38.42 亿元；商品房销售 40.16 万平方米、销售额 27.01 亿元，分别增长 0.4%、14.4%；连续三年跻身全国大众电商创业最活跃县十佳，连续四年获评中国电商百佳县，全县电商交易额达 85.2 亿元；实现第三产业增加值 82.43 亿元，增长 10.8%。

（三）企业发展更有活力。全社会研发投入占 GDP 比重居全市首位。新增市场主体 4912 家，列入省市级龙头企业 17 家、省级两化融合项目 6 个、省级技术创新重点项目 2 个、省级科技创新项目 3 个、省级“专精特新”中小企业 6 家，新增高新技术企业、省工程技术研究中心、科技小巨人领军企业、科技型企业、众创空间等科技企业（平台）73 家，授权专利 914 件、注册商标 1010 件、马德里国际注册商标 13 件、人名商标 8 件，规下转规上工业企业 8 家。列入省重点上市后备企业2家、市级场外市场挂牌后备企业5家，华夏金刚在新三板挂牌上市。新增进出口经营权企业51家，自营出口18亿元，增长14.7%，获评省级外贸出口转型升级示范县。

（四）项目攻坚更具成效。开展项目攻坚年活动，落实“周碰头、月调度、季会商”制度，突破征迁项目35个、提前开工项目26个、提前竣工项目22个，176个重点项目完成投资86.5亿元，增长10.5%。厦沙高速德化段建成通车，彭村水库顺利下闸蓄水，闽江防洪工程德化段全线完工，阳光小学幼儿园、高阳小学等学校竣工投用，兴泉铁路德化段、中国茶具城、进城务工人员安居工程、石牛山景区等省市重点项目有序推进。开展“大招商招大商”活动，新引进项目60个、协议总投资120.16亿元，实际到资5.69亿元。

（五）品牌影响更受关注。参加第二届中法文化论坛活动取得丰硕成果，32件德化陶瓷在法国汇流博物馆展览；国家博物馆德化白瓷展被央视等媒体竞相报道，出版《德化白瓷艺术作品集》，58件（套）作品被国家博物馆收藏；18件（套）德化白瓷入选金砖厦门会晤国礼瓷和国宴瓷，德化装饰用瓷成为金砖会议主会场一大亮点；成功举办“中国白”国际陶瓷艺术大奖赛、中国陶瓷行业技能竞赛、“收藏德化”系列活动；组织参加德国法兰克福礼品展、香港家庭用品展、敦煌国际文化博览会等境内外知名展会，在广交会设立“世界陶瓷之都－中国德化”专区；“世界陶瓷之都”LOGO正式启用，品牌影响力进一步扩大。

（六）社会责任更多体现。2017年，全县广大企业在创造财富、依法纳税、慈善捐助上做出了巨大的贡献。全县税性收入13.13亿元，增长12.1%；工业纳税6.42亿元，增长8.9%，其中陶瓷业纳税3.61亿元，增长5.2%；矿业纳税0.26亿元；电力业纳税1.03亿元。建筑业纳税1.6亿元。三产纳税4.87亿元，增长17.3%，其中房地产纳税3.39亿元，增长27.4%。纳税1000万元以上企业27家、纳税500万元以上企业45家、纳税200万元以上企业109家。纳税前十名的企业分别是：农村信用联社5223万元、美伦房地产4666万元、建坤房地产4473万元、供电公司4228万元、金龙置业3675万元、裕正置业2835万元、万佳房地产2387万元、土地储备中心2247万元、汤头建筑2198万元、协发光洋1864万元。此外，企业家们慷慨解囊、捐资兴教，目前全县教育发展基金累计收到捐款3500多万元。

总的来说，过去一年，面对重重困难，我们能够取得这样的成绩，是县委正确领导、四套班子团结一心、各级各部门狠抓落实、广大企业克难奋进的结果，在此，我谨代表县政府，向全县人民、企业家以及关心支持德化发展的各级领导、社会各界人士，表示衷心的感谢并致以崇高的敬意！

二、关于2018年工作

做好2018年经济工作，需要我们牢牢把握中央经济工作会和省委十届五次全会、市委十二届六次全会精神，以习近平新时代中国特色社会主义经济思想为指导，坚持稳中求进工作总基调，按照省里“高质量发展与实现赶超有机统一”和市里“转型攻坚、聚力跨越”的要求，深化供给侧结构性改革，全力实施“七大提升行动”，推进经济平稳健康发展。力争GDP增长8.7%、一般公共预算总收入增长7.5%、一般公共预算收入增长7%、工业增加值增长7.9%、第三产业增加值增长11%、固定资产投资增长13%。重点要抓好四方面工作：

（一）聚焦项目建设，推进投资拉动

1.抓投资进度。实施项目攻坚提升行动，确保今年120个财政性投资项目完成投资46.35亿元，59个生产性项目完成投资17.5亿元，218个重点项目完成投资106亿元以上。针对计划开工项目要列出计划、排出流程，切实把征地拆迁、施工图设计、招投标等工作抓紧抓实抓快，争取厦沙高速上涌安置房、浐溪两侧景观风景提升、污水处理厂三期扩建工程等88个项目尽早开工建设。针对在建项目要加强施工组织调度，配足人员、上足设备、开足马力、全速推进，逐月逐旬逐周落实施工进度、投资进度和困难问题的解决进度，争取天天有变化、月月有进展。针对计划竣工（或部分竣工）项目要顺排工序、倒排工期、挂图作战，抓冲刺、抓扫尾、抓投产，争取龙津林化、阳光创艺陶瓷等105个项目竣工或部分竣工投产。

2.抓招商选资。深化“大招商招大商”活动，修订招商选资奖励规定，组建一支专业化招商队伍，围绕填补产业空白、延长产业链条，精心筛选策划生成一批精品招商项目，有针对性地开展精细化、多元化和组团式、产业链招商，用好“6.18”“9.8”等重要招商平台，鼓励行业协会、异地商会和海内外乡贤参与招商，采取以商招商、上门招商、中介招商、网上招商等方式，力促更多三维项目对接，重点跟踪40个总投资50.76亿元的在谈项目，力争九牧高端日用陶

瓷、超细纤维材料加工生产、红树林陶瓷小镇、石英石矿加工等项目成功签约，日用玻璃制品、泉州万顺源文化创业园、普洛旺（德化）物流智能仓储产业园区等签约项目落地建设，尽快形成新的增长点。

3. 抓项目融资。今年来，金融监管日趋严厉，信贷政策有所偏紧且资源倾斜实体经济，政府债务管理越来越严格。面对严峻的融资形势，今年我们又要实施这么多政府性投资项目，项目投融资面临很大的压力，要大胆创新项目投融资机制，一方面，积极研究对接上级政策，包括争取地方债券资金、棚户区改造政府购买服务、土地收益、市政收益等专项债、PPP模式运营等；另一方面，要做大县城投公司，发挥国有企业的载体作用，由国有企业通过流动贷款、项目自营、债券、融资租赁、盘活存量资产，与央企国企合作对接等渠道形式筹措资金，解决项目融资问题。同时，要加强政银企对接协调，鼓励金融机构紧贴德化实际，开发出更多更好的金融产品，为企业提供更有力的金融服务。各乡镇各部门要继续积极向上争取资金；各项目责任单位要做好财政性投资项目资金筹集，争取尽快到位；发改、财政、经信、交通、水利等相关部门要加强对口沟通衔接，做好项目申报工作，争取更多项目列入上级资金盘子。

4. 抓要素保障。征迁方面，对石牛山景区、城东古洋片区等16个涉及征迁问题的重点项目，相关乡镇要主动沟通协调，厘清症结，对症下药，限时攻坚，尤其要抓紧驾云亭公园扩建、红旗瓷厂片区等项目征迁扫尾工作，坚决做到“拔钉清零”。土地方面，要加快项目供地；对已供未用的土地要全面梳理排查，分门别类跟踪督促项目业主限期到资、限期动工、限期投产；对征而未用、圈而不动的项目用地，要依法依规处置，切实保障项目用地需求。林地方面，针对全省林地审核审批项目中涉及未批先占现象较为严重的问题，省林业厅将对未批先占林地项目超过5起（含 5起）的实行限批直至停批。各乡镇、各项目单位要严格依法依规申报使用林地手续，确保不出现未批先占现象。林业部门要提前介入，做好跟踪服务，全程监督指导，同时要积极争取林地定额指标，全力做好报批工作。

（二）聚焦实体经济，壮大经济总量

1. 做大做强陶瓷产业。实施陶瓷产业提升行动，开展陶瓷产业跨越发展五年行动计划，统筹使用1亿元陶瓷扶持资金，推动陶瓷全产业链发展，促进产业结构向工艺美术陶瓷、日用陶瓷、高技术陶瓷、陶瓷文化创意产业、陶瓷产业配套均衡发展转变。启动城东四期古洋片区建设，加快国际陶瓷艺术城一期、中国茶具城、城东四期中小企业创业园、龙浔中小企业园三期建设，完善城东二期、三期配套设施，打造“互联网＋陶瓷产业”平台。实施产业龙头促进计划、中小企业成长工程，今年争取列入省市级产业龙头企业15家、规下转规上企业10家以上，力争至2022年全县出口陶瓷产值突破250亿元、日用家居瓷产值突破150亿元、大师工艺瓷产值突破100亿元，全县陶瓷产值达500亿元。

2. 加快发展全域旅游。实施全域旅游提升行动，集中力量打造石牛山、九仙山、县城陶瓷文化“三个核心景区”，培育山水休闲、生态栖养、陶瓷文化“三条旅游精品线”。石牛山景区，上半年启动岱仙酒店扩建、景区游步道提级改造、玻璃观景台等项目建设，完成岱仙瀑布景区道路、石龙溪漂流上下码头主体工程；下半年启动石牛山主峰游客服务中心、岱仙溪竹筏漂流项目，完成岱仙瀑布景区游客服务中心和商业街、悬崖栈道、石龙溪漂流道路等工程。九仙山景区，上半年完成农特产品展示中心建设，下半年完成九仙山大酒店和气象科普体验馆建设。城关陶瓷文化景区，做好红旗瓷厂、屈斗宫、祖龙宫片区的整合、保护、开发，推进洞上陶艺村、何朝宗纪念馆及盖德陶瓷文化古镇等项目建设，打造一批陶瓷文化创意观光园，提升城区陶瓷文化品位。

3. 发展现代特色农业。落实乡村振兴战略，实施乡村发展提升行动，做大“三黑三黄三宝”等农特品牌，推进农产品精深加工，盘活农村闲置资产，完善县农村产权交易中心建设，通过保底分红、股份合作、利润返还等多种形式，积极稳妥推进土地、林地有序流转，支持向专业大户、农民专业合作社、龙头企业流转，大力发展家庭农场、休闲农庄等业态，加快道畋农业、春秋农场、石冻王健康产业园、下涌村现代农业科技生态园等田园综合体建设，推动一二三产融合发展。

4. 推动矿业稳产增效。加大矿山勘探，鼓励矿山企业增储扩能，持续推进整合资源、规范开采、规模经营、精深加工，推动阳山、鑫阳、双旗山等主要矿山企业稳产增效，力促海峡水泥扩大产能，壮大以阳山矿区为主体的铁矿生产基地、以双旗山为龙头的金矿生产基地和以海峡水泥为重点的水泥生产基地。

（三）聚焦转型升级，提升发展质量

1. 注重素质提升。坚持“走出去、请进来”相结合，组织企业家到知名高校培训、到先进陶瓷产区学习考察，鼓励参加MBA、EMBA以及总裁研修班等各类进修培训，邀请一批国内知名企业家、学者不定期开展研讨、咨询、讲座等活动，举办在职工业设计师培训班、工业设计名师讲堂、精细化管理研修班，促进观念更新、视野拓展。深化名师带徒、双导师制，实施青年陶艺人才领航工程、陶瓷产业链人才集聚工程、陶瓷产业人才"订单式"引才等项目，重视培养"新生代""创二代""创三代"，大力培育实用型紧缺人才。

2. 注重创新创意。创新方面，充分发挥德化陶瓷产业创新发展研究院作用，建立全国陶瓷产业发展专家智库平台。积极组织企业申报各级高新技术企业、创新型企业、星创天地、工程技术研究中心、行业开发中心、众创空间等创新主体和创新平台，组织申报、实施科技项目50项以上，完成工业技改投资10亿元以上。对接实施"中国制造2025、泉州制造2025"，实施"数控一代"示范工程，推广自动化、半自动化生产设备生产线30条以上，加快推进"机器换工""两化融合"。实施高端智造工程，引导高科技陶瓷企业开展功能陶瓷、结构陶瓷、纳米陶瓷、军工陶瓷等高科技陶瓷项目研究，争取联合九牧、小米等企业，打造"泛陶瓷"概念。创意方面，开展海峡两岸大学生陶瓷设计工作坊活动，举办数字化创新设计与3D打印大赛、陶瓷版权创意大赛，与迪特工业设计、东道品牌设计等知名设计机构合作，启动"xin瓷"创新提升计划，创建一批市级以上工业设计中心。着力将新秀园打造成青年陶艺家文化交流中心，做好红旗瓷厂历史风貌区保护提升工程，打造陶瓷艺术创客集聚中心。

3. 注重品牌效应。引导企业在国内外知名展会上使用"世界陶瓷之都·德化"统一标识，做强"德化陶瓷""德化瓷雕""德化玉瓷"等品牌，争取"德化白瓷"列入中泰地理标志产品"3+3"互认互保产品。鼓励企业收购、并购国外陶瓷品牌，做好德化陶瓷参与2018年品牌价值评价工作，争取德化白瓷进入所属品牌榜单并获得发布。指导陶瓷同业公会三班茶具分会申请注册"三班茶具"集体商标。推行"商标注册建议书""商标策略提示书"，建立商标培育数据库，力争新增地理标志证明商标2件、马德里国际注册商标2件以上、注册商标100件以上。引导大师注册人名商标，提升大师名气和作品价值，力争新增大师人名商标5件以上。支持企业通过输美日用陶瓷认证，建设高水平国家出口陶瓷质量安全示范区。继续举办"中国白"国际陶瓷艺术大奖赛，开展中外陶瓷艺术家（德化）新丝路对话、"海丝情·陶瓷韵"、陶瓷博物馆馆藏巡展等活动，联合中国收藏家协会在北京、深圳等地设立德化瓷文化推广中心，扩大世界陶瓷之都国际影响力。

4. 注重市场营销。开拓"一带一路"沿线国家市场，组织参加2018年越南（河内）国际贸易展、中国－东盟（泰国）商品贸易展览会等优质展会；引导企业以德化品牌"境外行""海丝行"模式，抱团参加德国法兰克福、美国拉斯维加斯消费品展等重点扶持展会，进一步拓展东南亚及欧美市场。鼓励内贸企业申报自营进出口权，力争新增进出口经营权企业50家。引导跨境电商龙头企业抱团协作，积极开拓海外市场，入驻海外仓。组织企业参加华交会、"闽货华夏行"等专业展会，在北京、乌鲁木齐等国内其他大中城市设立德化陶瓷营销中心5家。开展高端定制，发展"艺术大师＋家居日用瓷"营销模式，对接万达、万科、中骏等国内知名精装地产公司及乔金斯、索菲亚、尚品宅配等国内已成规模全屋定制品牌，发挥"后金砖"效应，开展宴会餐瓷、会议用瓷等高端定制。积极引进德化陶瓷文化传播公司，建设品牌营销、产业或大师营销队伍。拓展电商新领域，建设电商物流园，深化传统企业与电商企业"手拉手"活动，力争4项国家陶瓷电商标准完成申报立项工作，打造2个互联网快时尚陶瓷品牌。

（四）聚焦瓶颈破解，优化发展环境

1. 优化城市环境。实施城市品位提升行动，推进红旗瓷厂、驾云亭、新寨、金交椅等片区改造，启动霞田文体园建设，抓好碧桂园、美伦·山景叠苑等楼盘开发建设，加快城市更新改造步伐；加紧德化城关至永泰嵩口高速公路规划设计工作，配合做好泉南高速德化连接线提级改造前期工作，加快推进兴泉铁路德化段、纵四线德化三班大兴岭至永春界路段、国道355线车碓岭至观音岐道路、大洋片区道路、新寨一路等道路建设，构建更加便捷的交通网络；持续实施城区绿化、夜景及陶瓷文化景观提升工程，优化高速出口至瓷都广场两侧及浐溪、丁溪两岸沿线景观风貌提升，抓好唐寨山森林公园提升和阳光、嘉裕等公园建设，加快公交总站、城东综合停车场、凤池地下停车场、原浔中镇政府停车场、中医院旧址停车楼等建设，解决城区道路拥堵、停车难等突出问题，争取高分通过全国县级文明城市测评，营造宜居宜业的城市环境。

2. 优化政务环境。加强政策宣传，各职能部门要加强对各级政策的学习和研究，读深、读透、读细，梳理出政策要点，利用各种信息平台，加大宣传解读力度，送政策下基层、进企业、到一线，尤其是县里最近出台的陶瓷产业跨越发展45条扶持措施，一定要传递到位，帮助符合条件的企业找准结合点，确保企业用好得实惠。深入推进“放管服”改革，深化投资项目并联审批，搭建行政审批中介服务“网上超市”，构建24小时自助行政服务平台；继续推行项目挂联制度，组织相关窗口审批人员主动上门提供优质服务、跟踪回访，实现项目审批无缝对接，提升审批服务质量。

3. 优化市场环境。持续推进商事制度和“多证合一”登记制度改革，激发市场活力。深化陶瓷行业诚信体系建设，强化市场监管，加强版权执法，引导陶瓷企业自觉签订行业自律承诺书，健全有奖举报失信违规行为制度，规范陶瓷行业诚信经营行为。开展陶瓷行业“十佳诚信”企业评选活动，对获评的企业在贷款贴息、广交会展位、申报资金补助项目和参加各级评先评优等给予优先安排。严格执行失信企业“红黄牌”“黑名单”制度，开展陶瓷行业诚信建设双随机一公开抽查和不正当竞争失信专项整治，对被“黄牌”“红牌”警告的企业，定期集中在新闻媒体、网站专栏给予曝光；对被列入“黑名单”的企业，取消其贷款贴息、广交会展位、申报资金补助项目和参加各级评先评优的资格，营造健康的市场环境。

4. 优化社会环境。实施社会民生提升行动，加快教育扩容提质，投入3.7亿元推进23个中小学幼儿园项目建设，力争城东中心幼儿园、荣昌幼儿园、城东小学、龙浔中心小学扩建、尚思小学扩建与特教学校标准化建设等5个项目建成投用，新增校舍面积4万平方米、学位4000个；加快乐陶医养康综合体、县医院医技楼、县第三医院、妇幼保健院等建设，建设县域医疗服务能力提升平台，让更多人享受优质医疗资源；更加注重适合中低收入群体住房开发建设，抓好城东限价商品房建设，力争完成246套3.8万平方米进城务工安居工程，为留住、稳住产业工人提供良好的住房保障；深化“平安德化”创建，创新“互联网+网格化”社会治理模式，推进立体化信息化社会治安防控体系建设，严厉打击各类违法犯罪，妥善解决劳资纠纷，维护社会安定稳定。

同志们，德化发展正处于继往开来的关键时期。让我们在县委的坚强领导下，认真贯彻落实中央和省、市决策部署，齐心协力，同舟共济，攻坚克难，为打造海丝路上具有国际影响力的现代化世界瓷都做出新的更大的贡献！

政府工作报告（节选）

县长 黄文捷

（2019年1月4日）

各位代表：

现在，我代表德化县人民政府向大会报告工作，请予审议，并请各位政协委员和其他列席人员提出意见。

2018年政府工作回顾

2018年，在上级党委、政府和中共德化县委的坚强领导下，县人民政府深入学习贯彻习近平新时代中国特色社会主义思想和党的十九大精神，全面落实上级各项决策部署，认真执行县人大及其常委会决议决定，牢牢把握稳中求进工作总基调，坚定不移贯彻新发展理念，打好三大攻坚战，做好“六稳”工作，全力推进“七大提升行动”，经济社会发展呈现良好态势。

一年来，我们致力跨越赶超，综合实力不断壮大

经济运行稳中向好。制定实施三年赶超发展行动计划，经济发展提质增效，预计（下同）全县地区生产总值224.6亿元，增长8.8%；一般公共预算总收入17.75亿元，增长7.9%，一般公共预算收入11.82亿元，增长7.3%；农业总产值20.5亿元，增长2.5%；工业增加值108.2亿元，增长9%；第三产业增加值92.17

亿元，增长8.6%；水电发电量7.15亿千瓦时、产值2.22亿元；矿业产值5.38亿元；社会消费品零售总额77.8亿元，增长13%；固定资产投资增长16%。

政策扶持定向精准。制定陶瓷产业跨越发展五年行动计划，召开陶瓷产业跨越发展大会，出台推动陶瓷产业跨越发展10条补充措施，深入实施新一轮技改、抓大扶小、循环化改造等政策，兑现涉企资金1.1亿元，减税降费1.24亿元，规下转规上工业企业26家，全县电子商务交易额达106.3亿元，增长24.7%。组织企业参加北京大学研修班、广州陶瓷工业展以及管理创新、技术创新等专题培训班。开展“领导干部一线办公”活动周，召开现场办公会12场、企业家座谈会8场、政银企对接会6场，解决企业难题132个。

应对风险积极有为。及时发布贸易摩擦相关信息，积极应对日用陶瓷产品反倾销调查，引导企业运用出口信保政策，规避贸易风险，新增进出口经营权企业65家总数达551家，自营出口19.56亿元，增长19.2%。开展金融风险防控工作，县企业应急保障资金帮助38家企业周转资金3.23亿元；全县金融机构贷款余额202.16亿元，增长6.7%，存贷比94.9%。全县政府性债务严控在省定限额之内。

一年来，我们致力转型升级，产业结构持续优化

陶瓷业支撑有力。实施陶瓷产业提升行动，成立德化陶瓷产业创新发展研究院，启动“中国白”未来共享、全球推广、创新提升三项计划，建设中瓷网络科技“互联网+陶瓷”平台，“后金砖”品牌效应逐步显现，入选国家用瓷生产企业2家，新增省科技小巨人领军企业、高新技术企业、科技型企业、科技企业孵化器等科技企业（平台）48家，授权专利1071件、国家地理标志证明商标3个、国内注册商标2365个、马德里国际注册商标10个、省重点培育和发展的国际知名品牌3家，德化白瓷列入中泰“3+3”地理标志互认互保产品，列入市级产业龙头企业22家、服务型制造示范企业2家、重点技改项目6个，列入省级智能制造、两化融合、技术创新、工业新增长点、工业和信息化龙头企业培育发展对象等项目28个，获评省智能制造试点示范、两化融合管理体系贯标企业26家、省级重点上市后备企业2家、省级以上知识产权优势企业3家，五洲陶瓷列入市级生产性服务业重点培育对象，顺美集团获评省级工业设计中心，佳美公司获评省工业企业质量标杆企业。启动第二届中国白国际陶瓷艺术大奖赛，举办第一届中国（德化）茶具文化产业博览会、“何朝宗”杯工业设计大赛等陶瓷展会赛事近50场，设立德化陶瓷营销中心5家，新增工艺美术大师国家级3人、省级67人、大师工作室11个。德化陶瓷在香港大公交易所成功上市，实现电子化交易零的突破。实现陶瓷产值328.46亿元，增长14.1%，其中陶瓷工业产值263.81亿元，增长16%。

旅游业发展加速。实施全域旅游提升行动，推进石牛山、九仙山、云龙谷、旅游集散服务中心等20个旅游重点项目建设，完成投资8.07亿元。围绕“世界瓷都·润养德化”旅游品牌主题定位，创新“网游德化”营销新模式，开展首批旅游商品名录认定，设立云龙谷剪纸、顺美等研学基地，举办抖音创意视频挑战赛等“发现大美德化”系列评选活动、“丝路瓷源·月记窑”陶瓷文化摄影作品比赛，以及上涌梨花、雷峰温泉、杨梅银杏、美湖民俗等不同主题的乡镇文旅特色节庆活动。九仙山木屋、游客服务中心获批建设生态旅游和教学实训基地，启动智慧旅游一期项目建设，创建省旅游特色村3个，南埕村、南埕镇分别获评省三星级旅游特色村、休闲集镇，德化世界瓷都旅游休闲综合开发项目获评省首批标志性旅游产品项目，陶瓷博物馆获评首批福建标志性文化旅游场馆，大龙湖、龙门湖分别获评省级、国家水利风景区，杨梅乡列入森林中国·发现森林文化小镇。全县接待游客488.09万人次，旅游总收入45.53亿元，均增长23.2%。

农林业效益增长。实施乡村发展提升行动，落实强农惠农富农政策，全年支农支出4.78亿元，增长3.8%。建立全县首个院士工作站，新增市级国家科技园区示范企业（基地）9家、市级以上科技特派员40名。划定水稻生产功能区10.2万亩，建成市级以上林下经济示范基地23个，获评市级以上农民专业合作社示范社4家、家庭农场示范场10家、三星级森林人家3家。棘胸蛙、茶油等农产品深加工产业初见成效。德化黑羊通过国家农产品地理标志保护登记，春美乡（黄花菜）列入全国一村一品示范村镇，恋南山黄花远志花茶荣获第六届成都国际都市现代农业博览会金奖、海峡两岸最受欢迎伴手礼奖，6个农产品荣获第十九届中国绿色食品暨国际有机食品博览会金奖。

一年来，我们致力项目攻坚，发展后劲日益增强

重点项目强力推进。实施项目攻坚提升行动，开展“项目攻坚2018”“大干40天、比拼开门红”、项目征迁“拔钉清障”等活动，落实“周碰头、月调度、季会商”制度，全面实行收账机制，召开协调会433次，

协调解决困难问题161个，突破征迁项目29个、提前开工项目75个、提前竣工项目53个，全县218个重点项目完成年度投资107.1亿元，增长24.3%；列入省、市重点项目17个，完成投资29亿元。

招商选资成效显著。持续深入开展“大招商招大商”活动，成立利用外资工作领导小组，大力实施“回归工程”，新引进项目74个、协议总投资139.13亿元，其中，生产性项目33个、协议总投资48.56亿元，亿元以上项目13个，德化瓷都文化小镇总投资60亿元，是我县迄今为止单体投资最大的小镇项目。在谈项目102个，意向总投资205.45亿元，其中，亿元以上项目16个，意向总投资183.2亿元。

平台载体全速拓展。投入2.39亿元，加快完善陶瓷园区配套基础设施，启动城东四期古洋片区、中小企业创业园二期和后朱片区建设，致力打造万亩工业园区。中国茶具城一期建成投用，新秀园、香业园初具规模。争取土地、林地指标1800亩、4161亩，完成征地6979亩、拆迁房屋22.6万平方米、供地2715亩。多渠道筹集资金，完成土地出让收益10.43亿元、耕保政策收益10.14亿元，争取上级资金15亿元、政府债券资金6.38亿元、财政性项目融资18.97亿元。

一年来，我们致力统筹兼顾，城乡面貌焕然一新

改革试点稳妥实施。扎实推进统筹城乡发展64项重点任务。实施新一轮县对乡镇财政体制。全国林地占补平衡扩大试点、林权收储工作持续开展，完成农村土地承包经营权确权登记颁证、农村集体产权制度改革清产核资和县办公司林场改革。率先在全市推行“流动仲裁庭”、“网格化+执行”模式和知识产权电子数据存证云服务，“网格化+职能应用”社会治理模式、仲裁审查确认工作在全省推广。深化“放管服”改革，调整县级权责清单338项；实施“多证合一”“证照分离”，企业开办登记由原来7个工作日压缩至3个工作日内，新增各类市场主体10543户，增长38.7%；在全省创新推出“一区通办”、购买图审服务、便民服务专窗，在全市首创“全县通办”模式，建立开放式24小时自助行政服务平台，财政性投资项目从立项到竣工审批总时限压缩至36个工作日内，行政审批服务事项按期办结率、当日办结率、提前办结率分别达100%、97.1%、99.2%。

城市品位全面提升。实施城市品位提升行动，投入27.5亿元，实施46个市政提升工程，完成城区绿化、夜景及瓷都大道、浐溪两侧景观风貌提升工程，八中人行天桥、车碓岭道路改造建成投用，新改建城区道路25.5公里、供水供气和污水管网36.28公里，改造电网302公里，城区沥青加铺2.5万平方米，建成区新增绿地50多万平方米，人均公园绿地达13.82平方米，城区垃圾无害化处理率达99%，新增公交线路2条、公交车20部，新建停车场3个、公园2个，顺利完成年初制定的目标任务。拆除违建15.72万平方米。投入10.7亿元，加快推进兴泉铁路德化段和国省干线、通乡镇公路建设，德化至永泰嵩口高速公路进入初步勘察设计阶段，厦沙高速公路汤城枢纽至德化段（泉三高速公路德化连接线）列入交通运输部“十三五”建设规划修编。

乡村振兴有序推进。投入6750万元，开展37个村“一清二整三美化”，提级改造农村公路40公里、安保工程90公里，建设乡村振兴试点示范村6个、基本点3个，培育特色农业休闲观光带9条，完成54个村生活垃圾、58个村生活污水治理，实现全县农村生活垃圾常态化治理，国宝乡佛岭村进入第一批市级特色乡村扶持创建试点名单，龙塔畲族村列入省少数民族特色村寨试点村，涌溪村入选省库区移民环境综合整治试点村，杨梅乡云溪村列入省传统村落改善和提升重点村，新增中国传统村落13个。进一步巩固脱贫攻坚成果，农村建档立卡贫困人口稳定脱贫，32个建档立卡贫困村全部摘帽退出，52个“空壳村”全部消除。

生态环境更加宜居。落实最严格耕地资源保护、水资源管理制度和河（湖）长制，森林防火新型隔离灭火做法在全省推广。投入1.6亿元，实施小流域水质提升、重点流域整治，造林绿化1.81万亩，治理水土流失4.5万亩。投入2.79亿元，扎实推进浐溪水系河湖连通综合整治、闽江防洪工程德化段（二期）前期工作，抓好蕉溪清新流域样板工程、河道治理和安全生态水系建设，退出小水电站8座，完成水电站生态下泄流量改造55座。彭村水库下闸蓄水。完成节能减排任务，空气质量优于国家二级标准，水质达标率100%。

一年来，我们致力共建共享，社会民生明显改善

民生保障更全面。实施社会民生提升行动，县财政民生支出21.88亿元，占一般公共预算支出比重达81.7%。居民人均可支配收入28500元，增长7.1%。教育方面，投入3.7亿元，推进23个教育项目建设，新增校舍面积4.85万平方米、学位4730个，成立县教育发展基金会并筹资6197.6万元，中高考质量持续向好，一中、职校分别入选省示范性高中建设学校、省示范性现代职业院校建设工程A类培育项目校；创建市级示范老年学校9所，提前完成全县老年教育十三五发展规划目标任务。医疗卫生方面，投入6300万元，推进县医院医技楼、县第三医院、县妇幼保健院建设，县域医疗服务“三平台六中心”建成投用，开展县级公立医疗机构“暖心服务”行动，举办第13届中国泉州－东南亚中医药学术研讨会，县中医院、县医院分别荣获国家节能型示范单位、全国综合医院中医药工作示范单位，获评全国基层中医药先进县。社会保障方面，新增城镇就业5180人，落实全民参保登记计划，城乡居民养老保险参保率达99%，创建农村居家养老服务示范点30个，社会救助和保障体系更加完善。开工建设棚户区改造安置房2288套，完成城东、宝美进城务工人员安居工程，改造石结构房屋2万平方米、农村危房26户，顺利完成市下达的任务。

社会治理更和谐。投入3060万元，抓好城市安全信息系统、“雪亮工程”等项目建设。认真开展扫黑除恶专项斗争，扎实做好矛盾纠纷排查调处，全县信访形势持续改善，设立公共法律服务中心和县乡村三级综治中心，县级社区矫正中心标准化建设走在全省前列，综治平安“三率”水平位居全市前列，南埕镇、杨梅乡分别获评全国、全省无邪创建示范乡镇，浔中镇凤池社区列入全国第一期青少年零犯罪零受害社区试点单位。全面推进安全风险分级管控和隐患排查治理双重预防机制，安全生产态势平稳。开展“食品安全提升年”活动，食品安全满意度测评二、三季度位居全市第一。

各项事业更协调。提级改造县图书馆，建设村级基层综合性文化服务中心示范点2个，新增百姓书房6个、社区文化室7个；德化窑申报第一批省级考古遗址公园，新增省级文保单位4处、省级以上非物质文化遗产传承人4人、市级以上文化产业示范基地4家，德化瓷烧制技艺入选第一批国家传统工艺振兴名录。在全省率先建设县融媒体中心，县广播电视台荣获改革开放四十周年全国百佳县级广播电视台。出版《德化县志（1988—2007）》，《浔中镇志》列入中国名镇志。荣获全国“五一劳动奖章”、入选“福建好人”榜各1人。双拥、武装、统计、档案、科普、外事侨台、防震减灾、妇女儿童、残疾人等工作也取得新成效。

一年来，我们致力勤政廉政，政府建设更加务实

大力弘扬“马上就办、真抓实干”优良作风，驰而不息纠正“四风”，狠抓巡视巡察发现问题整改。认真执行中央八项规定及实施细则精神和省市实施办法，加大审计监督力度，完成企事业单位公车改革，县级财政管理绩效综合考评名列全市第一、全省第六。注重依法行政，自觉接受县人大及其常委会监督、县政协民主监督和社会舆论监督，办理人大代表建议286件、政协提案154件，满意率和基本满意率达100%；“七五”普法通过市级中期督导检查，获评全国法治县创建活动先进单位。深化机关效能建设，稳妥推进政府机构改革，作风建设走向常态化。

各位代表，成绩来之不易，这离不开上级党委、政府和县委的坚强领导，离不开县人大、政协和社会各界的监督支持，离不开全县上下的共同努力。在此，我谨代表县人民政府，向全县干部群众、人大代表、政协委员，民主党派、工商联、无党派人士、人民团体和离退休老同志，向驻德机构、驻德部队、武警官兵，企业界人士、来德创业务工人员和海内外乡亲朋友，表示衷心的感谢和崇高的敬意！

在肯定成绩的同时，我们也清醒地看到存在的困难和问题：一是传统产业转型升级依然艰巨，新动能有待加快培育；二是重大项目支撑不足，招商选资力度仍需加大；三是农业农村基础较为薄弱，乡村振兴任重道远；四是城市提升仍有空间，综合承载力有待增强；五是优质公共服务供给不足，民生领域还有不少短板；六是服务意识、责任担当还不够，营商环境有待进一步优化。对此，我们将强化问题导向，采取有力措施，认真加以解决。

德化县机构改革实施方案（节选）

为贯彻落实市委办公室、市政府办公室《关于印发〈德化县机构改革方案〉的通知》（泉委办发〔2018〕49号），做好我县机构改革工作，结合实际，制定德化县机构改革实施方案。

一、机构改革的总体要求

深化机构改革，要坚持以习近平新时代中国特色社会主义思想为指导，全面贯彻党的十九大和十九届二中、三中全会精神，贯彻落实习近平总书记关于深化党和国家机构改革的重要论述，牢固树立政治意识、大局意识、核心意识、看齐意识，坚持加强党的全面领导，坚持以人民为中心的发展思想，坚持社会主义市场经济改革方向，坚持优化协同高效，坚持以法治方式推进改革，坚持在中央统一领导下充分发挥地方积极性。

深化机构改革，要认真贯彻落实习近平总书记加快建设“机制活、产业优、百姓富、生态美”新福建的重要指示精神，从机构职能上把加强党的领导落实到各领域各方面各环节，县级主要机构设置及其职能同中央、省保持基本对应，与市级机构改革有效衔接。加快政府职能转变，使市场在资源配置中起决定性作用、更好发挥政府作用，强化社会管理和公共服务职能，切实解决人民群众最关心最直接最现实的利益问题。统筹县乡各层级、党政群各领域改革，优化政府机构和职能配置，提高行政效能；充分发挥法治规范和保障改革作用，在改革中完善和强化法治，坚决维护国家法制统一、政令统一、市场统一；结合德化县实际，因地制宜设置机构，构建系统完备、科学规范、运行高效的机构职能体系，形成总揽全局、协调各方的党的领导体系，职责明确、依法行政的政府治理体系，联系广泛、服务群众的群团工作体系，为坚持高质量发展落实赶超，努力建设海丝路上具有国际影响力的现代化世界瓷都，奋力开启新时代德化发展新征程提供体制机制保障。

深化机构改革，要在党中央集中统一领导和省委、市委具体部署下，由县委负总责，不折不扣落实好各项改革任务。

二、调整优化县级党政机构和职能

（一）对应中央和省市机构改革，调整优化相应机构和职能

1. 建立健全和优化县委对重大工作的领导体制机制

（1）组建县监察委员会。将县监察局的职责，以及县人民检察院有关查处贪污贿赂、失职渎职及预防职务犯罪等职责整合，组建县监察委员会，与县纪律检查委员会合署办公，履行纪检、监察两项职责，实行一套工作机构、两个机关名称。

不再保留县监察局。

（2）组建县委审计委员会，作为县委议事协调机构。主要职责是，贯彻落实中央关于审计工作的方针、政策和省委、市委关于审计工作的重大决策，审议我县审计监督重大政策和改革方案，审议年度全县预算执行和其他财政支出情况审计报告，审议审计监督其他重大事项等。县委审计委员会办公室设在县审计局。

（3）将县依法治县领导小组改为县委全面依法治县委员会，作为县委议事协调机构。主要职责是，贯彻落实中央全面依法治国的方针、政策，以及省委全面依法治省和市委全面依法治市的重大决策，研究我县全面依法治县的重大事项，根据中央、省委、市委统一部署统筹协调、整体推进、督促落实我县全面依法治县各项工作等。县委全面依法治县委员会办公室设在县司法局。

（4）将县全面深化改革领导小组改为县委全面深化改革委员会，作为县委议事协调机构。主要职责是，贯彻落实中央关于全面深化改革的方针、政策和省委、市委重大改革举措，研究确定我县全面深化改革重大事项，根据中央、省委、市委统一部署统筹协调、整体推进、督促落实我县全面深化改革工作等。县委全面深化改革委员会办公室设在县委办公室。

（5）将县委网络安全和信息化领导小组改为县委网络安全和信息化委员会，作为县委议事协调机构。主要职责是，贯彻落实中央关于网络安全和信息化工作的方针、政策以及省委、市委关于网络安全和信息化工作的重大决策，研究我县网络安全和信息化重大事项，根据中央、省委、市委统一部署统筹协调、整体推进、督促落实我县网络安全和信

息化工作等。县委网络安全和信息化委员会办公室设在县委宣传部。

（6）将县国家安全工作领导小组改为县委国家安全委员会，作为县委议事协调机构。县委国家安全委员会办公室设在县委办公室。具体事项另行规定。

（7）将县外事工作领导小组改为县委外事工作委员会，作为县委议事协调机构。主要职责是，贯彻落实中央有关外事工作的方针、政策和省委、市委关于外事工作的重大决策，统筹协调全县外事工作等。县委外事工作委员会办公室设在县政府办公室（县政府外事办公室）。

（8）组建县委财经委员会，作为县委议事协调机构。主要职责是，贯彻落实中央关于财经工作的方针、政策和省委、市委关于财经工作的重大决策，研究我县财经领域重大事项，统筹协调全县财经工作等。县委财经委员会办公室设在县委办公室。

（9）组建县委教育工作领导小组，作为县委议事协调机构。主要职责是，贯彻落实中央有关在教育领域加强党的建设方针、政策和省委、市委关于在教育领域加强党的建设的重大决策，研究部署我县教育领域思想政治、意识形态工作，审议我县教育发展战略、中长期规划、重大政策和体制改革方案，协调解决我县教育工作重大问题等。县委教育工作领导小组秘书组设在县教育局。

（10）组建县委军民融合发展委员会，作为县委议事协调机构。县委军民融合发展委员会办公室设在县工业信息化和商务局。

2. 加强县委职能部门的统一归口协调管理职能

（1）县委组织部统一管理县委机构编制委员会办公室。调整优化县委机构编制委员会领导体制。县委机构编制委员会办公室作为县委机构编制委员会的办事机构，承担县委机构编制委员会日常工作，作为县委工作机关，正科级，归口县委组织部管理。

（2）县委组织部统一管理公务员工作。将县人力资源和社会保障局（县公务员局）的公务员录用调配、考核奖惩、培训和工资福利等公务员管理职责划入县委组织部，对外保留县公务员局牌子。县委非公有制企业和社会组织工作委员会由依托县委组织部改为在县委组织部加挂牌子。

调整后，县委组织部在公务员管理方面的主要职责是，贯彻落实上级有关公务员管理的政策和法律法规，研究拟订并组织实施我县公务员管理的相关规定，依法统一管理我县公务员录用调配、考核奖惩、培训和工资福利等事务，指导我县公务员队伍建设和绩效管理，负责我县公务员交流合作等。

县人力资源和社会保障局不再加挂县公务员局牌子。

（3）县委宣传部统一管理新闻出版、广播、电视和电影工作。将县文化体育新闻出版局（县版权局）的新闻出版和县广播电视事业局的广播、电视、电影管理职责划入县委宣传部。对外加挂县新闻出版广电局牌子。

县委宣传部承担对外宣传和政府新闻发布相关职责，对外加挂县政府新闻办公室牌子。

调整后，县委宣传部关于新闻出版、广播、电视、电影管理方面的主要职责是，贯彻落实上级有关新闻出版、广播、电视、电影管理的方针、政策和法律法规；拟订并组织实施我县新闻出版、广播、电视、电影管理的相关规定，推动我县广播电视领域体制机制改革；依法管理我县新闻出版、广播、电视、电影行政事务，负责广播电视和视听节目监督管理；统筹规划和指导协调新闻出版、广播、电视、电影事业、产业发展等。

（4）县委统一战线工作部统一管理民族与宗教工作。将县民族与宗教事务局并入县委统一战线工作部，对外加挂县民族与宗教事务局牌子。

调整后，县委统一战线工作部在民族与宗教方面的主要职责是， 贯彻落实上级的民族工作方针，研究拟订民族工作的相关规定，协调处理民族工作中的重大问题，根据分工做好少数民族干部工作，依法管理民族事务，全面促进民族事业发展等；贯彻落实上级的宗教工作基本方针和政策，研究拟订宗教工作的相关规定并督促落实，统筹协调宗教工作，依法管理宗教行政事务，保护公民宗教信仰自由和正常的宗教活动，巩固和发展同宗教界的爱国统一战线等。

不再保留单设的县民族与宗教事务局。

（5）县委统一战线工作部统一管理侨务工作。将县委台湾工作办公室（县政府外事侨务办公室）承担的侨务工作职责划入县委统一战线工作部，对外加挂县政府侨务办公室牌子。

调整后，县委统一战线工作部在侨务方面的主要职责是，贯彻落实上级有关侨务工作的方针、政策和法律法规，拟订并组织实施我县侨务工作相关规定，统一领导我县海外统战工作，依法管理我县侨务行政事务，统筹协调侨务相关工作，联系香港、澳门和海外有关社团及代表人士，指导推动涉侨宣传、文化交流和华文教育工作等。

将县委台湾工作办公室（县政府外事侨务办公室）承担的海外华人华侨社团联谊等职责划归县归国华侨联合会。

3. 新组建和优化职责的机构

（1）组建县自然资源局。将县国土资源局的职责，县发展和改革局的参与编制主体功能区规划职责，县住房和城乡规划建设局的城乡规划管理职责，县环境保护局的组织划定生态红线职责，县水利局的水资源调查和确权登记管理职责，县农业局的草地资源调查和确权登记管理职责，县林业局的森林、湿地等资源调查和确权登记管理职责等整合，组建县自然资源局，作为县政府工作部门，正科级。

县自然资源局主要职责是，对自然资源开发利用和保护进行监管，建立空间规划体系并监督实施，按权限履行全民所有自然资源资产所有者职责，统一调查和确权登记，建立自然资源有偿使用制度，负责测绘和地质勘查行业管理等。

不再保留县国土资源局。

（2）组建县农业农村局。将县农业局（县委农村工作领导小组办公室）的职责，以及县发展和改革局的农业投资项目、县财政局的农业综合开发项目、县国土资源局的农田整治项目、县水利局的农田水利建设项目管理职责等整合，组建县农业农村局，作为县政府工作部门，正科级。县委农村工作领导小组办公室设在县农业农村局。县农业农村局加挂县委实施乡村振兴战略领导小组办公室、县扶贫开发领导小组办公室牌子。

县农业农村局主要职责是，贯彻落实上级有关“三农”工作战略、规划、政策和法律法规，拟订并组织实施我县农业农村工作相关规定，依法监督管理我县种植业、畜牧业、农垦、农业机械化、农产品质量安全，负责农业相关投资项目管理等。承担县委实施乡村振兴战略领导小组、县扶贫开发领导小组日常工作。

不再保留县农业局。

（3）组建县文化体育和旅游局。将县文化体育新闻出版局的文化、体育等职责和县旅游事业局的旅游管理职责整合，组建县文化体育和旅游局，作为县政府工作部门，正科级。

县文化体育和旅游局主要职责是，贯彻落实上级有关文化、文物保护、体育和旅游工作的方针、政策和法律法规，拟订并组织实施我县文化、文物保护、体育和旅游工作相关规定，统筹规划我县文化体育事业、文化体育产业、旅游业发展，深入实施文化惠民工程，组织实施文化资源普查、挖掘和保护工作，负责我县文物考古、文物保护、博物馆（纪念馆）相关工作；维护各类文化、体育市场包括旅游市场秩序，加强文化体育领域对外交流工作等。

不再保留县文化体育新闻出版局。

（4）组建县卫生健康局。将县卫生和计划生育局、县深化医药卫生体制改革领导小组办公室、县老龄工作委员会办公室的职责，县安全生产监督管理局的职业安全健康监督管理职责整合，组建县卫生健康局，作为县政府工作部门，正科级。

县卫生健康局主要职责是，贯彻落实上级有关卫生健康的方针、政策和法律法规，拟订并组织实施我县国民卫生健康相关规定，协调推进深化医药卫生体制改革，依法监督管理公共卫生、医疗服务和卫生应急，负责计划生育管理和服务工作，拟订我县应对人口老龄化、医养结合相关措施等。

保留县老龄工作委员会，日常工作由县卫生健康局承担。

不再保留县卫生和计划生育局、县深化医药卫生体制改革领导小组办公室。

（5）组建县退役军人事务局。将县民政局的退役军人优抚安置和拥军优属职责，县人力资源和社会保障局的军队转业干部安置职责整合，组建县退役军人事务局，作为县政府工作部门，正科级。县退役军人事务局加挂县双拥共建工作领导小组办公室牌子。

县退役军人事务局主要职责是，贯彻落实上级有关退役军人服务保障的政策和法律法规，拟订并组织实施我县退役军人服务保障相关规定，负责我县军队转业干部、复员干部、退休干部、退役士兵的移交安置工作和自主择业退役军人服务管理、待遇保障工作，组织开展退役军人教育培训、优待抚恤等，指导全县拥军优属工作，负责我县烈士及退役军人荣誉奖励、军人公墓维护以及纪念活动等。按中央有关改革部署实施。

（6）组建县应急管理局。将县安全生产监督管理局的职责，县政府办公室的应急管理职责，县民政局的救灾职责，县国土资源局的地质灾害防治相关职责，县水利局的水旱灾害防治相关职责，县林业局的森林防火相关职责，县农业局的草地防火相关职责，县公安局的消防管理相关职责，县地震办公室的震灾应急救援相关职责以及县防汛抗旱指挥部、县森林防火指挥部、县减灾委员会、县抗震救灾指挥部的职责等整合，组建县应急管理局，作为县政府工作部门，正科级。

县应急管理局主要职责是，贯彻落实上级有关应急管理的政策和法律法规，组织编制我县应急总体预案和规划，指导各乡镇各部门应对突发事件工作，推动应急预案体系建设和预案演练，建立全县灾情报告系统并按规定统一发布灾情，统筹我县应急力量建设和物资储备并在救灾时统一调度，组织灾害救助体系建设，指导我县安全生产类、自然灾害类应急救援。指导我县火灾、水旱灾害、地质灾害等防治。按中央有关改革部署实施。

不再保留县安全生产监督管理局。

（7）优化县司法局职责。将县政府办公室（县政府法制办公室）的政府法制职责划入县司法局。

县司法局主要职责是，贯彻落实上级有关司法和法制工作的方针、政策和法律法规，负责我县规范性文件的草案起草，综合协调行政执法，指导行政复议应诉，负责普法宣传，依法管理社区矫正工作，负责律师公证和司法鉴定仲裁管理，承担有关司法协助等。

（8）优化县审计局职责。将县发展和改革局的重大项目稽察职责，县财政局的预算执行情况、其他财政收支情况的监督检查和县属国有企业领导干部经济责任审计等相关职责划入县审计局。

（9）优化县市场监督管理局职责。将县发展和改革局（县物价局）的价格监督检查与依法查处价格违法行为相关职责，县科技和知识产权局的知识产权相关职责，县商务局承担的牵头打击侵权和假冒伪劣商品职责等划入县市场监督管理局。县市场监督管理局加挂县知识产权局牌子。

县市场监督管理局主要职责是，负责市场综合监督管理，统一登记市场主体并建立信息公示和共享机制，组织市场监管综合执法工作，承担市场监管领域执法，规范和维护市场秩序。组织实施质量强县战略，负责工业产品质量安全、食品安全、特种设备安全监管，统一管理计量标准、检验检测、认证认可工作，按规定负责药品、化妆品、医疗器械的注册并组织实施监督管理，负责知识产权保护，负责商标、专利、原产地地理标志管理，指导商标、专利执法工作等。

保留县食品安全委员会，具体工作由县市场监督管理局承担。

（10）优化县生态环境职责。将县环境保护局的职责，县发展和改革局的应对气候变化和减排职责，县国土资源局的监督防止地下水污染职责，县水利局的编制水功能区划、排污口设置管理、流域水环境保护职责，县农业局的监督指导农业面源污染治理和渔业水域生态保护职责划入市生态环境部门派出的县生态环境部门。

（11）优化县医疗保障职责。将县人力资源和社会保障局的城镇职工和城镇居民基本医疗保险、生育保险职责，县卫生和计划生育局的新型农村合作医疗职责，县民政局的医疗救助职责，县发展和改革局（县物价局）的药品和医疗服务价格管理职责等划入市医疗保障部门派出的县医疗保障部门。

4. 其他不再设立的机构

（1）不再设立县社会管理综合治理委员会及其办公室、县委维护稳定工作领导小组及其办公室，将有关职责交由县委政法委员会承担。

（2）不再设立县委防范和处理邪教问题领导小组及其办公室，将有关协调指导各相关部门做好反邪教工作、分析研判有关情况并提出政策建议、协调处置重大突发性事件等职责划入县委政法委员会，将收集邪教组织影响社会稳定、危害社会治安的情况并进行分析研判职责划入县公安局。

（二）与中央和省市机构基本对应的其他机构和因地制宜设置的机构

1. 与中央和省市机构基本对应的其他机构

县委办公室（加挂县委台港澳工作办公室、县委保密委员会办公室、县委机要局、县档案局牌子，对外可使用县政府台港澳事务办公室、县国家保密局、县密码管理局名称）、县委县直机关工作委员会、县委巡察工作领导小组办公室作为县委工作机关；县政府办公室（加挂县政府外事办公室牌子）、县发展和改革局（加挂县粮食和物资储备局牌子）、县教育局、县公安局、县民政局（加挂县革命老根据地建设办公室牌子）、县财政局、县人力资源和社会保障局、县住房和城乡建设局（加挂县人民防空办公室牌子）、县交通运输局、县统计局、县林业局作为县政府工作部门。均为正科级。其中：

（1）将县住房和城乡规划建设局更名为县住房和

城乡建设局。县住房和城乡建设局加挂县人民防空办公室牌子。

（2）优化县委办公室职责。将县委台湾工作办公室（县政府台湾事务办公室）承担的台港澳事务职责、县档案局（县档案馆）承担的行政职能划入县委办公室，县委办公室加挂县委台港澳工作办公室、县委保密委员会办公室、县委机要局、县档案局牌子，对外可使用县政府台港澳事务办公室、县国家保密局、县密码管理局名称。县档案馆作为相当正科级事业单位设置。

（3）优化县政府办公室职责。将县委台湾工作办公室（县政府外事侨务办公室）的外事工作职责划入县政府办公室。县政府办公室加挂县政府外事办公室牌子。

不再保留县委台湾工作办公室（县政府台湾事务办公室、县政府外事侨务办公室）。

（4）优化县发展和改革局职责。将县商务局（县粮食局）的粮食管理职责，以及县民政局组织实施应急储备物资收储、轮换和日常管理职责等划入县发展和改革局。县发展和改革局加挂县粮食和物资储备局牌子。

行政审批制度改革相关职责交由县发展和改革局承担。

（5）优化县林业局职责。将县农业局的草地监督管理职责，以及县国土资源局、县住房和城乡规划建设局、县水利局、县农业局等部门承担的自然保护区、风景名胜区、自然遗产、地质公园等管理职责划入县林业局。县林业局由县自然资源局统一领导和管理。

（6）优化县交通运输局职责。将县农业局的渔船检验和监督管理职责划入县交通运输局。

2. 因地制宜设置的机构

县委老干部局（加挂县委离退休干部工作委员会牌子）、县委精神文明建设办公室（加挂县精神文明建设指导委员会办公室牌子）作为县委工作机关；县科学技术局、县工业信息化和商务局（加挂县数字德化建设领导小组办公室牌子）、县水利局、县城市管理局、县政府信访局（与县委信访局合署办公）作为县政府工作部门。均为正科级。其中：

（1）组建县工业信息化和商务局。将县经济和信息化局、县商务局相关职责整合，组建县工业信息化和商务局，作为县政府工作部门，加挂县数字德化建设领导小组办公室牌子。

县工业信息化和商务局的主要职责是，贯彻执行上级有关工业和信息化、经济贸易、行业管理等领域工作的方针、政策和法律法规，拟订并组织实施我县工业和信息化、经济贸易、行业管理等领域的相关规定，统筹规划、指导协调和依法监督管理全县工业和信息化、经济贸易、行业管理工作等。

县工业信息化和商务局在数字德化建设方面的主要职责是，贯彻落实上级有关信息化的政策和法律法规，拟订并组织实施全县信息化的发展规划、政策措施；具体统筹全县信息化工作，推进重点领域信息化应用；统筹规划和协调推进重大信息化基础设施和公共平台建设；负责全县公共信息资源的综合管理和开发利用；负责全县互联网经济牵头抓总、宏观指导、统筹协调和组织推进相关工作等；负责全县政务数据和公共数据平台建设和管理，统筹管理全县政务数据资源收集、挖掘、共享、开放工作。

不再保留县经济和信息化局、县商务局。

（2）组建县城市管理局。将县行政执法局的职责，县市政公用事业管理局的城市管理行政职责等整合，组建县城市管理局，作为县政府工作部门。

县城市管理局的主要职责是，制定城市管理方面的管理制度和规范；负责市政公用设施运行管理、市容环境卫生管理、园林绿化管理等方面工作；负责全县城市管理相对集中行政处罚权工作；负责研究制定城市管理执法工作规范和行为规范。承担县城市管理委员会日常工作。

不再保留县行政执法局。

（3）将县委老干部局由县委组织部管理的机关调整为县委工作机关，归口县委组织部管理。县委老干部局加挂县委离退休干部工作委员会牌子。

（4）将县委精神文明建设办公室由县委宣传部管理的机关，调整为县委工作机关，归口县委宣传部管理，对外加挂县精神文明建设指导委员会办公室牌子。

（5）将县科技和知识产权局更名为县科学技术局。将县人力资源和社会保障局的外国专家管理职责划入县科学技术局。

（6）调整县委县政府信访局管理体制。将县委信访局（县政府信访局）由县委办公室为主管理的机构调整为县政府信访局，作为县政府工作部门。组建县委信访局，与县政府信访局合署办公。

机构改革后，共设置党政机构 37 个。党委机构

11个，其中，纪检监察机关1个，工作机关10个。政府工作部门25个。市直部门派出机构1个。（详见附件）

三、统筹推进其他各项改革

（一）深化县人大、政协机构改革和群团组织改革

1. 深化县人大机构改革

（1）组建县人大社会建设委员会，作为县人大专门委员会，负责研究、拟订、审议劳动就业、社会保障、民政事务等方面的有关议案，开展调查研究，开展有关执法检查。其日常工作由县人大常委会内务司法工作委员会承担。

（2）组建县人大监察和司法委员会，作为县人大专门委员会，承担推动实现党内监督和国家机关监督有机统一方面相关职责。其日常工作由县人大常委会内务司法工作委员会承担。

2. 深化县政协机构改革

（1）组建县政协农业和农村委员会。将县政协各委员会涉及联系农业界和研究“三农”问题等职责调整到县政协农业和农村委员会。

（2）将县政协学习委员会、文史资料委员会和文教卫体委员会承担的联系文化艺术界等相关工作职责整合，组建县政协文化文史和学习委员会。

不再保留县政协学习委员会、文史资料委员会。

（3）将县政协文教卫体委员会更名为县政协教卫体委员会。

3. 深化群团组织改革

对于已经制定改革方案的县总工会、团县委、县妇联、县科协等群团组织，要认真组织实施改革方案。要根据上级精神，加快推进其他群团组织改革。

（二）深化县委县政府直属事业单位改革和承担行政职能的事业单位改革

1. 深化县委和县政府直属事业单位改革

将县委党史研究室与县地方志编纂委员会办公室整合，设置县委党史和地方志研究室，作为县委直属事业单位，相当正科级。

2. 深化承担行政职能的事业单位改革

将完全、主要和部分承担行政职能的事业单位全部纳入改革范围，全面清理事业单位承担的行政职能，将行政职能划归行政机构，按照能转职能的不转机构、确需转机构的实行综合设置的原则，区分情况推进改革，理顺政事关系，实现政事分开。事业单位行政职能划转等工作结合相关部门“三定”工作进行。今后，除行政执法机构按中央部署推进改革外，不再保留或新设承担行政职能的事业单位。

（三）同步实施有关事业单位划转调整

根据部门职责划转情况，坚持优化协同高效，按照“编随事走、人随编走”的原则，将职责划出部门所属相关事业单位及编制、人员划给职责划入部门。承担行政职能的事业单位，按要求改革后再调整隶属关系；其他事业单位应随主管部门调整，相应调整单位名称；划转后职能相同相近的单位，相应整合机构、精简编制。

（四）深入推进审批服务便民化改革

认真落实中央和省、市的改革要求，把机构改革同深化简政放权、放管结合、优化服务改革有机结合起来，将“马上就办、真抓实干”优良传统作风贯穿于审批服务便民化改革的全过程。进一步减少微观管理事务和具体审批事项，加强权责清单管理，持续开展“减证便民”行动，清理取消经营服务性收费和行业协会商会收费，压缩办理时间，降低制度性交易成本，持续优化营商环境。

全面推行审批服务“马上办、网上办、就近办”，加快实体大厅与网上大厅线上线下一体化，着力提升“互联网+政务服务”水平。全面落实“一趟不用跑”和“最多跑一趟”办事制度，用最短的时间、最优的服务、最快的速度把企业和群众的事情办好。推进供水、供电、供气等人民群众经常打交道的公共事业部门便民化改革，最大限度方便企业和群众办事。

（五）深化综合行政执法改革

全面梳理、规范和精简行政处罚、行政强制事项并实行清单化管理，相对集中行政处罚权、行政强制权，依法推进改革。统筹配置行政执法职能和执法资源，大幅减少执法队伍种类。按照中央和省委部署，在相关领域整合组建综合执法队伍。

县执法主管部门与执法队伍实行“局队合一”的执法体制，统一以主管部门名义执法，压实主管部门对履行行政执法职责和加强队伍建设的责任。除环保监测监察等明确规定实施垂直管理的机构外，其他均落实好属地监管责任。将综合行政执法向乡镇等基层延伸，逐步实现一支队伍管执法，建立乡镇综合检查与县级专业执法协调配合机制。

全面清理清退临时人员和聘用人员，严禁使用辅助人员执法。锁定执法人员编制底数，暂保持现状不变，待中央统一明确政策后逐步规范。完善执法程序，

严格执法责任，加强执法监督，不断提高执法队伍综合素质和执法能力。

（六）构建简约高效的基层管理体制

深入推进基层政权建设。基层政权机构设置和人力资源调配必须面向人民群众、符合基层事务特点。进一步下放经济社会管理事项，推动治理重心下移，尽可能把资源、服务、管理放到基层，强化基层政府社会管理和公共服务职能。按照构建简约高效的基层管理体制要求推进乡镇改革，整合基层审批、服务、执法等方面的力量和职能，统筹机构编制资源，不照搬上级机关设置模式，综合设置乡镇机构，实行扁平化和网格化管理。乡镇相关改革，要与县机构改革统筹谋划、分步实施，使各类机构、组织在服务保障群众需求上有更大作为。

（七）强化机构编制管理刚性约束

强化县委对机构编制工作的统一领导，严格执行机构编制管理法律法规和党内法规。严格执行中央和省委规定的机构限额，县党政机构不超过 37 个。

规范管理合署办公机构、挂牌机构、临时机构、派出机构、议事协调机构及其办事机构。从严从紧控制党政机构加挂牌子的数量，挂牌机构不单独核定编制和领导职数，根除挂牌机构实体化和“事业局”等。临时机构要在任务完成后及时撤销。全面清理规范议事协调机构，切实精简数量和调整组成人员，议事协调机构一般不单设办事机构，具体工作由相关部门承担。

强化编制总量控制，严禁擅自增加编制种类、超编进人、超职数配备领导干部，确保行政编制不突破中央核定的总量，事业编制不突破 2012 年年底基数。统筹使用各类编制资源，加大部门间编制统筹调配力度。全面清理取消擅自设置的机构和岗位、擅自配备的职务。严格机构编制管理权限和程序，严禁越权审批。严格控制编外聘用人员，从严规范适用岗位、职责权限和各项管理制度。

四、组织实施

（一）加强组织领导。各乡镇各部门要充分认识做好机构改革工作的重要性，提升政治站位，增强“四个意识”，坚决维护习近平总书记党中央的核心、全党的核心地位，坚决维护党中央权威和集中统一领导，切实将思想和行动统一到党中央关于地方机构改革的决策部署上来。在县委统一领导下，县委机构改革工作协调小组负责研究审定机构改革重大问题，统筹协调推进重要工作。协调小组办公室承担机构改革具体统筹协调和日常推进工作。成立机构改革人员转隶专项小组，由县委组织部牵头，县委编办、县人社局参与，负责做好人员转隶工作；成立机构改革国有资产专项小组，由县政府办公室牵头，县财政局参与，负责做好有关国有资产、资金划转和管理等相关工作；成立机构改革纪律保障专项小组，由县纪委监委牵头，县直机关党工委参与，负责有关纪律保障工作。各专项小组由牵头单位主要负责人任组长，参与部门负责人任副组长。各乡镇各部门党委（党组）负主体责任，主要领导要当好第一责任人，坚持贯彻落实改革任务，不讲条件、不打折扣、不搞变通、不开口子。各涉改部门要成立本部门机构改革工作专班，负责领导组织协调本部门机构改革工作。不再保留的单位，要成立善后工作小组，负责做好人财物处理安置等工作。

（二）细化工作进度。坚持目标导向，严格按照中央和省委要求进一步细化改革的时间表、路线图，做到分工合理、程序清晰、时间节点明确，确保改革各项任务圆满完成。总的时间安排是：2018 年年底前，县机构改革有关工作基本落实到位；2019 年 3 月底前，基本完成县机构改革任务。

（三）稳妥有序推进。全面贯彻“先立后破、不立不破”原则，新旧机构交替中，有序做好人员转隶、新机构挂牌、集中办公等工作。特别是涉及安全生产、应急救援、维护社会稳定等工作的，要确保工作有序衔接。各乡镇各部门要深化转职能、转方式、转作风，紧紧抓住职能转变这个关键，在改职责上出实招硬招，在职能整合、业务融合上真正发生化学反应，做到脱胎换骨。要切实做好人员划转、机构编制、财经、档案、国有资产管理、办公场所调配等机构改革配套措施。做好思想政治工作，确保思想不乱、工作不断、队伍不散、干劲不减。对新组建和整合调整较大的部门出现超编、超领导职数的情况，给予 3 年左右的过渡期。

（四）严明纪律规矩。严格遵守政治纪律和政治规矩，严格执行有关规定，不得借机构改革之机，违规突击提拔干部和评定职称，不得擅自设立机构、超编进人、超职数配备领导干部，不得私分、变相发放、转移国有资产。严格遵守保密纪律。机构改革实施情况纳入县委和县政府督察任务和巡察范围，对违反规定的，要严肃查处，追究相关人员责任。

2018 年全县行政区划及地址码

表 34

乡镇名称（地址码）	土地面积（平方公里）	所在地海拔高度（米）	村居（个）	村（居）名称及地址码			
德化县	2232	480	214				
浔中镇 100	68	480	20	凤池社区 001	富东社区 002	龙东社区 003	东埔社区 004
				凤凰社区 005	金凤社区 006	阳光社区 007	东顺社区 008
				吉祥社区 009			
				浔中村 201	乐陶村 202	后所村 203	凤洋村 204
				龙翰村 205	石鼓村 206	仙境村 207	祖厝村 208
				石山村 209	蒲坂村 210	世科村 211	
龙浔镇 101	40	490	19	浔东社区 001	德新社区 002	兴南社区 003	南门社区 004
				金锁社区 005	龙鹏社区 006	湖前社区 007	园丁社区 008
				浔南社区 009	龙井社区 010	鹏都社区 011	鹏祥社区 012
				大洋社区 013			
				宝美村 201	丁溪村 202	丁墘村 203	大坂村 204
				英山村 205	高阳村 206		
三班镇 102	56	490	10	三班村 201	泗滨村 202	东山洋村 203	奎斗村 204
				儒坑村 205	锦山村 206	龙阙村 207	桥内村 208
				蔡径村 209	岭头村 210		
龙门滩镇 103	216	420	12	硕儒村 201	霞碧村 202	碧坑村 203	苏洋村 204
				磻坑村 205	石室村 206	湖景村 207	内洋村 208
				村兜村 209	朱地村 210	霞山村 211	大溪村 212
雷峰镇 104	166	630	14	朱紫村 201	蕉溪村 202	潘祠村 203	坂仔村 204
				雷峰村 205	格后村 206	溪美村 207	肖坑村 208
				长基村 209	瑞坂村 210	李溪村 211	荐解村 212
				上寨村 213	双芹村 214		
南埕镇 105	241	300	12	西山村 201	高漈村 202	前锋村 203	半岭村 204
				南埕村 205	塔兜村 206	枣坑村 207	许厝村 208
				望洋村 209	连山村 210	蟠龙村 211	梓垵村 212
水口镇 106	260	240	16	亭坑村 201	丘坂村 202	凤坪村 203	上湖村 204
				久住村 205	祥光村 206	八逞村 207	樟镜村 208
				村场村 209	湖坂村 210	淳湖村 211	毛厝村 212
				昆坂村 213	梨坑村 214	承泽村 215	榜上村 216
赤水镇 107	91	970	15	赤水社区 001	戴云村 201	东里村 202	苏坂村 203
				猛虎村 204	湖岭村 205	岭边村 206	福全村 207
				吉岭村 208	永嘉村 209	苏岭村 210	西洋村 211
				锦洋村 212	小铭村 213	铭爱村 214	

续表 34

乡镇名称（地址码）	土地面积（平方公里）	所在地海拔高度（米）	村居（个）	村（居）名称及地址码			
上涌镇 108	148	750	17	上涌村 201	黄井村 202	辉阳村 203	后坂村 204
				后宅村 205	刘坑村 206	下涌村 207	曾坂村 208
				云路村 209	西溪村 210	桂格村 211	传豪村 212
				桂林村 213	中洋村 214	下村村 215	门头村 216
				东山村 217			
葛坑镇 109	127	860	12	葛坑村 201	下玲村 202	湖头村 203	漈头村 204
				邱村村 205	水门村 206	大岭村 207	蓝田村 208
				富地村 209	大正村 210	龙漈村 211	龙塔村 212
盖德镇 110	92	550	14	盖德村 201	下寮村 202	有济村 203	下坑村 204
				福阳村 205	大墘村 206	上地村 207	吾华村 208
				三福村 209	上坑村 210	林地村 211	仙岭村 212
				凤山村 213	山坪村 214		
美湖镇 111	93	690	8	上岸村 201	小湖村 202	美湖村 203	上漈村 204
				洋坑村 205	洋田村 206	斜山村 207	阳山村 208
杨梅乡 200	107	620	7	杨梅村 201	白叶村 202	西墘村 203	上云村 204
				云溪村 205	安村村 206	和顺村 207	
汤头乡 202	125	850	7	汤头村 201	草村村 202	福山村 203	格中村 204
				岭脚村 205	汤垵村 206	吉山村 207	
桂阳乡 204	123	960	9	桂阳村 201	溪洋村 202	王春村 203	安樟村 204
				涌溪村 205	洪田村 206	彭坑村 207	梓溪村 208
				陈溪村 209			
国宝乡 206	63	690	8	国宝村 201	佛岭村 202	上洋村 203	南斗村 204
				祥云村 205	内坂村 206	厚德村 207	格头村 208
大铭乡 208	76	810	7	大铭村 201	联春村 202	金黄村 203	上徐村 204
				琼英村 205	琼山村 206	琼溪村 207	
春美乡 209	135	650	7	古春村 201	梁春村 202	上春村 203	春美村 204
				新阁村 205	尤床村 206	双翰村 207	

2018 年主要统计数字一览

表 35

	单 位	2017 年实绩	2018 年实绩	2018 年比 2017 年（增长 %）
一、户籍人口				
1. 年末总户数	户	97232	100295	3.2
2. 年末总人口	人	341318	348644	2.1

续表 35

	单　位	2017 年实绩	2018 年实绩	2018 年比 2017 年（增长 %）
其中：乡村人口	人	233202	232697	-0.2
城镇人口	人	108116	115947	7.2
3. 年平均人口	人	338846	344981	1.8
4. 人口出生率	‰	29.2	27.5	回落 1.7 个千分点
5. 人口自然增长率	‰	17.6	25.1	上升 7.5 个千分点
二、综合经济				
1. 地区生产总值（GDP）	亿元	221.05	246.23	9.0
其中：第一产业增加值	亿元	9.27	12.23	2.8
第二产业增加值	亿元	128.49	138.11	9.9
第三产业增加值	亿元	83.29	95.89	8.1
2. 三次产业结构比	%	4.2:58.1:37.7	5.0:56.1:38.9	
三、农业				
1. 农业总产值	亿元	19.94	21.78	2.5
2. 全县耕地面积	万亩	24.69	25.34	2.6
3. 粮食播种面积	万亩	21.68	13.02	-39.9
4. 茶叶面积	万亩	2.43	2.42	-0.4
5. 水果面积	万亩	17.64	4.08	-76.9
6. 主要农产品产量				
（1）粮　　食	万吨	8.23	5.60	-32.0
（2）茶　　叶	吨	1102	1421	28.9
（3）水　　果	吨	84726	21943	-74.1
（4）蔬　　菜	吨	177090	102104	-42.3
（5）食用菌	吨	1537	1617	5.2
（6）肉　　类	吨	17431	16976	-2.6
（7）蛋　　品	吨	3120	5319	70.5
（8）水产品	吨	1830	1422	-22.3
四、工业				
1. 工业总产值	亿元	296.40	330.18	13.1
其中：规模以上工业产值	亿元	271.36	313.69	13.3
规模以下工业产值	亿元	25.04	16.49	-34.1
2. 规模以上工业经济效益综合指数	%	217.9	237.8	提高 23.3 个百分点
3. 主要工业产品产量				
铁矿石（铁精粉）	万吨	42.90	12.38	-71.1
黄金	千克	608	527	-13.3
玻璃	万平方米	40	43	7.5
铝型材	万吨	0.97	1.61	66.0
陶瓷产品	亿件	25.67	27.59	7.5
水泥	万吨	94.40	148.23	57.0
发电量	亿千瓦小时	7.66	7.22	-5.7

续表 35

	单 位	2017 年实绩	2018 年实绩	2018 年比 2017 年（增长 %）
自来水供应量	万吨	1645.0	1730.5	5.2
天然气供应量	万立方米	5731	6615	15.4
五、建筑业				
资质以上建筑业总产值	亿元	14.07	19.15	36.1
六、固定资产投资总额	万元	1264062	—	16.0
1. 项目投资	万元	1024193	—	6.4
2. 房地产开发	万元	239869	288252	20.2
七、交通邮电				
1. 公路通车里程	公里	2826	2826	0.0
2. 汽车数	辆	40713	48761	19.8
3. 电信业务总量	万元	26028	26011	-0.1
4. 邮政业务总量	万元	56204	53682	-4.5
八、商业外经				
1. 社会消费品零售总额	万元	744722	843547	13.3
2. 出口商品供货总值	万元	1469900	1753880	19.3
其中：自营出口	万美元	26362	32461	23.2
3. 合同利用外资	万美元	60	2679	4365.0
4. 实际利用外资	万美元	1018	259	-38.2
九、能源消耗				
1. 全社会用电	万千瓦时	153922	175842	14.2
其中：工业用电	万千瓦时	118735	131600	10.8
2. 规模以上工业增加值单位能耗（上升或下降）	%	-4.0	3.2	
十、财税金融				
1. 一般公共预算总收入	万元	164542	182567	8.2
其中：一般公共预算收入	万元	110166	118260	7.3
2. 一般公共预算支出	万元	277299	276161	3.1
3. 税收总收入	万元	140793	155785	10.6
4. 年末各项存款余额	万元	1980297	2109084	6.5
5. 年末各项贷款余额	万元	1888756	2094419	10.9
6. 储蓄存款	万元	921425	1019257	10.6
十一、劳动工资				
1. 城镇单位职工人数	人	25001	32205	28.8
2. 城镇单位在岗职工工资总额	万元	145977	166985	14.4
十二、人民生活				
1. 农村居民人均可支配收入	元	14253	15465	8.5
2. 城镇居民人均可支配收入	元	31337	33863	8.1
3. 城镇单位在岗职工平均工资	元	63488	55372	-12.8
十三、科教文卫等社会事业				
1. 申获专利数	件	1686	2117	25.6

续表 35

	单 位	2017 年实绩	2018 年实绩	2018 年比 2017 年（增长 %）
2. 版权登记数	件	22000	22645	2.9
3. 在校学生数	人	59365	63876	7.6
4. 学校教职员工数	人	4262	4543	6.6
5. 医院病床数	张	1479	1495	1.1
6. 专业卫生技术人员	人	857	1513	76.5
7. 结婚登记总数	对	2535	2382	-6.0
8. 离婚登记总数	对	720	800	11.1
9. 实行计划生育手术人数	例	738	424	-42.5
十四、林瓷电矿概况				
（一）林业				
当年造林面积	亩	1262	1318	4.4
当年幼林抚育面积	万亩	0	0	_
主要林产品产量				
油茶籽	吨	1905	2330	22.3
松脂	吨	3495	3561	1.9
板栗	吨	473	468	-1.1
竹笋干	吨	1247	1308	4.9
毛竹及篙竹采伐	万根	1212	1132	-6.6
木材采伐	万立方米	15.40	15.19	-1.4
（二）陶瓷产业				
1. 企业单位数	个	2454	2689	9.6
2. 从业人员	人	94425	102460	8.5
3. 陶瓷产值	万元	2878734	3284597	14.1
其中：陶瓷工业产值	万元	2274200	2638131	16.0
陶瓷占全县工业产值比例	%	76.7	79.9	提升 4.2 个百分点
（三）电力				
年末装机拥有量	千瓦	291010	290385	-0.2
发电量	万千瓦时	76629	72251	-5.7
用电量	万千瓦时	153922	175842	14.2

注：价值量的金额以现价计算，增长速度按可比价计算。

索引

说明

一、本索引采用主题词分析法，按主题词首字汉语拼音字母顺序排列。
二、栏目、分目标题用黑体字。“大事记”“专记”“人物 荣誉”“附录”内容不列入索引。
三、索引主题词后的数字表示页码，数字后的 a、b、c 表示栏别左中右。
四、空一字起排的款目为上一主题的“附见”。

A

B

C

D

F

G

H

J

K

L

旅游策划　141c
旅游策划与管理　141c
旅游管理　141c
旅游活动　142b
旅游集散服务中心项目　141a
旅游配套设施　140a
旅游宣传　142a
旅游宣传与活动　142a
旅游资源宣传报道　183c
绿色富民产业　106a

M

N

P

Q

R

S

T

W

X

Z